Michael Sauer

Geschichte unterrichten

Klett | Kallmeyer

Bibliografische Information der Deutschen Nationalbibliothek
Die Deutsche Nationalbibliothek verzeichnet diese Publikation in der Deutschen Nationalbibliografie;
detaillierte bibliografische Daten sind im Internet über http://dnb.d-nb.de abrufbar.

Impressum

Michael Sauer
Geschichte unterrichten
Eine Einführung in die Didaktik und Methodik

12. Auflage 2015
Unveränderter Nachdruck der 10., aktualisierten und erweiterten Auflage 2012

Das Werk und seine Teile sind urheberrechtlich geschützt. Jede Nutzung in anderen als den
gesetzlich zugelassenen Fällen bedarf der vorherigen schriftlichen Einwilligung des Verlages.
Hinweis zu § 52 a UrhG: Weder das Werk noch seine Teile dürfen ohne eine solche Einwilligung
eingescannt und in ein Netzwerk eingestellt werden. Dies gilt auch für Intranets von Schulen
und sonstigen Bildungseinrichtungen.
Fotomechanische oder andere Wiedergabeverfahren nur mit Genehmigung des Verlages.

© 2001 Kallmeyer in Verbindung mit Klett
Friedrich Verlag GmbH
D-30926 Seelze
Alle Rechte vorbehalten.
www.friedrich-verlag.de

Redaktion: Dirk Haupt, Leipzig
Druck: Beltz Bad Langensalza GmbH, Bad Langensalza
Printed in Germany

ISBN: 978-3-7800-4925-4

Michael Sauer

Geschichte unterrichten

Eine Einführung in die Didaktik und Methodik

Klett | Kallmeyer

Einleitung	7
1 Geschichte in Gesellschaft und Schule	11
1.1 Geschichtsbewusstsein und Geschichtskultur	11
1.2 Aufgaben und Ziele des Faches	19
1.3 Schülerkompetenzen	21
2 Lernvoraussetzungen	28
2.1 Psychologische Voraussetzungen des Geschichtslernens	28
2.2 Interessen und Kenntnisse	35
2.3 Erfahrungen und Wahrnehmungsweisen	39
3 Themen – Auswahl, Strukturierung, Zugänge	42
3.1 Inhalte und Themen	42
3.1.1 Neue Inhalte und Forschungsansätze	42
3.1.2 Kriterien zur Themenfindung	46
3.1.3 Lehrpläne – Strukturen, Probleme, Alternativen	48
3.2 Untersuchungsverfahren	55
3.2.1 Chronologisches Verfahren – genetisches Prinzip	55
3.2.2 Längsschnitt	58
3.2.3 Epochenquerschnitt	61
3.2.4 Schwerpunktbildung und Fallanalyse	61
3.2.5 Vergleichendes Verfahren	63
3.2.6 Perspektivisch-ideologiekritisches Verfahren	63
4 Lehren und Lernen – Prinzipien und Methoden	66
4.1 Organisatorischer Rahmen	66
4.1.1 Schulstufen und Schulformen	66
4.1.2 Geschichte und andere Fächer	72
4.2 Unterrichtsprinzipien	76
4.2.1 Alteritätserfahrung, Fremdverstehen, interkulturelles Lernen	76
4.2.2 Multiperspektivität und Kontroversität	81
4.2.3 Personalisierung und Personifizierung	85

  4.2.4 Handlungsorientierung 87
  4.2.5 Gegenwartsbezug 90
 4.3 Lehr- und Lernmethoden 92
  4.3.1 Verlaufskonzepte 92
  4.3.2 Unterrichtsplanung 95
  4.3.3 Einstiege 104
  4.3.4 Quellenarbeit 107
  4.3.5 Lehrervortrag und Unterrichtsgespräch 119
  4.3.6 Geschichte erzählen 125
  4.3.7 Stationenlernen oder Lernzirkel 131
  4.3.8 Entdeckendes Lernen und Projektarbeit 136
  4.3.9 Außerschulische Lernorte 139
  4.3.10 Spiele 150
  4.3.11 Üben und Wiederholen 159
  4.3.12 Hausaufgaben 161
  4.3.13 Lernerfolgskontrolle, Lernstandsdiagnose, Leistungsbewertung 164
  4.3.14 Bilingualer Geschichtsunterricht 174

5 Medien 179
 5.1 Quellen 180
  5.1.1 Texte 180
  5.1.2 Bilder 188
  5.1.3 Sachquellen 203
  5.1.4 Bauwerke und Denkmäler 207
  5.1.5 Filme 214
  5.1.6 Lieder 228
  5.1.7 Zeitzeugenaussagen 234
 5.2 Darstellungen 242
  5.2.1 Geschichtskarten 242
  5.2.2 Statistiken: Tabellen und Diagramme 250
  5.2.3 Schulbücher 254
  5.2.4 Fach- und Sachbücher 263
  5.2.5 Historische Romane 268
  5.2.6 Neue Medien 277

6 Dokumentation und Präsentation ... 284
6.1 Schriftliche Ausarbeitungen ... 285
6.1.1 Geschichtsmappe und Portfolio ... 285
6.1.2 Haus- und Facharbeit ... 287
6.1.3 Referat ... 291
6.1.4 Klausur ... 293
6.2 Visuelle Präsentationsformen ... 294
6.2.1 Schaubild/Strukturskizze und Collage ... 295
6.2.2 Zeitleiste ... 300
6.2.3 Geschichtszeitung ... 304
6.2.4 Ausstellung und Internet-Präsentation ... 307

Geschichtsdidaktische Zeitschriften ... 310

Literaturverzeichnis ... 311

Sachregister ... 357

Einleitung

Der Titel dieses Buches ist Programm: Es soll seinen Leserinnen und Lesern Hilfestellung dabei bieten, jetzt oder später einmal Geschichte zu unterrichten – genauer: *gut* Geschichte zu unterrichten. Was aber ist guter Geschichtsunterricht? Die Frage nach der Unterrichtsqualität ist in den letzten Jahren in der allgemeinen Didaktik und in der empirischen Unterrichtsforschung intensiv verfolgt worden. Einschlägige Stichworte wie Klassenführung, Strukturiertheit, Verständlichkeit, Aktivierung etc. lassen sich auf jeden Fachunterricht beziehen (ein Überblick über verschiedene Modelle bei Helmke/Schrader 2010). Zusätzlich aber muss jedes Fach, jede Fachdidaktik eigene Kriterien und Maßstäbe für die Qualität von Unterricht haben. Natürlich hängen diese auch immer ab von äußeren Rahmenbedingungen und von den Perspektiven, aus denen Unterricht in den Blick genommen wird: Was sind die politischen Zielsetzungen, was die curricularen Vorgaben? Interessieren vor allem Unterrichtsergebnisse, Unterrichtsprozesse oder die Kompetenzen von Lehrkräften? Wird Unterricht aus der Sicht einer Lehrerin, eines Schülers, einer Fachleiterin oder eines Forschers ins Auge gefasst – geht es um Selbstreflexion, Evaluation, Bewertung oder Analyse?

In jüngerer Zeit sind verschiedentlich Vorschläge für die fach- und fachdidaktikspezifische Beobachtung, Beschreibung und Bewertung von Geschichtsunterricht gemacht worden. Aus ihnen lassen sich einige zentrale Merkmale für das kondensieren, was wir hier und heute unter gutem Geschichtsunterricht verstehen; sie finden sich in diesem Buch wieder. Guter Geschichtsunterricht

- geht aus von den Lernvoraussetzungen der Schülerinnen und Schüler (vgl. Kap. 2);
- lässt sie historische Kenntnisse und Erkenntnisse gewinnen, die gesellschaftlich und für sie persönlich relevant sind (vgl. Kap. 1, 3);
- beschäftigt sich mit Themen, die in diesem Sinne bedeutsam sind, und lässt diese Bedeutsamkeit zum Vorschein treten (vgl. Kap. 1, 3);
- gibt den Schülerinnen und Schülern die Möglichkeit, fachspezifische Kompetenzen zu erlernen, anzuwenden und zu üben (vgl. Kap. 1.3., 5, 6);
- orientiert sich an grundlegenden fachdidaktischen Prinzipien (vgl. Kap. 4.2);
- weist eine erkennbare gedankliche Figur auf, die im Idealfall von einer „historischen Frage" ausgeht (vgl. Kap. 4.3);
- macht die fachspezifischen Vermittlungs- und Untersuchungsprozesse, die im Unterricht stattfinden, für die Schülerinnen und Schüler transparent und reflektierbar (vgl. Kap. 4.1, 4.2, 5, 6).

Dieses Buch richtet sich vor allem an Studierende, Referendare, Berufsanfänger und – nicht zuletzt – fachfremd Unterrichtende. Der Inhalt konzentriert sich auf Grundlegendes; dabei wird die Methodik ebenso wichtig genommen wie die Didaktik. Was in den Bereich der Allgemeindidaktik gehört, bleibt weitgehend außer Betracht, ebenso generelle Ortsbestimmungen zum Verhältnis von Geschichtsdidaktik, Geschichtswissenschaft und Pädagogik. Es geht nicht um die Vorstellung und Diskussion unterschiedlicher Positionen, Modelle und Theorien. Ziel ist eine handliche und eingängige Überblicksdarstellung in groben Zügen, die sich am praktischen Nutzen der Leserinnen und Leser orientiert: so viel Praxisbezug wie möglich, so viel Theorie wie nötig.

Der Band soll sich gleichermaßen für eine zusammenhängende Lektüre wie für das Nachschlagen unter bestimmten Stichworten eignen; deshalb gibt es zwischen einzelnen Abschnitten bisweilen Wiederholungen und Überschneidungen. Besonders wichtig genommen ist der Serviceaspekt. Zu jedem Kapitel werden Hinweise auf weiterführende didaktische Literatur gegeben (mit wenigen Ausnahmen sind dies zugleich die Nachweise für die innerhalb des Textes angegebene Literatur). Sie stellen nicht auf Vollständigkeit ab, sondern sind als Leseempfehlung gedacht – deshalb konzentrieren sie sich auf jüngere Veröffentlichungen. So oft wie möglich wird auf unmittelbar unterrichtspraktische Arbeiten verwiesen. Sie sind gleichfalls am Ende der Kapitel aufgelistet (im Literaturverzeichnis werden sie in der Regel nicht noch einmal aufgeführt). Was Schülerinnen und Schüler bei einzelnen methodischen Verfahrensweisen lernen und beachten sollten, ist in gesonderten „Checklisten" zusammengefasst. Schließlich gibt es zahlreiche Medienhinweise (von CD-ROMs bis zu Jugendbüchern), die Hilfen für den Unterrichtsalltag bieten. Die in den Text eingefügten grauen Kästen sind nach ihrer Funktion unterschiedlich gekennzeichnet (M: Materialien, Erläuterungen, Beispiele; S: methodische Anleitungen für Schülerinnen und Schüler; I: Informationen zu Medien- und Institutionen).

In der 5. Auflage 2006 ist „Geschichte unterrichten" zuletzt überarbeitet worden. 2012 wurde nach 6 Jahren mit der 10. Auflage eine erneute Überarbeitung vorgelegt. Ganz neu hinzugekommen ist Kapitel 1.3 „Schülerkompetenzen". Darüber hinaus gibt es in nahezu allen Kapiteln kleinere und größere Veränderungen und Aktualisierungen. Insbesondere sind sämtliche Literaturangaben und Servicehinweise überprüft und auf den neuesten Stand gebracht worden. Denn nicht zuletzt soll dieser Band als Wegweiser zu weiterer didaktischer Literatur und verschiedensten Arten von Arbeitsmaterialien dienen.

Weiterführende Literatur

Guter Unterricht

Barricelli, Michele/Sauer, Michael, „Was ist guter Geschichtsunterricht?" Fachdidaktische Kategorien zur Beobachtung und Analyse von Geschichtsunterricht, in: GWU 57, 2006, H. 1, S. 4–26.

Gautschi, Peter, Guter Geschichtsunterricht. Grundlagen, Erkenntnisse, Hinweise. Schwalbach/Ts. 2009.

Helmke, Andreas, Unterrichtsqualität und Lehrerprofessionalität. Diagnose, Evaluation und Verbesserung des Unterrichts. Seelze 2009.

Helmke, Andreas/Schrader, Friedrich-Wilhelm, Merkmale der Unterrichtsqualität. Potenzial, Reichweite und Grenzen, in: Seminar – Lehrerbildung und Schule 14, 2008, H. 3, S. 17–47.

Henke-Bockschatz, Gerhard, Guter Geschichtsunterricht aus fachdidaktischer Perspektive, in: GWU 52, 2011, H. 5/6, S. 298–311.

Mayer, Ulrich/Pandel, Hans-Jürgen, Kategorien der Geschichtsdidaktik und Praxis der Unterrichtsanalyse, Stuttgart 1976.
Mayer, Ulrich, Qualitätsmerkmale historischer Bildung. Geschichtsdidaktische Kategorien als Kriterien zur Bestimmung und Sicherung der fachdidaktischen Qualität des historischen Lernens, in: Hansmann, Wilfried/Hoyer, Timo (Hrsg.): Zeitgeschichte und historische Bildung. Festschrift für Dietfrid Krause-Vilmar, Kassel 2005, S. 223–243.
Meyer, Hilbert, Was ist guter Unterricht, Berlin 10. Aufl. 2010.
Zülsdorf-Kersting, Meik, Kategorien historischen Denkens und Praxis der Unterrichtsanalyse, in: Zeitschrift für Geschichtsdidaktik 9, 2010, S. 36–56.

Jüngere geschichtsdidaktische Einführungen und Überblicksdarstellungen

Bergmann, Klaus/Rohrbach, Rita, Chance Geschichtsunterricht. Eine Praxisanleitung für den Notfall, für Anfänger und Fortgeschrittene, Schwalbach/Ts. 2005.
Bergmann, Klaus u.a. (Hrsg.), Handbuch der Geschichtsdidaktik, Seelze 5., überarb. Aufl. 1997.
Gautschi, Peter, Geschichte lehren. Lernwege und Lernsituationen für Jugendliche, Buchs/Bern 3., überarb. u. erw. Aufl. 2005.
Gies, Horst, Geschichtsunterricht. Ein Handbuch zur Unterrichtsplanung, Köln/Weimar/Wien 2004.
Günther-Arndt, Hilke (Hrsg.), Geschichts-Didaktik. Praxishandbuch für die Sekundarstufe I und II, Berlin 4. Aufl. 2009.
Günther-Arndt, Hilke (Hrsg.), Geschichts-Methodik. Handbuch für die Sekundarstufe I und II, Berlin 3. Aufl. 2010.
Klose, Dagmar, Klios Kinder und Geschichtslernen heute. Eine entwicklungspsychologisch orientierte konstruktivistische Didaktik der Geschichte, Hamburg 2004.
Mayer, Ulrich/Pandel, Hans-Jürgen/Schneider, Gerhard (Hrsg.), Handbuch Methoden im Geschichtsunterricht, Schwalbach/Ts. 3. Aufl. 2011.
Mayer, Ulrich/Pandel, Hans-Jürgen/Schneider, Gerhard/Schönemann, Berndt (Hrsg.), Wörterbuch Geschichtsdidaktik, Schwalbach/Ts. 2., überarb. u. erw. Aufl. 2009.
Pandel, Hans-Jürgen/Schneider, Gerhard (Hrsg.), Handbuch Medien im Geschichtsunterricht, Schwalbach/Ts. 6., erw. Aufl. 2011.
Rohlfes, Joachim, Geschichte und ihre Didaktik, Göttingen 3., erw. Aufl. 2005.
Schreiber, Waltraud (Hrsg.), Erste Begegnungen mit Geschichte. Grundlagen historischen Lernens, 2 Bde., Neuried 2., erw. u. überarb. Aufl. 2004.

Zu Aufgaben, Selbstverständnis und Problemen der Didaktik

Borries, Bodo von, Notwendige Bestandsaufnahme nach 30 Jahren? Ein Versuch über Post-'68-Geschichtsdidaktik und Post-'89-Problemfelder, in: GWU 50, 1999, H. 5/6, S. 268–281.
Borries, Bodo von, Geschichtsdidaktik am Ende des 20. Jahrhunderts. Eine Bestandsaufnahme zum Spannungsfeld zwischen Geschichtsunterricht und Geschichtspolitik, in: Pandel, Hans-Jürgen/Schneider, Gerhard (Hrsg.), Wie weiter? Zur Zukunft des Geschichtsunterrichts, Schwalbach/Ts. 2001. S. 7–32.
Günther-Arndt, Hilke, Literacy, Bildung und der Geschichtsunterricht nach PISA, in: GWU 56, 2005, H. 12, S. 668–683.
Pandel, Hans-Jürgen, Postmoderne Beliebigkeit? Über den sorglosen Umgang mit Inhalten und Methoden, in: GWU 50, 1999, H. 5/6, S. 282–291.
Pandel, Hans-Jürgen/Schneider, Gerhard (Hrsg.), Wie weiter? Zur Zukunft des Geschichtsunterrichts, Schwalbach/Ts. 2001.
Rettberg, Jürgen, Abgerissener Dialog. Überlegungen über Verständigungsdefizite zwischen schulischer Lehre und Fachdidaktik, in: GWU 52, 2001, H. 2, S. 104–110.
Rohlfes, Joachim, Brennpunkte heutiger Geschichtsdidaktik, in: Rohlfes, Joachim, Geschichte und ihre Didaktik, Göttingen 3., erw. Aufl. 2005, S. 389–413.
Rohlfes, Joachim, Quo vadis, Geschichtsdidaktik?, in: Hartung, Olaf/Köhr, Katja (Hrsg.), Geschichte und Geschichtsvermittlung. Festschrift für Karl Heinrich Pohl, Bielefeld 2008, S. 9–25.

Sauer, Michael, Geschichtsdidaktik und Geschichtsunterricht heute. Eine Bestandsaufnahme und ein Plädoyer für mehr Pragmatik, in: GWU 55, 2004, H. 4, S. 212–232.

Schulz-Hageleit, Peter, Geschichtsbewusstsein und Zukunftssorge. Vierzehn Thesen über zukünftige Aufgaben der Geschichtsdidaktik, in: GWU 57, 2006, H. 1, S. 38–41.

Ältere Einführungen und Sammlungen

Ebeling, Hans, Zur Didaktik und Methodik eines kind-, sach- und zeitgemäßen Geschichtsunterrichts, Hannover u. a. 2., verb. Aufl. 1966.

Fina, Kurt, Geschichtsmethodik. Die Praxis des Lehrens und Lernens, München 2., erg. Aufl. 1973.

Gies, Horst, Repetitorium Fachdidaktik Geschichte, Bad Heilbrunn 1981.

Homeier, Jobst-H., Geschichte zum (Be)Greifen nah. Konzepte, Beispiele, Tipps für den handlungsbezogenen Geschichtsunterricht, Essen 1993.

Hug, Wolfgang, Geschichtsunterricht in der Praxis der Sekundarstufe I, Frankfurt a. M. 1977, 2., erg. Aufl. 1980.

Huhn, Jochen, Geschichtsdidaktik. Eine Einführung, Köln/Weimar/Wien 1994.

Kuhn, Annette, Einführung in die Didaktik der Geschichte, München 3. Aufl. 1980.

Kuhn, Annette/Rothe, Valentine, Geschichtsdidaktisches Grundwissen. Ein Arbeits- und Studienbuch, München 1980.

Niemetz, Gerold, Praxis Geschichtsunterricht. Methoden – Inhalte – Beispiele, Stuttgart 1983.

Rohlfes, Joachim, Umrisse einer Didaktik der Geschichte, Göttingen 1971.

Schwalm, Eberhardt (Hrsg.), Texte zur Didaktik der Geschichte, Braunschweig 1979.

Strotzka, Heinz, Zur Praxis des Geschichtsunterrichts. Analysen, Materialien und Beispiele, Wien 1983.

Süssmuth, Hans, Geschichtsdidaktik. Eine Einführung in Aufgaben und Arbeitsfelder, Göttingen 1980.

Süssmuth, Hans (Hrsg.), Geschichtsdidaktische Positionen, Paderborn 1980.

Thurn, Susanne, „… und was hat das mit mir zu tun?" Geschichtsdidaktische Positionen, Pfaffenweiler 1993.

Zur Geschichte der Geschichtsdidaktik

Bergmann, Klaus/Schneider, Gerhard (Hrsg.), Gesellschaft – Staat – Geschichtsunterricht. Beiträge zu einer Geschichte der Geschichtsdidaktik und des Geschichtsunterrichts von 1500–1980, Düsseldorf 1982.

Demantowsky, Marko, Zum Stand der disziplin- und ideengeschichtlichen Forschung in der Geschichtsdidaktik, in: Wermke, Michael (Hrsg.), Transformation und religiöse Erziehung. Kontinuitäten und Brüche der Religionspädagogik 1933 und 1945, Jena 2011, S. 359–376.

Fürnrohr, Walter, Von der engen Schulmethodik zur globalen wissenschaftlichen Geschichtsdidaktik, in: Hasberg, Wolfgang/Weber, Wolfgang E. J. (Hrsg.), Geschichte entdecken. Karl Filser zum 70. Geburtstag, Berlin 2007, S. 167–192.

Geschichtsunterricht und Geschichtsdidaktik vom Kaiserreich bis zur Gegenwart. Festschrift des Verbandes der Geschichtslehrer zum 75jährigen Bestehen, Stuttgart 1988.

Hasberg, Wolfgang/Seidenfuß, Manfred (Hrsg.), Geschichtsdidaktik(er) im Griff des Nationalsozialismus?, Münster 2005.

Hasberg, Wolfgang/Seidenfuß, Manfred (Hrsg.), Modernisierung im Umbruch. Geschichtsdidaktik und Geschichtsunterricht nach 1945, Berlin 2008.

Kuss, Horst, Geschichtsdidaktik und Geschichtsunterricht in der Bundesrepublik Deutschland (1945/49–1990). Eine Bilanz, Teil I in: GWU 46, 1994, H. 12, S. 735–758, Teil II in: GWU 47, 1995, H. 1, S. 3–15.

Rohlfes, Joachim, Streifzüge durch den Zeitgeist der Geschichtsdidaktik. 50 GWU-Jahrgänge, in: GWU 51, 2000, H. 4, S. 224–240.

1 Geschichte in Gesellschaft und Schule

Überall in unserer Alltagswelt begegnen wir Geschichte: in Erzählungen älterer Menschen, in Bauwerken, Denkmälern und Straßennamen, in Museen und Gedenkstätten, in Romanen, Filmen und Computerspielen. Geschichte tritt uns dort in sehr unterschiedlicher Form und zu unterschiedlichen Zwecken entgegen, als bloßer Sachüberrest, als Erinnerung, zur Information und Belehrung oder zur Unterhaltung. Und die Themen, um die es geht, können sehr verschiedenartig sein. In den Medien ist die Zeitgeschichte weitaus am stärksten vertreten, und hier wiederum dominiert das Thema Nationalsozialismus. Viel besucht sind aber auch Ausstellungen zu älteren Zeiten. Geradezu eine Mode scheinen historische Romane zu sein; das Angebot ist praktisch nicht mehr zu überschauen und reicht von der Antike bis in die Gegenwart. Kurzum: Geschichte hat Konjunktur.

Alle diese Versatzstücke und Verwendungen von Geschichte in unserer Alltagswelt lassen sich mit dem Begriff Geschichtskultur fassen. Sie prägen unsere historischen Kenntnisse, Vorstellungen und Urteile – unser Geschichtsbewusstsein. Nur der Mensch ist in der Lage, langfristig Erfahrungen zu sammeln, zu tradieren, auf die Gegenwart zu beziehen, sich selber, seine Mitmenschen und seine Welt als geschichtlich wahrzunehmen: Geschichtsbewusstsein – in welcher Form auch immer – ist eine Eigentümlichkeit und ein Wesensmerkmal des Menschen.

1.1 Geschichtsbewusstsein und Geschichtskultur

„Geschichtsbewusstsein" ist seit vielen Jahren der zentrale Begriff der Geschichtsdidaktik; „Geschichtskultur" ist in letzter Zeit zu einem zweiten Leitbegriff avanciert. Die Orientierung an den Konzepten, die sich mit diesen Termini verbinden, hat zu einer – zumindest programmatischen – Ausweitung des Arbeitsfeldes der Geschichtsdidaktik geführt; prinzipiell will sie sich mit allen gegenwärtigen und vergangenen Prozessen der Vermittlung und Rezeption von Geschichte in der Gesellschaft befassen. Gleichwohl bleibt das schulische Geschichtslernen der Kernbereich der Didaktik, insbesondere wenn es nicht um die Beschreibung und Analyse solcher Prozesse, sondern um ihre zielorientierte Gestaltung geht, deren Ort vornehmlich die Schule ist. Hier hilft die Orientierung an den Begriffen „Geschichtsbewusstsein" und „Geschichtskultur", schulische Geschichtsvermittlung besser zu begründen und in einen weiteren Zusammenhang zu stellen. Schülerinnen und Schüler unterliegen vor dem und parallel zum schulischen Geschichtslernen anderen geschichtskulturellen Einflüssen, die sich auf ihr Geschichtsbewusstsein auswirken. Wer Geschichte unterrichtet, muss dies in Rechnung stellen und sich ein Bild von diesen Einflüssen machen; er sollte die Felder und Formate öffentlicher Geschichtsvermittlung kennen und im Unterricht auf sie eingehen, wo sich dies thematisch anbietet. Und Schülerinnen und Schüler sollten in die Lage versetzt werden, mit wirkungsmächtigen geschichtskulturellen Faktoren wie etwa Filmen adäquat umzugehen – sie sollten jene Kompetenzen vermittelt bekommen, die sie gewissermaßen als „mündige Geschichtsverbraucher" benötigen. Die Begriffe „Geschichtsbewusstsein" und „Geschichtskultur" beschreiben also einerseits Rahmenbedingungen des schulischen Geschichtslernens und bilden andererseits ein Zielfeld für dieses.

Der Begriff „Geschichtsbewusstsein" ist komplex und in unterschiedlicher Weise definiert und erläutert worden. Wie lässt er sich genauer beschreiben? Grundlegend ist zunächst, dass die drei Zeitebenen von Vergangenheit, Gegenwart und Zukunft unter dem Aspekt der Geschichtlichkeit miteinander verknüpft werden: Vergangenheit ist Vorgeschichte der Gegenwart, sie wird aus dem Horizont der Gegenwart heraus betrachtet und immer wieder neu gedeutet. Vergangenheitsdeutung dient dem Gegenwartsverständnis; Gegenwart ist zugleich Vorgeschichte der Zukunft (und zukünftige Vergangenheit), in der kommende Entwicklungen angelegt werden. Gegenwart wie Zukunft erscheinen also als historisch Gewordenes oder Werdendes. Wie sich unser Bewusstsein von Geschichte konstituiert, hat Karl-Ernst Jeismann (1990, S. 49; vgl. auch Lorenz 1997) pointiert formuliert: „‚Geschichte' tritt uns entgegen als ein auf Überreste und Tradition gestützter Vorstellungskomplex von Vergangenheit, der durch das gegenwärtige Selbstverständnis und durch Zukunftserwartungen strukturiert und gedeutet wird. Nur in dieser Form haben wir Geschichte in unserer Vorstellung; sie ist eben nicht die reale Vergangenheit selbst oder ihr Abbild, sondern ein Bewusstseinskonstrukt, das von einfachen Slogans bis zu elaborierten, mit wissenschaftlichen Methoden gestützten Rekonstruktionen reicht. Wir ‚haben' Geschichte in der Form solcher Vorstellungen, die Auslegungen von Auslegungen sind – Auslegungen, die bereits konstitutiv in den Quellen stecken und nicht etwa nur Unvollkommenheiten späterer Erkenntnis sind."

Dem Begriff Geschichtsbewusstsein kann man sich auf verschiedenen Ebenen nähern: deskriptiv, theoretisch und normativ. Unter deskriptivem Aspekt lassen sich die Faktoren, die für die Ausprägung von Geschichtsbewusstsein eine Rolle spielen, und seine Inhalte beschreiben. Das ist gleichzeitig eine Bestandsaufnahme der Bedingungen, mit denen es der Geschichtsunterricht in der Schule zu tun hat. Theoretisch lassen sich Modelle zur Strukturierung des Geschichtsbewusstseins entwickeln. Der normative Aspekt schließlich bedeutet, Vorstellungen darüber und Forderungen dafür zu formulieren, wie das Geschichtsbewusstsein beschaffen sein soll, das die Schule vermittelt.

Welche Momente bei dem ersten, dem deskriptiven Aspekt von Bedeutung sind, ist in der folgenden Abbildung schematisch zusammengefasst. Begegnungen mit, Beeinflussungen durch und Vorstellungen von Geschichte, wie sie zu Beginn des Kapitels stichpunktartig genannt wurden, lassen sich mithilfe der dort aufgeführten Gesichtspunkte genauer unterscheiden und systematisieren.

Aspekte des Geschichtsbewusstseins

6. Dimensionen:
Zeitbewusstsein, Wirklichkeitsbewusstsein, Historizitätsbewusstsein, Identitätsbewusstsein, politisches Bewusstsein, ökonomisch-soziales Bewusstsein, moralisches Bewusstsein

1. Rezeptionsvoraussetzungen des Individuums:
Alter, Sozialisation, Interessen, Vorkenntnisse

2. Vermittlungsinstanzen:
Medien, Museen, Schule usw.

Geschichtsbewusstsein

5. Inhalte:
z. B. Kolonialismus, Industrialisierung, Nationalsozialismus

3. Reichweite/Ebenen/Kommunikationsgemeinschaften:
Individuum, Familie, Stadtteil/Stadt, Verein, Bundesland, Nation/Staat, Religionsgemeinschaft usw.

4. Bestandteile:
zeitliche Einordnungen, Ereignisse, Assoziationen, bildhafte Vorstellungen, und Erzählungen, Identifikationen und Ablehnungen, Deutungen, Urteile, Nutzanwendungen usw.

1. Die Entwicklung und Ausprägung von Geschichtsbewusstsein hängt von bestimmten Voraussetzungen ab, unter denen ein Mensch Geschichte, mit der er konfrontiert wird, aufnimmt und verarbeitet. Das Alter spielt eine Rolle, natürlich auch das soziale Umfeld, von außen kommende oder geschaffene Anregungen und Bedingungen; welche Bedeutung jeweils Reifung oder Sozialisation haben und wie sie sich zueinander verhalten, ist umstritten und unklar (vgl. Kap. 2.1). Und natürlich gibt es individuelle Interessen oder Vorkenntnisse, die die weitere Beschäftigung mit Geschichte beflügeln, aber vielleicht auch die Wahrnehmung einschränken oder Wertungen im Vorhinein beeinflussen können (vgl. Kap. 2.2 und 2.3). Den wenigsten Menschen – von Historikern abgesehen – geht es um die genaue analytische Beschäftigung mit historischen Themen. Zur Beschäftigung mit Geschichte kann (zunächst) anregen die Faszination des Vergangenen und Andersartigen; Geschichte kann zur Unterhaltung oder als Hobby dienen; oder es kann um das Interesse an der „eigenen" Geschichte, an der Herkunft, um die Suche nach historischer Identität gehen.
2. Geschichte wird durch unterschiedliche Instanzen vermittelt, die Schule ist nur eine davon. Die Art, Geschichte aufzugreifen und zu präsentieren, ist jeweils ganz unterschiedlich. Zeitungen, Funk und Fernsehen sind dabei zumeist selektiv und unsystematisch (vgl. als Überblicke zur Geschichtsvermittlung in der Öffentlichkeit Hardtwig/Schug 2009, Horn/Sauer 2009, Korte/Paletschek 2009, Oswalt/Pandel 2009). Sie orientieren sich vornehmlich an äußeren Anlässen, insbesondere Gedenktagen und Gedenkjahren. So stand zum Beispiel das Jahr 1998 ganz im Zeichen zweier historischer Jubiläumsereignisse, des Westfälischen Friedens von 1648 und der Deutschen Revolution von 1848. 2008 ging es vor allem um die Ereignisse, Veränderungen und Deutungen, die mit dem Jahr 1968 verknüpft sind. Während in jenen Jahren ein normaler Zeitungsleser diesen Themen nicht entgehen konnte, wurde er danach für geraume Zeit kaum mehr damit behelligt. Im Allgemeinen dominieren in den Medien Themen aus der jüngeren Geschichte, zurück bis etwa zum Kaiserreich von 1870/71. Als Kriterium dient der (vermeintliche) Gegenwartsbezug des Gegenstandes. Vorherrschend ist das Thema Nationalsozialismus, vieles andere scheint erst im Bezug darauf seine Relevanz zu gewinnen. Geschichte tritt hier oft als direktes Argument oder Lehrstück für die Gegenwart in Erscheinung: Es geht um die Vermittlung eines „richtigen", gegen falsche historische Sichtweisen wie aktuelle politische Verirrungen (Neonazismus) immunisierenden Geschichtsbewusstseins.
Gleichfalls auf aktuelle Anlässe bezogen sind die jeweiligen Jubiläumsausstellungen: „Heinrich der Löwe und seine Zeit" anlässlich seines achthundertsten Todestages 1995, „Kunst und Kultur der Karolingerzeit" anlässlich des Zusammentreffens von Karl dem Großen und Papst Leo III. in Paderborn 799, „Zeitenwende" im Jahr 2000, der Erste Weltkrieg 2004. An-

ders steht es mit den ständigen Ausstellungen von historischen Museen oder Heimatmuseen, die nicht an einem bestimmten Zeitpunkt, sondern meist am spezifischen Ort oder Raum ausgerichtet sind. Bei Ausstellungen und Museen ist seit längerer Zeit eine immer stärkere Didaktisierung zu beobachten. Das betrifft zum einen die Form der Darbietung, bei der eine Inszenierung an die Stelle der bloßen Präsentation einzelner Objekte tritt – dieser Trend ist allerdings in letzter Zeit wieder etwas rückläufig; das gilt aber auch für Lernhilfen und Anleitungen, die Museumspädagogen für spezielle Besuchergruppen, insbesondere Schulklassen, anbieten. Die Vermittlung von Geschichte wird also auch im Museum stärker gelenkt – es wird zum „Lernort" (vgl. Kap. 4.3.9). Vermittelt werden soll hier freilich nicht eine bestimmte gegenwartsbezogene „Botschaft"; es geht um Information, aber auch darum, Vergangenheit gerade im Kontrast zur Gegenwart als faszinierend andersartig erfahrbar zu machen.

Romane und Spielfilme stellen Geschichte fiktional dar (vgl. Kap. 5.2.6 und 5.1.5). Die Auswahl der Stoffe wird oft von den dramaturgischen Möglichkeiten geleitet, die sie bieten: abenteuerhaltige und spannungsreiche Situationen, Figurenkonstellationen und Handlungen. Das Spektrum der Darstellungsweisen ist weit. Gerade die populärsten Verarbeitungen sind oft eher moderne Geschichten, die in historischer Kulisse spielen. Der Leser oder Zuschauer lernt manches Ausstattungsdetail kennen, erfährt aber oft wenig über historische Lebens- und Denkweisen. Dennoch: Gerade solche Darstellungen wirken prägend, weil sie zusammenhängende Geschichten statt einzelner Informationen und Bilder bieten und einen emotionalen Zugang zur Geschichte ermöglichen. So erklärt sich auch der Erfolg von Filmen wie „Holocaust" oder „Schindlers Liste", deren Verdienst es ist, in der Bundesrepublik viel für das Interesse am Holocaust und die Sensibilisierung dafür beigetragen zu haben.

Geschichtsvermittlung in der Schule unterscheidet sich von all dem grundlegend: Nirgendwo sonst vollzieht sie sich in Form einer systematischen Behandlung vorgegebener Themen und der Einübung bestimmter Verfahren zu definierten übergreifenden Zwecken. Insofern liegt es auf der Hand, dass diese historische Unterweisung besonderer didaktischer Bemühungen bedarf.

3. Geschichtsbewusstsein kann unterschiedliche Reichweiten haben, sich auf unterschiedlichen Ebenen herausbilden. Zunächst bezieht es sich auf die eigene geschichtliche Erfahrung des Individuums, die je nach Lebensalter verschieden weit zurückreicht. Dann hängt es ab von bestimmten Kommunikationsgemeinschaften, innerhalb derer der Einzelne steht und auf die bezogen sich ein besonderes, historisch begründetes Zugehörigkeitsgefühl entwickelt. Das kann die Familie sein; ein Verein oder eine Religionsgemeinschaft, die ja oft nicht nur einen organisatorischen Rahmen für gemeinsame Akti-

vitäten und Überzeugungen, sondern auch eine Erinnerungsgemeinschaft bilden; der Wohnort, also das Dorf, der Stadtteil, die Stadt – das hängt stark davon ab, wie sehr man in dieser engeren Heimat verwurzelt ist; die weitere Heimat, also die Region, Landschaft, ein Bundesland – wo hier historisch gewachsenes Gemeinschaftsgefühl fehlt, wird heute versucht, dieses nachträglich (z. B. durch „Niedersachsentage") zu stiften.

Die dominierende und am meisten ins Auge fallende Bezugsebene für die Entwicklung von Geschichtsbewusstsein und historischer Identität waren in den letzten zwei bis drei Jahrhunderten die Nation oder/und der Staat. Gerade in der „verspäteten Nation" Deutschland ist nach der Reichsgründung die Ausbildung von Nationalbewusstsein und nationaler Identität überschwänglich und überzogen propagiert worden. Die forcierte Abgrenzung gegen andere – Frankreich als „Erbfeind" – war ein wichtiges Treibmittel für die Entwicklung von Wir-Gefühl. Und auch wenn in diesem Punkt aus gutem Grunde bei uns heute sehr viel nüchterner gedacht und gefühlt wird, ist unter der Hand doch noch viel davon erhalten geblieben – nicht nur bei Fußballländerspielen tritt es zum Vorschein. Wie attraktiv das Konzept „Nation" bei aller politischen und geschichtswissenschaftlichen Relativierung geblieben ist, zeigt die Entwicklung, die nach 1989 in den ehemaligen Ostblockstaaten eingetreten ist. Ein auf Europa bezogenes historisches Bewusstsein lässt sich dagegen noch nicht einmal in Ansätzen wahrnehmen.

4. Wie hat man sich Geschichtsbewusstsein eigentlich in seiner „geistigen Gestalt", gleichsam als mental map, vorzustellen? Genaues darüber wissen wir nicht. Geschichtsbewusstsein ist offenbar ein Konglomerat von verschiedensten Bestandteilen: Kenntnissen von Daten und Ereignissen, Raumvorstellungen, Bildern und Erzählungen, Vor- und Werturteilen. Bildhafte Vorstellungen spielen eine wichtige Rolle; sie werden bestimmt durch die Formen der Überlieferung. Wir sehen Hitlers Gesicht schwarz-weiß vor unserem Auge, weil die Fotografie und der Film der Zeit uns das so vorgeben. Napoleon erinnern wir als geschichtlich Interessierte vielleicht am ehesten in der farbigen Gestalt eines Gemäldes von Jacques-Louis David („Napoleon, die Alpen überschreitend" oder die „Kaiserkrönung"). Je komplexer und reflektierter das Geschichtsbewusstsein, desto mehr werden die Elemente der Begriffsbildung und Deutung zunehmen. Das kann von einzelnen Epochenkonzepten bis zu Theorien der Geschichtswissenschaft (z. B. Nationalismustheorien, Imperialismustheorien) gehen. Eine klare Organisationsstruktur hat dieses Bewusstsein jedenfalls nicht. Sie ist eher fließend und amorph, mit unterschiedlicher Wirksamkeit verschiedener Kategorien wie Chronologie, Systematik oder Gegenwartsbezug.

5. Die Inhalte des Geschichtsbewusstseins sind stark den Veränderungen der Vorgaben für die Schule, aber auch dem allgemeinen kulturellen Wandel unterworfen; das gilt ebenso für Themen wie damit verbundene Haltungen und

Urteile. Entsprechende Untersuchungen bei Kindern und Jugendlichen zeigen, dass klassische nationale Stoffe wie Karl der Große, Reformation oder Bismarck keinen hohen Stellenwert mehr haben – das entspricht dem allgemeinen Trend in der Öffentlichkeit. Stattdessen haben Themen wie Kolonialismus, Industrialisierung oder Nationalsozialismus an Bedeutung gewonnen. Kolonialismus und Nationalsozialismus sind mit einer eindeutigen Negativwertung versehen. Rapide verändert hat sich in den letzten dreißig Jahren die grundsätzliche Haltung gegenüber der Vergangenheit: Unbefragte Identifikation und Übernahme von Traditionen werden heftig abgelehnt. Verbreitet sind dagegen offenbar Demokratieeinsicht, Bejahung von und Eintreten für politische Partizipation, Freiheit, Gleichheit (vgl. von Borries/ Lehmann 1991, S. 155).

6. Wiederum auf einer anderen Ebene liegt der Versuch, theoretisch einzelne Bereiche des Geschichtsbewusstseins zu unterscheiden. Hans-Jürgen Pandel hat dazu ein Modell entwickelt, das häufig aufgegriffen worden ist (vgl. Pandel 1987). Er unterscheidet sieben Dimensionen des Geschichtsbewusstseins:

▸ Beim *Zeitbewusstsein* geht es darum, zwischen Vergangenheit, Gegenwart und Zukunft zu unterscheiden und Ereignisse entsprechend einordnen zu können. Wichtig ist außerdem die Unterscheidung von physikalischer und historischer Zeit: Die Dichte für uns relevanter historischer Ereignisse kann – bei gleicher Länge physikalischer Zeit – je nach Epoche erheblich schwanken. In der Regel ist es so, dass die Menge der Ereignisse, die uns der Beschäftigung wert erscheinen, zur Gegenwart hin immer weiter zunimmt. Die zwölf Jahre deutscher Geschichte von 1933 bis 1945 bieten weitaus mehr für uns Relevantes als die – beliebig herausgegriffenen – Jahre 1133 bis 1145. Natürlich spielt dabei auch die Dichte der Überlieferung eine Rolle.

▸ *Wirklichkeitsbewusstsein* bedeutet, Ereignisse und Personen als „real" oder „imaginär" unterscheiden zu können. Das ist nicht so leicht, wie es auf den ersten Blick erscheint. Für Kinder liegt beides noch lange auf gleicher Ebene (ein Ausspruch meines damals fünfjährigen Erstgeborenen: „Haben die Römer eigentlich auch Lummerland erobert?"). Besonders schwierig wird es dort, wo sich an historische Personen und Ereignisse Mythen und Legenden angelagert haben (z. B. Barbarossa). Diese Dimension des Geschichtsbewusstseins scheint umso stärker an Bedeutung zu gewinnen, je mehr uns Geschichte in fiktionalen Zusammenhängen begegnet, in denen auch Imaginäres wie Reales erscheint oder Geschichte sogar bewusst umgeschrieben wird (Asterix besiegt die Römer).

▸ *Historizitätsbewusstsein* meint die Einsicht, dass Verhältnisse nicht gleich bleiben, sondern sich in der Zeit verändern. In der Anschauung von gegenwärtig Existierendem ist dies kaum erkennbar, denn die Veränderungen

vollziehen sich nur langsam und der zeitgenössische Beobachter verändert sich mit ihnen. Historischer Wandel lässt sich erst erfahren, wenn man längere Zeiträume in den Blick nimmt und Vergleiche vornimmt.
- Jeder Mensch fühlt sich bestimmten sozialen Gruppen zugehörig und bildet auf sie bezogen ein Wir-Gefühl aus. *Identitätsbewusstsein* bezeichnet die Fähigkeit, historisch begründete Zugehörigkeitsgefühle bei sich und anderen wahrzunehmen und zu reflektieren (vgl. oben Punkt 3).
- *Politisches Bewusstsein* bedeutet die allgemeine Einsicht, dass menschliche Gesellschaften durch Herrschaftsverhältnisse bestimmt sind, und die Fähigkeit, solche Strukturen zu erkennen und zu analysieren.
- Das *ökonomisch-soziale Bewusstsein* liegt nahe beim politischen. Hier geht es um die Erkenntnis von sozialer Ungleichheit in den (groben) Kategorien von „arm" und „reich".
- Beim *moralischen Bewusstsein* geht es um die angemessene Wertung historischer Handlungen und Ereignisse. Heutige Maßstäbe von „gut und böse", „richtig oder falsch" können nicht einfach auf historische Situationen übertragen werden. Es gilt zunächst, die Werte und Normen zu rekonstruieren, nach denen die Menschen damals gehandelt haben. Freilich darf das wiederum nicht zu einem völligen Relativismus führen, der alles entschuldigt, was im Horizont zeitgenössischen Denkens als akzeptabel galt. Es geht um den schwierigen Versuch, damaliges Denken und Handeln und heutige Vorstellungen miteinander zu vermitteln.

Bei diesen Dimensionen handelt es sich – wie gesagt – zunächst um ein theoretisches Modell. Ob sich die einzelnen Komponenten des Geschichtsbewusstseins in reiner Form auch empirisch nachweisen lassen, ist eine offene Frage. Denkbar wären auch weitere Dimensionen: etwa ein Perspektivbewusstsein, also ein Verständnis dafür, dass Geschichte immer aus einem bestimmten Blickwinkel wahrgenommen und überliefert wird, oder ein Geschlechtsbewusstsein, das die Differenz „männlich – weiblich" als wirkungsmächtiges Element von Geschichte begreift. Jedenfalls lässt sich die Förderung der einzelnen Komponenten auch als Aufgabe des Geschichtsunterrichts auffassen.

Weiterführende Literatur

Borries, Bodo von/Pandel, Hans-Jürgen/Rüsen, Jörn (Hrsg.), Geschichtsbewußtsein empirisch, Pfaffenweiler 1991.

Borries, Bodo von/Lehmann, Rainer H., Geschichtsbewußtsein Hamburger Schülerinnen und Schüler 1988. Empirische Befunde einer quantitativen Pilotstudie, in: Borries, Bodo von/ Pandel, Hans-Jürgen/Rüsen, Jörn (Hrsg.), Geschichtsbewußtsein empirisch, Pfaffenweiler 1991, S. 121–220.

Borries, Bodo von, Das Geschichtsbewußtsein Jugendlicher. Eine repräsentative Untersuchung über Vergangenheitsdeutungen, Gegenwartswahrnehmungen und Zukunftserwartungen von Schülerinnen und Schülern in Ost- und Westdeutschland, Weinheim/München 1995.

Hardtwig, Wolfgang/Schug, Alexander (Hrsg.), History sells! Angewandte Geschichte als Wissenschaft und Markt, Stuttgart 2009.

Horn, Sabine/Sauer, Michael (Hrsg.), Geschichte und Öffentlichkeit. Orte – Medien – Institutionen, Göttingen 2009.
Jeismann, Karl-Ernst, „Geschichtsbewußtsein". Überlegungen zur zentralen Kategorie des neuen Ansatzes, in: Süßmuth, Hans (Hrsg.), Geschichtsdidaktische Positionen, Paderborn 1980, S. 179–222.
Jeismann, Karl-Ernst, „Geschichtsbewußtsein" als zentrale Kategorie des Geschichtsunterrichts, in: Niemetz, Gerold (Hrsg.), Aktuelle Probleme der Geschichtsdidaktik, Stuttgart 1990, S. 44–75.
Kölbl, Carlos, Geschichtsbewusstsein im Jugendalter. Grundzüge einer Entwicklungspsychologie historischer Sinnbildung, Bielefeld 2004.
Korte, Barbara/Paletschek, Sylvia (Hrsg.), History Goes Pop. Zur Repräsentation von Geschichte in populären Medien und Genres, Bielefeld 2009.
Lorenz, Chris, Konstruktion der Vergangenheit. Eine Einführung in die Geschichtstheorie, Köln/Weimar/Wien 1997.
Mütter, Bernd/Schönemann, Bernd/Uffelmann, Uwe (Hrsg.), Geschichtskultur. Theorie – Empirie – Pragmatik, Weinheim 2000.
Oswalt, Vadim/Pandel, Hans-Jürgen (Hrsg.), Geschichtskultur. Die Anwesenheit von Vergangenheit in der Gegenwart, Schwalbach/Ts. 2009.
Pandel, Hans-Jürgen, Dimensionen des Geschichtsbewußtseins. Ein Versuch, seine Struktur für Empirie und Pragmatik diskutierbar zu machen, in: Geschichtsdidaktik 12, 1987, H. 2, S. 130–142.
Pandel, Hans-Jürgen, Geschichtlichkeit und Gesellschaftlichkeit im Geschichtsbewußtsein. Zusammenfassendes Resümee empirischer Untersuchungen, in: Borries, Bodo von/Pandel, Hans-Jürgen/Rüsen, Jörn (Hrsg.), Geschichtsbewußtsein empirisch, Pfaffenweiler 1991, S. 1–23.
Rüsen, Jörn, Geschichtskultur, in: GWU 46, 1995, H. 9, S. 513–521.
Rüsen, Jörn (Hrsg.), Geschichtsbewußtsein. Psychologische Grundlagen, Entwicklungskonzepte, empirische Befunde, Köln/Weimar/Wien 2001.
Schönemann, Bernd, Geschichtsdidaktik und Geschichtskultur, in: Mütter, Bernd/Schönemann, Bernd/Uffelmann, Uwe (Hrsg.), Geschichtskultur. Theorie – Empirie – Pragmatik, Weinheim 2000, S. 26–58.
Schönemann, Bernd, Geschichtsdidaktik, Geschichtskultur, Geschichtswissenschaft, in: Günther-Arndt, Hilke, Geschichts-Didaktik. Praxishandbuch für die Sekundarstufe I und II, Berlin 4. Aufl. 2009, S. 11–22.

1.2 Aufgaben und Ziele des Faches

Geschichtsunterricht legitimiert sich nicht einfach von seinem Gegenstand her. Es geht um dessen aktuelle gesellschaftliche Relevanz und seine Bedeutung für die Adressaten. Ihnen soll Geschichtsbewusstsein vermittelt und historisch fundierte Gegenwartsorientierung ermöglicht werden. Was kann der Geschichtsunterricht dabei im Einzelnen anstreben und bewirken? Die folgenden Stichpunkte leiten sich nicht unmittelbar aus den Überlegungen in Kapitel 1.1 ab, aber diese bilden den Reflexionshorizont dafür:

▸ Die Auseinandersetzung des Menschen mit der Geschichte bildet eine völlig eigenständige Denkform. Sie eröffnet Wahrnehmungs- und Reflexionsmöglichkeiten, die durch keinen anderen Fächerzugang zu ersetzen sind.
▸ Wer sich mit Geschichte beschäftigt, begegnet dem historisch und/oder kulturell Anderen. Das relativiert das Eigene, vermeintlich Selbstverständliche,

macht Alternativen denkbar und den Vergleich unterschiedlicher Wertvorstellungen möglich.
- Indem Bestehendes nicht als „zwangsläufig", sondern als „geworden" betrachtet wird, schärft Geschichte den „Möglichkeitssinn" (Robert Musil); Alternatives wird denkbar, ohne dass dabei der Blick für das Machbare verloren geht.
- Geschichte vermittelt die Einsicht, dass das Denken und Handeln von Menschen immer zeit-, standort- und interessengebunden ist.
- Wer sich mit Geschichte befasst, lernt ein weites Spektrum möglicher menschlicher Verhaltensweisen – „im Guten", „im Schlechten", „in der Normalität" – kennen und gewinnt damit gleichsam anthropologische Einsichten.
- Geschichte kann der Erklärung, Einordnung und Relativierung von Gegenwartsphänomenen (auch der eigenen Lebenssituation) dienen, indem deren Entwicklung und Ursachen analysiert werden.
- Die Beschäftigung mit Geschichte kann zur Ausbildung eines historischen Identitätsbewusstseins führen. Dafür muss Vergangenheit in Beziehung zur eigenen Gegenwart gesetzt, müssen Deutungsangebote geprüft und als persönlich oder für die Bezugsgruppe (Familie, Ort, Nation) relevant anverwandelt (oder auch als nicht relevant abgelehnt) werden.
- Geschichte kann die Fähigkeit schärfen, langfristige Entwicklungstrends wahrzunehmen, die von der Vergangenheit über die Gegenwart in die Zukunft reichen.
- Geschichte kann an historischen Beispielen Kategorien politischen und sozialen Handelns und Urteilens vermitteln. Der Vorzug gegenüber dem Fach Politik ist, dass historische Fälle weniger im Tagesstreit stehen und sich an ihnen – strukturelle Ähnlichkeit vorausgesetzt – Folgen und Ergebnisse von Handlungen überprüfen lassen.
- Die Untersuchung der Geschichte von Herrschaft, politischer Teilhabe, sozialen Verhältnissen kann zu der Einsicht führen, dass Veränderungen und Fortschritte nicht von alleine eintreten, sondern durchgesetzt und gestaltet werden müssen: ein historisches Plädoyer für Engagement in der Gegenwart.
- Schülerinnen und Schüler sind im Alltag mit Geschichte in den unterschiedlichsten Formen konfrontiert. Eigene Kenntnisse sind notwendig, damit sie damit adäquat umgehen können. Das gilt besonders für öffentlich wirksame Deutungen von Geschichte, die man reflektieren können muss.
- Geschichte wird vielfach als Argument für die Gegenwart herangezogen. Politische Haltungen und Grundüberzeugungen werden historisch legitimiert. Es ist wichtig, solche Argumente auf ihre Triftigkeit prüfen zu können – bei anderen, aber auch bei sich selber.

Von allen anderen Arten der Geschichtsvermittlung unterscheidet sich der Geschichtsunterricht dadurch, dass er zielgerichtet und systematisch ausgerichtet ist. Während die alltagsweltliche Beschäftigung mit Geschichte der Unterhaltung, der Projektion, der Identifikation oder der Legitimation dienen soll, geht es hier um das Erlernen von Kenntnissen und Verfahren, die Schülerinnen und Schüler zu den oben genannten Reflexionen befähigen sollen. Reflexiver Umgang mit Geschichte als Ziel schulischer Unterweisung ist im Übrigen durchaus keine Selbstverständlichkeit. Weltweit gesehen ist er eher die Ausnahme. Schließlich hatte auch in Deutschland der Geschichtsunterricht die meiste Zeit über die Aufgabe, die aktuellen Staats- und Gesellschaftsverhältnisse historisch zu legitimieren. Es ging um direkte moralische Nutzanwendung: Geschichtsunterricht sollte Identifikation, Zustimmung und Begeisterung, aber auch Ablehnung und Abscheu hervorrufen – gegenüber Franzosen, Polen, Juden oder dem Klassenfeind. Ob die deutsche Nation oder der Sozialismus Maßstab solcher historischer Indoktrination war, macht prinzipiell keinen Unterschied.

Weiterführende Literatur

Rohlfes, Joachim/Jeismann, Karl-Ernst (Hrsg.), Geschichtsunterricht. Inhalte und Ziele, Stuttgart 1975, S. 118–123.

Allgemein zum Sinn der Beschäftigung mit Geschichte
Kocka, Jürgen, Geschichte, München 1976.
Kocka, Jürgen, Geschichte wozu?, in: Ders., Sozialgeschichte. Begriff – Entwicklung – Probleme, Göttingen 1977, 2., erw. Aufl. 1986, S. 112–131.
Koselleck, Reinhart, Wozu noch Historie?, in: Baumgartner, Hans Michael/Rüsen, Jörn (Hrsg.), Seminar: Geschichte und Theorie. Umrisse einer Historik, Frankfurt a. M. 2. Aufl. 1982, S. 17–35.
Koselleck, Reinhard, Vom Sinn und Unsinn der Geschichte, in: Müller, Klaus E./Rüsen, Jörn (Hrsg.), Historische Sinnbildung. Problemstellungen, Zeitkonzepte, Wahrnehmungshorizonte, Darstellungsstrategien, Reinbek 1997, S. 79–97.
Nipperdey, Thomas, Wozu Geschichte?, in: Kaltenbrunner, Gerd-Klaus (Hrsg.), Die Zukunft der Vergangenheit. Lebendige Geschichte – Klagende Historiker, München 1975, S. 34–57.
Nipperdey, Thomas, Neugier, Skepsis und das Erbe. Vom Nutzen und Nachteil der Geschichte für das Leben, in: Ders., Nachdenken über die deutsche Geschichte, München 1986, S. 7–20.

1.3 Schülerkompetenzen

Seit einigen Jahren dominiert der Kompetenzbegriff die Diskussion über schulische Bildungsziele. Die traditionellen Lehrpläne waren „inputorientiert"; sie schrieben vor, welche Themen wann und ggf. mit welchem Zeitaufwand im Unterricht behandelt werden sollten. Stattdessen werden nun „Bildungsstandards" für die einzelnen Fächer gefordert (vgl. Klieme 2003). Sie sollen im Sinne eines „Output-Modells" festlegen, welche Kompetenzen Schülerinnen und Schüler systematisch fortschreitend (kumulativ) jeweils bis zu einer bestimmten Jahrgangsstufe erworben haben sollen. Diese Kompetenzen sollen sich auf die „Kernideen" der Fächer (Begriffsvorstellungen, Denkoperationen, Grundlagenwissen) beziehen. Sie sollen so ausformuliert sein, dass sich durch entsprechende Aufgabenstellungen überprüfen lässt, auf welchem Stand der Kompetenzentwicklung sich einzelne Schülerinnen und Schüler befinden – bis hin zu der

Frage, in welchem Umfang sie eine einzelne Kompetenz beherrschen (Graduierung). Aus dieser Diagnose des individuellen Kompetenzstandes sollte dann konsequenterweise auch eine individuelle Förderung ableitbar sein.

Dieses neue Konzept ist in den Didaktiken der einzelnen Schulfächer und bei den Lehrkräften auf unterschiedliche Zustimmung gestoßen. Am frühsten und intensivsten aufgegriffen und umgesetzt wurde es dort, wo das fachliche Lernen ohnehin stark regelbasiert und aufgabenorientiert stattfindet, also etwa in Mathematik oder einem Bereich wie Rechtschreibung. Eher zurückhaltend aufgenommen wurden die Vorgaben in jenen Fächern, in denen komplexe und vielfach ergebnisoffene Deutungsprozesse eine zentrale Rolle spielen, also etwa in den Literaturen und eben auch in Geschichte. In der Tat lässt sich wohl mit Recht bezweifeln, ob die Beschreibung von Kompetenzen, die Entwicklung von Bildungsstandards und Aufgabenformaten im Fach Geschichte überhaupt in so bündiger und folgerichtiger Art und Weise wie etwa im Fach Mathematik zu leisten ist. Trotz aller relativierenden Einwände aber kann die Kompetenzorientierung wohl doch dazu beitragen, zentrale Ziele und Anliegen des Faches Geschichte gegenüber einer bloßen Stofforientierung stärker in den Fokus zu rücken – Ziele, die es in der Unterrichtspraxis mit einem langen Atem zu verfolgen gilt.

Für einige Fächer – Deutsch, Mathematik, Fremdsprachen – sind im Auftrag der Kultusministerkonferenz bereits bundesweite Bildungsstandards erarbeitet worden. Eine solche zentrale Vorgabe ist für das Fach Geschichte bislang nicht geplant. Stattdessen haben inzwischen die meisten Bundesländer Curricula vorgelegt, in denen ebenfalls versucht wird, einschlägige Kompetenzen zu benennen und zu strukturieren, wobei aber bis auf ganz wenige Ausnahmen der klassische chronologisch-thematische Durchgang durch die Geschichte erhalten bleibt (vgl. Kap. 3.1.3). Vonseiten der Geschichtsdidaktik sind unterschiedliche Kompetenzmodelle vorgeschlagen worden, die teils eher theoretisch, teils stärker pragmatisch ausgerichtet sind und entsprechend mehr oder weniger komplex ausfallen (vgl. Gautschi 2009, S. 48–66, Körber/Schreiber/Schöner 2007, Pandel 2005, Sauer 2006). Bei allen Unterschieden stimmen sie darin überein, das besonders hervorzuheben und auszudifferenzieren, was man als „historisches Denken" bezeichnen kann. Dies ist ein Schritt, der über das klassische „Methodenlernen", wie es sich mittlerweile in jedem Schulbuch auf gesonderten Übungsseiten findet, hinausgeht. Gewiss handelt es sich in beiden Fällen um wichtige Kompetenzbereiche, zwischen denen zudem die Übergänge fließend sind. Während allerdings über den Bereich des Methodenlernens weitgehend Übereinstimmung herrscht, finden wir im Bereich des „historischen Denkens" in den einzelnen Modellen zunächst recht unterschiedliche Strukturierungen und Terminologien. Die geistigen Operationen, die sich dahinter verbergen, sind am Ende aber doch vielfach ähnlich. (Ein genauerer Vergleich kann hier nicht vorgenommen werden; die folgenden Stichpunkte orientieren sich im Wesentlichen an Sauer 2006.)

Deutungs- und Reflexionskompetenz („historisches Denken")

(In den Hinweisen zu den einzelnen Kompetenzen werden teilweise mögliche Entwicklungsstufen der Kompetenz angedeutet.)

- *Konstruktcharakter von Geschichte erkennen*: Schülerinnen und Schüler können erkennen, dass Aussagen über die Vergangenheit nur aufgrund historischer Zeugnisse gemacht werden können, deren Aussagekraft begrenzt ist und die sich in unterschiedlicher Weise auslegen lassen. „Geschichte" existiert nicht an sich, sondern entsteht erst durch Deutung. Die entsprechende Kompetenz können Schülerinnen und Schüler z. B. dadurch besonders gut gewinnen, dass sie sich mit der Rezeptionsgeschichte bestimmter historischer Ereignisse in Vergangenheit und Gegenwart befassen. Dadurch wird die Darstellung von Geschichte als Deutungsgeschäft erkennbar, das von den jeweiligen Zeitumständen abhängt.
- *Mit Perspektivität in der Geschichte umgehen*: Historische Zeugnisse sind in den meisten Fällen durch eine bestimmte Wahrnehmungsperspektive geprägt, die sich aus dem Standpunkt desjenigen ergibt, der sich dort äußert. Dabei können ganz verschiedene Aspekte eine Rolle spielen: kulturelle, religiöse, nationale Zugehörigkeit, soziale Position, Geschlecht, politisches oder wirtschaftliches Interesse. Schülerinnen und Schüler können Perspektivität in Quellen erkennen und analysieren und sich in unterschiedliche historische Perspektiven hineinversetzen. Dies lässt sich z. B. dadurch schulen, dass Schülerinnen und Schüler so oft wie möglich mit multiperspektivischen Quellenzusammenstellungen arbeiten oder systematische Übungen im Wechsel und in der Übernahme von Perspektiven vornehmen.
- *Sach- und Werturteile differenzieren*: Schülerinnen und Schüler können das Handeln von Menschen in früheren Zeiten vor dem Horizont zeitgenössischer Wertvorstellungen, Rahmenbedingungen und Handlungsspielräume wahrnehmen (Sachurteil). Sie können gegenwärtige und historische Wertvorstellungen und Urteilsnormen kritisch aufeinander beziehen (Werturteil).
- *Veränderung in der Geschichte wahrnehmen*: Die Schülerinnen und Schüler können einfache punktuelle Vergleiche zwischen „damals" und „heute" vornehmen. Sie können Veränderungen in der Geschichte langfristig und prozesshaft wahrnehmen. Sie können das Wechselspiel zwischen Kontinuität und Wandel in der Geschichte erkennen.
- *Gegenwartsbezüge herstellen*: Geschichtsunterricht soll einer historisch fundierten Orientierung in der Gegenwart dienen. Schülerinnen und Schüler können Spuren der Vergangenheit in der Gegenwart finden und die historische Bedingtheit heutiger Phänomene erkennen. Sie können historische Situationen durch Vergleich und Analogiebildung auf die Gegenwart beziehen. Sie können aus Wissen und Einsichten über die Vergangenheit Beurteilungsmaßstäbe und Handlungsanleitungen für die Gegenwart gewinnen. Gegenwartsbezüge bieten sich häufig an oder werden unter der Hand vorgenommen. Es geht darum, sie ausdrücklich zu benennen und mit den Schülerinnen und Schülern systematisch zu üben.

- *Mit Dimensionen/Kategorien/Begriffen arbeiten*: Schülerinnen und Schüler können einzelne Dimensionen unterscheiden, unter denen sich Geschichte betrachten lässt: Politik, Wirtschaft, Krieg, Technik, Arbeit, soziale Verhältnisse, Alltag, Kultur, Geschlecht usw. (vgl. Kap. 3.1.1). Dabei handelt es sich gewissermaßen um Sonden, mit denen sich verschiedenartige Einsichten über die Vergangenheit zutage fördern lassen. Schülerinnen und Schüler kennen Kategorien (die Abgrenzung von den Dimensionen ist nicht immer eindeutig) zur Deutung und Wertung historischer Prozesse der Geschichte und können sie anwenden. Solche Kategorien sind z. B.: lange Dauer, Epoche, Generation; Herrschaft und politische Partizipation; Ideologie, Legitimation; Menschenrechte, Emanzipation, Solidarität. Schülerinnen und Schüler können mit einschlägigen Begriffen operieren. Dabei gilt es zu unterscheiden zwischen Quellenbegriffen (Manufaktur, Schwertleite) und Theorie- oder Analysebegriffen (Imperialismus, Modernisierung).
- *Verfahren historischer Untersuchung beherrschen*: Schülerinnen und Schüler können auf der Grundlage von erworbenem Wissen historische Fragen formulieren, Hypothesen aufstellen und überprüfen. Sie können historische Handlungen, Ereignisse und Prozesse im Hinblick auf Anlässe, Ursachen, Motive, Folgen prüfen. Sie können Ansätze historischer Untersuchung (Epochenquerschnitt, Längsschnitt, Vergleich, Fallanalyse; vgl. Kap. 3.2) unterscheiden.
- *Mit Darstellungen von Geschichte kritisch umgehen*: Geschichte konstituiert sich erst in späteren Deutungen. Auch diese Deutungen sind geprägt durch Perspektivität. Wir sprechen dabei in der Regel von Kontroversität (vgl. Kap. 4.2.2). Schülerinnen und Schüler sollten in der Lage sein, verschiedenartige Deutungen historischer Ereignisse, Situationen, Prozesse oder Personen zu analysieren und zu bewerten. Das gilt ganz besonders für jene wirkungsmächtigen Deutungen, die ihnen im Bereich der öffentlichen Geschichtsvermittlung, vor allem in Film und Fernsehen, begegnen.
- *Eigene Deutungen von Geschichte vornehmen*: Schülerinnen und Schüler können eigene Deutungen und Wertungen historischer Sachverhalte argumentativ begründen (zeitliche Beziehungen präzise ausdrücken, Thesen begründen, Ursache-Folge-Beziehungen erläutern, Einzelbeobachtungen generalisieren, allgemeine Aussagen konkretisieren, verschiedene Grade von Triftigkeit ausdrücken). Sie können Quellen und Darstellungen in angemessener Weise in die eigene Argumentation einbeziehen. Viele der vorhergehenden Teilkompetenzen (und auch die entsprechenden Medien-Methoden-Kompetenzen) müssen hierfür aktiviert werden und bündeln sich in dieser Kompetenz. Es handelt sich dabei um eine anspruchsvolle, komplexe Darstellungsleistung, die über die Interpretation einzelner Quellen hinausgeht und sie einbindet (vgl. das differenzierte Kriterienraster bei Schönemann/Thünemann/Zülsdorf-Kersting 2010, S. 34–36). Dies wird häufig auch als narrative Kompetenz bezeichnet (vgl. Barricelli 2005).

Medien-Methoden-Kompetenz

(Dieser Doppelbegriff soll darauf hinweisen, dass für den sachgerechten Umgang mit einzelnen Medien immer ganz spezifische Methoden erforderlich sind.)
Schülerinnen und Schüler können mit den wichtigsten Quellen und Darstellungsformen von Geschichte umgehen: Textquellen, Bildquellen, Sachquellen, Filme, Karten, Statistiken, aber auch Deutungen von Geschichte etwa in Form von Historikertexten. Zentral dabei sind die durchgängige Unterscheidung von Quelle und Darstellung sowie die Wahrnehmung ihrer Perspektivität. Die Übergänge zur „Deutungs- und Reflexionskompetenz" sind unter diesen Aspekten fließend. Außerdem gilt es die vielen Arten von Quellen, mit denen wir es zu tun haben, nach ihrem Aussage- bzw. Quellenwert zu unterscheiden und zu bewerten.

Unklarheit herrscht darüber, ob der Bereich des Sachwissens überhaupt in der Kompetenzbegrifflichkeit zu fassen ist („Sachkompetenz"). Die verschiedenen Modelle und Curricula verfahren hier unterschiedlich. Wenn man die Akzentsetzung im Bereich der fachspezifischen geistigen Operationen unterstreichen will, spricht einiges dafür, diesen Bereich nicht als Kompetenz zu beschreiben – die Psychologie unterscheidet solches deklarative von einem prozeduralen Wissen. Dennoch ist es angebracht, sich im Kontext der Kompetenzorientierung Gedanken über den Zuschnitt des Sachwissens im Geschichtsunterricht zu machen. Denn es ist nicht damit getan, einen bloßen Themenkatalog zusammenzustellen. Deutlich werden sollte, welche Kenntnisse, Erkenntnisse und Einsichten der Schülerinnen und Schüler beim jeweiligen Thema intendiert sind und welchen Stellenwert diese im weiteren Kontext der historischen Bildung haben. Mit anderen Worten: Es sollte intensiver auf kategorialer Ebene über die Auswahl und Begründung von Themen nachgedacht werden (vgl. Kap. 3.1, grundsätzlich von Borries 1995). Zum Sachwissen gehört auch die Kenntnis themenbezogener Daten, Namen und Fachbegriffe. Dabei ist es notwendig, sich auf ein möglichst knappes, aber auch sehr verbindliches Repertoire zu konzentrieren. Seit Geschichte sich vom klassischen Lern- zum Denkfach entwickelt hat, sind solche „Kanonfragen" nicht mehr sonderlich wichtig genommen worden (vgl. GWU 2009). Das ist insofern erstaunlich, als die Vorstellungen davon, was Schülerinnen und Schüler an Daten und Fakten zu beherrschen hätten, erheblich auseinanderklaffen (empirische Befunde dazu in Sauer 2008). Wahrscheinlich gilt es hierbei noch genauer zu klären, welche Kenntnisse tatsächlich dauerhaft gelernt werden sollen und welche nur in einen themenbezogenen „Arbeitsspeicher" gehören. Dass solche Fragen immer wieder aufs Neue verhandelt werden müssen, versteht sich von selbst.

Der Geschichtsunterricht verzichtet immer stärker auf eine flächendeckende Behandlung der Geschichte und setzt immer stärker thematische Schwerpunkte. Dies hat zum einen äußere Gründe: Die potenziellen Themen nehmen zur Gegenwart hin immer stärker zu, die Stundenzahlen – speziell im Gymnasium durch die Reduzierung auf acht Schuljahre – nehmen ab. Zum anderen ist eine solche Schwerpunktsetzung aber auch didaktisch sinnvoll – Geschichte „vollständig" zu behandeln ist ohnehin weder möglich noch erstrebenswert. Umso notwendiger wird es nun aber, dass Schülerinnen und Schüler über ein chronologisches und räumliches Orientierungswissen verfügen, mit dessen Hilfe sie Einordnungen vornehmen und Bezüge herstellen können. Unentbehrliches Mittel dafür sind Geschichtskarte und Zeitleiste (vgl. Kap. 5.2.1 und 6.2.2). Entsprechende Kenntnisse und Vorstellungen lassen sich nur durch kontinuierliche unterrichtsbegleitende Verweise und weiträumigere Zusammenfassungen entwickeln.

Kompetenzorientierung bedeutet eine Herausforderung für Geschichtsunterricht und Geschichtsdidaktik (vgl. die Praxisanregungen in Geschichte lernen 2011). Es geht darum, „historisches Denken" als zentralen Kompetenzbereich in den Blick zu nehmen und sich um eine nachvollziehbare Operationalisierung zu bemühen, also Teiloperationen zu beschreiben, die möglichst trennscharf und tatsächlich beobachtbar sind und damit auch eine Orientierungsfunktion für die alltägliche Unterrichtsarbeit erfüllen. Das ist schwierig, weil es sich um äußerst komplexe Wahrnehmungs- und Verstehensprozesse handelt. Und schließlich wäre in allen Kompetenzbereichen eine Lernprogression zu beschreiben. Selbst im vermutlich einfachsten Bereich, der Medien-Methoden-Kompetenz, ist dies noch nicht erreicht. Im Moment werden hier praktisch immer Endziele und Maximalstandards definiert, der systematische Aufbau von Kompetenzen kommt kaum in den Blick. Dabei liegt es auf der Hand, dass etwa Arbeit mit Textquellen in der siebten Klasse nicht alle Aspekte berücksichtigen kann, die in der Oberstufe verlangt werden dürfen – aber was genau sollen Schülerinnen und Schüler dann beim Abschluss der 7. Klasse beherrschen? Diese Frage stellt sich für alle Arten von Quellen und Darstellungen jeweils einzeln. Und schließlich wäre dies alles mit der unseren Geschichtsunterricht beherrschenden chronologischen Vorgehensweise abzustimmen. Chronologie und systematische Kompetenzentwicklung unter einen Hut zu bekommen, ist wiederum eine schwierige Aufgabe. Auch bei der Entwicklung von sinnvollen Aufgaben und Diagnoseinstrumenten stehen wir noch ziemlich am Anfang (vgl. Geschichte lernen 2007).

Weiterführende Literatur

Barricelli, Michele, Schüler erzählen Geschichte. Narrative Kompetenz im Geschichtsunterricht, Schwalbach/Ts. 2005.
Borries, Bodo, Inhalte oder Kategorien? Überlegungen zur kind-, sach-, zeit- und schulgerechten Themenauswahl für den Geschichtsunterricht, in: GWU 46, 1995, H. 7/8, S. 421–435.
Borries, Bodo von, Kerncurriculum Geschichte in der gymnasialen Oberstufe, in: Tenorth, Heinz-Elmar (Hrsg.), Kerncurriculum Oberstufe II. Biologie, Chemie, Physik, Geschichte, Politik. Expertisen, Weinheim/Basel 2004, S. 236–321.

Gautschi, Peter, Guter Geschichtsunterricht. Grundlagen, Erkenntnisse, Hinweise, Schwalbach/Ts. 2009.
Geschichte in Wissenschaft und Unterricht 56, 2005, H. 12: Geschichtsunterricht – Standards und Kompetenzen.
Geschichte in Wissenschaft und Unterricht 60, 2009, H. 11: Orientierungswissen im Geschichtsunterricht.
Geschichte lernen H. 116 (2007): Diagnostizieren im Geschichtsunterricht.
Geschichte lernen H. 139 (2011): Kompetenzorientiert unterrichten.
Klieme, Eckhard u. a., Zur Entwicklung nationaler Bildungsstandards. Eine Expertise, Berlin 2003.
Körber, Andreas/Schreiber, Waltraud/Schöner, Alexander (Hrsg.), Kompetenzen historischen Denkens. Ein Strukturmodell als Beitrag zur Kompetenzorientierung in der Geschichtsdidaktik, Neuried 2007.
Pandel, Hans-Jürgen, Geschichtsunterricht nach PISA. Kompetenzen, Bildungsstandards und Kerncurricula, Schwalbach/Ts. 2005, 2. Aufl. 2007.
Sauer, Michael, Kompetenzen für den Geschichtsunterricht – ein pragmatisches Modell als Basis für die Bildungsstandards des Verbandes der Geschichtslehrer, in: Informationen für den Geschichts- und Gemeinschaftskundelehrer H. 72 (2006), S. 7–20.
Sauer, Michael, Geschichtszahlen – was sollen Schülerinnen und Schüler verbindlich lernen? Ergebnisse einer Lehrerbefragung, in: GWU 59, 2008, H. 11, S. 612–630.
Schönemann, Bernd/Thünemann, Holger/Zülsdorf-Kersting, Meik, Was können Abiturienten? Zugleich ein Beitrag zur Debatte über Kompetenzen und Standards im Fach Geschichte, Berlin 2010.

2 Lernvoraussetzungen

Wie bei jedem Lerngegenstand stellt sich auch beim Fach Geschichte die Frage nach den Lernvoraussetzungen der Schülerinnen und Schüler. Wofür interessieren sie sich, welche Vorkenntnisse und Erfahrungen bringen sie mit? Vor allem aber: Wie denken Schülerinnen und Schüler über Geschichte? Können wir dabei bestimmte Formen, Entwicklungen, Stufen feststellen? Wie kann der Geschichtsunterricht daran anknüpfen?

2.1 Psychologische Voraussetzungen des Geschichtslernens

Bis in die frühen Siebzigerjahre hat sich die Geschichtsdidaktik in Deutschland an den Erkenntnissen der damaligen Entwicklungspsychologie orientiert. Diese vertrat die Vorstellung von einem organischen, gleichsam naturhaften inneren geistigen Reifungsprozess, der sich in bestimmten Stufen oder Phasen vollziehe. Einflüsse von außen sah man dagegen als zweitrangig an. Die beiden einflussreichsten geschichtsdidaktischen Veröffentlichungen von Heinrich Roth (vgl. Roth 1955) und Waltraud Küppers (vgl. Küppers 1961) – beide basierend auf empirischen Untersuchungen – übernehmen dieses Modell. Roth unterscheidet zum Beispiel als Stufen historischer Verständnisfähigkeit das Märchenalter, das Sagenalter, das Abenteuergeschichtsalter, das Geschichtsalter und das Politikalter. Die Lehrkräfte, so die didaktische Konsequenz, sollten ihre Geschichtsvermittlung an diesen Stufen ausrichten. Ein Vorgreifen in den Anforderungen („Verfrühung") müsse man vermeiden. So sei in der Sekundarstufe I eine elementarisierende und emotionalisierende Beschäftigung mit Personen und Ereignissen adressatengerecht; die stärker analytische Beschäftigung mit Strukturen und Zusammenhängen gehöre in die Sekundarstufe II.

Ganz anders argumentierten die behavioristisch ausgerichtete Lernpsychologie und die Sozialisationsforschung, die – aus den USA kommend – zu Beginn der Siebzigerjahre in der deutschen Pädagogik rezipiert wurden. Nicht Reifung (und damit verbunden Begabung), sondern äußere Einflüsse seien entscheidend für die geistige Entwicklung von Kindern. Möglichst frühzeitige Förderung sei wichtig, insbesondere müsse man damit schichtenspezifische Benachteiligungen kompensieren. Im Lernbereich Geschichte/Politik müsse so früh wie möglich ein aufklärerisches, demokratisches und emanzipatorisches Geschichtsbewusstsein angebahnt werden. Die Kritik an der Entwicklungspsychologie lautete, sie habe einfach nur deskriptive Befunde zu Gesetzmäßigkeiten erhoben, ohne wirklich zu wissen, wodurch die beschriebene Entwicklung eigentlich zustande komme. Hatte die Entwicklungspsychologie in der Tat vermeintlich allgemeine und vorgegebene innere Mechanismen zu sehr in den Vordergrund gestellt, so ignorierten nun allerdings umgekehrt die neuen Ansätze ganz das Problem des Lernalters (vgl. zu dieser Kontroverse von Borries 1987, 2002b).

Bis in die Gegenwart hat sich in dieser Frage wenig getan. Didaktische Entscheidungen, die eigentlich auf der Basis empirischer Befunde getroffen werden müssten, finden gewohnheitsmäßig und aufgrund von Alltagserfahrung statt. Zwar ist sich die Geschichtsdidaktik darin einig, die ältere Entwicklungspsychologie als zu einfach abzulehnen. Aber ein brauchbares Gegenmodell ist bislang nicht entwickelt worden. Auch an Jean Piaget orientierte Versuche vermögen nicht recht zu überzeugen.

Piaget hat – auf der Basis von Einzelbefragungen, oft seiner eigenen Kinder – versucht, die kognitive Entwicklung von Kindern als eine Stufenfolge unterschiedlicher geistiger Operationen zu beschreiben. Dabei geht er aus von einem prozesshaften Gleichgewicht (Äquilibration) zwischen Denkstrukturen und Umweltwahrnehmungen: Teils wird die Wahrnehmung den kognitiven Strukturen angepasst (Assimilation), teils diese dem Wahrgenommenen (Akkomodation). In dieses Modell fließen also sowohl Einflüsse von Begabung und Reifung wie von Umwelt und Lernen ein. Kognitive Entwicklung ist bei Piaget – kurz gesagt – ein selbstkonstruktiver Prozess mit Interaktion zwischen Subjekt und Umwelt, also deutlich anders als bei einer Reifungstheorie. Zugleich aber haben Piagets Vorstellungen doch verkappt reifungstheoretischen Charakter, denn der Entwicklungsprozess verläuft bei ihm gleichsam natürlich und nach einer immanenten Logik. Er kann von außen durch passende Anregungen gefördert, aber nicht grundsätzlich beeinflusst werden. Deshalb ist es auch schwierig, aus Piagets Überlegungen pädagogische Konsequenzen im Hinblick auf schulisch organisiertes Lernen abzuleiten.

Piaget unterscheidet drei Hauptstufen der Entwicklung: Im Alter von zwei bis sieben Jahren handele und denke das Kind selbstbezogen. Es sei nicht in der Lage, sich in andere Menschen hineinzuversetzen, und gehe davon aus, jeder andere müsse so denken und urteilen wie es selber („präoperationale Phase"). Im Alter von sieben bis elf Jahren entwickele sich logisch-kombinatorisches Denken, freilich bezogen auf konkrete Beispiele und Zusammenhänge („konkret-operationale Phase"). Ab elf Jahren beherrsche der Mensch auch abstrakte Denkoperationen („formal-operationale Phase").

Christian Noack hat 1994 den differenziertesten Versuch vorgelegt, mit Bezug auf Piaget verschiedene Stufen der Entwicklung von Geschichtsbewusstsein zu beschreiben und zu überprüfen (vgl. Noack 1994). Er unterscheidet fünf Stufen, die von einem intuitiv-fantasieorientierten Umgang mit Geschichte über einen konventionell-affirmativen zu einem kritisch-reflexiven führen. Genaue Altersangaben gibt es dabei nicht. Manche Menschen erreichen höhere Stufen erst spät oder überhaupt nicht. Das Modell in Stichworten (vgl. Noack 1994, S. 29–31):

Stufe 1: intuitiv-projektiv (zwei bis sechs Jahre)
        Internalisierung wichtiger Eindrücke, starke emotionale und fantasiegeladene Bindung an historische Personen und Symbole

Stufe 2: konkret-narrativ (sechs bis zwölf Jahre oder älter)
: Dominanz von Erzählungen, Faszinationen durch die Taten großer Persönlichkeiten und durch Superlative (das Älteste, Entfernteste, Unheimlichste, Größte, Unerklärlichste)

Stufe 3: konventionell-affirmativ (Pubertät)
: Affirmative Ausbildung von Gruppenidentität, aktuelle Nutzanwendung von Geschichte, weiterhin personalisierende und emotionalisierende Geschichtsbetrachtung

Stufe 4: kritisch-reflektierend (Erwachsenenalter)
: Kritische Reflektion von Geschichtsbildern, historische Einordnung der eigenen Situation, Ausbildung historischer Identität, Wahrnehmung fremder Individualität, Wahrnehmung von gesellschaftlichen, sozialen, wirtschaftlichen Prozessen: Systeme und Institutionen statt Personen, Reflexion von Veränderung und Fortschritt

Stufe 5: selbstreflektiv-verbindend
: Erkennen von Perspektivität in der Geschichtswahrnehmung, Fremdverstehen, universale Werte, Einsicht in die allgemeine Prozesshaftigkeit von Geschichte

Welche Konsequenzen für die Geschichtsvermittlung im Geschichtsunterricht können aus diesen Überlegungen gezogen werden? Noack macht dazu einige Vorschläge (vgl. Noack 1994, S. 32–34):

- *Übergang von Stufe 2 zu 3 im Alter von 14 bis 16 Jahren:* Förderung von Rollenhandeln und Rollenfindung durch Konfrontation mit historischen Personen, Förderung der Auseinandersetzung mit Systemen und Strukturen (als bewusster Vorgriff auf Stufe 4)
- *Übergang von Stufe 3 zu 4 im Alter von 17 bis 19 Jahren:* Beschäftigung mit Systemen und Strukturen als „kognitive Herausforderung", kritische Geschichtsbetrachtung, Heranführung an „komplexe, postkonventionelle moralische Argumentationen"
- *Stufe 4 und 5* werden erst im Erwachsenenalter, mit steigender Lebenserfahrung und fachlicher Ausbildung erreicht. Sie fallen damit in das Aufgabenfeld von Erwachsenenbildung, Museums- oder Medienpädagogik.

All dies sind sehr globale Aussagen. Sie beziehen sich nicht nur auf historische Kompetenzen, sondern charakterisieren zugleich eine allgemeine Persönlichkeitsentwicklung. Die empirische Grundlegung ist ziemlich dürftig: Noack hat das Modell zunächst theoretisch entwickelt und dann versucht, in einzelnen Intensivinterviews (mit einer nicht genannten Zahl von Probanden) entsprechende Belege zu finden. Dabei lässt freilich die Art der Befragung große Interpretationsspielräume offen. Und schließlich ist das Verhältnis von Beschreibung und normativen Konsequenzen eher unklar: Mal plädiert Noack für die genaue Anpassung an eine Entwicklungsstufe, mal für eine bewusste Überschreitung. Als theoretischer Entwurf ist also Noacks Modell gewiss diskussionswürdig; eine tatsächlich empirisch abgesicherte Arbeitsgrundlage bietet es nicht.

In jüngerer Zeit ist der kognitiv-genetische Ansatz Piagets von der modernen Kognitions- und Entwicklungspsychologie deutlich revidiert worden. Von der Vorstellung, es gebe übergreifende und allgemeingültige intellektuelle Kompetenzen, die bei jedem Gegenstand gleichermaßen zur Geltung kämen, hat diese sich verabschiedet. An ihre Stelle ist das Konzept des „bereichsspezifischen Wissens" („domain specifity") getreten. Danach ist jeder Neuerwerb von Wissen oder Kompetenz vom vorherigen Stand im jeweiligen Bereich abhängig und jeder Bereich kann sich eigenständig entwickeln. Wissen und Können konstituieren sich durch individuelle Erarbeitung und Aneignung (vgl. im Hinblick auf Geschichte Krieger 2001, Schaub 1999).

Dieses Modell bedeutet den Abschied von den früheren Stufenkonzepten – negativ betrachtet: den Verzicht auf deren Stringenz. Für Lehrende lag der Vorteil der Stufentheorien darin, dass sie über die Definition von (vermeintlicher) altersbezogener Normalität eine Regelhaftigkeit vorgaben und damit Sicherheit vermittelten. Im neuen Modell nimmt die individuelle und themenbezogene Bandbreite von Entwicklungsmöglichkeiten erheblich zu. Unterschiede müssen oder können nicht mehr als Abweichung von einer Norm, als Verfrühung oder Verspätung, interpretiert werden. Und ein und dieselbe Person kann in verschiedenen Bereichen ganz unterschiedliche Entwicklungsstände aufweisen. Allerdings heißt das nicht, dass Entwicklungsprozesse gänzlich unabhängig vom Lebensalter verlaufen würden.

Bei der Beschreibung und Untersuchung einzelner Denkoperationen oder Teilbereiche historischen Verstehens lohnt sich ein Blick über die Grenzen (Zusammenfassungen internationaler Forschungsarbeiten bei von Borries 2002a, 2002c, Pleitner 2007, als Gesamtüberblick zur empirischen Forschung Barricelli/Sauer 2010). Die intensivsten Erfahrungen mit dem Versuch, methodisches Bewusstsein und Reflexivität bei der Geschichtsvermittlung zu erforschen und zugleich zu fördern, liegen in England vor. Seit 1991 gibt es dort ein methodenbezogenes „National Curriculum" (The National Curriculum 1995). Zu den Vorbereitungs- und Begleitstudien gehörte unter anderem ein Projekt mit dem Titel „Concepts of History and Teaching Approaches" (kurz Chata). Die drei Forscher Rosalyn Ashby, Alaric Dickinson und Peter Lee haben u. a. im Vergleich von 2., 5., 6. und 8. Klassen untersucht, wie sich die Vorstellungen vom Verhältnis zwischen Vergangenheit und Darstellungen dieser Vergangenheit verändern. Die Schülerinnen und Schüler sollten zu zwei knappen Bild-Text-Geschichten Stellung nehmen, die das Ende des Römischen Reiches unterschiedlich deuten. Unterschieden werden sechs Formen, wie – ausgehend von der Differenz zwischen den beiden Darstellungen – Vergangenheit verstanden und erklärt wird. Dabei ist eine deutliche Progression erkennbar:

1. Die Vergangenheit und die Geschichten darüber sind identisch. Erzählung ist gleichbedeutend mit Wirklichkeit.

2. Es gibt Unterschiede zwischen verschiedenen Darstellungen. Die Erklärung dafür: Weil wir selber nicht dabei waren, können wir es eben nicht genau wissen.
3. Deutungen von Geschichte hängen von verfügbaren Informationen ab. Unterschiede zwischen verschiedenen Darstellungen resultieren aus fehlenden oder falschen Informationen.
4. Wie Geschichte dargestellt wird, hängt nicht nur von verfügbaren Informationen, sondern auch vom Autor ab. Es gibt richtige Darstellungen und falsche, deren Autoren die Geschichte aus Voreingenommenheit oder Parteilichkeit verzerren.
5. Jede Geschichtsdarstellung ist perspektivisch: Man kann Geschichte von unterschiedlichen, gleichermaßen legitimen Standpunkten und aus unterschiedlichen Blickwinkeln erzählen.
6. Die Darstellung von Geschichte stellt immer eine Konstruktion dar, die aber bestimmten Qualitätskriterien entsprechen sollte.

(nach Lee/Ashby 2000, S. 212)

Die Autoren betonen, dass beim Auftreten dieser Denkweisen die Streuung nach Alter sehr groß ist. Manche Schülerinnen und Schüler beherrschen schon mit acht Jahren anspruchsvollere Muster als andere mit 14. Es ist also – ganz im Sinne der modernen Entwicklungspsychologie – zwar eine Entwicklung feststellbar, aber keine regelhafte Altersstufung. Dies erschwert es natürlich, daraus unmittelbar didaktische Konsequenzen im Sinne von klassenspezifischen Anforderungsniveaus zu ziehen. Eine reflexive Wahrnehmung von Geschichte setzt aber alles in allem eher spät ein, nämlich erst auf der vierten Stufe. Bei den Lehrkräften, so die Autoren, sei ein grundlegendes reflexives Verständnis von Geschichte wichtiger als spezielle inhaltliche Kenntnisse. Elementare Voraussetzung für gute Kompetenzgewinne sei, dass Geschichte als eigener Gegenstand und nicht integriert mit anderen Fächern unterrichtet wird.

Wie historische Denkweisen am besten gezielt angesprochen und gefördert werden können, mit dieser Frage hat sich eine spanische Untersuchung befasst. Sie geht aus von einem Stufenmodell von Kausalerklärungen:
1. Schüler sehen nur Fakten und Ereignisse, keine Ursachen.
2. Sie nehmen Ereignisse in einer zeitlichen Abfolge wahr, die zugleich auch oft als Kausalzusammenhang aufgefasst wird.
3. Sie beginnen, Ursachen von Ereignissen und Verknüpfungen zwischen ihnen zu erkennen.
4. Sie begreifen komplexe Ursache-Folge-Beziehungen.
5. Sie verwenden bei ihren Erklärungen einen interpretativen Rahmen und berücksichtigen den historischen Kontext.

(nach Dominguez/Pozo 1998, S. 350–352)

Anhand des Themenbeispiels der Spanischen Revolution von 1820 und der Französischen Revolution von 1789 wurden mit schriftlichen und mündlichen Tests

die Verständnisfortschritte von drei Lerngruppen (dazu eine Kontrollgruppe) 15-jähriger Schüler miteinander verglichen. Die drei Gruppen wurden in unterschiedlicher Weise instruiert:
▸ Gruppe 1 wurde nach einer einführenden Übung (als Pre-Test) über „Konzepte" unterrichtet, d. h. sie behandelte das Thema anhand interpretierender Texte.
▸ Gruppe 2 wurde über „Erklärungsprozeduren" unterrichtet, d. h. mit dieser Gruppe wurden die Aufgaben und Antworten des Pre-Tests und ihre Auswertung explizit durchgesprochen.
▸ Gruppe 3 wurde in einer Mischung beider Verfahren instruiert.

Das Ergebnis: Die Niveauveränderung in den drei Gruppen fiel sehr unterschiedlich aus (wobei allerdings Gruppe 1 von vornherein leistungsschwächer ist). Bei Gruppe 1 (Konzepte) änderte sich relativ wenig. Vor und nach der Unterweisung erreichten nur 3 % die Stufen 4 und 5. In den beiden anderen Gruppen (Erklärungsprozeduren/Konzepte und Erklärungsprozeduren) war eine deutliche und etwa gleich starke Veränderung erkennbar. Der Anteil der Schüler auf Stufe 4/5 wuchs von etwa 10 auf 65 bis 70 % an. Die Autoren ziehen daraus den naheliegenden Schluss, dass Lernen von Kausalerklärungen nur dann stattfinde, wenn diese ausdrücklich gelehrt würden. In der psychologischen Forschung wird dieser Befund unter dem Stichwort „Metakognition" diskutiert: Bestimmte Prozeduren, Techniken und Strategien werden umso erfolgreicher umgesetzt, je stärker sie den Lernenden nicht nur antrainiert, sondern ausdrücklich bewusst gemacht werden.

Davon ist wohl auch auszugehen bei jenen zentralen Kompetenzen historischen Denkens, die bei den einschlägigen Diskussionen in Deutschland im Mittelpunkt des Interesses stehen. Bislang vorliegende empirische Untersuchungen deuten darauf hin, dass diese später und schwerer erworben werden, als es den programmatischen Zuschreibungen und Erwartungen entspräche (vgl. etwa für den Umgang mit Perspektivität Hartmann/Sauer/Hasselhorn 2009, für den Umgang mit Darstellungen von Geschichte Martens 2010). Und auch die Vermittlung von Medien-Methodenkompetenzen gelingt keineswegs selbstläufig und gleichsam nebenher, sondern auch diese müssen bewusst und ständig wiederholend trainiert werden (vgl. dazu die kurzen Hinweise auf empirische Befunde in den Kap. 5.1.1, 5.1.2 und 5.2.1).

Die Ergebnisse empirischer Forschung bleiben bislang allerdings letztlich Mosaiksteine. Von einer wirklich soliden und umfassenden Kenntnis der Voraussetzungen und Grundlagen des Geschichtslernens kann noch keine Rede sein. Immerhin eröffnen die neuen Sichtweisen der Kognitions- und Entwicklungspsychologie positive Perspektiven. Ganz wesentlich ist, dass damit die Einwirkung von außen einen neuen Stellenwert gewinnt: Neues Wissen muss stets mit vorhandenem sinnvoll verknüpft werden, Lernen baut auf Lernen auf und kann dementsprechend von außen organisiert werden. Dadurch erhält nun – ganz pauschal gesagt – das Neue wissenschaftliche Weihen, was jeder Pädagoge ohnehin betreiben sollte: zum einen die individuellen Kenntnisse, Fähigkeiten und Lernwege jedes einzelnen Schülers so genau wie möglich wahrzunehmen und zu fördern, zum anderen das Lernen so zu systematisieren, dass Neues sinnvoll auf Altem aufbaut – was freilich im Fach Geschichte weitaus schwieriger ist als beispielsweise in Mathematik: Geschichte ist, kognitionspsychologisch gesprochen, eine „schlecht strukturierte Domäne". Umso wichtiger ist es, Lernprozesse langfristig, systematisch und progressiv zu organisieren.

Weiterführende Literatur

Barricelli, Michele, Schüler erzählen Geschichte. Narrative Kompetenz im Geschichtsunterricht, Schwalbach/Ts. 2005.

Barricelli, Michele/Sauer, Michael, Current Issues in German Research on Historical Understanding, in: Martens, Matthias/Hartmann, Ulrike/Sauer, Michael/Hasselhorn, Marcus (Hrsg.), Interpersonal Understanding in Historical Context, Rotterdam u. a. 2010, S. 61–80.

Beilner, Helmut, Empirische Erkundungen zum Geschichtsbewußtsein am Ende der Grundschulzeit, in: Schreiber, Waltraud (Hrsg.), Erste Begegnungen mit Geschichte. Grundlagen historischen Lernens, Bd. 1, Neuried 2., erw. u. überarb. Aufl. 2004, S. 153–188.

Borries, Bodo von, „Reifung" oder „Sozialisation" des Geschichtsbewußtseins? Zur Rekonstruktion einer vorschnell verschütteten Kontroverse, in: Geschichtsdidaktik 12, 1987, H. 2, S. 143–159.

Borries, Bodo von, Das Geschichtsbewußtsein Jugendlicher. Eine repräsentative Untersuchung über Vergangenheitsdeutungen, Gegenwartswahrnehmungen und Zukunftserwartungen von Schülerinnen und Schülern in Ost- und Westdeutschland, Weinheim/München 1995.

Borries, Bodo von, Angloamerikanische Lehr-/Lernforschung – ein Stimulus für die deutsche Geschichtsdidaktik?, in: Demantowsky, Marko/Schönemann, Bernd (Hrsg.), Neue geschichtsdidaktische Positionen, Bochum 2002, S. 65–91. (2002a)

Borries, Bodo von, Genese und Entwicklung von Geschichtsbewusstsein – Lern- und Lebensalter als Forschungsproblem der Geschichtsdidaktik, in: Zeitschrift für Geschichtsdidaktik 1, 2002, S. 44–58. (2002b)

Borries, Bodo von, Lehr-/Lernforschung in europäischen Nachbarländern – ein Stimulus für die deutschsprachige Geschichtsdidaktik?, in: Handro, Saskia/Schönemann, Bernd (Hrsg.), Methoden geschichtsdidaktischer Forschung, Münster u. a. 2002, S. 13–49. (2002c)

Carretero, Mario/Voss, James F. (Eds.), Cognitive and Instructional Processes in History and the Social Sciences, Hillsdale/N.Y. 1994.

Dickinson, Alaric/Gordon, Peter/Lee, Peter (Hrsg.), Raising Standards in History Education (International Review of History Education, Volume 3), London/Portland 2001.

Dominguez, Jesus/Pozo, Juan Ignacio, Promoting the Learning of Causal Explanations in History through Different Teaching Strategies, in: Voss, James F./Carretero, Mario (Eds.), Learning and Reasoning in History (International Review of History Education, Volume 2), London 1998, S. 344–359.

Gautschi, Peter/Moser, Daniel V./Reusser, Kurt/Wiher, Pit (Hrsg.), Geschichtsunterricht heute. Eine empirische Analyse ausgewählter Aspekte, Bern 2007.

Hartmann, Ulrike/Sauer, Michael/Hasselhorn, Marcus, Perspektivenübernahme als Kompetenz für den Geschichtsunterricht. Theoretische und empirische Zusammenhänge zwischen fachspezifischen und sozial-kognitiven Schülermerkmalen, in: Zeitschrift für Erziehungswissenschaft 12, 2009, S. 321–342.

Hasberg, Wolfgang, Empirische Forschung in der Geschichtsdidaktik. Nutzen und Nachteil für den Unterricht, 2 Bde., Neuried 2001.

Hasberg, Wolfgang, Im Schatten von Empirie und Pragmatik – Methodologische Aspekte empirischer Forschung in der Geschichtsdidaktik, in: Zeitschrift für Geschichtsdidaktik 6, 2007, S. 9–40.
Klose, Dagmar, Klios Kinder und Geschichtslernen heute. Eine entwicklungspsychologisch orientierte konstruktivistische Didaktik der Geschichte, Hamburg 2004.
Kölbl, Carlos, Geschichtsbewußtsein im Jugendalter. Grundzüge einer Entwicklungspsychologie historischer Sinnbildung, Bielefeld 2004.
Krieger, Rainer, Mehr Möglichkeiten als Grenzen – Anmerkungen eines Psychologen, in: Bergmann, Klaus/Rohrbach, Rita (Hrsg.), Kinder entdecken Geschichte. Theorie und Praxis historischen Lernens in der Grundschule und im frühen Geschichtsunterricht, Schwalbach/Ts. 2001, S. 32–50.
Küppers, Waltraud, Zur Psychologie des Geschichtsunterrichts, Bern/Stuttgart 1961.
Lee, Peter/Ashby, Rosalyn, Progression in Historical Understanding among Students Ages 7–14, in: Stearns, Peter/Seixas, Peter/Wineburg, Samuel S. (Eds.), Knowing, Teaching, and Learning History. National and International Perspectives, New York/London 2000, S. 199–222.
Noack, Christian, Stufen der Ich-Entwicklung und Geschichtsbewußtsein, in: Borries, Bodo von/Pandel, Hans-Jürgen (Hrsg.), Zur Genese historischer Denkformen, Pfaffenweiler 1994, S. 9–46.
Pleitner, Berit, Knowledge, Understanding, Identity. Empirische geschichtsdidaktische Forschung in England. Ein Überblick, in: Zeitschrift für Geschichtsdidaktik 6, 2007, S. 41–59.
Roth, Heinrich, Kind und Geschichte. Psychologische Voraussetzungen des Geschichtsunterrichts in der Volksschule, München 1955, 5., erg. Aufl. 1968.
Schaub, Horst, Entwicklungspsychologische Grundlagen für historisches Lernen in der Grundschule, in: Schreiber, Waltraud (Hrsg.), Erste Begegnungen mit Geschichte. Grundlagen historischen Lernens, Bd. 1, Neuried 2., erw. u. überarb. Aufl. 2004, S. 253–290.
Stearns, Peter/Seixas, Peter/Wineburg, Samuel S. (Eds.), Knowing, Teaching, and Learning History. National and International Perspectives, New York/London 2000.
The National Curriculum. Department for Education, London 1995. Dazu die Lehrerhandreichungen Teaching History at Key Stage 1/2/3. National Curriculum Council, York 1993; zur Entstehung und wissenschaftlichen Begleitung vgl. Aldrich, Richard (Ed.), History in the National Curriculum, London 1991.
Voss, James F./Carretero, Mario (Eds.), Learning and Reasoning in History. International Review of History Education Volume 2, London 1998.
Wineburg, Samuel S., Die psychologische Untersuchung des Geschichtsbewußtseins, in: Straub, Jürgen (Hrsg.), Erzählung, Identität und historisches Bewußtsein. Die psychologische Konstruktion von Zeit und Geschichte (Erinnerung, Geschichte, Identität Bd. 1), Frankfurt a. M. 1998, S. 298–337.

2.2 Interessen und Kenntnisse

Vorweg: Die Rede ist hier ausschließlich von subjektiven, empirisch feststellbaren Schülerinteressen. „Objektive Interessen" sind Zugänge und Ziele der Beschäftigung mit Geschichte, wie sie andere mit Blick auf die Lebenssituation von Schülerinnen und Schülern und im Rahmen eines bestimmten Gesellschaftsmodells für notwendig oder hilfreich erachten. Der Begriff ist deshalb einigermaßen problematisch.

Schülerinnen und Schüler begegnen historischen Themen in der Schule zum ersten Mal im Rahmen des Sachunterrichts in der Grundschule. Je nach Bundesland beginnt dann der eigentliche Geschichtsunterricht im fünften, sechsten oder siebten Schuljahr. Helmut Beilner kommt in einer Pilotstudie (mit nur geringer Probandenzahl und geografischer Reichweite) zu dem Befund, dass das Interesse an Geschichte bei Kindern im vierten Schuljahr sehr ausgeprägt sei: 29 % der Probanden schätzen Geschichte unter allen Fächern am meisten, 53 % „sehr", der Rest „mittelmäßig" oder weniger (Beilner 1999, S. 129). Die Voraussetzungen für den Einstieg in den eigentlichen Geschichtsunterricht müssten danach eigentlich günstig sein. Freilich nimmt das Geschichtsinteresse im Verlauf der Sekundarstufe I dann ab, das Fach belegt einen Platz im Mittelfeld der Beliebtheitsskala. Ob das mit einer altersbedingten Verlagerung der Interessenschwerpunkte zu tun hat oder vielleicht gar eine Auswirkung des Geschichtsunterrichts selber ist, der nicht hält, was die Schülerinnen und Schüler erwartet oder erhofft haben, muss dahingestellt bleiben. Allerdings sagt, wie Kurt Pohl in einer schulformübergreifenden Untersuchung von 9. und 10. Klassen festgestellt hat (Pohl 1994), diese mittlere Platzierung offenbar wenig aus. Nach seinen Ergebnissen verbirgt sich hinter der durchschnittlichen Einschätzung die Polarisierung zweier Gruppen von „Gegnern" und „Befürwortern" des Geschichtsunterrichts. Die Unterscheidung ist nicht maßgeblich am Geschlecht oder an der Schulform festzumachen.

Nach den Gründen ihres Geschichtsinteresses befragt, nennen die Schülerinnen und Schüler der vierten Klasse bei Beilner deutlich an erster Stelle die Erfahrung historischer Andersartigkeit: „Mich interessiert die Vergangenheit, weil vieles ganz anders ist als das, was in unserer Zeit geschieht" (Beilner 1999, S. 133). Hohe Zustimmung erhalten auch die Items „Ich möchte vieles erfahren, was Menschen überall in der Welt schon einmal getan haben", „Mich reizt Geheimnisvolles und Abenteuerliches aus der Vergangenheit" sowie „Ich möchte etwas über die Entstehung und Entwicklung meines Heimatortes erfahren". Eine deutlich geringere Rolle spielen die Familiengeschichte, die Regionalgeschichte, die deutsche Geschichte und der Aspekt „Lernen aus der Geschichte".

Bei den Themen bzw. Epochen ergibt sich ein überraschend eindeutiges Bild: 72 % der Befragten wählen aus entsprechenden Umschreibungen das Altertum, 21 % Mittelalter und Frühe Neuzeit und nur 6 % die Neueste Zeit. Das korreliert mit den Angaben zu den Motiven: Die Faszination scheint beim – zeitlich und in der Erscheinungsform – weit Entfernten am größten zu sein. In den folgenden Klassen verlagert sich dann das Interesse auf jüngere Zeiten.

Welche thematischen Vorlieben Schülerinnen und Schüler von sechsten, neunten und zwölften Klassen haben, hat wiederum Bodo von Borries untersucht (vgl. von Borries 1995, S. 316–320). Sehr positiv beurteilt werden von den Befragten „Ausgrabungen von früheren Kulturen", deutlich weniger „Lebensbedingungen von Kindern und Jugendlichen" sowie „Alltägliches Leben der einfachen Menschen". In allen drei Fällen nimmt das Interesse mit aufsteigender Schulstufe ab (Ausnahme: „Alltägliches Leben" in Klasse 12 ansteigend). Ausgeprägt ist auch das Interesse an Kriegen, wenig in der sechsten Klasse, dann kräftig ansteigend in der neunten, zur zwölften wieder abfallend. Eindeutig negativ ist die Rückmeldung beim Bereich „Eigentumsverteilung und Wirtschaftsordnung". „Kunstgegenstände" werden in der sechsten Klasse zunächst noch als recht interessant eingeschätzt, die Werte für die höheren Klassen liegen um Null. Hier sind also ein deutlicher Akzent auf Andersartigkeit und Abenteuerlichkeit und eine klare Ablehnung von Strukturgeschichte zu erkennen – im ersten Punkt eine Übereinstimmung mit den Ergebnissen von Beilner. Jungen interessieren sich mehr für Geschichte als Mädchen und an Gymnasien ist das Interesse ausgeprägter als an anderen Schulformen.

Von Borries hat nicht nur die Schülervorlieben selber untersucht, sondern auch die Annahmen, die Lehrerinnen und Lehrer darüber haben. Dabei kommt es zu teilweise frappierenden Abweichungen: Lehrkräfte überschätzen vor allem das Interesse ihrer Schülerinnen und Schüler an den „Lebensbedingungen von Kindern und Jugendlichen". Sie unterschätzen (in der neunten und zwölften Klasse, dort die größte Differenz überhaupt) weit das Interesse an „Ausgrabungen aus früheren Kulturen", aber auch an „Kunstgegenständen". Insbesondere das Interesse an konkret-gegenständlichen Themen scheint bei Schülerinnen und Schülern also deutlich ausgeprägter zu sein, als Lehrkräfte vermuten. Dagegen bleiben die Vorlieben beim Thema Kindheit und Jugend, bei dem auch von Didaktikern und Lehrplanmachern häufig besonders große Anteilnahme unterstellt wird, hinter den Vermutungen zurück. Hier werden die Beobachtungen der Lehrkräfte offenbar durch Orientierung am Erwünschten und Vorgeschriebenen präformiert.

Bei aller Vorsicht lassen sich aus diesen Ergebnissen einige Schlussfolgerungen ziehen. Es gibt bei Schülerinnen und Schülern, so scheint es, eine Art urwüchsiges Interesse an Geschichte, das sich auf Andersartiges, Rätselhaftes und Abenteuerliches richtet. Konkreteres (Sachen und Personen) findet größeres Interesse, als Lehrerinnen und Lehrer annehmen. Abstrahierende Zugänge zur Geschichte sind weniger beliebt. Hier finden die Überlegungen der alten Entwicklungspsychologie (vgl. Kap. 2.1) eine gewisse Bestätigung. Natürlich kann es nun nicht darum gehen, solche – nur vage umrissenen – Vorlieben zum Maßstab für den Unterricht zu machen. Aber man sollte sie als Lernvoraussetzung bedenken. Konsequenzen könnten sein, dem „entdeckenden Lernen" (vgl. Kap. 4.3.8) mehr Raum zu geben oder auch in den höheren Klassenstufen sich immer wieder um beispielhafte Konkretisierung im Rahmen von analytisch-abstrahierenden Verfahrensweisen zu bemühen. Die Chancen, mit dem Fach Geschichte bei Schülerinnen und Schülern „anzukommen", sind alles in allem offenbar größer als zumeist vermutet.

Wie steht es um die Ergebnisse des schulischen Geschichtsunterrichts? Hier ist wohl eher Pessimismus angebracht. Einschlägige Untersuchungen zeigen, dass die Kenntnisse an Daten und Fakten recht lückenhaft bleiben. Beispielsweise gelingt die korrekte zeitliche Einordnung wichtiger Persönlichkeiten aus der neuesten deutschen Geschichte, die gleichzeitig für bestimmte Zeitabschnitte und Strukturen stehen, bei Weitem nicht allgemein: nur 64 % der befragten Neuntklässler platzieren Adenauer richtig nach Hitler, 76 % setzen Wilhelm II. früher an als Bismarck (von Borries 1995, S. 116–123). Auch mit dem allgemeinen Überblick über Epochen und die Abfolge von Gesellschaftsverhältnissen steht es nicht zum Besten (vgl. auch Mirow 1991 und die breite Untersuchung von Barth u. a. 2000). Freilich hat es mit solchen Kenntnissen auch früher, zu Zeiten eines klassischen „Paukunterrichts", nie so gut ausgesehen, wie man es vielleicht vermuten könnte. Diese Erkenntnisse mögen zunächst einmal eine Warnung vor überzogenen Erwartungen sein; Richtlinien und Schulbücher scheinen Schülerinnen und Schüler häufig zu überfordern. Sie sollten aber auch zum Nachdenken darüber anregen, ob im Geschichtsunterricht nicht einer chronologischen Groborientierung, aber auch der Festigung und Wiederholung mehr Aufmerksamkeit gewidmet werden muss, als dies im Moment geschieht (vgl. dazu Kap. 4.3.11).

Auf der Ebene der Deutungen zeigt sich, dass Schülerinnen und Schüler dazu neigen, historische Ereignisse und Sachverhalte aus der Perspektive heutiger Werte und Konventionen zu beurteilen. So wird z. B. mittelalterlichen Kreuzfahrern religiöse Toleranz und Gewaltverzicht empfohlen. Das ist zwar sicherlich eine wünschenswerte Grundhaltung für die Gegenwart. Das eigentlich Historische aber fehlt bei einem solchen Urteil. Verbreitet zu sein scheint eine wohlfeile, anachronistische Art des Moralisierens: Man misst die Vergangenheit unmittelbar an der Gegenwart und wirft den Menschen und Verhältnissen von früher Dummheit, Unaufgeklärtheit und Schlechtigkeit vor. Stattdessen käme es gerade darauf an, zunächst einmal die Bedingungen und Beweggründe damaligen Handelns zu rekonstruieren und als andersartig wahrzunehmen. Für den Unterricht hieße das zum Beispiel, dass eine Gesellschaftsgeschichte des Mittelalters sich nicht auf die äußere Form („Lehnspyramide") beschränken dürfte, sondern die spezifischen Sozialisationen, Mentalitäten und Identitäten verschiedener Gruppen zum Vorschein treten lassen müsste – als historisch bedingte Prägungen des Menschen (genauer dazu Kap. 4.2.1). Das erfordert natürlich eine intensivere Behandlung des jeweiligen Themas. Vieles spricht dafür, zugunsten solcher exemplarischer Einsichten stärker in die Tiefe als in die Breite zu gehen, also Stoffumfänge zu reduzieren und Schwerpunkte zu setzen.

Welche Faktoren können das Geschichtslernen begünstigen? In einer breit angelegten schweizerischen Untersuchung von 7., 8. und 9. Klassen fielen die Lernergebnisse beim Thema „Entdeckungen und Eroberungen" am besten aus. Die Autoren der Studie erklären dies u. a. damit, dass hier verschiedene Komponenten zusammenkommen, von denen einige themenspezifisch gegeben (oder nicht gegeben) sind, andere aber auch durchaus bewusst geschaffen werden können:

▸ „Geschichte auf der Basis stufengemäßer Thematik: Aufbruch, ‚Abenteuer'
▸ Geschichte als überschaubarer Prozess: Voraussetzungen, Motive, Durchführung, Folgen

▸ Geschichte als Aktion mit hohem ‚Veränderungspotenzial': Europa und die Welt waren nach 1500 nicht mehr wie vorher.
▸ Geschichte begleitet von Gegenüberstellungen: Konfrontation zwischen Kulturen und Menschen der ‚alten' und der ‚neuen Welt'
▸ Geschichte potenziell verdichtet in Personen: Eroberer Cortez, Inkafürst Atahualpa
▸ Geschichte in Form von ‚Geschichten': Bordtagebuch des Kolumbus, narrative Struktur des Themas
▸ Geschichte mit ‚inkorporiertem' Gegenwartsbezug: Entdeckungen – Imperialismus – Dritte Welt"
(Barth u. a. 2000, S. 59)

Weiterführende Literatur

Barth, Jörg u. a., Warum fuhr Kolumbus nicht nach Amerika? „Geschichte und Politik" messen: Vorgehen, Ergebnisse, Folgerungen, Ebikon 2000.
Beilner, Helmut, Empirische Erkundungen zum Geschichtsbewußtsein am Ende der Grundschulzeit, in: Schreiber, Waltraud (Hrsg.), Erste Begegnungen mit Geschichte. Grundlagen historischen Lernens, Bd. 1, Neuried 2., erw. u. überarb. Aufl. 2004, S. 153–188.
Borries, Bodo von, Das Geschichtsbewußtsein Jugendlicher. Eine repräsentative Untersuchung über Vergangenheitsdeutungen, Gegenwartswahrnehmungen und Zukunftserwartungen von Schülerinnen und Schülern in Ost- und Westdeutschland, Weinheim/München 1995.
Mirow, Jürgen, Geschichtswissen durch Geschichtsunterricht? Historische Kenntnisse und ihr Erwerb innerhalb und außerhalb der Schule, in: Borries, Bodo von/Pandel, Hans-Jürgen/ Rüsen, Jörn (Hrsg.), Geschichtsbewußtsein empirisch, Pfaffenweiler 1991, S. 55–109.
Moser, Daniel V./Wiher, Pit, Historisches und politisches Wissen von Jugendlichen, in: Gautschi, Peter/Moser, Daniel V./Reusser, Kurt/Wiher, Pit (Hrsg.), Geschichtsunterricht heute. Eine empirische Analyse ausgewählter Aspekte, Bern 2007, S. 211–262.
Pohl, Kurt, Das Fach Geschichte im Denken von Schülerinnen und Schülern, in: Borries, Bodo von/Pandel, Hans-Jürgen (Hrsg.), Zur Genese historischer Denkformen, Pfaffenweiler 1994, S. 147–171.
Schenk, Thoralf, Der Zug ist abgefahren (...) Konzeption und Zwischenergebnisse einer Untersuchung zu geschichtlichen Interessen und historischen Vorstellungen von Schülern im Primar- und Sekundarstufenbereich, in: Zeitschrift für Geschichtsdidaktik 6, 2007, S. 166–196.
Waldis, Monika/Buff, Alex, Die Sicht der Schülerinnen und Schüler – Unterrichtswahrnehmung und Interessen, in: Gautschi, Peter/Moser, Daniel V./Reusser, Kurt/Wiher, Pit (Hrsg.), Geschichtsunterricht heute. Eine empirische Analyse ausgewählter Aspekte, Bern 2007, S. 177–210.

2.3 Erfahrungen und Wahrnehmungsweisen

In den letzten Jahrzehnten sind viele kulturelle Selbstverständlichkeiten im historischen Bereich verloren gegangen: Man kann bei Schülerinnen und Schülern nicht mehr ohne weiteres Kenntnisse der griechischen Sagenwelt voraussetzen, wie es – zumindest im Gymnasium – noch vor vierzig Jahren der Fall war; nicht einmal mehr die Bibel gehört zum festen kulturellen Bestand. Dagegen sind neue, wenngleich heterogenere Wissensbestände hinzugekommen. Schülerinnen und Schüler verblüffen uns mit ihren Kenntnissen über Mumien und Pyramiden, über mittelalterliche Waffen und Burgen, die sie aus der weitverbreiteten Sach- und Romanliteratur für Kinder und Jugendliche beziehen. Dieses Wissen ist oft sehr speziell, stärker auf (vermeintliche) Fakten als auf weitere Zusammenhänge ausgerichtet. Das sollte man freilich nicht als Konkurrenz zum Geschichtsunterricht, sondern als Belebung ansehen. Häufig bietet sich die Chance, entsprechendes Vorwissen in den Unterricht einzubeziehen, eventuell sogar ausdrücklich als Experten- oder Forscherbericht.

Historische Kinder- und Jugendliteratur ist nur ein kleiner Ausschnitt der Medienwelt, in der Schülerinnen und Schüler heute heranwachsen. Die Art und Weise, wie sie „Welt" kennenlernen, hat sich tiefgreifend verändert. An die Stelle von Primärerfahrungen treten immer stärker mediale Sekundärerfahrungen. Herkömmliche Überlieferungszusammenhänge verlieren an Gewicht: Je weniger Kinder mit älteren Menschen zusammenleben, desto seltener können sie direkt von „gelebter Geschichte" erfahren. Aber auch die modernen wirtschaftlich-technischen Entwicklungen lassen unmittelbare Erfahrungen vor Ort rar werden. Wer sich über traditionelle Handwerkstechniken, z. B. des Schuhmachers, informieren will, kann das nicht bei „Mister Minit", sondern eher in der „Sendung mit der Maus". Anstelle elementarer Begegnungen mit Geschichte werden Kinder mit einer Fülle von Informationen und Eindrücken überflutet, die sie intellektuell und emotional oft überfordern.

Auf den Geschichtsunterricht kommen durch diese Entwicklungen neue Aufgaben zu. Primärerfahrungen, die im Alltag nicht mehr möglich sind, können zumindest ansatzweise durch geeignete Unterrichtsvorhaben vermittelt werden: zum Beispiel durch Befragungen von Zeitzeugen und die Beschäftigung mit ihrer Lebensgeschichte oder durch das Kennenlernen von Handwerkstechniken in der Museumswerkstatt. Zugleich gilt es, den Schülerinnen und Schülern auf dem weiten Feld medialer Sekundärerfahrungen Hilfestellung zu leisten. Medienerziehung muss heute ein Unterrichtsprinzip für alle Schulfächer sein. Der Geschichtsunterricht kann dazu vor allem beisteuern, den Schülerinnen und Schülern Kompetenz im Umgang mit bewegten und stehenden Bildern zu vermitteln. Dabei geht es zunächst natürlich um fachspezifische Fragen: Was ist ein historischer Dokumentarfilm und wie geht man damit um? Aber auch die allgemeinen Wahrnehmungsgewohnheiten spielen eine Rolle: Schülerinnen und Schüler können lernen, dass es bei der Interpretation einer Bildquelle mit einem flüchtigen Blick nicht getan ist – man muss länger und genauer hinschauen, um etwas herauszufinden. Schließlich wird es immer häufiger nötig sein, aktuelle Fragen, mit denen Schülerinnen und Schüler in den Medien konfrontiert werden, auch im Geschichtsunterricht anzusprechen – von den Golfkriegen über den Kosovo-Konflikt bis zur Auseinandersetzung zwischen Israelis und Palästinensern. Die notwendige Flexibilität vorausgesetzt, bietet sich hier sogar die besondere Chance, im unmittelbaren Gegenwartsbezug die Bedeutung historischer Betrachtungsweisen deutlich zu machen. Denn keiner dieser Konflikte lässt sich ohne Kenntnis der oft verzweigten historischen Wurzeln wirklich angemessen verstehen; gerade dafür aber bieten die auf kurzfristige Tagesaktualität abstellenden Medien wenig Hilfestellung.

Es gibt allerdings auch ein Gebiet, auf dem die Primärerfahrungen der Schülerinnen und Schüler in den letzten Jahrzehnten deutlich zugenommen haben. Das ist der Kontakt mit anderen Kulturen. Kinder und Jugendliche begegnen im eigenen Land mehr als je zuvor fremden Menschen und Lebensgewohnheiten; hinzu kommt, dass Reisen in „ferne Länder" viel häufiger geworden sind. Stammten die „Gastarbeiter" der ersten Phase noch ausnahmslos aus dem europäischen Kulturkreis, so ist seitdem das Spektrum immer weiter geworden – von „ausländischen Mitbürgern" aus der Türkei bis zu Asylsuchenden aus Afghanistan. Viele Kinder und Jugendliche in deutschen Schulen kommen heute selber aus nicht-deutschen oder nicht-europäischen Ländern und Kulturen. Hier stellt sich grundsätzlicher die Frage, wie der Geschichtsunterricht darauf reagieren muss und ob nicht Formen „interkultureller Erziehung" speziell im Fach Geschichte notwendig werden (vgl. Kap. 4.2.1).

3 Themen – Auswahl, Strukturierung, Zugänge

Geschichte ist prinzipiell unendlich. Es gibt eine unüberschaubare Menge historischer Geschehnisse. Zudem kann man sie auf die unterschiedlichste Weise betrachten und sie in ganz verschiedenartige Deutungszusammenhänge rücken, also immer neue „Geschichten" über sie erzählen. Geschichte im Unterricht „komplett" unterrichten zu wollen, ist also von vornherein ein hoffnungsloses Unterfangen. Es wäre auch gar nicht wünschenswert. Denn wie in jedem Schulfach geht es nicht darum, den Wissensbestand und die Erkenntnisse der Fachwissenschaft einfach abzubilden. Es gilt vielmehr, sie im Hinblick auf die Ziele und Aufgaben des Unterrichts zu mustern, eine Auswahl nach didaktischen Kriterien zu treffen und diese in einem ebenfalls didaktisch begründeten Arrangement zu präsentieren. Unmittelbar damit verbunden ist die Frage der Untersuchungsverfahren, denn Themen und Verfahren müssen aufeinander abgestimmt sein und bedingen einander wechselseitig.

3.1 Inhalte und Themen

Inhalte und Themen – das meint die Unterscheidung zwischen dem Stoff, den uns die Vergangenheit insgesamt bietet, und dem, was wir davon zum Gegenstand des Geschichtsunterrichts machen. Der erste Abschnitt beschreibt die Gründe, aus denen sich das inhaltliche Angebot in den letzten Jahren und Jahrzehnten erheblich vermehrt hat. Die Auswahlproblematik ist dadurch noch verschärft worden. Was sind die Kriterien der Auswahl oder: Was macht Inhalte zu Themen? Darum geht es im zweiten Abschnitt. Der dritte schließlich behandelt die Frage der Anordnung von Themen und der Zugänge zu ihnen: Wie sehen Lehrplankonzepte aus, welche Probleme und Entwicklungsmöglichkeiten gibt es?

3.1.1 Neue Inhalte und Forschungsansätze

Vergleichen wir die Situation heute mit der vor fünfzig Jahren. Die Menge der historischen Inhalte, die prinzipiell für den Geschichtsunterricht infrage kommen, hat sich erheblich vermehrt. Damals wurde oft nicht einmal die Zeit des Nationalsozialismus behandelt. Sie bildet heute ein Kernpensum des Geschichtsunterrichts. Hinzu gekommen ist außerdem die gesamte Nachkriegsgeschichte. Weil die Veränderungen in den letzten Jahrzehnten – die Wiedervereinigung Deutschlands, die Auflösung des Ostblocks und damit die Veränderung des gesamten Weltsystems – so einschneidend waren, ist Aktualität besonders gefragt.

Aber nicht einfach nur im zeitlichen Verlauf sind neue Inhalte entstanden. Die Geschichtswissenschaft – in Deutschland Anstößen aus dem anglo-amerikanischen Raum folgend – hat auch räumlich ihren Blick über eine klassische deutsch-europäische Geschichtsschreibung hinaus geweitet. Mit Jürgen Osterhammel (Osterhammel 2005) lassen sich drei unterschiedliche Ansätze von

"Weltgeschichte" unterscheiden. „Universalgeschichte" meint danach eine ältere, geschichtsphilosophisch-teleologische Deutung der Menschheitsgeschichte, die dieser bestimmte Entwicklungsschritte und -ziele unterlegt. Die traditionelle „Weltgeschichte" nimmt die Geschichten von Ländern oder Weltregionen über längere Zeiträume hinweg mal vergleichend, mal aber auch eher additiv in den Blick. Mit dem neueren Begriff „Globalgeschichte" hingegen verbindet sich der Anspruch, Verflechtungen, Interaktions- und Transferprozesse in weltumspannenden Systemen zu beschreiben, deren Entstehung sich frühestens auf das 16. Jahrhundert, eher aber auf das 19. Jahrhundert datieren lässt. (Im Vergleich dazu zielt der Begriff der transnationalen Geschichte auf ein engeres Konzept einer Beziehungsgeschichte zwischen Staaten oder Gesellschaften.) Solche Ansätze tatsächlich in konkreten Darstellungen zu realisieren, ist ein äußerst anspruchsvolles Unterfangen (vgl. Bayly 2006, Osterhammel 2009). Und es bedeutet eine erhebliche Herausforderung, sie für den Geschichtsunterricht fruchtbar machen zu wollen; konzeptionelle Anregungen (vgl. Popp 2005, Osterhammel 2009, Kuhn/Schmenk/Windus 2010, Schulz 2011) haben, so weit man sehen kann, bislang noch kaum eine unterrichtspraktische Umsetzung gefunden.

Schließlich haben sich – wiederum im Vergleich mit der Zeit um 1960 – in der Geschichtswissenschaft zahlreiche neue Forschungs- und Interpretationsansätze etabliert. Die herkömmliche Politik- und Personengeschichte hat an Gewicht verloren, hinzugekommen sind Sozial- und Gesellschaftsgeschichte, Alltags-, Mentalitäts- und Kulturgeschichte, zunächst Frauen-, dann Geschlechter- und Gendergeschichte, schließlich Umweltgeschichte. Sie werden im Folgenden stichwortartig beschrieben.

Forschungsansätze in der Geschichtswissenschaft

Sozialgeschichte hat sich in Abgrenzung von der klassischen Politikgeschichte entwickelt. Sie befasst sich vor allem mit der Geschichte von sozialen Gruppen, Institutionen und Strukturen. Dabei spielt auch die Wirtschaftsgeschichte mit ihren Methoden (Statistik) eine wichtige Rolle. Hauptgegenstand dieses Forschungsansatzes ist die Geschichte der letzten zweihundert Jahre seit Beginn der Industrialisierung mit ihren Modernisierungsprozessen.

Als eine Art Gegenentwurf zur Sozialgeschichte interessiert sich die *Alltagsgeschichte* für die Lebensweisen und Erfahrungen der „einfachen Menschen". Wo versucht wird, das Alltagsleben in einem engen Bereich gleichsam in einer Nahaufnahme sehr detailliert zu rekonstruieren, spricht man auch von *Mikrogeschichte*.

Die *Gesellschaftsgeschichte* will – über die Sozialgeschichte hinausgehend – ein umfassendes Bild einer Gesellschaft und ihrer Trägerschichten entwerfen und bezieht dabei auch wieder Bereiche wie Politik und Kultur ein.

Die traditionelle *Kulturgeschichte* befasst sich mit den künstlerischen Welt- und Selbstdeutungen des Menschen, vor allem denen in der „hohen Kunst". Der neuen Kulturgeschichte hingegen geht es darum, gesellschaftliches Handeln als symbolisches Handeln zu interpretieren und seine Bedeutungen sichtbar zu machen.

Kollektive Einstellungen, Denkweisen und Verhaltensmuster von Gesellschaften und gesellschaftlichen Gruppen zu rekonstruieren ist das Interesse der *Mentalitätsgeschichte*. Dabei geht es vielfach um Zustände langer Dauer und um langfristige Prozesse.

Klassische Politikgeschichte ist lange die Geschichte „großer Männer" gewesen. Und auch sonst hat sich die Geschichtswissenschaft immer weitaus genauer mit dem männlichen Teil der Menschheit befasst. *Frauengeschichte* war zunächst ein kompensatorischer Ansatz. Im Unterschied dazu macht der Begriff *Geschlechtergeschichte* deutlich, dass die Geschichte von Männern und Frauen nicht isoliert betrachtet werden kann, sondern stets aufeinander bezogen werden muss. *Gendergeschichte* hebt besonders auf die soziale Konstruktion von Geschlecht ab.

Bei der *Umweltgeschichte* geht es um die Wechselbeziehung zwischen Mensch und Natur: Die Natur hat stets die Bedingungen für die Geschichte des Menschen gesetzt, hat Lebensformen, Wirtschaftsweisen und gesellschaftliche Organisation geprägt. Umgekehrt hat der Mensch auf die Natur eingewirkt, sie genutzt und für seine Zwecke verändert.

Durch diese Ansätze sind neue Themen aufgegriffen, aber auch alte neu gewendet worden. Auf diese Weise hat das inhaltliche Angebot für den Geschichtsunterricht abermals zugenommen. Geschlechtergeschichte ist heute in Geschichtsschulbüchern obligatorisch vertreten; das ist eine Voraussetzung für ihre Zulassung. Und bei vielen Themen wird heute die Geschichte „von unten" in den Blick genommen: Wie haben die einfachen Menschen ihre Zeit erlebt und erlitten? Arbeiten, Spielen, Lernen – wie sah früher der Tagesablauf eines Kindes aus?

Insgesamt hat sich dadurch der Charakter des Geschichtsunterrichts tiefgreifend gewandelt. 1960 ging es – natürlich nur für die jüngeren Zeiträume – im Wesentlichen um eine Politikgeschichte europäischer Nationalstaaten. Heute wird im Geschichtsunterricht vorherrschend eine Geschichte von Menschen in ihren Gesellschaften betrieben. Der Zugang zur Geschichte ist wesentlich vielseitiger und zugleich differenzierter geworden. Freilich gibt es auf diesem Weg auch Gefahren. Wenn sich Alltagsgeschichte darauf beschränkt, Kinderspiele im antiken Rom vorzustellen, eröffnet das keine tieferen historischen Einsichten. Wenn Geschlechtergeschichte darin besteht, historische Benachteiligungen von Frauen im Vergleich mit heutigen Verhältnissen anzuprangern, ohne den Horizont zeitgenössischen Denkens in den Blick zu nehmen (was war vorstellbar, was nicht?), entstehen Verkürzungen und Schiefheiten. Deshalb ist es wichtig, solche Ansätze und „Aspektgeschichten" immer in einen weiteren historischen Kontext einzubetten.

Weiterführende Literatur

Bachmann-Medick, Doris, Cultural Turns. Neuorientierungen in den Kulturwissenschaften, Reinbek 4. Aufl. 2010.
Bayly, Christopher A., Die Geburt der modernen Welt. Eine Globalgeschichte 1780–1914, Frankfurt a. M./New York 2006.
Conrad, Sebastian/Eckert, Andreas/Freitag, Ulrike (Hrsg.), Globalgeschichte. Theorien, Ansätze, Themen, Frankfurt a. M./New York 2007.
Cornelißen, Christoph (Hrsg.), Geschichtswissenschaften. Eine Einführung, Frankfurt a. M. 2000, 4. Aufl. 2009.
Daniel, Ute, Kompendium Kulturgeschichte. Theorien, Praxis, Schlüsselwörter, Frankfurt a. M. 2001, 5., durchges. u. erg. Aufl. 2006.
Eibach, Joachim/Lottes, Günther (Hrsg.), Kompass der Geschichtswissenschaft, Göttingen 2. Aufl. 2006.
Goertz, Hans-Jürgen (Hrsg.), Geschichte. Ein Grundkurs, Reinbek 3., rev. u. erw. Aufl. 2007.
Günther-Arndt, Hilke/Kocka, Urte/Martin, Judith, Geschichtsunterricht zur Orientierung in der Welt – Zu einer Didaktik von Globalgeschichte, in: Geschichte für heute 2, 2009, H. 3, S. 25–37.
Jordan, Stefan, Theorien und Methoden der Geschichtswissenschaft, Paderborn 2009.
Kuhn, Bärbel/Schmenk, Holger/Windus, Astrid (Hrsg.), Weltgeschichtliche Perspektiven im Geschichtsunterricht, St. Ingbert 2010.
Maurer, Michael (Hrsg.), Aufriß der Historischen Wissenschaften, Bd. 3: Sektoren, Bd. 7: Neue Themen und Methoden der Geschichtswissenschaft, Stuttgart 2004/2003.
Maurer, Michael, Kulturgeschichte. Eine Einführung, Köln u. a. 2008.
Nolte, Paul u. a. (Hrsg.), Perspektiven der Gesellschaftsgeschichte, München 2000.
Osterhammel, Jürgen, Außereuropäische Geschichte. Eine historische Problemskizze, in: GWU 46, 1995, H. 5/6, S. 253–276.
Osterhammel, Jürgen, Die Verwandlung der Welt. Eine Geschichte des 19. Jahrhunderts, München 2009.
Osterhammel, Jürgen, Weltgeschichte. Von der Universität in den Unterricht, in: Geschichte für heute 2, 2009, H. 3, S. 5–13.
Popp, Susanne, Geschichtsunterricht jenseits der Nationalhistorie?, in: Zeitschrift für Geschichtsdidaktik 1, 2002, S. 100–122.
Popp, Susanne/Forster, Johanna (Hrsg.), Curriculum Weltgeschichte. Globale Zugänge für den Geschichtsunterricht, Schwalbach/Ts. 2. Aufl. 2008.
Popp, Susanne, Antworten auf neue Herausforderungen. Welt- und globalgeschichtliche Perspektivierung des historischen Lernens, in: GWU 56, 2005, H. 9, S. 491.
Schulz, Raimund, Neue Blicke über alte Grenzen – „Weltgeschichte" als didaktisches Konzept auch für die Vermittlung der älteren Epochen?, in: Zeitschrift für Weltgeschichte 12, 2011, H. 1, S. 125–138.
Schulze, Winfried (Hrsg.), Sozialgeschichte, Alltagsgeschichte, Mikrohistorie. Eine Diskussion, Göttingen 1994.
Ulbricht, Otto, Mikrogeschichte. Menschen und Konflikte in der frühen Neuzeit, Frankfurt a. M. 2009, S. 7–28.
Tschopp, Silvia Serena/Weber, Wolfgang E. J., Grundfragen der Kulturgeschichte, Darmstadt 2007.

Unterrichtsvorschläge

Abelein, Werner (Hrsg.), Globale Perspektiven im Geschichtsunterricht. Quellen zur Geschichte und Politik, Stuttgart 2010.

3.1.2 Kriterien zur Themenfindung

Die potenziellen Inhalte des Geschichtsunterrichts haben sich also massiv vermehrt. Gleichzeitig haben die Stundenzahlen für das Fach Geschichte abgenommen. Die Situation ist schwierig, aber auch heilsam. Denn es ist immer deutlicher geworden, dass es nicht damit getan sein kann, den klassischen Kanon des Geschichtsunterrichts einfach um immer neue Stoffe zu ergänzen. Vielmehr muss neu nachgedacht werden, welche Inhalte aus dem unendlichen Angebot als Themen für den Geschichtsunterricht ausgewählt und wie sie strukturiert werden sollen. In der allgemeindidaktischen Sprache Wolfgang Klafkis: Worin liegt der „Bildungsgehalt" eines Inhaltes, der seine unterrichtliche Behandlung erst legitimiert? Solche Überlegungen können und müssen auf verschiedenen Ebenen stattfinden: von der Formulierung von Richtlinien über die Gestaltung von Schulbüchern bis hin zu den Entscheidungen einer Fachkonferenz und der einzelnen Lehrkraft. Generelle Voraussetzung ist, dass die ausgewählten Inhalte über sich hinausweisen, für weitere fachliche Zusammenhänge und Kategorien stehen und insofern übertragbare Einsichten ermöglichen. Im Einzelnen kann man sich dabei sinnvoller Weise wieder auf jene Punkte beziehen, die im ersten Kapitel als Begründungen für das Fach Geschichte in der Schule genannt wurden (vgl. S. 19–21). Inhalte sind als Themen für den Geschichtsunterricht besonders geeignet, wenn sie

- Erfahrungen von historischer und/oder kultureller Andersartigkeit und damit Fremdverstehen ermöglichen. Beispiele: Lehnswesen, Familie als Längsschnitt, fremde Kulturen wie China, Indien, Schwarzafrika oder der Islam;
- die Einsicht vermitteln, dass das Denken und Handeln von Menschen immer zeit-, standort- und interessengebunden sind. Beispiele: Themen, bei denen es um soziale oder religiöse Konfliktsituationen geht, etwa Kreuzzüge oder Soziale Frage;
- anthropologische Einsichten über mögliche Verhaltensweisen des Menschen zulassen. Beispiele: Themen wie Sklaverei oder Holocaust;
- der Erklärung, Einordnung und Relativierung von Gegenwartsphänomenen dienen. Beispiele: die gesamte deutsche Geschichte des 19. und 20. Jahrhunderts als Vorgeschichte unserer Gegenwart, aber auch etwa Themen wie Migration, Armut oder Verkehr;
- die Fähigkeit schärfen, langfristige Entwicklungstrends wahrzunehmen, die von der Vergangenheit über die Gegenwart in die Zukunft reichen. Beispiele: das Thema Industrialisierung, weil es gegenwärtige Phänomene wie Globalisierung oder Automatisierung als neue Stufen eines umfassenden welthistorischen Prozesses erkennen lässt; aber auch mentalitätsgeschichtliche Themen wie die Geschichte von Gefühlen;
- Schülerinnen und Schülern helfen, mit öffentlichem Gebrauch von Geschichte umzugehen. Beispiele: Nationalsozialismus einschließlich Holocaust und Vernichtungskrieg gegen die Sowjetunion, Nation und Nationalismus, Migration;

▸ an historischen Beispielen Kategorien politischen und sozialen Handelns und Urteilens vermitteln und gegenwärtiges Engagement historisch begründen. Beispiele: die Entwicklung von Herrschaftsformen und politischer Teilhabe, angefangen bei der griechischen Demokratie, die Beschäftigung mit historischen Reform- und Revolutionsprozessen von den Gracchen über den Bauernkrieg, die Französische Revolution und 1848 bis zum Ende der DDR.

Soweit nur einige Beispiele. Natürlich sollten bei all dem auch die Schülerinteressen nicht außer Acht gelassen werden: Inhalte kommen dann besonders als Themen infrage, wenn sie Bezug zur Lebenswirklichkeit der Schülerinnen und Schüler haben und ihrem Lernalter entsprechen. Und schließlich sollten sich die ausgewählten Themen besonders gut für das Einüben und den Erwerb von fachspezifischen Kompetenzen eignen.

Einem Missverständnis freilich muss man vorbeugen: Es gibt keine automatische Themengenerierungsmaschine, bei der man oben Inhalte einführt, sie durch Kategorien filtern lässt und unten einen Kanon von Themen erhält. Zwischen den verschiedenen Gesichtspunkten der Auswahl gibt es Überschneidungen. Sie lassen sich unterschiedlich stark gewichten. Inhalte haben auch ihr Eigengewicht: Es ist schlechterdings nicht vorstellbar, auf die Behandlung der deutschen Geschichte des 20., wohl auch des 19. Jahrhunderts im Geschichtsunterricht zu verzichten; das gilt insbesondere für den Nationalsozialismus. Oft ergibt sich auch unter einem Gesichtspunkt die Wahl zwischen verschiedenen Themen: Will man sich mit dem kulturell Anderen beschäftigen, reicht gewiss ein Beispiel für eine nichteuropäische Kultur aus. In vielen Fällen lassen sich klassische Themen unter diesen Gesichtspunkten legitimieren, in vielen anderen bieten sich neue Akzentsetzungen an.

Weiterführende Literatur

Bergmann, Klaus, Der Gegenwartsbezug im Geschichtsunterricht, Schwalbach/Ts. 2002.
Borries, Bodo von, Inhalte oder Kategorien? Überlegungen zur kind-, sach-, zeit- und schulgerechten Themenauswahl für den Geschichtsunterricht, in: GWU 46, 1995, H. 7/8, S. 421–435. Wiederabdruck in: Geschichtsunterricht heute. Grundlagen – Probleme – Möglichkeiten (Sammelband: GWU-Beiträge der neunziger Jahre), Seelze 1999, S. 22–36.
Borries, Bodo von, Fallstudien zur öffentlichen Geschichtskultur als Beitrag zum systematischen Geschichtslernen, in: Geschichte, Politik und ihre Didaktik 31, 2003, S. 10–27.
Borries, Bodo von, Kerncurriculum Geschichte in der gymnasialen Oberstufe, in: Tenorth, Heinz-Elmar (Hrsg.), Kerncurriculum Oberstufe II. Biologie, Chemie, Physik, Geschichte, Politik. Expertisen, Weinheim/Basel 2004, S. 236–321, insbesondere S. 298–311.
Kuss, Horst, Geschichtskultur im Geschichtsunterricht. Eine neue Chance für historisches Lernen, in: Geschichte, Politik und ihre Didaktik 29, 2001, H. 1/2, S. 10–21.
Reeken, Dietmar von, Wer hat Angst vor Wolfgang Klafki? Der Geschichtsunterricht und die „Schlüsselprobleme", in: GWU 50, 1999, H. 5/6, S. 292–304.
Reeken, Dietmar von, Geschichtskultur im Geschichtsunterricht. Begründungen und Perspektiven, in: GWU 55, 2004, H. 4, S. 233–240.
Voit, Hartmut, „Zeitgeschichte als Aufgabe" – Überlegungen in geschichtsdidaktischer Absicht, in: Demantowsky, Marko/Schönemann, Bernd (Hrsg.), Zeitgeschichte und Geschichtsdidaktik. Schnittmengen – Problemhorizonte – Lernpotentiale, Bochum/Freiburg 2004, S. 19–34.

3.1.3 Lehrpläne – Strukturen, Probleme, Alternativen

Der Staat bzw. die einzelnen Bundesländer formulieren Vorgaben dafür, was in der Schule gelehrt und gelernt werden soll. Die Bezeichnungen dafür lauten unterschiedlich: Lehrpläne, Bildungspläne, Richtlinien, Rahmenrichtlinien, Rahmenpläne, in jüngerer Zeit Kerncurricula oder Bildungsstandards. In der älteren Begrifflichkeit bezeichnet der Begriff Lehrplan eher die einzelnen thematischen Vorgaben, die anderen Begriffe die Gesamtheit der Bestimmungen für das jeweilige Fach. Die Übergänge sind jedoch fließend und die Terminologie ist uneindeutig; deshalb ist hier der Einfachheit halber von Lehrplänen die Rede. Die beiden jüngeren Begriffe signalisieren eine Orientierung am Kompetenzgedanken, wobei die Bezeichnung „Bildungsstandards" im Moment nur in Baden-Württemberg Verwendung findet. Der grundsätzliche Unterschied: Die alten Lehrpläne waren inputorientiert; sie legten fest, womit sich Schülerinnen und Schüler im Unterricht befassen sollten. Die neuen Bestimmungen sollen outputorientiert sein; sie sollen beschreiben, was Schülerinnen und Schüler als Ergebnis von Unterricht und Lernen können sollen. Dabei orientieren sie sich an einem Kompetenzmodell oder verwenden zumindest eine Kompetenzbegrifflichkeit; allerdings gibt es zwischen den einzelnen Bundesländern zum Teil erhebliche konzeptionelle und terminologische Differenzen. Auch bei der Art der Regelungen werden die Akzente sehr unterschiedlich gesetzt. Mal stehen eher wie in Baden-Württemberg noch klassische Themenvorgaben im Mittelpunkt, mal wird auf diese wie in Hessen zugunsten allgemeinerer Kompetenzbeschreibungen weitgehend verzichtet; mal haben die Ausführungen zu den Kompetenzzielen eher Präambelcharakter, mal sind sie bis hin zu Stufungsversuchen ausformuliert. Die meisten Bundesländer verbinden Kompetenzzielbestimmungen mit inhaltlichen Vorgaben, die dann teilweise – am ausgeprägtesten im niedersächsischen Gymnasialplan – auch in Kompetenzformulierungen („Die Schülerinnen und Schüler charakterisieren die Soziale Frage als Ausgangspunkt neuer politischer Konstellationen und unterschiedlicher Lösungsansätze") umgewandelt werden. Der Terminus „Kerncurriculum" soll zwar ausdrücken, dass hier ein engeres, verpflichtendes Pensum an Themen definiert ist, das die Fachkonferenz oder die einzelne Lehrkraft nach eigenem Entschluss erweitern und ergänzen kann. Freilich sind die Vorgaben zumeist nicht weniger umfangreich als in den Lehrplänen alter Art, sodass auch nicht mehr Spielräume vorhanden sind als früher. Natürlich steht es aber jeder Lehrkraft frei, nach eigener Vorstellung das eine Thema intensiver, das andere eher kursorisch zu behandeln.

Das Grundgerüst des Geschichtsunterrichts in der Sekundarstufe I bildet nach wie vor der traditionelle „chronologische Durchgang", der in der Regel mit der Menschwerdung einsetzt und bis in die Gegenwart führt. Dabei wird zumeist ohne weitere Diskussion und Begründung ein Kanon an Themen fortgeschrieben, der sich im Laufe der Zeit herausgebildet hat. Eine dezidiert kategorienorientierte Themengenerierung, wie sie im vorigen Kapitel skizziert wurde, findet also nicht statt. Die chronologische Ausrichtung des Unterrichts wird damit begründet, dass man auf diese Weise den Verlauf der Geschichte nachvollziehen könne; Späteres könne man ohne seine Vorgeschichte nicht verstehen. Dieses Argument ist nicht völlig von der Hand zu weisen. Pauschal angewendet kann es freilich leicht dazu führen, allzuviel für wichtig zu halten, weil letztlich eben alle Vergangenheit auch eine Vorgeschichte darstellt. Allerdings haben wir es längst nicht mehr mit einer leitfadenhaft verstandenen Chronologie zu tun, die im Unterricht möglichst komplett abzuarbeiten und von den Schülerinnen und Schülern möglichst vollständig zu lernen wäre (vgl. dazu genauer Kap. 3.2.1). Erwähnt wird in den Plänen meist auch die Berücksichtigung aktueller und regionaler/lokaler Geschichtsthemen.

Der „chronologische Durchgang" bringt zwei grundsätzliche Probleme mit sich. Das erste: Die Ausrichtung an der historischen Chronologie legt die Zuordnung von Themen und Klassenstufen von vornherein fest. Die menschheitsgeschichtliche Entwicklung und die geistige Entwicklung der Schülerinnen und Schüler werden gleichsam parallelisiert. Es ist freilich ein Irrtum zu glauben, für die Beschäftigung mit der Antike sei das fünfte, sechste oder siebte Schuljahr, für die mit der Geschichte der Bundesrepublik das neunte oder zehnte besonders geeignet. Im Gegenteil werden Schülerinnen und Schüler durch bestimmte Themen, die in den unteren Klassenstufen „dran" sind, systematisch überfordert; anders gewendet: Diese Themen können nur in stark simplifizierter Form untersucht werden. Zum Beispiel kann man die „Neolithische Revolution" in den unteren Klassen zwar unter dem Gesichtspunkt einzelner Veränderungen in der menschlichen Lebensweise behandeln. Aber diesen Befund in die menschheitsgeschichtliche Entwicklung einordnen, dabei unterschiedliche Aspekte (z. B. Umweltgeschichte) berücksichtigen, die Ambivalenz der Entwicklung wahrnehmen, sich mit kontroversen Deutungen auseinandersetzen – das ist wohl erst Schülerinnen und Schülern höherer Klassenstufen möglich. Die chronologische Festlegung bewirkt also, dass manche Themen aus der älteren Geschichte geradezu verschenkt werden.

Das zweite Problem: Die Chronologie des „Durchgangs" ist am klassischen Modell der Groß- und Einzelepochen orientiert. Zu kurz kommt eine weltgeschichtliche Betrachtungsweise und – damit verbunden – der Aspekt der langen Dauer. Wo blieben menschliche Lebensverhältnisse, differenziert nach einzelnen sozialen Gruppen, lange Zeit unverändert, wann, wodurch, für wen und wie schnell änderten sie sich? Und welche Weltbilder waren damit verbunden? Das sind Fragen, die im herkömmlichen Geschichtsunterricht – wenn überhaupt – nur ganz am Rande vorkommen.

Zu den Lehrplänen herkömmlicher Art gehören zumeist noch andere Elemente. In die chronologische Abfolge der Themen versucht man zuweilen eine gewisse Systematik einzuziehen, indem man sie jeweils bestimmten Leitproblemen oder Dimensionen/Kategorien wie Herrschaft, Glaube, Wirtschaft, Arbeit oder

Umwelt zuordnet. Früher geschah dies eher beliebig; modernere Pläne (etwa die aktuellen Kerncurricula für die Haupt- und Realschule in Niedersachsen) versuchen daraus ein erkennbares Strukturgitter von Kategorien zu machen, das das historische Lernen über alle Schuljahre hinweg organisieren soll. Um eine kategorial ausgerichtete Betrachtungsweise von Geschichte handelt es sich auch beim Längsschnitt (vgl. Kap. 3.2.2): Hier wird die Vergangenheit über einen längeren historischen Zeitraum hinweg im Fokus eines ausgewählten Aspekts – wie oben genannt – betrachtet. Wie chronologische und kategoriale Herangehensweisen nicht nur in einer Lehrplanstruktur, sondern auch im Hinblick auf den Unterricht selber sinnvoll miteinander verzahnt werden können, ist bislang noch längst nicht ausreichend bedacht worden. Ebenfalls zu berücksichtigen sind andere Untersuchungsverfahren, wie sie in Kapitel 3.2 beschrieben werden. Und schließlich dürfte es heutzutage – auch wenn dies bislang noch nicht flächendeckend in den Curricula seinen Niederschlag gefunden hat – erstrebenswert sein, geeignete Themen gezielt auch unter dem Aspekt der Geschichtskultur in den Blick zu nehmen (vgl. etwa Geschichte lernen 2011).

Ein weiteres, nicht themenbezogenes Element von Lehrplänen sind die oben schon erwähnten Kompetenzen. In den Neunzigerjahren hatte zunächst das Methodenlernen (Umgang mit Quellen und ggf. Darstellungen; vgl. die Medien-Methoden-Kompetenzen in Kap. 1.3, S. 25) Einzug in die Lehrpläne (und Schulbücher) gehalten. Dies hat sich in den neueren Lehrplänen weiterentwickelt zu der angesprochenen Kompetenzorientierung. Jedoch sind wir noch weit entfernt von einer Beschreibung von Kompetenzentwicklung, die sich aufeinander aufbauend über alle Schuljahre erstreckt und wiederum mit der Chronologie und den kategorialen Zugängen systematisch verknüpft ist. Ob ein solches Modell nicht ohnehin zu komplex und für den Unterricht letztlich nicht anwendbar wäre, ist die Frage. Dennoch sollte man es als Zielvorstellung im Auge behalten.

Insgesamt wird also deutlich, dass die Chronologie zwar immer noch das vorherrschende strukturierende Element für den Geschichtsunterricht insbesondere in der Sekundarstufe I darstellt, die Konstruktionsprinzipien der Curricula mittlerweile aber längst komplexer geworden sind: Chronologie, Kategorien (Längsschnitte), andere Untersuchungsverfahren, Geschichtskultur und Kompetenzen bilden eine Matrix, innerhalb derer Themen so zu verorten wären, dass an ihnen einzelne Aspekte besonders günstig zur Geltung gebracht werden können.

Den Einwendungen gegen die mit dem klassischen chronologischen Durchgang verbundenen Probleme versuchen zwei von Didaktikern entwickelte Alternativkonzepte Rechnung zu tragen. Gerhard Schneider (Kasten auf der folgenden Seite) bricht in seinem Konzept für die Hauptschule mit fast allem Hergebrachten. Sein Entwurf sieht vor, im Großteil der Unterrichtszeit, von der sechsten bis achten Klasse, menschliche Grunderfahrungen zu thematisieren. Außerdem sollen Gedenktage und Jubiläen aufgegriffen werden, um die Rezeption und den öffentlichen Gebrauch von Geschichte zu besprechen. Es soll Raum gelassen werden für „Überraschungsthemen", die sich aktuell ergeben, z.B. durch eine Ausgrabung oder ein Jubiläum vor Ort. Für die neunte Klasse ist schließlich noch ein „chronologischer Durchgang" durch die (vorwiegend deutsche) Geschichte des 20. Jahrhunderts vorgesehen.

„1. Unterrichtsgegenstände des 6., 7. und 8. Schuljahres

a) ‚Anthropologische' und symbolische Themen
- Wer bin ich? Wo komme ich her? Die Geschichte meiner Familie
- Mein Heimatort – Meine Umwelt
- Kindheit und Jugend
- Schule und Ausbildung
- Jung sein – alt sein
- Tod und Weiterleben
- Jungen und Mädchen – Männer und Frauen
- Lieben und Hassen, Freunde und Feinde, Solidarität und Ausgrenzung, Sinnlichkeit und Nüchternheit
- Arbeiten und Lernen
- Freizeit – Vergnügen – Feste – Sport
- Heilige, Propheten, Stars – Genies, Außenseiter, Sonderlinge – ‚Devianz' und ‚Normalität'
- Essen – Trinken, Hunger und Überfluss
- Krank sein und gesund sein
- Sich kleiden
- Wohnen
- Versorgung und Entsorgung in Stadt und Land
- Gewalt, Krieg und Frieden
- Führer und Verführer, Aktivisten und Mitläufer, Vorbilder und Feindbilder
- Angst und Ohnmacht, Zivilcourage, Mut und Verzagtheit
- Wir und die anderen
- Minderheit und Mehrheit – Identifikation und Distanz – Dazugehören und Abseitsstehen – der Einzelne und das Ganze
- Lokale und nationale Gedenktage/-jahre, Feste und Jubiläen

b) Überraschungsthemen

2. Unterrichtsgegenstände des 9. Schuljahres

Chronologischer Durchgang durch die Geschichte der Weimarer Republik, der NS-Zeit und der Zeit nach 1945 unter nationalen und globalen Gesichtspunkten"

(Schneider 2000, S. 412)

Dieses Modell hat den Charme, dass es auf einen Schlag viel (vermeintlichen) Ballast über Bord wirft und so Raum für Neues schafft. Sein Vorzug liegt sicherlich vor allem darin, dass der Gegenwartsbezug all dieser Themen auf der Hand liegt. Aber es wirft auch Fragen auf: Handelt es sich, jedenfalls in der Ausschließlichkeit dieser Zusammenstellung, nicht eher um sozialkundliche als um historische Themen? Besteht nicht die Gefahr, dass die Geschichte nur als Fundus für relativ beliebig ausgewählte Beispiele dient? Hinzu kommt, dass es sich durchweg um Längsschnittthemen handelt. Steht nicht zu befürchten, dass solche Längsschnitte unverbunden nebeneinander stehen bleiben, dass also ein (synchrones) Bild einer Zeit, das mehr als Einzelgesichtspunkte enthält, gleichsam die Signatur einer Epoche zeigt, gar nicht erst entstehen kann? Ganz auf der Strecke bleibt bei diesem Konzept eine chronologische Groborientierung. Kurzum: Haben wir es hier wirklich noch mit genuin historischem Lernen zu tun? Umgekehrt ist natürlich zu bedenken, welche Möglichkeiten sich dazu an der Hauptschule heute überhaupt noch bieten. Allerdings macht der Autor auch nicht ausreichend plausibel, was das Schulformspezifische an seinem Modell ist: Warum soll das, was für die Hauptschule besser ist, nicht auch für die anderen Schulformen das Geeignetere sein?

Ein anderes Alternativkonzept für die Sekundarstufe I (ohne Schulformbezug) stammt von Bodo von Borries. Er sieht einen doppelten „chronologischen Durchgang" vor. In der sechsten bis achten Klasse soll es um „geschichtliche Grunderfahrungen und Grundverfahren", in der neunten und zehnten Klasse um „geschichtliche Umbrüche und Durchbrüche" in welthistorischer Perspektive gehen.

„6. Klasse
1.1. ‚Unser Ort hat sich geändert – die Geschichte unserer Familie beweist es'
1.2. ‚Hominisation – Die Sonderstellung des Menschen innerhalb (nicht außerhalb) der Natur'
1.3. ‚Religiöser Jenseitsglaube – Pyramiden, Mumien, Grabopfer und Totengericht im Alten Ägypten'
1.4. ‚Römisches Kaiserreich – Völkergemisch und Massenzivilisation'

7. Klasse
1.5. ‚Gegensätzliche Blicke auf einen feindlichen Zusammenstoß von Kulturen – Die Kreuzzüge aus christlicher, islamischer und jüdischer Sicht'
1.6. ‚Umwelt hat Geschichte: Der Wald in Mittelalter und Frühneuzeit'
1.7. ‚Zwischen Menschenrechten und Massenhinrichtungen – Die Französische Revolution'
1.8. ‚Das Europa des Wiener Kongresses: Staatsräson und Mächtegleichgewicht als Kriegsgrund oder als Friedensinstrument?'

8. Klasse
1.9. ‚Frauen und Männer sind verschieden; aber worin eigentlich und seit wann eigentlich?'
1.10. ‚Der Erste Weltkrieg – eine ‚Urkatastrophe' des 20. Jahrhunderts?'
1.11. ‚Nationalsozialismus – Diktatur, Vernichtungskrieg, Völkermord'
1.12. ‚Geschichte gibt es auch außerhalb Europas: China vor der Volksrepublik'

9. Klasse
2.1. ‚Die Entstehung der Landwirtschaft' oder ‚Von Sammlerinnen und Jägern zu Ackerbauern' (Umbruch um 8000 v. Chr.)
2.2. ‚Schrift und Staat' oder ‚Vom Dorf zum Großreich' (Umbruch um 3000 v. Chr.)
2.3. ‚Rationalität in Alt-Hellas und Alt-China' oder ‚Zum Mythos den Logos' (Umbruch um 400 v. Chr.)
2.4. ‚Entdeckung und Eroberung der Welt für Europa' oder ‚Von isolierten Kulturerdteilen zum frühen Weltsystem' (Umbruch um 1500 n. Chr.)

10. Klasse
2.5. ‚Nicht nur die Dampfmaschine!' oder ‚Von Agrar- zu Industriegesellschaften' (Umbruch um 1800 n. Chr.)
2.6. ‚Staat und Nation – Nationalstaat und Staatsnation: Das Beispiel Deutschland, Polen und Tschechien' (Entwicklung von 1500 bis 2000)
2.7. ‚Postindustrielle Überfluss-, Freizeit-, Risiko-, Dienstleistungs- oder Informationsgesellschaft?' oder ‚Grenzen des Wachstums und Innovation ohne Grenzen?' (Umbruch von 1950 n. Chr.)
2.8. ‚Historische Wurzeln und Determinanten von aktuellen Krisenfeldern in der ‚einen' und ‚gespaltenen' Welt (Fallstudie zur Entwicklung von 1950–2000)'"

(von Borries 2001, S. 78)

In sich konsistent ist zweifellos Teil 2: Er beschränkt sich auf die großen Veränderungsschritte in den menschlichen Lebensweisen und kommt damit zu einer Periodisierung, die mit der herkömmlichen Epocheneinteilung nicht mehr viel gemein hat. Weniger schlüssig ist der erste Teil. Die Begründungen für die Themen liegen auf sehr verschiedenen Ebenen (Schülerinteresse, weltgeschichtliche Bedeutsamkeit, andere Kulturen, menschliche Grundbestimmungen); an welcher Stelle welches Kriterium zum Tragen kommt, macht einen etwas zufälligen Eindruck. Zu kurz kommen klassische Gesichtspunkte der Politik- und Sozialgeschichte (Herrschaft, politische Teilhabe, Sozialverhältnisse). Anders als bei Schneider gibt es keine Längsschnitte. Der Gegenwartsbezug ist nicht so offenkundig, aber implizit zweifellos vorhanden. Insgesamt bricht dieses Model weniger krass mit dem Herkömmlichen. Seine Vorzüge: Die Behandlung einzelner Themen wird nicht durch die (übliche einfache) Chronologie von vornherein auf bestimmte, unter Umständen ungünstige Klassenstufen festgelegt; das gilt vor allem für Vor- und Frühgeschichte und Altertum, die (noch einmal) in der neunten Klasse kommen. Und das Konzept vermittelt einen Überblick über die wichtigsten Etappen der Menschheitsgeschichte. Damit trägt es den beiden am Kapitelbeginn beschriebenen Einwänden gegen die übliche Lehrplanstruktur Rechnung.

Beide Modelle sind nicht mehr neu und nicht erprobt (vgl. weitere Vorschläge: Heil 2001, Veit 1993). Aber beide sind sicherlich geeignet, die Diskussion über tiefergehende Erneuerungen zu befruchten. Dass dabei vieles im Detail genauer ausformuliert und operationalisiert werden müsste, liegt auf der Hand. Und natürlich lassen sich auch innovative Einzelbestandteile dieser Modelle als Bausteine innerhalb eines insgesamt anders strukturierten Lehrgangs verwenden – das ist eine Entscheidung, bei der Unterrichtende unabhängig von ministeriellen Vorgaben auch eigene Akzente setzen können. In diese Richtung wird vermutlich die Lehrplanentwicklung in thematischer Hinsicht insgesamt stärker laufen müssen: zu trennen zwischen einem Pflichtteil, einem Fundament, und einem Angebot an Einzelbausteinen, aus denen die Lehrkräfte nach den Bedingungen und Interessen der Klasse (aber auch ihren eigenen) eine Auswahl treffen. Hinzu kommt die schon angesprochene schwierige Aufgabe, die unterschiedlichen Elemente der Lehrplankonstruktion – Chronologie, Kategorien, Untersuchungsverfahren, Geschichtskultur, Kompetenzen – angemessen zu berücksichtigen und besser aufeinander abzustimmen. Dies dürfte in nächster Zeit die dringendste Herausforderung in der Curriculumentwicklung darstellen.

Weiterführende Literatur

Die Lehrpläne fast aller Bundesländer sind über den Deutschen Bildungsserver aufzufinden: www.bildungsserver.de/zeigen.html?seite=400

Borries, Bodo von, Überlegungen zu einem doppelten – und fragmentarischen – Durchgang im Geschichtsunterricht der Sekundarstufe I, in: GWU 52, 2001, H. 2, S. 76–90.

Borries, Bodo von, Kerncurriculum Geschichte in der gymnasialen Oberstufe, in: Tenorth, Heinz-Elmar (Hrsg.), Kerncurriculum Oberstufe II. Biologie, Chemie, Physik, Geschichte, Politik. Expertisen, Weinheim/Basel 2004, S. 236–321, insbesondere S. 298–311.

Eckhard, Hans-Wilhelm, Die Inhaltsfrage im Spannungsfeld historischen Lernens, in: Informationen für den Geschichts- und Gemeinschaftskundelehrer H. 61 (2001), S. 13–21.

Geschichte lernen H. 140 (2011): Antike in der Geschichtskultur.

Handro, Saskia/Schönemann, Bernd (Hrsg.), Geschichtsdidaktische Lehrplanforschung. Methoden – Analysen – Persepktiven, Münster 2004.

Heil, Werner, Reform des Geschichtsunterrichts, in: GWU 52, 2001, H. 2, S. 91–103.

Jeismann, Karl-Ernst/Schönemann, Bernd, Geschichte amtlich. Lehrpläne und Richtlinien der Bundesländer – Analyse, Vergleich, Kritik, Frankfurt a. M. 1989.

Kuss, Horst, Geschichtsunterricht und Lehrplan. Lehrplananalyse und Lehrplankritik am Beispiel der Lehrpläne von Bayern, Nordrhein-Westfalen und Berlin, in: GWU 48, 1997, H. 9, S. 533–549.

Pandel, Hans-Jürgen, Strategien geschichtsdidaktischer Richtlinienmodernisierung. Reduktion – Strukturierung – Konstruktion, in: Keuffer, Josef (Hrsg.), Modernisierung von Rahmenrichtlinien, Weinheim 1997, S. 106–133.

Pandel, Hans-Jürgen, Richtlinien im 21. Jahrhundert – immer mehr Ereignisse, immer weniger Stunden, in: Ders./Schneider, Gerhard (Hrsg.), Wie weiter? Zur Zukunft des Geschichtsunterrichts, Schwalbach/Ts. 2001, S. 165–183.
Sauer, Michael, Methodenkompetenz als Schlüsselqualifikation. Eine neue Grundlegung des Geschichtsunterrichts?, in: Geschichte, Politik und ihre Didaktik 30, 2002, H. 3/4, S. 183–192.
Schneider, Gerhard, Ein alternatives Curriculum für den Geschichtsunterricht in der Hauptschule. Ein Diskussionsbeitrag, in: GWU 51, 2000, H. 7/8, S. 406–417.
Schneider, Gerhard, Neue Inhalte für ein altes Unterrichtsfach. Überlegungen zu einem alternativen Curriculum Geschichte in der Sekundarstufe I, in: Demantowsky, Marko/Schönemann, Bernd (Hrsg.), Neue geschichtsdidaktische Positionen, Bochum 2002, S. 119–142.
Veit, Georg, Geschichte in zwei Phasen. Ein Modell zur didaktischen Diskussion, in: Geschichte lernen H. 52 (1996), S. 9–12.

3.2 Untersuchungsverfahren

Mit der Auswahl von Inhalten ist es im Geschichtsunterricht nicht getan; es geht auch um die sinnvolle Strukturierung von Themen. Diese erschöpft sich nicht in der bloßen Anordnung und Abfolge. Vielmehr gilt es, unterschiedliche Untersuchungsverfahren, die jeweils besondere Erkenntnismöglichkeiten eröffnen, zur Geltung zu bringen und miteinander zu verknüpfen.

Weiterführende Literatur
Barricelli, Michele, Thematische Strukturierungskonzepte, in: Günther-Arndt, Hilke (Hrsg.), Geschichts-Methodik. Handbuch für die Sekundarstufe I und II, Berlin 3. Aufl. 2010, S. 47–62.
Pandel, Hans-Jürgen, Didaktische Darstellungsprinzipien. Ein alter Sachverhalt im neuen Licht, in: Bernhardt, Markus/Henke-Bockschatz, Gerhard/Sauer, Michael (Hrsg.), Bilder – Wahrnehmungen – Konstruktionen. Reflexionen über Geschichte und historisches Lernen. Festschrift Ulrich Mayer, Schwalbach/Ts. 2006, S. 152–168.
Rohlfes, Joachim, Geschichte und ihre Didaktik, Göttingen 3. Aufl. 2005, S. 235–248.
Rohlfes, Joachim/Jeismann, Karl-Ernst (Hrsg.), Geschichtsunterricht. Inhalte und Ziele, Stuttgart 1975, S. 53–64, 123–130, 139–193.

3.2.1 Chronologisches Verfahren – genetisches Prinzip

Die Dimension der Zeit ist für Geschichte konstitutiv. Alles Gewordene hat seine Vorgeschichte; Entwicklungsprozesse lassen sich im Hinblick auf Ursachen, Handlungen, Interessen, Zwangsläufigkeiten oder Alternativen untersuchen. Dieses genetische Prinzip muss auch im Geschichtsunterricht zur Geltung kommen. Natürlich ist dieser Ansatz nicht bei allen Themen gleich ergiebig – beim „Beginn des Ersten Weltkrieges" lässt er sich stärker entfalten als beim „Bäuerlichen Leben im Mittelalter".

Dies ist jedoch etwas anderes als der übliche „chronologische Durchgang", wie ihn heute die Rahmenrichtlinien für die Sekundarstufe I überall vorsehen und wie er früher als „zweiter Durchgang" noch einmal in der Sekundarstufe II üblich war. Neue Inhalte und verkürzte Stundenzahlen haben diesen Durchgang immer löcheriger werden lassen. In Wirklichkeit haben wir es längst nicht mehr mit einer eng gefassten Chronologie, sondern lediglich mit einer chronologischen Anordnung von Einzelthemen zu tun, die oft einem ganz verschiedenartigen Ansatz verpflichtet sind. Nehmen wir als Beispiel die vorherrschende Präsentation des Mittelalters im Schulbuch. Nach dem Ende des Römischen Reichs und der Völkerwanderung landet man ziemlich unvermittelt bei Karl dem Großen und dem Frankenreich. Es folgt ein idealtypisches Modell der mittelalterlichen Gesellschaft im Hochmittelalter (Stichwort Lehnswesen), außerdem geht es um den Konflikt zwischen Kirche und weltlicher Herrschaft. Im Spätmittelalter richtet sich das Interesse vor allem auf den Aufstieg der Städte, es dominieren Wirtschafts- und Kulturgeschichte. Die meisten Bilder, mit denen das Kapitel versehen ist, stammen aus dieser Zeit, einfach deswegen, weil die Bildüberlieferung vorher ziemlich dürftig ist. Ziel dieser typisierenden Momentaufnahmen ist es, wesentliche gesellschaftliche Zustände bzw. Veränderungsprozesse zu beleuchten. Eine Chronologie im Sinne eines leitfadenhaften Durchgangs ist das längst nicht mehr. Man sollte sich dies ehrlich eingestehen, aus der (vermeintlichen) Not eine Tugend machen und weitere Reduzierungen nicht zum Tabu erklären.

Was freilich unentbehrlich bleibt, ist ein chronologisches Orientierungs- und Überblickswissen, nicht zuletzt deshalb, weil Schülerinnen und Schüler auch Längsschnitte (vgl. Kap. 3.2.2) und Schwerpunkte (vgl. Kap. 3.2.4) historisch einordnen können müssen. Die Abfolge einzelner Epochen sollte im Grundriss geläufig sein. Damit verbunden sein sollte zugleich die Kenntnis typischer Epochenmerkmale – mit der bloßen Benennung ist es nicht getan. Schließlich sollten Schülerinnen und Schüler dazu in der Lage sein, bestimmte Schlüsselereignisse, die auch in klassischen Datenkanons vorkommen (Französische Revolution, Zweiter Weltkrieg u. Ä.), richtig einzuordnen. Hier eine befriedigende und begrenzte Auswahl zu treffen, ist freilich nicht einfach (vgl. zu Auswahlproblemen Sauer 2008, zu Konzepten Popp 2009 und Wilschut 2009). Die beste Methode, ein solches Orientierungswissen zu vermitteln und zu festigen, ist die Arbeit mit der Zeitleiste (vgl. Kap. 6.2.2; zur Arbeit mit elementaren Orientierungsdaten vgl. Plöger 2001).

Wichtiger freilich noch ist ein weiterer, ein weltgeschichtlicher Überblick über wesentliche Veränderungen in der menschlichen Lebensweise. Eine Gesamtvorstellung von deren Ablauf entsteht durch den „chronologischen Durchgang" nicht. Das hat verschiedene Gründe: Dieser Durchgang zieht sich so lange hin, dass Schülerinnen und Schüler keine wirklich übergreifenden Bezüge herstellen können. Außerdem ist die Vorgehensweise zu kleinschrittig, als dass globalere Entwicklungsprozesse überhaupt in Erscheinung treten könnten – sie werden durch die Fülle der Details verstellt. Und schließlich ist unser Geschichtsunterricht bestimmt durch Sichtweisen der Geschichtswissenschaft. Diese hat ihr Arbeitsgebiet vor allem über die schriftliche Überlieferung definiert. Die Ur- und Frühgeschichte zählen deshalb nicht zu ihrem eigentlichen Kernbereich und bleiben an den Universitäten anderen Disziplinen überlassen. Das hat zur Folge, dass die Zeit der Hominisation und die Steinzeiten im Lehrplan, in Schulbüchern und im Unterricht oft nur sehr stiefmütterlich bedacht werden. Dabei handelt es sich bei Menschwerdung und Neolithischer Revolution um Entwicklungsschritte von ganz grundlegender Bedeutung. Ähnlich steht es mit der Orientierung an den klassischen Großepochen Antike, Mittelalter und Neuzeit: Sie bildet nicht unbedingt die in menschheitsgeschichtlicher Perspektive wesentlichen Veränderungen ab. Außerdem spiegelt sie allein eine europäische Sichtweise wider, auf andere Kulturräume ist sie nicht übertragbar.

Geschichtsunterricht sollte auch die wesentlichen Wandlungen der menschlichen Existenzweise in den Blick bringen und damit eine kleinschrittige, an europäischen Sichtweisen orientierte Geschichtsbetrachtung ergänzen und relativieren. Dabei kommt es ebenso darauf an, Umbrüche zu markieren wie Kontinuitäten deutlich zu machen. Gerade die Erscheinungen langer Dauer kommen in einem Geschichtsunterricht, der vor allem Elemente der Veränderung betont, leicht zu kurz. Wer sich zwischendurch mit Themen wie „Zeitalter der Entdeckungen/Renaissance", „Bauernkrieg und Reformation", „Konfessionalisierung und Dreißigjähriger Krieg", „Absolutismus und Französische Revolution" beschäftigt hat, verliert naturgemäß aus dem Blick, dass ein Bauer in Mitteleuropa bis 1800 nicht viel anders wirtschaftete als im Mittelalter.

Als maßgebliche Entwicklungsschritte sollten behandelt und aufeinander bezogen werden:
▸ Hominisation
▸ Neolithische Revolution
▸ Frühe Hochkulturen
▸ Entdeckung der Rationalität (Griechenland, China) um 500/400 v. Chr.
▸ Europäische Expansion seit 1500
▸ Industrielle Revolution und beginnende Globalisierung

Angemessen umgesetzt werden kann diese Betrachtungsweise nur, wenn sie als eigener Untersuchungsansatz neben den anderen in diesem Kapitel Beschriebenen aufgefasst wird (von Borries macht sie sogar zur Grundlage eines neuen Lehrplanmodells, vgl. S. 52 f.). Der Ansatz muss dann an den entsprechenden Stellen immer wieder mithilfe von Rückgriff und Vergleich ins Spiel gebracht werden. Strukturskizzen oder Poster, die ständig im Klassenraum präsent sind, können dabei Verwendung finden. Bei selbst erarbeiteten Zeitleisten sollte vor allem auch das Element der langen Dauer Berücksichtigung finden (z. B. über Jahrhunderte hinweg Ochsen als Zugtiere im Bild).

Natürlich kann Menschheitsgeschichte auch Gegenstand eines eigenen Längsschnitts werden, bevorzugt in der Sekundarstufe II. In der Sekundarstufe I geht es beim Vergleich der Lebensformen eher um alltagsgeschichtliche Fragen: Wie haben Menschen in der jeweiligen Zeit sich ernährt, wie haben sie gewohnt, sich fortbewegt, produziert, die Umwelt genutzt und verändert, den Tag verbracht? In der Sekundarstufe II können komplexere Deutungen ins Spiel kommen. Dafür ist dann auch die Beschäftigung mit Darstellungstexten notwendig. Besonders beim Thema Neolithische Revolution gibt es eine Fülle einander widersprechender Deutungen (vgl. als Unterrichtsvorschlag von Borries 1988). Sie können in der Sekundarstufe I – jedenfalls bei der augenblicklichen Anordnung der Themen – nicht behandelt werden. Auch in der Sekundarstufe II können Schülerinnen und Schüler diese Aussagen nicht im Detail kontrollieren, sondern lediglich im Hinblick auf ihre Plausibilität prüfen. Gerade solches „Spekulieren" aber kann zu der Einsicht führen, dass historische Forschung eben nicht nur aus dem Sicherstellen von Fakten, sondern auch aus Deutung und Theoriebildung besteht.

Weiterführende Literatur

Bergmann, Klaus, Versuch über die Fragwürdigkeit des chronologischen Geschichtsunterrichts, in: Pandel, Hans-Jürgen/Schneider, Gerhard (Hrsg.), Wie weiter? Zur Zukunft des Geschichtsunterrichts, Schwalbach/Ts. 2001, S. 33–55.
Borries, Bodo von, Überlegungen zu einem doppelten – und fragmentarischen – Durchgang im Geschichtsunterricht der Sekundarstufe I, in: GWU 52, 2001, H. 2, S. 76–90.
Plöger, Ursula, Was muss man über Geschichte wissen? Versuch eines Grundgerüsts historischen Wissens für Gymnasiasten, in: Pädagogik H. 4 (2001), S. 14–17.
Popp, Susanne/Forster, Johanna (Hrsg.), Curriculum Weltgeschichte. Globale Zugänge für den Geschichtsunterricht, Schwalbach/Ts. 2. Aufl. 2008.
Popp, Susanne, Orientierungswissen und „nachhaltiges Lernen" im Geschichtsunterricht. Überlegungen zu den Ergebnissen einer Befragung von Hochschullehrerinnen und -lehrern, in: GWU 60, 2009, H. 11, S. 646–657.
Sauer, Michael, Neolithische und industrielle Revolution. Epochale Veränderungen von Naturaneignung und Techniknutzung in der Menschheitsgeschichte, in: Friedrich-Jahresheft 1999, Seelze 1999, S. 40–43.
Sauer, Michael, Geschichtszahlen – was sollen Schülerinnen und Schüler verbindlich lernen? Ergebnisse einer Lehrerbefragung, in: GWU 59, 2008, H. 11, S. 612–630.
Wilschut, Arie, Ein Referenzrahmen für den Unterricht im Fach Geschichte, in: GWU 60, 2009, H. 11, S. 629–645.

Unterrichtsvorschläge

Borries, Bodo von, Landwirtschaftliche Revolution – Fortschritt oder Sündenfall?, in: Geschichte lernen H. 1 (1988), S. 19–26, 56–62.
Kuhn, Bärbel/Schmenk, Holger/Windus, Astrid (Hrsg.), Weltgeschichtliche Perspektiven im Geschichtsunterricht, St. Ingbert 2010.

3.2.2 Längsschnitt

In einem thematischen Längsschnitt wird ein ausgewählter Aspekt über einen längeren historischen Zeitraum hinweg verfolgt und untersucht. Dies lässt Veränderungen in der Zeit besonders deutlich werden. Es geht um den diachronen Vergleich und damit zugleich um eine genetische Betrachtungsweise in einem speziellen Bereich. Die Konzentration auf einen Aspekt ermöglicht stärkere Vertiefung und Detailarbeit. In der Geschichtswissenschaft ist der Längsschnitt sicherlich das am meisten verwendete Untersuchungs- und Darstellungsprinzip – das signalisieren in der Regel schon die Titel (als beliebiges Beispiel: Michael North (Hrsg.), Deutsche Wirtschaftsgeschichte. Ein Jahrtausend im Überblick, München 2000.).

Für diesen Zugang eignen sich besonders gut existenzielle Grundbedürfnisse und -situationen des Menschen mit ihren Voraussetzungen, also gleichsam anthropologische Themen (Ernährung, Wohnen, Kleidung, Armut, Kindheit, Alter, Krankheit, Tod, Umwelt, Religion; vgl. den Lehrplanentwurf von Schneider in Kap. 3.1.3, S. 51), aber auch zentrale Kategorien der politischen Geschichte wie Herrschaft und politische Partizipation. Man wird dabei nicht immer gleich die ganze Menschheitsgeschichte in den Blick nehmen – das verbietet zumeist schon der Zeitaufwand. Sinnvoll ist es, sich auf solche Zeiten zu konzentrieren, in denen sich besonders einschneidende Wandlungen vollzogen haben oder das gewählte Thema einen zentralen gesellschaftlichen Stellenwert hatte (z. B. Migration im Deutschland des 19. Jahrhunderts). In der Regel weisen diese Themen aber auch einen besonders ausgeprägten Gegenwartsbezug auf: Geschichte kann als Vorgeschichte heutiger Verhältnisse fortlaufend bis in die Gegenwart verfolgt werden.

Allerdings birgt diese Betrachtungsweise auch Gefahren. Konzentration bedeutet zugleich Isolierung: Die Zeitumstände, innerhalb derer das ausgewählte Phänomen jeweils in Erscheinung tritt und sich ausprägt, können im Längsschnitt oft nur andeutungshaft behandelt werden; dadurch kann es zur Vernachlässigung spezifischer Bedingungen und Begründungen kommen. Im schlimmsten Fall läuft das auf eine bloße Aneinanderreihung verschiedenartiger Erscheinungsformen hinaus, unterlegt womöglich mit einem schlichten Fortschrittsmodell, in dem das Jüngere stets als das Bessere und das Ältere als das Schlechtere in Erscheinung tritt. Aus diesem Grund können Längsschnitte im Geschichtsunterricht immer nur eine mögliche Betrachtungsweise, nie die alleinige sein. Denn ein zusammenhängendes Bild einer Zeit lässt sich auch durch eine Bündelung von Längsschnitten nicht vermitteln.

Weiterführende Literatur

Erdmann, Elisabeth, Thematische Längsschnitte für den Geschichtsunterricht in der gymnasialen Oberstufe, in: Dies. (Hrsg.), Thematische Längsschnitte für den Geschichtsunterricht in der gymnasialen Oberstufe, Neuried 2002, S. 22–24.
Krimm, Stefan/Sachse, Martin, Die Bedeutung historischer Längsschnitte für den Geschichtsunterricht in der Oberstufe des Gymnasiums, in: Erdmann, Elisabeth (Hrsg.), Thematische Längsschnitte für den Geschichtsunterricht in der gymnasialen Oberstufe, Neuried 2002, S. 349–364.
Melichar, Franz Georg (Hrsg.), Längs Denken. Förderung historischer Kompetenzen durch Längsschnitte, Neuried 2006.
Michler, Andreas, Längsschnitte. Heilmittel oder Ende des Geschichtsunterrichts?, in: Schreiber, Waltraud (Hrsg.), Vom Imperium Romanum zum Global Village. „Globalisierungen" im Spiegel der Geschichte, Neuried 2000, S. 25–42.

Michler, Andreas, Längsschnitte im Geschichtsunterricht – Versuch einer Typologie, in: Erdmann, Elisabeth (Hrsg.), Thematische Längsschnitte für den Geschichtsunterricht in der gymnasialen Oberstufe, Neuried 2002, S. 43–71.

Unterrichtsvorschläge

Armut! Didaktische Materialien für die Fächer Geschichte, Sozialkunde, Deutsch, Religion, Ethik und Kunst, Trier 2010.
Baumgärtner, Ulrich, Rhetorische Kriegserinnerung im 19. und 20. Jahrhundert, in: Erdmann, Elisabeth (Hrsg.), Thematische Längsschnitte für den Geschichtsunterricht in der gymnasialen Oberstufe, Neuried 2002, S. 447–493.
Behrndt, Karsten/Wittwer, Frank Michael, Die „Zerstörung von materieller Kultur". Ein Beitrag zur Unterrichtspraxis und zur Diskussion um die Bedeutung des Längsschnitts im Geschichtsunterricht, in: GWU 57, 2006, H. 1, S. 42–57.
Buntz, Herwig, Die Entwicklung des Landverkehrs, in: Erdmann, Elisabeth (Hrsg.), Thematische Längsschnitte für den Geschichtsunterricht in der gymnasialen Oberstufe, Neuried 2002, S. 133–172.
Erdmann, Elisabeth (Hrsg.), Thematische Längsschnitte für den Geschichtsunterricht in der gymnasialen Oberstufe, Neuried 2002.
Erdmann, Elisabeth/Kloft, Hans, Arbeit und Tätigsein, in: Erdmann, Elisabeth (Hrsg.), Thematische Längsschnitte für den Geschichtsunterricht in der gymnasialen Oberstufe, Neuried 2002, S. 93–132.
Geschichte lernen H. 4 (1988): Umweltgeschichte; H. 6 (1988): Menschenrechte; H. 10 (1989): Haushalt; H. 13 (1990): Arbeit; H. 15 (1990): Sinne und Gefühle; H. 26 (1992): Utopien; H. 30 (1992): Gesundheit und Krankheit; H. 33 (1993): Migration; H. 39 (1994): Frauenarbeit; H. 48 (1995): Glaube und Religion; H. 78 (2000): Armut; H. 80 (2001): Kleidung und Mode; H. 93 (2003): Rassismus; H. 95 (2003): Adel; H. 103 (2005): Ernährung; H. 126 (2008): Sklaverei.
Geschichtswettbewerb des Bundespräsidenten (Hrsg.), Sich regen bringt Segen? Arbeit in der Geschichte (Unterrichtsideen III), Hamburg 2004.
Geschichtswettbewerb des Bundespräsidenten (Hrsg.), Miteinander – gegeneinander? Jung und Alt in der Geschichte (Unterrichtsideen IV), Hamburg 2006.
Hasberg, Wolfgang, (Heiliger) Krieg und (Gottes) Friede. Religiosität als Handlungsmotiv und Deutungskategorie im Mittelalter, in: Erdmann, Elisabeth (Hrsg.), Thematische Längsschnitte für den Geschichtsunterricht in der gymnasialen Oberstufe, Neuried 2002, S. 173–212.
Heitzer, Horst W., Menschenrechte – Grundrechte seit 1776. Ein thematischer Längsschnitt, in: Erdmann, Elisabeth (Hrsg.), Thematische Längsschnitte für den Geschichtsunterricht in der gymnasialen Oberstufe, Neuried 2002, S. 323–396.
Langer-Plän, Martina, Juden, Deutsche, jüdische Deutsche – jüdisches Selbstverständnis in Deutschland seit der Emanzipation, in: Erdmann, Elisabeth (Hrsg.), Thematische Längsschnitte für den Geschichtsunterricht in der gymnasialen Oberstufe, Neuried 2002. S. 397–446.
Praxis Geschichte H. 5/1988: Wohnen im Wandel; H. 6/1989: Schule im Wandel; H. 3/1991: Reisen; H. 3/1992: Glaubensflüchtlinge; H. 5/1993 Energie – Technik – Geschichte; H. 1/1995: Mannsbilder – Weibsbilder; H. 1/1997: Jungsein und Erwachsenwerden; H. 1/1998: Liebe und Ehe in der Geschichte; H. 2/2000: Kranke, Ärzte, Scharlatane; H. 4/2001: Krieg: Sinn und Sinnbild; H. 4/2003: Migration; H. 4/2005: Völker wandern; H. 6/2009: Glaubensstreit und Glaubenskrieg.
Schipperges, Britta, Kindheit und Jugend im Wandel der Jahrhunderte. Geschichte im Längsschnitt, Mülheim 2011.
Schulz, Raimund, Das Thema „Krieg" im Geschichtsunterricht der Sekundarstufe I. Neue thematische Perspektiven und didaktische Konzepte, in: GWU 57, 2006, H. 12, S. 730–749.
Seidenfuß, Manfred, Zwischen Disziplinierung und partnerschaftlichem Handeln. Armenfürsorge in Deutschland, in: Erdmann, Elisabeth (Hrsg.), Thematische Längsschnitte für den Geschichtsunterricht in der gymnasialen Oberstufe, Neuried 2002, S. 265–321.

3.2.3 Epochenquerschnitt

Dieses Verfahren ist in unserem Geschichtsunterricht am häufigsten vertreten und bildet das Gerüst von Lehrplänen und Schulbüchern. Einzelne, für besonders bedeutsam gehaltene Epochen oder Teile davon werden gleichsam in einer Momentaufnahme untersucht. Der zeitliche Zuschnitt des einzelnen Querschnitts kann wenige Jahre oder Jahrzehnte (z. B. Französische Revolution), aber auch mehrere Jahrhunderte umfassen (z. B. Römisches Kaiserreich). Die Themen stehen in der Regel in einer chronologischen Abfolge, ohne dass sie im engeren Sinne unmittelbar chronologisch aufeinander bezogen sein müssen.

Der Vorzug dieses Verfahrens liegt darin, dass ein bestimmter Zeitabschnitt parallel unter verschiedenen (allerdings meist unterschiedlich gewichteten) Gesichtspunkten – Politik, Gesellschaft, Wirtschaft, Kultur, Mentalität – untersucht werden kann und diese aufeinander bezogen werden können. So lässt sich ein umfassendes und facettenreiches Bild eines Zeitraumes, eine Art Epochenprofil, entwickeln. Der Nachteil des Verfahrens kann sein, dass im Bestreben nach „Ganzheitlichkeit" die Problemorientierung und inhaltliche Fokussierung leicht zu kurz kommt: Alles, was zum Gesamtbild der Zeit gehört, scheint wichtig zu sein, ohne dass es eigens auf seine didaktische Relevanz geprüft wird. Freilich erledigt sich dieses Problem in einem Geschichtsunterricht, der ohnehin unter starker Zeitökonomie zu leiden hat, meist von selbst.

Zwischen den einzelnen Epochenquerschnitten klaffen in Lehrplänen und Schulbüchern oft große Lücken. Deshalb ist es häufig schwierig, den genetischen Aspekt, die Prozesshaftigkeit von Geschichte zur Geltung zu bringen oder – übertragen gesprochen – die einzelne Momentaufnahme in eine Bilderreihe einzubeziehen, die auch das Vorher und Nachher deutlich werden lässt. Das gilt insbesondere dann, wenn man Veränderungen in einzelnen Teilbereichen genauer betrachten will. Hier ist der Längsschnitt das geeignetere Verfahren und deshalb kommt es auf eine sinnvolle Verknüpfung beider Untersuchungsverfahren an.

Weiterführende Literatur

Wiemer, Hans-Ulrich, Hellenismus, die „moderne Zeit des Altertums"? Epochendefinition in der Sekundarstufe II, in: Geschichte lernen H. 109 (2006), S. 52–57.

3.2.4 Schwerpunktbildung und Fallanalyse

Bei der Schwerpunktbildung geht es um die vertiefte Beschäftigung mit ausgewählten Themenbereichen („Inseln"). Ziele und Vorteile des Verfahrens liegen darin, einmal an einem Beispiel bestimmte Methoden und Arbeitstechniken zu erproben, fachspezifische Denkweisen, Erkenntnisprinzipien und Deutungsmuster kennenzulernen und Erfahrungen damit zu sammeln, die dann auch auf andere Themen angewendet werden können. Insofern gewinnt der Unterricht hier ein neues qualitatives Niveau. Die heutigen Forderungen nach Kompetenz- und Methodenlernen lassen sich teilweise nur auf diesem Wege umsetzen. Und nur bei vertiefter Beschäftigung mit einem Thema, die womöglich noch dessen Rezeption in der Geschichtswissenschaft oder im öffentlichen Geschichtsbewusstsein einschließt, lassen sich Einsichten gewinnen, die für das Fach elementar sind: die Rolle von Quellen, die Perspektivität historischer Überlieferung, der Konstruktcharakter von Geschichte. Schwerpunktbildungen sind deshalb unentbehrlich, aber sie können die anderen Verfahren nicht ersetzen. Verbindliche Kriterien für ihre Auswahl gibt es nicht; natürlich ist es sinnvoll, sich mit solchen Themen genauer zu befassen, an denen die oben angedeuteten Einsichten besonders gut gewonnen werden können – günstig ist zum Beispiel eine vielseitige Quellenüberlieferung oder eine besondere Bedeutsamkeit des Themas für die Nachgeschichte.

Schließlich sollte man auch nicht außer Acht lassen, dass die gezielte und gründliche Beschäftigung mit einem Thema Schülerinnen und Schüler oft besser motivieren kann als eine flüchtige. Sie haben die Chance, selber zu „forschen", zu „Experten" zu werden, eigene Fragestellungen zu entwickeln. Projektarbeit (vgl. Kap. 4.3.8) kann dafür ein besonders geeigneter organisatorischer Rahmen sein.

Die Fallanalyse richtet sich auf ein historisches Ereignis von exemplarischer Bedeutsamkeit. Sie ist aber sehr viel enger gefasst als ein Schwerpunkt der eben beschriebenen Art. Der Fall soll zeittypische Bedingungen, Abläufe und Entscheidungsprozesse in gebündelter Form zum Vorschein treten lassen. Besonders dafür geeignet sind lokale oder regionale Beispiele, die im Besonderen das Allgemeine verdeutlichen: die Revolution von 1848/49 in dieser oder jener Stadt, ein Arbeiterstreik während des Kaiserreichs, die Machtübernahme der Nationalsozialisten, das Ende des Zweiten Weltkrieges am jeweiligen Ort (vgl. zu den didaktischen Potenzialen der Regionalgeschichte Schiersner 2011). Für aufwendigere Fallanalysen bietet sich deshalb die Projektform mit eigenen Erkundungen der Schülerinnen und Schüler an. Die Fallanalyse kann aber auch noch enger gefasst sein und z. B. lediglich eine Vertiefung innerhalb eines Epochenquerschnitts bilden. Die Stärke des Verfahrens liegt in der Konzentration: Eine Situation wird von allen Seiten, in ihrem ganzen Gefüge untersucht. Was sonst unter Umständen allgemein und abstrakt bleibt, wird hier überschaubar und konkret.

Weiterführende Literatur

Schiersner, Dietmar, Alter Zopf oder neue Chance? Regionalgeschichte in Historiografie und Geschichtsunterricht, in: GWU 62, 2011, H. 1/2 S. 50–60.

3.2.5 Vergleichendes Verfahren

Bei diesem Verfahren geht es um den Vergleich einzelner historischer Gesellschaften bzw. einzelner Aspekte und Phänomene innerhalb dieser. Meist beziehen sich solche Vergleiche nur auf zwei Gesellschaften. Möglich sind diachrone und synchrone Vergleiche:

▸ *diachron*: Demokratie im antiken Athen und heute; Stadt in der Antike, im Mittelalter, im 19. Jahrhundert
▸ *synchron*: USA – UdSSR; Bundesrepublik – DDR; Industrialisierung in England und Deutschland; Europa und China um 1500.

Voraussetzung für dieses Verfahren ist, dass sich überhaupt Gesichtspunkte ergeben, unter denen sich die verschiedenen Phänomene sinnvoll aufeinander beziehen lassen – ein Ländervergleich zwischen den USA und Frankreich im 20. Jahrhundert etwa hat für den Geschichtsunterricht wenig Sinn, weil wesentliche Ähnlichkeiten und Unterschiede, auf die es ankommt und deren Ausprägungen und Auswirkungen überprüft werden könnten, nicht gegeben sind (Großmachtstatus, Größe und Bevölkerungszahl, Gesellschafts- und Wirtschaftssystem, Ideologie). Dieser Untersuchungsansatz ist spezieller als der Epochenquerschnitt oder Längsschnitt. Er kann im Geschichtsunterricht zu vertieften, aber eher punktuellen Einsichten führen und bietet sich nur für verhältnismäßig wenige Fälle an, ist also eher ein ergänzendes Verfahren.

Weiterführende Literatur

Kaelble, Hartmut, Der historische Vergleich. Eine Einführung zum 19. und 20. Jahrhundert, Frankfurt a. M. 1999.
Kaelble, Hartmut, Historischer Vergleich, in: Jordan, Stefan (Hrsg.), Lexikon Geschichtswissenschaft. Hundert Grundbegriffe, Stuttgart 2002, S. 303–306.
Riekenberg, Michael, Der Vergleich, in: Mayer, Ulrich/Pandel, Hans-Jürgen/Schneider, Gerhard (Hrsg.), Handbuch Methoden im Geschichtsunterricht, Schwalbach/Ts. 3. Aufl. 2011, S. 269–285.
Schreiber, Waltraud (Hrsg.), Der Vergleich – Eine Methode zur Förderung historischer Kompetenzen. Ausgewählte Beispiele, Neuried 2005.

3.2.6 Perspektivisch-ideologiekritisches Verfahren

Bei diesem Verfahren geht es um die Perspektivität historischer Überlieferung und Darstellung. Urteile, Deutungen, Traditionen sollen im Hinblick auf den Standpunkt und die Interessen befragt werden, die ihnen zugrunde liegen. Das überschneidet sich zum Teil mit dem Prinzip des Geschichtsunterrichts, dass Quellen soweit wie möglich auf ihre Perspektivität hin untersucht und, um das zu erleichtern und anzuregen, in multiperspektivischer Zusammenstellung dargeboten werden sollten (vgl. Kap. 4.2.2). Besonders ertragreich ist diese Herangehensweise freilich, wenn es um die Rezeption von Geschichte, um ihre Aufnahme und ihren Gebrauch geht. Dieser Aspekt hat im Geschichtsunterricht lange Zeit kaum Berücksichtigung gefunden. Dabei wird Geschichte doch immer wieder wirkungsmächtig – und produziert auf diese Weise erneut Geschichte – durch die Art und Weise, wie sie gedeutet und anverwandelt wird. In der Geschichtswissenschaft hat dieser Forschungsansatz unter den Begriffen „Erinnerungsgeschichte" oder „Erinnerungskultur" seit einiger Zeit Konjunktur (vgl. Cornelißen 2003, Demantowsky 2005).

Das tritt besonders deutlich in Erscheinung bei fest gefügten Geschichtsbildern von Nationen, Ideologien oder Religionen. Es kommt aber auch zum Ausdruck in bestimmten Erklärungsmodellen oder Legenden von großer öffentlicher Wirksamkeit, weniger global und stärker anlassbezogen auch bei Jubiläen, Gedenktagen, Festen und Denkmälern. Der Mythos von den Nibelungen oder den Staufern, die Reichsgründungs-, Sedan- oder Lassallefeiern im Kaiserreich, die Gedenkfeiern für die Gefallenen des Hitler-Putsches oder für Schlageter im „Dritten Reich", die Jubiläen des Jahres 1848 bis in die Gegenwart – das sind Beispiele für Themen, bei denen sich eine perspektivisch-ideologiekritische Untersuchung der Rezeption von Geschichte besonders lohnt (vgl. Bergmann 1995, Bergmann 1996, Geschichte lernen 1996, Pellens 1992).

Der grundsätzliche Ertrag ist ein doppelter: Schülerinnen und Schüler gewinnen die Einsicht, dass es – von der Ebene der Fakten abgesehen – nicht „die Geschichte" schlechthin, sondern immer nur bestimmte Auffassungen und Deutungen gibt. Und sie erkennen, dass diese Deutungen von spezifischen Voraussetzungen abhängen: Zeitumständen, Bedürfnissen, Interessen, Wirkungsabsichten. Auch der öffentliche Gebrauch von Geschichte in der Gegenwart, in welchen Medien auch immer, lässt sich unter diesem Aspekt analysieren. Freilich ist dieses Verfahren, weil es sozusagen um eine Metaebene von Geschichte geht, anspruchsvoll und kommt deshalb vornehmlich für die Sekundarstufe II infrage.

Weiterführende Literatur

Cornelißen, Christoph, Was heißt Erinnerungskultur?, in: GWU 54, 2003, H. 10, S. 548–563.
Demantowsky, Marko, Geschichtskultur und Erinnerungskultur – zwei Konzeptionen des einen Gegenstandes. Historischer Hintergrund und exemplarischer Vergleich, in: Geschichte, Politik und ihre Didaktik 33, 2005, H. 1/2, S. 11–20.

Unterrichtsvorschläge

Behre, Johanna/Ott, Elisabeth, Sedanfeiern im Kaiserreich. Durch Gottes Führung zum Sieg über den „Erbfeind" Frankreich, in: Geschichte lernen H. 144 (2011), S. 20–26.
Brüggemann, Thomas, Friedrich II. – historisches Vorbild oder „Saddam seiner Zeit"? Die Analyse von Geschichtsbewusstsein und historischen Deutungen, in: Geschichte lernen H. 68 (1999), S. 38–43.
D'Angelo, Katja u. a., Niederlage, Kriegsende, Befreiung? Der 8. Mai 1945 im Wandel des Gedenkens, in: Geschichte lernen H. 43 (1995), S. 53–57.
Fleiter, Elke, „Held des Vaterlandes". Albert Leo Schlageter und das Gedenken an ihn, in: Geschichte lernen H. 77 (2000), S. 18–23.
Geschichte lernen H. 49 (1996): Gedenktage.
Geschichte lernen H. 121 (2008): Denkmäler.

Geschichte lernen H. 129 (2009): Erinnern an den Nationalsozialismus.
Geschichte lernen H. 140 (2011): Antike in der Geschichtskultur.
Hein, Heidi, Der Pilsudski-Kult. Fallbeispiel für einen politischen Kult, in: Geschichte lernen H. 102 (2004). S. 57–62.
Horn, Christa, Der 9. November – Nationaler Gedenktag oder Nationalfeiertag?, in: Geschichte lernen H. 49 (1996), S. 55–59.
Huneke, Friedrich, „Vorher war der 8. Mai 1945 ein bloßes Datum ..." Erinnerungskultur im Unterricht, in: GWU 57, 2006, H. 2, S. 114–131.
Karasch, Kristin, „Zum ehernen Gedenken an tapfere deutsche Krieger ..." Kolonialdenkmäler untersuchen, in: Geschichte lernen, H. 134 (2010), S. 36–41.
Kotte, Eugen, „Because We Celebrate Our Independence". Revolution und Staatsgründung der USA in US-amerikanischen Schulgeschichtsbüchern, in: Geschichte lernen H. 81 (2001), S. 18–23.
Kotte, Eugen, Grunwald-Mythos und „Tannenberg-Replik". Mythifizierende Geschichtsbilder als Unterrichtsgegenstand, in: Geschichte lernen H. 102 (2004), S. 29–35.
Kraack, Detlev, Ausdeutungen und Umdeutungen von Geschichte im wilhelminischen Schleswig-Holstein. Möglichkeiten und Potentiale eines regional ausgerichteten Geschichtsunterrichts am Beispiel der Stadt Plön um 1900, in: GWU 62, 2011, H. 1/2, S. 61–76.
Kruip, Gudrun, Sedanfeiern als nationalistische Feiern im Kaiserreich, in: Geschichte lernen H. 49 (1996), S. 44–49.
Lange, Thomas, „Den Lebenden zur Mahnung". Darmstadt erinnert sich an das Kriegsende, in: Geschichte lernen H. 43 (1995), S. 48–52.
Mayer, Ulrich, Der ewige Friedrich. Staufermythos und Stauferrezeption, in: Geschichte lernen H. 60 (1998), S. 60–65.
Mayer, Ulrich, Die Rezeption der Revolution 1848/49. Deutungen und Beurteilungen in Deutschland zwischen dem 50. und dem 100. Revolutionsjubiläum, in: Geschichte lernen H. 61 (1998), S. 58–63.
Pallaske, Christoph/Völlmecke, Detlef, „Deutschland muß leben, und wenn wir sterben müssen!" Gedenken und Totenkult nach dem Ersten Weltkrieg: Der Mythos von Langemarck, in: Geschichte lernen H. 49 (1996), S. 20–25.
Pleitner, Berit, Gespaltene Erinnerung. Frankreich und seine Revolution, in: Geschichte lernen H. 60 (1997), S. 62–68.
Praxis Geschichte H. 6/2003: Denk-Mal.
Sauer, Michael, Vom Zweckbau zum Märchenschloss. Die Burg als Sinnbild von Mittelalterromantik, in: Geschichte lernen H. 66 (1998), S. 43–48.
Sauer, Michael, Was tun mit Lettow-Vorbeck? Ein kolonialer Straßenname in der Diskussion, in: Geschichte lernen, H. 134 (2010), S. 54–58.
Schlegel, Claus, „Du zweiter Hermann, dem Rom sich gebeugt!" Mythos Luther im Wandel der Zeit, in: Geschichte lernen H. 125 (2008), S. 50–59.
Schneider, Gerhard, Kriegerdenkmäler, in: Geschichte lernen H. 8 (1989), S. 52–58.
Schneider, Gerhard, Öffentliches Feiern damals. Zur Bedeutung politischer Feste im Wilhelminischen Kaiserreich, in: Praxis Geschichte H. 6/1990, S. 26–33.
Schneider, Gerhard, Der „Messias des neunzehnten Jahrhunderts". Die sozialdemokratischen Lassalefeiern, in: Geschichte lernen H. 49 (1996), S. 50–54.
Zurwehme, Martin, „... aber die Treue gehalten bis in den Tod". Der Nibelungenmythos im 19. und 20. Jahrhundert, in: Geschichte lernen H. 52 (1996), S. 48–53.

4 Lehren und Lernen – Prinzipien und Methoden

Im Kapitel 3 ging es um die Auswahl, die Strukturierung und die Zugangsweisen von bzw. zu Themen. Kapitel 4 behandelt die Art ihrer Vermittlung. Es schreitet vom Allgemeinen zum Speziellen fort. Zunächst geht es um die organisatorischen Rahmenbedingungen des historischen Lernens in der Schule, dann um einige maßgebliche Prinzipien des Unterrichts; den Abschluss bilden unterrichtspraktische Überlegungen zu wichtigen Lehr- und Lernmethoden des Geschichtsunterrichts.

4.1 Organisatorischer Rahmen

Was Schülerinnen und Schüler im Geschichtsunterricht lernen können und sollen, hängt selbstverständlich von ihrem Alter ab. Deswegen unterscheiden sich die Möglichkeiten und Ziele des Geschichtsunterrichts in den verschiedenen Schulstufen. Wirklich systematische Differenzierungen bei den Schulformen dagegen gibt es in der didaktischen Literatur kaum – hier besteht erheblicher Nachholbedarf. Geschichtsunterricht ist keine Einzelveranstaltung, sondern er steht im Kontext anderer Fächer. Dabei geht es um Konkurrenz, um Integration oder Abgrenzung, aber auch um die Chancen, die sich mit dem Schlagwort „fächerübergreifender Unterricht" verbinden.

4.1.1 Schulstufen und Schulformen

Elementare Zugänge zur Geschichte spielen schon in den ersten Klassen der Grundschule eine Rolle. Ziel ist die Ausbildung eines Zeitverständnisses. Dabei setzt man an beim Erfahrungshorizont der Schülerinnen und Schüler, geht von kurzen, überschaubaren zu weiteren Zeitabläufen über: Uhr, Jahreskalender, Lebenszeitleiste, Generationenfolge (vgl. die Unterrichtsvorschläge in Grundschulzeitschrift 1998). Im Sachunterricht des dritten und vierten Schuljahrs treten dann die ersten im engeren Sinne historischen Themen auf. Sie haben zumeist lokalen oder regionalen Bezug. Vorrangig geht es hier um das Erfahren und Erkennen von historischer Andersartigkeit und historischem Wandel am Beispiel kontrastiver Gegenüberstellungen. Dazu dienen lebensweltlich-vertraute Grundsituationen: Familie, Wohnen, Arbeit, Schule früher und heute. Insgesamt ist freilich der Anteil historischer Themen am Pensum des Sachunterrichts bescheiden. Je nach Vorgaben und individueller Praxis wird er auf fünf bis zehn Prozent geschätzt.

Die Begründungen für historische Anteile im Sachunterricht der Grundschule sind prinzipiell dieselben wie für den Geschichtsunterricht überhaupt, allerdings auf elementarer Ebene. Geschichte in den unterschiedlichsten Erscheinungsformen ist Teil der kindlichen Lebenswelt. Die Fähigkeit, historische Sachverhalte und Deutungen geistig zu verarbeiten, sollte daher schon in dieser Zeit angebahnt werden. Dabei kann man von einem ausgeprägten Interesse am Historischen und entsprechender Motivation ausgehen. Diese zu erhalten und zu fördern ist nicht die geringste Aufgabe in dieser Altersstufe.

Methodenfragen spielen in der Grundschule traditionell eine besonders wichtige Rolle, und viele methodische Neuerungen haben aus der Grundschule erst ihren Weg in die höheren Schulstufen gefunden. Methoden werden in letzter Zeit auch im Sachunterricht immer wichtiger genommen. Dabei meint der Begriff zweierlei: ein breit gefächertes Instrumentarium in der Hand der Lehrkraft einerseits, ein Spektrum einschlägiger Kompetenzen für Schülerinnen und Schüler, die bereits auf den unteren Klassenstufen angebahnt werden sollten, auf der anderen Seite (vgl. von Reeken 2011, Schreiber 2004).

Der Übergang von der Grundschule zur Sekundarstufe I unterscheidet sich von Bundesland zu Bundesland: Die Grundschule hat in Berlin und Brandenburg sechs, sonst vier Schuljahre. Nicht überall ist Geschichte in der Sekundarstufe als eigenständiges Fach vertreten; Kombinationsfächer heißen Geschichte/Politik, Geschichte/Sozialkunde, Gesellschaftslehre, Gesellschaftskunde oder geschichtlich-soziale Weltkunde.

Kernbestandteil des Geschichtsunterrichts in der Sekundarstufe I ist – das gilt für alle Schulformen – der „chronologische Durchgang". Vorgeschaltet ist ihm zumeist eine Einführung, in der es um die Aufgaben, Methoden und Möglichkeiten des neuen Faches geht: Was ist Geschichte? Woher erfahren wir etwas über Geschichte? Können wir etwas aus der Geschichte lernen? Wie in der Grundschule sollen solche Fragen an einfachen und den Kindern naheliegenden Beispielen bearbeitet werden. Der – unterschiedlich eingeteilte – „chronologische Durchgang" geht im Wesentlichen auf Tradition zurück. Dabei ist die Chronologie als (maßgebliches) Strukturprinzip für den Unterricht nicht ohne Weiteres sinnvoll. Wie weit sie der geistigen Entwicklung bei Kindern und Jugendlichen Rechnung trägt oder ihr widerspricht, dazu können wir wenig sagen – wir wissen zu wenig darüber. Jedenfalls hat man bei der Entwicklung und Fortschreibung dieses Prinzips keine weiteren Überlegungen darauf verwendet. Einzelne Themen sind im „chronologischen Durchgang" prinzipiell ungünstig platziert. Zum Beispiel können die Themen aus der Antike in den unteren Klassen stets nur in sehr vereinfachter Weise behandelt werden.

Freilich haben wir es längst nicht mehr im engeren Sinne mit einer Chronologie, einem kleinschrittigen Kanon von Daten und Fakten, zu tun. Vielmehr handelt es sich um eine Reihung von mehr oder weniger problemorientierten Querschnitten, der lediglich eine zeitliche Abfolge zugrunde liegt. Außerdem treten in jüngerer Zeit vermehrt neue Aspekte und Untersuchungsverfahren hinzu: Der Akzent liegt mal auf der Ereignis- und Politik-, mal auf der Alltags-, der Wirtschafts- oder der Geschlechtergeschichte. Zu den Querschnitten kommen vor allem Längsschnitte und exemplarische Untersuchungen als ergänzende Verfahren. Auf diese Weise ist eine Art Patchwork-Lehrplan entstanden – die Tendenz wird vermutlich weiter in diese Richtung führen.

Als zusätzliches neues Element des Lehrgangs gewinnt momentan immer stärker die Kompetenzvermittlung an Bedeutung (vgl. Kap. 1.3). Schülerinnen und Schüler sollen fachspezifische Denk- und Arbeitsweisen erlernen: Dazu gehören Deutungs- und Reflexionskompetenzen wie der Umgang mit Perspektivität, die Entwicklung und Unterscheidung von Sach- und Werturteilen oder die Fähigkeit zur Formulierung eigener Vergangenheitsdeutungen als Operationen historischen Denkens, aber auch Medien-Methoden-Kompetenzen, also der adäquate Umgang mit verschiedenen Arten von Quellen (Texten, Bildern etc.) und Darstellungen (Geschichtskarten, Spielfilmen etc.) (genauer dazu Kap. 5 und 6). Ein Problem liegt darin, eine Progression von Kompetenzen über den gesamten Zeitraum der Sekundarstufe I hinweg zu konzipieren; das hieße, dass auf höheren Klassenstufen einzelne Operationen auch auf einem höheren Niveau – also mit einem genau definierten Lernfortschritt – beherrscht werden müssten. Entsprechende Differenzierungen und praktische Übungen sind am ehesten für die Medien-Methoden-Kompetenzen vorstellbar; im Moment sind die Vorgaben in den Lehrplänen und die Angebote, die die Schulbücher in ihren Methodenkapiteln machen, noch ziemlich davon entfernt (am differenziertesten in diesem Punkt die Gymnasiallehrpläne von Berlin und Niedersachsen).

Mit den Kenntnissen, die Schülerinnen und Schüler im Unterricht erwerben, steht es nach allem, was wir aus einschlägigen Untersuchungen wissen, nicht gerade gut. Das hat sicherlich auch damit zu tun, dass der einmalige Durchgang wenig Möglichkeiten zur Wiederholung und Festigung bietet. Aber auch sonst wendet man der Frage, was man denn im Geschichtsunterricht zur Sicherung von Kenntnissen und Einsichten tun könne, relativ wenig Aufmerksamkeit zu. Erst seit einiger Zeit beginnen neuere Schulbücher wieder Kapitelzusammenfassungen einzuführen. Eine „Kultur der Festigung" jedenfalls gibt es in diesem Fach nicht. Das gilt auch für den Aufbau eines themenübergreifenden historischen Orientierungswissens, zu dem sich Lehrpläne nur deklamatorisch bekennen und das im Geschichtsbuch keinen rechten Ort findet.

Wie wird Geschichte in der Sekundarstufe I heute unterrichtet? Bis in die 1970er-Jahre herrschte die alte, aus dem 19. Jahrhundert überkommene Unterscheidung von höherer Schule und Volksschule vor: Im Gymnasium ging es um die Vermittlung eines festen Wissensbestandes, in der Volksschule um historische Anschauung und Anmutung; Leitmedium des Volksschulunterrichts war die Geschichtserzählung des Lehrers (vgl. Kap. 4.3.6). Dann jedoch setzte sich die Überzeugung durch, Schülerinnen und Schüler müssten lernen, wie Historiker selbstständig historische Sachverhalte und Einsichten aus Quellen zu erschließen – „Fragen an die Geschichte" hieß der Titel des epochemachenden Lehrwerks, das noch heute auf dem Markt ist. Das bedeutete ohne Zweifel einen neuen Standard. In der Unterrichtspraxis gab und gibt es freilich Probleme. Quellenarbeit ist oft zum Ritual erstarrt, Schülerinnen und Schüler fühlen sich überfordert und reagieren ablehnend (vgl. Kap. 4.3.4). Die seit den Neunzigerjahren propagierten

Methodenkompetenzen scheinen sich inzwischen als Ziel des Geschichtsunterrichts einigermaßen etabliert zu haben, wobei der fachspezifische Methodenbegriff noch deutlicher von einem allgemeinen Methodenlernen à la Heinz Klippert abgegrenzt werden könnte. Die komplexeren Anforderungen, die mit der Kompetenzorientierung verbunden sind, werden offenbar zögerlicher aufgenommen. Spielerische, handlungsorientierte Methoden, von denen sich Lehrkräfte einen stärkeren Motivationseffekt erhoffen, kommen wohl eher in den nicht-gymnasialen Schulformen zum Tragen.

Die Fachdidaktik hat sich in den letzten Jahrzehnten, seit den Zeiten der alten Volksschulmethodik, um Schulformunterschiede nur wenig gekümmert. Sie hat sich unter der Hand stets an den Möglichkeiten des Gymnasiums orientiert und die spezifischen Probleme und Defizite insbesondere der Hauptschule ausgeklammert. Spezielle Veröffentlichungen zum Geschichtsunterricht außerhalb des Gymnasiums gibt es kaum (wenig konzeptionelle Anregungen in Zeitschrift für Geschichtsdidaktik 2010). Die unterrichtspraktischen Zeitschriften für das Fach werden außerhalb des Gymnasiums kaum gelesen; das hat gewiss auch damit zu tun, dass zumindest in der Hauptschule eine Lehrkraft eine größere Anzahl von Fächern – oft fachfremd – unterrichten muss und fachspezifische Fragen weniger intensiv verfolgt werden können. Auch die Lehrpläne für die nichtgymnasialen Schulformen lassen noch kaum eigene Konzepte erkennen, sondern beschränken sich zunächst auf eine Reduzierung der Anforderungen. Will man insbesondere die Hauptschule nicht gänzlich zu einem gleichsam „subdidaktischen Raum" werden lassen, sind hier besondere Anstrengungen erforderlich: Stichpunkte wären etwa Alltags- und Gegenwartsbezug, Handlungs- und Produktionsorientierung, Geschichte lernen an lokalen und regionalen Beispielen und an außerschulischen Lernorten. Ob die Kooperation oder Integration von Fächern aus dem gesellschaftswissenschaftlichen Lernbereich neue Potenziale bietet, ist bislang erstaunlicherweise ebenfalls noch kaum untersucht worden (vgl. Alavi 2004).

In der alten Form der gymnasialen Oberstufe war im Fach Geschichte ein zweiter kompletter „chronologischer Durchgang" üblich, in dem das Pensum der Mittelstufe wiederholend und vertiefend aufgegriffen wurde. Seit der Oberstufenreform vom Beginn der 1970er-Jahre hat man sich davon allmählich verabschiedet. Stattdessen werden in den Kursen der Oberstufe ausgewählte Einzelthemen intensiver behandelt. Den Zugriff bildet mal ein Querschnitt, mal ein Längsschnitt, mal ist er vergleichend oder perspektivisch-ideologiekritisch. Nach wie vor gilt aber auch der Anspruch, der Geschichtsunterricht in der Sekundarstufe II solle ein historisches Basis- oder Überblickswissen vermitteln oder festigen. Worin dies freilich besteht, wird nicht näher ausgeführt – die Lernergebnisse sind in dieser Hinsicht offenbar auch wenig befriedigend (vgl. von Borries 1995, S. 116–127).

Was aber macht das spezifische Profil der Sekundarstufe II aus, worin liegt der qualitative Unterschied zur Sekundarstufe I? Allein mit stärkerer Schwerpunktbildung, mit größerem Zeitaufwand für ein Thema, mit längeren und schwierigeren Quellentexten kann es nicht getan sein. Die Beherrschung von Medien-Methoden-Kompetenzen wird – nimmt man die Vorgaben der Lehrpläne ernst – mit dem Abschluss der Sekundarstufe I eigentlich vorausgesetzt. Natürlich geht es dennoch darum, einschlägige Fähigkeiten zur Untersuchung und Darstellung auszubauen und zu festigen (vgl. Mieles 1999, Steffens 1992; für die Hand der Schülerinnen und Schüler Bauer 1998, Hey u. a. 2004, Kolossa 2010, Rauh 2010, Sauer/Fleiter 2003, Werner 2009). Aber vor allem sollte sich das Augenmerk in der Sekundarstufe II auf die Deutungs- und Reflexionskompetenzen, den Kern des historischen Denkens also, richten. Dazu gehört zunächst eine verstärkte Reflexion über Geschichte. Grundlegend ist die Einsicht in den Konstruktcharakter historischer Beschreibung: Sie kann nicht zeigen, „wie es eigentlich gewesen" (Leopold von Ranke); sie kann nur die Vergangenheit ausgehend von Fragestellungen der Gegenwart kontrolliert untersuchen und möglichst plausibel deuten. Dabei werden Historiker stets geleitet durch bestimmte Theorien oder Forschungsansätze. Auch wenn es also keine neuen Dokumente gibt – die Deutungen der Vergangenheit ändern sich ständig im Horizont der jeweiligen Gegenwart. Auslegungen von Geschichte können auch ihrerseits wieder geschichtsmächtig werden, wenn sie das öffentliche Geschichtsbewusstsein prägen und damit wahrnehmungs- und handlungsleitend wirken. Das gilt besonders für Gesellschaften, in denen historische Bezüge und Legitimationen eine große Rolle spielten oder spielen. Zeittypische Deutungen von Geschichte und Ausprägungen des Geschichtsbewusstseins können im Unterricht der Sekundarstufe II zum Gegenstand analytischer Betrachtungen gemacht werden. Aber auch Theorien und einzelne Forschungsansätze lassen sich thematisieren (vgl. Unterrichtsanregungen Ebert 1999, Henke-Bockschatz 1999, Wunderer 1999). Besonders ertragreich ist das dann, wenn an einem geeigneten Beispiel demonstriert wird, wie die Art der Fragestellung den historischen Gegenstand gleichsam erst konstituiert. Auch die Auseinandersetzung mit der gegenwärtigen Geschichtskultur, also öffentlichen Formen des Umgangs mit Geschichte, hat in der Sekundarstufe II die günstigsten Voraussetzungen. Dabei kann es um spezifische Erinnerungsanlässe (Gedenktage, Jubiläen, Debatten), um Orte und Institutionen (Denkmäler, Museen, Gedenkstätten) oder um Vermittlungsformate (Spielfilme, Dokumentationen, Magazine, Romane, Computerspiele) gehen.

Zum erhöhten Anspruchsniveau der Sekundarstufe II sollte auch eine transparentere und stärker selbstreflexive Anlage des Unterrichts gehören. Die fachspezifischen Vermittlungs- und Untersuchungsprozesse, die im Unterricht stattfinden, sollten für die Schülerinnen und Schüler nachvollziehbar gemacht oder gar mit ihnen gemeinsam geplant und entwickelt werden; Schülerinnen und Schüler sollten sich des Ganges ihrer Untersuchung bewusst sein – das setzt eine gewisse Stringenz und methodische Klarheit voraus; Denk- und Lernwege sollten im Nachhinein mit ihnen rekonstruiert und reflektiert werden. Diese Form der Metareflexion dürfte ein wichtiges Qualitätskriterium für Unterricht in der Sekundarstufe II sein, das im Moment noch zu wenig akzentuiert wird und auch in der Schulbuchentwicklung praktisch noch keinen Niederschlag gefunden hat.

Ein dritter Bereich schließlich ist der fächerübergreifende Unterricht. Die Vereinbarung der Kultusminister über die Gestaltung der gymnasialen Oberstufe aus dem Jahre 1997 sieht „fächerübergreifende und fächerverbindende Inhalte und Lernformen" ausdrücklich vor. Natürlich besitzt die Sekundarstufe II dafür kein Monopol. Aber sie hat günstigere organisatorische Voraussetzungen als die Sekundarstufe I, komplexe Themenfelder zu behandeln, zu deren angemessenem Verständnis die Fragestellungen und Herangehensweisen eines einzigen Unterrichtsfaches nicht ausreichen.

Weiterführende Literatur

Alavi, Bettina, Das Verhältnis von Disziplinarität und Interdisziplinarität in Fächerverbünden der Hauptschule am Beispiel Geschichte, in: Handro, Saskia/Schönemann, Bernd (Hrsg.), Geschichtsdidaktische Lehrplanforschung. Methoden – Analysen – Perspektiven, Münster 2004, S. 137–151.
Bauer, Volker, Methodenarbeit im Geschichtsunterricht, Berlin 1998.
Bergmann, Klaus/Thurn, Susanne, Beginn des Geschichtsunterrichts, in: Geschichte lernen H. 62 (1998), S. 18–25.
Bergmann, Klaus/Rohrbach, Rita (Hrsg.), Kinder entdecken Geschichte. Theorie und Praxis historischen Lernens in der Grundschule und im frühen Geschichtsunterricht, Schwalbach/Ts. 2. Aufl. 2005.
Bergmann, Klaus, Kinder entdecken Geschichte. Historisches Lernen in der Grundschule, in: Demantowsky, Marko/Schönemann, Bernd (Hrsg.), Neue Geschichtsdidaktische Positionen, Bochum 2002, S. 93–102.
Borries, Bodo von, Geschichtsunterricht in der gymnasialen Oberstufe. Realisierung, Systematik, Exemplarik, Ergebnissicherung, in: Zeitschrift für Pädagogik 42, 1996, H. 4, S. 519–539.
Borries, Bodo von, Alters- und Schulstufendifferenzierung („Lernprogression"), in: Mayer, Ulrich/Pandel, Hans-Jürgen/Schneider, Gerhard (Hrsg.), Handbuch Methoden im Geschichtsunterricht, Schwalbach/Ts. 3. Aufl. 2011, S. 113–134.
Grundschule H. 9/2000: Historisches Lernen.
Grundschulzeitschrift Sammelband: Zeit und Geschichte, Seelze 1998.
Hey, Bernd u. a., Umgang mit Geschichte. Geschichte erforschen und darstellen – Geschichte erarbeiten und begreifen, Stuttgart u. a. 2004.
Kolossa, Bernd, Methodentrainer Gesellschaftswissenschaften. Sekundarstufe II, Berlin 2010.
Michalik, Kerstin (Hrsg.), Geschichtsbezogenes Lernen im Sachunterricht, Braunschweig 2004.
Pandel, Hans-Jürgen, Geschichtsunterricht in der Haupt- und Realschule, in: Bergmann, Klaus u. a. (Hrsg.), Handbuch der Geschichtsdidaktik, 5., überarb. Aufl. Seelze 1997, S. 526–530.
Rauh, Robert, Methodentrainer Geschichte Oberstufe. Quellenarbeit, Arbeitstechniken, Klausurentraining, Berlin 2010.
Reeken, Dietmar von, Sachunterrichtsdidaktik und Geschichtsdidaktik. Bestandsaufnahme und Kritik eines Unverhältnisses, in: GWU 47, 1996, H. 5/6, S. 349–365.
Reeken, Dietmar von, Historisches Lernen im Sachunterricht. Eine Einführung mit Tipps für den Unterricht, Hohengehren 3. Aufl. 2011.
Rohrbach, Rita, Vom Zeitbewußtsein zum Historizitätsbewußtsein. Die Entwicklung historischen Lernens in einer Grundschulklasse, in: Geschichte lernen H. 62 (1998), S. 26–32.
Sauer, Michael/Fleiter, Elke (Red.), Lernbox Geschichte. Das Methodenbuch, Donauwörth 2. Aufl. 2009.

Schaub, Horst, Zeit und Geschichte erleben, Berlin 2002.
Schmid, Hans-Dieter, Historisches Lernen in der Grundschule, in: Bergmann, Klaus u. a. (Hrsg.), Handbuch der Geschichtsdidaktik, 5., überarb. Aufl. Seelze 1997, S. 521–526.
Schönemann, Bernd/Voit, Hartmut (Hrsg.), Von der Einschulung bis zum Abitur. Prinzipien und Praxis des historischen Lernens in den Schulstufen, Idstein 2002.
Schreiber, Waltraud (Hrsg.), Erste Begegnungen mit Geschichte. Grundlagen historischen Lernens, 2 Bde., Neuried 2., erw. u. überarb. Aufl. 2004.
Werner, Johannes, Geschichte. Grundlagen, Arbeitstechniken und Methoden, Freising Neuausgabe 2009.
Wunderer, Hartmann, „Nichts veraltet heute schneller als das Wissen". Probleme und Profile des Geschichtsunterrichts in der gymnasialen Oberstufe, in: Geschichte lernen H. 68 (1999), S. 9–16.
Wunderer, Hartmann, Geschichtsunterricht in der Sekundarstufe II, Schwalbach/Ts. 2000.
Zeitschrift für Geschichtsdidaktik 9, 2010: Historisches Lehren und Lernen in Haupt-, Real- und Gesamtschulen.

Unterrichtsvorschläge

Ebert, Jochen, „Sozialdisziplinierung" aus lokalhistorischer Perspektive. Sanktionierung von Unzucht zu Beginn des 18. Jahrhunderts – eine Fallstudie, in: Geschichte lernen H. 68 (1999), S. 32–37.
Geschichte lernen H. 62 (1998): Beginn des Geschichtsunterrichts.
Geschichte lernen H. 68 (1999): Geschichtsunterricht in der Sekundarstufe II.
Henke-Bockschatz, Gerhard, Annäherung an Geschichtstheorien, in: Geschichte lernen H. 68 (1999), S. 60–68.
Mieles, Bernhard, Wissenschaftspropädeutisches Arbeiten in der Sekundarstufe II, in: Geschichte lernen H. 68 (1999), S. 50–53.
Praxis Geschichte H. 3/2003: Anfangsunterricht.
Steffens, Guido, Arbeitstechniken für Schüler, in: Geschichte lernen H. 28 (1992), S. 46–49. Wiederabdruck in: Geschichte lernen Sammelband: Geschichte lehren und lernen, Seelze 1997, S. 60–63.
Wunderer, Hartmann, Vom „bäurischen Klatschen und unmäßigen Schreyen". Affektkontrolle, Sozialdisziplinierung, Domestizierung und die Herausbildung der modernen Gesellschaft, in: Geschichte lernen H. 68 (1999), S. 26–31.

4.1.2 Geschichte und andere Fächer

Geschichte als Schulfach hat eine lange Tradition: In den Volksschulen etablierte sie sich im beginnenden letzten Drittel des 19. Jahrhunderts, in den höheren Schulen war sie von Anfang an Bestandteil des Pensums. Heute wird Geschichte im Gymnasium grundsätzlich als eigenständiges Schulfach unterrichtet. Außerhalb des Gymnasiums sind Fächerverbünde mit unterschiedlichen Kombinationen und Namensgebungen einigermaßen häufig verbreitet, insbesondere in der Gesamtschule (so in Bremen, Hamburg, Hessen, Niedersachsen, NRW, Rheinland-Pfalz, Saarland, Schleswig-Holstein), aber auch in der Hauptschule (so in Baden-Württemberg, Bayern, NRW); dabei stehen häufig die einzelnen Teilfächer relativ unverbunden nebeneinander, nur selten bemüht man sich um eine stärkere inhaltliche Integration. Wohin die weitere Entwicklung führen wird, lässt sich angesichts der breitflächigen Veränderungen in der Schulformlandschaft im Moment kaum absehen. Aber selbst im Gymnasium bedeutet die grundsätzlich stabile Position des Faches Geschichte nicht, dass seine Anteile in den Stundentafeln langfristig gesichert wären. Lernbereiche wie Fremdsprachen und Naturwissenschaften werden als besonders zukunftsträchtig angesehen und bei der Stundenverteilung bevorzugt. Das Fach Geschichte ist längst nicht mehr durchgehend mit zwei Wochenstunden pro Schuljahr bedacht und muss um seine Substanz fürchten.

Dass die Dimension des Historischen zu verkümmern droht, liegt auch an der Enthistorisierung der geisteswissenschaftlichen Nachbarfächer (vgl. GWU 2011). Im Kunstunterricht steht seit Langem die eigene Gestaltungsarbeit der Schülerinnen und Schüler im Mittelpunkt; der Musikunterricht versucht die Schülerinnen und Schüler zu gewinnen, indem er sich verstärkt modernen Musikrichtungen zuwendet. Kunst-, Musik-, Literatur- und Kirchengeschichte spielen in den jeweiligen Fächern eine immer geringere Rolle, und selbst bei den Fremdsprachen dominiert die Alltagskommunikation derart, dass Landeskunde und darin Landesgeschichte immer weniger Aufmerksamkeit finden. Kurz: Ethische und ästhetische Bildung scheinen sich von historischer Kontextualisierung und Reflexion zu lösen. Und im Zeichen der Kompetenzorientierung nimmt die Dominanz des Anwendungs- und Gegenwartsbezugs offenbar weiter zu. Nun waren Querbezüge zwischen den einzelnen Fächern auch früher nicht gerade üblich, aber immerhin (auf dem Gymnasium) möglich. Inzwischen sind sie immer schwieriger geworden. Dabei bieten sie sich in vielen Fällen geradezu an, wenn man gleichsam das Profil einer Epoche, ihre Mentalität, ihre Denk- und Ausdrucksweisen genauer kennenlernen möchte: Der Begriff „bürgerliches Zeitalter" etwa wird weitaus sinnfälliger, wenn man auch die Literatur- und Musikgeschichte hinzuzieht. Solche erweiterten Perspektiven nun auch noch dem Geschichtsunterricht aufzubürden, ist natürlich illusorisch; auch in der Sekundarstufe II können derartige Fragestellungen allenfalls ansatzweise und für einzelne Epochen verfolgt werden. Das allerorts propagierte Prinzip des fächerübergreifenden Unterrichts bietet aber neue Chancen dafür.

„Fächerübergreifender" oder „fächerverbindender Unterricht" ist in den letzten Jahren in den Rahmenrichtlinien zu einem beliebten Schlagwort geworden. Zahlreiche Begriffe werden ohne klare Abgrenzung nebeneinander verwendet: fach- oder fächerübergreifend, fächerverbindend, fächerüberschreitend, aber auch fächerverknüpfend, fächerkoordinierend oder fächerergänzend. Statt eine Privatterminologie zu entwickeln, ist es deshalb sinnvoller, die jeweils gemeinten Verfahrensweisen zu beschreiben. Genaueres zur Umsetzung findet man freilich selten. Fächerübergreifender Unterricht wird damit begründet, dass Fachunterricht den komplexen Problem- und Lebenszusammenhängen oftmals nicht gerecht werde, weil er sie nur partiell und aus einer Perspektive wahrnehme. Zudem sei der Zuschnitt der Schulfächer oft nur eine Sache der Tradition und der Konvention oder aber zu sehr an den Fachwissenschaften orientiert. Fächerübergreifender Unterricht sei lebensnäher und vielseitiger, er fördere problemlösendes und vernetztes Denken.

Das Argument hat zwar eine gewisse Berechtigung, führt tendenziell aber auch in eine falsche Richtung. Denn Fächer werden hier offenbar als weitgehend statisch und vorwiegend über ihren Gegenstandsbereich definiert aufgefasst. Dabei repräsentieren sie jeweils bestimmte Denk- und Arbeitsweisen, gleichsam „Weltzugänge"; diese sind kein Zufall: philosophisches, mathematisches, physikalisches oder eben historisches Denken haben sich als Kulturerrungenschaften über Jahrhunderte hin entwickelt. Außerdem sind die Fächer gar nicht so eindimensional, sondern haben ihrerseits schon sehr verschiedene Wahrnehmungsweisen und Untersuchungsaspekte entfaltet, im Fach Geschichte z. B. Kultur-, Gender- oder Umweltgeschichte. Fächerübergreifender Unterricht kann jedenfalls gerade nicht heißen, fächerspezifische Wahrnehmungs- und Arbeitsweisen über Bord zu werfen – das wäre ein Schritt zur Dequalifizierung von Unterricht. Der Begriff darf auch nicht dazu missbraucht werden, um unter der Hand fachfremden Unterricht und Fachlehrermangel zu entschuldigen mit dem Argument, Fachunterricht brauche den Fachlehrer, fächerübergreifender Unterricht wohl möglich nicht. Sinnvoller fächerübergreifender Unterricht sollte genau umgekehrt auf die Kompetenzen der einzelnen Fächer setzen und ihre fachspezifischen Erkenntnismöglichkeiten bündeln – und damit zugleich auch profilieren.

Dies vorausgesetzt, gibt es natürlich zahlreiche Möglichkeiten der Verbindung zwischen verschiedenen Schulfächern. Für den Geschichtsunterricht bietet sich insbesondere die Zusammenarbeit mit jenen Fächern an, bei denen die historische Dimension gleichfalls eine besondere Rolle spielt. Dabei lassen sich unter den Gesichtspunkten von Gegenstand, Methode, Lehrkraft und Stundenorganisation drei verschiedene Typen unterscheiden:

▸ *Ausblicke von einem Fach auf andere*: Gedichte, Lieder oder Gemälde werden im Geschichtsunterricht als mentalitätsgeschichtliche Zeugnisse behandelt. Dabei kann auf Kenntnisse aus dem Deutsch-, Musik- oder Kunstunterricht zurückgegriffen und deren Methodenrepertoire herangezogen werden. Die Stundenorganisation bleibt unverändert. Es unterrichtet nur die Geschichtslehrkraft. Voraussetzung ist ausreichende Kompetenz in dem jeweiligen Bezugsfach, am besten natürlich die entsprechende Fakultas.

▸ *Themenzentrierte Abstimmung zwischen zwei oder mehreren Fächern*: In verschiedenen Fächern wird unter jeweils spezifischen Gesichtspunkten zur selben Zeit dasselbe Thema behandelt, z. B. Reformation oder Islam in Geschichte und Religion, Barock in Geschichte, Kunst und Musik, Aufklärung in Geschichte, Deutsch oder Philosophie, Rechtsradikalismus in Geschichte und Sozialkunde, Kriegspropaganda im Ersten und Zweiten Weltkrieg in Geschichte, Englisch oder Französisch, Industrialisierung in Geschichte, Physik oder Chemie, historische Lieder oder Nationalmusiken in Geschichte und Musik, Denkmäler und Architektur in Geschichte und Kunst, Menschwerdung, Rasselehren oder anthropologische Konstanten als gesellschaftliche Grundbedingungen in Geschichte und Biologie. Die Stundenorganisation bleibt unverändert. Der Unterricht kann in der Hand einer Lehrkraft oder verschiedener Lehrkräfte liegen. Im zweiten Fall sind fortlaufende Abstimmung und eine gemeinsame Bilanzierung notwendig.

▶ *Gemeinsamer Unterricht*: Hier wird die übliche Stundenorganisation aufgehoben und das Stundenkontingent aller beteiligten Fächer gemeinsam genutzt. Die Lehrkräfte unterrichten zusammen. Im günstigsten Fall kann der Unterricht als Block oder Epoche, wie in den Waldorfschulen seit je üblich, organisiert werden. Es kommen dieselben Themen infrage wie in Variante 2. Das führt oft zum Projektunterricht, muss es aber nicht (vgl. Kap. 4.3.8).

Entscheidend ist letztlich, wie weit es gelingt, das Schlagwort „fächerübergreifender Unterricht" mit Leben zu füllen. Voraussetzung dafür sind (bei Variante 2 und 3) Fantasie bei der Themensuche, Mut zur Öffnung des eigenen Unterrichts und die Bereitschaft, zusätzliche Arbeitsbelastung auf sich zu nehmen.

Weiterführende Literatur

Alavi, Bettina, Das Verhältnis von Disziplinarität und Interdisziplinarität in Fächerverbünden der Hauptschule am Beispiel Geschichte, in: Handro, Saskia/Schönemann, Bernd (Hrsg.), Geschichtsdidaktische Lehrplanforschung. Methoden – Analysen – Perspektiven, Münster 2004, S. 132–151.

Arand, Tobias u. a. (Hrsg.), Geschichtsunterricht im Dialog. Fächerübergreifende Zusammenarbeit, Münster 2006.

Conrad, Franziska, Ein neuer Königsweg? Fächerübergreifender Unterricht, in: Wunderer, Hartmann, Geschichtsunterricht in der Sekundarstufe II, Schwalbach/Ts. 2000, S. 132–153.

Conrad, Franziska, Fächerübergreifender und fächerverbindender Unterricht. Ein Weg zur Förderung von historischem Denken?, in: GWU 57, 2006, H. 11, S. 650–664.

Duncker, Ludwig, Fächerübergreifender Unterricht in der Sekundarstufe I und II. Prinzipien, Perspektiven, Beispiele, Bad Heilbrunn 1998.

Moegling, Klaus, Kompetenzaufbau im fächerübergreifenden Unterricht – Förderung vernetzten Denkens und komplexen Handelns. Didaktische Grundlagen, Modelle und Unterrichtsbeispiele für die Sekundarstufen I und II, Immenhausen 2010.

Unterrichtsvorschläge

Bietz, Carmen/Conrad, Franziska, „Denn wo der Glaube tausend Jahre gesessen hat, eben da sitzt jetzt der Zweifel". Naturwissenschaft, Astronomie und Technik in Mittelalter und Früher Neuzeit – Fächerübergreifender Unterricht in Geschichte und Physik, in: Geschichte lernen H. 79 (2001), S. 54–63.

Bullinger, Roland/Schneider, Eberhard, „USA" fächerverbindend – Aufwand ohne Ende? Ein offenes Konzept und ein organisatorisches Grundraster in: Geschichte lernen H. 81 (2001), S. 24–39.

Horn, Christa/Först, Johannes Otto, „Dem Hunde einen Gnadenstoßes, dem Menschen keinen!" Interdisziplinärer Projekttag zur Rassenideologie, Euthanasie und Eugenik im 20. Jahrhundert, in: Geschichte lernen H. 68 (1999), S. 17–21.

Lange, Thomas, Strom in der Geschichte. Reflexion eines fächerübergreifender Unterrichtsvorhabens in Geschichte und Physik, in: Geschichte lernen H. 68 (1999), S. 22–25.

Schröder, Helge, Die Entdeckung des Experiments – Galilei und der naturwissenschaftliche Aufbruch. Eine fächerverbindende Unterrichtssequenz in Geschichte und Physik, in: Geschichte lernen H. 79 (2001), S. 48–53.

4.2 Unterrichtsprinzipien

Mit Unterrichtsprinzipien sind Leitlinien und Grundsätze gemeint, die dem Unterricht dauerhaft zugrunde liegen sollten. Sie sind nicht an einzelne Themen oder Methoden geknüpft, können gleichwohl anhand bestimmter Themen und Methoden besser umgesetzt werden als anhand anderer. Lehrkräfte müssen diese Prinzipien gleichsam internalisieren, sie automatisch bei der Vorbereitung und Durchführung von Unterricht mitdenken.

4.2.1 Alteritätserfahrung, Fremdverstehen, interkulturelles Lernen

Geschichte hat es stets mit – wie der einschlägige didaktische Begriff lautet – Alteritätserfahrung, also der Erfahrung von Andersartigkeit zu tun: Wer sich mit vergangenen Zeiten befasst, begegnet dem Fremden. Sich damit intensiver auseinanderzusetzen eröffnet die Chance, Verständnis für andere Denkweisen und Wertvorstellungen zu entwickeln, das eigene, vermeintlich Selbstverständliche zu relativieren, aber auch zu festigen. Fremdverstehen und Selbstverstehen gehen also Hand in Hand. Freilich ist das ein komplexer und schwieriger Prozess. Einschlägige Untersuchungen zeigen, dass Schülerinnen und Schüler gerade dazu neigen, heutige Maßstäbe auch an die vergangenen Zeiten anzulegen und sie – vorschnell und unhistorisch – als rückständig oder grausam abzuurteilen (vgl. von Borries 1995, S. 387 f.).

Dabei kommt es gerade darauf an, sich auf die Zeit, um die es geht, ernsthaft einzulassen, gleichsam ihren Horizont zu rekonstruieren. Handlungen sollten nicht einfach bewertet, sondern ihr Hintergrund, ihre „Logik", sollte untersucht werden: die Interessen und Beweggründe von Einzelnen und Gruppen, ihre Denkweisen und Überzeugungen, herrschende Weltbilder, unterschiedliche Lebensformen und Sozialtypen, zeitspezifische Verhaltensmuster und Sozialisationsprozesse. Besonders wichtig ist die Frage nach zeitgenössischen Alternativen: Konnte ein Kreuzritter einen Muslim überhaupt anders wahrnehmen als in Form eines Feindbildes? Gab es Einzelne, die anders dachten, und warum konnten sie das tun? Das Zeitgenössisch-Abweichende, die Gleichzeitigkeit des Ungleichzeitigen in den Blick zu nehmen, führt zu einer Differenzierung der einfachen Gegenüberstellung von früher und heute. Sie hilft, dem Dilemma zwischen Universalismus und Relativismus zu entkommen. Alles an einem, dem heutigen Maß zu messen ist ebenso wenig sinnvoll wie alles zu entschuldigen, weil es damals eben so üblich war. Gerade das Spannungsverhältnis zwischen historischer und heutiger Sichtweise sollte bedacht und muss ausgehalten werden.

Voraussetzung für Fremdverstehen ist, sich für das historisch Andere tatsächlich zu öffnen, Situationen und Verhaltensweisen für sich gedanklich zu erproben, versuchsweise die Perspektive des Fremden zu übernehmen. Als Beispiel das Thema Nationalsozialismus: Warum hat er unter der Bevölkerung so große Zustimmung gefunden? Es ist leicht, sich über die Menschen damals mit wohlfeilen und reflexhaften moralischen Urteilen zu erheben. Mit historischem Lernen hat das wenig zu tun. Fremdverstehen hieße hier, die Situation und die mentale Disposition der Menschen zu rekonstruieren, nach Gründen für ihre Verführbarkeit zu suchen – und damit auch sich selbst als prinzipiell verführbar aufzufassen.

Natürlich kann man dieses Prinzip im Geschichtsunterricht nicht immer ausgeprägt zur Geltung kommen lassen. An der einen oder anderen Stelle Fremdverstehen geradezu systematisch einzuüben, ist allerdings die Voraussetzung dafür, Schülerinnen und Schüler überhaupt dafür zu sensibilisieren und sie diesen Gesichtspunkt bei der Beschäftigung mit Geschichte gleichsam mitdenken zu lassen (vgl. als Unterrichtsvorschlag, der dies ausdrücklich zum Thema hat, Körber 2000). Der damit verbundene Anspruch ist freilich hoch und man sollte die Erwartungen realistisch halten: Empirische Befunde deuten darauf hin, dass sich bei Schülerinnen und Schülern entsprechende Fähigkeiten erst in den höheren Klassenstufen entwickeln, wobei freilich offen bleibt, ob sie durch gezielte Förderung nicht auch früher angeregt werden könnten (vgl. Hartmann/Sauer/Hasselhorn 2009).

Zeitliche Entfernung bedeutet – jedenfalls für die ältere Geschichte – immer auch kulturelle Andersartigkeit; das versteht sich von selbst. Eine zusätzliche Art der Alteritätserfahrung liegt in der historischen Begegnung zwischen einem „Wir" und „den anderen". Im 19. Jahrhundert spielte das Verhältnis zwischen „uns Deutschen" und den anderen Nationalitäten die wichtigste Rolle. Stereotypen, Konflikte und Feindbilder wurden historisch unterfüttert und legitimiert, vor allem die „Erbfeindschaft" gegenüber Frankreich und der Überlegenheitsdünkel gegenüber den Polen. Insbesondere Schule und Geschichtsunterricht waren – vom Kaiserreich bis in die NS-Zeit – geradezu eine Fabrikationsstätte von Feindbildern. Die strikte Abgrenzung von anderen sollte der Gewinnung eigener nationaler Identität dienen.

Heute ist die Begegnung mit anderen Weltkulturen in den Vordergrund getreten. Diesem „Fremden" begegnen „wir Deutsche" oder „wir Europäer" durch die Medien, auf Reisen, aber vor allem auch im eigenen Land. Vielerorts stellen Schülerinnen und Schüler nicht-deutscher und nicht-europäischer Herkunft einen großen Teil oder gar die Mehrheit in den Klassen. Das Zusammentreffen von Menschen aus unterschiedlichen Kulturen bedeutet eine gesellschaftliche Herausforderung: Die Heterogenität nimmt zu, Irritationen und Spannungen treten auf. „Interkulturelle Erziehung" wird zu einer – mehr oder weniger expliziten – Aufgabe der Schule. Denn gerade Kinder und Jugendliche müssen lernen, mit dem wechselseitig Fremden umzugehen, Toleranz und Einfühlungsvermögen zu entwickeln und schließlich ihre persönliche kulturelle „Identitätsmischung" zu finden.

Der Geschichtsunterricht kann dazu mit dem Prinzip des historischen Fremdverstehens beitragen. Die Kulturkontakte, die im Geschichtsunterricht vorkommen, werden üblicherweise praktisch ausschließlich aus europäischer Perspektive behandelt: die Begegnung mit dem Islam als Bedrohung und Gegnerschaft

(Ausbreitung, Kreuzzüge, maurisches Spanien und Reconquista, Osmanisches Reich), die Begegnung mit den Kulturen Südamerikas, Afrikas, Indiens, Chinas, Japans als europäische Entdeckungs- und Eroberungsgeschichte von 1500 bis ins 20. Jahrhundert. In ihrer Eigenart kommen diese anderen Kulturen kaum zur Geltung. Sie werden statisch und eindimensional betrachtet, wie sie gerade in den europäischen Blick geraten. Eine genuine Entwicklungsgeschichte scheinen sie nicht zu haben. Zur Beschreibung und zum Vergleich werden ungeprüft europäische Epochenbegriffe verwendet, die der Sache nicht gerecht werden und zumeist die Rückständigkeit der „Anderen" suggerieren.

Genauere Beschäftigung mit nicht-europäischen Kulturen wäre deshalb notwendig und neuere Lehrpläne sehen sie vor (vgl. die entsprechenden Hefte von Geschichte lernen und Praxis Geschichte). Freilich darf sich das nicht in einer bloßen „Kulturkunde" erschöpfen. Zwar bieten sich die Behandlung und der Vergleich alltäglicher Lebensweisen – Ernährung, Kleidung, Sprache und Schrift – an, aber nur als Hinführung zu gesellschaftshistorischen Einsichten (z. B. über soziale Schichten). Denkweisen, Weltbilder etc. wären auch hier wie oben skizziert möglichst differenziert zu untersuchen. Erst das ermöglicht das Aufspüren von Unterschieden und Gemeinsamkeiten als Basis des Verstehens. Natürlich bedeutet das nicht, dass Rätselhaftigkeit des Fremden und Irritation durch das Fremde gänzlich aufgehoben würden – das wäre auch gar nicht wünschenswert.

Der Versuch eines Perspektivwechsels oder einer Perspektivübernahme ist hier besonders wichtig: Welche Erfahrungen haben die Menschen anderer Kulturen damals mit uns gemacht, wie haben *sie* die Europäer wahrgenommen und „entdeckt" – gerade dieser Begriff macht ja unsere Perspektivität besonders deutlich. Wenn man die Perspektiven der anderen Seite in den Blick nimmt, kommt einem die eigene oft erst richtig zu Bewusstsein. Zugleich verfremdet der gleichsam ethnografische Blick von außen das eigene, für selbstverständlich Gehaltene. Dies ist der beste Weg, eine ethno- und eurozentrische Wahrnehmung zu überwinden (als Unterrichtsvorschläge vgl. von Borries 1989 und Buttig 1999 [Kreuzritter – Islam], von Borries 1992 [Entdeckungen], Isermann 1994 [Japan]; ausdrückliche Thematisierung von Kulturkontakten und Konflikten auch in Mögenburg 1990 [Lateinamerika] und Mögenburg 1996 [Italien – Deutschland]).

Aber es sollte nicht nur um konflikthaltige Momente des Aufeinandertreffens, sondern auch um Situationen friedfertigen und einvernehmlichen Zusammenlebens gehen. Das maurische Spanien kann – im Falle des Islams – dafür ein Beispiel sein (vgl. als Unterrichtsvorschlag Mögenburg 1989, auch Mögenburg 1998), auch das griechisch-ägyptische Ptolemäerreich (vgl. als Unterrichtsvorschlag Alavi/Wenzel 2000). Allerdings muss man sich davor hüten, aus pädagogischen Erwägungen rückblickend ein multikulturelles Idyll konstruieren zu wollen. Ertragreich kann es auch sein, sich mit der Geschichte kultureller Grenzgänger zu befassen: Was faszinierte sie an der fremden Kultur, welche Identität bildeten sie aus (vgl. als Unterrichtsvorschlag Mögenburg 1992)? Auch hier darf man freilich nicht aus dem Auge verlieren, dass kulturelle Übernahmen und kulturelle Anpassung nicht immer aus freien Stücken geschahen, sondern oft Eroberung oder politische und wirtschaftliche Dominanz einer Seite die Voraussetzung waren (z. B. beim Prozess der Romanisierung in den Provinzen und an den Rändern des Römischen Reiches, vgl. dazu Geschichte lernen H. 29: Germanen, Kelten, Römer, Slawen sowie Veit 1989). Umgekehrt lassen sich natürlich auch Prozesse des „Fremdmachens", der Stigmatisierung und Ausgrenzung von Minderheiten untersuchen – Juden in Deutschland sind das Paradethema dafür, aber es bieten sich auch viele andere Beispiele vor allem von religiösen Minderheiten an (vgl. als Unterrichtsvorschlag Mögenburg 1988).

So weit das Konzept. Bei seiner Umsetzung hapert es nicht zuletzt noch an geeigneten Unterrichtsmaterialien. Unterrichtsentwürfe zur Geschichte anderer Länder und Kulturen sind nicht eben zahlreich. Und oft kommt darin deren Perspektive noch nicht ausreichend zur Geltung. Das ist nicht zuletzt eine Quellenfrage. Einschlägige Texte müssen oft erst noch im Deutschen ediert bzw. für den Unterricht aus dem Englischen oder Spanischen übersetzt werden. Und oft mangelt es überhaupt an Textquellen, wenn schriftliche Überlieferung – wie etwa in Schwarzafrika – kulturell nicht üblich gewesen ist.

Weiterführende Literatur

Alavi, Bettina, Geschichtsunterricht in der multiethnischen Gesellschaft. Eine fachdidaktische Studie zur Modifikation des Geschichtsunterrichts aufgrund migrationsbedingter Veränderungen, Frankfurt a. M. 1998.
Alavi, Bettina, Von der Theorie zur Praxis interkulturellen Geschichtslernens. Problembereiche bei der Planung und Durchführung von Unterricht, in: GWU 52, 2001, H. 5/6, S. 325 – 331.
Alavi, Bettina/Henke-Bockschatz, Gerhard (Hrsg.), Migration und Fremdverstehen. Geschichtsunterricht und Geschichtskultur in der multiethnischen Gesellschaft, Idstein 2004.
Bergmann, Klaus, Die anderen, in: Geschichte lernen H. 3 (1988), S. 5 – 9.
Borries, Bodo von, Das Geschichtsbewusstsein Jugendlicher. Eine repräsentative Untersuchung über Vergangenheitsdeutungen, Gegenwartswahrnehmungen und Zukunftserwartungen von Schülerinnen und Schülern in Ost- und Westdeutschland, Weinheim/München 1995.
Borries, Bodo von/Alavi, Bettina, Geschichte, in: Reich, Hans H./Roth, Hans-Joachim (Hrsg.), Fachdidaktik interkulturell. Ein Handbuch, Opladen 2000, S. 55 – 97.
Borries, Bodo von, Interkulturalität beim historisch-politischen Lernen – Ja sicher, aber wie?, in: GWU 52, 2000, H. 5/6, S. 305 – 324.
Conrad, Franziska, Perspektivenübernahme, Sachurteil und Werturteil. Drei zentrale Kompetenzen im Umgang mit Geschichte, in: Geschichte lernen H. 139 (2011), S. 2 – 11.
Erdmann, Elisabeth (Hrsg.), Verständnis wecken für das Fremde. Möglichkeiten des Geschichtsunterrichts, Schwalbach/Ts. 1999.
Georgi, Viola B., Entliehene Erinnerung. Geschichtsbilder junger Emigranten in Deutschland, Hamburg 2003.
Georgi, Viola B./Ohliger, Rainer (Hrsg.), Crossover Geschichte. Historisches Bewusstsein Jugendlicher in der Einwanderungsgesellschaft, Hamburg 2009.
Hartmann, Ulrike/Sauer, Michael/Hasselhorn, Marcus, Perspektivenübernahme als Kompetenz für den Geschichtsunterricht. Theoretische und empirische Zusammenhänge zwischen fachspezifischen und sozial-kognitiven Schülermerkmalen, in: Zeitschrift für Erziehungswissenschaft 12, 2009, S. 321 – 342.

Körber, Andreas, Geschichte und interkulturelles Lernen. Begriffe und Zugänge, in: GWU 52, 2001, H. 5/6, S. 292–304.
Körber, Andreas (Hrsg.), Interkulturelles Geschichtslernen. Geschichtsunterricht unter den Bedingungen von Einwanderung und Globalisierung – Konzeptionelle Überlegungen und praktische Ansätze, Münster u. a. 2001.
Pantazis, Vassilios, Der Geschichtsunterricht in der multikulturellen Gesellschaft. Das Beispiel der griechischen Migrantenkinder, Frankfurt a. M. u. a. 2002.

Unterrichtsvorschläge

Alavi, Bettina/Wenzel, Birgit, Nebeneinander, Gegeneinander oder Miteinander? Alltag von Griechen und Ägyptern im Ptolemäerreich, in: Praxis Geschichte H. 4/2000, S. 12–16.
Borries, Bodo von, Massenmord – Heldentat – Erlösungswerk? Die Eroberung von Jerusalem, in: Geschichte lernen H. 7 (1989), S. 37–45.
Borries, Bodo von, „So sahen sie ihre ‚Entdecker' – so sehen sie ihre ‚Entdecker'!" Übungsmaterial zum Perspektivenwechsel, in: Geschichte lernen H. 25 (1992), S. 57–63.
Buttig, Margit, „Das wahre Unheil war die Unfähigkeit zu begreifen ...". Über Entstehung, Hintergründe und Folgen von Feindbildern – dargestellt am Beispiel des ersten Kreuzzuges, in: Praxis Geschichte H. 5/1998, S. 14–18.
Cornelißen, Joachim u. a., „Manchen Bruder hast du, den deine Mutter nicht geboren hat". Begegnung von Orient und Okzident: Iberische Halbinsel, Gelsenkirchen 1996.
Geschichte lernen H. 17 (1990): Lateinamerika.
Geschichte lernen H. 29 (1992): Germanen, Kelten, Römer, Slawen.
Geschichte lernen H. 33 (1993): Migration.
Geschichte lernen H. 38 (1994): Japan.
Geschichte lernen H. 44 (1995): Altes Afrika.
Geschichte lernen H. 56 (1996): Indien.
Geschichte lernen H. 74 (2000): China im 19. und 20. Jahrhundert.
Geschichte lernen H. 98 (2004): Türkei.
Geschichte lernen H. 102 (2004): Polen.
Geschichte lernen H. 120 (2007): Kreuzzüge.
Geschichte lernen H. 134 (2010): Deutscher Kolonialismus.
Körber, Andreas, „Hätte ich mitgemacht?" Nachdenken über historisches Verstehen und (Ver-)Urteilen im Unterricht, in: GWU 51, 2000, H. 7/8, S. 430–448.
Mögenburg, Harm, „Diese Ketzer sind viel gefährlicher als die Sarazenen". Der Umgang mit Abweichlern im Mittelalter, in: Geschichte lernen H. 3 (1988), S. 23–28.
Mögenburg, Harm, Das maurische Spanien und die Reconquista, in: Geschichte lernen H. 7 (1989), S. 46–52.
Mögenburg, Harm, Lateinamerika – eine Geschichte von Kulturkonflikten, in: Geschichte lernen H. 17 (1990), S. 15–25.
Mögenburg, Harm, „Folge meinem Rat und werde Hurone!". Fremdverstehen als Unterrichtsthema, in: Geschichte lernen H. 25 (1992), S. 49–56.
Mögenburg, Harm, „Wie schön wäre es, einen muselmanischen Staat zu regieren ..." Schüler erarbeiten den „Orientalismus" Friedrichs II., in: Geschichte lernen H. 66 (1998), S. 54–59.
Paprotta, Meike, Vertreibung oder Umsiedlung? Interkulturelles Geschichtslernen im virtuellen Klassenraum, in: GWU 62, 2011, H. 3/4, S. 191–210.
Praxis Geschichte H. 4/1994: China im 20. Jahrhundert.
Praxis Geschichte H. 1/2003: Kreuzzüge.
Praxis Geschichte H. 4/2003: Migration.
Veit, Georg, Romanisierung und römische Nation, in: Geschichte lernen H. 12 (1989), S. 47–50.
Wagner-Kyora, Georg/Wilczek, Jens/Huneke, Friedrich (Hrsg.), Transkulturelle Geschichtsdidaktik. Kompetenzen und Unterrichtskonzepte, Schwalbach/Ts. 2008.

4.2.2 Multiperspektivität und Kontroversität

Geschichte wird immer aus einer bestimmten Perspektive wahrgenommen und überliefert. Diese Wahrnehmungsweisen können sich je nach Situation, Interesse oder Mentalität der Beteiligten erheblich unterscheiden. Wenn Historiker mit Quellen arbeiten, müssen sie diese jeweilige Perspektive bei ihrer Interpretation berücksichtigen. Perspektivität kommt bei verschiedenen Quellenarten in sehr unterschiedlicher Weise zum Ausdruck: Sie prägt Briefe oder Reiseberichte stärker und offenkundiger als Gesetzes- oder Vertragstexte.

Dass historische Ereignisse schon von den Zeitgenossen unterschiedlich gesehen und beurteilt worden sind und es – von unbezweifelbaren Fakten abgesehen – nicht die Geschichte „an sich" gibt, ist eine elementare Einsicht, die der Geschichtsunterricht Schülerinnen und Schülern vermitteln muss. Und wie Historiker auch müssen sie lernen, Quellen im Hinblick auf ihre Standortgebundenheit zu befragen. Deshalb sollten bei der Quellenarbeit im Geschichtsunterricht möglichst oft solche unterschiedlichen Sichtweisen präsentiert werden – Didaktiker sprechen von Multiperspektivität. Für die Differenz entscheidend können dabei, je nach Gegenstand, verschiedene Gesichtspunkte sein: die kulturelle, religiöse, nationale Zugehörigkeit, die soziale Position, das Geschlecht, das politische oder wirtschaftliche Interesse (vgl. als Unterrichtsvorschläge speziell zum Aspekt der Multiperspektivität Schleissing-Niggemann 1995 und Mirow 1995). Für multiperspektivische Quellenarbeit infrage kommen nicht nur Text-, sondern auch Bildquellen (vgl. z. B. für Karikaturen den Unterrichtsvorschlag Büscher 2000). Thematisch eignen sich nicht nur Zeitfragen und Ereignisse, die historisch besonders strittig waren, etwa Umbruchsituationen wie die Französische Revolution, 1848/49 oder die deutsche Nachkriegssituation 1918/19. Es kommen auch Situationen und Verhältnisse längerer Dauer infrage, die aus der Perspektive von „Oben" und „Unten", von Fürsten und Bauern, Fabrikanten und Arbeitern unterschiedlich beurteilt werden. Je nach Fall kann es sich dabei um zwei oder mehr Stellungnahmen handeln.

Unterschiedliche Urteile im Hinblick auf ihre Standortgebundenheit untersuchen kann man nur, wenn man über die notwendigen Hintergrundinformationen verfügt. Deswegen müssen Schülerinnen und Schüler etwas über die Person des Urteilenden oder die Gruppe, der er angehört, erfahren: über religiöse Überzeugungen, wirtschaftliche Interessen oder soziale Verhältnisse. Es ist aber auch der andere Weg denkbar, dass Schülerinnen und Schüler aufgrund der Quellenarbeit Vermutungen anstellen und diese mithilfe eigener Recherchen zu erhärten versuchen: Woran liegt es, dass die betreffende Person die Sache gerade aus diesem Blickwinkel wahrnimmt und zu diesem Urteil kommt? Geht es bei der multiperspektivischen Quellenarbeit um eine historische Debatte oder um einen exemplarischen Streitfall, dann bietet sich als methodische Weiterführung das historische Rollen- oder Simulationsspiel an (vgl. Kap. 4.3.10).

Ein Handicap des multiperspektivischen Prinzips ist, dass uns die Äußerungen und Urteile vieler historischer Personen und Gruppen nicht überliefert sind.

Darüber, wie ein mittelalterlicher Höriger seine Lage empfunden hat, haben wir kein Zeugnis. Den Denk- und Wahrnehmungsweisen solcher Menschen kann man sich im Unterricht nur nähern, indem man die Schülerinnen und Schüler fiktive „Quellen" entwerfen lässt – ausgehend von der Kenntnis der historischen Situation und als „Gegenstimme" zu einem überlieferten Urteil: Unternehmer W. beschreibt in einer Werbebroschüre für seine Textilfabrik, wie gut es seinen Arbeitern gehe, wie leicht die Arbeit sei und wie viel Geld sie verdienten: „Schreibe als Arbeiter D. einen Brief an deinen Bruder, in dem du von deinen eigenen Arbeitserfahrungen berichtest", könnte ein Arbeitsauftrag lauten, der den entgegengesetzten Standpunkt zur Geltung bringt. Natürlich ist das keine multiperspektivische Quellenarbeit mehr; aber immerhin wird mit diesem Kunstgriff Perspektivität ins Spiel gebracht und werden die Schülerinnen und Schüler auf sie hingewiesen (vgl. Anregungen zu perspektivierenden Arbeitsaufträgen in Sauer 2011).

Perspektivität gibt es aber nicht nur auf der Ebene der beteiligten Zeitgenossen, sondern auch auf der Ebene der Betrachter von Geschichte. Unsere Vorstellungen von Geschichte – es wurde schon verschiedentlich angesprochen – bilden ein Konstrukt. Deutungen von Vergangenheit sind abhängig von der Gegenwartssituation insgesamt und vom Standort der Untersuchenden und Urteilenden. Jede neue Frage an die Geschichte ergibt ein neues Bild von ihr. Und es gibt nicht nur wissenschaftliche Auslegungen von Geschichte – jedem Bezug auf Geschichte, und sei es auch nur in der Werbung, liegen bestimmte Annahmen und Deutungen zugrunde. Pointiert gesagt: Darstellungen und Vorstellungen von Geschichte sind gegenwärtige perspektivische Wahrnehmungen, die auf historischen perspektivischen Wahrnehmungen beruhen, die unsere Überlieferung bilden.

Dies ist die zweite grundlegende Einsicht, die es Schülerinnen und Schülern zu vermitteln gilt: Geschichte wird von den Nachgeborenen unterschiedlich gedeutet, jeweils zu verschiedenen Zeiten, aber auch zu ein und derselben Zeit. Diese „Multiperspektivität auf der Ebene der Betrachter" bezeichnen die Didaktiker auch als Kontroversität (obwohl sie nicht immer im Wortsinne kontrovers sein muss). Sie sollte Schülerinnen und Schülern gleichfalls durch entsprechende Zusammenstellungen von und die Beschäftigung mit deutenden Texten vor Augen geführt werden. Die Verfahrensweisen dabei sind dieselben wie bei multiperspektivischen Arrangements von Quellentexten: Die Texte müssen im Hinblick auf die Standortgebundenheit ihrer Urteile untersucht werden. Diese kann im Unterschied zu den Quellen noch in weiteren Gesichtspunkten, etwa unterschiedlichen Forschungsansätzen, liegen (vgl. etwa die Unterrichtsvorschläge Dombert 1993, Kappenberg 2000, Habermaier 2000). Jedoch kommen auch andere als Historikertexte infrage. Sich mit unterschiedlichen Auslegungen von Geschichte zu beschäftigen, heißt im Übrigen gerade nicht, Deutungen und Wertungen der Beliebigkeit anheim zu geben und dem puren Relativismus zu verfallen. Vielmehr ist es ein Anreiz und eine Mahnung, zu eigenen begründeten und argumentativ vertretbaren Positionen zu kommen, bei denen es um Verständnis des historischen Geschehens aus heutiger Perspektive, nicht aber um eine Funktionalisierung zu aktuellen Zwecken geht.

Dass Deutungen von Geschichte sich unterscheiden und wandeln, zeigt sich überall dort besonders deutlich, wo öffentlicher Gebrauch von Geschichte gemacht wird, bei Jubiläen, Gedenktagen, Festen oder bei der Auswahl von Straßennamen. Bei der Wiedervereinigung wurden in der alten DDR viele Straßen umbenannt; auch das war eine Umschreibung der Geschichte. Besonders aufschlussreich ist es, wenn man sich vergleichend mit der Rezeptionsgeschichte bestimmter historischer Ereignisse befasst. So wurde die Revolution von 1848/49 vom Kaiserreich bis in die Bundesrepublik je nach Zeit und politischem Standpunkt ganz unterschiedlich beurteilt – der Fall ist geradezu ein Lehrstück für Kontroversität (vgl. als Unterrichtsvorschläge Mayer 1998a, vgl. mit rezeptionsgeschichtlichem Ansatz auch D'Angelo 1995, Brüggemann 1999, Bunnenberg 2011, Horn 1996, Mayer 1998b, Sauer 2010). In vielen Fällen kann man für solche rezeptionsgeschichtlichen Untersuchungen aktuelle Anlässe nutzen. Das Jahr 1998 war mit dem dreifachen Jubiläum von 1648, 1848 und 1968 dafür besonders ergiebig.

Wer sich einübt im Umgang mit Perspektivität und Kontroversität, wird auch selber leichter die Fähigkeit zur Perspektivenübernahme in dem Sinne entwickeln, wie sie im Kapitel 4.2.1 beschrieben wurde. Denn er lernt, generell verschiedene Ansichten der Welt und einzelner Situationen zur Geltung kommen zu lassen, andere zu erproben und seine eigenen zu überprüfen.

Weiterführende Literatur

Bergmann, Klaus, Multiperspektivität (Stichworte zur Geschichtsdidaktik), in: GWU 45, 1994, H. 3, S. 194–198.
Bergmann, Klaus, Multiperspektivität, in: Ders. u. a. (Hrsg.), Handbuch der Geschichtsdidaktik, Seelze 5., überarb. Aufl. 1997, S. 301–303.
Bergmann, Klaus, Multiperspektivität. Geschichte selber denken, Schwalbach/Ts. 2. Aufl. 2008.
Bergmann, Klaus, Multiperspektivität, in: Mayer, Ulrich/Pandel, Hans-Jürgen/Schneider, Gerhard (Hrsg.), Handbuch Methoden im Geschichtsunterricht, Schwalbach/Ts. 3. Aufl. 2011, S. 65–77.
Conrad, Franziska, Perspektivenübernahme, Sachurteil und Werturteil. Drei zentrale Kompetenzen im Umgang mit Geschichte, in: Geschichte lernen H. 139 (2011), S. 2–11.
Dovermann, Ulrich u. a., Vergangenes sehen. Perspektivität im Prozeß historischen Lernens. Theorie und Unterrichtspraxis von der Grundschule bis zur Sekundarstufe II, Bonn 1995.
Sauer, Michael, Historische Perspektivenübernahme. Methodische Anregungen, in: Geschichte lernen H. 139 (2011), S. 12–17.

Unterrichtsvorschläge

Adamski, Peter, Der „Fall Foertsch". Perspektivenübernahme und Werturteilskompetenz in der Sekundarstufe, in: Geschichte lernen H. 139 (2011), S. 54–60.
Baumgärtner, Ulrich, Ein genialer Staatsmann? Historikerurteile über Caesar im Geschichtsunterricht, in: Praxis Geschichte H. 1/2009, S. 14–18.

4 Lehren und Lernen – Prinzipien und Methoden

Bernhardt, Markus, „Wer isst schon Menschenfleisch? – Pfui Teufel!" Diagnose von Perspektivenübernahme, in: Geschichte lernen H. 139 (2011), S. 40–45.

Brabänder, Michael, Wer war Schuld am Ausbruch des Kalten Krieges?, in: Geschichte lernen H. 94 (2003), S. 62–65.

Brüggemann, Thomas, Friedrich II. – historisches Vorbild oder „Saddam seiner Zeit"? Die Analyse von Geschichtsbewusstsein und historischen Deutungen, in: Geschichte lernen H. 68 (1999), S. 38–43.

Büscher, Tanja, Die Ruhrbesetzung im Spiegel zeitgenössischer Karikaturen, in: Geschichte lernen H. 77 (2000), S. 53–57.

Bunnenberg, Christian, „Der Vernichtungskrieg fand statt, aber keiner war dabei"? Der Streit um die Ausstellung(en) „Verbrechen der Wehrmacht", in: Geschichte lernen H. 141 (2011), S. 56–62.

D'Angelo, Katja u. a., Niederlage, Kriegsende, Befreiung? Der 8. Mai 1945 im Wandel des Gedenkens, in: Geschichte lernen H. 43 (1995), S. 53–57.

Dombert, Günter, Theorien zur Entstehung früher Hochkulturen, in: Geschichte lernen H. 36 (1993), S. 60–65.

Geschichte lernen H. 83 (2001): Israel – Palästina.

Fieberg, Klaus, Drei Schüsse (nur) auf Rudi Dutschke? Dutschke und die 68er Bewegung in kontroverser Bewertung, in: Praxis Geschichte H. 2/2010, S. 44–49.

Habermaier, Volker, Alexander macht GESCHICHTE macht Alexander. Das Bild Alexanders des Großen in der Historiographie, in: Praxis Geschichte H. 4/2000, S. 34–37.

Horn, Christa, Der 9. November – Nationaler Gedenktag oder Nationalfeiertag?, in: Geschichte lernen H. 49 (1996), S. 55–59.

Kappenberg, Reinhard, Geschichtsschreibung als Deutung. Peisistratos-Rekonstruktionen heutiger Althistoriker im Vergleich, in: Geschichte lernen H. 75 (2000), S. 58–61.

Krautheim, Ulrike und Hans-Jobst, „Von der Parteien Gunst und Hass verzehrt, schwankt ihr Charakterbild in der Geschichte". Die Agrarreform der Gracchen in der Sekundarstufe II, in: Geschichte lernen H. 139 (2011), S. 32–39.

Mannigel, Holger, Der Griff nach der Weltmacht. Deutsche und britische Flottenpolitik zwischen 1897–1909, in: Praxis Geschichte H. 6/2010, S. 22–27.

Mayer, Ulrich, Die Rezeption der Revolution 1848/49. Deutungen und Beurteilungen in Deutschland zwischen dem 50. und dem 100. Revolutionsjubiläum, in: Geschichte lernen H. 61 (1998), S. 58–63. (1998a)

Mayer, Ulrich, Der ewige Friedrich. Staufermythos und Stauferrezeption, in: Geschichte lernen H. 66 (1998), S. 60–65. (1998b)

Mirow, Jürgen, Die Deutschen und die Judenverfolgung. Zur Arbeit mit multiperspektivischen Textquellen, in: Geschichte lernen H. 46 (1995), S. 29–32.

Sauer, Michael, Was tun mit Lettow-Vorbeck? Ein kolonialer Straßenname in der Diskussion, in: Geschichte lernen H. 134 (2010), S. 54–58.

Schleissing-Niggemann, Thomas, „Karl war klein und drall ...". Das Erkennen von Wertung und Perspektive, in: Geschichte lernen H. 46 (1995), S. 26–28. Wiederabdruck in: Geschichte lernen Sammelband: Geschichte lehren und lernen, Seelze 1997, S. 40–42.

Scriba, Friedemann, Wiedergutmachung für die Herero? Ein Prozess über den Krieg in „Deutsch-Südwest", in: Geschichte lernen H. 134 (2010), S. 12–22.

Sinemus, Volker, Gebrochene Erinnerung. Der so genannte „Bromberger Blutsonntag" in polnischen und deutschen Geschichtsbüchern, in: Geschichte lernen H. 102 (2004), S. 52–56.

Werner, Kerstin, Reformvorschläge der Gracchen für die römische Republik. Perspektivenübernahme und Sachurteilskompetenz in Klasse 6, in: Geschichte lernen H. 139 (2011), S. 24–31.

Woelk, Wolfgang, „Bereichert euch". Die Arisierung jüdischen Eigentums im NS-Staat, in: Praxis Geschichte, H. 3/2009, S. 42–45.

4.2.3 Personalisierung und Personifizierung

Besonders im deutschen Kaiserreich und im „Dritten Reich" hatte der Geschichtsunterricht gesinnungsbildende Aufgaben. Er sollte die historische Legitimation herrschender Verhältnisse und Ideen liefern und Schülerinnen und Schüler dazu bringen, ihnen zuzustimmen und sie zu übernehmen. Ein wesentliches Kennzeichen und Mittel dieses Unterrichts war die Personalisierung: Geschichte wurde so geschrieben, als bestände sie praktisch ausschließlich aus den Taten „großer Männer". Deren Handlungen, Absichten und Eigenschaften wurden als ausschlaggebend für historische Ereignisse und Veränderungen dargestellt. Die (ausdrücklich angestrebte oder unter der Hand vermittelte) Lehre: Auch in der Gegenwart werde die Geschichte von den großen, entscheidenden Persönlichkeiten gestaltet; ihrem Handeln gelte es zu vertrauen, ihnen könne man dieses Geschäft überlassen, sie gelte es als Vor- und Leitbilder anzuerkennen.

Dieses Geschichtsbild wurde nach dem Zweiten Weltkrieg in der Bundesrepublik zunächst unbefragt übernommen, auch wenn der Unterricht nicht länger ausdrücklich politisch-ideologisch in Dienst gestellt wurde; in der DDR wurde ohnehin offiziell weiter und wieder Gesinnungsbildung betrieben. Man sah in dieser Art der Geschichtsvermittlung eine ganze Reihe pädagogischer Vorzüge: Wenn man Geschichte auf wichtige Akteure reduziert, wird sie überschaubar, konkret und anschaulich. Sie lässt sich als klare Handlungsabfolge erzählen. Man kann einfache moralische Urteile über Taten und Motive fällen; Gewinner und Verlierer, Identifikationsfiguren und „Bösewichte" sind klar unterscheidbar. Geschichte erhält gleichsam die Gestalt eines Dramas. Das alles war durchaus im Sinne einer Pädagogik, die – insbesondere in der Volksschule – auf solche vermeintlich kindgemäßen, einfachen und eingängigen Darstellungsweisen setzte.

Erst gegen Ende der 1960er- und Anfang der 1970er-Jahre wurde fundamentale Kritik an diesem Modell von Unterricht laut. Die Hauptpunkte: Personalisierender Geschichtsunterricht lasse gesellschaftliche Strukturen und einfache Menschen als politisch Handelnde außer Acht. Er reduziere und simplifiziere komplexe historische Prozesse, individualisiere sie und entpolitisiere sie damit. Dadurch erziehe er zu Affirmation und Fatalismus, produziere eine unreflektierte Auffassung von Geschichte, eine Art „Untertanengesinnung".

Diese Kritik war im Kern sicherlich berechtigt, auch wenn sie sehr zugespitzt vorgetragen wurde und die negativen Folgen des kritisierten Unterrichts vielleicht nicht so weitreichend waren wie vermutet und befürchtet. Die Kritik war auch wirkungsvoll: Von Personalisierung kann im deutschen Geschichtsunterricht schon lange keine Rede mehr sein – unabhängig davon scheinen Schülerinnen und Schüler jedoch in ihren eigenen Geschichtsdeutungen zur Personalisierung zu neigen (vgl. Kap. 2.1). In der Öffentlichkeit freilich wird Geschichte, gerade in „volkstümlichen" Deutungen, noch immer gerne auf den einfachen Nenner der Person gebracht: Hitler baute die Autobahnen, Hitler begann den Zweiten Weltkrieg. Aber gerade dieses Beispiel zeigt, dass es auch in der Ge-

4 Lehren und Lernen – Prinzipien und Methoden

schichtswissenschaft schwer fällt, den Umfang, in dem einzelne Personen den Gang der Geschichte beeinflusst haben, abzumessen. Übte Hitler als Diktator eine unbeschränkte Herrschaft aus, hatte er alle Handlungsspielräume, lässt sich das System des Nationalsozialismus also letztlich auf diese eine Person zurückführen? Oder gab es eine Eigendynamik, die in der Struktur der NS-Herrschaft angelegt war – war Hitler gleichsam Gefangener des eigenen Systems? Zwischen diesen beiden Polen, einer „intentionalistischen" und einer „strukturalistischen" Sichtweise, bewegen sich die Deutungen der Historiker. Grundsätzlich einig ist sich die Geschichtswissenschaft darüber, dass es ein Wechselverhältnis zwischen Personen und Strukturen gibt: Personen stehen natürlich im Bedingungsrahmen ihrer Zeit, aber sie haben auch mit ihren Ideen und Fähigkeiten Spielräume und Gestaltungsmöglichkeiten. Die Verhältnisse selber können ihnen – etwa den absolutistischen Herrschern – von vornherein großen Einfluss gewähren; aber Personen können auch Strukturen, die sie als Beschränkung empfinden, sprengen und neu gestalten – wie Cäsar oder Napoleon.

Als seit den Siebzigerjahren der neue Typus von Sozialgeschichtsschreibung in Deutschland vorherrschte, standen Personen ganz am Rande des Interesses. Neuere Strömungen der Geschichtswissenschaft – die Alltagsgeschichte und die neue Kulturgeschichte (vgl. S. 43 f.) – haben der Sozialgeschichte denn auch nicht ganz zu Unrecht vorgeworfen, sie schreibe eine Geschichte ohne Menschen. Das hat z. B. dazu geführt, dass sich die Gattung der Biografie einige Zeit lang nicht gerade großen Zuspruchs erfreute; in den letzten Jahren ist sie nicht nur rehabilitiert worden, sondern geradezu in Mode gekommen (vgl. zum aktuellen Stand zusammenfassend Lässig 2009).

Die alte personengebundene Geschichtsdarstellung ist in den Siebzigerjahren verhältnismäßig schnell aus der Didaktik, aus Richtlinien und Schulbüchern verschwunden. Freilich heißt das nicht, dass die Beschäftigung mit Personen in der Geschichte im Geschichtsunterricht keine Rolle mehr spielen sollte (vgl. allgemein zu biografischen Zugängen Praxis Geschichte 2011). Auch „große Männer" (oder Frauen) kann man sinnvoll zum Gegenstand von Unterricht machen, natürlich nicht in schlichter Idealisierung oder zur Abschreckung, sondern das Wechselverhältnis von Handlungen, Motiven und äußeren Bedingungen reflektierend.

Ergiebiger aber ist ein anderer Ansatz. Schon 1972 hat Klaus Bergmann, der wichtigste Kritiker des Personalisierungsmodells, unter dem Gegenbegriff „Personifizierung" vorgeschlagen, im Geschichtsunterricht stärker die „kleinen Leute" in den Blick zu nehmen. Man muss diese Überlegung aber nicht unbedingt auf untere und unterprivilegierte Bevölkerungsgruppen beschränken. Personifizierung kann ganz allgemein heißen, Gruppen von Menschen, die man als solche nur generalisierend und abstrakt beschreiben kann, ein Gesicht zu geben. Die Person ist dann wichtig nicht als Individuum, sondern als Typus, der freilich tatsächlich repräsentativ sein muss. Ein Beispiel: Wenn die Arbeiterin Frieda

Möller ihren Tagesablauf beschreibt, vermittelt das ein eindrücklicheres Bild von den Lebensbedingungen der Arbeiterschaft im Kaiserreich als eine Statistik mit Arbeitszeitangaben. Das lässt sich ausweiten auf weitere Zusammenhänge: typische Kindheiten, Bildungserfahrungen, Sozialisationen, Lebensverläufe überhaupt. Dieses „gruppenbiografische" Verfahren lässt sich ebenso gut auf andere Sozialgruppen – Bürger, Adel, Angestellte –, auf spezielle Berufsgruppen oder auf spezifische Generationenerfahrungen beziehen. Ein solcher Zugriff macht autobiografische Schriften zu einer besonders interessanten Quelle. Für die Zeit des Nationalsozialismus etwa liegen besonders viele Erinnerungsschriften vor – natürlich ist hier eine kritische Reflexion notwendig (vgl. etwa für die „45er-Generation" Schörken 2003). Nicht immer freilich ist die Quellenlage so gut. Hier stellt sich dasselbe Problem wie beim Prinzip der Multiperspektivität – mit der Frage der Perspektivität hat das Prinzip der Personifizierung ja ohnehin einiges zu tun. Deshalb wird man manchmal darauf angewiesen sein, eine repräsentative Figur gleichsam kumulativ zu bilden, d. h. Quellenzeugnisse über verschiedene Personen typisierend zusammenzustellen (vgl. als Beispiel Pandel 1993; oder etwa auch das eingängige, an Jugendliche gerichtete Ritter-Buch des Historikers Georges Duby 1999).

Weiterführende Literatur

Assmann, Aleida, Wem gehört die Geschichte? Fakten und Fiktionen in der neueren deutschen Erinnerungsliteratur, in: Ueberschär, Ellen (Hrsg.), Die Nazizeit als Familiengeheimnis. Literatur und Erinnnerungspolitik, Rehburg-Loccum 2007, S. 11–32.
Bergmann, Klaus, Personalisierung im Geschichtsunterricht – Erziehung zu Demokratie?, Stuttgart 2., erw. Aufl. 1977.
Bergmann, Klaus, Personalisierung, Personifizierung, in: Bergmann, Klaus u. a. (Hrsg.), Handbuch der Geschichtsdidaktik, 5., überarb. Aufl. Seelze 1997, S. 298–300.
Lässig, Simone, Die historische Biographie auf neuen Wegen?, in: GWU 60, 2009, H. 10, S. 540–553.
Rohlfes, Joachim, Ein Herz für die Personengeschichte? Strukturen und Persönlichkeiten in Wissenschaft und Unterricht, in: GWU 50, 1999, H. 5/6, S. 305–320.
Schörken, Rolf, Das Erlebnis der Niederlage. Neuere Autobiografien der 45er-Generation, in: GWU 54, 2003, H. 7/8, S. 399–411.

Unterrichtsvorschläge

Pandel, Hans-Jürgen, Amerikaauswanderung im 19. Jahrhundert, in: Geschichte lernen H. 33 (1993), S. 37–44.
Praxis Geschichte H. 4/2011: Helden.
Praxis Geschichte H. 5/2011: Lebenswege der Französischen Revolution.

4.2.4 Handlungsorientierung

Handlungsorientierung ist seit einiger Zeit ein Modebegriff, in der Allgemeindidaktik, aber auch in den Fachdidaktiken. Dahinter verbergen sich viele Einzelansätze und Ideen. Sie haben einen gemeinsamen Ausgangspunkt: Allzu oft, so

die Diagnose, sind Schülerinnen und Schüler lediglich Rezipienten in einem Unterricht, der fast ausschließlich auf kognitives, begriffliches Lernen ausgerichtet ist und in dem die Lehrkraft die Lernwege vorbestimmt. Handlungsorientierung dagegen zielt auf Schüleraktivität, selbstständiges Lernen und praktisches Tun. Es geht darum,
- die subjektiven Interessen der Schülerinnen und Schüler zu berücksichtigen und sich auf ihre Lebenswirklichkeit zu beziehen,
- möglichst viele Sinne ins Lernen einzubeziehen, praktische Tätigkeiten und begriffliche Operationen zu verknüpfen,
- Lernen als einen aktiven Prozess von Suchen und Forschen zu gestalten und damit allgemein Handlungskompetenz zu vermitteln,
- Lernergebnisse in Produkten, die Schülerinnen und Schüler herstellen, zu konkretisieren.

Geschichte hat es allerdings mit diesem Ansatz schwerer als andere Fächer wie etwa der Biologie- oder der Politikunterricht. Denn Primärerfahrungen lassen sich in Bezug auf Vergangenes nun einmal kaum machen, allenfalls ansatzweise mit Überresten. Auch die Verknüpfung mit der Lebenswirklichkeit der Schülerinnen und Schüler ist schwieriger und verlangt komplexe Vorstellungs- und Umsetzungsprozesse.

Eine Unterrichtsform, in der sich handlungsorientiertes Lernen besonders umfassend und anspruchsvoll umsetzen lässt, ist das Projekt (vgl. Kap. 4.3.8). Das ist reizvoll, aber oft auch abschreckend, weil damit für alle Beteiligten ein erheblicher Zeit- und Arbeitsaufwand verbunden ist. Es gibt freilich auch viele bescheidenere Möglichkeiten, handlungsorientierte Vorgehensweisen im oder näher am Alltagsunterricht umzusetzen. Grundsätzlich lassen sich vier Zugänge unterscheiden:

Über manuelles Tun eigene (historische) Erfahrungen machen
Hierher gehört vor allem das Nachvollziehen historischer Verrichtungen: Feuer machen mit Feuersteinen, Flechten von Körben, Anfertigung eines Speers, Schreiben mit Gänsefeder und Tinte, Waschen mit Waschbrett und Kernseife, Kochen nach historischen Rezepten. Dadurch lassen sich zunächst die Bedingungen des Alltagslebens in vergangenen Zeiten ausschnitthaft rekonstruieren und konkretisieren. Schülerinnen und Schüler erfahren, dass auch scheinbar einfache Verrichtungen viel Zeit und Aufwand erforderten und dass zu ihrer Bewältigung spezielle Techniken erforderlich waren. Ähnlich geht im Übrigen auch die experimentelle Archäologie vor, die sich in jüngerer Zeit als innovativer Forschungsansatz etabliert hat (vgl. entsprechende Unterrichtsmaterialien in Ausgepackt o. J.). Das kann auch einem naiven Fortschrittsdenken entgegenwirken: Menschen in früheren Zeiten waren nicht einfach primitiver als wir, sondern bewältigten die Aufgaben, die sie hatten, mit differenzierten Mitteln, wenngleich im Rahmen der Möglichkeiten ihrer Zeit. Wer historisch kocht,

macht zunächst die elementare Erfahrung historischer Andersartigkeit des Geschmacks. Von da aus lässt sich aber leicht vertiefenden Fragen nachgehen: Wer ernährte sich wie, wer konnte sich was leisten? Woher kamen die Zutaten des Essens, was wurde (und wie) selbst produziert, was erhandelt? Welche exotischen Bestandteile gab es, und auf welchen Wegen kamen sie her? Ausgangserfahrungen zu reflektieren und damit tatsächlich zu historischen Einsichten über Lebensweisen, Wirtschaftsverhältnisse und gesellschaftliche Strukturen zu gelangen, ist für diese Vorgehensweise zentral. Wo dies nicht geschieht, wird Handeln zum Selbstzweck, zum bloßen Aktionismus. Mit historischem Lernen hat das dann nichts zu tun, auch wenn es den Schülern Spaß macht. Dieser Zugang ist besonders für untere Klassenstufen geeignet. In der Regel anspruchsvoller sind die folgenden.

Recherchieren und forschen
Schülerinnen und Schüler können den Unterricht durch eigenes Handeln vorbereiten, bereichern oder weiterführen. Das ist ein weites Spektrum. Sie können selber Materialien (Gegenstände, Bücher, Bilder) aussuchen und in den Unterricht mitbringen, können Erkundungen vor Ort (z.B. Denkmäler) oder Befragungen (Zeitzeugen, Experten) vornehmen oder in einem Museum oder Archiv recherchieren. Im Sonderfall können solche Aktivitäten sogar in eine politische Initiative, z.B. für die Umbenennung einer Straße oder der eigenen Schule, münden. Dieser Ansatz liegt am nächsten beim Projektlernen. Aber es muss sich eben nicht immer nur um die lange, fachgerechte Zeitzeugenbefragung handeln; es genügt die kleine Anregung, die in den Unterricht eingebracht wird. Wichtig ist, dass die Schülerinnen und Schüler eine Aufgabe übernehmen und selbstständig durchführen.

Historisches Denken und Entscheiden simulieren
Hier geht es darum, historische Problemsituationen nachzuvollziehen und nach zeitangemessenen Lösungen zu suchen. Das kann sich z.B. auf technische Probleme beziehen: Wie haben die Römer ihre Straßen gebaut? Dafür muss man Bescheid wissen über den damaligen Stand der Technik und sich eindenken in die Zeit. Anspruchsvoller ist der Nachvollzug historischer Konfliktsituationen im Rollen- oder Simulationsspiel (vgl. Kap. 4.3.10).

Historische Erkenntnisse in eigenen Produkten präsentieren
Handlungsorientierung ist auch im Bereich der Arbeitsergebnisse möglich (vgl. Kap. 6). Das kann eine Zusammenfassung in Form eines eigenen Textes (als Referat, für eine Projektmappe oder als Zeitungsartikel) sein. Aber auch dabei lassen sich stärker „andere Sinne" einbinden, wenn nämlich die Ergebnispräsentation mehr mit gestalterischen Tätigkeiten verbunden ist: Schülerinnen und Schüler entwickeln eine historische Zeitung, gestalten eine Ausstellung, bauen das Modell eines Dorfes oder entwerfen ein Denkmal.

Weiterführende Literatur

Dehne, Brigitte/Schulz-Hageleit, Peter, „Handeln ist keine Einbahnstraße". Anregungen zur Belebung des Geschichtsunterrichts im Alltag, in: Geschichte lernen H. 9 (1989), S. 6–14.
Gemmeke-Stenzel, Bärbel, Geschichte(n) schreiben im Unterricht, in: Praxis Geschichte H. 2/1997, S. 4–9.
Geschichte lernen H. 9 (1989): Handlungsorientierter Unterricht.
Homeier, Jobst-H., Geschichte zum (Be)Greifen nah. Konzepte, Beispiele, Tips für den handlungsbezogenen Geschichtsunterricht, Essen 1993.
Mahler, Elke, Handlungsorientierter Geschichtsunterricht. Theorie – Praxis – Empirie, Idstein 2006.
Mayer, Ulrich, Handlungsorientierung, in: Bergmann, Klaus u. a. (Hrsg.), Handbuch der Geschichtsdidaktik, 5., überarb. Aufl. Seelze 1997, S. 411–416.
Mayer, Ulrich, Handlungsorientierter Geschichtsunterricht, in: Demantowsky, Marko/Schönemann, Bernd (Hrsg.), Neue geschichtsdidaktische Positionen, Bochum 2002, S. 27–38.
Memminger, Josef, Schüler schreiben Geschichte. Kreatives Schreiben im Geschichtsunterricht zwischen Fiktionalität und Faktizität, Schwalbach/Ts. 2007.
Memminger, Josef, Schulung von historischem Denken oder bloß fiktionale Spielerei? Über kreative Schreibformen im Geschichtsunterricht, in: GWU 60, 2009, H. 4, S. 204–221.
Praxis Geschichte H. 2/1997: Geschichte(n) schreiben.
Völkel, Bärbel, Handlungsorientierung, in: Mayer, Ulrich/Pandel, Hans-Jürgen/Schneider, Gerhard (Hrsg.), Handbuch Methoden im Geschichtsunterricht, Schwalbach/Ts. 3. Aufl. 2011, S. 49–64.
Völkel, Bärbel, Handlungsorientierung im Geschichtsunterricht, Schwalbach/Ts. 2005.

Unterrichtsmaterialien

Ausgepackt. Die praktische Archäologiebox, Hamburg/München: Dölling und Galitz o. J. (Informationen, Anleitungen und Materialien zum Töpfern, Spinnen, Weben, Brot backen, Feuer machen, Pfeil und Bogen bauen usw.).
Heimbrock, Cornelia/Wegmann, Adalbert, 100 Methoden. Kopiervorlagen für einen handlungsorientierten Geschichtsunterricht, Berlin 2002.

4.2.5 Gegenwartsbezug

Bezugspunkt für unsere Beschäftigung mit Vergangenheit ist stets die Gegenwart. Aus ihr kommt unser Interesse an der Vergangenheit, stammen die Fragen, die wir an sie richten, die Maßstäbe, die wir an sie anlegen, auf sie beziehen wir die Lehren, die wir uns vielleicht aus der Vergangenheit erhoffen. Es versteht sich von selbst, dass sich der jeweilige Gegenwartshorizont mit der Zeit, von Generation zu Generation, immer wieder verändert. Alle vorne (vgl. Kap. 1.2) genannten Stichworte zu den Aufgaben und Zielen des Faches und zur Auswahl einzelner Themen lassen sich im Grunde mit dem Begriff Gegenwartsbezug zusammenfassen: Geschichte kann, Geschichtsunterricht soll einer historisch fundierten Gegenwartsorientierung dienen. Themen, Fragen und Erfahrungen, die dazu beitragen können, sind für den Geschichtsunterricht bedeutsam.

Wie sehen die Bezüge zwischen Vergangenheit und Gegenwart im Einzelnen aus oder wie lassen sie sich herstellen? Klaus Bergmann, mit dessen Namen das Stichwort Gegenwartsbezug eng verbunden ist, unterscheidet drei Gesichtspunkte:

Unmittelbare Vergangenheitsbezüge
Geschichte kann in unsere gegenwärtige Lebenswelt gleichsam unmittelbar hineinragen. Am sinnfälligsten ist dies bei materiellen Relikten wie historischen Bauten, Denkmälern, Friedhöfen, die zu einer Auseinandersetzung mit Geschichte direkt einladen. Aber auch in der Sprache gibt es viele historische Überbleibsel, Begriffe und Wendungen, die einen historischen Hintergrund haben und oft nur dann adäquat aufgefasst werden können, wenn man diesen kennt (z. B. das – zugespitzte – Lutherwort. „Hier stehe ich, ich kann nicht anders"). Ein dritter Bereich ist der öffentliche Gebrauch von Geschichte in der Geschichtskultur: Ob Gedenktage, Jubiläen, öffentliche Debatten oder Werbung mit Geschichte – wer an solchem Umgang mit Geschichte Teil haben will, muss die historischen Bezüge, um die es geht, verstehen und sich selber ein Urteil bilden können. Insgesamt geht es bei diesem Aspekt darum, die Gegenwärtigkeit von Geschichte und umgekehrt die Geschichtlichkeit der Gegenwart zu erkennen.

Gegenwartsbezug als Ursachenzusammenhang
Hier tritt Vergangenheit als unmittelbare Vorgeschichte und Bedingung von Gegenwart in Erscheinung. Aktuelle Verhältnisse und Probleme sind nur dann nachzuvollziehen, wenn man ihre Entstehung kennt. Diese Vorgeschichte kann unterschiedlich weit zurückreichen bzw. unterschiedlich definiert werden. Beginnt die Vorgeschichte des heutigen israelisch-palästinensischen Konflikts mit der israelischen Eroberung des Westjordanlandes im Sechs-Tage-Krieg 1967? Oder mit dem Krieg und der israelischen Staatsgründung 1947/48? Mit der Zunahme der israelischen Einwanderung in den Zwanziger- und Dreißigerjahren? Mit der Balfour-Declaration von 1917? Mit der ersten israelischen Einwanderung nach 1880 oder gar mit der Arabisierung und Islamisierung Palästinas im 7. Jahrhundert? Für die deutsche Geschichte wird man jedenfalls den Bogen eines gegenwartsbezogenen „Ursachenzusammenhangs" mindestens bis in die Zeit des Kaiserreichs zurückspannen müssen.

Gegenwartsbezug als Sinnzusammenhang
Hier geht es nicht um den unmittelbaren Bezug zur Gegenwart, sondern um die Übertragung von Erfahrungen und Einsichten auf gegenwärtige Situationen, die bei der Beschäftigung mit verwandten historischen Situationen gewonnen worden sind – der Bezug zur Gegenwart muss also gewissermaßen erst gedanklich konstruiert werden. Zeitliche Nähe ist dafür – anders als beim Ursachenzusammenhang – keine Voraussetzung; Voraussetzung ist vielmehr eine strukturelle Vergleichbarkeit im Hinblick auf die Fragen, um die es geht. Unter diesen Stichpunkt fällt zum Beispiel die Beschäftigung mit grundlegenden Existenzfragen des Menschen in ihrer jeweiligen historischen Ausprägung und in ihrem Wandel: Macht und Herrschaft, Krieg und Frieden, Glaube und Religion, Menschenrechte, Arbeit, Armut, Migration. Natürlich bedeutet dies nicht, auf direktem Wege

Lehren aus der Vergangenheit für die Gegenwart abzuleiten. Vielmehr gilt es, historische Modelle, Denkweisen, Erfahrungen, Misserfolge zunächst zu rekonstruieren und dann auf die Gegenwart zu beziehen, ohne historische Unterschiede zu verwischen. Solche Horizonterweiterung lässt die Gegenwart in neuem Licht erscheinen.

Gegenwartsbezug ist – wie schon gesagt – zum einen ein Prüfstein für die schulische Bedeutsamkeit historischer Themen. Zum anderen bietet er auch Ansatzpunkte für die Unterrichtsplanung, nämlich dann, wenn der Unterricht unmittelbar von aktuellen Fragen (wie beim Beispiel des israelisch-palästinensischen Konflikts) seinen Ausgang nehmen kann. Freilich sollte man das Stichwort nicht so missverstehen, dass es bei jedem Unterthema und in jeder Unterrichtssituation ständig einen Gegenwartsbezug herzustellen gilt – eine solche Engführung ist nicht möglich und führt eher zu Zwanghaftigkeiten.

Weiterführende Literatur
Bergmann, Klaus, Der Gegenwartsbezug im Geschichtsunterricht, Schwalbach/Ts. 2002.
Bergmann, Klaus, Gegenwartsbezug – Zukunftsbezug, in: GWU 55, 2004, H. 1, S. 37–46.
Bergmann, Klaus, Gegenwarts- und Zukunftsbezug, in: Mayer, Ulrich/Pandel, Hans-Jürgen/ Schneider, Gerhard (Hrsg.), Handbuch Methoden im Geschichtsunterricht, Schwalbach/Ts. 3. Aufl. 2011, S. 91–112.

4.3 Lehr- und Lernmethoden

Unterrichtsmethoden, Unterrichtsprinzipien oder Unterrichtskonzepte lassen sich nicht immer ganz eindeutig voneinander abgrenzen. Die in diesem Kapitel beschriebenen Verfahren haben eine geringere Reichweite als die „Prinzipien" aus Kapitel 4.2. Es geht nicht um Denkweisen, die eine Geschichtslehrkraft verinnerlichen sollte, sondern um Methodenfragen, die von Mal zu Mal – je nach Thema, Klasse, Unterrichtssituation, Medium – neu bedacht und entschieden werden müssen. Die Abfolge der Stichworte orientiert sich an der zeitlichen Reihenfolge: Planung, Durchführung, Beurteilung von Unterricht.

4.3.1 Verlaufskonzepte

Verlaufskonzepte, auch Artikulationsschemata genannt, beschreiben die Schrittfolge, in der Schülerinnen und Schüler ein Thema im Unterricht erarbeiten (sollen). Dafür gibt es eine Vielzahl von Modellen. Das einfachste ist der Dreischritt: Einstieg – Erarbeitung – Zusammenfassung. Besonders für den Unterricht der Volksschule war lange Zeit das Schema der sog. Formalstufen von großem Einfluss, wie es Johann Friedrich Herbart entwickelt und Wilhelm Rein ausgeformt hatte: Vorbereitung – Darbietung – Verknüpfung – Zusammenfassung – Anwendung. Bei diesem Modell ist gegenüber dem Dreischritt die dritte Stufe der Zusammenfassung genauer differenziert. Es geht aus von einem durchweg vom

Lehrer geplanten und gelenkten Unterricht, in dem die Schülerinnen und Schüler nur als Rezipienten in Erscheinung treten.

Von den Schülerinnen und Schülern her gedacht sind Modelle, die in der Tradition der Arbeitsschulbewegung stehen. Sie fassen Unterricht als einen Prozess von Problemlösung und Verständnisbildung auf. Es liegt auf der Hand, dass ein solches Modell zum einen eher modernen Vorstellungen von Unterricht entspricht und zum anderen besser geeignet ist, fachspezifischen Lernprozessen des historischen Unterrichts eine sinnvolle Struktur zu geben. Ein entsprechendes Schema könnte etwa aus dem Dreischritt *Historische Frage – Untersuchung – Erklärung* bestehen. Jeder einzelne dieser Schritte lässt sich wieder in verschiedene Unterpunkte aufteilen.

Fachspezifisches Verlaufskonzept

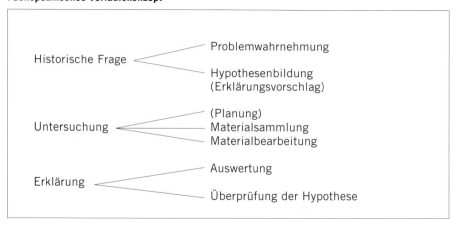

Mit Begriffen wie Hypothesenbildung, Verifizierung und Falsifizierung muss man im Bereich der Gesellschaftswissenschaften allerdings vorsichtig sein. Sie sind nicht im strengen naturwissenschaftlichen Sinne, sondern hermeneutisch aufzufassen: Die Hypothese ist ein vorläufiger Erklärungsversuch, der in der Regel nicht als Ganzes verifiziert oder falsifiziert, sondern modifiziert und differenziert werden muss. Und der Rückbezug auf die Hypothese findet nicht erst abschließend, sondern auch schon während der Untersuchung in einem ständigen Prozess neuer Sinnbildung statt.

Nur bei der Projektarbeit und beim entdeckenden Lernen wird dieser Ablauf weitgehend selbstständig von den Schülerinnen und Schülern vollzogen werden können. Will man sich im normalen Unterricht daran orientieren, geht es nicht ohne Hilfen und Vorgaben der Lehrkraft. In den seltensten Fällen wird eine historische Frage sich unmittelbar aus der Lebenswelt der Schülerinnen und Schüler heraus entwickeln. Am ehesten kann das dort geschehen, wo es einen direkten Anlass und Anknüpfungspunkt in der Gegenwart gibt: ein Jubiläum, eine öffentliche Debatte. Meist jedoch ist dafür ein besonderes didaktisches Arrangement erforderlich, mit dem die Lehrkraft bei den Schülerinnen und Schülern Neugier, Überraschung oder Irritation hervorruft (vgl. Kap. 4.3.3 Einstiege) und damit ein historisches Thema überhaupt erst „fragwürdig" macht. Gut geeignet ist dafür die Gegenüberstellung einander widersprechender Textquellen, Bilder oder Historikerurteile; sie rufen eine „kognitive Dissonanz" hervor, die nach Auflösung verlangt. Oft sind auch schon historische Kenntnisse Voraussetzung dafür, dass Schülerinnen und Schüler überhaupt ein Problem wahrnehmen, eine Frage aufwerfen und eine Hypothese entwickeln können. Nur für den, der das Sozialistengesetz und die Einstellungen und Ziele Bismarcks, die dahinter standen, kennt, stellt sich die Frage nach den Motiven seiner Sozialgesetzgebung. Die Hypothese könnte dann bei diesem Beispiel lauten: „Bismarck ging es bei der Sozialgesetzgebung nicht darum, tatsächlich die Lage der Arbeiter zu verbessern; er wollte lediglich mit ‚Peitsche und Zuckerbrot' (Sozialistengesetz und Sozialgesetzgebung) die Sozialdemokratie im Zaum halten."

Die Untersuchung ist der aufwendigste Teil der historischen Erarbeitung – besonders dann, wenn die Materialsammlung den Schülerinnen und Schülern überlassen bleibt. In diesem Fall ist auch eine entsprechende Arbeitsplanung notwendig: Wo – in der Bibliothek, im Internet, im Archiv, bei Zeitzeugen – findet man die richtigen Informationen und Quellen und wie sucht man danach? Im normalen Unterricht ist es in der Regel Aufgabe der Lehrkraft, Materialien so zusammenzustellen, dass Schülerinnen und Schüler die aufgeworfene historische Frage bearbeiten oder diskutieren können und zu eigenen Ergebnissen gelangen. Dafür ist ein multiperspektivisches Arrangement besonders geeignet. In unserem Beispiel wären das etwa Äußerungen und Stellungnahmen Bismarcks, des Kaisers, aus verschiedenen gesellschaftlichen Gruppen, Angaben zur Höhe der Sozialleistungen und zur Zahl ihrer Bezieher. Es kann aber auch die Ebene der Darstellungen mit kontroversen Historikerurteilen ins Spiel gebracht werden. In aller Regel wird die Lehrkraft dabei auf das Angebot von Schulbüchern, Materialsammlungen, ggf. auch Zeitschriften und Quelleneditionen zurückgreifen.

Im dritten Schritt geht es darum, die Untersuchungsmaterialien zusammenfassend zu deuten und das Ergebnis der Untersuchung auf die Ausgangsannahme zu beziehen. Das würde hier zu einer Differenzierung der Hypothese führen: Sicherlich war die Bändigung der Sozialdemokratie das maßgebliche politische Motiv Bismarcks, aber er strebte auch wirkliche soziale Verbesserungen für die Arbeiter an.

Dieses Verlaufsmodell ist eine Idealvorstellung, angelehnt an den Gang einer historischen Untersuchung, wie sie der Wissenschaftler vornimmt. Im Alltagsunterricht sind Verkürzungen und Vereinfachungen denkbar und notwendig. Es muss auch nicht immer eine klar ausformulierte historische Frage am Anfang stehen, stattdessen kann es ausreichen, wenn das Thema einfach nur neugierig macht. Die eigene Urteilsbildung wird dann erst am Ende der Materialbearbeitung provoziert oder gefördert – durch einen wertenden Text, durch eine kontroverse Zusammenstellung, durch handlungsorientierte Arbeitsaufträge („Verfasse einen Eintrag für ein Schülerlexikon"). Diesem letzten Modell ist auch am ehesten das Arrangement der Arbeitsmaterialien in den Schulbüchern zuzuordnen. Und natürlich gibt es auch Themen und Unterrichtskonstellationen, auf die sich ein am Problemlösen orientiertes Modell gar nicht anwenden lässt und bei dem es stattdessen eher um Wissenserwerb, um spielerisches Lernen oder um Wiederholung und Festigung geht. Aber auch wenn es kein allemal verbindliches Verlaufskonzept gibt: Entscheidend ist, vorab über eine entsprechende Strukturierung des Unterrichts nachzudenken, ihm gleichsam eine bestimmte „Denkfigur" zugrunde zu legen, statt nur Erarbeitung als Selbstzweck zu betreiben und den Ablauf dem Zufall zu überlassen.

Weiterführende Literatur

Demantowsky, Marko, Unterrichtsmethodische Strukturierungskonzepte, in: Hilke Günther-Arndt (Hrsg.), Geschichts-Methodik. Handbuch für die Sekundarstufe I und II, Berlin 3. Aufl. 2010, S. 63–76.
Pandel, Hans-Jürgen, Artikulationsformen, in: Mayer, Ulrich/Pandel, Hans-Jürgen/Schneider, Gerhard (Hrsg.), Handbuch Methoden im Geschichtsunterricht, Schwalbach/Ts. 3. Aufl. 2011, S. 577–594.
Reeken, Dietmar von, Verlaufsformen, in: Günther-Arndt, Hilke (Hrsg.), Geschichts-Methodik. Handbuch für die Sekundarstufe I und II, Berlin 3. Aufl. 2010, S. 260–272.

4.3.2 Unterrichtsplanung

Unterrichtsentwürfe nehmen bei der Leistungsüberprüfung und -benotung in der Referendarsausbildung eine zentrale Rolle ein (vgl. als allgemeindidaktisches Standardwerk Meyer 2010). Meist hat jedes Seminar oder jede Fachleiterin ein verbindliches Muster, an dem sich die Referendare zu orientieren haben. Häufig wird dabei auf eines der klassischen Modelle (bevorzugt Klafki oder Berliner Schule) oder Varianten davon zurückgegriffen (vgl. als Überblicksdarstellung solcher Modelle Jank/Meyer 2011). Ganz anders sieht die Praxis der erfahrenen Lehrkraft aus: Die Unterrichtsvorbereitung beschränkt sich auf einige zentrale Punkte, die u. U. ganz anders gewichtet werden als in den herkömmlichen Rastern; diese Punkte werden allenfalls in Stichworten notiert, vielleicht auch nur durchdacht. Aufwendiger ist ggf. die Herstellung von geeignetem Arbeitsmaterial. Dass diese Art von Unterrichtsplanung für Anfänger nicht infrage kommt, liegt auf der Hand. Wenig sinnvoll ist aber auch das mechanische Abarbeiten eines traditionellen Musters, von dem einzelne Gesichtspunkte im besonderen Fall vielleicht gar nicht relevant sind und bei dem stattdessen andere, insbesondere fachspezifische, Überlegungen zu kurz kommen.

Stichpunkte zur Unterrichtsplanung aus fachdidaktischer Perspektive

1. Auswahl und Begründung des Themas
- Warum sollen sich Schülerinnen und Schüler mit dem Thema befassen? Was ist daran für sie bedeutsam und lernwürdig?
- Welche „historische Frage" lässt sich für das Thema formulieren?
- Inwiefern entspricht das Thema dem historischen Verständnisvermögen der Schülerinnen und Schüler?
- Welchen Stellenwert im Curriculum hat das Thema?

2. Sachanalyse
- Was ist der Stand der Forschung?
- Gibt es Kontroversen oder unterschiedliche Deutungsmodelle?
- Welche Sachaspekte sind für den Unterricht besonders wichtig?

3. Lernvoraussetzungen
- Wie sind die allgemeinen Lernvoraussetzungen der Klasse?
- Wie sind die Arbeitsgewohnheiten und -möglichkeiten im Fach Geschichte?
- Welches Interesse am Thema und welches Vorwissen hat die Klasse?

4. Lernziele
- Welche historischen Kenntnisse, Einsichten und Haltungen sollen die Schülerinnen und Schüler gewinnen?
- Welche fachspezifischen Kompetenzen sollen sie bei der Behandlung des Themas einüben und vertiefen?

5. Materialien
- Welche Quellen oder sonstigen Materialien eignen sich besonders für die Vermittlung des Themas?
- Worin bestehen die Erkenntnismöglichkeiten bei den einzelnen Materialien?
- Wie lassen sich diese Materialien sinnvoll in Lernschritten arrangieren?

6. Strukturierung und Methoden
- Welche Unterrichtsphasen sind vorgesehen (Zeiteinteilung)?
- Welche Sozialformen sind (für bestimmte Unterrichtsabschnitte) am geeignetsten (Arbeit im Plenum, Gruppenarbeit, Partnerarbeit, Einzelarbeit)?
- Welche Kommunikationsformen kommen (für bestimmte Unterrichtsabschnitte) infrage (Lehrervortrag, Schülervortrag, Diskussion etc.)?
- Welche kreativen oder offenen Formen von Unterricht bieten sich an (Projektarbeit, Stationenlernen, Gruppenpuzzle etc.)?

4.3 Lehr- und Lernmethoden

▸
- Welche fachspezifischen Methodenarrangements im Umgang mit Quellen und Darstellungen (z. B. die Präparierung von Text- oder Bildquellen) lassen sich einsetzen?
- Welche speziellen Inszenierungsmöglichkeiten für Einstieg und Zusammenfassung bieten sich an?
- Welche Arbeitsaufträge oder Impulsfragen sollten vorab formuliert werden?

7. Planungsübersicht
- Welche wesentlichen Gesichtspunkte der Unterrichtsplanung sollten noch einmal in tabellarischer Form zusammengefasst werden? Beispiel:

Name: _____
Schule: _____
Klasse: _____
Datum: _____
Stunde: _____
Lehrer/-in: _____

Thema der Unterrichtseinheit:
Thema der Unterrichtsstunde:

Lernziele:
Kompetenzen:

Zeit/Phase	Inhaltliche Aspekte	Lehrer-Schüler-Aktivitäten	Sozialform/ Kommunikationsform	Materialien/ Methoden

8. Zusammenfassung/Präsentation/Festigung
- Wie kann die Lehrkraft die Ergebnisse des Unterrichts für die Schülerinnen und Schüler in geeigneter Weise zusammenfassen (z. B. Formulierung eines Eintrags ins Geschichtsheft, Vorbereitung einer Tafelskizze)?
- Wie können die Schülerinnen und Schüler die Ergebnisse des Unterrichts (ggf. als Hausaufgabe) in geeigneter Weise zusammenfassen (insbesondere durch eigene Produkte und Präsentationen: Strukturskizze, Lernplakat, Zeitleiste, Eintrag für ein Schülerlexikon etc.)?

4 Lehren und Lernen – Prinzipien und Methoden

Diese Checkliste kann als Orientierungshilfe bei einer fachbezogenen Unterrichtsplanung dienen; allgemeindidaktische Fragen werden angerissen, aber nicht weiter vertieft. Die aufgelisteten Gesichtspunkte sollten bedacht werden; ob sie bei einer schriftlichen Ausarbeitung tatsächlich behandelt werden, ist eine andere Frage – das hängt von der Funktion der Ausarbeitung und der speziellen Bedeutsamkeit der einzelnen Punkte ab. Es geht also gewissermaßen um eine regulative Idee, nicht um ein verbindliches Schema. Im Hinblick auf Unterrichtseinheiten sind die Punkte 1–4 (auch 8) von besonderem Gewicht und müssen übergreifend bedacht werden. Die hier gewählte Reihenfolge kann auch variiert werden. Auf jeden Fall aber sollte eine Reflexion über die Auswahl und Begründung des Themas am Anfang stehen. Hier einige kurze Erläuterungen zu den einzelnen Punkten:

1. Auswahl und Begründung des Themas: Dieser Gesichtspunkt kommt häufig zu kurz. Natürlich sind die Themen im Umriss durch Rahmenrichtlinien und Lehrpläne vorgegeben, dennoch (oder vielleicht gerade deswegen) sollte sich die Lehrkraft vor allem Rechenschaft darüber ablegen, worin die Relevanz dieser Themen für schulisches Geschichtslernen besteht. Erst diese Reflexion macht – wie in Kapitel 3.1.2 genauer ausgeführt – aus einem bloßen Inhalt oder Stoff ein Thema für den Geschichtsunterricht. In dieselbe Richtung geht die Formulierung einer „historischen Frage", die den Zugriff auf ein historisches Thema fokussiert und das Untersuchungsinteresse, um das es geht, benennt. Dass das Verlaufskonzept „Historische Frage – Untersuchung – Erklärung" sich besonders dafür eignet, Lernprozesse im Fach Geschichte abzubilden, davon war schon im vorhergehenden Kapitel die Rede.

2. Sachanalyse: Dass Lehrkräfte über ein Thema mehr wissen sollten als das, was im Schulbuch steht, ist eine Banalität. Allerdings haben gerade Berufsanfänger immer wieder mit dem Problem zu kämpfen, dass sie Themen unterrichten sollen, von denen sie in einem mehr auf Tiefe als auf Breite angelegten Geschichtsstudium wenig oder nichts gehört haben. Das gilt insbesondere für den gesamten Bereich der Ur- und Frühgeschichte, die üblicherweise im Veranstaltungsangebot der historischen Seminare an den Universitäten nicht vorkommt; die herkömmliche Organisationsstruktur der Universitäten liegt in diesem Fall quer zu den Bedürfnissen der Lehrerbildung. Wer auf die Schnelle ein für ihn neues Thema unterrichten muss, greift in seiner Not oft zu den erstbesten Materialien – und lässt dabei alle wissenschaftlichen Standards beiseite, die er an der Universität vermittelt bekommen hat. Hochschullehrerinnen und Hochschullehrer haben allerdings gut reden – sie sind in aller Regel spezialisiert; die Lehrkräfte in den Schulen sind, wenn man so will, die letzten Universalhistoriker. Deshalb sollte man auch hier eine pragmatische Linie verfolgen: Der Stand der Forschung sollte in Umrissen bekannt sein und von dort her sollten die Konturen des Themas bestimmt werden können. Oft lassen sich aus den Ausrichtungen der Forschung auch Anregungen für unterrichtsbezogene Fragestellungen und Materialien gewinnen. Zum Beispiel stehen beim Thema Erster Weltkrieg seit einiger Zeit Alltags-, Wahrnehmungs- und Mentalitätsgeschichte im Mittelpunkt des Forschungsinteresses. Feldpostbriefe und Tagebücher sind dafür zentrale Quellen, die sich auch für die Verwendung im Unterricht anbieten. Geschichtswissenschaftliche Kontroversen zum Gegenstand des Unterrichts (in der Sekundarstufe II) zu machen, ist äußerst lehrreich, aber nur selten möglich. Üblicherweise geht es darum, den weitläufigen und vielschichtigen Stoff auf wenige, unterrichtsrelevante Aspekte zu beschränken. Dies ist nicht einfach nur ein quantitativer Prozess, sondern auch ein qualitativer, der auf Konzentration und Exemplarität zielt. Der Begriff „didaktische Konstruktion" passt darauf im Grunde besser als der gängige Terminus „didaktische Reduktion", der eher an eine bloße Abbilddidaktik erinnert.

3. *Lernvoraussetzungen:* Mit der obligatorischen allgemeinen Beschreibung der Klassensituation ist es bei diesem Punkt nicht getan. Wichtig ist auch, wie die Klasse zum Fach Geschichte steht, wie lange sie schon Geschichtsunterricht hat, wie sie „historisch denkt" und „historisch arbeitet" – gerade im Kontext der Kompetenzorientierung ist dieser Punkt besonders wichtig. Vorwissen und Interesse der Klasse sind naturgemäß elementar. Man kann sie – was viel zu selten geschieht – vorab erfragen. Auf diese Weise lässt sich zum Beispiel „Expertenwissen" gezielt in den Unterricht miteinbeziehen. Wenn man zu Beginn einer Einheit die Kenntnisse, die Vermutungen und „Geschichtsbilder" von Schülerinnen und Schülern erhebt, bietet sich auch die Möglichkeit, am Ende darauf zurückzugreifen, gemeinsam die Veränderungen und den vollzogenen Lernprozess in den Blick zu nehmen oder Voreinstellungen und Arbeitsergebnisse miteinander zu konfrontieren (vgl. ein einfaches Beispiel aus einem Unterrichtsbericht zum Thema „Adel" auf S. 100: Nach der Erarbeitung der einschlägigen Materialien wurde der Lerngruppe klar, dass ihre Vorstellungen von der „Kavalierstour" sehr stark von Leitideen wie Luxus und Romantik geprägt waren – Wohnen in Schlössern und Landsitzen, Fortbewegung auf Reitpferden, Verpflegung durch Jagd).

Vermutungen der Lerngruppe zur „Kavalierstour"

„Erbprinz Georg Ludwig besuchte zwischen 1677 und 1682 vier europäische Nachbarländer. Im Folgenden sollen Sie vermuten, wie diese ‚Kavalierstour' ausgesehen hat. Kreuzen Sie an, was Sie für das Wahrscheinlichste halten.

	genau so	zum Teil so	nie und nimmer so
1. Wohnen auf der Reise			
▸ in Schlössern und Landsitzen	☐	☐	☐
▸ als Gast in adligen Stadthäusern	☐	☐	☐
▸ gegen Bezahlung in Gasthäusern	☐	☐	☐
▸ ganz im Freien und in Zelten	☐	☐	☐
2. Fortbewegung auf der Reise			
▸ in Kutschen	☐	☐	☐
▸ auf eigenen Reitpferden	☐	☐	☐
▸ auf Fuhrwerken von Bauern	☐	☐	☐
▸ zu Fuß	☐	☐	☐
3. Verpflegung auf der Reise			
▸ durch mitgebrachte Vorräte	☐	☐	☐
▸ in Gasthäusern gegen Bezahlung	☐	☐	☐
▸ durch Jagdtätigkeit	☐	☐	☐
▸ durch Bewirtung (Einladungen)	☐	☐	☐
4. Lernen auf der Reise			
▸ durch eigene Beobachtung	☐	☐	☐
▸ durch Unterricht (Lehrer)	☐	☐	☐
▸ durch eigenes Ausprobieren	☐	☐	☐
▸ durch militärische Ausbildung	☐	☐	☐
5. Kommunikation auf der Reise			
▸ meistens mit Adligen	☐	☐	☐
▸ nach Möglichkeit mit Herrschern	☐	☐	☐
▸ mit anderen jungen ‚Kavalieren'	☐	☐	☐
▸ mit Dienern und Knechten	☐	☐	☐
6. Amüsement auf der Reise			
▸ durch Trinkgelage	☐	☐	☐
▸ durch Glückspiel bzw. Wetten	☐	☐	☐
▸ mit ‚liederlichen Frauenzimmern'	☐	☐	☐
▸ durch sportl. bzw. milit. Übungen"	☐	☐	☐

(Axel Sötkamp, „En voyage, jeune chevalier!" Ein Erbprinz auf der Grand Tour, in: Geschichte lernen H. 59 [2003], S. 54)

4. Lernziele: Die große Zeit der differenzierten Lernzieltaxonomien und der Lernzieloperationalisierung, die sich vor allem mit den Namen Benjamin Bloom und Robert Mager verbindet, ist lange vorbei. Diese Modelle und Vorgaben haben sich als zu elaboriert und für Praxiszwecke wenig tauglich erwiesen. Dennoch wird auf die Dimensionierung, Hierarchisierung und kleinteilige Operationalisierung von Lernzielen oft noch immer viel Wert gelegt. Vieles daran ist problematisch. So etwa die schematische Differenzierung von kognitiven, affektiven, psychomotorischen oder sozialen Lernzielen: Solche Unterscheidungen sind oft schwer zu treffen; eine einmal vorhandene Rubrik muss gefüllt werden, auch wenn das von der Sache her nur wenig sinnvoll ist; gerade nicht-kognitive Lernziele beziehen sich sehr oft auf längerfristige Lern- und Entwicklungsprozesse und lassen sich schlecht mit einer Einzelstunde verknüpfen, von den Problemen ihrer Überprüfung ganz zu schweigen. Natürlich darf man nicht das Kind mit dem Bade ausschütten – die Formulierung von Lehr- und Lernzielen ist unentbehrlich, will man sich und anderen über das, was man im Unterricht vermitteln will, Rechenschaft ablegen; allerdings sollte man auf behavioristische Übertreibungen verzichten.

Lernziele sollten möglichst präzise, konkret und verbindlich formuliert werden, umso besser lässt sich auch ihre Umsetzung überprüfen. Die klassische Forderung, die Formulierung müsse ein Lernziel durch Angabe einer beobachtbaren Verhaltensweise tatsächlich überprüfbar machen, ist für den Geschichtsunterricht schwierig umzusetzen, denn hier kann man die Lernziele zum allergrößten Teil ohnehin nur an sprachlichen Äußerungen festmachen; diese im Detail vorzugeben, würde zu weit führen. Insofern muss man bei diesem Fach von vornherein eine größere Vagheit in Kauf nehmen als etwa in Mathematik („Die Schülerinnen und Schüler sollen den Satz des Pythagoras anwenden können"). Sinnvoll ist es dagegen, sich – zumindest im Sinne einer regulativen Idee und zu heuristischen Zwecken – an einer Unterscheidung von Dimensionen wie Wissen/Kenntnissen, Erkenntnissen/Einsichten und Kompetenzen zu orientieren, wenngleich die ersten beiden Dimensionen oft nur schwer auseinanderzuhalten sind.

Wie sich die Formulierung von Lernzielen zur Vorgabe von Kompetenzen, die Schülerinnen und Schüler beherrschen sollen, verhält, ist eine schwierige Frage, die ganz unterschiedlich gehandhabt wird (vgl. differenziert dazu Conrad 2012). Herkömmliche inhaltsbezogene Lernziele als Kompetenzen umzuformulieren ist eher eine kosmetische Veränderung. Sinnvoll ist es dagegen, unter einem gesonderten Punkt „Kompetenzen" getrennt voneinander „Deutungs- und Reflexionskompetenzen" und „Medien-Methoden-Kompetenzen" (vgl. Kap. 1.3) anzuführen (natürlich kann man sich dabei auch einer anderen Terminologie bedienen). Wichtig ist, dort tatsächlich nur jene Kompetenzen zu nennen, deren Erwerb in der Stunde gezielt akzentuiert wird, und sich dabei auf fachspezifische Kompetenzen zu konzentrieren. Natürlich ließe sich in jeder Unterrichtsplanung die Förderung kommunikativer Kompetenzen anführen – so produziert man Leerformeln und führt die Kompetenzidee ad absurdum. Insbesondere die Entwicklung von Deutungs- und Reflexionskompetenzen ist eine langfristige Angelegenheit, auch deshalb sollte man mit entsprechenden Formulierungen nicht inflationär umgehen.

Entsprechende Lernziele für eine Unterrichtsstunde zum Thema „Das Kaiserreich von 1870/71 – Verfassung und Herrschaft" könnten dann etwa lauten:

Lern- und Kompetenzziele zum Thema „Das Kaiserreich von 1870/71 – Verfassung und Herrschaft"

Wissen/Kenntnisse
Die Schülerinnen und Schüler sollen
- wissen, dass das Kaiserreich als Fürstenbund entstanden ist;
- die besondere Rolle Preußens im Reich kennen;
- die hervorgehobene Stellung des Kanzlers kennen;
- wissen, dass das Wahlrecht im Reich und vor allem in Preußen die Sozialdemokratie und ihre Wählerschaft benachteiligte.

Erkenntnisse/Einsichten
Die Schülerinnen und Schüler sollen
- erkennen, dass der Charakter des Kaiserreichs durch die „Staatsgründung von oben" geprägt war;
- die Ambivalenz des Kaiserreichs zwischen Obrigkeits- und Verfassungsstaat verstehen.

Kompetenzen
Deutungs- und Reflexionskompetenzen
Die Schülerinnen und Schüler sollen
- aus unterschiedlichen Perspektiven (ein Arbeiter, eine Angestellte, ein Offizier, ein Unternehmer, eine Volksschullehrerin) die Lebensverhältnisse und die Lebensqualität im Kaiserreich beschreiben und vergleichen können.

Medien-Methoden-Kompetenzen
Die Schülerinnen und Schüler sollen
- ein Verfassungsschema in einen Text umformen können, der Funktionen und Rechte der einzelnen Personen und Institutionen beschreibt.
- eine Statistik in Tabellenform so bearbeiten können, dass sie absolute Zahlen (Abgeordnete) mit Prozentzahlen (Stimmenanteile) ins Verhältnis setzen.

5. *Materialien:* Geschichtsunterricht steht und fällt mit dem Angebot an geeigneten Quellen und sonstigen Materialien. Eine sehr nützliche Ergänzung zum Schulbuchangebot bieten die Praxiszeitschriften „Geschichte lernen", „Praxis Geschichte" und „Geschichte betrifft uns". Selber aus einschlägigen Textsammlungen oder Bildbänden geeignete Materialien zusammenzustellen ist eine zeitaufwendige Angelegenheit. Auf jeden Fall sollte man sich dabei in der Menge weise beschränken: Lieber weniger und klug ausgewähltes Material intensiv behandeln als Berge von Kopien nur flüchtig.

Wer selber Arbeitsblätter zusammenstellt, sollte dabei einige Standards (hier für eine Textquelle) berücksichtigen:
- *Überschrift:* Um welches Thema geht es?
- *Information/Anmoderation:* Wer äußert sich hier zu welcher Zeit in welchem Medium gegenüber wem etc.?
- *Nachweis:* Woher stammt der Text?
- *Arbeitsauftrag:* Was sollen die Schülerinnen und Schüler mit dem Text machen?

Auch der ästhetische Gesichtspunkt sollte nicht vernachlässigt werden: Wenn eine schlechte Kopie mit schnellen handschriftlichen Notizen versehen wird, wenn das Blatt keinen Raum für Bearbeitungsmöglichkeiten lässt, können die Schülerinnen und Schüler leicht auf den Gedanken kommen, der Lehrkraft liege selber nichts an ihren Materialien; wer sorgfältige Arbeit wünscht, sollte auch sorgfältig Erstelltes vorlegen. Schließlich sollten mehrere Materialien nicht unverbunden nebeneinander stehen, sondern so arrangiert werden, dass sie einzelne Lernschritte bilden; insgesamt sollte sich daraus gewissermaßen eine Denkfigur für eine ganze Stunde ergeben.

6. *Strukturierung und Methoden:* Die meisten Spiegelstriche unter diesem Stichpunkt sind allgemeindidaktischer Natur und verstehen sich von selbst. Fachdidaktisch relevant ist vor allem die Frage nach den fachspezifischen Methodenarrangements. Bei der Arbeit mit dem Schulbuch muss man die Materialien so nehmen, wie sie sind. Bei eigenen Zusammenstellungen sind kreative, auf Handlungsorientierung zielende Präsentationsformen möglich. Das methodische Potenzial, das sich hier bietet, wird oft noch zu wenig ausgeschöpft (vgl. dazu vor allem Kap. 5.1.1 und 5.1.2).

7. *Planungsübersicht:* Für solche Planungsübersichten gibt es eine Vielzahl unterschiedlicher Modelle. Man sollte daraus keine Glaubensfrage machen, sondern die Funktion im Blick haben, die sie erfüllen sollen: Überblick und Orientierungshilfe. Vermeiden sollte man die Einrichtung von kaum genutzten Spalten, die dann zwanghaft gefüllt werden müssen (vgl. pragmatische Hinweise bei Meyer 2010).

8. Zusammenfassung/Präsentation/Festigung: Eine sinnvolle Zusammenfassung ist integraler Bestandteil des Unterrichts. Der Eintrag ins Geschichtsheft oder die Tafelskizze können von der Lehrkraft vorgegeben werden; der Vorteil dabei ist, dass sie inhaltlich adäquat und verbindlich sind. Wird das Tafelbild gemeinsam in der Klasse entwickelt, spiegelt es stärker den spezifischen Erarbeitungsprozess wider. Vermeiden sollte man eine Mischung, nämlich die Äußerungen oder Anschriften von Schülerinnen und Schülern in Richtung der eigenen verbindlichen Vorstellungen zu lenken. Auch bei den selbstständigen Ausarbeitungen der Schülerinnen und Schüler ist der Grad der Verbindlichkeit geringer, dafür kann die selbstständige „Durchdringung" des Behandelten umso intensiver sein.

Weiterführende Literatur

Bloom, Benjamin, Taxonomie von Lernzielen im kognitiven Bereich, Weinheim u. a. 5. Aufl. 1976.
Bloom, Benjamin, Taxonomie von Lernzielen im affektiven Bereich, Weinheim u. a. 2. Aufl. 1978.
Conrad, Franziska/Ott, Elisabeth, Didaktische Analyse, in: Mayer, Ulrich/Pandel, Hans-Jürgen/Schneider, Gerhard (Hrsg.), Handbuch Methoden im Geschichtsunterricht, Schwalbach/Ts. 3. Aufl. 2011, S. 561–576.
Conrad, Franziska, „Alter Wein in neuen Schläuchen" oder „Paradigmawechsel"? Von der Lernzielorientierung zu Kompetenzen und Standards, in: GWU 63, 2012.
Dörr, Margarete, Unterrichtsplanung, in: GWU 46, 1995, H. 2, S. 96–100.
Hug, Wolfgang, Geschichtsunterricht in der Praxis der Sekundarstufe I. Befragungen, Analysen und Perspektiven, Frankfurt a. M. 3. Aufl. 1985, S. 26–32.
Jank, Werner/Meyer, Hilbert, Didaktische Modelle, Berlin 10. Aufl. 2011.
Mager, Robert, Lernziele und Unterricht, Weinheim u. a. unveränderte Neuausgabe 1994.
Meyer, Hilbert, Leitfaden zur Unterrichtsvorbereitung, Berlin 5., komplett überarbeitete Aufl. 2010.
Meyer, Hilbert, Unterricht analysieren, planen und auswerten, in: Kiper, Hanna/Meyer, Hilbert/Topsch, Wilhelm, Einführung in die Schulpädagogik, Berlin 5. Aufl. 2010, S. 147–156.
Peterßen, Wilhelm H., Handbuch Unterrichtsplanung. Grundfragen, Modelle, Stufen, Dimensionen, München 9. Aufl. 2011.
Zwölfer, Norbert, Die Vorbereitung einer Geschichtsstunde, in: Günther-Arndt, Hilke (Hrsg.), Geschichts-Didaktik. Praxishandbuch für die Sekundarstufe I und II, Berlin 4. Aufl. 2009, S. 197–205.

4.3.3 Einstiege

Mit dem Begriff Einstieg sind hier keine allgemeinpädagogischen Stundeneröffnungsrituale wie Begrüßung oder „Aufwärmen", sondern ausschließlich fach- und themenbezogene Einstiege gemeint. Ihnen kommt bei der Planung und Durchführung von Unterricht eine besondere Bedeutung zu. Sie sollen zum Thema hinführen, einen Orientierungsrahmen für die Schülerinnen und Schüler schaffen, Interesse und Lernbereitschaft wecken, Fragen aufwerfen, Vorkenntnisse und Voreinstellungen aktivieren und motivieren. Generell gilt es zu unterscheiden zwischen dem Einstieg in eine ganze Themeneinheit und dem in eine einzelne Unterrichtsstunde. Während der Einstieg in eine Stunde nur eine kurze Phase des gesamten Unterrichtsverlaufs darstellt, kann der Themeneinstieg weitaus mehr Raum einnehmen und ggf. eine ganze Schulstunde umfassen, denn er hat eine stärkere und weiterreichende Orientierungs-, Planungs- und Strukturierungsfunktion.

Bei den Stundeneinstiegen lässt sich differenzieren zwischen einer sach- oder themenbezogenen und einer pädagogischen Funktion. Bei dieser letzten geht es darum, in der Klasse eine Situation herzustellen, die Unterricht ermöglicht und ihm förderlich ist. Dabei kann es um die Disziplinierung der Klasse, um die Weckung von Lernbereitschaft und Konzentration oder um die Motivation der Schülerinnen und Schüler gehen. Die Motivation ist freilich ein Grenzfall, denn man motiviert sie ja nicht für den Unterricht schlechthin, sondern versucht, ihr Interesse für ein bestimmtes Thema und eine bestimmte Fragestellung zu gewinnen.

Die sach- und themenbezogenen Einstiege können rückwärts- oder vorwärtsgewandt sein. Sind sie rückwärtsgewandt, dann dienen sie der Wiederholung und Festigung des in der vorhergehenden Stunde (oder in mehreren vorhergehenden Stunden) Behandelten und Gelernten. Diese geschieht zumeist in Form einer mündlichen „Abfrage" oder in Form einer Hausaufgabenkontrolle; denkbar sind aber auch spielerische Formen der Wiederholung. Diese Form des Einstiegs hat durchaus ihren Sinn, zumal dann, wenn deutlich wird, wie in der neuen Stunde an zuvor Gelerntes angeknüpft wird. Und gerade ein Zweistundenfach wie Geschichte ist darauf angewiesen, dass noch einmal ins Bewusstsein gerufen wird, was eine Woche zuvor im Unterricht stattgefunden hat. Nicht zuletzt haben Schülerinnen und Schüler einen Anspruch darauf, dass Hausaufgaben, die sie angefertigt haben, von der Lehrkraft tatsächlich auch zur Kenntnis genommen werden (was freilich auch nicht immer zwangsläufig zu Stundenbeginn geschehen muss).

Vorwärtsgewandte Einstiege zielen darauf ab, Schülerinnen und Schüler zu einem Thema hinzuführen, sie darin zu verwickeln. Dies kann auf unterschiedliche Weise geschehen. Die Lehrkraft kann über das Thema und den geplanten Unterricht informieren. Das Konzept des informierenden Einstiegs wird besonders vehement von Jochen und Monika Grell vertreten (vgl. Grell/Grell 2010); sie lehnen das vermeintlich künstliche Erzeugen von Motivation und Interesse, das Aufwerfen von Fragen und Problemstellungen ausdrücklich ab. Am Anfang der Stunde können auch die Aktivierung des Vorwissens, das die Schülerinnen und Schüler haben, und eine Reflexion darüber stehen (dies kann sich aber auch an einen informierenden Einstieg anschließen); auf diese Weise lässt sich auch eine Verknüpfung zwischen der vorigen und der kommenden Stunde herstellen. Die Lehrkraft kann – mit einer Geschichte, mit Musik, mit einem Szenario – die Schülerinnen und Schüler auf ein neues Thema einstimmen. Und schließlich kann der Einstieg der Problematisierung dienen: Zu einem Thema werden (von den Schülerinnen und Schüler oder von der Lehrkraft) Fragen aufgeworfen, Vermutungen oder Hypothesen formuliert; die Lehrkraft kann Schülerfragen stimulieren durch Irritation, durch Provokation, durch Herstellung einer „kognitiven Dissonanz", die nach Auflösung verlangt. Insbesondere in diesem Fall hat der Einstieg eine Strukturierungsfunktion für die gesamte Stunde; dazu gehört, dass am Ende des Unterrichts ein expliziter Rückbezug auf seinen Beginn stattfindet.

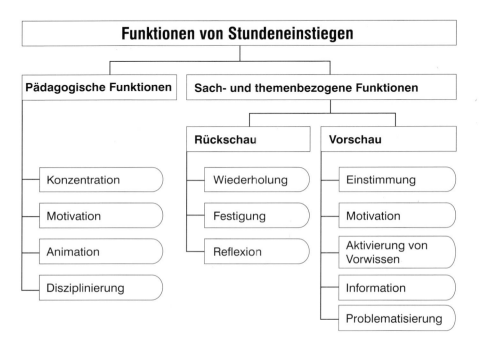

Themenbezogene und pädagogische Funktion, rückwärts- und vorwärtsgerichteter Einstieg lassen sich allerdings nicht völlig trennscharf abgrenzen, und bei jedem Einstieg kommen mehrere Funktionen zugleich zum Tragen. Wichtig ist, dass man sich bei der Planung über die zentrale Intention im Klaren ist, die man im Hinblick auf die gesamte Unterrichtsstunde hat: Welche Rolle soll der Einstieg für das Verlaufskonzept (vgl. Kap. 4.3.1) der Stunde, gleichsam für die Denkfigur, die ihr zugrunde liegt, spielen? In der Praxis des Geschichtsunterrichts scheinen Einstiege allerdings eher in einer allgemein-pädagogisch definierten und/ oder sich auf stattgefundenes Lernen beziehenden Funktion praktiziert zu werden. In einer einschlägigen Studie (vgl. Pade/Sauer 2009) wurden problematisierende Formen des Einstiegs deutlich weniger beobachtet und noch seltener wurden sie von den Lehrkräften in ihren Selbstauskünften als intendiert angegeben. Und kaum einmal fand in den beobachteten Stunden am Ende ein ausdrücklicher Rückbezug auf den Einstieg statt. Es scheint also durchaus angeraten zu sein, dem Thema Einstiege im Alltag eine größere Aufmerksamkeit zu widmen. Freilich darf man die Erwartungen an sich selber auch nicht zu hoch schrauben: Aus jedwedem Stundenbeginn ein Zauberstück mit immer neuen Ideen und Materialien zu machen, ist schlechterdings unmöglich.

Weiterführende Literatur

Baumann, Christina, 55 Unterrichtseinstiege Geschichte, Donauwörth 3. Aufl. 2011.
Behrndt, Karsten/Wittwer, Frank Michael, Einstiege. Problemorientierte Beispiele, in: Praxis Geschichte H. 3/2008, S. I–IV.
Geschichte lernen H. 137 (2010): Einstiege.
Grell, Monika und Jochen, Das Rezept des Informierenden Unterrichtseinstiegs, in: Dies. (Hrsg.): Unterrichtsrezepte. Weinheim/Basel 12., neu ausgestattete Aufl. 2010, S. 134–171.
Greving, Johannes/Paradies, Liane, Unterrichts-Einstiege. Ein Studien- und Praxisbuch, Berlin 8., überarb. Aufl. 2011.
Klenck, Walter/Schneider, Susanne, Den Unterricht nicht vor dem Ende loben. Plädoyer für die stärkere Beachtung der Schlussphase, in: Pädagogik 58, 2006, H. 7/8, S. 68–71.
Meyer, Hilbert, Unterrichtsmethoden, Bd. 2, Berlin 13. Aufl. 2010, S. 122–150.
Pade, Hanako/Sauer, Michael, Einstiege im Geschichtsunterricht. Empirische Befunde, in: Zeitschrift für Geschichtsdidaktik 8, 2009, S. 100–109.
Sauer, Michael, Von Brücken, Pforten und Steigbügeln. Einstiege in den Geschichtsunterricht, in: Geschichte lernen H. 137 (2010), S. 2–7.
Schneider, Gerhard, Gelungene Einstiege. Voraussetzung für erfolgreiche Geschichtsstunden, Schwalbach/Ts. 5. Aufl. 2008.
Schneider, Gerhard, Einstiege, in: Mayer, Ulrich/Pandel, Hans-Jürgen/Schneider, Gerhard (Hrsg.), Handbuch Methoden im Geschichtsunterricht, Schwalbach/Ts. 3. Aufl. 2011, S. 595–619.
Stuhrmann, Claudia, „Chock" und „Flow": Beispiele motivierender Einstiege im problemorientierten Geschichtsunterricht, in: Raabits Geschichte November 2003, IV/B, Beitrag 13, S 1.
Sturm, Reinhard, Einstiege in problemorientierten Geschichtsunterricht, in: Geschichte lernen 28 (1992), S. 20–24.

4.3.4 Quellenarbeit

Seit den Siebzigerjahren steht die Quellenarbeit im Mittelpunkt des Geschichtsunterrichts. Quellen sind Zeugnisse ihrer Zeit. Nur mit ihrer Hilfe können sich Historiker ein Bild von der Vergangenheit machen. Quellenarbeit im Unterricht heißt, dass Schülerinnen und Schüler diesen Zugang zur Geschichte nachvollziehen. Die didaktischen Intentionen: Schülerinnen und Schüler

▸ lernen fachspezifische Voraussetzungen und Methoden der Erkenntnisgewinnung kennen (Unterscheidung von Quelle und Darstellung, Perspektivität von Quellen);
▸ werden nicht (oder jedenfalls nicht überwiegend oder gar ausschließlich) mit fertigen Darstellungen der Vergangenheit konfrontiert, sondern zur eigenen Urteilsbildung angeregt;
▸ werden allgemein zu Selbsttätigkeit und eigenem Denken ermuntert;
▸ erleben die Vergangenheit anschaulich und konkret aus erster Hand.

Grundsätzlich gilt das für alle Arten von historischen Quellen; es dominieren jedoch bei Weitem – im Unterricht wie auch in der Geschichtswissenschaft – die Textquellen, und auf sie beziehen sich im Wesentlichen die folgenden Anmerkungen.

Es steht heute in Deutschland weitgehend außer Zweifel, dass Quellenarbeit den Kern des Geschichtsunterrichts bilden soll. Anders lässt sich Schülerinnen und Schülern nicht vermitteln, was eigentlich das Charakteristikum des Faches und der Wissenschaft ist, was historisches Denken und Arbeiten ausmacht. In der Praxis gibt es freilich eine ganze Reihe von Problemen. Sie haben dazu geführt, dass sich Quellenarbeit bei Schülerinnen und Schülern wie Lehrkräften nicht eben übergroßer Beliebtheit erfreut.

Verabsolutierung von Quellenarbeit
Geschichtsunterricht kann nicht nur aus Quellenarbeit bestehen. Wer sie betreiben will, braucht fast immer, zu Beginn oder im Laufe seiner Untersuchung, Vorwissen, einen bestimmten Rahmen historischer Kenntnisse. Sie lassen sich durch einen Lehrervortrag oder die Lektüre von Darstellungen wesentlich besser vermitteln als durch Quellen selber. Quellen zur bloßen Informationsentnahme zu nutzen, wird dem Charakter von Quellenarbeit nicht gerecht und ist in hohem Grade unökonomisch.

Überforderung durch Quellenarbeit
Quellenarbeit kann Schülerinnen und Schüler leicht überfordern, sowohl von der Sprachgestalt wie von den geistigen Operationen her, die verlangt werden. Quellen in Schulbüchern und Unterrichtsmaterialien sind häufig zu schwierig. Das gilt vor allem für die unteren Klassenstufen, die sich nach unseren heutigen Lehrplänen ausgerechnet mit den zeitlich (und sprachlich-gedanklich) am weitesten entfernt liegenden Texten herumschlagen müssen. Die wenigen einschlägigen historischen Untersuchungen deuten darauf hin, dass Schülerinnen und Schüler (zumindest in der Sekundarstufe I) beim Textverständnis so elementare Probleme haben, dass Kernziele von Quellenarbeit infrage gestellt sind: spezifische historische Begriffe werden nicht verstanden bzw. nicht in ihrer historischen Bedeutung erfasst; die Verknüpfung von Quellenaussagen mit Wissen über den historischen Kontext gelingt nicht; das Verständnis dafür, was überhaupt eine Quelle ist und wie sich der Prozess historischer Informationsgewinnung und Deutung vollzieht, scheint bei Jüngeren kaum, bei Älteren nur oberflächlich ausgeprägt zu sein (vgl. Langer-Plän 2003).

Unterforderung durch Quellenarbeit
Aus dem Problem der Überforderung hat man die Konsequenz gezogen, Quellentexte müssten so kurz und so einfach wie möglich sein. Die Tendenz geht dahin, dass Quellen zumindest in den nichtgymnasialen Schulbüchern auf Textschnip-

sel zusammenschrumpfen. Solchen Texten fehlt jeder Herausforderungscharakter. Eigentliche Quellenarbeit lässt sich damit praktisch nicht mehr durchführen, weil es nichts mehr zu untersuchen, zu deuten und zu enträtseln gibt. Texte dieser Art haben oft nur noch den Charakter von Belegen für Deutungen, die im Kontext schon angelegt sind.

Übermäßiger Zeitaufwand für Quellenarbeit
Dieses Problem resultiert aus den drei anderen und hängt besonders mit dem ersten zusammen. Quellenarbeit ist kein Selbstzweck. Sie ist nur dort sinnvoll, wo das Thema, die Überlieferungssituation und die Lernsituation der Schülerinnen und Schüler sich dafür eignen. Weniger, aber intensivere Quellenarbeit ist besser als häufigere, flüchtige und lieblose, die das Wesen der Sache verfehlt.

Voraussetzung für eine ertragreiche und befriedigende Quellenarbeit ist zunächst eine geeignete Auswahl:
- Quellen müssen Neues zum Thema bieten, sonst lässt sich an ihnen nichts lernen.
- Quellen müssen authentisch sein; mit (aktuellen) Darstellungstexten von Historikern oder anderen später Geborenen kann man keine Quellenarbeit betreiben.
- Quellen sollten Vorstellungsbildung ermöglichen. Dafür sind Texte mit „dramatischer" Qualität besonders geeignet: ein größerer Handlungszusammenhang, der sich örtlich und zeitlich festmachen lässt, Menschen als Akteure, ihre Motive. Besser als ein Verfassungs- oder Vertragstext eignet sich der Bericht eines Beteiligten über dessen Entstehungsgeschichte.
- Quellen sollten Alteritätserfahrung und – bei entsprechenden Themen – Fremdverstehen ermöglichen.

Wie können Textquellen im Unterricht sinnvoll präsentiert werden (vgl. Pandel 1995, Zurwehme 1996)?

Textlänge
Die dargebotenen Texte oder Textauszüge sollten weder zu lang noch zu kurz sein – natürlich hängt das auch von der Sache und von der Textart ab. Es gibt nicht die „Patentlänge" eines Textes: Es kann sinnvoll sein, mehrere knappere Quellen als Tableau zusammenzustellen, mit einer einzelnen, längeren Quelle einen weiteren Handlungszusammenhang zu entfalten oder einen anspruchsvollen Text bewusst als „harte Nuss" zu präsentieren – die verschiedenen Darstellungsformen erhalten dann zugleich exemplarischen Charakter.

**Beispiel für eine Textbearbeitung:
eine frühneuhochdeutsche Textquelle in drei Fassungen**

Einladungsedikt des Herzogs Georg Wilhelm von Braunschweig-Lüneburg (Auszug)

1. Faksimile (erste Seite)

> Wir Georg Wilhelm /
> von GOttes Gnaden / Hertzog
> zu Braunschweig und Lüneburg /
> Entbieten allen denen so dieses vor-
> kommen möchte / Unsern respectivè
> Gruß / Gunst und gnädigsten Wil-
> len / und fügen hiemit zu wissen / wel-
> chergestalt Uns fürbracht und bekand
> gemacht worden / wie daß verschiedene Außländische der Re-
> formirten Religion zugethane Familien und Persohnen ihr
> Vaterland zu qvitiren / und in Teutschland sich nieder zu-
> lassen entschlossen / in specie auff Unsere Haubt-Stadt Lü-
> neburg deßfals ihr Absehen gerichtet / und in selbiger mit
> Unser gnädigsten permission, und gegen Ertheilung gewisser
> Privilegien und Freyheiten / sich wohnhafft nieder zulassen /
> und darin allerhand Manufacturen anzurichten / auch Trafiqven
> und Commercia zu treiben / gewillet wären. Wann Wir nun
> Zeit Unser geführten Regierung Unsere Sorgfalt / fürnemlich
> darauff mit gewand / wie die von GOtt dem Allerhöchsten
> Uns verliehene Lande mehr und mehr Volckreich gemacht /
> und beneficirt werden mögten; So haben Wir nach reiffer der
> Sachen Erwegung allen den jenigen Außländern die in ge-
> dachter Unser Haubt-Stadt Lüneburg sich établiren, und da-
> hin zu wohnen begeben wollen / nachfolgende Immunitäten,
> Privilegia und Freyheiten / welche Wir gestalten Sachen nach
> bey ein oder andern en particulier auch zu verbessern geneigt
> seyn / hiemit gnädigst ertheilen / und publiciren lassen wol-
> len.

(Niedersächsisches Hauptstaatsarchiv Hannover)

2. Originaltext

„Wir Georg Wilhelm / von GOttes Gnaden / Herzog zu Braunschweig und Lüneburg / Entbieten allen denen so dieses vorkommen möchte / Unsern respective Gruß / Gunst und gnädigsten Willen / und fügen hiemit zu wissen / welchergestalt Uns fürbracht und bekand gemacht worden / wie daß verschiedene Ausländische der Reformirten Religion zugethane Familien und Persohnen ihr Vaterland zu quitiren / und in Teutschland sich nieder zulassen entschlossen / in specie auff Unsere Haubt-Stadt Lüneburg deßfals ihr Absehen gerichtet / und in selbiger mit Unser gnädigsten permission, und gegen Ertheilung gewisser Privilegien und Freyheiten / sich wohnhafft nieder zulassen / und darin allerhand Manufacturen anzurichten / auch Trafiquen und Commercia zu treiben / gewillet wären. Wann Wir nun Zeit Unser geführten Regierung Unsere Sorgfalt / fürnemlich darauff mit gewand / wie die von GOtt dem Allerhöchsten Uns verliehene Lande mehr und mehr Volckreich gemacht / und beneficirt werden mögten; So haben Wir nach reiffer der Sachen Erwegung allen den jenigen Außländern die in gedachter Unser Haubt-Stadt Lüneburg sich etabliren, und dahin zu wohnen begeben wollen / nachfolgende Immunitäten, Privilegia und Freyheiten / welche Wir gestalten Sachen nach bey ein oder andern en particulier auch zu verbessern geneigt seyn / hiermit gnädigst ertheilen / und publiciren lassen wollen."

3. Bearbeitete Fassung

„Wir, Georg Wilhelm, geben hiermit bekannt, daß Uns mitgeteilt wurde, daß verschiedene ausländische Personen und Familien, die der reformierten Religion zuneigen, sich entschlossen haben, ihr Vaterland zu verlassen und sich in Deutschland niederzulassen. Diese Personen wollen sich mit Unserer Erlaubnis und gegen die Erteilung bestimmter Privilegien und Freiheiten besonders in Unserer Hauptstadt Lüneburg niederlassen. Hier wollen sie Manufakturen einrichten und Handel treiben. Da Wir während Unserer gesamten Regierungszeit vor allem darauf bedacht waren, wie die Bevölkerungszahl Unseres Landes, das Uns Gott der Allerhöchste verliehen hat, vergrößert und wie dem Land genutzt werden könnte, haben Wir nach reiflicher Überlegung denjenigen Ausländern, die sich in Lüneburg niederlassen wollen, die folgenden Privilegien erteilt."

(nach Zurwehme 1996, S. 195–197, gekürzt)

Sprachgestalt
Die Sprachgestalt von Quellen sollte Verstehen erlauben, aber nicht jede Fremdartigkeit beseitigen. Viele Textquellen im Schulbuch begegnen den Schülerinnen und Schülern in übertragener Form. Das gilt für alle fremdsprachigen Texte ohnehin, vom Ägyptischen bis zum Englischen. Aber auch deutsche Texte werden zum großen Teil modernisiert. Schülerinnen und Schüler werden in ihren Geschichtsbüchern kaum einmal einem frühneuhochdeutschen Text in der Originalform begegnen. Das ist ein Verlust: Denn die gleichsam aseptische Präsentation nimmt den Quellen ihre historische Anmutung und ihre Aura; Schülerinnen und Schüler können sie nicht mehr als aus einer anderen Zeit stammend wahrnehmen. Dadurch gehen elementare Erfahrungen von zeitlicher Differenz und historischer Andersartigkeit verloren. Natürlich kann es auch keine Lösung sein, sämtliche Quellen in ursprünglicher Textgestalt zu präsentieren – aber exemplarisch sollte dies ab und an geschehen. Dabei können Schülerinnen und Schüler dann zum Beispiel die Entdeckung machen, dass der vermeintlich so schwer entzifferbare frühneuhochdeutsche Text viel leichter zu verstehen ist, wenn man ihn sich laut vorliest. Konsequenterweise sollten Texte möglichst oft auch als Faksimile den Schülerinnen und Schülern vor Augen geführt werden. Hier kommt die Materialität eines Textes zum Vorschein, hier kann die Fremdartigkeit besonders deutlich werden. Außerdem fallen im Faksimile viel stärker die Unterschiede zwischen verschiedenen Textgattungen ins Auge: ob Urkunde, Kanzleischreiben, Brief, Flugblatt, Zeitung – sie alle haben ihre besondere Gestalt, die zugleich Rückschlüsse auf ihre Entstehungszeit (Handschrift, Schreibmaschine, Druck), auf Aussteller und Adressaten oder auf ihren Verbreitungsgrad zulässt. Allerdings haben wir es im Schulbuch ja immer mit einem Abdruck zu tun, auch wenn es sich um ein Faksimile handelt. Tatsächliche Originalquellen zu Gesicht bekommen und in der Hand halten können Schülerinnen und Schüler vornehmlich im Archiv – darin liegt seine besondere Bedeutung als außerschulischer Lernort (vgl. Kap. 4.3.9).

Eine besondere Form der Präsentation von Textquellen ist das Tondokument: vor allem Reden, aber auch Reportagen oder Nachrichtentexte können in jener gesprochenen Form präsentiert werden, in der sie die zeitgenössischen Adressaten wahrgenommen haben (vgl. Wunderer 2011, allgemeinere Anregungen in Richtung einer „Geschichte des Hörens" Maier 2011, als Forschungskonzept Müller 2011). Bei Reden ist dies natürlich erst nach der technischen Entwicklung der Tonaufzeichnung (seit ca. 1890) möglich; die Gattungen Reportage und Nachrichten setzen ohnehin die modernen Medien voraus. Der heutige Hörer kann dabei die historische Rezeptionssituation und -atmosphäre besser nachvollziehen und die Wirkung der gesprochenen Texte an sich erproben (Zuhören mit geschlossenen Augen); bei Reden vermittelt die Tonaufnahme einen Eindruck von der Sprechweise des Redners, die im Moment des Hörens einen wesentlichen Teil der Wirksamkeit ausmacht – das erweitert das Spektrum der Analysemöglichkeiten erheblich. Filmaufzeichnungen bieten zwar prinzipiell ähnliche Vorzüge, aber hier droht die Textperspektive schnell von der Konzentration auf das Visuelle verdrängt zu werden. Voraussetzung für einen sinnvollen Einsatz im Geschichtsunterricht ist, dass die Tondokumente eine ausreichende Länge aufweisen. Häufig findet man nur kurze Auszüge collagenartig zusammengestellt oder als Illustrations- und Belegmaterial eingebettet in gesprochene Darstellungstexte.

Tondokumente

Lediglich collagenartige Auszüge bieten die „Chronik des Jahrhunderts" von Dorothee Meyer-Kahrweg (Hessischer Rundfunk/der hörverlag) und die Reihe „Geschichte zum Hören" (Deutschlandradio). Das Deutsche Rundfunkarchiv Frankfurt hat eine Reihe von Aufnahmen auf den Markt gebracht (www.dra.de). Zu den einschlägigen Themenheften der Zeitschriften Geschichte lernen und Praxis Geschichte sind CDs mit Reden erschienen (Geschichte lernen Heft 85 [2002]: Historische Reden, Praxis Geschichte H. 6/2007: Politische Reden – Deutschland im 20. Jahrhundert). Ca. 100 Reden aus der deutschen Geschichte sind auf den drei CD-ROMs „Reden über Deutschland" zusammengestellt (Fernuniversität Hagen/Diesterweg Verlag). Akustische Zeitbilder zu wichtigen Themen der deutschen Geschichte bieten die Features „1968. Das Jahr der Revolution" (Hrsg. von Dorothee Meyer-Kahrweg, Frankfurt a. M./München: Hessischer Rundfunk/der hörverlag 1998) und „Wir sind ein Volk. Die deutsche Wiedervereinigung" (Hrsg. von Dorothee Meyer-Kahrweg, Frankfurt a. M./München: Hessischer Rundfunk/der hörverlag 2010) sowie die CD „Die NS-Führung im Verhör" (Original-Tondokumente der Nürnberger Prozesse. Dokumentiert von Ulrich Lampen, eingeleitet von Peter Steinbach, SWR/MDR/Audio Verlag 2005/2006). Außerdem gibt es eine Fülle alter, vom FWU produzierter Tonkassetten, die man in den Medienstellen wiederentdecken kann. Schließlich finden sich im Internet diverse interessante Angebote (z. B. beim Deutschen Historischen Museum unter www.dhm.de/lemo/suche/index.html, aber auch international, etwa unter www.historychannel.com/speeches/oder http://www.americanrhetoric.com/speechbank.htm).

Der Erfolg von Quellenarbeit hängt schließlich ganz wesentlich vom methodischen Vorgehen ab. Es gibt diverse Modelle mit Einzelschritten für die angemessene Interpretation einer Textquelle und jedes Schulbuch enthält mittlerweile entsprechende Methodenseiten. Für ein exemplarisches Methodenlernen ist es sinnvoll, solche Modelle mit den Schülerinnen und Schülern einzuüben, sodass sie ihnen gewissermaßen als regulative Ideen präsent sind. Im Unterrichtsalltag freilich müssen die einzelnen Schritte solcher Modelle keineswegs immer durchdekliniert werden. Denn dort steht der Text meist innerhalb eines Zusammenhangs, der bereits ein bestimmtes Erkenntnisinteresse, einen Frage- und Interpretationshorizont vorgibt. Ideal wäre es, wenn die Schülerinnen und Schüler in dieser Situation ihre eigenen Fragen an dem Text entwickeln würden. Fragen können aber auch durch ein geeignetes Arrangement, z. B. durch die multiperspektivische Konfrontation verschiedener Quellen, hervorgerufen werden oder spontan entstehen, wenn Texte Emotionen, Verwunderung oder Abwehr hervorrufen.

Am häufigsten bearbeiten Schülerinnen und Schüler Textquellen mithilfe von Arbeitsaufträgen, die im Schulbuch abgedruckt sind oder von der Lehrkraft formuliert werden. Wenn man solche Arbeitsaufträge entwickelt, ist es wiederum sinnvoll, sich an einer systematischen Stufenfolge zu orientieren. Denn dadurch wird klarer, welche Anforderungen man an die Schülerinnen und Schüler stellt und auf was man eigentlich hinaus will. Damit ist aber keineswegs gemeint, dass diese Stufenfolge im Unterricht immer genau und vollständig abgearbeitet werden kann und sollte. Das folgende grobe Stufenmodell der Interpretation von Textquellen wird in Kapitel 5.1.1 genauer erläutert:

1. Erschließen: Strukturierung des Textes, Klärung der Textaussage, Wiedergabe
2. Untersuchen: Verfasser und seine Perspektive, Entstehung der Quelle, Gattung, Adressaten und Intention, Darstellungsweise
3. Deuten: Beurteilung des Textes im historischen Kontext und ggf. Bewertung aus gegenwärtiger Perspektive (Sachurteil und Werturteil)

Einige Beispielaufgaben zu den drei Stufen:
Stufe 1:
▶ „Gliedert den Text in einzelne Abschnitte und formuliert für jeden Abschnitt eine Überschrift."
▶ „Markiert die Schlüsselbegriffe, die für unsere Fragestellung besonders wichtig sind."
▶ „Fasst die Textaussage in eigenen Worten zusammen."

Stufe 2:
▶ „Stellt euch vor, ihr würdet als Reporter einer zeitgenössischen Zeitung nach Schlesien geschickt, um über die Situation der Weber zu berichten. Ihr könnt euch für eine liberale oder eine konservative Zeitung entscheiden. Schreibt aus der jeweiligen Sicht einen kurzen Bericht über die Lage der Weber und das Verhalten der Fabrikanten."
▶ „Auf einer Arbeiterversammlung wird das Lied ‚Bet und arbeit' gesungen. Ein Polizeispitzel hat sich dort eingeschlichen. Schreibt auf, was er seinen Vorgesetzten berichtet. Überlegt, ob er zu einem Verbot des Liedes raten würde, und führt ggf. Gründe dafür an."
▶ „Erörtert, welche der folgenden Begriffe zum Text des ‚Weberliedes' passen und welche nicht: Wut, Gewaltbereitschaft, Verzweiflung, revolutionäre Gesinnung, Erbitterung, politisches Bewusstsein, Schicksalsergebenheit, Hilflosigkeit."

Stufe 3:
- „Fasst zusammen: Wie wird das Wirtschaftswunder hier beurteilt? Skizziert eine eigene Position."
- „‚Musik als Propaganda' – erläutern Sie die besonderen Wirkungsmöglichkeiten der Musik und belegen Sie sie anhand des Liedes ‚Die Wacht am Rhein'."
- „Skizzieren Sie ausgehend von Degenhards Lied ‚Deutscher Sonntag' die Gesellschaft der Bundesrepublik zur Mitte der 1960er-Jahre insbesondere unter mentalitätsgeschichtlichen Gesichtspunkten. Versuchen Sie Ihre Ausführungen an Beispielen aus einschlägigen Bereichen (z. B. Benehmen, Erziehung, Ehe, Sexualität, Literatur, Film etc.) zu erläutern."

(alle Beispiele aus Sauer 2008)

Insbesondere auf der zweiten Stufe der Erarbeitung bieten sich handlungsorientierte Arbeitsaufträge an, die darauf zielen, Schülerinnen und Schüler in die historische Situation zu versetzen und sie dort aus der Perspektive Beteiligter oder zeitgenössischer Beobachter agieren und Entscheidungen treffen zu lassen. Dabei geht es vor allem um kreatives Schreiben (vgl. GWU 2009, Memminger 2007, 2007, Praxis Geschichte 1997, Sauer 2011): Schülerinnen und Schüler können fiktive Briefe, Tagebucheinträge, Zeitungsartikel, Reden oder Reiseberichte schreiben, ein Flugblatt oder eine Petition verfassen, ein Interview führen, ein Plakat entwerfen oder eine Gerichtsszene spielen (vgl. zum Rollenspiel Kap. 4.3.10). Das bringt den historischen Rahmen der Situation, um die es geht, zur Geltung und lässt spezifische Sichtweisen und Interessen zum Vorschein treten. Handlungsorientierte Aufgaben sind auch zum Abschluss einer Stunde oder einer Einheit sinnvoll. Schülerinnen und Schüler können selber darstellende Texte verfassen oder eigene gestalterische Umsetzungen des Themas finden, z. B. einen kurzen Artikel für ein Schülerlexikon schreiben, eine eigene Schulbuchseite konzipieren, eine Strukturskizze, ein Plakat oder eine Collage entwerfen.

Die zitierten Arbeitsaufträge sind alle so formuliert, dass die geistige oder technische Operation bezeichnet wird, die die Schülerinnen und Schüler vornehmen sollen. Die dafür verwendeten Verben bezeichnet man als Operatoren. Nicht nur in den von der Kultusministerkonferenz vorgegebenen und auf Länderebene umgesetzten „Einheitlichen Prüfungsanforderungen" für das Abitur, sondern auch in den meisten Curricula finden sich heutzutage Listen solcher Operatoren; in Schulbüchern und Unterrichtsmaterialien hat sich dieser Standard ebenfalls weitgehend durchgesetzt. Auf diese Weise lassen sich die jeweiligen Anforderungen an die Schülerinnen und Schüler genauer definieren als über die klassischen W-Fragen. Allerdings wird man als Lehrkraft im Unterricht, beim gesprochenen Wort, kaum konsequent solche Wendungen benutzen. Auch hier geht es um den Grad der Reflexion: Wer in entsprechenden Fragestellungen zumindest denkt, legt sich selber genauer Rechenschaft über seine Intentionen ab.

Renate El Darwich und Hans-Jürgen Pandel haben schon vor langer Zeit als erste Operatoren mit ihrem jeweiligen „Anforderungsprofil" zusammengestellt. Auch wenn sich mittlerweile an vielen Stellen Operatorenlisten finden, sei diese Zusammenstellung hier noch einmal abgedruckt. Denn sie ist umfangreicher und in ihren Definitionen vielfach präziser als andere. Freilich sollte man als Lehrkraft stets auch die im eigenen Bundesland vorformulierten Operatoren zur Kenntnis nehmen.

Erläuterungen von Operatoren

- „analysiert: s. ‚untersucht'
- arbeitet heraus: aus einem oder mehreren Texten einen bestimmten Gedankengang mit eigenen Worten wiedergeben
- äußert euch: zu einem Sachverhalt assoziativ eine Meinung, subjektive Einstellung oder Bewertung äußern
- befragt: eine Frage formulieren und auf diese Frage eine Antwort finden, die in einem (oder mehreren) Texten als Möglichkeit angelegt ist
- begründet: in zusammenhängender Darstellung einen komplexen Grundgedanken argumentativ entwickeln (auch unter Verwendung von Material), entscheidend ist der schlüssige, folgerichtige Gedankengang
- beschreibt: umfangreichere, exakte Angaben selber wählen, um Inhalte des Materials auszudrücken; Tatbestand aufnehmen, Sachverhalt aufzeigen
- bespricht: Meinungsaustausch mit einem Partner
- beurteilt: Hypothesen oder Behauptungen im Zusammenhang prüfen und eine Aussage über deren Richtigkeit, Angemessenheit usw. machen, wobei die Kriterien selber gefunden werden müssen; erfordert in der Regel längere Argumentationsreihen als ‚begründen'
- bewertet: fordert über ‚beurteilen' hinaus persönlichen Wertebezug. Da eine solche Entscheidung nicht immer verbindlich und allgemein sein kann, müssen Pluralität und Toleranz gewährleistet sein.
- bildet euch ein Urteil: ein Werturteil fällen und es formulieren
- charakterisiert: einen historischen Sachverhalt (Ereignis, Ablauf, Zustand) unter einem leitenden Gesichtspunkt in seinen Grundzügen beschreiben
- denkt nach: verlangt kognitive Operationen, die aber nicht näher spezifiziert werden – nur in Zusammenhang mit einer anderen Qualifikation sinnvoll
- deutet: s. ‚bewertet'
- diskutiert: zu einer vorgegebenen Problemstellung eigene Gedanken entwickeln und zu einem abgewogenen Sachurteil führen. Dabei müssen verschiedene Standpunkte angeführt und begründet werden (Argumente, Beispiele). Eine einfache Bauform der Erörterung ist das Für-Wider-Schema.

- entscheidet: einer Alternative vor anderen den Vorzug geben und sie in einem Satz formulieren
- entwickelt Vorschläge (einen Plan u. a.): aus einer Problembeschreibung Lösungen und Lösungswege formulieren, verlangt eine kreative Leistung
- entwerft: Untersuchungs- und Lösungsstrategie formulieren
- erarbeitet/erfindet: eine kreative Problemlösung, die Neuigkeitswert hat
- ergänzt: eine Reihe von Textelementen durch weitere fortsetzen
- erklärt: Informationen durch eigenes Wissen/eigene Einsichten in einen Zusammenhang (Theorie, Modell, Regel, Gesetz, Funktionszusammenhang) einordnen und begründen
- erläutert: s. ‚beschreibt'
- erörtert: bei einer These oder Problemdarstellung eine Kette von Für-und-Wider-, Sowohl-als-auch-Argumenten vortragen und auf ihren Wert und ihre Stichhaltigkeit überprüfen
- fasst zusammen: einen längeren Text ohne Sinnverlust kürzer ausdrücken
- findet heraus: eine bestimmte und vorgegebene definierbare Lösung nennen
- fragt: Formulierung einer direkten oder indirekten Frage
- gebt an/gebt wieder: Informationen richtig benannt aus Vorlage oder Wissen aufzählen
- gliedert: Informationen in eine logische Ordnung bringen
- informiert euch: Informationen aus anderen Quellen (Lexika, andere Bücher etc.) besorgen
- klärt: eine unstrukturierte Situation ordnen, indem Für und Wider abgewogen werden
- listet auf: Informationen (Wörter, Sätze) rein additiv zusammenstellen
- nennt: vorgegebenem Material unkommentiert Informationen entnehmen; Material durch Kenntnisse ergänzen
- nehmt an: aus einer Hypothese Schlussfolgerungen entwickeln
- prüft/überprüft: vorgegebene These oder Hypothese/Erklärung an Fakten oder innerer Logik messen; eventuell Widersprüche erkennen
- ordnet ein/zu: vorgegebene Einzelelemente in gelernten (und erkannten) situativen Zusammenhang (logisch, ideologisch, argumentativ) einfügen
- sammelt: ungeordnete Zusammenstellung von Informationen, Texten (als Zeitungsausschnitte, Kopien etc.) und Bildern/Karikaturen (als Ausschnitte, Kopien etc.) aus einem vorher definierten Umkreis
- schreibt: meist nur in Verbindung mit einer anderen Operation sinnvoll: schreibt heraus, schreibt um etc.
- setzt euch mit … auseinander: s. ‚erörtern'
- stellt gegenüber: Informationen/Sachverhalte/Argumente/Urteile beschreibend einander gegenüberstellen; also keine Ergebnisformulierung (siehe ‚vergleichen')
- stellt fest: einen bestimmten eindeutigen Tatbestand formulieren
- stellt in Thesen zusammen: Informationen (oft Kernstellen) unter Hauptgesichtspunkten zusammenfassen und so auswählend gewichten

- stellt Vermutungen an/sucht/trägt zusammen/überlegt/stellt zusammen: es wird eine interne kognitive Operation verlangt, die erst durch eine andere Operation (schreiben, nennen etc.) geäußert wird
- stellt zusammen: Informationen (meist anhand einer Vorlage) nach bestimmtem System/ Prinzip aufreihen
- übersetzt in: einen Sprachcode in einen anderen umformulieren: mit eigenen Worten sagen, in Umgangssprache ausdrücken, in eine Fachsprache übersetzen
- unterscheidet: Aussagen in zwei (oder mehr) Gruppen einteilen
- untersucht: an Material oder Information gezielte Fragen stellen, diese beantworten und die Antworten begründen
- verallgemeinert: von einem individuellen Fall ausgehend eine allgemeine Aussage treffen: ‚immer wenn, dann'; ‚alle'
- verfasst: einen Text in einer bestimmten Textsorte erstellen (z. B. Brief, Geschichte, Artikel etc.)
- vergleicht: Vergleichbares nennen oder vergleichbare Gesichtspunkte (z. B. Situation) selber finden; das Vergleich- oder Nichtvergleichbare gewichtend einander gegenüberstellen und ein Ergebnis (z. B. ähnlich/gegensätzlich/analog) finden
- verständigt euch/werdet euch klar über: s. ‚klärt'
- zählt auf: Textinformationen oder Wissenselemente in sinnvoller Ordnung benennen
- zeigt: s. ‚beschreibt'
- zitiert/belegt: aus Material einzelne Stellen wörtlich und mit Zeilenangabe wiedergeben"

(El Darwich/Pandel 1995, S. 35 f.)

Weiterführende Literatur

El Darwich, Renate/Pandel, Hans-Jürgen, Wer, was, wo, warum? Oder nenne, beschreibe, zähle, begründe. Arbeitsfragen für die Quellenerschließung, in: Geschichte lernen H. 46 (1995), S. 33–37. Wiederabdruck in: Geschichte lernen Sammelband: Geschichte lehren und lernen, Seelze 1997, S. 31–35.

Geschichte in Wissenschaft und Unterricht 60, 2009, H. 4: Kreatives Schreiben im Geschichtsunterricht.

Geschichte lernen H. 46 (1995): Arbeit mit Textquellen.

Heuer, Christian, Gütekriterien für kompetenzorientierte Lernaufgaben im Fach Geschichte, in: GWU 62, 2011, H. 7/8, S. 443–458.

Langer-Plän, Martina, Problem Quellenarbeit. Werkstattbericht aus einem empirischen Projekt, in: GWU 54, 2003, H. 5/6, S. 319–336.

Maier, Robert (Hrsg.), Akustisches Gedächtnis und Zweiter Weltkrieg, Göttingen 2011.

Memminger, Josef, „Schüler schreiben Geschichte". Formen kreativen Schreibens im historischen Unterricht, in: Geschichte lernen H. 116 (2007), S. 21–27.

Memminger, Josef, Schüler schreiben Geschichte. Kreatives Schreiben im Geschichtsunterricht zwischen Fiktionalität und Faktizität, Schwalbach/Ts. 2007.

Müller, Jürgen, „The sound of silence". Von der Unhörbarkeit der Vergangenheit zur Geschichte des Hörens, in: Historische Zeitschrift Bd. 292, 2011, S. 1–29.

Pandel, Hans-Jürgen, Textquellen im Unterricht. Zwischen Ärgernis und Erfordernis, in: Geschichte lernen H. 46 (1995), S. 14–21.

Pandel, Hans-Jürgen, Quelleninterpretation. Die schriftliche Quelle im Geschichtsunterricht, Schwalbach/Ts. 3. Aufl. 2006.
Pandel, Hans-Jürgen, Historisches Erzählen. Narrativität im Geschichtsunterricht, Schwalbach/Ts. 2010.
Reeken, Dietmar von, Quellenarbeit, in: Günther-Arndt, Hilke (Hrsg.), Geschichts-Methodik. Handbuch für die Sekundarstufe I und II, Berlin 3. Aufl. 2010, S. 154–168.
Sauer, Michael, Historische Lieder, Seelze 2008 (mit CD).
Sauer, Michael, Historische Perspektivenübernahme. Methodische Anregungen, in: Geschichte lernen H. 139 (2011), S. 12–17.
Schneider, Gerhard, Über den Umgang mit Quellen im Geschichtsunterricht, in: GWU 45, 1994, H. 2, S. 63–90. Wiederabdruck in: Geschichtsunterricht heute. Grundlagen – Probleme – Möglichkeiten (Sammelband: GWU-Beiträge der neunziger Jahre), Seelze 1999, S. 55–72.
Wunderer, Hartmann, Tondokumente, in: Pandel, Hans-Jürgen/Schneider, Gerhard (Hrsg.), Handbuch Medien im Geschichtsunterricht, Schwalbach/Ts. 6., erw. Aufl. 2011, S. 500–514.
Zurwehme, Martin, Möglichkeiten und Grenzen der Bearbeitung von Quellen für den Geschichtsunterricht, in: GWU 47, 1996, H. 3, S. 189–197. Wiederabdruck in: Geschichtsunterricht heute. Grundlagen – Probleme – Möglichkeiten (Sammelband: GWU-Beiträge der neunziger Jahre), Seelze 1999, S. 73–81.

4.3.5 Lehrervortrag und Unterrichtsgespräch

Der Begriff Lehrervortrag ist hier in einem engen Sinne gefasst. Er umfasst nicht die Geschichtserzählung, die als eigene Textgattung in Kapitel 4.3.6 behandelt wird. Ebensowenig meint er das gesamte, vom Lehrer entwickelte Darstellungskonzept des Unterrichts einschließlich der Verwendung von Medien und Materialien. Bezeichnen soll er hier vielmehr einen von der Lehrkraft selbst stammenden gesprochenen Darstellungstext, der dazu dient, den Schülerinnen und Schülern im weitesten Sinne Informationen zu vermitteln. Dabei kann der Vortrag beschreibende, berichtende, erläuternde, analysierende oder urteilende Komponenten enthalten.

Natürlich sollte mit einem Lehrervortrag nicht eine gesamte Stunde bestritten werden. Der Lehrervortrag steht vielmehr in Beziehung zu anderen Arbeitsformen und Unterrichtselementen wie etwa der Quellenarbeit oder anderen medialen Darbietungsformen, er muss in Verbindung mit ihnen vorbereitet und mit ihnen verzahnt werden. Der Vortrag kann der Hinführung zu einem Thema, der Exemplifizierung oder der Zusammenfassung dienen. Der Lehrervortrag sollte also nicht dem Schreckbild von der monologisierenden Lehrkraft entsprechen, die ihre Schülerinnen und Schüler zum stummen Zuhören verurteilt. Vielmehr ist der Lehrervortrag eine Arbeitsform neben anderen, die dort eingesetzt werden sollte, wo es situativ sinnvoll ist. Wenn zum Beispiel Informationen, die zum Verständnis einer Quelle wichtig sind, vorab durch einen Lehrervortrag vermittelt werden, ist das ökonomisch und kommt letztlich auch der Quellenarbeit zugute.

Was ist bei der Vorbereitung eines Lehrervortrags zu bedenken? Der Vortrag sollte zeitlich knapp gehalten werden (als Faustregel: nicht über 10 Minuten). Er sollte eine klare Struktur haben, die zu Beginn ausgewiesen wird und für die Schülerinnen und Schüler nachvollziehbar ist. Er sollte sprachlich verständlich sein: Noch stärker als bei schriftlichen Darstellungstexten (Verfassertext im Schulbuch, Informationsblatt) muss auf überschaubare und nachvollziehbare Sätze geachtet werden; die Sprache muss aber auch dem Gegenstand gerecht werden, also etwa (je nach Schulstufe) einschlägige Quellenbegriffe oder geschichtswissenschaftliche Fachtermini verwenden; zentrale Begriffe müssen geklärt werden. Dennoch sollte der Text nicht ein bloßes Informationsgerippe darstellen, sondern auch mit Beispielen und Veranschaulichungen arbeiten. Der Vortrag sollte durch andere Medien unterstützt werden (Tafel, OH-Projektor, Beamer). Mit ihrer Hilfe können Begriffe, Strukturen, Zeitabläufe, räumliche Situationen verdeutlicht werden (Definitionen; Zeitleiste oder Zeittafel; Strukturskizze; Karte). Zur Illustration können Bilder gezeigt werden. Die Rezeption des Vortrags durch die Schülerinnen und Schüler kann durch vorab gegebene Arbeitsaufträge gelenkt und unterstützt werden. Wichtig ist aber auch, dass Schülerinnen und Schüler lernen, mit einer solchen Vermittlungsform selbstständig zurechtzukommen. Der Sicherung des Verständnisses dienen zunächst Nachfragen, dann können eigene Zusammenfassungen oder Strukturierungen (Kurztext, Skizze) vorgenommen werden.

Unterrichtsgespräche lassen sich unter verschiedenen Gesichtspunkten typisieren: der Beziehung von Lernenden und Lehrenden, der Funktion im Unterrichtsprozess, der Gruppengröße, der Sitzordnung, dem Grad der Regelgebundenheit (vgl. dazu Wenzel 1995, S. 82–92). Hier sollen nur wenige Haupttypen vorgestellt werden; dabei kommt vor allem der erste Aspekt zum Tragen. Eine wie der Lehrervortrag von der Lehrkraft dominierte Arbeitsform ist das fragendentwickelnde, zuweilen auch katechetisch genannte Unterrichts- oder Lehrgespräch. Ein gelenktes Wechselspiel von Lehrerfragen und Schülerantworten soll zu vorher definierten Begriffen und Einsichten führen. Fragwürdig wird dieses Verfahren, wo es die Normalform des Unterrichts darstellt: Da bleibt wenig Raum für eigene Fragen, spontane Einfälle, Überlegungen und Urteile der Schülerinnen und Schüler. Aber selbst diese Arbeitsform kann in engen Grenzen sinnvoll sein, z. B. wo es um das Wiederholen von Behandeltem geht. Sie kann sich beschränken auf das Rekapitulieren von Begriffen oder Daten, aber auch abstellen auf die zusammenfassende Wiedergabe größerer Zusammenhänge oder die Formulierung eigenständiger Schlussfolgerungen.

Protokoll eines Unterrichtsgesprächs

„L.: Wir haben jetzt Geschichte. Zuletzt haben wir über die Zeit vor rund tausend Jahren gesprochen.
S.: Vom Mittelalter.
SS.: Haben wir schon gehabt. Ja letztes Mal ... (nicht zu verstehen)
L.: Ich hatte gemeint, ihr seid schon gewöhnt, aufeinander Rücksicht zu nehmen und zu hören, was einer sagt. Die Zeit heißt wirklich Mittelalter, über die wir reden. Aus der Zeit vor rund tausend Jahren gibt es hier in unserer Gegend noch manches, was man sehen kann, was noch steht – nach tausend Jahren noch.
S.: Burgen.
L.: Was gibt's da noch? Was noch?
S.: Viele Sachen auch im Museum.
L.: Und Hünengräber und Höhlen. (Einige Schüler reden gleichzeitig.)
L.: Die sind tausend Jahre älter als das Mittelalter, also zweitausend Jahre alt.
S.: Es gibt so Städte, die mit -burg enden: Freiburg, Neuenburg, Offenburg.
L.: Wie kommst du darauf?
S.: Früher, da haben die Kaiser und Könige große Burgen gebaut, und daraus sind dann Städte geworden.
L.: Die Beispiele von Städten, die er jetzt genannt hat, sind zwar im Mittelalter entstanden, aber nicht aus Burgen. Aber andere gehen wirklich auf Burgen zurück, Magdeburg zum Beispiel.
Eines habt ihr aber noch nicht genannt, was auch vor mindestens tausend Jahren schon entstanden ist und noch heute steht. Und zwar sind es große Gebäude, in denen damals schon viele Menschen zusammen wohnten.
S.: Das Freiburger Münster.
L.: Nein, ich meine nicht das Münster, denn da wohnte ja niemand drin. Aber es gibt Gebäude, in deren Mittelpunkt eine Kirche steht, und um sie herum sind mehrere Häuser gebaut, die zusammengehören.
S.: Klöster.
SS.: In Kirchzarten gibt's eines. In Beuron auch. In der Stadt auch ...
L.: Die beiden in Kirchzarten und Beuron sind nicht so alt. Das älteste in unserer Gegend steht in St. Trudpert im Münstertal. Das ist schon älter als tausend Jahre.
S.: In Oberried ist auch eines.
L.: Und dann liegt eines auf der anderen Seite des Dreisamtales, auf der Höhe, da sind sicher schon viele von euch drin gewesen, in der Kirche wenigstens.
SS.: St. Peter? St. Peter!
L.: Richtig, St. Peter ist ziemlich genau 900 Jahre alt."

(Hug 1977, S. 88)

In diesem Beispiel geht es weniger um Wiederholung und Zusammenfassung als um die Hinführung zu einem neuen Thema. Das Protokoll zeigt die Gefahren eines gelenkten und zielgerichteten Unterrichtsgesprächs: Die Lehrkraft lässt die Schülerinnen und Schüler zwar zunächst eigenständige Einfälle äußern, aber diese Freiheit ist nur scheinbar. Antworten, die nicht ins Konzept passen, werden zurückgewiesen, ohne dass die Lehrkraft näher erklärend darauf eingeht. Erst mit mehrfacher Nachhilfe kommen die Schülerinnen und Schüler auf den Begriff „Kloster" und den Namen „St. Peter", auf deren Nennung die Lehrkraft von Anfang an aus ist.

Im Folgenden eine Liste von Verhaltensweisen, die man als Lehrkraft – nicht nur im Geschichtsunterricht – möglichst vermeiden sollte:

Was man in Gesprächen mit Schülerinnen und Schülern nicht tun sollte

- Monologisieren: zu viel reden, immer das letzte Wort haben wollen
- Dirigieren/Manipulieren: vorschnelle Lösungen anbieten und auf sie hinsteuern
- Vereinnahmen: Schüleräußerungen im gewünschten Sinn einordnen und „kanalisieren"
- Überwältigen: überlegenes Wissen und Sprachkompetenz ausnutzen, um Schülerinnen und Schüler von dem zu überzeugen, was „richtig" ist
- Examinieren: die Lehrerrolle akzentuieren, ständig nachfragen und bewerten
- Gleichheit suggerieren: mit Formulierungen wie „wir wollen jetzt ..." die tatsächliche Kommunikationssituation verschleiern
- auf Ergebnisse fixiert sein: ein Gespräch abbrechen, sobald eine Schüleräußerung der „richtigen Lösung" nahe kommt; Ergebnisse zusammenfassen, die der eigenen Planung, aber nicht dem Gesprächsverlauf entsprechen

(nach Wenzel 1995, S. 246–248)

Etwas anderes als das lehrergelenkte Unterrichtsgespräch ist das offene Gespräch, in dem die Schülerinnen und Schüler sich weitgehend selbstständig über ein historisches Thema austauschen und verständigen. Voraussetzung dafür ist, dass die Sache bereits im Unterricht behandelt worden ist und die Schülerinnen und Schüler über eine ausreichende Kenntnisgrundlage verfügen. Sinn des Gesprächs ist es, dass sie das Thema zusammenfassend reflektieren und zu eigenen Sach- und Werturteilen gelangen. Ausgangspunkt dafür kann eine spontane Schüleräußerung („Ich hätte mich in der Situation ganz anders verhalten") oder ein Impuls der Lehrkraft sein – These, Provokation, Aufforderung zur Meinungsbildung. Diese Gesprächsform ist auch besonders geeignet, wenn es um die Entwicklung einer eigenen Planung oder um den Informationsaustausch innerhalb eines offeneren Unterrichtsvorhabens geht. Im Idealfall sollten die Schülerinnen und Schüler das Gespräch unter sich führen. Das ist in der Regel ungewohnt und erfordert eine bewusste Veränderung der üblichen Rollenverteilung. Die Lehrkraft muss sich zurückhalten und akzeptieren, dass das Gespräch weniger zielgerichtet ist oder eine ganz andere Richtung nimmt, als sie es vorgesehen hat. Die Schülerinnen und Schüler müssen aus ihrer rezeptiven Rolle heraustreten. Adressat ihrer Äußerung sollte nicht die Lehrkraft, sondern sollten die Mitschüler sein. Nur wenn man mit seinen Äußerungen aufeinander Bezug nimmt, Argumente austauscht, Gemeinsamkeiten und Unterschiede konstatiert, entsteht eine gemeinsame Denkbewegung, die den Erfolg eines solchen Gesprächs ausmacht.

Freilich sind die Anforderungen dafür hoch und sie zu bewältigen fällt auch Erwachsenen nicht leicht: Neben der Inhaltsebene gilt es auch die Beziehungsebene („Ich finde, du gehst da zu sehr von der heutigen Situation aus") und die Verlaufsebene („Ich will mal versuchen zusammenzufassen") im Blick zu behalten. Solche Gespräche bedürfen deshalb der Übung und zunächst wird es ohne Hilfestellung der Lehrkraft (Impulse, Zusammenfassungen, Zeitmanagement) nicht abgehen. Der Lernerfolg für die Schülerinnen und Schüler liegt dann aber nicht nur im inhaltlichen Bereich, sondern im Gewinn einer allgemeinen formalen Kompetenz: „Gesprächskultur" erwerben heißt, eigene Gedanken sachadäquat und adressatengerecht zu formulieren, anderen zuzuhören, auf sie einzugehen, sie beim Reden anzuschauen etc.

Eine strengere, stärker formalisierte, inhalts- und ergebnisorientierte Form des Gesprächs ist die Diskussion. Hier kommt es (noch) mehr auf argumentative Disziplin an: Bezug auf Äußerungen anderer, inhaltliche Zielrichtung, sprachliche Konzentration. Diskussionen sollten zwar mit dem Ziel geführt werden, zu einem gemeinsamen Ergebnis zu kommen. Dies muss aber nicht inhaltliche Übereinstimmung bedeuten; am Ende kann auch ein begründeter Dissens stehen. Eine Diskussion kann mit oder ohne Diskussionsleitung geführt werden. Wenn eine Schülerin oder ein Schüler die Diskussionsleitung übernimmt, kommen besondere Aufgaben auf sie oder ihn zu: Worterteilung, Impulsgebung, Rückfrage, Wiederholung, Zusammenfassung. Auch das ist eine Kompetenz, die der Übung bedarf.

Grundregeln für „offene" Gespräche über Geschichte

- „Die Themenwahl berücksichtigt mögliche Anknüpfungspunkte für die SchülerInnen, so dass das Thema Spannung und ‚Pfiff' enthält und zu unterschiedlichen Perspektiven, Bewertungen, Entscheidungen etc. herausfordert.
- Möglichst sparsame LehrerInnenimpulse regen Diversifikation [von Stellungnahmen und Urteilen] an und signalisieren den SchülerInnen, dass ihre persönliche Meinung gefragt ist.
- Die Gesprächsführung aktiviert vor allem eine rege und aufeinander ausgerichtete SchülerInnenbeteiligung, überlässt den Lernenden bei wachsender Kompetenz zunehmend Verantwortung für das Gespräch, bleibt ‚offen' auch für unerwartete Gesprächsrichtungen und ermöglicht eine vertrauensvolle Atmosphäre.
- Die Sitzordnung ist so organisiert, dass jeder mit jedem ohne Mühe verbal und nonverbal kommunizieren kann (was am besten im Stuhlkreis zu verwirklichen ist).
- Die LehrerInnenhaltung ist eine, die nicht schon vorher alles besser weiß und belehren will, sondern eine, die sich in authentischer Kommunikation äußert, den Austausch sucht, Fragen hat und sich fragen lässt.
- ‚Offene' Gespräche sind prozess- und nicht ergebnisorientiert. Sie wirken beziehungsstiftend im Hinblick auf den (historisch-politischen) Stoff, die eigene Person sowie die Gesprächspartnerinnen."

(Wenzel 1992, S. 37; genauere Hinweise in Wenzel 1995, S. 203–247)

Weiterführende Literatur

Adamski, Peter, Gruppen- und Partnerarbeit im Geschichtsunterricht. Historisches Lernen kooperativ, Schwalbach/Ts. 2010.

Grell, Monika und Jochen, Erklären und Lehrervortrag, in: Dies. (Hrsg.): Unterrichtsrezepte. Weinheim/Basel 12., neu ausgestattete Aufl. 2010, S. 199–231.

Gudjons, Herbert, Frontalunterricht – neu entdeckt. Integration in offene Unterrichtsformen, Bad Heilbrunn 2. durchgesehene Auflage 2007.

Günther-Arndt, Hilke, Vortragen, in: Dies. (Hrsg.), Geschichts-Methodik. Handbuch für die Sekundarstufe I und II, Berlin 3. Aufl. 2010, S. 206–218.

Meyer, Hilbert, Unterrichtsmethoden, Bd. 2, Berlin 13. Aufl. 2010, S. 280–299.

Petersen, Jörg/Sommer, Hartmut, Die Lehrerfrage im Unterricht. Ein praxisorientiertes Studien- und Arbeitsbuch mit Lernsoftware, Donauwörth 1999.

Unruh, Thomas, Unterrichtsgespräche professionell leiten, in: Pädagogik 54, 2002, H. 12, S. 14f.

Wenzel, Birgit, Gesprächssituationen im Geschichtsunterricht, in: Geschichte lernen H. 28 (1992), S. 32–37. Wiederabdruck in: Geschichte lernen Sammelband: Geschichte lehren und lernen, Seelze 1997, S. 18–23.

Wenzel, Birgit, Gespräche über Geschichte. Bedingungen und Strukturen fruchtbarer Kommunikation im Unterricht, Rheinfelden/Berlin 1995.

Wenzel, Birgit, Gesprächsformen, in: Mayer, Ulrich/Pandel, Hans-Jürgen/Schneider, Gerhard (Hrsg.), Handbuch Methoden im Geschichtsunterricht, Schwalbach/Ts. 3. Aufl. 2011, S. 289–307.

Wenzel, Birgit, Historisches Wissen kommunizieren, in: Günther-Arndt, Hilke (Hrsg.), Geschichts-Methodik. Handbuch für die Sekundarstufe I und II, Berlin 3. Aufl. 2010, S. 191–204.

4.3.6 Geschichte erzählen

Vom 19. Jahrhundert bis in die Sechzigerjahre des 20. Jahrhunderts war die Geschichtserzählung – jedenfalls im Unterricht der Volks- und Hauptschule – die dominierende Form schulischer Geschichtsvermittlung. Der Begriff ist hier in einem engen Sinne verstanden: Gemeint ist die in sich geschlossene, gleichsam literarisch komponierte, fiktionale Erzählung, die die Lehrkraft im Unterricht vorträgt. Dabei kann es sich um vorgefertigte, aber auch um selbstentworfene Geschichten handeln. In den Methodiken des Faches wurden die Gestaltungsrezepte dafür propagiert: „dramatisiere", „personifiziere", „motiviere", „lokalisiere", „kostümiere" lauteten die Grundregeln. Die Geschichtserzählung sollte mit diesen Mitteln vergangenes Geschehen anschaulich und konkret werden lassen.

Im Laufe der 1970er-Jahre nahm dann die Kritik an der Geschichtserzählung immer stärker zu und hat sie auf Dauer – soweit man hinter die Klassentüren schauen kann – weitgehend zum Verschwinden gebracht; an ihre Stelle ist die Quellenarbeit getreten. An der Geschichtserzählung wurde vor allem Folgendes moniert:

▶ Dramatisches Ausfabulieren werde wichtiger genommen als historische Triftigkeit.
▶ Die Geschichtserzählung personalisiere Geschichte in unzulässiger Weise (vgl. Kap. 4.2.3 Personalisierung und Personifizierung).
▶ Sie überwältige die Schülerinnen und Schüler emotional durch die verwendeten literarischen und rhetorischen Mittel.
▶ Sie suggeriere Eindeutigkeit und Gewissheit durch Ereignisorientierung und geschlossene Erzählverläufe.
▶ In der Geschichtserzählung trete ein harmonisierendes Geschichtsbild in Erscheinung, Konfliktthemen blieben ausgeklammert.

Diese Vorwürfe waren gewiss insoweit berechtigt, als sie die üblicherweise praktizierte Form der Geschichtserzählung trafen. Als Argumente gegen das Erzählen von Geschichte schlechthin sind sie freilich kaum zutreffend. Geradezu in einer gegenläufigen Bewegung sind erzählerische, vor allem fiktive Darstellungsformen in den letzten zwei Jahrzehnten verstärkt in Mode gekommen. Historische Filme und Romane erfreuen sich größten Interesses beim Publikum. Oft bringen erst solche Darstellungen den Rezipienten historische Themen zu Bewusstsein oder machen sie gar, wie die Filme „Holocaust" und „Schindlers Liste", zum Gegenstand öffentlicher Debatte. Diese Beliebtheit gilt auch für die historische Jugendliteratur – noch nie war dort das Angebot so groß wie heute. Auch in wissenschaftlichen Darstellungen sind nach der Dominanz der analytischen, vorwiegend strukturgeschichtlichen Zugangsweise eher erzählende Darstellungsweisen wiederentdeckt worden.

Und in der Tat gibt es auch gewichtige Argumente für eine erzählerische Vermittlung von Geschichte. Das hat u. a. mit den Eigentümlichkeiten des Faches zu

4 Lehren und Lernen – Prinzipien und Methoden

tun. Die Entwicklung von Vorstellungen, die Imaginationsfähigkeit, ist hier besonders wichtig. Schülerinnen und Schüler können im Fach Geschichte keine Erfahrungen aus erster Hand und mit eigenen Sinnen machen. Lediglich Überreste lassen sich aufsuchen. Geschichte als Ansammlung von Vorstellungen und als Sinnzusammenhang aber existiert nur in den Schülerköpfen selber. Über die psychischen Mechanismen ihrer Ausbildung wissen wir nichts Genaues. Sicher vermögen aber literarische Texte hier wichtige Anstöße zu geben. Denn sie lassen vor dem inneren Auge von Leserinnen und Lesern Vorstellungswelten entstehen, in denen sie historische Ereignisse und Lebenssituationen miterleben, am Denken und Fühlen der Menschen unmittelbar teilhaben und emotionale Beziehungen zu ihnen aufbauen.

Für eine erzählerische Vermittlung von Geschichte spricht deshalb:
- Erzählungen können dazu beitragen, dass Schülerinnen und Schüler Vorstellungsbilder von Geschichte entwickeln; das gehört mit zur Ausbildung des Geschichtsbewusstseins. Quellen und Schulbuchtexte eignen sich dafür weniger, weil dort meist nur partielle Gesichtspunkte unter einer vorwiegend analytischen Herangehensweise zur Geltung kommen.
- Emotionen und Affekte sind im Geschichtsunterricht wiederentdeckt worden. Anteilnahme, Betroffenheit oder Identifikation sind Voraussetzungen für eine wirklich intensive Beschäftigung mit der Vergangenheit. Sie können durch Konkretisierung, Dramatisierung, Individualisierung und Spannung hervorgerufen werden. Einer analytischen Verfahrensweise steht das nicht im Wege.
- Gerade im Bereich der Alltags-, Kultur- und Mentalitätsgeschichte ist die Überlieferungslage oft schlecht. Einfache Menschen haben zumeist wenig an Zeugnissen hinterlassen. Erzählungen können helfen, den „Blick von unten" stärker zur Geltung zu bringen.
- Auch wo wegen des Alters der Schülerinnen und Schüler die Arbeit mit Quellen Probleme bereitet, kann man auf Erzählungen zurückgreifen.

Allerdings ist das kein Plädoyer für eine Renaissance der Geschichtserzählung alter Art. Eine gute Geschichtserzählung muss heute anderen Kriterien genügen als vor fünfzig oder sechzig Jahren. Das Wichtigste ist, dass sie historisch triftig und plausibel ist. Sie muss, trotz aller fiktiven Ausgestaltung, dem entsprechen, was wir an wissenschaftlichen Erkenntnissen über die Sache besitzen. Das gilt für den historischen Rahmen, den Ort, die Zeit, die Figurentypen. Handlungs-, Denk- und Sprechweisen sollten möglichst genau getroffen werden – bloße historische Kulisse reicht dafür nicht aus. Nur so können sich adäquate historische Vorstellungen bei Schülerinnen und Schülern bilden. Der zweite Punkt: Die Anforderungen an die Erzählweise haben sich geändert. Es geht gerade nicht mehr um größtmögliche Suggestion, rhetorischen Aufwand und triviale Effekte, auch nicht um plakative Belehrungen und um Moralisieren. Stattdessen sollte die Darstellungsweise offener und reflektierender sein: Sie sollte Multiperspektivität ins Spiel bringen, keine gradlinigen Helden- und Identifikationsgestalten, sondern „gebrochene" Figuren präsentieren, Distanzierungen erlauben, Situationen und Motive in ihrer Komplexität beschreiben, Erzählperspektiven differenzieren (eher personaler als auktorialer Erzählstil).

Eine Gebrauchsanleitung zum Verfassen einer Geschichtserzählung

- „Personifiziere notfalls soziale Gruppen, aber personalisiere nie im Sinne übermächtiger Gestalten!
- Dramatisiere Entscheidungssituationen, aber benutze Unterhaltungen und Streitgespräche nicht zur äußeren Belebung, sondern um Konflikte und Konfliktbewältigungen vorzuführen!
- Modernisiere und analogisiere vorsichtig zur Erfahrungswelt der Schüler, aber aktualisiere nicht oberflächlich, schreibe keine reißerischen Zeitungsberichte und lass keine (auch unbewussten) fehlerhaften Übertragungen auf die Gegenwart zu!
- Motiviere sorgfältig das menschliche Handeln, aber lass das Zweifelhafte offen und fälsche nicht Unbelegtes und Unbeweisbares zu einer Story zusammen!
- Dynamisiere und konturiere Zustände zu Vorgängen und Vorgänge zu ‚Geschichten', aber verfälsche nicht historische Strukturen zu Abenteuer und ‚Aktion'. Opfere historische Wahrheiten und sozialwissenschaftliche Lernziele nicht der Schönheit der künstlerischen Gestaltung, dem Stil!
- Lokalisiere, kostümiere und detailliere, aber verliere dich nicht in Kleinigkeiten, Anekdoten und Modetorheiten und mache den exemplarischen Charakter des Einzelfalles bewusst! (...)
- Suggeriere nicht, appelliere nicht an Emotionen, sei nicht tendenziös, mache die Beurteilung zur Aufgabe, nicht zur Selbstverständlichkeit!
- Kontrastiere, stelle Positionen gegenüber, lass Tatsachen, Standpunkte, Interessengegensätze, Werturteile begründen und bezweifeln, lass Entscheidungssituationen offen und Kontroversen austragen!"

(von Borries 1988, S. 47)

Beispiel für eine Geschichtserzählung: „Ein Fall von ‚Marendorf' 1631"

„Marendorf, 13. März 1631:
Abends klopft es bei Familie Harms an der Haustür. Die Magd öffnet. Vor ihr steht ein altes Mütterchen, schäbig angezogen, mit vielen Runzeln im Gesicht: ‚Ich habe solchen Hunger. Habt ihr etwas zu essen für mich?' Die Magd öffnet die Tür. Sie weiß, daß die Alte in einer kleinen Hütte am Waldrand wohnt und etwas wunderlich ist. Die Alte wird in die Küche geführt und bekommt einen großen Teller Brei. Die Magd geht nach draußen zur Bäuerin und flüstert aufgeregt: ‚Da drinnen in der Küche sitzt die Alte, die am Waldrand wohnt. Sie hat ganz stechende Augen, außerdem riecht sie so komisch. Ich habe Angst vor ihr!' Die Bäuerin guckt erschreckt, beide schleichen in die Küche. Sie sehen durch den geöffneten Türspalt, wie die Alte gierig den Brei herunterschlingt. Die Bäuerin sagt leise zu der Magd: ‚Das ist bestimmt eine Hexe. Wie die schon aussieht! Hoffentlich verzaubert die nichts auf unserem Hof. Sie ist mir unheimlich!' Die Magd geht in die Küche und führt die Alte schnell hinaus. Diese bedankt sich: ‚Ihr habt ein gutes Herz. Vielen Dank!'
14. März: Auf dem Bauernhof geht alles seinen gewohnten Gang. Ein Kalb soll geboren werden. Der Bauer hilft der Kuh bei der schweren Geburt. Aber das Kälbchen ist tot. Der Bauer rennt wehklagend aus dem Stall und ruft verzweifelt: ‚Ein Unglück ist geschehen! Jemand muß meine Kuh verhext haben, sie hat ein totes Kalb geboren!'
15. März: Bauer Harms arbeitet auf dem Heuboden. Er rutscht mit dem rechten Fuß aus und fällt kopfüber vom Heuboden auf die Erde. Er stöhnt: ‚Au, mein Fuß, mein Fuß! Ich bin ja wohl vom Pech verfolgt. Erst das tote Kalb, jetzt mein verletzter Fuß. Es ist ja wie verhext!' Bei dem letzten Wort gucken Magd und Bäuerin, die schnell hinzugekommen sind, sich mit großen Augen an. Wie aus einem Munde rufen sie: ‚Die Alte vom Waldrand, die war es. Die hat unseren Hof verhext!' Der Bauer sagt ärgerlich: ‚Sie muß festgenommen werden. Sie ist bestimmt eine Hexe!'
Am Abend des gleichen Tages wird die Alte in ihrer Hütte von zwei Gendarmen festgenommen: ‚Komm mit, du alte Hexe. Du wirst deiner gerechten Strafe nicht entgehen!' Die alte Frau ruft verzweifelt: ‚Aber ich habe doch niemandem etwas getan!' Es nützt nichts. Sie wird zum Kriminalgericht gebracht.
16. März: Das Verhör beginnt. Der Richter fragt sie: ‚Gestehe, hast du die Kuh des Bauern Harms verhext? Hast du dafür gesorgt, daß er vom Heuboden fällt?' Die alte Frau antwortet traurig: ‚Nein, nein, ich bin keine Hexe. Ich habe damit nichts zu tun. So, wirklich nicht? Das wollen wir mal sehen!' Der Richter führt sie in die Folterkammer …
Nach einiger Zeit wird sie wieder gefragt: ‚Na, kannst du dich jetzt besser erinnern?' Die alte Frau kann kaum sprechen, sie antwortet leise: ‚Ja, ich gebe alles zu. Ich habe mit einem Zauberspruch die Kuh verhext und dafür gesorgt, dass der Bauer Harms vom Heuboden fällt.' Der Richter fragt: ‚Gestehe, wen hast du noch verhext? Hast du vielleicht jemandem Gift gegeben, so daß er sterben musste?' Die Alte schüttelt den Kopf. Sie wird erneut in die Folterkammer geführt …

> Als sie wieder herauskommt, fragt der Richter: ‚So, ist es dir jetzt eingefallen?' Sie antwortet mit großer Mühe: ‚Ja, ich habe dem Bauern Schmidt Gift in sein Bier gestreut. Zwei Wochen später ist er gestorben.' ‚Als richtige Hexe bist du ja auch nachts zum Hexentreffen, genannt ‚Hexensabbat', geflogen. Welche Hexen hast du dort gesehen? Nenne mir die Namen!' Der Richter wartet gespannt. Die Alte jammert: ‚Ich weiß nicht …!' Der Richter meint: ‚Gut, du hast eine Nacht Zeit zum Überlegen.'
> 17. März: Nach der dritten Folter berichtet die alte Frau vom Hexentanz: ‚Wir sind mit unseren Besen zum Kreideberg hingeflogen. Wir sind alle um den Teufel herumgetanzt. Ich habe genau gesehen, wie Else Ahlers den Teufel geküsst hat und wie Almut Meier ihn gestreichelt hat!' Der Richter meint grimmig: ‚Na also, du kannst dich gut erinnern, wenn man erst mal etwas nachhilft! Und was Else Ahlers und Almut Meier angeht, die erwischen wir auch noch.' Er räuspert sich: ‚Du hast also zugegeben, eine Hexe zu sein. Übermorgen, am 19. März, wirst du auf dem Marktplatz öffentlich verbrannt!' Die alte Frau bricht zusammen. Sie wird hinausgeführt …"
>
> (Geschichtserzählung über einen Fall von Hexenverfolgung, verfasst von vier Studentinnen [aus von Borries 1988, S. 49]. Der Begriff „Gendarm" ist anachronistisch, eine separate Küche wird es in einem Bauernhaus damals nicht gegeben haben und die Prozessdauer von sechs Tagen ist sicher zu knapp angesetzt.)

Freilich kann es bei der Geschichtserzählung – und das gilt auch für die historische Kinder- und Jugendliteratur – mit den Anleihen von der modernen Literatur nicht allzu weit gehen. In ihren Darstellungsmitteln wie in ihren Erfahrungs-, Identifikations- und Deutungsangeboten muss sie den Bezug zu ihren Adressaten wahren und deren Wahrnehmungs- und Reflexionshorizonte berücksichtigen. Experimentelles Schreiben, postmoderne Selbstauflösung des literarischen Werkes sind hier fehl am Platz.

Diesen neuen Anforderungen kann eine von der Lehrkraft selber entworfene Erzählung heute wohl nur noch recht selten genügen. Ohnehin ist der Typus des Geschichtslehrers, der tatsächlich im alten Sinne Geschichten vortragen konnte, inzwischen ausgestorben, die Tradition dieser Fertigkeit abgerissen. Deshalb wird heute die Lehrkraft, wenn sie mit Erzählungen arbeiten will, auf die Romanliteratur für Kinder und Jugendliche zurückgreifen oder sich der einschlägigen Sammlungen bedienen, die mittlerweile wieder auf dem Markt sind. Die in diesen Zusammenstellungen abgedruckten Geschichten sind bereits für den Einsatz innerhalb einer Unterrichtsstunde konzipiert. Solche Texte müssen auch nicht unbedingt von der Lehrkraft vorgetragen, sondern können auch von den Schülerinnen und Schülern selber gelesen (oder vorgelesen) werden. Dass freilich – zumindest in den unteren Klassenstufen – das Vorlesen einen besonderen Reiz hat, weiß jeder, der mit seinen eigenen Kindern das Ritual der Gutenachtgeschichte pflegt. Man sollte deshalb keine übertriebene Angst davor haben, dass die

Schülerinnen und Schüler das Vorlesen als unmodern oder unpassend ablehnen. Wichtig ist ein sinngestaltendes Vorlesen mit Mut zum Ausdruck – auch das ist freilich eine Kunst, die in der Lehrerbildung heute nicht geübt und außerhalb der Grundschule kaum praktiziert wird. Aufgesetzte Schauspielerei ist jedoch ebenso wenig am Platz wie eintöniges Geleiere.

Wichtiger noch als die Qualität des Vortrags ist die Art der Aufbereitung. Mit bloßer passiver Rezeption der Schülerinnen und Schüler ist es nicht getan; Erzählungen müssen besprochen und bearbeitet werden. Wie das geschieht, hängt von der Funktion ab, die die Erzählung im Unterrichtsablauf hat. In den meisten Fällen wird sie dazu dienen, zu Beginn des Unterrichts auf ein Thema „einzustimmen" oder im Anschluss an eine detailliertere Erarbeitung ein weiter gefasstes Szenario einer Situation zu entfalten. Steht sie am Beginn, so geht es darum, aus dem Text heraus Gesichtspunkte für eine Erarbeitung zu entwickeln. Dementsprechend sollte die Erzählung zum Nachdenken anregen, Fragen aufwerfen, Stellungnahmen provozieren. Steht sie am Ende, können Schülerinnen und Schüler die Kenntnisse, die sie bereits erworben haben, auf den Text beziehen: analytisch, indem sie seine historische Triftigkeit prüfen; handlungsorientiert, indem sie ihn überarbeiten, weiterführen, aus anderer Perspektive umschreiben etc. (vgl. dazu genauer Kap. 5.2.6; sowohl den kritischen wie den produktiven Umgang mit einer Geschichtserzählung thematisiert der Unterrichtsbeitrag von Mögenburg 2002). Schülerinnen und Schüler können sich sogar daran versuchen, selber eine Erzählung aus einem Quellentext heraus zu entwickeln oder frei zu schreiben. Je nach Länge und Komplexität müssen sie dafür erst eine Art „Drehbuch" entwerfen, sich die historische Ausgangssituation, das Szenario, die Figurencharakteristik und das Handlungsschema zurechtlegen (vgl. als Unterrichtsvorschlag Hammer 1991). So ausgewählt und gehandhabt, kann das Erzählen von Geschichte durchaus auch heute noch (oder wieder) eine Methode bzw. ein Medium des Geschichtsunterrichts neben vielen anderen sein.

Weiterführende Literatur

Borries, Bodo von, Erzählte Hexenverfolgung. Über legitime und praktikable Medien für die 5. bis 8. Klasse, in: Geschichte lernen H. 2 (1988), S. 27–49.
Hasberg, Wolfgang, Klio im Geschichtsunterricht. Neue Chancen für die Geschichtserzählung im Unterricht?, in: GWU 48, 1997, H. 12, S. 708–726.
Rohlfes, Joachim, Geschichtserzählung (Stichworte zur Geschichtsdidaktik), in: GWU 48, 1997, H. 12, S. 736–743.
Rox-Helmer, Monika, Jugendbücher im Geschichtsunterricht, Schwalbach/Ts. 2006.
Schörken, Rolf, Historische Imagination und Geschichtsdidaktik, Paderborn u. a. 1994.
Schörken, Rolf, Begegnungen mit Geschichte. Vom außerwissenschaftlichen Umgang mit der Historie in Literatur und Medien, Stuttgart 1995.
Schörken, Rolf, Das Aufbrechen narrativer Harmonie. Für eine Erneuerung des Erzählens mit Augenmaß, in: GWU 48, 1997, H. 12, S. 727–735.
Schütze, Friedhelm, Geschichte anders lehren? Ein Beitrag zur Diskussion um Narrativität im Geschichtsunterricht, in: GWU 52, 2001, H. 12, S. 720–731.

Stephan-Kühn, Freya, Schlüsselgeschichten, in: Geschichte, Politik und ihre Didaktik 22, 1994, H. 1/2, S. 82–86.
Willerich-Tocha, Margarete, Geschichte erzählen – Geschichte erfahren. Interdisziplinäre didaktische Überlegungen zum Thema Holocaust und Drittes Reich in der Literatur, in: GWU 52, 2001, H. 12, S. 732–753.

Unterrichtsvorschläge

Borries, Bodo von, Erzählte Hexenverfolgung. Über legitime und praktikable Medien für die 5. bis 8. Klasse, in: Geschichte lernen H. 2 (1988), S. 27–49.
Hammer, Wolfgang, Der treue Schneider. Literarisierung von Geschichte, in: Praxis Geschichte H. 6/1991, S. 14–16.
Mögenburg, Harm, Alltag einer Magd. Eine Annäherung über Geschichtserzählungen, in: Geschichte lernen H. 88 (2002), S. 38–43.

Textsammlungen

Adelmaier, Werner/Filser, Karl/Hasberg, Wolfgang/Wandl, Michael, Geschichte(n) erzählen, 15 Bde., Wien: ÖBV 1997–2005 (auch über Klett beziehbar).
Erzählte Geschichte(n), 2 Bde. Begründet von Herbert Mühlstädt, neu bearbeitet von Bernd Hildenbrand, Berlin: Volk und Wissen 2003/2005.
Fricke-Finkelnburg, Renate (Hrsg.), Lesehefte Welt- und Umweltkunde. Geschichte, 8 Bde., Stuttgart: Klett 1984–1991.
Fricke-Finkelnburg, Renate (Hrsg.), Lesehefte Welt- und Umweltkunde, 8 Bde., Stuttgart: Klett 1994–2001.
Grünauer, Karl-Heinz, Geschichten aus der Geschichte, Puchheim/München: pb-Verlag 1995.
Jander, Eckhard, Geschichten zur Geschichte, 2 Bde., Frankfurt a. M.: Diesterweg 1995/1999.
Kronenberg, Martin (Hrsg.), Geschichte und Abenteuer, 5 Bde., Bamberg: Buchner 1993–96.
Lesebuch Geschichte. Texte aus Jugendbüchern für den fächerübergreifenden Unterricht, Berlin 1996, Nachdruck 2004.
Mai, Manfred (Hrsg.), Lesebuch zur deutschen Geschichte, Weinheim/Basel: Beltz 2001.
Parigger, Harald, Geschichte erzählt. Von der Antike bis zum 20. Jahrhundert, Frankfurt a. M.: Cornelsen Skriptor 3. Aufl. 2004.
Stephan-Kühn, Freya, Was in den Höhlen begann, Würzburg: Arena 1992.
Zimmermann, Martin, Weltgeschichte in Geschichten. Streifzüge von den Anfängen bis zur Gegenwart, Würzburg: Arena 4. Aufl. 2010 (als Tonaufnahme München: audio media 2009, 6 CD).

Auszüge aus Jugendliteratur mit Arbeitsaufträgen werden regelmäßig in „Geschichte lernen" als „Unterrichtstipp" angeboten.

4.3.7 Stationenlernen oder Lernzirkel

Die Überschrift zeigt: Diese Unterrichtsform ist unter verschiedenen Begriffen bekannt. Sie geht zurück auf die Reformpädagogik. Das Konzept: Ein Unterrichtsthema wird in einzelne Teilbereiche untergliedert. Zu jedem Bereich bereitet die Lehrkraft eine Lernstation vor. Dabei kann zwischen Pflicht- und Wahlstationen, Grund- und Ergänzungsthemen differenziert werden. Die Lehrkraft stellt geeignete Lernmaterialien zusammen. Die Schülerinnen und Schüler bearbeiten diese der Reihe nach unter vorgegebenen, schriftlich formulierten Anweisungen selbstständig in Gruppen-, Partner- oder Einzelarbeit. Sie halten selber die Ergebnisse fest bzw. übernehmen die Lernkontrolle. Wer diese Arbeitsweise von außen betrachtet, wird an das Zirkeltraining beim Sport erinnert – daher die zweite Bezeichnung.

Die Vorzüge dieser Unterrichtsform: Schülerinnen und Schüler lernen, Themen und Materialien (nach gewissen Vorgaben) im Detail selbstständig zu erschließen. Sie können dabei ihr eigenes Lern- und Arbeitstempo wählen. Wenn ein großes Angebot an Stationen vorhanden ist, können besondere Interessenschwerpunkte der Schülerinnen und Schüler zur Geltung kommen. Stationenarbeit bewirkt also eine Individualisierung des Unterrichts. Verschiedene Stationen mit unterschiedlichen Teilthemen, Materialien und ggf. verschiedenartigen methodischen Verfahren bieten Abwechslung und motivieren. Aufgabe der Lehrkraft ist vor allem die Vorbereitung der Stationen – um offenen Unterricht im engeren Sinne handelt es sich also nicht. Während der Arbeit steht sie für Rückfragen zur Verfügung oder gibt dort Hilfestellung, wo Probleme auftauchen, ansonsten beschränkt sie sich auf die Rolle des Beobachters. Eine sehr anspruchsvolle Variante der Stationenarbeit ist es, wenn Schülerinnen und Schüler selber Stationen konzipieren, Materialien zusammentragen und für die Bearbeitung durch andere aufbereiten.

Beispiel für einen Überblicksplan: Leben in der Steinzeit

Themen und Stationen	Pflichtstation: Grundthema	Wahlstation: Ergänzungsthema	Materialien/Medien/ Aufgaben	Sozialform	Schwierigkeitsgrad	ungefährer Zeitbedarf
Herkunft des Menschen		X	– „Steckbriefe" verschiedener Hominidenarten ordnen	Partnerarbeit	mittel	10 Min.
Bauen und Wohnen	X		– Arbeitsblätter: Fundskizzen und Behausungsformen zuordnen – Bilder: Entwicklung des Wohnens (Längsschnitt)	Einzelarbeit	einfach	15 Min.
Steinbearbeitung und Werkzeugherstellung	X		– verschiedene Faustkeile und Abschläge – Experiment: aus einer rohen Kartoffel einen Faustkeil herstellen	Partnerarbeit	mittel	25 Min.

Jagd und Ernährung	X		– Auswertung eines Erzähltextes: Aufgaben von Frauen und Männern – Zeitungsbericht über Sammlerinnen und Jäger heute – Abbildungen von Geräten	Einzelarbeit	einfach	45 Min.
Aufbewahrung: Töpfern und Flechten	X		– Gefäße-Test: Was kann man worin aufbewahren? – Keramikpuzzle – Herstellung eines Tongefäßes (ohne Brennen)	Partnerarbeit	mittel	45 Min.
Fundbeispiel: Ötzi und seine Welt		X	– Jugendbücher – Interneterkundung – Arbeitsblatt: Ötzis Ausrüstung – archäologische Arbeitsschritte: von der Entdeckung zur Deutung	Gruppenarbeit	schwer	45 Min.
Altsteinzeit und Jungsteinzeit im Vergleich	X		– zwei Rekonstruktionszeichnungen vergleichen – ein Quiz ausarbeiten	Gruppenarbeit	schwer	45 Min.

Bei der Planung geht es zunächst um das Thema und die Materialien. Nicht jedes historische Thema kommt für Stationenarbeit infrage. Es muss sich in einigermaßen abgeschlossene Unterthemen aufteilen lassen, die jedes für sich, ohne eine bestimmte Abfolge, bearbeitet werden können. Gut geeignet sind umfassendere Zeit- und Lebensbilder mit alltagsgeschichtlichen Aspekten: Leben in der Steinzeit (vgl. das Beispiel oben), im alten Athen, im alten Rom, im Mittelalter etc. Die Materialien sollten vielseitig und anregend sein: also nicht lauter Textquellen oder Darstellungstexte, sondern auch Sachquellen, Bilder, Spiele, Arbeitsblätter, Jugendsachbücher, Computer (Internet, CD-ROMs), Material zum Herstellen von Modellen u. Ä. Das lässt sich nicht von heute auf morgen zusammenstellen. Wenn man Stationenlernen plant, sollte man früh genug mit dem Sammeln beginnen bzw. auf schon gehortete Schätze zurückgreifen können; das gilt insbesondere für Materialien, die – wie z. B. Sachquellen – zumeist schwieriger zu beschaffen sind.

Auch eine Reihe formaler Fragen ist bei der Planung zu bedenken:
- Wie viele Lernstationen sollen eingerichtet werden? Das hängt vom Thema, aber natürlich auch von der Zahl der Schülerinnen und Schüler ab. Zu viele Schülerinnen und Schüler an einer Station können sich gegenseitig an der Arbeit hindern. Im Zweifelsfall freilich sind weniger und besser ausgestattete Stationen ertragreicher als mehr, die aber kaum Anreize bieten. Gegebenenfalls muss man wichtige Stationen doppelt anbieten.
- In welcher Sozialform sollen die Schülerinnen und Schüler arbeiten?
- Wie viel Zeit muss für die einzelnen Stationen eingeplant werden?
- Wie sollen die Arbeitsergebnisse festgehalten werden?

Grundlegend für eine ertragreiche Arbeit ist eine klare Aufgabenstellung für die Schülerinnen und Schüler. Erst einmal muss ihnen klar sein, was es mit dem Stationenlernen auf sich hat und wie sie vorgehen sollen (Auswahl, Abfolge, Zeitrahmen, Sozialform). Zur Orientierung kann die Lehrkraft einen Übersichtsplan erstellen. Hilfreich ist es auch, die einzelnen Stationen und die Arbeitsunterlagen farblich oder mit bestimmten Symbolen zu markieren.

Besonders wichtig ist die Formulierung der Arbeitsanweisungen zu den Materialien. Sie müssen möglichst präzise und verständlich sein, damit die Schülerinnen und Schüler weitgehend ohne Rückfragen auskommen. Die Aufgaben sollten unterschiedliche Schwierigkeitsgrade haben und unterschiedliche Arbeitsmethoden berücksichtigen, die jeweils den Materialien angepasst sind. Zentral ist, dass die Schülerinnen und Schüler zu handlungsorientiertem Lernen angeregt werden (vgl. zur Formulierung von Arbeitsaufträgen Kap. 4.3.4).

Stationenarbeit kann im Unterricht in verschiedenen Phasen und Funktionen eingesetzt werden. Sie kann z. B. als Einstieg in ein Projekt dienen. Die Materialien müssen dafür erste Informationen vermitteln, Neugier wecken, Fragen aufwerfen. Daraus kann dann der Arbeitsplan für das Projekt entstehen (vgl. Kap. 4.3.8). Auch zum Üben und Wiederholen eignet sich Stationenlernen. Entsprechende Materialien sind Rätsel oder Lernspiele, deren Lösung die Schülerinnen und Schüler selber überprüfen. In der Regel aber wird man diese doch recht aufwendige Unterrichtsform zur Erarbeitung eines Themas einsetzen; hier können auch die Differenzierungsmöglichkeiten, die sie bietet, am besten genutzt werden.

Stationenarbeit verlangt mehr Vorbereitung und mehr Zeitaufwand als „normaler" Unterricht. Sie lohnt sich, wenn die Lernangebote attraktiv sind und die Schülerinnen und Schüler auf sie eingehen. Motivation, stärkere Vertiefung ins Thema, Entwicklung allgemeiner Lernfähigkeiten sind der Gewinn. Allerdings sind einschlägige Vorschläge und Angebote für das Fach Geschichte noch recht überschaubar. Das liegt unter anderem an dem – schon wiederholt angesprochenen – Problem, dass Geschichte wenig zu bieten hat, was man unmittelbar in die Hand nehmen, mit den Sinnen erfahren kann; Begegnung mit Geschichte findet in der Regel nur vermittelt statt. Und gerade jene Materialien, die Stationenarbeit attraktiv machen können, lassen sich häufig nicht zwischen zwei Buchdeckeln zum Verkauf anbieten. Andere Fächer, aber auch der weniger fachlich ausgerichtete Unterricht der Grundschule haben es mit Stationenarbeit grundsätzlich leichter. Stationenlernen eignet sich allerdings auch gut für fächerübergreifenden Unterricht, denn es ist von sich aus schon auf eine gewisse Aspekthaftigkeit angelegt.

Weiterführende Literatur

Bauer, Roland, Schülergerechtes Arbeiten in der Sekundarstufe I: Lernen an Stationen, Berlin 6. Aufl. 2008.
Gautschi, Peter, Lernen an Stationen, in: Mayer, Ulrich/Pandel, Hans-Jürgen/Schneider, Gerhard (Hrsg.), Handbuch Methoden im Geschichtsunterricht, Schwalbach/Ts. 3. Aufl. 2011, S. 515–531.
Gieth, Hans-Jürgen von der, Lernzirkel. Die ideale Form selbstbestimmten Lernens, Kempen 2010.
Hegele, Irmintraut, Lernziel: Stationenarbeit. Eine neue Form des offenen Unterrichts, Weinheim/Basel 4. Aufl. 1999.
Hegele, Irmintraut, Stationenarbeit. Ein Einstieg in den offenen Unterricht, in: Wiechmann, Jürgen (Hrsg.), Zwölf Unterrichtsmethoden. Vielfalt für die Praxis, Weinheim 3. unveränderte Aufl. 2002, S. 61–76.
Niggli, Alois, Lernarrangements erfolgreich planen. Didaktische Anregungen zur Gestaltung offener Unterrichtsformen, Aarau 2000.
Peschel, Falko, Offener Unterricht – Idee, Realität, Perspektive und ein praxiserprobtes Konzept in der Evaluation, Hohengehren 3. Aufl. 2010.
Schmidt, Anja, Frontalunterricht und Offener Unterricht im Vergleich. Das Thema Steinzeit im 6. Schuljahr, in: GWU 54, 2003, H. 1, S. 4–18.
Windischbauer, Elfriede, Offene Lernformen im Geschichtsunterricht, in: GWU 57, 2006, H. 11, S. 628–649.

Unterrichtsvorschläge

Ahlring, Ingrid, „Lieber Heinrich!" Lernwerkstattarbeiten zum Thema „Industrialisierung", in: Ahlring, Ingrid (Hrsg.), Differenzieren und Individualisieren, Braunschweig 2002, S. 118–123.
Berger, Jutta u.a., Stationentraining Mittelalter. Materialien zum Erstellen eines Lernzirkels, Donauwörth 2011.
Düringer, Katarina, Verstaubte Verse und kitschige Kirchen? Eine Lernwerkstatt zum Thema „Barock" im fachübergreifenden Deutschunterricht der Mittelstufe, in: Ahlring, Ingrid (Hrsg.), Differenzieren und Individualisieren, Braunschweig 2002, S. 124–133.
Gellner, Lars/Müller, Daniela, Geschichte an Stationen. Übungsmaterial zu den Kernthemen des Lehrplans 5/6, 7/8, 9/10, Donauwörth 2009/2010/2011.
Gellner, Lars/Müller, Daniela, Geschichte an Stationen. Übungsmaterial zu den Kernthemen des Lehrplans 9/10, Donauwörth 2011.
Grimm, Sonja/Stähle, Wiebke, Griechenland – Olympiade (Lernen an Stationen in der Sekundarstufe I), Berlin 2003.
Hamann, Sabine, Lernwerkstatt Ägypten, Lichtenau 2003.
Hohmann, Franz, Herrschen mit Hof und Etikette: der Absolutismus. Lernstationen Geschichte – Lernzirkel für die Sekundarstufe I, Bamberg 2008.
Lang, Rosemarie, Stationentraining Griechenland. Materialien zum Erstellen eines Lernzirkels in 15 Stationen, Donauwörth 3. Aufl. 2009.
Michalik, Kerstin, „Ägypten an Stationen". Selbstständiges Lernen im Anfangsunterricht, in: Geschichte lernen H. 82 (2001), S. 36–45.
Praxis Geschichte H. 4/2007: Der absolute Monarch? Lernen an Stationen.

Schwoshuber, Irmgard, Stationentraining Ägypten. Materialien zum Erstellen eines Lernzirkels mit 14 Stationen, Donauwörth 6. Aufl. 2010.
Teuscher, Gerhard, Widerstand im Nationalsozialismus. Konzeption und Evaluation einer Unterrichtseinheit für Lernen an Stationen, Stuttgart 2002.
Tschirner, Martina, Lernstationen als Chancen für Differenzierung. Am Beispiel des Themas „Kindheit und Jugend in der DDR", in: Geschichte lernen H. 131 (2009), S. 48–69.
Wenzel, Birgit, Der Vulkan war ihr Schicksal. Erfahrungen mit fächerübergreifendem Werkstattunterricht, in: Geschichte lernen H. 62 (1993), S. 8–11.
Zinn-Unser, Carina, Spaziergang über den antiken Peloponnes. Lernstationen zur antiken griechischen Kultur, in: Praxis Geschichte H. 3/2008, S. 14–19.

4.3.8 Entdeckendes Lernen und Projektarbeit

„Entdeckendes Lernen" bedeutet, dass Schülerinnen und Schüler ein historisches Thema möglichst selbstständig erarbeiten und zu eigenen Einsichten gelangen: Sie stoßen von sich aus auf Probleme und Fragen, bilden Hypothesen oder formulieren vorläufige Erklärungen, denken über Lösungswege nach, entwickeln einen Arbeitsplan, untersuchen einschlägige Materialien, formulieren und präsentieren ihre Antworten und Ergebnisse. Schülerinnen und Schüler sollen gleichsam forschen wie Wissenschaftler; deshalb ist auch von „forschendem Lernen" die Rede – das akzentuiert noch stärker die Eigenständigkeit des Arbeitsprozesses und der Ergebnisfindung. Es geht nicht nur um die Sache, sondern um den Erwerb methodischer Kompetenz: Sich fragegeleitet und selbstbestimmt in ein unbekanntes Gebiet einzuarbeiten, ist, wie man heute gerne sagt, eine Schlüsselkompetenz über den Bereich eines einzelnen Faches hinaus.

Freilich ist das ein Idealmodell, wie es in der Schule wohl kaum umzusetzen ist. Und längst nicht jedes Thema ist für entdeckendes Lernen geeignet. Im Geschichtsunterricht kommen dafür vor allem Themen aus dem räumlichen und zeitlichen Nahbereich der Schülerinnen und Schüler, aus der jüngeren Lokal- und Regionalgeschichte, infrage: der Ort oder Stadtteil in den Fünfzigerjahren, die Geschichte einer Schule, eines Sport- oder Gesangvereins, eines Denkmals, einer Straße. Solche Themen gehören zum Umfeld und Erfahrungsraum der Schülerinnen und Schüler oder berühren ihn zumindest. Die Sache ist überschaubar und es besteht die Chance, einschlägige Quellen vor Ort zu finden. Allerdings kann es nicht darum gehen, Lokal- und Regionalgeschichte isoliert für sich zu betrachten. Im Gegenteil gilt es zu untersuchen, wie die „große Geschichte" ihren Niederschlag vor Ort gefunden hat: Wurde die Schule in der NS-Zeit umbenannt, erhielt sie einen neuen Leiter, wie „infiziert" waren die Lehrkräfte, welche Schülerinnen und Schüler wurden verwiesen, wie änderte sich der Unterricht? Makro- und Mikrogeschichte aufeinander zu beziehen und miteinander zu verknüpfen, ist das eigentlich Spannende an diesem Zugriff. Und es können dabei Arbeitsmethoden erprobt werden, die bei einer ferner liegenden Geschichte nicht zum Zuge kommen können: Ortstermine zur Besichtigung von Bauten, Erkundungen in Museen und Archiven, Befragungen von Zeitzeugen und Experten.

Irritation und Ratlosigkeit der Schülerinnen und Schüler sind beim entdeckenden Lernen als produktive Faktoren geradezu erwünscht. Zum Beispiel kann die Lehrkraft die Schülerinnen und Schüler mit dem Faksimile einer alten Textquelle oder mit einer unbekannten Sachquelle konfrontieren und sie mit ihren Vermutungen und Fragen allein lassen. Erst dadurch wird der Prozess der eigenständigen Untersuchung in Gang gesetzt. Und auch in dessen Verlauf sind mehr Ungewissheiten als sonst im Unterricht auszuhalten. Denn die Lehrkraft sollte sich mit Äußerungen und Beurteilungen zurückhalten; „falsche" und „richtige" Antworten gibt es erst einmal nicht. Was sinnvoll und zur Erklärung geeignet ist, stellen die Schülerinnen und Schüler selber im Zuge eines länger dauernden Erkenntnisvorgangs fest.

Entdeckendes Lernen ist jedoch kein geschlossenes Konzept, das nur komplett umzusetzen ist. So oft wie möglich sollte es wenigstens in Teilen im Unterricht Berücksichtigung finden. Das bedeutet für Lehrerinnen und Lehrer, dass sie entdeckendes Lernen zulassen und fördern müssen: durch Materialien, die Fragen aufwerfen und eigene Schwerpunktbildungen ermöglichen, durch das Offenhalten verschiedener Lösungswege, durch eigene Zurückhaltung oder gar bewusste „Führungsverweigerung", durch zeitliche Freiräume für außerschulische Aktivitäten. So verstanden, berührt sich entdeckendes Lernen eng mit dem Prinzip der Handlungsorientierung.

Die komplexeste Form, in der entdeckendes Lernen in Erscheinung treten kann, ist das Projekt. Ein Projekt ist ein längeres, aus dem üblichen Unterrichtsrahmen herausfallendes Arbeitsvorhaben, das sich vertiefend einem Thema oder einer Fragestellung widmet. Oft ist es fächerübergreifend, muss es aber nicht sein. Projektwochen sind inzwischen an vielen Schulen üblich geworden.

Die Stationen von Projektarbeit entsprechen im Grunde den idealtypischen Schritten der Unterrichtsarbeit, wie sie schon im Kapitel „Verlaufskonzepte" (vgl. Kap. 4.3.1) aufgeführt wurden – ein Projekt bietet die Chance, dass sie tatsächlich weitgehend selbstständig von den Schülerinnen und Schülern umgesetzt werden:

- Themenfindung
- Fragestellung
- Erstellen eines Arbeitsplans
- Recherche
- Auswertung
- Ergebnis: Projektbericht, Produkt, Präsentation

Damit Schülerinnen und Schüler ihre Arbeitsweise reflektieren, empfiehlt sich die Führung eines Projekttagebuchs, in dem alle Aktivitäten, Erfahrungen und Probleme festgehalten werden. Darauf kann man zum Abschluss zurückgreifen. Die Lehrkraft gibt beim Projektunterricht ihre traditionelle Rolle auf; sie muss aber das Unternehmen gleichsam als Supervisor begleiten, für Hinweise auf Informationen zur Verfügung stehen oder ggf. vor Selbstüberforderungen warnen, auch wenn diese lehrreich sein können.

4 Lehren und Lernen – Prinzipien und Methoden

Besonders aus dem von der Körber-Stiftung ausgerichteten „Geschichtswettbewerb des Bundespräsidenten" sind viele Geschichts-Projekte hervorgegangen. Solche Vorhaben werden oft von allen Beteiligten mit großem Engagement verfolgt. Sie können einen Schub an Motivation, an Selbstständigkeit und methodischer Kompetenz bewirken. Während der Normalunterricht mit der Zeit verwechselbar wird und verblasst, bleiben Projekte oft als „Sternstunden" der Schulzeit in Erinnerung. Entdeckendes Lernen und Projektunterricht sind deshalb aber dem üblichen Unterricht nicht generell vorzuziehen. Denn sie kommen nicht überall infrage, erfordern einen erheblichen Zeitaufwand und sind unter den üblichen Rahmenbedingungen von Schule nicht leicht umzusetzen. Und die Ergebnisse entsprechen längst nicht immer den Erwartungen und Hoffnungen: Projektarbeit kann Schülerinnen und Schüler auch überfordern und entmutigen; oft bleiben die inhaltlichen Erkenntnisse sehr bescheiden. Allerdings müssen die Ergebnisse auch nicht unbedingt öffentlich vorzeigbar sein – im Vordergrund steht der interne Lernprozess. Ein Erfolg liegt schon darin, dass Schülerinnen und Schüler eine Arbeit, die sie sich selbst vorgenommen haben, auch zu Ende führen.

Weiterführende Literatur

Adamski, Peter, Historisches Lernen in Projekten (Basisartikel), in: Geschichte lernen H. 110 (2006), S. 2–9.

Borries, Bodo von, Historische Projektarbeit: „Größenwahn" oder „Königsweg"?, in: Dittmer, Lothar/Siegfried, Detlef (Hrsg.), Spurensucher. Ein Praxisbuch für historische Projektarbeit, Hamburg überarb. u. erw. Neuaufl. 1997, S. 333–350.

Borries, Bodo von, Historische Projektarbeit im Vergleich der Methodenkonzepte. Empirische Befunde und normative Überlegungen, in: Schönemann, Bernd u. a. (Hrsg.), Geschichtsbewußtsein und Methoden historischen Lernens, Weinheim 1998, S. 276–306.

Borries, Bodo von, Wettbewerbe als Herausforderungen zur Projektarbeit. Erfahrungen aus dem Schülerwettbewerb Deutsche Geschichte, in: Neue Sammlung 41, 2001, H. 4, S. 555–585.

Emer, Wolfgang, Projektarbeit, in: Mayer, Ulrich/Pandel, Hans-Jürgen/Schneider, Gerhard (Hrsg.), Handbuch Methoden im Geschichtsunterricht, Schwalbach/Ts. 3. Aufl. 2011, S. 544–559.

Emer, Wolfgang/Horst, Uwe, Das Oberstufen-Kolleg in Bielefeld als Ort historischer Projektarbeit. Ein Erfahrungsbericht, in: GWU 57, 2006, H. 4, S. 247–265.

Geschichte in Wissenschaft und Unterricht 57, 2006, H. 4: Projekte in Schule und Hochschule.

Geschichte lernen H. 110 (2006): Projekte.

Henke-Bockschatz, Gerhard, Entdeckendes Lernen, in: Bergmann, Klaus u. a. (Hrsg.), Handbuch der Geschichtsdidaktik, Seelze 5., überarb. Aufl. 1997, S. 406–410.

Henke-Bockschatz, Gerhard, Forschend-entdeckendes Lernen, in: Mayer, Ulrich/Pandel, Hans-Jürgen/Schneider, Gerhard (Hrsg.), Handbuch Methoden im Geschichtsunterricht, Schwalbach/Ts. 3. Aufl. 2011, S. 15–29.

Hill, Thomas/Pohl, Karl Heinrich (Hrsg.), Projekte in Schule und Hochschule. Das Beispiel Geschichte, Bielefeld 2002.

Lässig, Simone/Pohl, Karl Heinrich (Hrsg.), Projekte im Fach Geschichte. Historisches Forschen und Entdecken in Schule und Hochschule, Schwalbach/Ts. 2007.

Loos, Edeltraut/Schreiber, Waltraud, Entdeckendes und projektorientiertes Lernen, in: Schreiber, Waltraud (Hrsg.), Erste Begegnungen mit Geschichte. Grundlagen historischen Lernens, Bd. 1, Neuried 2., erw. u. überarb. Aufl. 2004, S. 715–742.

Mayer, Ulrich, Projektunterricht – der Königweg des zukünftigen Geschichtsunterrichts?, in: Pandel, Hans-Jürgen/Schneider, Gerhard (Hrsg.), Wie weiter? Zur Zukunft des Geschichtsunterrichts, Schwalbach/Ts. 2001, S. 125–134.
Meier, Klaus-Ulrich, Der Weg zu einem eigenen Projektthema. Bausteine eines Curriculums für Projekttraining, in: Geschichte lernen H. 110 (2006), S. 14–20.
Praxis Geschichte H. 3/1988: Entdeckendes Lernen.
Schiersner, Dietmar, Alter Zopf oder neue Chance? Regionalgeschichte in Historiographie und Geschichtsunterricht, in: GWU 62, 2011, H. 1/2, S. 50–60.

Der „Geschichtswettbewerb des Bundespräsidenten" schreibt alle zwei Jahre ein Wettbewerbsthema aus, das Schülerinnen und Schüler vor Ort untersuchen können.
Informationen: www.geschichtswettbewerb.de.

4.3.9 Außerschulische Lernorte

Geschichte begegnen kann man an vielerlei Stellen. Außerschulische Lernorte, so wird der Begriff hier aufgefasst, zeichnen sich dadurch aus, dass sie ein umfassenderes Erkenntnispotenzial bieten, das durch genauere ortsspezifische Untersuchung erschlossen und genutzt werden kann. Zwei Arten von Lernorten lassen sich zunächst einmal unterscheiden: der Erinnerung dienende Institutionen – Museum und Archiv – und einzelne Überreste bzw. historische Stätten. Zwischen beiden liegt die Gedenkstätte.

Nicht nur historische Museen, sondern auch Freilicht-, Heimat-, Kunst-, Volks- oder völkerkundliche Museen sind unter geschichtlichem Aspekt von Interesse. Sie alle sammeln historische Objekte, untersuchen sie, bereiten sie auf und präsentieren sie. Schülerinnen und Schüler können im Museum historischen Originalen begegnen – darin liegt ihr besonderer Vorzug. Abbildungen im Schulbuch bleiben letztlich, das liegt in der Natur des Mediums, immer ein Behelf. Sie geben keinen rechten Eindruck von der Größe, der Materialität, der Ausstrahlung eines Bildes oder eines Sachgegenstandes; nur das Original lässt eine „Aura" spürbar werden. Allerdings: Auch wenn das Objekt historisch ist, so tritt es doch im Museum nicht wie einstmals in Erscheinung. Es ist in aller Regel aus seinem ursprünglichen Verwendungszusammenhang herausgerissen, wird in einer besonderen, gleichsam konstruierten Situation vorgeführt und in ein spezifisches Narrativ eingebettet.

Wie man historische Objekte präsentieren solle, darüber hat es unter Museumsdidaktikern große Debatten gegeben. Das ist nicht nur eine didaktische Frage. Denn die Art der Präsentation ist zugleich auch immer eine Deutung. Bis zu den Sechzigerjahren war es – zumindest bei Kunstwerken – üblich, jedes Objekt für sich in sachlicher Ordnung und mit wissenschaftlichem Anspruch auszustellen. Das zielte vor allem auf Besucher mit Fach- oder zumindest Vorkenntnissen, die gleichsam den historischen Kontext selber mitdenken und die Aura des isolierten Gegenstandes goutieren konnten. Danach sind umfassendere Inszenierungen üblich geworden. Objekte werden in einen Kontext gesetzt, bilden mit anderen ein Ensemble, stehen in einer zeittypischen Kulisse, können aber auch durch Kontraste verfremdet werden; so wurde beispielsweise 1990/91 in Essen die Ausstellung „Vergessene Zeiten – Mittelalter im Ruhrgebiet" zwischen Stahlkonstruktionen gezeigt. Diese Entwicklung ist dadurch beflügelt worden, dass auch Gegenstände des alltäglichen Gebrauchs inzwischen für museumswürdig befunden werden. Die Inszenierung einer Arbeiterküche oder eines bürgerlichen Wohnzimmers der Zwanziger- oder Sechzigerjahre gehört inzwischen fast zum Standard größerer Stadtmuseen. Die Museen haben sich dadurch auch für ein größeres Publikum ohne besondere historische Vorkenntnisse geöffnet. In der letzten Zeit scheint es einen neuen Trend zu geben. Inszenierungen und Erklärungen sind einerseits notwendig, um Objekte zu kontextualisieren und damit verstehbar zu machen; sie können aber auch die Objekte gleichsam überwuchern und ihre Besonderheit und Authentizität verdecken. Neuere Präsentationen versuchen dem Rechung zu tragen, indem sie Präsentationen zurückhaltender gestalten und das Objekt wieder verstärkt in den Mittelpunkt rücken.

Museen können nicht vergangene Wirklichkeit zeigen. Aber Schülerinnen und Schüler können dort historische Objekte, Ensembles und Inszenierungen sehen, die eine hohe „Anmutungsqualität" haben, die Vergangenheit fassbarer und damit besser vorstellbar machen. Manchmal können Objekte auch im Wortsinne „begriffen" werden, wenn sie nicht allzu kostbar oder empfindlich sind. Allerdings hat man es im Museum nicht nur mit Originalen zu tun, sondern auch mit Nachbildungen oder Modellen (etwa den obligatorischen Stadtmodellen).

Es lohnt sich also, den Lernort Museum auch für den schulischen Geschichtsunterricht zu nutzen. Welche didaktischen und methodischen Möglichkeiten bieten sich an und was ist zu bedenken? Ein Museumsbesuch mit der Klasse ist kein Selbstzweck und sollte nicht isoliert neben dem Unterricht stehen, es sei denn, es geht um eine besondere und befristete Ausstellung, die man nicht verpassen will. Ein Museumsbesuch sollte in der Regel vorbereitet sein (vgl. Jürgensen 1990). Die Lehrkraft muss wissen, was es dort zu sehen gibt – wenn man das Haus nicht ohnehin schon kennt, ist also ein Vorbesuch notwendig. Und es sollte im Vorhinein klar sein, was dort angeschaut werden soll. Eine Ausstellung, ein Museum oder selbst eine Abteilung davon sind meist zu umfangreich, als dass man sie insgesamt mit der Klasse bewältigen könnte. Wer so vorgeht, wird oft frustriert: Die Schülerinnen und Schüler sind durch das Übermaß von Objekten und Eindrücken übersättigt und irritiert; die Lehrkraft ist enttäuscht, weil ihre Bemühungen, etwas Besonderes zu bieten, scheinbar nicht gewürdigt werden. Auch hier gilt die Regel: lieber weniger, aber dies genauer. Praktisch alle größeren Häuser haben heute Museumspädagogen. Mit ihnen kann man sich absprechen und beraten.

Vier methodische Zugänge zu Museen und ihren Objekten lassen sich beim Besuch mit der Klasse unterscheiden:

Führung
Eine Führung vermittelt in der Regel einen weiträumigeren Überblick über einen Gegenstandsbereich. Sie kann von der Lehrkraft oder vom museumspädagogischen Personal vorgenommen, im Ausnahmefall vielleicht sogar einmal von Schülerinnen und Schülern vorbereitet werden. Entsprechende Untersuchungen zeigen, dass Schülerinnen und Schüler mehr behalten, wenn sie nicht von der eigenen Lehrkraft geführt werden (vgl. Treinen 1999). Führt ein Museumspädagoge, ist – wie schon gesagt – Absprache erforderlich: Was wissen die Schülerinnen und Schüler, was sollen sie erfahren, worauf zielt der Unterricht?

Unterrichtsgespräch
Wenn es um die vertiefte Beschäftigung mit ausgewählten Objekten oder Szenarien geht, kann vor Ort ein Unterrichtsgespräch geführt werden, auch dies entweder von der schulischen oder der Museumslehrkraft geleitet. Dieses Verfahren kommt der Unterrichtssituation am nächsten. Die Räumlichkeiten müssen dafür geeignet sein: Jeder braucht (Sitz-)Platz und freien Blick auf den Gegenstand, über den gesprochen wird – bei kleineren Objekten kann das schwierig werden.

Erkundung
Durch Erkundungen können Schülerinnen und Schüler sich selber ein Bild von einer Ausstellung machen. Das sollte freilich nicht völlig beliebig geschehen: „Nun geht los und schaut euch um" ist kein geeigneter Erkundungsauftrag. Vielmehr sollten – ggf. aus dem Unterrichtskontext – zielgerichtete Aufgaben, evtl. für mehrere Gruppen, formuliert werden. Dabei kommt es vor allem darauf an, die Schülerinnen und Schüler zu eigenen Aktivitäten, zum Suchen, Beobachten, Kombinieren, Aufzeichnen zu bewegen – kurz: zu intensiver Beschäftigung mit den Objekten. Viele Museen bieten für diesen Zweck Arbeitsblätter oder so genannte „Museumsrallyes" mit handlungsorientierten Erkundungsaufträgen an. Solche Rallyes können auch von der Lehrkraft oder von Schülerinnen und Schülern selber ausgearbeitet werden; der Aufwand ist freilich ziemlich hoch. Man kann mit solchen Rallyes jedoch auch des Guten zuviel tun: Wenn Schülerinnen und Schüler ständig hin und her geschickt werden, weil sie zum Beispiel alle Arten von Stühlen finden sollen, die im Museum gezeigt werden, artet das in Aktivismus aus und läuft genauer Wahrnehmung gerade zuwider.

Werkstatt
Ebenfalls weit verbreitet sind Angebote von Museumswerkstätten. Hier haben Schülerinnen und Schüler die Gelegenheit, Erfahrungen mit historischen Lebens- und Arbeitsweisen zu machen. Besonders verbreitet ist diese Vorgehensweise beim Thema „(Alt-)Steinzeit". Da werden Faustkeile zugeschlagen, Speere geschnitzt und Bohrer konstruiert. Aber auch altes Handwerk, Landwirtschaft oder frühe Industriearbeit können auf diese Weise handelnd erfahren werden.

Anders als in der Schule stehen dafür im Museum die nötigen Materialien, Werkzeuge, Maschinen und Räumlichkeiten zur Verfügung. Vor allem aber gibt es (interne oder externe) Spezialisten, die in der Lage sind, Schülerinnen und Schüler angemessen anzuleiten – „auf Steinzeitart" Feuer zu machen lernt auch eine Lehrkraft nicht von heute auf morgen. Es geht bei diesen Aktivitäten nicht nur darum, Schülerinnen und Schüler durch aktives Tun zu motivieren. Sie können dadurch auch wichtige sachliche Einsichten erlangen. Die Herstellung der Werkzeuge und Hilfsmittel, die für die Existenzsicherung in der Altsteinzeit notwendig waren, brauchte viel Zeit, Geduld und Können: Sammlerinnen und Jäger waren nicht primitiv, sondern Spezialisten für ihre besondere Lebensweise, die über ausgefeilte und sinnreiche Techniken verfügten.

Insgesamt bietet das Museum eine Fülle von besonderen Erfahrungsmöglichkeiten. Sie können auf unterschiedliche Weise genutzt werden – wie der Unterricht auch kann der Museumsbesuch stärker lehrergelenkt sein oder auf die Eigeninitiative der Schülerinnen und Schüler abstellen. Und natürlich kann das Museum auch als Arbeitsplatz von Experten genutzt werden, können Schülerinnen und Schüler im Rahmen offener Unterrichtsvorhaben bei Restauratoren oder Kunsthistorikern Sachinformationen einholen.

Ein zweiter Lernort, an dem Schülerinnen und Schüler historischen Originalen begegnen können, ist das Archiv. Es geht dabei vor allem um Textquellen: Textquellen treten Schülerinnen und Schülern im Schulbuch und in Sammlungen in gleichsam aseptischer Form gegenüber. Die Spezifika der jeweiligen Gattung und der äußeren Erscheinungsform – von der Urkunde bis zur Zeitung – kommen nicht zum Vorschein. Quellen unterscheiden sich im Schulbuch nicht einmal grundsätzlich von Darstellungen. Und fast immer hat man es dort nicht mit ganzen Quellenstücken, sondern mit mundgerechten Auszügen zu tun.

Natürlich ist dies den Erfordernissen der Praxis geschuldet und insoweit sinnvoll. Schülerinnen und Schüler sollten jedoch wenigstens exemplarisch Quellen auch einmal in originaler Gestalt, in ihrer historischen Fremdheit, Authentizität und Materialität kennenlernen. Das vermittelt eine deutliche Vorstellung davon, was eigentlich Quellen sind, schärft den Blick für die Unterscheidung von Quelle und Darstellung und für die Besonderheiten der einzelnen Quellengattungen. Und es lässt deutlich werden, dass Quellen dem Forscher nicht in säuberlich geordneter Form begegnen, sondern zunächst einmal gesucht, geordnet und ggf. mit viel Mühe entschlüsselt werden müssen. Dass Schülerinnen und Schüler ältere, nicht maschinengeschriebene Texte nicht auf Anhieb lesen können, ist ein ausgesprochen lehrreiches Erlebnis. Danach werden sie auch die normalisierten Quellen im Schulbuch in anderer Weise als zuvor wahrnehmen.

Wer Quellenarbeit ernst nimmt, sollte seinen Schülerinnen und Schülern deshalb zumindest durch einen „Schnupperbesuch" im Archiv die Gelegenheit geben, Quellen in Originalgestalt, aber auch die Art ihrer Aufbewahrung und Behandlung kennenzulernen. In größeren Archiven gibt es, wenngleich nicht so zahlreich wie in Museen, Archivpädagogen, die dafür geeignete Arrangements bereithalten. Kleineren Archiven fehlt es allerdings oft an den personellen und räumlichen Möglichkeiten, die man braucht, um mit einer ganzen Klasse zu arbeiten. Ältere Originale werden die Schülerinnen und Schüler dabei nicht immer in die Hand, immerhin aber zu Gesicht bekommen. Ein gewisser Ersatz für einen Archivbesuch können die Archivmappen mit Faksimiles sein, die von verschiedenen Archiven zu speziellen Themen herausgegeben werden.

Archivpublikationen für den Unterrichtsgebrauch

- *Staatsarchiv Bamberg:* Darstellungen und Quellen zur Geschichte Bambergs. Themen: Absolutismus und Barock; Aspekte des Nationalsozialismus; Handwerker und ihre Organisationen; Die jüdische Minderheit; Armut, Krankheit und Not.
- *Staatsarchiv Bremen*: Texte und Materialien zum historisch-politischen Unterricht. Themen u. a.: 180 Jahre Volkszählung in Bremen; Arbeitsamt Bremen in der Weltwirtschaftskrise der Zwanziger- und Dreißigerjahre; Arbeitsbeschaffung in Bremen in der Weltwirtschaftskrise. Notstands-, Fürsorge-, Pflichtarbeit und Freiwilliger Arbeitsdienst in Bremen 1929 bis 1933; Wahlen 1848–1987; Bremer Frauen in der Weimarer Republik; Kinder und Jugendliche 1950 bis 1960; Frauenerwerbsarbeit in Bremen 1871–1914 und 1919–1933; Bremer Westafrika-Mission. Die Ausübung des Frauenwahlrechts in Bremen 1918–1933; „Es geht tatsächlich nach Minsk". Zur Erinnerung an die Deportation von Bremer Juden am 18.11.1941 in das Vernichtungslager Minsk. „Archivsplitter": Kleine Ergebnisse der Archivarbeit. Themen u. a.: Kriegsspielzeug; Rüstungsproduktion; Schulgeschichte; Bremer Stadtmusikanten; Sondergericht Bremen; Armut; Kriegsende 1945; Reichspogromnacht 1938, Flucht und Exil nach 1933; Plakate zur Deutschen Einheit; Einführung und Materialsammlung zur schulischen Beschäftigung mit Genealogie in Bremen.
- *Stadtarchiv Bremerhaven*: Archivmaterialien für den Unterricht. Themen u. a.: Ende des Ersten Weltkrieges; Wandel des Schiffbaus im 19. Jahrhundert; Die „Hunnenrede" von Kaiser Wilhelm II. in Bremerhaven am 27. Juli 1900; Auswanderer im 19. Jahrhundert; Wohnprobleme und Stadtsanierung; Hungerunruhen in Bremerhaven 1916.
- *Fachberatungsstelle für Archivpädagogik am Lehrerfortbildungsinstitut Bremerhaven (Hrsg.)*: Machtergreifung in Bremerhaven/Wesermünde; Das Ende des 1. Weltkrieges in Bremerhaven; Das Ende des 2. Weltkrieges in Bremerhaven; Vom Segelschiff zum Motorschiff oder der Wandel des Schiffbaus im 19. Jahrhundert; Flugblätter des 1. Weltkrieges und der frühen Weimarer Republik; Hungerunruhen in Bremerhaven 1916; Tumulte in Bremerhaven 1920; Vorbereitung auf den Krieg 1938/39; Alltag im 2. Weltkrieg; Rückschau und Visionen: Die Bürger 1930–1948–1970; Die „Hunnenrede" von Kaiser Wilhelm in Bremerhaven am 27. Juli 1900; Propaganda und Gegenpropaganda im 2. Weltkrieg; Dagobert Kahn – oder Nazis und Juden 1933; Wohnprobleme und Stadtsanierung in Bremerhaven; Aus dem Leben Bremerhavener Juden in den Dreißigerjahren;

4 Lehren und Lernen – Prinzipien und Methoden

Skizzen zur Sozial- und Wirtschaftsgeschichte Bremerhavens im 19. Jahrhundert; Fremdarbeiter in Bremerhaven; Die Auswanderer und die Entwicklung Bremerhavens; Der 8. Mai 1945 – Ereignisse davor und danach; Die Inflation 1923.
- *Stadtarchiv Buxtehude*: Quellen zur Geschichte der Stadt Buxtehude. Themen: Industrialisierung; Arbeiterbewegung.
- *Staatsarchiv Darmstadt*: Geschichte im Archiv. Darmstädter Archivdokumente für den Unterricht. Mappen mit faksimilierten Dokumenten und Einführungstexten. Themen: Geschichte der Juden; Wirkungen der Französischen Revolution; Hexenprozesse; Jugend in den Zwanziger- und Dreißigerjahren; Revolution 1848/49; Industrialisierung; Verfassungen in Hessen 1807–1946.
- *Staatsarchiv Detmold*: Lernort Staatsarchiv: Die Hefte enthalten Hinweise auf archivische Quellen und thematisch gegliederte Aufgabenstellungen dazu. Themen: Geschichte der Juden; Antisemitismus; Kaiserreich; Weimarer Republik; NS-Zeit; Zweiter Weltkrieg; Nachkriegszeit; Werbung. Externe Unternehmenskommunikation des 19. und 20. Jahrhunderts; Wiedergutgemacht? NS-Opfer und ihre Entschädigung in Ostwestfalen-Lippe.
- *Kommunalarchiv Herford*: Archivpädagogische Materialien. Themen: Genisa. Das verborgene Erbe der deutschen Landjuden; Kriegsende und Befreiung; 150 Jahre Eisenbahn in der Region; Vom Holzhandwerk zur Industrie.
- *Staatsarchiv Marburg*: Geschichte im Archiv. Das nördliche Hessen – Zeugnisse seiner Geschichte. Themen: Reformation; Absolutismus; Vormärz und Revolution von 1848; Kurhessen bis 1918; Weimar; NS.
- *Archive des Kreises Mettmann*: Zwangsarbeit im Kreis Mettmann. Darstellungen und Materialien für den Unterricht (dazu CD-ROM).
- *Stadtarchiv Münster*: Geschichte original am Beispiel der Stadt Münster. Themen u. a.: Utopia 1534/35; Absolutismus; Juden in Münster; Die Hansestadt; Erster Weltkrieg und Revolution 1914–1919; Pest und Lepra; Die Machtergreifung der Nationalsozialisten; Utopia 1534/1535 – Wiedertäufer; Erhebung der Bürger 1848/1849; Die Juden in Münster; Die Napoleonische Zeit; Die Gilden; Im Inferno des Bombenkrieges; Soldaten und Bürger – Münster als Festung und Garnison; Der Kulturkampf im Bismarckreich; Der Westfälische Friede; Mimigernaford – Monasterium; 1945/46 – Ende und Neubeginn; Münster um 1900; Architektur; Die Weimarer Republik. Das Stadtarchiv erinnert. Dokumentationen von Ausstellungen. Themen: Erste Kommunalwahl 1946; Judenpogrom 1938; Kaiserbesuch 1907; Stadterweiterungen und Eingemeindungen Münsters im 19. und 20. Jh.; Bürger-Initiativen zur Stadtgeschichte.
- *Stadtarchiv Ratingen*: Schriftenreihe des Stadtarchivs Ratingen, Reihe C. Themen: Schulchroniken; Ratinger Frauen in der Kaiserzeit; Zaubereianklagen in Ratingen und Umgebung; Juden in Ratingen.
- *Stadtarchiv Ravensburg*: Quellen aus dem Stadtarchiv Ravensburg für den Geschichtsunterricht. Themen u. a.: Nachkriegszeit; Weimarer Republik; Reformation; Mittelalterliche Stadtgeschichte; 30-jähriger Krieg; Die Revolution 1848/49; Krieg in der Heimat.

▶ *Stadtarchiv Remscheid*: Jüdische Remscheider und Remscheiderinnen. Materialien für den Unterricht. Historisches Zentrum Remscheid: Unterrichtsmaterialien aus dem Stadtarchiv. Themen u. a.: Widerstand und Verfolgung 1933–1945; Juden in Remscheid; Kapp-Putsch 1920.

▶ *Stadtarchiv Ulm*: Quellen zur Ulmer Stadtgeschichte: Die freie Reichsstadt Ulm in Mittelalter und Neuzeit; Ulm im Übergang vom Handwerk zur Industrie; Machtergreifung und Gleichschaltung; Ulm in der NS-Zeit; Verfassung, Verwaltung, Bürgerschaft; Stadtentwicklung, Stadtstruktur; Wohnen und Arbeiten; Die Barchentindustrie; Wohlfahrts- und Gesundheitswesen; Frauengeschichte; Migration; Parteiengeschichte und Weltwirtschaftskrise in Ulm. Entwicklung der NSDAP, Machtergreifung und Gleichschaltung; Kirche und religiöses Leben.

▶ *Hauptstaatsarchiv Wiesbaden*: Ausstellungskataloge mit Materialien; Juden in Wiesbaden von der Jahrhundertwende bis zur „Reichskristallnacht"; Flüchtlinge und Vertriebene in Wiesbaden und Hessen; Auswandererschicksale aus drei Jahrhunderten; Revolution 1848. Dokumentation: Kriegsreifeprüfung, Kriegsalltag, Kriegswirklichkeit und Kriegsende im Urteil Wiesbadener Schüler 1914–1918.

Etwas anderes ist es, wenn sich Schülerinnen und Schüler im Kontext einer Facharbeit oder eines Projekts selber als Forscher ins Archiv begeben, wie es im Rahmen des „Geschichtswettbewerbs des Bundespräsidenten" (Körber-Stiftung) häufig geschieht. (Bei besonders Interessierten kann dies auch im Rahmen einer Arbeitsgemeinschaft oder außerschulisch in einer Geschichtswerkstatt stattfinden.) Für beide Vorhaben gilt, dass man sich nicht zuviel vornehmen darf. Die Themen sollten möglichst eng gefasst sein und lokalgeschichtlichen Bezug haben (also nicht „Nationalsozialismus in Niedersachsen", sondern „Das Jahr 1933 in Gifhorn"). Die Schülerinnen und Schüler sollten sie auch in kleineren Archiven vor Ort bearbeiten können. Die Anreise zum nächsten Staatsarchiv ist oft zu aufwendig, zumal es ja mit einem Besuch nicht getan ist. Wenn größere Materialmengen durchgesehen werden müssen, kommen praktisch nur gedruckte oder maschinengeschriebene Quellen infrage. Sehr geeignet sind Zeitungen (wenngleich sie heute meist nur noch auf Mikrofilm oder Mikrofiche archiviert werden): Sie sind einerseits leicht lesbar, bieten andererseits ein weites Spektrum von Themen und Zugängen von der Politik- über die Wirtschafts- bis zur Alltagsgeschichte (einschließlich Werbeanzeigen) (vgl. Sauer 2006).

Es geht bei solchen Vorhaben zunächst um die Sache. Schülerinnen und Schüler werden zu Spezialisten für ihr Thema. Das Bewusstsein, etwas zu untersuchen, das in diesem Zuschnitt bislang kein anderer bearbeitet hat, kann eine nachhaltige Motivation bewirken. Auf der Suche nach inhaltlichen Informationen erwerben sie notgedrungen auch die methodische Kompetenz, die sie brauchen. Darin liegt letztlich der wesentliche Effekt dieser Arbeitsform. Es hat freilich keinen Sinn, dass sich Schülerinnen und Schüler voller Eifer gänzlich unvorbereitet ins Archiv stürzen. Wichtig ist, dass sie vorab klären, in welchem Archiv sie überhaupt etwas zu ihrem Thema finden können und ob sie es einsehen dürfen (Sperrfristen). Dazu müssen sie beim Archiv nachfragen. Ob man als Lehrkraft die Schülerinnen und Schüler vor den Entzifferungsproblemen, die auf sie zukommen, warnt oder sie dem „Schock" aussetzt, ist eine Ermessensfrage. Der Überraschungseffekt kann, wie gesagt, lehrreich sein, er kann in einem Projekt aber auch zu unnötigem Zeitverlust und zu Demotivation führen. Will man diese Gefahr vermeiden, so sollte man den Schülerinnen und Schülern vorher Gelegenheit zum Üben geben und/ oder ihnen eine Buchstabentabelle zur Verfügung stellen (eine Einführung in die Deutsche Schreibschrift bietet Süß 1995).

Schülerarbeit im Archiv

▶ *Vorbereitung*: Klären, in welchem Archiv man etwas zu seinem Thema findet.
▶ *Beratung*: Informationen von einem Archivar oder einem Archivpädagogen einholen.
▶ *Suche*: Nach dem Beratungsgespräch erhält man die einschlägigen Findbücher. Titel und Signaturen von Beständen und Akten, die interessant erscheinen, heraussuchen und diese bestellen.
▶ *Überblick*: Die Akten im Überblick durchsehen. Was ist wichtig?
▶ *Informationsentnahme*: Wichtige Texte oder Textpassagen kopieren, abschreiben oder zusammenfassen. Genauen Nachweis notieren: Signatur der Akte, Seiten- oder Blattzahl, Titel, Verfasser, Adressat, Datum.

Eine andere Art von Lernort als Museum und Archiv sind historische Stätten: einzelne Bauwerke wie Denkmäler, Häuser, Kirchen, Burgen und Schlösser oder größere Ensembles wie Städte oder Fabrikanlagen (vgl. zu Bauwerken und Denkmälern genauer Kap. 5.1.4). Dabei kann der Erhaltungszustand ganz unterschiedlich sein, vom Rudiment über Rekonstruktionen bis zur weitgehend intakten Originalgestalt. Eine Besichtigung kann im ersten Augenblick leicht zu Frustrationen führen. Aus Schulbüchern und Jugendsachbüchern sind Schülerinnen und Schüler heutzutage Rekonstruktionszeichnungen gewöhnt, die Vergangenes in faszinierender Intaktheit und Vollständigkeit zeigen. Wer das Forum Romanum oder Olympia aus Rekonstruktionen kennt, ist zunächst einmal enttäuscht, wenn er die tatsächlich erhaltenen spärlichen Überreste vor sich sieht.

Aber auch hierin liegt – wie beim Museum und Archiv – ein nicht zu unterschätzender Lerneffekt: Der Sachüberrest in seiner (mehr oder weniger) originalen Gestalt macht gleichfalls die historische Authentizität einer Quellenart erfahrbar und kann Schülerinnen und Schülern deutlich werden lassen, wie aufwendig und kompliziert das Geschäft ihrer Erforschung und Rekonstruktion ist. Besonders eindrücklich wird dies dann, wenn die Schülerinnen und Schüler historische Stätten nicht einfach nur besichtigen, sondern sich an ihnen „forschend" betätigen (vgl. auch Kap. 5.1.4). Sie können dabei ansatzweise archäologische Methoden kennenlernen und anwenden. Zum Beispiel lassen sich Überreste einer kleinen Burg oder einer Wüstung suchen, fotografieren, vermessen und skizzieren (vgl. Hess 1989). Auch damit gewinnen die Schülerinnen und Schüler ein genaueres Bild von der Arbeitsweise historischer Forschung und erlangen selber Methodenkompetenz.

Die Gedenkstätte ist beides: ein historischer Ort und ein Ort der Aufbewahrung und der Erinnerung. Der Begriff bezieht sich so gut wie ausschließlich auf den Terror des Nationalsozialismus und seine Opfer. Gedenkstätten befinden sich an jenen historischen Orten (vor allem Lagern), an denen die Taten stattgefunden haben; am Ort der Tat soll der Opfer gedacht werden. Hinzu kommen heutzutage fast überall einschlägige Informationsangebote, die sich auf den Ort selber, aber auch auf den weiteren historischen Kontext beziehen. Intellektuelle und moralische Auseinandersetzung mit der NS-Vergangenheit sollen Hand in Hand gehen (vgl. empirische Befunde zur Wirkung bei Pampel 2007/2011).

Bei einem Besuch mit der Klasse kommt es vor allem auf einen wohldosierten und einfühlsamen Umgang mit den Emotionen der Schülerinnen und Schüler an: emotionale Ergriffenheit ja, aber keine verordnete Betroffenheit und geplante psychische Überwältigung. Natürlich muss man wissen, was einen in der Gedenkstätte erwartet. Oft findet man nur wenig an Überbleibseln, das birgt die Gefahr der Enttäuschung. Meistens gibt es heute pädagogische Angebote, die man mit der Klasse nutzen kann. Dazu gehört häufig die Möglichkeit zur Begegnung mit Zeitzeugen, aber auch zu eigenen „Forschungsaktivitäten". Wer sich zum Beispiel mit dem Lebenslauf eines einzelnen Opfers befassen kann, für den wird ein zunächst anonymes Geschehen konkret, erhält das Leiden ein Gesicht. Wie beim Museumsbesuch ist vorab eine inhaltliche Vorbereitung notwendig, aber die Schülerinnen und Schüler sollten auch über Gedenkstätten allgemein und die Besonderheiten des speziellen Orts informiert werden.

Weiterführende Literatur

Ahlheim, Klaus u. a., Gedenkstättenfahrten. Handreichung für Schule, Jugend und Erwachsenenbildung in Nordrhein-Westfalen, Schwalbach/Ts. 2005.
Bauer, Jan-Patrick, Historischer Lernort KZ-Gedenkstätte? Eine diskursanalytische Perspektive, in: Handro, Saskia/Schönemann, Bernd (Hrsg.), Orte historischen Lernens, Berlin 2008, S. 179–194.
Baumgärtner, Ulrich, Historische Orte, in: Geschichte lernen H. 106 (2005), S. 12–18.
Borries, Bodo von, Präsentation und Rezeption von Geschichte im Museum, in: GWU 48, 1997, H. 5/6, S. 337–343.
Borries, Bodo von, Geschichtslernen an Kunstwerken? Zur geschichtsdidaktischen Erschließung von Kunstmuseen, in: Hartung, Olaf (Hrsg.), Museum und Geschichtskultur. Ästhetik – Politik – Wissenschaft, Bielefeld 2006, S. 72–101.
Commandeur, Beatrix/Gottfried, Claudia/Schmidt, Martin, Industrie- und Technikmuseen. Historisches Lernen mit Zeugnissen der Industrialisierung, Schwalbach/Ts. 2007.

Degreif, Dieter, Schrift muß keine Schranke sein – Kleine Einführung in die Entwicklung und das Lesen alter Schriften, in: Lange, Thomas (Hrsg.), Geschichte – selbst erforschen. Schülerarbeit im Archiv, Weinheim/Basel 1993, S. 128–158.
Demantowsky, Marko, Gedenkstätten der 48er Revolution als Historische Lern-Orte. Eine Übersicht, in: Handro, Saskia/Schönemann, Bernd (Hrsg.), Orte historischen Lernens, Berlin 2008, S. 149–164.
Fritz, Gerhard, Archivnutzung im Geschichtsunterricht. Möglichkeiten und Grenzen, in: GWU 48, 1997, H. 7/8, S. 445–461.
Gedenkstättenpädagogik. Handbuch für Unterricht und Exkursion, München 1997.
Geschichte lernen H. 14 (1990): Geschichte im Museum.
Geschichte lernen H. 53 (1996): Archäologie.
Geschichte vor Ort. Anregungen für den Unterricht an außerschulischen Lernorten, Donauwörth 1999.
Gesser, Susanne/Kraft, Heike, Anschauen – Vergleichen – Ausprobieren. Historisches Lernen in Kinder- und Jugendmuseen, Schwalbach/Ts. 2006.
Grütter, Heinrich Theodor, Geschichte im Museum, in: Geschichte lernen H. 14 (1990), S. 14–19.
Hamberger, Edwin, Lernort Archiv, in: Schreiber, Waltraud (Hrsg.), Erste Begegnungen mit Geschichte. Grundlagen historischen Lernens, Bd. 1, Neuried 2., erw. u. überarb. Aufl. 2004, S. 615–628.
Hartung, Olaf (Hrsg.), Museum und Geschichtskultur. Ästhetik – Politik – Wissenschaft, Bielefeld 2006.
Hartung, Olaf, Die Wiederkehr des Echten. Ein aktueller Museumstrend und sein Bedeutung für das historische Lernen, in: Hartung, Olaf/Köhr, Katja (Hrsg.), Geschichte und Geschichtsvermittlung. Festschrift für Karl Heinrich Pohl, Bielefeld 2008, S. 199–212
Knoch, Peter, Geschichte vor Ort, in: Praxis Geschichte H. 3/1989, S. 6–13.
Körber, Andreas/Baeck, Oliver (Hrsg.), Der Umgang mit Geschichte an Gedenkstätten. Anregungen zur De-Konstruktion, Neuried 2006.
Kröll, Ulrich, Lernen und Erleben auf historischen Exkursionen. Museen, Freilichtmuseen und Gedenkstätten als Partner der Schule, Münster 2009.
Lange, Thomas (Hrsg.), Geschichte – selbst erforschen. Schülerarbeit im Archiv, Weinheim/Basel 1993.
Lange, Thomas, Zwischen Zimelien und Zensuren. Anmerkungen zu Gerhard Fritz „Archivnutzung im Geschichtsunterricht" (GWU 48, 1997, H. 7/8, S. 445–461), in: GWU 50, 1999, H. 1, S. 43–49.
Lange, Thomas, Archivarbeit, in: Mayer, Ulrich/Pandel, Hans-Jürgen/Schneider, Gerhard (Hrsg.), Handbuch Methoden im Geschichtsunterricht, Schwalbach/Ts. 3. Aufl. 2011, S. 446–461.
Lange, Thomas/Lux, Thomas, Historisches Lernen im Archiv, Schwalbach/Ts. 2004.
Mayer, Ulrich, Historische Orte als Lernorte, in: Mayer, Ulrich/Pandel, Hans-Jürgen/Schneider, Gerhard (Hrsg.), Handbuch Methoden im Geschichtsunterricht, Schwalbach/Ts. 3. Aufl. 2011, S. 389–407.
Mounajed, René, Außerschulisches Lernen an KZ-Gedenkstätten, in: GWU 58, 2007, H. 3, S. 187–194.
Pampel, Bert, „Mit eigenen Augen sehen, wozu der Mensch fähig ist". Zur Wirkung von Gedenkstätten auf ihre Besucher, Frankfurt a. M /New York 2007.
Pampel, Bert (Hrsg.), Erschrecken – Mitgefühl – Distanz. Empirische Befunde über Schülerinnen und Schüler in Gedenkstätten und zeitgenössischen Ausstellungen, Leipzig 2011.
Pieper, Joachim, Geschichte erfahren, entdecken und beurteilen. Eine Einführung in die Archivarbeit, hrsg. vom Nordrhein-Westfälischen Hauptstaatsarchiv in Düsseldorf, Düsseldorf 2000.
Popp, Susanne/Schönemann, Bernd (Hrsg.), Historische Kompetenzen und Museen, Idstein 2009.

Praxis Geschichte H. 3/1989: Geschichte vor Ort.

Rohdenburg, Günther, Archiv. Verstaubt sind nur die Regale, in: Dittmer, Lothar/Siegfried, Detlef (Hrsg.), Spurensucher. Ein Handbuch für historische Projektarbeit, Weinheim/Basel überarb. u. erw. Neuaufl. 2005, S. 36–49.

Sauer, Michael, „Was sich begeben und zugetragen hat". Zeitungen als Quellen im Geschichtsunterricht, in: Bernhardt, Markus/Henke-Bockschatz, Gerhard/Sauer, Michael (Hrsg.), Bilder – Wahrnehmungen – Konstruktionen. Reflexionen über Geschichte und historisches Lernen, Festschrift Ulrich Mayer, Schwalbach/Ts. 2006, S. 242–255.

Schmidt, Martin, Museum experimentell. Experimentelle Archäologie und museale Vermittlung, Schwalbach/Ts. 2008.

Schönemann, Bernd, Museum als Institution der Geschichtskultur, in: Hartung, Olaf (Hrsg.), Museum und Geschichtskultur. Ästhetik – Politik – Wissenschaft, Bielefeld 2006, S. 21–31.

Schreiber, Waltraud, Geschichte vor Ort. Versuch einer Typologie für historische Exkursionen, in: Schönemann, Bernd/Uffelmann, Uwe/Voigt, Hartmut (Hrsg.), Geschichtsbewusstsein und Methoden historischen Lernens, Weinheim 1998.

Schreiber, Waltraud, Geschichte lernen an historischen Stätte: Die historische Exkursion, in: Dies. (Hrsg.), Erste Begegnungen mit Geschichte. Grundlagen historischen Lernens, Bd. 1, Neuried 2., erw. u. überarb. Aufl. 2004, S. 629–646.

Sturm, Beate, Schüler ins Archiv! Archivführungen für Schulklassen, Berlin 2008.

Süß, Harald, Deutsche Schreibschrift. Lesen und Schreiben lernen, München 1995.

Urban, Andreas, Geschichtsvermittlung im Museum, in: Mayer, Ulrich/Pandel, Hans-Jürgen/Schneider, Gerhard (Hrsg.), Handbuch Methoden im Geschichtsunterricht, Schwalbach/Ts. 3. Aufl. 2011, S. 370–388.

Würfel, Maria, Erlebniswelt Archiv. Eine archivpädagogische Handreichung, hrsg. von der Landesarchivdirektion Baden-Württemberg und dem Ministerium für Kultur, Jugend und Sport, Stuttgart 2000.

Unterrichtsvorschläge

Geschichte lernen H. 14 (1990): Geschichte im Museum.

Geschichte lernen H. 53 (1996): Archäologie.

Geschichte lernen H. 106 (2005): Historische Orte.

Geschichte lernen H. 124 (2008): Zeitungen.

Hess, Volker, „Hier gibt's ja gar nichts zu sehen". Das „Frühmittelalter in Hessen" – erforscht von SchülerInnen, in: Geschichte lernen H. 9 (1989), S. 43–50.

Jürgensen, Frank, Vorbereitung auf Besuche im (Kultur-)Historischen Museum. in: Geschichte lernen H. 14 (1990), S. 20–25.

Praxis Geschichte, H. 3/1989: Geschichte vor Ort.

4 Lehren und Lernen – Prinzipien und Methoden

- Museumsadressen und Informationen über Ausstellungen finden sich im Internet unter: www.museen.de.
- Auf die Startseiten deutscher Archive gelangt man über: www.uni-marburg.de/archivschule/deuarch.html. Dort finden sich Adressen und Bestandsübersichten.
- Informationen zu archivpädagogischen Angeboten gibt es unter: www.archivpaedagogen.de.

4.3.10 Spiele

Der Begriff „Spiele" ist hier in einem engen Sinne verstanden: Ein regelgeleitetes Agieren mit vorgegebenen Materialien bzw. innerhalb eines vorgegebenen situativen Rahmens. Nur so ist eine Abgrenzung vom weiteren Begriff der Handlungsorientierung – oft synonym verwendet: spielerische Lernformen – möglich.

Zwei Großgruppen von Spielen lassen sich unterscheiden: Lernspiele einerseits, Rollen-, Simulations- und Planspiele andererseits. Bei den Lernspielen geht es vor allem darum, Wissen einzuprägen und durch Wiederholung zu festigen. Dazu gehören Quiz, Rätsel, Memory, Quartett oder andere Zuordnungsspiele. Das Wissensquiz erfreut sich in der Didaktik (zumindest in den gesellschaftswissenschaftlichen Fächern) keiner großen Beliebtheit; es gilt als zu simpel, zu reproduktiv, zu sehr auf Einzelheiten statt Zusammenhänge ausgerichtet. Ganz anders bei der privaten Unterhaltung: Das schlichte Quizspiel „Trivial Pursuit" wurde seit Mitte der Achtzigerjahre zu einem Renner und heutzutage erleben im Fernsehen Quizsendungen einfachster Machart (aber mit hohen Gewinnen) einen Boom – „Wer wird Millionär" ist ein Dauerbrenner. Auch spezielle Quizspiele für Kinder zu den unterschiedlichsten Wissensgebieten sind auf dem Markt. Offenbar macht es Kindern wie Erwachsenen Spaß, erworbenes Wissen in einer – verschiedenartig organisierten – Wettbewerbs- und Spannungssituation zu präsentieren. Es spricht nichts dagegen, sich das Interesse an solchen Spielen auch im Geschichtsunterricht zunutze zu machen. Übung und Wiederholung kommen im Geschichtsunterricht vielfach zu kurz, Lernspiele sind ein probates Mittel dafür; dass ihre Reichweite begrenzt ist, versteht sich von selber. Natürlich ist die Ausarbeitung von solchen Spielen mit einem gewissen Aufwand verbunden: Auf käufliche Spiele zurückzugreifen, hat wenig Sinn, denn die Spiele sollten sich möglichst genau auf das im Unterricht durchgenommene Pensum beziehen. Aber die Spiele müssen keineswegs immer von der Lehrkraft ausgearbeitet werden. Im Gegenteil ist es sehr reizvoll, wenn dies einzelne Schülergruppen übernehmen – ggf. parallel zu verschiedenen Teilthemen. Diese Aufgabe kann Schülerinnen und Schüler motivieren und der Lerneffekt beim Konzipieren eines Spiels, bei der Auswahl der Inhalte und dem Formulieren von Fragen ist oft größer als beim Spielen selber. Lernspiele können im Unterricht gespielt werden, eignen sich aber oft auch als Hausaufgabe. Einige Hinweise und Beispiele zu verschiedenen Spielarten:

Wissensquiz
Zu einem im Unterricht behandelten Thema werden Fragen formuliert. Größere Themengebiete sollten untergliedert werden. Die Antworten können frei sein oder im Multiple-choice-Verfahren vorgegeben werden. Bei der Auswertung kann man einfach nur die Zahl der richtigen Antworten zählen, man kann aber auch die einzelnen Fragen, wenn sie im Schwierigkeitsgrad differieren, mit Punkten gewichten. Es gibt verschiedene Spielmöglichkeiten für ein Quiz. Die Fragen können schriftlich vorgelegt oder laut vorgelesen werden. Beim lauten Vorlesen geht es um die jeweils schnellste Antwort. Für das schriftliche Quiz gibt es eine Zeitvorgabe für alle Aufgaben zusammen. Die Schülerinnen und Schüler können einzeln oder in Gruppen spielen. Wenn es um die Schnelligkeit bei Einzelfragen geht, spielt jedes Gruppenmitglied zunächst für sich, aber die Antworten werden für die Gruppe gewertet. Beim schriftlichen Quiz beraten sich die Gruppenmitglieder untereinander und verständigen sich auf eine gemeinsame Antwort. Auch eine Quizkette unter den Schülerinnen und Schülern kommt infrage: Wer eine Frage richtig beantwortet hat, darf die nächste stellen.

Beispiel für Quizfragen zum Thema Ägypten

- „Welcher Beruf war der häufigste im alten Ägypten? (Der des Bauern, des Fellachen.)
- Wie hießen die höchsten Beamten, die im Rang gleich nach dem Pharao kamen? (Wesire)
- A: Woraus bestand das ‚Papier' der Ägypter?
- B: Wo wuchs diese Pflanze? (A: Aus Papyrus. B: Das Papyrusrohr wuchs an den Ufern des Nils.)
- Nenne drei Berufe aus dem alten Ägypten und die dazugehörigen Aufgaben! (1. Die Fellachen (Bauern) bestellten die Felder, ernteten und sorgten für die Nahrung des ganzen Volkes. 2. Die Steinmetze bearbeiteten riesige Steinblöcke, um sie einzupassen, z. B. in Tempelanlagen, Palästen oder Pyramiden. 3. Die Schreiber erlernten die Schrift (Hieroglyphen) und schrieben z. B. Briefe oder legten Listen über Vorräte oder Abgaben an.)"

(Wenzel 1991, S. 23)

Rätsel
Wort- und Silbenrätsel kennt jeder. Ein Kreuzworträtsel für den Unterrichtsgebrauch muss nicht so perfekt sein wie das in der Zeitung. Man kann bei der Verknüpfung der Worte ruhig Leerräume lassen. Einfacher zu entwerfen sind Silbenrätsel. Eine besondere Variante für den Geschichtsunterricht ist das Kreuzzahlrätsel, bei dem nicht nach Wörtern, sondern nach Jahreszahlen gefragt wird (Jahnke 1995, S. 11). Diese Rätsel werden am besten von jedem einzeln gelöst. Es geht nicht um Wettbewerb, sondern allein um das eigene Ergebnis, das jeder auch leicht für sich überprüfen kann. Zu den Rätseln gehört auch das Personen-

raten: Eine Schülerin oder ein Schüler verkörpert eine historische Person, die die Klasse erraten muss. Es können einige Startinformationen gegeben werden. Alles weitere müssen die Mitschüler durch Fragen herausbekommen. Erlaubt sind nur Fragen, die mit Ja und Nein beantwortet werden können.

Zuordnungsspiele
Klassische Zuordnungsspiele sind Memory oder Quartett. Besonders die Grundidee des Memory lässt sich auch im Geschichtsunterricht verwenden. Dabei können Bilder, Texte oder Jahreszahlen miteinander kombiniert werden. Schülerinnen und Schüler können feststellen, ob sie bestimmte Personen erkennen, Ereignisse datieren, Vorgangsbeschreibungen oder Zitate richtig ein- und zuordnen können.

Nicht zu den Lern- und Wiederholungsspielen gehört das Puzzle; man könnte es als exploratives oder Entdeckungsspiel bezeichnen. Dafür kommen natürlich vor allem Bilder, aber auch Karten infrage. Ein Puzzle ist einfach hergestellt. Eine Abbildung wird in nicht zu große und nicht zu kleine Teile zerschnitten. Am besten unterklebt man sie vorher mit Pappe, um die Stabilität zu verbessern. Puzzles regen an zum genauen Hinsehen. Besonders interessant ist es, wenn Schülerinnen und Schüler beim Puzzlen einen historischen Rekonstruktionsprozess nachvollziehen, also etwa aus einzelnen „Scherben" wie ein Restaurator eine antike Vase oder Schale zusammensetzen. Dabei kann man auch einmal ein einzelnes Teil beiseite lassen. Das macht die Lösung schwieriger. Am Ende muss es dann passend zeichnerisch ergänzt werden.

Weitaus anspruchsvoller als Lernspiele sind Rollen-, Simulations- und Planspiele. Die definitorischen Unterscheidungen sind schwierig und fallen unterschiedlich aus (vgl. als Überblick Bernhardt 2003). Allen gemeinsam ist: Schülerinnen und Schüler begeben sich in eine historische Situation und handeln in der Rolle historischer (oder historisch denkbarer) Personen. Sie setzen damit gleichsam eine historische Brille auf. Ziel ist, dass sie Zwänge und Freiheiten, Denkweisen und Verhaltensmöglichkeiten nachvollziehen und erproben, die die Zeit bot. Zentral ist die präzise Beschreibung der jeweiligen Rolle; nur so kann man als Rollenträger in sie hineinschlüpfen, wird das Spiel historisch stimmig und plausibel.

Welche Situationen und Personen kommen für ein solches Spiel besonders infrage? Grundsätzlich bieten sich Situationen und Momente an, in denen es um Konflikte, um Entscheidungen, um einander widerstreitende Interessen geht, die es im Spiel zu verhandeln gilt. Die Rollen sollten also so gewählt werden, dass sich Multiperspektivität ergibt – die jeweils andere Sichtweise ist dann durch die Mitspieler stets präsent. Dabei lassen sich zwei verschiedene Arten von Spielsituationen unterscheiden: die näherungsweise historisch authentische und die typisierte. Im ersten Fall geht es um bekannte historische Konflikt- und Entscheidungssituationen – das ist das Simulations- oder Planspiel. Die Schülerinnen und Schüler übernehmen die Rolle historischer Persönlichkeiten oder Parteien: Vertreter der verschiedenen politischen Richtungen in der Paulskirche 1848/49, der beteiligten Länder auf der Kongo-Konferenz 1884/85, der politischen Parteien Deutschlands nach dem Ende des Ersten Weltkrieges. Dafür eignen sich besonders historische Umbruchsituationen, Krisen und Debatten; natürlich kann ein Spiel die Komplexität der historischen Verhältnisse nicht eins zu eins abbilden, sondern nur modellhaft reduziert wiedergeben. Die Ziele und Argumente der Beteiligten sind bekannt. Es gilt, sie sich anzueignen, besonders wirksam vorzubringen, taktisch geschickt zu agieren innerhalb eines vorgegebenen Rahmens. Allerdings kann dies durchaus zu einem anderen als dem historischen Ergebnis führen. Das ist kein Manko des Spiels, sondern bildet einen besonderen Reiz. Jedes Rollenspiel benötigt eine Reflexion. Hier wäre darüber nachzudenken, ob die Geschichte tatsächlich diese Wendung hätte nehmen können und warum sie es nicht getan hat. Auch Historiker beschäftigen sich seit einiger Zeit mit solcher „Alternativ-Geschichte" (vgl. z. B. Brodersen 2000, Cowley 2000, Demandt 1984, Ferguson 1999, Salewski 1999, als Überblick Walter 2011). So zu denken ist nicht einfach unhistorisch, sondern regt den „Möglichkeitssinn" (Robert Musil) an und führt weg von einer einfachen deterministischen Betrachtungsweise von Geschichte.

Größere spielerische Freiheit aber gibt es bei der zweiten Variante, der Darstellung einer typisierten Situation im Rollenspiel. Dabei geht es um Personifizierung: Schülerinnen und Schüler spielen bestimmte Sozialtypen. Deren Lebensverhältnisse und die Zeitumstände insgesamt sind zwar vorausgesetzt, im Detail kann aber vieles individuell ausgestaltet werden. Nehmen wir ein Beispiel: Die Szene spielt 1525, während des Bauernkrieges, auf dem Markt eines kleinen Ortes. Bauern, Bürger, Handwerker, Knechte und Mägde laufen umher, auch ein Geistlicher ist dabei. Man bespricht die neuesten Ereignisse und Nachrichten, auch ein Flugblatt kursiert und wird vorgelesen. Hier ist zwar für jeden die Perspektive vorgegeben, aber die Argumentation und Entscheidung des Einzelnen und der Ausgang des Ganzen sind offen. Gerade deshalb aber kommt es besonders darauf an, dass jeder Spieler und jede Spielerin über seine und ihre Rolle nachdenkt und sie adäquat und nicht beliebig ausgestaltet. Die Voraussetzung dafür sind möglichst gute Kenntnisse der historischen Situation – nicht nur des allgemeinen politischen und wirtschaftlichen Rahmens, sondern vor allem auch der Lebensverhältnisse. Zum Beispiel muss man wissen, wie sich Menschen verschiedener Stände oder Schichten überhaupt angeredet haben, wenn man „richtig historisch" miteinander sprechen will. Hilfreich ist eine Rollenkarte für jeden Spieler, die seine Lage, seine Interessen und Ziele im jeweiligen historischen Kontext skizziert und damit eine Handlungsanleitung bietet.

Historische Rollenspiele können mit ganz unterschiedlichem Aufwand betrieben werden. Schon ein Arbeitsauftrag bei einer Quelleninterpretation („Stellt euch vor, ihr wäret ... Wie würdet ihr euch verhalten?") kann Anlass für eine kurze Stegreifszene sein. Je mehr Rollen vorkommen und je komplexer die Situation ist, desto aufwendiger wird die Sache. Kleine Accessoires (z. B. bei der Marktszene für jeden eine passende Kopfbedeckung) unterstützen oft die Rollenübernahme. Natürlich kann man aber auch regelrecht in Kostüm und Kulisse spielen, die eigenen Äußerungen und Handlungen sorgfältiger vorbereiten, bis hin zum ausformulierten Stück, Drehbuch oder Hörspiel. Von Vorteil dafür ist, wenn die Schülerinnen und Schüler als Vertreter von Gruppen oder Parteien auftreten: Sie können dann – ähnlich wie in der Realität – zunächst untereinander ihr Verhalten diskutieren und es können als Vertreter, Berater etc. mehr Spieler zum Einsatz kommen.

„Veranstaltet dazu ein Rollenspiel" ist in Schulbüchern und Unterrichtsmaterialien eine beliebte Aufforderung. Das ist leichter gesagt als getan. Wenn weder die Lehrkraft noch die Schülerinnen und Schüler darin Erfahrung haben, wird ein Rollenspiel auf Anhieb kaum gelingen. Gewöhnung ist notwendig – die Hemmungen vor dem Spiel müssen erst einmal überwunden werden, das Sich-Einfühlen muss gelernt werden. Zentral für den Ertrag des Rollenspiels ist, dass die Schülerinnen und Schüler wirklich aus der historischen Situation und ihrer Rolle heraus und nicht einfach nach heutigen Gewohnheiten und Maßstäben agieren. Das setzt Interesse und Engagement voraus. Nur dann lässt sich der größere Zeitaufwand rechtfertigen.

Spiele aus früheren Zeiten lassen sich – wie andere Überbleibsel auch – als Quellen nutzen: Wie schlug der Legionär im Lageralltag mit Spielen seine Zeit tot, wie spiegelte sich im Kaiserreich die Verehrung der Herrscherhäuser im Spiel wider, auf welche Weise sollten militärische Spiele im Nationalsozialismus der mentalen Kriegsvorbereitung dienen? Freilich ist dies ein sehr spezielles Gebiet, das im Geschichtsunterricht in aller Regel keinen Platz haben wird.

Weiterführende Literatur

Bernhardt, Markus, Das Spiel im Geschichtsunterricht, Schwalbach/Ts. 2. Aufl. 2010.
Bernhardt, Markus, Geschichte inszenieren. Chancen und Probleme von szenischen Spielen im Geschichtsunterricht, in: GWU 55, 2004, H. 1, S. 20–36.
Bernhardt, Markus, Lernspiele, in: Mayer, Ulrich/Pandel, Hans-Jürgen/Schneider, Gerhard (Hrsg.), Handbuch Methoden im Geschichtsunterricht, Schwalbach/Ts. 3. Aufl. 2011, S. 425–445.
Dehne, Brigitte, „Wie komme ich zum Rollenspiel?". Ein Bericht aus der zweiten Ausbildungsphase, in: Geschichte lernen H. 23 (1991) S. 62–65. Wiederabdruck in: Geschichte lernen Sammelband: Geschichte lehren und lernen, Seelze 1997, S. 92–95.
Edel, Andreas, Planspiele im Geschichtsunterricht. Ein Arbeitsbericht, in: GWU 50, 1999, H. 5/6, S. 321–339.
Emer, Wolfgang, Mit verteilten Rollen. Spiel und Gestaltungsaufgaben im Geschichtsunterricht, in: Friedrich Jahresheft 21 (2003), S. 100–104.
Geschichte lernen H. 23 (1991): Geschichte spielen.
Heimbrock, Cornelia, Geschichte Spielen. Handlungsorientierter Unterricht in der Sekundarstufe I, Donauwörth 1996.
Hermann, Gunnar, Lernspiele im handlungs- und erfahrungsorientierten Geschichtsunterricht, in: GWU 55, 2004, H. 1, S. 4–19.

Lehmann, Katja (Hrsg.), Theater spielen im Geschichtsunterricht. Spielformen, Methoden, Anwendungen und deren didaktische Reflexion, Neuried 2006.
Meier, Klaus-Ulrich, Rollenspiel, in: Mayer, Ulrich/Pandel, Hans-Jürgen/Schneider, Gerhard (Hrsg.), Handbuch Methoden im Geschichtsunterricht, Schwalbach/Ts. 3. Aufl. 2011, S. 325–341.
Meier, Klaus-Ulrich, Simulation, in: Mayer, Ulrich/Pandel, Hans-Jürgen/Schneider, Gerhard (Hrsg.), Handbuch Methoden im Geschichtsunterricht, Schwalbach/Ts. 3. Aufl. 2011, S. 342–353.
Pöschko, Hans H., „... dann treibt es nicht zu weit". Spielen im Geschichtsunterricht, in: Praxis Geschichte H. 2/1996, S. 3–9.
Praxis Geschichte H. 2/1996: Spielen im Geschichtsunterricht.
Schulz-Hageleit, Peter/Dehne, Brigitte, Spielen im Geschichtsunterricht. Überlegungen zu einer umstrittenen Unterrichtsmethode, in: Geschichte lernen H. 23 (1991), S. 11–21.

Spielideen und -materialien

Lernspiele
(zahlreiche Anregungen gibt es in den Schülerarbeitsheften zu Geschichtsschulbüchern)
Bayerl, Hans, Kreuzworträtselsammlung Geschichte, 3 Bde., Donauwörth: Auer 2. Aufl. 2000/2000/2002.
Böcher, Klaus, Chancen deines Lebens. Das Leben proletarischer Frauen zur Kaiserzeit, in: Geschichte lernen H. 9 (1989), S. 35–37 und Beilage. Wiederabdruck in: Geschichte lernen Sammelband: Geschichte lehren und lernen, Seelze 1997, S. 107–109.
Brandenburg, Katrin, Wer oder was? Spielerische Wiederholung von Begriffen und Namen, in: Geschichte lernen H. 87 (2002), S. 52–55.
Brieske, Rainer, Konnte man 1848 schon telefonieren? Ein (spielerischer) Versuch zum Thema Alltagstechnik, in: Praxis Geschichte H. 5/2002, S. 36 f.
Büchse, Friedhelm, Geschichtsrätsel, in: Praxis Geschichte H. 1/1989, S. 38 f.
Büchse, Friedhelm, „Kennst Du das Land, wo die Kanonen blühen?" Ein Ratespiel zu Kabarett und Satire in der Weimarer Republik, in: Praxis Geschichte H. 5/1989, S. 45–47.
Büchse, Friedhelm, „Wer weiß genau, wie es damals war?" Ein Lernspiel für den Geschichtsunterricht, in: Praxis Geschichte H. 3/1990, S. 42 f.
Büchse, Friedhelm, Interviews mit der Geschichte. Ein Lernspiel, in: Praxis Geschichte H. 3/1992, S. 44–47.
Büchse, Friedhelm, Eine Wörterschlange zum Dreißigjährigen Krieg, in: Praxis Geschichte H. 1/1996, S. 34 f.
Dietz, Tina, „... und die Bauern sind immer die Dummen". Die französische Gesellschaft im Absolutismus, in: Praxis Geschichte H. 2/1996, S. 40–42.
Geschichte lernen Sammelband: Spiele(n) im Geschichtsunterricht, Seelze 2006.
Gotschy-Weithmann, Alexandra/Roser, Hubert, Das Goldene Geschichtsabzeichen – ein Quiz: in: Praxis Geschichte H. 5/2002, S. 9–11.
Grünauer, Karl-Heinz, Geschichte – Quiz Altertum, München: pb 1995.
Grünauer, Karl-Heinz, Geschichte – Quiz Mittelalter, München: pb 1995.
Grünauer, Karl-Heinz, Geschichte – Quiz 19. Jahrhundert bis Weimarer Republik, München: pb 1995.
Grünauer, Karl-Heinz, Geschichte – Quiz Neuzeit bis Ende 18. Jahrhundert, München: pb 1998.
Hanke, Eckard, Worträtsel im Geschichtsunterricht. Eine Möglichkeit zur Motivierung, Erarbeitung und Ergebnissicherung, in: Geschichte lernen H. 28 (1992), S. 43–45. Wiederabdruck in: Geschichte lernen Sammelband: Geschichte lehren und lernen, Seelze 1997, S. 138–140.
Haug, Sabine, Jag das Mammut! Spielerische Ergebnissicherung einer Unterrichtsreihe zur Steinzeit, in: Geschichte lernen, H. 142 (2011), S. 51–61.

Heitmann, Friedhelm, Historix & Co. 30 Geschichtsspiele für Klasse 6–13, Lichtenau: AOL 1991.
Heitmann, Friedhelm, Leben im alten Ägypten, in: Praxis Geschichte H. 2/1996, S. 10–12.
Heitmann, Friedhelm, Spiel mal Geschichte, Bd. 1: Ur- und Frühgeschichte/Altertum, Bd. 2: Mittelalter/Frühe Neuzeit, Bd. 3: Neuzeit, Donauwörth: Auer 2000/2001/2001.
Huber, Heide, Lernspiele Römerzeit, Mülheim: Verlag an der Ruhr 1999.
Huber, Heide, Projektmappe: Die Römerzeit, Mülheim: Verlag an der Ruhr 2001.
Jackwerth, Christa/Rüger, Eckhard, I love Geschichte, 3 Bde.: Mittelalter, Entdecker und Eroberer, Industrialisierung, Lichtenau: Freiarbeit Verlag 1990/91.
Jahnke, Rainer, „Rätsel-bar". Vorschläge für den Einsatz von Rätseln im Geschichtsunterricht, in: Geschichte lernen H. 46 (1995), S. 9–12. Wiederabdruck in: Geschichte lernen Sammelband: Geschichte lehren und lernen, Seelze 1997, S. 141–144.
Jung, Norbert, Dienste und Abgaben – ein Würfelspiel, in: Praxis Geschichte H. 3/2004, S. 40–42.
Koring, Brigitte, Wer kann das bezahlen? Währungen, Einkommen und Preise im alten Rom, in: Geschichte lernen H. 21 (1991), S. 27–31. Wiederabdruck in: Geschichte lernen Sammelband: Antike, Seelze 1996, S. 85–89.
Korsch, Gustavo, Das große Quiz zum 20. Jahrhundert. Ein Jahrhundert wird enträtselt, Mühlheim: Verlag an der Ruhr 2000.
Latzel, Isabell/Mann, Myriam/Volk, Kirstin, Zeitsprung. Ein Lern- und Ereignisspiel, in: Praxis Geschichte H. 2/1996, S. 13–15.
Leiß, Dominik, Reichstadt Frankfurt am Main. Ein Spiel zur Sozialstruktur einer mittelalterlichen Stadt, in: Geschichte lernen H. 88 (2002) S. 30–33.
Lernerlebnis: Entdecken – Handeln – Verstehen. Bd. 1: Ägypten – Hochkultur am Nil, erarb. von Roswitha Tewes-Eck und Erich Dunkel, Paderborn: Schöningh 2000.
Lienert, Eva Maria und Wilhelm, 50.000 Frauen zum Tee geladen. Historische Persönlichkeiten im Domino, in: Praxis Geschichte H. 2/1996, S. 52–55.
Lienert, Eva Maria und Wilhelm, Denk-mal ans Kloster. Ein Klosterspiel, in: Praxis Geschichte H. 6/2003, S. 38–41.
Lük-Lernspiele aus dem Westermann Verlag. Geschichte 1: Vorgeschichte und Frühe Hochkulturen, Braunschweig 1996. Geschichte 2: Grundlagen und Bausteine des modernen Abendlandes: Antike und Mittelalter, Braunschweig 1997.
Mattheis, Martin, Rechnen wie ein Ägypter vor 4000 Jahren, in: Praxis Geschichte H. 5/2003, S. 16 f.
Memory der Götter und Heroen, in: Geschichte lernen H. 16 (1990), S. 39–43. Wiederabdruck in Geschichte lernen Sammelband: Antike, Seelze 1996, S. 41–45.
Menke, Bernd, Das Mittelalterspiel, in: Geschichte lernen H. 23 (1991), S. 28–35 und Beilage. Wiederabdruck in Geschichte lernen Sammelband: Mittelalter, Seelze 1994, S. 9 und Beilage.
Neubauer, Martin, „History" – Ein Würfelspiel. Von wichtigen und unwichtigen Elementarereignissen, in: Praxis Geschichte H. 2/1996, S. 37–39.
Onken, Björn, Ich zog mit Alexander. Den Alexanderzug in einem Brettspiel erleben, in: Geschichte lernen H. 109 (2006), S. 10–13.
Peters, Uwe, Reise nach Santiago. Eine Pilgerreise als Brettspiel, in: Praxis Geschichte H. 2/2006, S. 23–27.
Peters, Uwe, Reise nach Olympia. Ein Brettspiel zum antiken Griechenland, in: Praxis Geschichte H. 3/2008, S. 42–47.
Pilz, Tobias, Wer wird Konsul? Ein Lernspiel über Karriere und Alltag in der späten römischen Republik und frühen Kaiserzeit, in: Geschichte lernen 117 (2007), S. 40–43.
Potente, Dieter, Mitmach-Geschichte, 3 Bde., Lichtenau: AOL 1992/93.
Potente, Dieter, Grundwissen Geschichte. Von der Steinzeit bis zur Gegenwart, Lichtenau: Freiarbeit Verlag 1995.

Potente, Dieter, Die PC-Lernbox Grundwissen Geschichte, Lichtenau: Freiarbeit Verlag 2000.
Potente, Dieter, Projektmappe Ägypten. Materialien für einen handlungsorientierten Unterricht, Berlin: Cornelsen 2001.
Quiz-Kartenspiele (8 Sets), Köln: Aulis-Verlag o. J.
Rißmann, Jürgen, „Eine Reise durch Polen", in: Praxis Geschichte H. 3/1993, S. 46 und Beilage.
Rückert, Horst, „Machtergreifung". Ein Spiel in 5 Schritten, in: Praxis Geschichte H. 5/1989, S. 54–57.
Sauer, Michael (Hrsg.), Geschichte (er)spielen. Lern- und Rollenspiele für den Unterricht, Bamberg: Buchner 2009 (CD-ROM).
Schüler, Ingeborg, „Ein richtiger Krisenstrudel". Die Weltwirtschaftskrise von 1929 im Spiel, in: Praxis Geschichte H. 2/1996, S. 50 f.
Schütte, Jana Madlen, Saeculum. Das Zeitleisten-Spiel Geschichte, Seelze: Friedrich 2008.
Seidler, Daniela, Gegen den Zahn der Zeit. Ein Geschichtsspiel, in: Geschichte lernen H. 59 (1997), S. 34–37.
Sewohl, Alexander, Reise nach Olympia. Ein Brettspiel zum antiken Griechenland, in: Praxis Geschichte H. 3/3008, S. 42–47.
Seyler, Karl-Heinz, Geschichte – Quiz Deutschland nach 1945, München: pb 2001.
Seyler, Karl-Heinz, Geschichte – Quiz Nationalsozialismus und Zweiter Weltkrieg, München: pb 2001.
Seyler, Karl-Heinz, Spielend durchs Mittelalter, München: pb o. J.
Stöckle, Frieder, Spiele mit alten Redensarten, Berufen und Gegenständen, in: Geschichte lernen H. 23 (1991), S. 36–39. Wiederabdruck in: Geschichte lernen Sammelband: Geschichte lehren und lernen, Seelze 1997, S. 134–137.
Stubbe, Sinika, Memory der ägyptischen Götter, in: Geschichte lernen H. 82 (2001), S. 46–48.
Sulzenbacher, Gudrun (Hrsg.), Thema Ötzi. Didaktische Materialien zum Mann aus dem Eis, Wien/Bozen: Folio 1999.
Sulzenbacher, Gudrun (Hrsg.), Bauer, Schmied und Lodenweber. Vom Leben und Arbeiten in alter Zeit (Didaktische Materialien zum Südtiroler Volkskundemuseum), Wien/Bozen: Folio 2001.
Wenzel, Birgit, „Das große Spiel des Wissens". Spiele zur Stoffsicherung und Wiederholung, in: Geschichte lernen H. 23 (1991), S. 22–27. Wiederabdruck in: Geschichte lernen Sammelband: Geschichte lehren und lernen, Seelze 1997, S. 128–133.
Winke, Cora, „Wir werden Millionäre" – Ein Gruppenquiz zum Testen und Erweitern von historischem Wissen, in: Geschichte lernen H. 87 (2002), S. 56–59.
Winke, Cora, Von der Antike bis zur Gegenwart. Rätsel zur Wiederholung und Festigung, in: Geschichte lernen H. 87 (2002), S. 60–65.

Szenische Spiele
Baiguini, Gabriel/Gugelmann, Marc, Geschichte im Spiel erleben. Situationsspiele vom Altertum bis zur Gegenwart, Braunschweig 2000.
Barricelli, Michele, Ein historisches Rollenspiel durchführen. August 1914 – Paul Schneider will in den Krieg ziehen, in: Barricelli, Michele u. a. (Hrsg.), Historisches Wissen ist narratives Wissen. Aufgabenformate für den Geschichtsunterricht, Berlin 2008, S. 97–106.
Bernhardt, Markus, Ein Weltreich sucht den Supergott. Konkurrierende Kulte und Religionen – eine Simulation, in: Geschichte lernen H. 100 (2004), S. 38–45.
Braun, Richard, Das „Massaker" von Boston am 5. März 1770, in: Praxis Geschichte H. 3/1988, S. 15–18.
Brehmer, Katja, Die Debatten der Frankfurter Nationalversammlung. Ein Rollenspiel zu einer historischen Entscheidungssituation, in: Geschichte lernen H. 61 (1998), S. 53–57.
Edel, Andreas u. a. (Hrsg.), Krieg oder Frieden? Ein Planspiel zur Außenpolitik in der Epoche Friedrichs des Großen. Für den historisch-politischen Unterricht, Stuttgart u. a.: Klett 1999.

4 Lehren und Lernen – Prinzipien und Methoden

Emer, Wolfgang, Mit verteilten Rollen. Spiel- und Gestaltungsaufgaben im Geschichtsunterricht, in: Friedrich Jahresheft 2003: Aufgaben. Lernen fördern – Selbstständigkeit entwickeln, Seelze 2003, S. 100–102.

Geschichte lernen Sammelband: Spiele(n) im Geschichtsunterricht, Seelze 2006.

Gienger, Johannes, Hätte der König seinen Kopf retten können? Die Französische Revolution im Rollenspiel, Stuttgart u. a.: Klett 1996.

Gramatzki, Hildegard, Spiele im Geschichtsunterricht der Sekundarstufe I, 2 Hefte, Stuttgart 1995.

Huber, Heide, Rutilo und Julia. Ein römisch-germanisches Rollenspiel, in: Geschichte lernen H. 29 (1992), S. 26–32.

Hohmann, Franz (Hrsg.), Kurze Szenen und Rollenspiele für den Geschichtsunterricht, Bamberg 2007 (mit CD).

Jüttner-Hötker, Marion, Senatorensöhne, Sklavensöhne. Eine Spielidee zu Gesellschaftsstruktur und Lebensweisen im alten Rom, in: Geschichte lernen H. 45 (1995), S. 19–23.

Jüttner-Hötker, Marion, Kinderarbeit im 19. Jahrhundert. Rollen-Podiumsdiskussion als Methode der Quellenarbeit, in: Geschichte lernen H. 46 (1995), S. 50–56. Wiederabdruck in: Geschichte lernen Sammelband: Geschichte lehren und lernen, Seelze 1997, S. 92–96.

Jung-Paarmann, Helga, Die Kongo-Konferenz 1884–85 in Berlin. Informationen und Materialien für ein Rollenspiel, in: Geschichte lernen H. 31 (1993), S. 46–52. Wiederabdruck in: Geschichte lernen Sammelband: Geschichte lehren und lernen, Seelze 1997, S. 110–116.

Klopsch, Stefan, „Der Kaiser hat einen neuen Gott". Christianisierung mit darstellendem Spiel nachvollziehen, in: Geschichte lernen H. 100 (2004), S. 25–33.

Koesterke, Lars, „Kampf um Hanseburg". Ein Simulationsspiel, in: Geschichte lernen H. 58 (1997), S. 51–57.

Lienert, Eva Maria und Wilhelm, Ein Ende mit Schrecken. Planspiel zum Kriegsende in Nordwürttemberg, in: Praxis Geschichte H. 5/1990, S. 47–51.

Lienert, Eva Maria und Wilhelm, Stets gehorsam und ehrerbietig. Dienstmädchen und Stellenvermittlung – ein Rollenspiel, in: Praxis Geschichte H. 4/1998, S. 22–26.

Mannigel, Holger, Gegen jedes Recht. Die Vertreibung der Indianer im frühen 19. Jahrhundert, in: Praxis Geschichte H. 2/2008, S. 24–29.

Meier, Bernd-Dieter/Meier, Klaus-Ulrich, Einen historischen Täter vor ein Tribunal stellen (Thema Hexenverfolgung). Beitrag zur Förderung reflektierter historischer Urteilsbildung, in: Geschichte lernen H. 107 (2005), S. 36–40.

Müller, Jürgen u. a., Die Julikrise 1914 im Planspiel. Bericht über eine innovative Lehrveranstaltung [an der Universität], in: GWU 55, 2004, H. 5/6, S. 305–318.

Neufert, Wolfgang/Oelze, Horst, „… und der Zukunft zugewandt!?" Erfahrungsbericht über ein Entscheidungsspiel zum 8. Mai 1945, in: Geschichte lernen H. 43 (1995), S. 43–47. Wiederabdruck in: Geschichte lernen Sammelband: Geschichte lehren und lernen, Seelze 1997, S. 103–107.

Peter, Veronique/Sieberns, Jens, Seine Majestät wünscht: „Beschwert Euch!" Die Cahiers de Doleance – ein Simulationsspiel, in: Geschichte lernen H. 60 (1997), S. 19–22.

Peters, Uwe, Auf dem Marktplatz. Ein Brett- und Rollenspiel zum mittelalterlichen Markt, in: Praxis Geschichte H. 4/2008, S. 34–39.

Pflefka, Sven, „Nicht ohne Bitterkeit des Herzens". Die konsensuale Herrschaft Friedrich Barbarossas, in: Geschichte lernen, H. 135/2010, S. 50–57.

Sänger, Christoph, Die Erklärung der Menschen- und Bürgerrechte. Simulationsspiel zur gesellschaftlichen Neuordnung 1789, in: Geschichte lernen H. 60 (1997), S. 30–33.

Sauer, Michael (Hrsg.), Geschichte (er)spielen. Lern- und Rollenspiele für den Unterricht, Bamberg: Buchner 2009 (CD-ROM).

Scheller, Ingo, Die französische Revolution als Revolution bürgerlicher Männer. Szenische Interpretation durch Rollen schreiben, in: Praxis Geschichte H. 2/1997, S. 20–25.

Schnackenberg, Martin, Muslime in Europa. Ein Rollenspiel zum Thema Islam, in: Praxis Geschichte H. 4/2006, S. 20–24.

Schröder, Helge, Die Stunde von Salamis. Warum verteidigten sich die Athener gegen das persische Weltreich? Ein szenisches Rollenspiel, in: Geschichte lernen H. 75 (2000), S. 28–34.
Sieberns, Jens, „... die teure Frucht von dreißig jammervollen Kriegsjahren". Der Westfälische Friedensschluss im Rollenspiel, in: Geschichte lernen H. 65 (1998), S. 54–60.
Stelling, Rüdiger, Von der Februarrevolution zur Oktoberrevolution 1917. Ein Simulationsspiel, in: Geschichte lernen H. 23 (1991), S. 51–56. Wiederabdruck in: Geschichte lernen Sammelband: Geschichte lehren und lernen, Seelze 1997, S. 97–102.
Stelling, Rüdiger, Frontier. Ein Siedler-Spiel, in: Geschichte lernen H. 81 (2001), S. 30–35.
Weber, Erika/Sauer, Michael, Stadt im Bauernkrieg. Ein Rollenspiel am Beispiel der Stadt Heilbronn, in: Geschichte lernen H. 55 (1996), S. 38–42.
Winke, Cora, Sklavenmarkt auf Delos. Geschichtserzählung und Rollenspiel, in: Geschichte lernen H. 87 (2002), S. 22f.
Witschi, Beat, Spielwelt Geschichte. Über 60 Simulationsspiele für den Geschichtsunterricht, Bern 2006.
Witschi, Beat, Geschichte spielen. Simulationsspiele im Geschichtsunterricht, Neuried 2006.
Wrege, Katharina, „The American Way of Life". Ein Simulationsspiel zum Börsenkrach vom 25. Oktober 1929, in: Geschichte lernen H. 81 (2001), S. 47–54.
Zorbach, Dirk, Wettlauf ins All. Ein Rollenspiel zum „Space Race" der Supermächte, in: Geschichte lernen H. 94 (2003), S. 26–33.

4.3.11 Üben und Wiederholen

Neue Kenntnisse und Einsichten müssen im Bewusstsein verankert werden, wenn sie nicht schnell wieder verloren gehen sollen. Deshalb ist die Festigung ein wesentlicher Bestandteil von Wissensvermittlung und -erwerb. Im Geschichtsunterricht kommt sie freilich oft zu kurz. Noch bis in die Sechzigerjahre war Geschichte (auch) ein (Auswendig-)Lernfach, in dem Namen, Daten und Fakten gepaukt werden mussten. Das hat sich inzwischen gründlich verändert. Das Einprägen einzelner Wissenselemente spielt im heutigen Geschichtsunterricht keine große Rolle mehr. Deshalb kommen auch kleinschrittige, stark repetitive Formen der Wiederholung und Übung kaum mehr zur Geltung. Aber selbst wenn es nicht um Daten, sondern um weitere inhaltliche Zusammenhänge und Strukturen oder um methodische Kompetenzen geht – wer die Festigung vernachlässigt, gefährdet den Ertrag des ganzen Unterrichts. Drei Aspekte sollen hier unterschieden werden:

Wiederholung
Wiederholung ist die Grundvoraussetzung für Lernen. Neu Gelerntes sollte mehrfach und beim ersten Mal sehr bald wiederholt werden. Mit einer Wiederholung des Stoffes der vorigen Stunde am Beginn der nächsten ist es deshalb nicht getan, zumal beim Nebenfach Geschichte die Abstände zwischen den einzelnen Stunden verhältnismäßig groß sind. Die Wiederholung kann sich auf kleine Lerneinheiten und auf größere Zusammenhänge beziehen. Schon wenn eine Schülerin oder ein Schüler die Antwort einer oder eines anderen aufgreift, nachformuliert und weiterführt, ist dies eine erste sinnvolle Wiederholung. Eine von der Lehrkraft ausdrücklich intendierte Wiederholung sollte dann am Ende der

Stunde oder eines Lernabschnitts, eine weitere am Beginn der nächsten Stunde stattfinden – das muss keineswegs immer ein konventionelles Abfragen sein. Auch die Hausaufgabe (vgl. Kap. 4.3.12) – im Fach Geschichte oft vernachlässigt – kann der Rekapitulation dienen. Eine weiträumigere Wiederholung ist schließlich zum Abschluss einer größeren thematischen Einheit sinnvoll.

Die Wiederholung kann im Unterrichtsgespräch erfolgen; für die Schülerinnen und Schüler motivierender sind oft speziellere Arbeitsmaterialien: Arbeitsblätter, Lückentexte, Wissensspiele (vgl. zu Spielen Kap. 4.3.10). Der Wechsel von Medien und Methoden und die spielerische Form bieten einen besonderen Anreiz, die eigenen Kenntnisse zu prüfen und zu festigen. Auf diese Weise können sich die Schülerinnen und Schüler auch selber ein Bild vom eigenen Lernfortschritt und Wissensstand machen. Aus Sicht der Lehrkraft gibt es bei diesem Verfahren eine gewisse Überschneidung mit Lern- und Leistungskontrollen.

Festhalten und „Umwälzen" des Gelernten
Wichtig, aber oft vernachlässigt ist das selbstständige Festhalten des Gelernten. Was im Unterricht verarbeitet wurde, sollten Schülerinnen und Schüler in einem eigenen Geschichtsheft oder -ordner in geeigneter Form aufzeichnen (vgl. Kap. 6.1.1). Das kann eine selbstformulierte Zusammenfassung oder ein Stundenprotokoll sein. Wer etwas darüber zu Papier bringen will, muss das Erarbeitete neu durchdenken und strukturieren; darin liegt der tiefere Sinn des Verfahrens. Eine besonders ertragreiche und attraktive Art und Weise, in der man Arbeitsergebnisse konzentriert zusammenfassen kann, ist das Schaubild (vgl. genauer Kap. 6.2.1). Damit ist nicht das von der Lehrkraft vorgegebene Tafelbild gemeint, sondern eine von den Schülerinnen und Schülern selber entworfene Darstellung. Eine Strukturskizze etwa kann man nur zeichnen, wenn man sich über Bezüge, Hierarchisierungen, Ursachen und Wirkungen im Klaren ist. Das ist weitaus mehr als nur eine Wiederholung: Was gelernt werden soll, wird erheblich besser behalten, wenn man es selber in eine sinnvolle logische Struktur gebracht hat. Aufzeichnungen erfüllen also einen mehrfachen Zweck: Sie dienen der Wiederholung, Strukturierung und Dokumentation des Erarbeiteten und bilden damit zugleich die Basis für spätere Rekapitulation, vielleicht auch für eine Präsentation nach außen (als Wandzeitung, Poster, Ausstellung) (vgl. insgesamt Kap. 6).

Üben
Üben bedeutet Eintrainieren von Fertigkeiten und Verfahren. Im Geschichtsunterricht müssen keine Rechtschreibregeln, Rechenverfahren, fremdsprachlichen Skills oder Anwendungen physikalischer Formeln trainiert werden. Auf der inhaltlichen Ebene spielt Üben deshalb hier keine Rolle, wohl aber auf der methodischen. Methodenkompetenz können Schülerinnen und Schüler auch im Fach Geschichte nur durch Übung erwerben. Solche Methoden, z.B. die Interpretation von Texten, Bildern oder statistischen Darstellungen (vgl. Kap. 5), soll-

ten deshalb nicht nur hier und dort angewendet, sondern exemplarisch vermittelt werden. Dazu müssen sie an geeigneten Beispielen bewusst gemacht und wiederholend und weiterführend trainiert werden. Ein solches „Methodencurriculum" steckt allerdings noch in den Kinderschuhen. Die Methodenkapitel in den Schulbüchern stehen noch allzu isoliert neben den Darstellungsteilen, ein Wiederaufgreifen einzelner Verfahren mit definiertem Anforderungszuwachs und Lernfortschritt findet nur in Ansätzen statt. Es bleibt deshalb Aufgabe der Lehrkraft, entsprechende Arbeitsverfahren so oft wie möglich explizit anzusprechen, von den Schülerinnen und Schülern durchführen, erläutern und begründen zu lassen. Damit vollbringen diese zugleich eine Transferleistung (vgl. Schneider 2009). Transfer bedeutet, dass Kenntnisse und Fertigkeiten, die an einem Gegenstand erworben werden, auf einen anderen übertragen werden können. Inhaltlich sind dafür die Möglichkeiten im Geschichtsunterricht begrenzt: Historische Fälle und Situationen sind komplex, ein einfaches „Lernen aus der Geschichte" gibt es nicht. Transfer kann deshalb vor allem im Bereich der Analysemethoden oder der Arbeit mit Begriffen stattfinden.

Weiterführende Literatur

Grosch, Waldemar, Üben, Hausaufgaben, Wiederholen, in: Mayer, Ulrich/Pandel, Hans-Jürgen/Schneider, Gerhard (Hrsg.), Handbuch Methoden im Geschichtsunterricht, Schwalbach/Ts. 3. Aufl. 2011, S. 686–701.
Kneile-Klenk, Karin, Pauken oder Lernen? Abwechslungsreich Wiederholen und Festigen im Geschichtsunterricht, Schwalbach/Ts. 2008.
Paradies, Liane/Linser, Hans-Jürgen, Üben, Wiederholen, Festigen, Berlin 2003.
Sauer, Michael, Verarbeitung, Dokumentation und Präsentation von Lernergebnissen, in: Mayer, Ulrich/Pandel, Hans-Jürgen/Schneider, Gerhard (Hrsg.), Handbuch Methoden im Geschichtsunterricht, Schwalbach/Ts. 3. Aufl. 2011, S. 634–648.
Schneider, Gerhard, Transfer. Ein Versuch über das Behalten und Anwenden von Geschichtswissen, Schwalbach/Ts. 2009.
Üben und Wiederholen. Sinn schaffen – Können entwickeln. Friedrich Jahresheft XVIII, Seelze 2000.

4.3.12 Hausaufgaben

Hausaufgaben sind Arbeiten, die Schülerinnen und Schüler alleine und selbstständig außerhalb der Unterrichtszeit erledigen (sollen). Im weiteren und anspruchsvolleren Sinne fallen darunter auch Ausarbeitungen wie Referate und Facharbeiten (vgl. Kap. 6.1.2 und 6.1.3). An dieser Stelle geht es aber ausschließlich um die „klassischen", kleineren, meist von Stunde zu Stunde gegebenen Hausaufgaben. Ihre Funktionen: Sie sollen im Unterricht erarbeitetes oder angebahntes Wissen und Können festigen oder vertiefen (durch Wiederholung, Erweiterung, Anwendung, Übertragung, Systematisierung); oder sie sollen auf nachfolgende Unterrichtsthemen vorbereiten und zu ihnen hinführen. Darüber hinaus geht es um die Habitualisierung von grundlegenden Lern- und Arbeitskompetenzen: Selbstorganisation und Selbstdisziplinierung (dazu gehören

„Zeitmanagement" oder die Gestaltung der eigenen Lernumgebung), Vollständigkeit, Genauigkeit und Sauberkeit in der Ausführung. Und schließlich: Hausaufgaben sind eine der wenigen Möglichkeiten für Eltern, einen Eindruck vom Unterricht und vom Lernen ihrer Kinder zu erhalten.

Die wichtigsten Einwände gegen Hausarbeiten lauten: Da Hausaufgaben in den meisten Fällen reproduktiv sind, haben sie kaum Lern- oder Motivationseffekte. Und die Lernchancen bei Hausaufgaben sind höchst ungleich verteilt, weil das häusliche Umfeld dabei eine massive Rolle spielt (Interesse der Eltern und Unterstützung durch sie; Informationsmöglichkeiten durch Bücher und Computer; eigener, störungsfreier Arbeitsplatz). Im gegenwärtigen deutschen Schulsystem wird man freilich schon deshalb nicht völlig auf Hausaufgaben verzichten können, weil die vorherrschende Halbtagsschule zusätzliche häusliche Lernzeit benötigt. Selbst wenn Schülerinnen und Schüler des Gymnasiums sich mittlerweile wegen der auf acht Jahre reduzierten Schulzeit tagtäglich länger in der Schule aufhalten als früher, sind doch in aller Regel die Ausstattungs- und Betreuungsbedingungen, die zu einer echten Ganztagsschule gehören, nicht vorhanden. Deshalb kommt auch die Integration von Hausaufgabenfunktionen in den Unterricht, wie sie im Rahmen einer Ganztagsschule möglich wäre, bislang nur in Ausnahmefällen infrage. Von den Schülerinnen und Schülern selber und von ihren Eltern werden Hausaufgaben – vermutlich aus Gründen der Konvention – erstaunlich positiv beurteilt. Empirische Untersuchungen zum generellen Nutzen von Hausaufgaben kommen zu keinen eindeutigen Ergebnissen. Häufigere kurze Hausaufgaben scheinen bessere Effekte zu erzielen als unregelmäßige und längere. Methoden der Selbstreflexion und der Selbstregulation können anscheinend die Wirksamkeit von Hausaufgabenlernen erhöhen (vgl. zu empirischen Untersuchungen Mischo/Haag 2010).

Wie lassen sich Hausaufgaben trotz und unter Berücksichtigung der genannten Einwände sinnvoll gestalten? Rein reproduktive Hausaufgaben (Nachlesen im Geschichtsbuch) sollten möglichst reduziert werden. Bei der Nachbereitung sind Hausaufgaben besonders sinnvoll, wenn sie erworbenes Wissen geistig umwälzen; das kann am besten durch Transformierung in eine neue Form geschehen, die stets auch mit der Anwendung und dem Training methodischer Kompetenz verbunden ist (vgl. Kap. 4.3.11, mit dem es im Folgenden Überschneidungen gibt). Die eigenständige *Zusammenfassung von Wissen* kann geschehen, indem Schülerinnen und Schüler eine Strukturskizze oder ein Plakat entwerfen, einen Eintrag für ein Schülerlexikon formulieren oder aber einen Zeitleistenabschnitt erstellen. Ein zweiter Zugang ist die *Perspektivierung*: Schülerinnen und Schüler nehmen ein behandeltes Thema aus einer neuen, bislang nicht bedachten Sicht wahr. Dafür kommen entsprechende handlungsorientierte Arbeitsaufträge infrage: Sie können – in der Rolle eines Zeitgenossen – einen Brief, eine Rede, einen Zeitungsartikel oder einen Reisebericht schreiben. Eine noch anspruchsvollere Möglichkeit besteht darin, dass sie sich nicht nur mit dem Lerngegenstand befassen, sondern ausdrücklich auch ihre *Beschäftigung mit ihm dokumentieren und reflektieren.* Dazu kann ein Stundenprotokoll dienen, das dann aber weniger ergebnis- und damit sachbezogen ist, sondern vielmehr die Fragen, Denkbewegungen und Arbeitsweisen festhält, mithilfe derer sich die Klasse mit dem Thema auseinandergesetzt hat. All dies sind Formen produktiver geistiger Auseinandersetzung, die den Lerngegenstand gewissermaßen noch einmal neu modellieren. Eine vierte Variante ist die *exemplarische Vertiefung:* Beispielsweise können die Schülerinnen und Schüler beim Thema Mittelalter herausfinden, welches Gebäude in ihrem Ort aus dieser Zeit noch erhalten ist, und dazu einen kleinen Steckbrief anfertigen. Auch die Lektüre eines Jugendbuchs und eine kurze Rezension dazu lässt sich in diesem Sinne nutzen.

Ähnlich steht es mit der vorbereitenden Hausaufgabe: Auch hier sollte es nicht allein um den Erwerb von Informationen, sondern möglichst schon um deren Formung, Anwendung oder Zuspitzung gehen. Die Aufgabenstellungen können von unterschiedlicher Komplexität sein: den Verfassertext im Schulbuch anhand eines vorgegeben Rasters auswerten, eine Pro- und Kontra-Liste erstellen, ein kurzes Thesenpapier verfassen. Eigenständige Recherche und damit die Bereitstellung von Material für den Unterricht ist sicher nur in Ausnahmefällen möglich: Die Schülerinnen und Schüler bringen Familienfotos oder Sachquellen von zuhause mit und erläutern sie; sie befragen ihre Eltern oder andere Erwachsene zur Kindheit in den Sechzigerjahren; sie führen eine themenbezogene Erkundung durch.

Wie können Lehrkräfte den unterschiedlichen häuslichen Hintergrund von Schülerinnen und Schülern – oder allgemeiner gefasst: unterschiedliche individuelle Lernvoraussetzungen – bei ihrer Hausaufgabenstellung berücksichtigen? Im Grunde gehört es zu den Vorzügen von Hausarbeiten, dass Schülerinnen und Schüler ihr Arbeitstempo selber wählen können und die Möglichkeit haben, ihren Lernstand selber zu überprüfen. Allerdings kann dies auch zu ständiger Überforderung und Demotivierung langsamerer Arbeiter führen. Als Differenzierungsmöglichkeit bietet sich beispielsweise an, dass die Lehrkraft verschiedenartige Aufgaben mit gleicher Zielsetzung, aber unterschiedlichem Anspruchsniveau und Arbeitsaufwand zu formulieren versucht. Und es gibt die Möglichkeit, für leistungsfähigere Schülerinnen und Schüler Zusatzaufträge zu vergeben (z. B. das Experteninfo als Ergänzung zum Schulbuch).

Einige – nicht fach-, sondern allgemeindidaktische – Grundsätze sollten bei der Hausaufgabenstellung stets berücksichtigt werden. Hausaufgaben müssen klar formuliert werden (am besten schriftlich an der Tafel). Sie sollten für Schülerinnen und Schüler nachvollziehbar und subjektiv sinnvoll sein. Die Lehrkraft muss die Anforderung und den Zeitaufwand realistisch einschätzen, insbesondere mit Blick auf schwächere Schülerinnen und Schüler, und die Hausaufgabenbelastung durch andere Fächer (nachfragen, wie lange die Schüler für die Hausaufgaben gebraucht haben). Lehrkräfte sollten die gemachten Hausaufgaben zur Kenntnis nehmen und den Schülerinnen und Schülern Rückmeldung geben; die Ergebnisse der Hausaufgaben sollten in den Unterricht eingebracht werden. Und vielleicht das Wichtigste: Hausaufgaben sind ein integraler Bestandteil der Unterrichtsplanung; sie sollten nicht spontan und nebenbei gegeben, sondern funktional im Kontext einer Stunde bzw. Einheit entwickelt werden.

Weiterführende Literatur

Becker, Georg E./Kohler, Britta, Hausaufgaben kritisch sehen und die Praxis sinnvoll gestalten. Handlungsorientierte Didaktik, Weinheim 4., überarb. Aufl. 2002.
Grosch, Waldemar, Üben, Hausaufgaben, Wiederholen, in: Mayer, Ulrich/Pandel, Hans-Jürgen/Schneider, Gerhard (Hrsg.), Handbuch Methoden im Geschichtsunterricht, Schwalbach/Ts. 3. Aufl. 2011, S. 686–701.
Mischo, Christoph/Haag, Ludwig, Hausaufgaben, in: Rost, Detlef H. (Hrsg.), Handwörterbuch Pädagogische Psychologie, Weinheim u. a. 4., überarb. u. erw. Aufl. 2010, S. 249–256.
Petersen, Traute, Produktive Hausaufgaben im Geschichtsunterricht, in: GWU 38, 1987, H. 1, S. 33–42.
Speichert, Horst, Hausaufgaben sinnvoll machen. Mit weniger Aufwand erfolgreicher lernen, Wiesbaden 2000.

4.3.13 Lernerfolgskontrolle, Lernstandsdiagnose, Leistungsbewertung

Nach einer Zeit intensiverer Bemühungen in der Mitte der Siebzigerjahre ist dieses Thema von der Geschichtsdidaktik lange Zeit kaum behandelt worden. Das hat gewiss zu tun mit den besonderen Schwierigkeiten, die das Fach Geschichte in dieser Hinsicht hat: Wo nicht Daten und Fakten, sondern Zusammenhänge, Interpretationen und Deutungen im Mittelpunkt stehen, kommt eine schlichte Beurteilung von Antworten und Erklärungen als „richtig" oder „falsch" kaum infrage. Und im modernen Geschichtsunterricht geht es immer auch um die Entwicklung komplexer mentaler Verstehenskonzepte und Grundhaltungen (Fremdverstehen, Umgang mit Perspektivität, Fähigkeit zu historischer Sinnbildung); sie sind schwer zu diagnostizieren und noch schwerer zu bewerten. Allerdings: Jede Lehrkraft hat es in der Praxis mit diesen Aufgaben zu tun, und diese haben – neben mancher Fragwürdigkeit – auch ihren guten Sinn. Dabei gilt es zunächst, die drei Begriffe auseinanderzuhalten.

Lernerfolgskontrolle und Lernstandsdiagnose hängen eng miteinander zusammen. Lernerfolgskontrolle dient dazu festzustellen, wie weit Schülerinnen und Schüler das, was sie lernen sollen, tatsächlich gelernt haben. Das reicht von der Ebene einzelner Kenntnisse bis zu komplexen Lernleistungen. Dabei geht es zugleich um die Diagnose des individuellen Lernstandes und der Lernentwicklung der einzelnen Schülerin und des einzelnen Schülers. Am wichtigsten ist dies im Hinblick auf die Entwicklung der fachspezifischen Kompetenzen, und zwar sowohl der Deutungs- und Reflexionskompetenzen wie der Medien-Methoden-Kompetenzen; denn hier sollte sich am deutlichsten ein langfristiges, kontinuierliches und systematisches Lernen vollziehen. Die Lehrkraft sollte dies im Idealfall individuell beurteilen und daraus ggf. sogar einen spezifischen Förderbedarf ableiten können. Aber auch jeder einzelne Schüler und jede Schülerin sollte seinen und ihren Kenntnis- und Leistungsstand, seine und ihre Stärken und Lücken einschätzen können. Und der Lernerfolg der Schülerinnen und Schüler gibt zugleich Auskunft über die Tätigkeit der Lehrkraft: Waren die Anforderungen richtig dosiert, war die Vermittlung verständlich, die Festigung ausreichend, das Methodentraining intensiv genug? Letztlich geht es also um die Diagnose des Unterrichtsprozesses überhaupt. Die Frage, wie weit der Unterricht seine Ziele erreicht hat, lässt sich freilich nur dann beantworten, wenn man als Lehrkraft selber eine klare Vorstellung von seinen Intentionen hat. Genau operationalisierte, vielfältig differenzierte und hierarchisierte Lernzielkataloge, wie sie in den späten Sechziger- und den Siebzigerjahren propagiert wurden, sind für das „Denkfach" Geschichte nicht sonderlich gut geeignet, zumal dann, wenn sie im allgemeinen Bereich eher formelhaft ausfallen. Dennoch ist es sinnvoll und redlich, sich als Lehrkraft vorab möglichst präzise Rechenschaft darüber abzulegen, was die Schülerinnen und Schüler in einer Unterrichtsstunde oder -einheit an Kenntnissen, Einsichten und Kompetenzen erwerben sollen. Auch für die Schülerinnen und Schüler muss transparent sein, was von ihnen verlangt wird und an welchen Zielvorstellungen dementsprechend am Ende ihre Leistungen gemessen werden. Das gilt insbesondere für Prüfungen und Arbeiten: Gezielte Vorbereitung ist anders nicht möglich.

Lernerfolge und -leistungen können auf verschiedenen Wegen überprüft werden. Drei Bereiche lassen sich unterscheiden:

Beiträge im Unterrichtsgespräch
Im Nebenfach Geschichte spielen die mündlichen Leistungen traditionell eine verhältnismäßig große Rolle. Allerdings ist es schwierig, Schüleräußerungen im Unterricht umfassend wahrzunehmen, einzuschätzen und bis nach dem Unterricht zu erinnern – vieles daran bleibt selektiv. Und dass manche Schülerinnen und Schüler sich mündlich weitaus besser als andere in Szene setzen können, ist eine Binsenweisheit. Deshalb ist diese Form der Lernerfolgs- und Leistungsdiagnostik sehr wenig objektiv. Positiv ist dagegen, dass es sich um eine – im Rahmen von Schule – informelle Situation handelt, die nicht eigens auf Prüfung und Beurteilung zugespitzt ist; besondere Hemmungen und Ängste treten deshalb nicht in Erscheinung.

Prüfungen und Tests
Der Begriff (mündliche) Prüfung ist hier weit gefasst. Jede Wiederholung von Unterrichtsergebnissen oder das Vortragen einer vorbereiteten mündlichen Hausaufgabe kann Erkenntnisse über den Kenntnis- und Leistungsstand von Schülerinnen und Schülern erbringen, auch wenn sie weitgehend informell sind. Regelrechte formelle Prüfungen – angesetzt für einen bestimmten Termin und Zeitraum, klar definiert als Befragungssituation – sind im Geschichtsunterricht selten. Nicht zu-

letzt deshalb sind sie ungewohnt und können ängstigen. Beschränkt man sich als Prüfer nicht auf engmaschiges Abfragen, sondern lässt dem Gegenüber Zeit, eigene Gedankengänge zu entwickeln, größere Zusammenhänge zu skizzieren, selber Schwerpunkte zu setzen, und stützt den Prüfling dabei durch dosierte Impulse, dann kann eine Prüfung einen sehr umfassenden Einblick in den Kenntnisstand und das historische Denkvermögen von Schülerinnen und Schülern ermöglichen. Natürlich sind auch hier wieder die Eloquenteren im Vorteil.

Tests haben theoretisch viele Vorzüge. Sie können genau die Leistung messen, die gemessen werden soll (Validität); sie messen exakt, die Ergebnisse sind quantifizierbar (Reliabilität); die Ergebnisse sind unabhängig von der Person, die den Test durchführt (Objektivität). Allerdings sollten Tests immer auf die individuelle Lernsituation der Klasse bezogen sein. Deshalb kommen für den Geschichtsunterricht in erster Linie informelle Tests infrage, nicht aber standardisierte, die mit einer großen Zahl von Probanden im Hinblick auf ihre Zuverlässigkeit erprobt worden sind; ohnehin gibt es keinerlei aktuellere Angebote dieser Art. Außerdem eignen sich praktisch ausschließlich kriteriumsorientierte Tests, bei denen die Leistungen an den gesetzten Ansprüchen gemessen werden; normorientierte Tests, die die Leistungen des Einzelnen relativ zum Durchschnitt der Lerngruppe messen, sind für den Geschichtsunterricht wenig ertragreich, weil sie letztlich kaum etwas über die inhaltlichen Lernerfolge aussagen. Und schließlich lässt sich mit den gängigen Verfahren eher nur Fakten- und Begriffswissen abfragen, nicht aber das Verständnis von Zusammenhängen, die Deutung historischer Prozesse oder das Beherrschen von Kompetenzen, worauf es im Geschichtsunterricht vorwiegend ankommt.

Teils aus strukturellen, teils aus praktischen Gründen steht es also mit den Einsatzmöglichkeiten von Tests im Geschichtsunterricht nicht zum Besten. Wer dennoch welche nutzen will, muss sie selber entwickeln. Dabei wird es sich in aller Regel nicht um ein so differenziertes Messinstrument handeln, wie es der Begriff suggeriert, sondern eher um schlichtere Varianten. Dabei kommen die folgenden geschlossenen und offenen Aufgabenformate infrage:

- *Ergänzungsaufgabe (Lückentext)*: In einem Text werden Lücken gelassen, in denen wichtige Lernbegriffe zu ergänzen sind. Die Zahl der Buchstaben in den Lücken kann offen gelassen werden oder vorgegeben sein. Die Begriffe können genannt oder sie müssen von den Schülerinnen und Schülern selber gefunden werden. Es sollte vermieden werden, dass die Lösungen schon aus dem jeweiligen Satzkontext zu erkennen sind (Genus, Numerus).
- *Korrekturaufgabe (Fehlertext)*: In einen Text werden sachliche Fehler (falsche Namen, Daten, Anachronismen) eingebaut, die von den Schülerinnen und Schülern gefunden werden müssen.
- *Kombinationsaufgabe*: Sachbegriffe und/oder Namen und/oder Daten stehen in zwei Spalten nebeneinander und müssen von den Schülerinnen und Schülern passend einander zugeordnet werden.

- *Richtig-Falsch-Aufgabe*: Einzelne Aussagen (Items) sind von den Schülerinnen und Schülern als „falsch" und „richtig" zu markieren. Die Formulierungen müssen eine eindeutige Entscheidung zulassen.
- *Mehrfachwahlaufgabe (Multiple-Choice, Quiz)*: Auf eine vorgegebene Frage werden mehrere Antwortmöglichkeiten zur Wahl gestellt, von denen eine oder mehrere richtig sein kann oder können. Die falschen Antworten (Distraktoren) müssen plausibel formuliert sein, damit sie nicht von vornherein ausgeschlossen werden können. Je größer der Anteil richtiger Antworten an der Gesamtzahl ist, desto höher wird auch die Ratewahrscheinlichkeit. Bei der Verteilung von Punkten kann das Ankreuzen falscher Antworten mit einem Punktabzug belegt werden, um bloßes Raten (im Extremfall das Ankreuzen aller Antworten) zu vermeiden.
- *Kreuzworträtsel*: Hier reicht eine relativ lose Verknüpfung von Buchstabenkästen. Es muss keine geschlossene Form wie in Profi-Kreuzworträtseln angestrebt werden.
- *Kreuzzahlrätsel*: Eine Variante des Kreuzworträtsels mit Zahlen.
- *Silbenrätsel*: Aus vorgegebenen, vermischten Silben müssen einschlägige Begriffe zusammengesetzt werden.
- *Kurzantwortaufgabe*: Hier handelt es sich um offen formulierte Fragen, die als Antwort einen Satz oder eine kurze Ausführung verlangen. Der Vorteil besteht darin, dass die Schülerinnen und Schüler eigene Formulierungen verfertigen müssen, die aber überschaubar bleiben. Wie bei allen offenen Formaten ist die Aus- und Bewertung schwieriger als bei geschlossenen Aufgaben.
- *Historische Szenarien*: Hier wird eine historische Situation vorgegeben, in der Schülerinnen und Schüler für vorgestellte historische Personen triftige Entscheidungen, Handlungen oder Überlegungen vornehmen und begründen müssen. Es geht darum, historische Perspektivenübernahme möglichst überzeugend zu realisieren. In der Regel handelt es sich um ein offenes Format, es können aber auch unterschiedliche Reaktionsvarianten vorgegeben werden.

Lücken- oder Fehlertexte, Kombinationsaufgaben oder Rätsel können nicht nur als Lernerfolgskontrollen, sondern auch als Lernspiele zur Wiederholung eingesetzt werden.

Wichtig beim Entwurf solcher „Tests" ist, sie gleich von Anfang an in die Planung des Unterrichts einzubeziehen. Denn sie sind ja gleichsam ein Spiegel der Lernziele, die man als Lehrkraft im Auge hat. Die Aufgaben müssen also das Wesentliche dessen, worum es im Unterricht gehen sollte und ging, erfassen und einzelne thematische Teilbereiche angemessen berücksichtigen. Sie sollten nicht einseitig die Faktenebene bevorzugen, weil diese leichter abzufragen ist, sondern ein unterschiedliches Anspruchs- und Erkenntnisniveau abbilden.

Selbstständige schriftliche Ausarbeitungen
Unter diesen Punkt fallen viele Leistungen: vom Eintrag ins Geschichtsheft über das Protokoll und die schriftliche Hausaufgabe bis zu Klausuren, Referaten und Facharbeiten. Das meiste davon ist in Kapitel 6 genauer beschrieben. Insbesondere die anspruchsvolleren Formen der Ausarbeitung verlangen eigenständige gedankliche Leistungen: die Interpretation einer Quelle, die Anwendung von Begriffen, die Beschreibung, das Verständnis und die Beurteilung historischer Probleme und Prozesse, die Darbietung und argumentative Entfaltung eigener Deutungen. Das kann in stärker gebundener Form, bei der vorhandene Kenntnisse angewendet werden müssen (Klausur), aber auch in der freieren Form der Erarbeitung (Facharbeit) geschehen. Bei Klausuren lassen sich materialgebundene und freie Aufgaben unterscheiden; die von der Kultusministerkonferenz beschlossenen „Einheitlichen Prüfungsanforderungen in der Abiturprüfung" differenzieren zwischen Interpretationsaufgaben (Interpretieren von Quellen) und Erörterungsaufgaben (Auseinandersetzung mit historischen Darstellungen) – dies wären materialgebundene Aufgaben – sowie eigene Darstellungen von Geschichte (Einheitliche Prüfungsanforderungen 2005, S. 9–11). Insgesamt stellen schriftliche Ausarbeitungen eine notwendige Ergänzung zu den beiden anderen Arten der Lernerfolgskontrolle dar: Hier kommen auch Schülerinnen und Schüler zum Zuge, die im mündlichen Bereich weniger Möglichkeiten haben; es dominiert die Darstellung gegenüber bloßer Reproduktion; und es gelangen weitere Zusammenhänge historischer Betrachtung und Deutung in den Blick.

Geschichte ist traditionell eher ein mündliches Fach. Aber gerade wenn es um die Entwicklung fachspezifischer Kompetenzen geht, darf schriftliche Darstellung und Präsentation nicht vernachlässigt werden. Und nirgendwo steht geschrieben, dass es im Fach Geschichte nur mündliche Hausaufgaben geben soll. Wenn Geschichte stärker als bislang als „schriftliches Schulfach" in Erscheinung träte, täte das auch seinem innerschulischen Stellenwert gut. Denn „schriftliche Fächer" werden aller Erfahrung nach von Schülerinnen und Schülern ebenso wie von Kolleginnen und Kollegen ernster genommen als andere.

Etwas anderes als die Lernerfolgskontrolle und Lernstandsdiagnose ist die Leistungsbewertung. Diese folgt jener nicht zwangsläufig, setzt sie aber voraus. Leistungsbewertung – zumeist in Form von Zensuren – dient verschiedenen Zwecken: Schülerinnen und Schüler können anhand von Zensuren ihren individuellen Leistungsstand innerhalb des Klassenspektrums einschätzen. Auch Eltern gewinnen so ein Bild von den relativen Leistungen ihrer Kinder. Gute Zensuren sollen als positive, schlechte als negative Verstärkung die Intensivierung von Lernanstrengungen bewirken. Noten werden aber auch vielfach als Mittel der Disziplinierung eingesetzt. Über Zensuren werden Berufschancen verteilt. Und schließlich erhofft man sich von Zensuren die Prognose von Schulerfolg schon in den unteren Klassenstufen – die Zuverlässigkeit ist freilich nicht allzu hoch.

Für die Bewertung von Leistungen bedient sich die Lehrkraft in der Regel eines Punkteschemas. Die erreichbare Gesamtpunktzahl wird vorab auf zu erbringende Einzelleistungen nach dem Schwierigkeitsgrad verteilt. Dabei gibt es natürlich – je nach Art des Leistungsnachweises – mehr oder minder große Ermessensspielräume. Punktwertungen sind also trotz ihrer vermeintlichen „mathematischen Genauigkeit" keineswegs objektiv, sondern lediglich ein Hilfsmittel zur Systematisierung der Bewertung. Ein weiterer Schritt ist dann die Übertragung der Wertung in das übliche Zensuren- bzw. in der Oberstufe Punkteschema. Nach welchem Maßstab (z. B. Gauß'sche Normalverteilung) das geschieht, ist wiederum eine Ermessensfrage. Selbstverständlich spielen dabei auch pädagogische Erwägungen eine Rolle: Will ich die Anstrengungen einer schlechten Schülerin oder eines schlechten Schülers durch eine bessere Note honorieren? Soll ich durch freundliche Zensurengebung die Versetzung retten? Zensurengebung ist deshalb stets vielen Unwägbarkeiten und subjektiven Einflüssen ausgesetzt, in einem Fach wie Geschichte noch weitaus stärker als in Mathematik. Und aussagekräftig ist eine solche Leistungsbeurteilung ohnehin immer nur im Hinblick auf die jeweilige Lerngruppe; Vergleiche mit anderen Klassen und Schulen sind im Grunde unzulässig, wenngleich allgemein – bei der Vergabe von Lehrstellen oder Studienplätzen – üblich.

Weil an der üblichen Notengebung so vieles unbefriedigend ist, gibt es zahlreiche Vorschläge und Versuche, sie zu differenzieren oder andere Formen der Beurteilung an ihre Stelle zu setzen. Dabei ist es zunächst einmal wichtig, zwischen zwei möglichen Bezugsebenen der Leistungsbeurteilung zu unterscheiden: Man kann sich am Leistungsstand der Lerngruppe insgesamt oder am individuellen Lernfortschritt des Einzelnen orientieren – üblich ist das erste. Abgesehen davon ist es freilich in jedem Fall sinnvoll, die Leistungen der einzelnen Schülerin oder des einzelnen Schülers möglichst genau zu beschreiben. Voraussetzung dafür ist, dass die Anforderungen und Erwartungen zuvor ausformuliert und operationalisiert werden. Dabei sollten dann auch verschiedene Bereiche – Faktenwissen, methodische und analytische Kompetenzen – voneinander unterschieden werden. Eine derartige Unterscheidung und zusätzlich eine Differenzierung in verschiedene Anforderungsniveaus nehmen auch die „Einheitlichen Prüfungsanforderungen" vor. Für das Fach Geschichte führen sie folgende Stichpunkte an:

Einheitliche Prüfungsanforderungen in der Abiturprüfung – Geschichte

Anforderungsbereich I

„Der Anforderungsbereich I umfasst das Wiedergeben von Sachverhalten aus einem abgegrenzten Gebiet und im gelernten Zusammenhang unter rein reproduktivem Benutzen eingeübter Arbeitstechniken.
Dies erfordert vor allem Reproduktionsleistungen, insbesondere:
- Wiedergeben von grundlegendem historischen Fachwissen
- Bestimmen der Quellenart
- Unterscheiden zwischen Quellen und Darstellungen
- Entnehmen von Informationen aus Quellen und Darstellungen
- Bestimmen von Raum und Zeit historischer Sachverhalte"

Anforderungsbereich II

„Der Anforderungsbereich II umfasst das selbstständige Erklären, Bearbeiten und Ordnen bekannter Inhalte und das angemessene Anwenden gelernter Inhalte und Methoden auf andere Sachverhalte.
Dies erfordert vor allem Reorganisations- und Transferleistungen, insbesondere:
- Erklären kausaler, struktureller bzw. zeitlicher Zusammenhänge
- sinnvolles Verknüpfen historischer Sachverhalte zu Verläufen und
- Strukturen
- Analysieren von Quellen und Darstellungen
- Konkretisieren bzw. Abstrahieren von Aussagen der Quelle oder Darstellung"

Anforderungsbereich III

„Der Anforderungsbereich III umfasst den reflexiven Umgang mit neuen Problemstellungen, den eingesetzten Methoden und gewonnenen Erkenntnissen, um zu eigenständigen Begründungen, Folgerungen, Deutungen und Wertungen zu gelangen.
Dies erfordert vor allem Leistungen der Reflexion und Problemlösung, insbesondere:
- Entfalten einer strukturierten, multiperspektivischen und problembewussten historischen Argumentation
- Diskutieren historischer Sachverhalte und Probleme
- Überprüfen von Hypothesen zu historischen Fragestellungen
- Entwickeln eigener Deutungen
- Reflektieren der eigenen Urteilsbildung unter Beachtung historischer bzw. gegenwärtiger ethischer, moralischer und normativer Kategorien"

(Einheitliche Prüfungsanforderungen 2005, S. 6 f.)

Solche Auflistungen in allgemeiner Form bleiben ziemlich abstrakt (vgl. den Versuch, diese Vorgaben mit einem Kriterienraster zu operationalisieren, bei Schönemann/Thünemann/Zülsdorf-Kersting 2010, S. 34–36). In ähnlicher Weise lässt sich aber durchaus auch ein Erhebungs- und Bewertungsraster für eine spezifische Themeneinheit (auch in der Sekundarstufe I) formulieren, das dann mit den Lernzielen korrespondiert, die die Lehrkraft vorab ins Auge gefasst hat. Für das Thema „Deutsche Revolution 1848/49" könnte das etwa so aussehen:

Beispiel für einen Beschreibungs- und Beurteilungsbogen zum Thema „Deutsche Revolution 1848/49"

Inhaltliche Gesichtspunkte
- sich innerhalb der Ereignisse vom März 1848 bis Mai 1849 chronologisch orientieren können und deren inhaltliche Zusammenhänge verstehen
- die Begriffe Liberalismus, Konservatismus, Grundrechte (Menschen- und Bürgerrechte), Nation, Partei kennen und erklären können
- die Märzforderungen kennen
- die wichtigsten Strömungen in der Nationalversammlung unterscheiden können und ihre politischen Vorstellungen kennen (Monarchie – Republik, großdeutsch – kleindeutsch)
- die Nationalitätenfrage nachvollziehen können (Tschechen, Polen)
- über die Beteiligung verschiedener Bevölkerungsgruppen (Bürger, Bauern, Arbeiter) Bescheid wissen und ihre unterschiedlichen Forderungen kennen
- über den Beginn der Frauenbewegung in Deutschland 1848 Bescheid wissen
- die Gründe für das Scheitern der deutschen Revolution kennen
- die Bedeutung der Revolution und ihres Scheiterns für die deutsche Geschichte danach einschätzen können

Kompetenzen
- politisch-programmatische Quellentexte systematisch auswerten und vergleichen
- Karikaturen als spezifisches Mittel der politischen Auseinandersetzung verstehen und deren Bezüge auf zeitgenössische Personen/Ereignisse entschlüsseln (behandeltes Beispiel: F. Schröder, Heinrich von Gagern und Germania)
- Lieder als Ausdruck revolutionärer Überzeugung, Gemeinsamkeit und Propaganda verstehen und den wechselseitigen Bezug von Text und Musik nachvollziehen (behandelte Beispiele: Trotz alledem, Lied der Deutschen)
- ein Verfassungsschema lesen (Verfassungsentwurf der Nationalversammlung von 1849)
- eine Sprachenkarte entschlüsseln und die Gemengelage als Problem der Nationalstaatsbildung erkennen
- selbstständig ergänzende Informationen aus Nachschlagwerken entnehmen
- die Themenmappe vollständig führen/durch eigene Ausarbeitungen ergänzen

Ein solches Raster von Einzelaspekten kann nicht nur der Lehrkraft selber als Grundlage für Bewertungen und Zensurenfindung dienen. Es kann auch den Schülerinnen und Schülern in Form eines Rasterzeugnisses in die Hand gegeben werden. Die Beurteilungen könnten dann beispielsweise lauten:
- sicher/teilweise sicher/unsicher
- selbstständig/mit gelegentlicher Hilfe/selten ohne Hilfe
- sorgfältig/nicht immer sorgfältig/zuweilen nachlässig

Das Schema kann auch die Basis für einen Lern(entwicklungs)bericht bilden, in dem der Leistungsstand und die Leistungsentwicklung in Textform ausführlicher und individueller beschrieben werden.

Beide Zeugnisformen sind bundesweit zwar in den Grundschulen verbreitet; in den höheren Klassen kommen sie nur an einzelnen Schulen und Schulformen mit Versuchs- und Modellcharakter zum Einsatz. Jedoch spräche vieles dafür, auch normale Zensurenzeugnisse durch solche differenzierteren Beschreibungen zu ergänzen. Für die Lehrkraft ist das freilich mit einigem Arbeitsaufwand verbunden. Die Vorzüge:
- Es werden ausdrücklich und detailliert die themenbezogenen und allgemeinen Leistungen genannt, die die Lehrkraft erwartet hat, und damit die Kriterien der Bewertung offengelegt.
- Die Schülerin oder der Schüler erfährt, welche Leistungen sie/er erbracht und welche Kenntnisse und Fähigkeiten sie/er erworben hat.
- Sie oder er kann die eigene Leistungsentwicklung beurteilen, Fortschritte (oder auch Rückschritte) erkennen.
- Sie oder er erfährt, wo ihre/seine Lücken und Schwächen liegen, und erhält damit Hinweise für die weitere Arbeit.

Leistungsbeurteilung ist in unseren Schulen traditionell eine Einbahnstraße. Aber auch Lehrkräfte sollten ein Interesse daran haben zu erfahren, wie Schülerinnen und Schüler ihren Unterricht wahrnehmen und beurteilen. Es liegt deshalb nahe, sie zu einer Evaluation des gesamten Unterrichts – und damit auch der Lehrerleistung – einzuladen (vgl. allgemein Pädagogik 2001, speziell für Geschichte Witt 2003). Schließlich hängen Schülerleistungen von Lehrerleistungen ab und haben sie zur Voraussetzung. Außerdem haben Schülerinnen und Schüler stärker das Gefühl, ernst genommen zu werden und Mitverantwortung für den Lernprozess zu tragen, wenn ihr Urteil gefragt ist. Diese Rückmeldung kann auf unterschiedliche Weise geschehen: als kurze mündliche „Manöverkritik" am Ende einer Stunde oder Themeneinheit, in Form informeller und vorwiegend spontaner schriftlicher Äußerungen (Collage, Wandzeitung, Klebezettel etc.), als Brief an die Lehrkraft oder als ausdrückliche Befragung.

Schülerinnen und Schüler bewerten den Unterricht – Beispiele für Fragen

- „Glaubst du, dass das, was du im letzten halben Jahr im Geschichtsunterricht gelernt hast, für dich wichtig ist? (…)
- Hat dich der Geschichtsunterricht eher unter- oder eher überfordert oder wurdest du etwa richtig gefordert und gefördert?
- Glaubst du, dass die letzte Prüfung, die du geschrieben hast, gut und gerecht korrigiert wurde?
- Was muss ich in Zukunft unbedingt beibehalten in meinem Unterricht? Schreibe auf, was dir im Geschichtsunterricht am besten gefällt.
- Was muss ich in Zukunft in meinem Unterricht unbedingt vermeiden? Schreibe auf, was dir am Geschichtsunterricht am wenigsten gefällt."

(Gautschi 3., akt. Aufl. 2005, S. 178 f.)

Weiterführende Literatur

Adamski, Peter, Leistungen dokumentieren und bewerten (Basisartikel), in: Geschichte lernen H. 96 (2003), S. 10–17.
Becker, Georg E., Unterricht auswerten und beurteilen (Handlungsorientierte Didaktik Teil III), Weinheim/Basel 8., überarb. Aufl. 2005.
Beutel, Silvia-Iris (Hrsg.), Leistung ermitteln und bewerten, Hamburg 3. Aufl. 2006.
Borries, Bodo von, Lernziele und Textaufgaben für den Geschichtsunterricht, dargestellt an der Behandlung der Römischen Republik in der 7. Klasse, Stuttgart 1973.
Borries, Bodo von, Leistungsmessung und Leistungsbeurteilung, in: Bergmann, Klaus u. a. (Hrsg.), Handbuch der Geschichtsdidaktik, 5., überarb. Aufl. Seelze 1997, S. 475–485.
Borries, Bodo von, Test, in: Bergmann, Klaus u. a. (Hrsg.), Handbuch der Geschichtsdidaktik, 5., überarb. Aufl. Seelze 1997, S. 481–485.
Einheitliche Prüfungsanforderungen in der Abiturprüfung – Geschichte, Beschluss der Kultusministerkonferenz vom 1.12.1989 i. d. F. vom 10.2.2005 (http://www.kmk.org/fileadmin/veroeffentlichungen_beschluesse/1989/1989_12_01-EPA-Geschichte.pdf, eingesehen am 18.10.2011).
Geschichte lernen H. 96 (2003): Leistungen dokumentieren und bewerten.
Geschichte lernen H. 116 (2007): Diagnostizieren im Geschichtsunterricht.
Grosch, Waldemar, Evaluation, Lernkontrolle und Leistungsbewertung, in: Günther-Arndt, Hilke (Hrsg.), Geschichts-Didaktik. Praxishandbuch für die Sekundarstufen I und II, Berlin 4. Aufl. 2009, S. 206–218.
Grunder, Hans-Ulrich/Bohl, Thorsten (Hrsg.), Neue Formen der Leistungsbeurteilung in den Sekundarstufen I und II, Hohengehren 3. Aufl. 2008.
Helmke, Andreas, Unterrichtsqualität und Lehrerprofessionalität, Seelze 3. Aufl. 2010.
Kliemann, Sabine (Hrsg.), Diagnostizieren und Fördern in der Sekundarstufe I. Schülerkompetenzen erkennen, unterstützen und ausbauen, Berlin 2008.
Pädagogik 53, 2001, H. 5: Themenschwerpunkt Schülerrückmeldung über Unterricht, S. 6–39.
Paradies, Liane/Linser, Hans Jürgen/Greving, Johannes, Diagnostizieren, Fordern und Fördern, Berlin 4., überarb. Aufl. 2011.
Rohlfes, Joachim, Lernerfolgskontrolle, in: GWU 53, 2002, H. 3, S. 184–196.
Sacher, Werner, Leistungen entwickeln, überprüfen und beurteilen. Bewährte und neue Wege für die Primar- und Sekundarstufe, Bad Heilbrunn 5., überarb. u. erw. Aufl. 2009.

Schönemann, Bernd/Thünemann, Holger/Zülsdorf-Kersting, Meik, Was können Abiturienten? Zugleich ein Beitrag zur Debatte über Kompetenzen und Standards im Fach Geschichte, Berlin 2010.
Weinert, Franz Emanuel (Hrsg.), Leistungsmessungen in Schulen, Weinheim/Basel 2. Aufl. 2007.
Witt, Karsten, Feedback für die Lehrkraft. Schüler beurteilen Geschichtsunterricht, in: Geschichte lernen 96 (2003), S. 63–65.
Wunderer, Hartmann, Tests und Klausuren, in: Mayer, Ulrich/Pandel, Hans-Jürgen/Schneider, Gerhard (Hrsg.), Handbuch Methoden im Geschichtsunterricht, Schwalbach/Ts. 3. Aufl. 2011, S. 675–685.

4.3.14 Bilingualer Geschichtsunterricht

Die Anzahl der bilingualen Züge an deutschen Schulen nimmt Jahr für Jahr zu. Unter den Fremdsprachen liegt Englisch mit weitem Abstand an erster Stelle, Französisch ist vor allem im Südwesten – in Baden-Württemberg, Rheinland-Pfalz und dem Saarland – von Bedeutung, andere Sprachen spielen nur eine Nebenrolle. Bei den beteiligten Sachfächern sind Geschichte und Geografie die wichtigsten. Die Organisationsform des bilingualen Geschichtsunterrichts ist in den Bundesländern unterschiedlich: Teils setzt er in Klasse 7, teils auch erst in 9 ein. Meist geht in den Klassen 5 und 6 des bilingualen Zweiges eine erhöhte Stundenzahl in der jeweiligen Fremdsprache voraus, die Stundenzahl im Sachfach ist dann danach gleichfalls erhöht. Der Unterricht im Sachfach soll möglichst weitgehend in der jeweiligen Fremdsprache erteilt werden; diese ist jedoch nicht Lerngegenstand, sondern Vermittlungsinstrument („Vehikularsprache"). Statt um Lernen *der* Fremdsprache geht es also um Lernen *in der* Fremdsprache. Ziel ist eine „annähernde Zweisprachigkeit".

Die Meinungen unter den Lehrkräften des Faches sind gespalten: Während die einen auf bilingualen Unterricht schwören, argwöhnen die anderen, hier wollten die Fremdsprachen auf Kosten des Sachfaches lediglich Unterrichtszeit usurpieren. Dass der bilinguale Unterricht die Fremdsprachenkompetenz der Schülerinnen und Schüler verbessert, liegt auf der Hand und ist vielfach empirisch belegt. Leidet demgegenüber aber nicht die Qualität des historischen Lernens? Eine geistig und sprachlich adäquate Auseinandersetzung mit Geschichte, so die Bedenken, könne im bilingualen Unterricht angesichts unzureichender Fremdsprachenkenntnisse der Schülerinnen und Schüler gar nicht geführt werden – das sei im Geschichtsunterricht ohnedies schon schwer genug. Vor allem sei es verfehlt und künstlich, rein deutsche Themen in einer Fremdsprache zu behandeln. Von den Befürwortern des bilingualen Unterrichts wird dagegen ins Feld geführt, genuine Ziele des Geschichtsunterrichts würden durch die ergänzende und erweiternde Perspektive einer zweiten Sprache sogar ganz allgemein gefördert: die Fähigkeit, sich in fremde Lebenswelten hineinzuversetzen, die eigene Sichtweise zu relativieren, andere zu erproben und damit Geschichte multiperspektivisch zu betrachten, fachlich einschlägige Begriffe zu reflektieren und präzise zu verwenden. Im Verhältnis zu den Partnerländern könne die Kenntnis von Geschichte, Kultur und Sprache helfen, Interesse, Verständnis und Toleranz gegenüber dem „Fremden" zu entwickeln. Dabei werden die Akzente für Englisch und Französisch noch einmal unterschiedlich gesetzt: Bei Englisch geht es vornehmlich um eine „interkulturelle Kompetenz", orientiert an der Bedeutung des Englischen als lingua franca; beim Französischen wird eine „bikulturelle Kompetenz" akzentuiert, die sich stärker auf das Partnerland ausrichtet.

Wie steht es mit der Überprüfung dieser konträren Positionen? Die Geschichtsdidaktik hat sich mit diesen Fragen bislang weniger intensiv beschäftigt als die Fremdsprachendidaktik. Befragungen zeigen, dass der bilinguale Geschichtsunterricht bei den tatsächlich Beteiligten – Schülerinnen und Schülern wie Lehrkräften – auf weit überwiegende Zustimmung trifft. Eine Untersuchung von 38 nordrhein-westfälischen Gymnasien mit deutsch-englischem bilingualem Zweig im Jahre 1999 (das waren 70 % der bilingualen Gymnasien in NRW) führte zu folgenden Ergebnissen (vgl. Müller-Schneck 2000): 88 % der Befragten sehen inhaltliche Vorteile, auch wenn man ggf. eine Reduzierung des Stoffes in Kauf nehmen müsse. Ebenfalls 88 % akzentuieren die Chance der Perspektivenerweiterung. Die schriftliche und mündliche Darstellungskompetenz der Schülerinnen und Schüler verbessere sich in beiden Sprachen, das komme auch der fachbezogenen Denk- und Argumentationsfähigkeit zugute. 79 % der Lehrkräfte plädieren für eine Beibehaltung des bilingualen Geschichtsunterrichts. Wenn 59 % der Befragten das Niveau der bilingualen Klassen höher als das der monolingualen bewerten, so darf man dies allerdings nicht ohne Weiteres als Gewinn von bilingualem Unterricht verbuchen. Untersuchungen zur Fremdsprachenkompetenz bilingual und monolingual unterrichteter Schülerinnen und Schüler zeigen, dass bereits vor dem Einsetzen des bilingualen Unterrichts generelle Leistungsunterschiede festzustellen sind: In bilingualen Klassen sammeln sich in der Regel die leistungsstärkeren und motivierteren Schülerinnen und Schüler, die auch über einen günstigeren sozialen Hintergrund verfügen.

Bei der Verwendung der Fremd- resp. Muttersprache unterscheiden sich die Vorgaben der Rahmenrichtlinien. Teils soll tendenziell der gesamte Unterricht in der Fremdsprache erteilt werde, teils sind auch muttersprachliche Anteile vorgesehen. Aber auch bei der individuellen Praxis der Lehrkräfte gibt es Spielräume. In der genannten Befragung geben nur 13 % der Lehrkräfte an, dass die deutsche Sprache bei ihnen überhaupt nicht verwendet werden dürfe. 30 bis 40 % lassen sie bei der Klärung besonders schwieriger Sachverhalte oder Begriffe zu. „Soviel Fremdsprache wie möglich, soviel Muttersprache wie nötig" lautet die Formel, an der man sich zumeist orientiert. Auch bei der Leistungsbewertung existieren Unterschiede zwischen den Bundesländern: Die sprachlichen Leistungen sollen im einen Fall möglichst unberücksichtigt bleiben, im anderen werden sie ausdrücklich in die Bewertung einbezogen. Diese Differenzen haben sicherlich auch damit zu tun, dass bilinguale Angebote gleichsam von unten gewachsen sind. Engagierte Lehrkräfte haben sie ins Leben gerufen, die Schulbehörden haben sie nur kanalisiert.

Die Vorzüge des bilingualen Unterrichts leuchten am ehesten dort ein, wo es um Themen geht, die mit dem jeweiligen Land zu tun haben: entweder dessen Eigengeschichte oder die deutsch-englische bzw. deutsch-französische Beziehungsgeschichte. Klassische Lehrplanthemen in diesem Sinne sind die Englische, Französische und Amerikanische Revolution, die frühe Industrialisierung, der Erste Weltkrieg, 1923, der Zweite Weltkrieg und die Nachkriegszeit, der Kalte Krieg oder Europa. Hier können wichtige Quellen im Original gelesen, Karikaturen und Plakate entschlüsselt, ggf. kontroverse Positionen und Feindbilder analysiert werden. Worin der Gewinn für das Fach Geschichte liegen soll, wenn deutsche Lehrkräfte deutsche Schülerinnen und Schüler über deutsche Themen in der Fremdsprache unterrichten, ist weniger einsichtig. Aus der Perspektive des Sachfaches würden sich deshalb eher themenbezogene bilinguale Module oder Kurse anbieten. Freilich ist dies unter fremdsprachendidaktischen Gesichtspunkten weniger sinnvoll: Es geht ja gerade um die langfristige und konsequente Gewöhnung an möglichst freies und unbefangenes Sprechen und Denken in der fremden Sprache.

Wie lässt sich genauer bestimmen, welchen Ertrag für historisches Fremdverstehen bilingualer Geschichtsunterricht erbringen kann? Eine empirische Fallstudie hat am Beispiel des Themas Französische Revolution die Leistungen einer bilingualen und einer monolingualen Klasse verglichen (vgl. Lamsfuß-Schenk 2002, ähnlich auch Beetz/Blell/Klose 2005 und Clemen/Sauer 2006). Gefordert waren Stellungnahmen aus der Perspektive eines französischen Zeitgenossen. Den bilingualen Schülerinnen und Schülern gelang diese Perspektivenübernahme wesentlich besser, die monolingualen urteilten eher nach heutigen Wertmaßstäben – sowohl die historische wie die spezifisch französische Perspektive wurden also verfehlt. In derselben Untersuchung wurde den bilingualen Schülerinnen und Schülern ein genauerer Umgang mit Texten (Analyse, Argumentation anhand von Belegen) und eine präzisere Verwendung einschlägiger Begriffe attestiert. Die Autorin erklärt dies damit, dass bilinguale Schülerinnen und Schüler ein generell höheres Sprachwissen entwickeln und an einen höheren Erschließungsaufwand beim Umgang mit Texten gewöhnt werden. Allerdings ist die Frage, ob ein intensiviertes Methodenlernen im muttersprachlichen Geschichtsunterricht diese Vorteile nicht leicht ausgleichen könnte. Von wirklich abgesicherten empirischen Befunden lässt sich hier noch nicht reden.

Der Fundus an Materialien, die von deutschen Verlagen speziell für den bilingualen Geschichtsunterricht angeboten werden, hat sich in den letzten Jahren deutlich vergrößert. Vielfach greifen Lehrkräfte auch auf englische und französische Schulbücher zurück; diese lassen sich allerdings nur in Auszügen nutzen, da sie mit den deutschen Lehrplänen nicht übereinstimmen. Immer noch ist man als Lehrkraft in (noch) größerem Maße als sonst darauf angewiesen, selber geeignete Materialien zusammenzustellen.

Eine wichtige Voraussetzung für guten bilingualen Geschichtsunterricht ist eine entsprechende Qualifikation der Lehrkräfte. Zumeist besitzen sie die Fakultas in beiden einschlägigen Fächern. Allerdings wirft der bilinguale Sachfachunterricht spezielle didaktische und methodische Fragen auf; gezielte Ausbildungsangebote nehmen zu, sind aber noch längst nicht flächendeckend vorhanden (vgl. einen mittlerweile nicht mehr aktuellen Überblick in Blell/Kupetz 2005, S. 13 f.). Eine regelrechte Didaktik des bilingualen Geschichtsunterrichts existiert nicht; hilfreiche konzeptionelle Überlegungen und unterrichtspraktische Hinweise finden sich vor allem bei Richter (Richter 2002) und Wildhage (Wildhage 2002).

Weiterführende Literatur

Barricelli, Michele/Zwicker, Falk, Different words, possible words. Zum Problem des codeswitching im bilingualen Geschichtsunterricht, in: Zeitschrift für Geschichtsdidaktik 8, 2009, S. 12–24.
Beetz, Petra/Blell, Gabriele/Klose, Dagmar, Den Anderen ein Stück näher. Fremdverstehen in bilingualen Lehr- und Lernkontexten Geschichte – Englisch, in: Blell, Gabriele/Kupetz, Rita (Hrsg.), Bilingualer Sachfachunterricht und Lehrerausbildung für den bilingualen Unterricht. Forschung und Praxisberichte, Frankfurt a. M. 2005, S. 15–50.
Blell, Gabriele/Kupetz, Rita (Hrsg.), Bilingualer Sachfachunterricht und Lehrerausbildung für den bilingualen Unterricht. Forschung und Praxisberichte, Frankfurt a. M. 2005.
Clemen, Franziska/Sauer, Michael, Förderung von Perspektivendifferenzierung und Perspektivenübernahme? Bilingualer Geschichtsunterricht und historisches Lernen – eine empirische Studie, in: GWU 58, 2007, H. 12, S. 708–723.
Geiss, Peter, Vom Nutzen und Nachteil des bilingualen Geschichtsunterrichts für das historische Lernen, in: Zeitschrift für Geschichtsdidaktik 8, 2009, S. 25–39.
Gruner, Carola, Kompetenzorientiertes Lernen im bilingualen Geschichtsunterricht?, in: Zeitschrift für Geschichtsdidaktik 8, 2009, S. 40–51.
Hasberg, Wolfgang, Sprache(n) und Geschichte. Grundlegende Annotationen zum historischen Lernen in bilingualer Form, in: Zeitschrift für Geschichtsdidaktik 8, 2009, S. 52–72.
Helbig, Beate, Das bilinguale Sachfach Geschichte. Eine empirische Studie zur Arbeit mit französisch-sprachigen (Quellen-) Texten, Tübingen 2002.
Lamsfuß-Schenk, Stefanie, Bilingualer deutsch-französischer Geschichtsunterricht. Beobachtungen aus einer Fallstudie, in: GWU 53, 2002, H. 2, S. 109–118.
Müller-Schneck, Elke, Chancen und Probleme eines bilingualen deutsch-englischen Geschichtsunterrichts an Gymnasien in Nordrhein-Westfalen. Stimmen aus der Praxis, in: Geschichte, Politik und ihre Didaktik 28, 2000, H. 1, S. 41–45.
Müller-Schneck, Elke, Bilingualer Geschichtsunterricht. Theorie, Praxis, Perspektiven, Frankfurt a. M. 2006.
Richter, Norbert, Bilingualer deutsch-englischer Geschichtsunterricht. Probleme und Erfolge, in: GWU 53, 2002, H. 2, S. 87–108.
Sefrin, Alexandra, Der bilinguale Unterricht: Herausforderung und Chance für den Geschichtsunterricht – Erfahrungen und Überlegungen aus der Praxis, Zeitschrift für Geschichtsdidaktik 8, 2009, S. 73–87.
Semmet, Sylvia, Bilingualer Geschichtsunterricht – Verkappte Englischstunde oder zeitgemäßer Geschichtsunterricht?, in: Geschichte für heute 3, 2010, H. 1, S. 5–11.
Wildhage, Manfred, Von Verstehen und Verständigung. Möglichkeiten und Grenzen des bilingualen Geschichtsunterrichts (Basisbeitrag), in: Praxis Geschichte H. 1/2002, S. 4–11.

4 Lehren und Lernen – Prinzipien und Methoden

Schulbücher und Unterrichtsmaterialien

Exploring History S I. Schülerband und Workbook, Braunschweig: Westermann 2007/2008.
Exploring History S II. Schülerband und Workbook, Braunschweig: Westermann 2009.
Exploring History S II. Themenhefte, Braunschweig: Westermann 2011.
Geschichte und Geschehen bilingual. 2 Bde., Stuttgart u. a.: Klett 2009.
Geschichte und Geschehen bilingual Oberstufe. Themenhefte, Stuttgart/Leipzig: Klett 2011.
Histoire/Geschichte. Sekundarstufe II. 3 Bde., Stuttgart: Klett 2006/2008/2011.
History. Geschichtsmodule Englisch, Stuttgart/Leipzig: Klett 2007 ff.
Invitation to History. Materialien für den bilingualen Unterricht Geschichte, 2 Bde., Berlin: Cornelsen 2006/2010.
Materialien für den bilingualen Unterricht – CLIL-Modules. Geschichte, Berlin: Cornelsen 2007 ff.
Spotlight on History, 2 Bde., Berlin: Cornelsen 1995/1999.
The Bilingual History Book. Materialien für bilinguale Klassen Sekundarstufe I, Bd. 1: From the American Revolution to the First World War, Berlin: Cornelsen 2006.

Unterrichtsvorschläge

Praxis Geschichte H. 1/2002: Bilingualer Unterricht.
Die Zeitschrift „Praxis Geschichte" enthält häufig Unterrichtsvorschläge für den bilingualen Geschichtsunterricht. Sie sind zu finden unter: www.praxisgeschichte.de/suche/nach/thema/Bilingual.

5 Medien

Der Begriff „Medien" ist hier nicht im technischen Sinne gemeint; er soll vielmehr die verschiedenen Erscheinungsformen bezeichnen, in denen Geschichte als Gegenstand von Lernen und Bearbeitung den Schülerinnen und Schülern gegenübertreten kann. Geschichte ist nicht direkt, sondern stets nur vermittelt wahrnehmbar.

Grundsätzlich unterschieden werden in diesem Kapitel Quellen und Darstellungen: Die einen sind Hinterlassenschaften, die uns Aufschlüsse über eine vergangene Zeit geben können; die anderen sind Beschreibungen und Deutungen dieser Zeit aus späterer Sicht. Allerdings wird jede Darstellung mit der Zeit selber wieder zu einer Quelle, nicht jedoch für die dargestellte, sondern für ihre Entstehungszeit: Aus einem deutschen Historiengemälde von 1880, das Friedrich Barbarossa zeigt, erfahren wir nichts aus erster Hand über das Mittelalter, aber viel über die Vorstellungen, Sehnsüchte und Projektionen der Deutschen im Kaiserreich von 1871.

Die Abgrenzungen zwischen Quellen und Darstellungen sind deshalb nicht ganz säuberlich zu treffen, und darum geht auch die Gliederung dieses Kapitels nicht völlig exakt auf. So sind im Abschnitt „Bilder" (vgl. Kap. 5.1.2) unter „Quellen" auch Rekonstruktionszeichnungen behandelt, die eigentlich zu den Darstellungen gehören. Und „Historische Romane" (vgl. Kap. 5.2.6) können, wenn sie zeitgleich zum Dargestellten entstanden sind, natürlich auch eine Quelle sein. Besonders schwierig ist es, weil es sich um eine vielschichtige mediale Form handelt, beim Film (vgl. Kap. 5.1.5). Die Einordnung in diesem Kapitel richtet sich danach, welcher Aspekt – Quelle oder Darstellung – für den unterrichtlichen Gebrauch von besonderem Belang ist; nur Texte kommen in beiden Unterkapiteln vor.

Literatur zum Methodenlernen für Schülerinnen und Schüler

Bauer, Volker u. a., Methodenarbeit im Geschichtsunterricht, Berlin 1998.
Hey, Bernd u. a., Umgang mit Geschichte. Geschichte erforschen und darstellen – Geschichte erarbeiten und begreifen, Stuttgart u. a. 2004.
Horst, Uwe/Ohly, Karl Peter (Hrsg.), Lernbox Lernmethoden und Arbeitstechniken, Seelze 5. Aufl. 2005.
Praxis Geschichte H. 3/2007: In der Werkstatt des Historikers.
Rauh, Robert, Methodentrainer Geschichte Oberstufe. Quellenarbeit, Arbeitstechniken, Klausurentraining, Berlin 2010.
Sauer, Michael/Fleiter, Elke (Red.), Lernbox Geschichte. Das Methodenbuch, Donauwörth 2. Aufl. 2009.
Werner, Johannes, Geschichte. Grundlagen, Arbeitstechniken und Methoden, Freising Neuausgabe 2007.

5.1 Quellen

Im Alltag des Geschichtsunterrichts dominieren die Textquellen. Sicherlich zu Recht: Sie sind und bleiben für Historiker die wichtigste Quellengruppe und sie sind am einfachsten im Schulbuch zu präsentieren. Stärker ins Interesse von Geschichtswissenschaft und Geschichtsdidaktik sind in der letzten Zeit auch die Bildquellen gerückt; lange Zeit wurden sie vornehmlich als Illustrationen zu Texten genutzt. Vernachlässigt werden Sachquellen (und Bauwerke), obwohl sich gerade an ihnen Geschichte am ehesten „greifen" lässt. Eine Chance, Geschichte „aus erster Hand" zu erfahren, bieten schließlich auch Zeitzeugenaussagen.

Es kann im Unterricht nicht darum gehen, einzelne Quellenarten über Gebühr zu bevorzugen und andere ganz auszuschließen; ebenso wenig sinnvoll ist es freilich, frühere Vernachlässigungen nun durch Überakzentuierung gleichsam kompensieren zu wollen. Die verschiedenen Quellenarten sollten grundsätzlich als spezifische historische Erkenntnismöglichkeiten vorgestellt, genutzt und von den Schülerinnen und Schülern als solche begriffen werden. Wie intensiv das jeweils geschieht, hängt ab vom inhaltlichen Ertrag und von der Motivationskraft, die sie bieten, nicht zuletzt auch von der Zeitökonomie des Unterrichts.

Einführungen in die Quellenkunde und Quellenarbeit aus fachwissenschaftlicher Sicht

Arnold, Klaus, Der wissenschaftliche Umgang mit Quellen, in: Goertz, Hans-Jürgen (Hrsg.), Geschichte. Ein Grundkurs, Reinbek 3., rev. u. erw. Aufl. 2007, S. 48–65.
Beck, Friedrich/Henning, Eckart (Hrsg.), Die archivalischen Quellen. Mit einer Einführung in die Historischen Hilfswissenschaften, 3., überarb. u. erw. Aufl. 2003.
Brandt, Ahasver von, Werkzeug des Historikers, Stuttgart 17. Aufl. 2007.
Goetz, Hans-Werner, Proseminar Geschichte: Mittelalter, Stuttgart 3., überarb. Aufl. 2006.
Howell, Martha/Prevenier, Walter, Werkstatt des Historikers. Eine Einführung in die historischen Methoden, Köln/Weimar/Wien 2004.
Maurer, Michael (Hrsg.), Aufriß der Historischen Wissenschaften, Bd. 4: Quellen, Stuttgart 2002.
Rusinek, Bernd-A./Ackermann, Volker/Engelbrecht, Jörg (Hrsg.), Einführung in die Interpretation historischer Quellen. Schwerpunkt: Neuzeit, Paderborn u. a. 1992.
Theuerkauf, Gerhard, Einführung in die Interpretation historischer Quellen, Paderborn u. a. 2. Aufl. 1997.

5.1.1 Texte

Einige grundsätzliche Fragen der Quellenarbeit – insbesondere mit Textquellen – sind schon in Kapitel 4.3.4 behandelt worden. Oft zuwenig bedacht – auch von Schulbuchmachern – wird die Frage der Textsorte. Textquelle ist nicht gleich Textquelle. Es gibt eine ganze Anzahl sehr verschiedener Gattungen. Hier eine (alphabetische) Auflistung ohne Anspruch auf Vollständigkeit: Akten, Annalen, Aufrufe, Augenzeugenberichte, Autobiografien, Biografien, Briefe, Chroniken, Dramen, Flugblätter, Epen, Gedichte, Gesetzestexte, Grabinschriften, Lebensbeschreibungen, Legenden, Memoiren, Memoranden, Protokolle, Reden, Reiseberichte, Romane, Tagebücher, Urkunden, Verträge, Zeitungen. Zuweilen lassen sich diese Gattungen nicht ganz sauber voneinander abgrenzen (Autobiografien, Memoiren). Es gibt verschiedene Möglichkeiten, sie zu strukturieren. Eine grundsätzliche, in der Geschichtswissenschaft übliche Unterscheidung ist die zwischen Überrest und Tradition: Tradition sind Quellen, in denen ein Geschehen mit einer bestimmten Überlieferungsabsicht, mit Blick auf die Nachwelt, festgehalten und beschrieben wird; beim Überrest ist eben dies nicht der Fall. Ein Tagebuch etwa – soweit es nicht mit Blick auf eine spätere Publikation geschrieben wird – ist ein Überrest, eine Autobiografie gehört zur Tradition. Man kann die Gattungen auch noch nach diversen anderen Kriterien differenzieren: Geschäfts- oder Privatquellen, schriftliche oder mündliche (bzw. erst nachträglich verschriftlichte Quellen), normative oder deskriptive, zeitgenössisch oder rückblickend verfasste Quellen. Einzelne Gruppen lassen sich unter Oberbegriffe fassen: Selbstzeugnisse (Autobiografien, Briefe, Memoiren, Tagebücher), erzählende Quellen (Augenzeugenberichte, Chroniken, Epen, Legenden, Reiseberichte, Romane), intentionale Quellen (Aufrufe, Flugblätter, politische Gedichte, Reden), fiktionale Texte, sofern sie zeitgleich oder zeitnah entstanden sind (Dramen, Epen, Gedichte, ggf. Reiseberichte, Romane).

All diese Gliederungsversuche bleiben insofern unbefriedigend, als man kein Schema bilden kann, das sauber aufgeht, ohne dass Überschneidungen und Reste bleiben. Die genannten Begriffe können lediglich helfen, sich den Eigenarten der jeweiligen Textgattung zu nähern. Die Einsicht, dass sich verschiedene Arten von Textquellen erheblich unterscheiden, ist jedoch zentral für ihre Deutung. Für Schülerinnen und Schüler ist das umso schwerer zu erkennen, als Textquellen im Schulbuch in weitgehend gleicher Form in Erscheinung treten. Von der Eigenart eines Textes hängt auch ab, welche speziellen Erkenntnisse wir aus ihm ziehen können: Aus einer Urkunde erfahren wir nichts über die Lebensumstände von Menschen, ein mittelalterliches Epos sagt uns viel über die Idealvorstellungen der ritterlichen Welt, aber wir dürfen nicht alles wörtlich nehmen. Für jede Quellenart kann man also gleichsam in einem Steckbrief zusammenfassen, welche besonderen Informationen über die Vergangenheit sie uns zu geben vermag. Einige Beispiele (vgl. Pandel 2000, S. 73):

Wovon verschiedene Textquellenarten Zeugnis ablegen

- *(Privat-)Briefe*: Kommunikation zwischen räumlich getrennten bekannten oder vertrauten Personen, persönlich gehaltene Mitteilungen über Ereignisse und Personen, Gedanken und Befindlichkeiten des Verfassers
- *Flugblätter*: Überzeugungen, Forderungen und Kritik an Gegnern politischer oder konfessioneller Gruppierungen in komprimierter Form

- *Legenden*: weniger Informationen über die beschriebenen historischen Personen als über die Muster, nach denen eine Lebensweise als „heiligmäßig" galt
- *Memoranden*: augenblicksgebundene Situationseinschätzungen politisch handelnder Personen
- *Memoiren*: persönliche, oft im eigenen Interesse stilisierte Sichtweise vergangener Ereignisse, an denen der Verfasser beteiligt war und die er für bedeutsam hält
- *Reiseberichte*: Darstellung anderer Gegenden, Länder und Menschen aus der Fremdperspektive, wobei sich sachliche Beschreibungen, Wahrnehmungsstereotype und Projektionen mischen; Reiseberichte können auch mehr oder weniger explizit eine „Reise zu sich selbst" beschreiben
- *Tagebücher*: Kommunikation des Schreibers mit sich selbst, zeitnahe Aufzeichnungen über persönliche Erlebnisse, Gedanken, Befindlichkeiten mit dokumentierendem und/oder reflektierendem Charakter
- *Zeitungen*: aktuelle Momentaufnahme eines ganzen Spektrums von Lebensbereichen (Politik bis Kleinanzeigen)

Solche Unterschiede können mit Schülerinnen und Schülern sicher nicht umfassend im Sinne einer „Gattungskunde" behandelt, sollten aber von Mal zu Mal an Beispielen erläutert und besprochen werden.

Im Geschichtsunterricht wird eine Textquelle üblicherweise meist unter einer eingegrenzten Fragestellung untersucht, die durch den Kontext des Unterrichts vorgegeben ist. Dass Texte möglichst umfassend interpretiert werden, kommt allenfalls in der Sekundarstufe II häufiger und insbesondere in Klausuren vor. Die weit verbreiteten Analyseschemata gehen insofern eher von einer Sondersituation aus und sind auch oft zu sehr auf wissenschaftliche Ansprüche und Zielsetzungen ausgerichtet. Dennoch ist es sinnvoll, dass Schülerinnen und Schüler bereits in der Sekundarstufe I mit einem Idealmodell von Quelleninterpretation und den dazugehörenden Einzelschritten Bekanntschaft machen. Denn sie lernen dabei exemplarisch Gesichtspunkte und Probleme der Quellenarbeit kennen, die es – wenn auch nur in Teilen und verkürzt – immer wieder zu bedenken und anzuwenden gilt. Deshalb sollte eine systematische Interpretation anhand längerer Texte unterschiedlicher Gattungen bewusst wiederholt mit den Schülerinnen und Schülern trainiert werden.

Dafür kann das folgende, bereits in Kapitel 4.3.4 vorgestellte dreischrittige Schema dienen:

Interpretation von Textquellen

1. *Erschließen*: Strukturierung des Textes, Klärung der Textaussage, Wiedergabe
2. *Analysieren*: Verfasser und seine Perspektive, Entstehung der Quelle, Gattung, Adressaten und Intention, Darstellungsweise
3. *Deuten*: Beurteilung des Textes im historischen Kontext und ggf. Bewertung aus gegenwärtiger Perspektive (Sachurteil und Werturteil)

Der zweite Schritt, die genaue Analyse des Textes, lässt sich in zahlreichen Einzelaspekten detaillierter entfalten.
- *Verfasser*: Wer war der Verfasser, welches Amt, welche Stellung hatte er inne, zu welcher sozialen Schicht gehörte er, in welcher Beziehung stand er zu dem beschriebenen Vorgang, was konnte er darüber wissen?
- *Entstehung der Quelle*: Wann, wo und in welchem Zusammenhang wurde der Text verfasst? In welchem zeitlichen Verhältnis zum beschriebenen Vorgang steht er?
- *Quellengattung*: Um welche Art von Quelle handelt es sich und welche Aussagen und Erkenntnisse kann man von ihr erwarten? Wie weit und auf welchem Wege wurde der Text verbreitet?
- *Thema und Aussage*: Worüber spricht der Verfasser und was teilt er darüber mit?
- *Adressaten und Intention*: Wen spricht der Verfasser an? Aus welcher Perspektive schreibt er, was ist Bericht, was Urteil, was Argument, welche Interessen vertritt er (Kritik, Rechtfertigung usw.)? Was will er bei seinen Lesern oder Zuhörern erreichen?
- *Darstellungsweise*: Welche sprachlichen Mittel verwendet der Verfasser? Aufbau und Gliederung des Textes, Satzgestalt (Satzart, -länge, -stellung), allgemeine Wortwahl (alltäglich, gewählt, konventionell), Argumente, Begriffe und ihre besondere Bedeutung, traditionelle Muster (Topoi), rhetorische Mittel (Symbole, Allegorien, Metaphern, Wiederholungen, Wortspiele, Lautmalereien usw.).

Natürlich muss man diese Punkte nicht immer vollständig durchexerzieren und alle gleich gewichten. Es kommt dabei besonders auf die Textsorte an: Bei Tagebüchern, soweit sie nicht von vornherein für die Veröffentlichung gedacht waren, erübrigt sich die Frage nach den Adressaten und den Intentionen, bei einer Rede ist sie besonders wichtig. Bei einer Chronik bedürfen die sprachlichen Mittel keiner genauen Prüfung; will man Gedichte oder Lieder als historische Quellen untersuchen, ist gerade dieser Punkt zentral.

Bei Seite gelassen sind hier die grundlegenden Schritte der Heuristik und Quellenkritik. Wer als Wissenschaftler ein Thema völlig neu bearbeitet, muss zunächst einmal geeignete Quellen finden, aus denen er überhaupt Aussagen zum Thema entnehmen kann. Er muss diese Quellen im Hinblick auf ihre Echtheit und ihr zeitliches Verhältnis zu dem Vorgang, von dem sie berichten, prüfen und den Weg der Überlieferung untersuchen, um möglichen Überlieferungsfehlern und (absichtlichen oder unabsichtlichen) Textveränderungen auf die Spur zu kommen. Freilich haben es auch Historiker in ihrer alltäglichen Quellenarbeit nicht immer mit diesen Problemen zu tun. Denn vielfach greifen sie auf schon edierte Texte zurück, deren Bearbeiter ihnen diese grundlegenden Arbeiten bereits abgenommen haben.

Für die Schule gilt das erst recht: Schülerinnen und Schüler haben im Schulbuch oder in anderen Arbeitsmaterialien bereits unter bestimmten Fragestellungen ausgewählte und aufbereitete Quellen vor sich. Auch Schulbuchverfasser verwenden im Übrigen ja vorwiegend Editionen und begeben sich in den seltensten Fällen selber ins Archiv, um bislang unbenutzte Textquellen zu finden. Im Normalfall entfallen Heuristik und Quellenkritik also im schulischen Geschichtsunterricht. Anders ist das etwa bei Projekten, in denen die Schülerinnen und Schüler eigenständige Archivarbeit betreiben. Heuristik ist dabei ein wesentlicher Bestandteil der Arbeit: In welchem Archiv, in welchem Bestand finde ich Materialien, die mir bei meiner Fragestellung weiterhelfen? Fundamental ist das auch bei Zeitzeugenaussagen (vgl. Kap. 5.1.7): Alles hängt davon ab, Personen zu finden, die über das Thema, das man untersucht, tatsächlich etwas berichten können. Und beim Umgang mit Zeitzeugen ist auch – wenngleich anders als bei Textquellen – die Quellenkritik von besonderer Bedeutung: Kann sich der Zeitzeuge daran wirklich erinnern, hat er es selber gesehen, oder vermischt sich selbst Erlebtes mit nachträglich Gehörtem und Gelesenem?

Aus den im Kasten oben formulierten Fragen wird deutlich, dass es mit der Präsentation eines „nackten" Textes im Regelfall nicht getan ist. Schülerinnen und Schüler benötigen Zusatzinformationen zum Verfasser und zur Entstehung des Textes, nur dann können sie die Quelle adäquat interpretieren. Ganz zentral ist das bei multiperspektivischen Zusammenstellungen, bei denen es ja gerade darum geht, unterschiedliche Äußerungen und Urteile auf die jeweilige Position und Perspektive zurückzuführen.

Freilich ist es auch mit dem Einüben eines Schemas bei der Quelleninterpretation nicht getan. Dazu gehören auch eine gewisse Erfahrung und, daraus erwachsend, gleichsam Fingerspitzengefühl. Dafür nur zwei Beispiele. Als Interpret muss man wissen, dass normative Texte ein erwünschtes, nicht unbedingt ein übliches Verhalten beschreiben. Wenn also eine „Policey-Verordnung" des 18. Jahrhunderts ausführliche Regeln für städtische Sauberkeit, Ruhe und Ordnung aufstellt, so heißt das gerade nicht, dass die Menschen sich bereits entsprechend verhalten oder sich bald darauf so verhalten werden. Gerade das Gegenteil trifft wohl zu: Das tatsächliche Verhalten ist anders, aber die Obrigkeit wünscht Änderungen und versucht sie durchzusetzen – mit welchem Erfolg, das ist die Frage. Je öfter solche Bestimmungen erneuert werden, desto geringer ist vermutlich ihre Wirksamkeit.

Erfahrungen und Kenntnisse gehören auch dazu, erkennen zu können, wo Texte auf gängige Topoi und konventionelle Muster zurückgreifen. Eine ausschweifende barocke Totenklage bedeutet noch lange nicht, dass der Verstorbene ein ganz außergewöhnlicher Mensch gewesen ist – sie entspricht nur dem üblichen Muster der Zeit. Solche konventionalisierten Texte darf man dann nicht einzeln, sondern muss man als Gruppe und Typus betrachten. Dann können sie Aufschluss über zeittypische Mentalitäten geben, über eine bestimmte Art, wie Menschen wahrnahmen, fühlten, dachten und sich eben auch darüber zu äußern pflegten. Natürlich kann sich der schulische Geschichtsunterricht nicht in solche Feinheiten vertiefen; er sollte aber wenigstens in der Oberstufe bei Gelegenheit eine Ahnung davon vermitteln.

Schülerinnen und Schüler empfinden die Arbeit mit Textquellen oft als anstrengend und langweilig. Durch eine methodisch pfiffige Präparation und Präsentation kann man ihre Motivation erhöhen und sie dazu bringen, sich genauer mit Texten zu befassen. Hier eine Reihe von Vorschlägen; sie beziehen sich alle auf längere Quellenstücke (vgl. Brieske 2000, Homeier 1992, 1993, 1995a/b, Mögenburg 1995, Pandel 2000, S. 183–187):

- Der Text wird in „Schnippseln" verteilt, die die Schülerinnen und Schüler zunächst einmal in die richtige Reihenfolge bringen müssen. Dafür ist genaues Lesen notwendig. Eine erschwerte Variante ist es, wenn dabei zwei Texte miteinander vermischt werden.
- Der Quellentext bricht an einer entscheidenden Stelle ab. Schülerinnen und Schüler sollen versuchen, den Schluss zu ergänzen. Dafür müssen sie sich auf die Intention, den Argumentationsgang, die Denkfigur des Textes einlassen.
- Ein Text oder mehrere Texte werden mit allgemeinen Informationen zur historischen Situation, nicht aber zum Verfasser versehen. Die Schülerinnen und Schüler müssen herausfinden, welcher politischen Gruppierung, sozialen Schicht etc. er angehört. Dafür eignen sich besonders gut programmatische Texte. Das Verfahren schärft den Blick für die Perspektivität von Quellen.
- Alle Angaben zur historischen Situation (im Text und zum Text) werden beiseite gelassen. Schülerinnen und Schüler müssen aus dem Text heraus den historischen Kontext rekonstruieren. Dafür ist genaues Lesen, Einordnen und Verknüpfen mit vorhandenen Kenntnissen notwendig.
- In den Text werden Anachronismen eingefügt, die die Schülerinnen und Schüler herausfinden sollen. Dafür müssen sie sich einigermaßen mit den Lebensverhältnissen der Zeit auskennen.
- Ein Text wird mit Lücken oder Schwärzungen versehen. Das kann man auch mit einer kleinen Anekdote zur Überlieferung verbrämen: Im Archiv hat es einen Brand gegeben oder das Papier ist durch einen Wasserschaden feucht geworden. Die Schülerinnen und Schüler müssen die Auslassungen im Sinne der Textlogik ergänzen.
- Der Text wird mit Einfügungen versehen. Sie sollen nachträgliche „Fälschungen" eines anderen Verfassers darstellen. Die Schülerinnen und Schüler müssen diese Stellen herausfinden und erläutern, was der „Fälscher" mit seinen Änderungen bewirken wollte. Dafür müssen sie den Text im Hinblick auf seinen Zusammenhang und seine innere Plausibilität prüfen.

Schon in Kapitel 4.3.4 wurde angesprochen, dass die Ergebnisse von Quellenarbeit häufig hinter den programmatischen Vorgaben zurückbleiben. Das zeigt sich auf der Ebene von Alltagserfahrung, aber auch die wenigen einschlägigen (und nicht repräsentativen) empirischen Studien deuten darauf hin. Die Probleme reichen vom Quellenbegriff selber über den adäquaten Umgang mit historischen Begriffen bis zur Umsetzung von Arbeitsaufträgen (vgl. Langer-Plän 2003, Langer-Plän/Beilner 2006, Sauer/Wolfrum 2007; zu Schwierigkeiten im Umgang mit Darstellungen von Geschichte Martens 2010): Was ist überhaupt eine Quelle und welche Informationen über die Vergangenheit kann sie uns geben? Was bedeuten in Quellen vorkommende Begriffe im jeweiligen historischen Zusammenhang? Wie lässt sich die Aussage einer Quelle mit dem weiteren historischen Kontext verknüpfen? Was sind die spezifischen Anforderungen von Arbeitsaufträgen und mit welchen Denkhandlungen wird man ihnen gerecht? Offenbar lassen sich tendenziell Erwartungen, die wir schon an mittlere Klassenstufen der Sekundarstufe I richten, vielfach erst in höheren realisieren; und auch die – zu wesentlichen Teilen auf Quellenarbeit bezogenen – Leistungen im Abitur bleiben hinter dem zurück, was als Standard formuliert wird (vgl. Schönemann/Thünemann/Zülsdorf-Kersting 2010). Solche Befunde sind aber zugleich auch ein Appell, Arbeit mit Textquellen wirklich genau zu betreiben und sorgfältig vorzubereiten, also zum Beispiel bei Arbeitsaufträgen präziser zu bedenken, welches Anspruchsniveau sich damit verbindet und ob dessen Realisierung tatsächlich erwartet werden kann. Kritische Befunde spiegeln immer einen Ist-Zustand wider und schließen Verbesserung durch intensiviertes Methodenlernen nicht aus.

Weiterführende Literatur

Brieske, Rainer, „Zerstörte Botschaften" als Arbeitsmittel im Geschichtsunterricht, in: Praxis Geschichte H. 1/2000, S. 52–55.

Geschichte lernen H. 46 (1995): Arbeit mit Textquellen.

Grosch, Waldemar, Schriftliche Quellen und Darstellungen, in: Günther-Arndt, Hilke (Hrsg.), Geschichts-Didaktik. Praxishandbuch für die Sekundarstufen I und II, Berlin 4. Aufl. 2009, S. 63–91.

Homeier, Jobst-H., 24 bewährte Tricks für den Geschichtsunterricht, in: Geschichte lernen H. 28 (1992), S. 25–31. Wiederabdruck in: Geschichte lernen Sammelband: Geschichte lehren und lernen, Seelze 1997, S. 9–15.

Homeier, Jobst-H., Auch zehnte Klassen schnippeln gern. Texte mit Hilfe von Begriffen analysieren, in: Geschichte lernen H. 46 (1995), S. 41–43. Wiederabdruck in: Geschichte lernen Sammelband: Geschichte lehren und lernen, Seelze 1997, S. 43–45.

Homeier, Jobst-H., Der Prozeß gegen die Mörder von Liebknecht und Luxemburg. Verfremdung einer Perspektive, in: Geschichte lernen H. 46 (1995), S. 44 f.

Mögenburg, Harm, Von „Openend" bis „Kuckucksei". Tipps und Tricks für die alltägliche Quellenarbeit, in: Geschichte lernen H. 46 (1995), S. 38–41. Wiederabdruck in: Geschichte lernen Sammelband: Geschichte lehren und lernen, Seelze 1997, S. 28–30.

Pandel, Hans-Jürgen, Textquellen im Unterricht. Zwischen Ärgernis und Erfordernis, in: Geschichte lernen H. 46 (1995), S. 14–21.

Pandel, Hans-Jürgen, Quelleninterpretation. Die schriftliche Quelle im Geschichtsunterricht, Schwalbach/Ts. 3. Aufl. 2006.

Pandel, Hans-Jürgen, Quelleninterpretation, in: Mayer, Ulrich/Pandel, Hans-Jürgen/Schneider, Gerhard (Hrsg.), Handbuch Methoden im Geschichtsunterricht, Schwalbach/Ts. 3. Aufl. 2011, S. 152–171.
Rohlfes, Joachim, Arbeit mit Textquellen, in: GWU 46, 1995, S. 583–590. Widerabdruck in: Geschichtsunterricht heute. Grundlagen, Probleme, Möglichkeiten. Sammelband: GWU-Beiträge der neunziger Jahre, Seelze 1999, S. 47–54.
Schneider, Eberhard, Was geschah damals? Einführung in den Umgang mit Textquellen, in: Geschichte lernen H. 46 (1995), S. 22–25.
Schneider, Gerhard, Über den Umgang mit Quellen im Geschichtsunterricht, in: GWU 45, 1994, H. 2, S. 73–90. Wiederabdruck in: Geschichtsunterricht heute. Grundlagen – Probleme – Möglichkeiten (Sammelband: GWU-Beiträge der Neunzigerjahre), Seelze 1999, S. 15–44.
Schneider, Gerhard, Die Arbeit mit schriftlichen Quellen, in: Pandel, Hans-Jürgen/Schneider, Gerhard (Hrsg.), Handbuch Medien im Geschichtsunterricht, Schwalbach/Ts. 6., erw. Aufl. 2011, S. 15–44.

Literatur zu einzelnen Gattungen

Erinnerungsliteratur
Feuchert, Sascha (Hrsg.), Holocaust-Literatur. Auschwitz für die Sekundarstufe I, Stuttgart 2000.
Feuchert, Sascha, Holocaust-Erinnerungsliteratur – eine Auswahl, in: Geschichte lernen H. 69 (1999), S. 8 f.
Hausmann, Christopher, Heranwachsen im „Dritten Reich". Möglichkeiten und Besonderheiten jugendlicher Sozialisation im Spiegel autobiographischer Zeugnisse, in GWU 41, 1990, H. 10, S. 607–618.
Heuser, Christoph/Wachendorff, Annelie, Lebensgeschichte und allgemeine Geschichte – Arbeit mit autobiographischen Texten, in: Clausnitzer, Heidi (Hrsg.), Demokratischer Geschichtsunterricht – eine uneingelöste Forderung historisch-politischer Bildung? Berichte und Materialien zur Tagung vom 1. bis 3. März 1990 in Bielefeld, Bielefeld 1991, S. 194–219.

Fiktionale Literatur
Praxis Geschichte H. 1/1994: Literatur als historische Quelle.
Rohlfes, Joachim, Geschichte in der Dichtung, in: Hey, Bernd u. a. (Hrsg.), Umgang mit Geschichte, Stuttgart 2004, S. 50–65.
Stupperich, Amrei, Der Dichter fischt im Strom, der ihn durchfließt". Literatur als historische Quelle im Geschichtsunterricht, in: Praxis Geschichte H. 1/1994, S. 4–10.

Reden
Baumgärtner, Ulrich, „Es gilt das gesprochene Wort". Politische Reden und historisches Lernen, in: Praxis Geschichte H. 6/2007, S. 4–9.
Geschichte lernen H. 85 (2002): Historische Reden (separat dazu CD „Historische Reden").
Pandel, Hans-Jürgen, Reden als Quellengattung, in: Geschichte lernen H. 85 (2002), S. 6–13.
Praxis Geschichte H. 6/2007: Politische Reden – Deutschland im 20. Jahrhundert (dazu CD).
Tischner, Christian K., Historische Reden im Geschichtsunterricht, Schwalbach/Ts. 2008.

Zeitungen
Geschichte lernen H. 124 (2008): Zeitung.
Kuchler, Christian, Die nationalsozialistische Tagespresse, deren Nachdruck in „Zeitungszeugen" und der Geschichtsunterricht. Themenheft der Zeitschrift „Einsichten und Perspektiven", H. 1/2010.
Kuchler, Christian, Die Edition „Zeitungszeugen" und die Rezeption nationalsozialistischer Tagespresse im Geschichtsunterricht, in: GWU 62, 2011, H. 7/8, S. 433–458.
Remus, Ludger, Kalter Krieg in den Schlagzeilen, in: Geschichte lernen H. 94 (2003), S. 52–58.

Rühl, Thorsten, Zeit(ungs)bild 1923. Regionalzeitungen im Geschichtsunterricht, in: Geschichte lernen H. 77 (2000), S. 50–52.
Sauer, Michael, „Allen denen gar nuetzlich und lustig zu lesen". Zeitung als Quelle, in: Geschichte lernen H. 124 (2008), S. 2–10.
Sauer, Michael, Handlungsorientiert mit Zeitungen arbeiten. Anregungen und Beispiele, in: Geschichte lernen H. 124 (2008), S. 11–15.

Empirische Untersuchungen

Beilner, Helmut, Empirische Zugänge zur Arbeit mit Textquellen in der Sekundarstufe I, in: Schönemann, Bernd/Voit, Hartmut (Hrsg.), Von der Einschulung bis zum Abitur. Prinzipien und Praxis des historischen Lernens in den Schulstufen, Idstein 2002, S. 84–96.
Langer-Plän, Martina, Problem Quellenarbeit. Werkstattbericht aus einem empirischen Projekt, in: GWU 54, 2003, S. 319–336.
Langer-Plän, Martina/Beilner, Helmut, Zum Problem historischer Begriffsbildung, in: Günther-Arndt, Hilke/Sauer, Michael (Hrsg.), Geschichtsdidaktik empirisch. Untersuchungen zum historischen Denken und Lernen, Berlin 2006, S. 215–251.
Martens, Matthias, Implizites Wissen und kompetentes Handeln. Die empirische Rekonstruktion von Kompetenzen historischen Verstehens im Umgang mit Darstellungen von Geschichte, Göttingen 2010.
Sauer, Michael/Wolfrum, Birte, Textquellen im Geschichtsunterricht verstehen. Zur Überprüfung von Verständnisniveaus anhand von Aufgabenformaten, in: Internationale Schulbuchforschung 29, 2007, H. 1, S. 87–102.
Schönemann, Bernd/Thünemann, Holger/Zülsdorf-Kersting, Meik, Was können Abiturienten? Zugleich ein Beitrag zur Debatte über Standards und Kompetenzen im Fach Geschichte, Berlin 2010.
Werner, Johannes, Wie deutet eine 9. Klasse Text- und Bildquellen im schülerorientierten Unterrichtsgespräch?, in: Internationale Schulbuchforschung 20, 1998, S. 295–311.

5.1.2 Bilder

Die Zahl der Bilder, die unseren Schülerinnen und Schülern im Geschichtsunterricht offeriert werden, hat in den letzten Jahrzehnten deutlich zugenommen. Erst allmählich aber hat sich die Erkenntnis durchgesetzt, dass Bilder nicht einfach nur als Illustration der nebenstehenden Texte, sondern als Quellen eigener Art aufzufassen sind, zu deren Bearbeitung es besonderer didaktischer Überlegungen und methodischer Anstrengungen bedarf. Der Begriff „Bilder" ist hier weit gefasst. Er umschließt alle Arten von Malerei, Plastik, Grafik, dazu die Fotografie. Das alles sind „stehende Bilder" – der Film mit seinen „laufenden Bildern" ist ein Thema für sich (vgl. Kap. 5.1.5). Wofür können Bilder als Quellen dienen?

Ereignisgeschichte
Bilder können dokumentieren, dass bestimmte historische Ereignisse stattgefunden haben, unter welchen Umständen das geschah, wer daran beteiligt war etc. Die Holzschnitte, mit denen die Flugblätter und Flugschriften der Frühen Neuzeit versehen waren, dienten häufig dieser Intention, ebenso die Holz- oder Stahlstiche in den frühen illustrierten Blättern des 19. Jahrhunderts und natürlich der Großteil der heutigen Pressefotos. Schlachten und Friedensschlüsse, Streiks und Revolutionen, Krönungen und Exekutionen – vor allem spektakuläre Ereig-

nisse sind in Bildern festgehalten und überliefert worden. Mit dem Wert dieser Quellen muss man allerdings vorsichtig sein, denn oft oder sogar meist haben (von Fotografien abgesehen) die Künstler die Ereignisse gar nicht mit eigenen Augen gesehen, sondern sie nach Informationen aus zweiter Hand und häufig mit zeitlichem Abstand dargestellt.

Sachkultur
Bilder geben uns Aufschlüsse über die Sachkultur vergangener Zeiten. Auch wenn es den Künstlern eigentlich um etwas ganz anderes ging, kann man aus Bildern viel über Wohnen, Kleidung, Arbeit und Technik früher erfahren. Für den Geschichtsunterricht lassen sich solche Bilder oft einsetzen – ganz gleich, ob es um die „Soziale Frage" oder die Entwicklung des Ackerbaus im Mittelalter geht. In vielen Fällen ist es sinnvoll, dazu Bildreihen zusammenzustellen, die eine Veränderung in der Zeit zum Vorschein bringen.

Mentalitätsgeschichte
Bilder können uns auch Auskunft über gesellschaftliche Wertvorstellungen, soziale Beziehungen, Wahrnehmungen und Haltungen geben, mit anderen Worten: über das kollektive Bewusstsein und die Selbstdeutungen von Menschen früher. Das ist im Unterricht weit schwerer zu erschließen. Deutlich wird es zum Beispiel dort, wo soziale Aufsteiger das Medium Bild nutzen, um ihren neuen gesellschaftlichen Anspruch zu dokumentieren: Künstler oder Kaufleute der Renaissance, Bürger im 19. Jahrhundert. Ertragreich ist die Behandlung von Familienbildern. Schülerinnen und Schüler können erkennen, wie sich über Jahrhunderte hinweg das Bild der Familie und die Definition familiärer Beziehungen gewandelt haben (vgl. Vorschläge dafür in Sauer 2007, S. 56–60).

„Propaganda"
Schon der letzte Abschnitt macht deutlich: Bilder sind nicht einfach nur Abbildungen vergangener Realität, sondern auch Deutungen. Sie zeigen uns, wie Künstler etwas gesehen haben oder es die Zeitgenossen und Nachgeborenen sehen lassen wollten. Bei vielen Bildern steht diese Wirkungsabsicht im Vordergrund. Sie sollen Herrschaftsvorstellungen legitimieren, religiöse oder andere „Welt-Bilder" verbreiten, den politischen oder religiösen Gegner diffamieren und umgekehrt die eigene Sache propagieren und für sie mobilisieren. Solche Intentionen treten in Bildern oft konzentrierter und verdichteter zum Vorschein als in Textquellen und lassen sich deshalb an ihnen besonders gut erarbeiten.
Wie Texte sind auch Bilder eine Großgruppe von Quellen, innerhalb derer es sehr unterschiedliche Einzelgattungen zu unterscheiden gilt. Dafür gibt es verschiedene Kriterien:
▸ *Bildinhalte*: Unterscheiden lassen sich z. B. Personenbilder, Ereignisbilder, Alltagsbilder, Landschaftsbilder, Stadtbilder.

- *Darstellungsintentionen*: Sie stehen z. B. im Vordergrund bei Plakaten oder Karikaturen.
- *Zeitebenen*: Bilder können zeitgleich sein, d. h. ihren Gegenstand aus der Gegenwart (oder der jüngeren Vergangenheit) nehmen. Sie können aber auch bewusst einen Gegenstand aus der Vergangenheit aufgreifen – man kann diesen Typus „Geschichtsbild" nennen. Im Hinblick auf die abgebildete Zeit sind zeitgleiche Bilder Quellen. „Geschichtsbilder" aber sind Darstellungen (und damit wieder Quellen für die Zeit ihrer Entstehung). Zur Gruppe der „Geschichtsbilder" gehören die meisten Historienbilder und historischen Comics sowie sämtliche Rekonstruktionszeichnungen.
- *Techniken und Präsentationsformen*: Hier muss man zunächst die vier Großgruppen Plastik, Malerei, Druckgrafik und Fotografie unterscheiden. Innerhalb der ersten drei Gattungen gibt es wiederum viele Unterarten (z. B. Plastik: Relief, Vollplastik; Malerei: Wandmalerei, Buchmalerei, Tafelmalerei, Vasenmalerei, Glasmalerei, Mosaik; Druckgrafik: Holzschnitt, Kupferstich, Holzstich, Lithografie).
- *Einzelbilder oder Bildreihen*: Die meisten Bildgattungen sind Einzelbilder; Ausnahmen sind Bildchroniken, Bilderbögen, Bänkeltafeln, Bildgeschichten, Fotoreportagen oder Comics.

Wie bei den Textquellen auch gibt es zwischen den verschiedenen Systematisierungsmöglichkeiten zahlreiche Überschneidungen. Ein Personenbild (Inhaltsdimension) kann in ganz unterschiedlichen Techniken und Präsentationsformen auftreten, als Grabmal, Gemälde, Münze, Geldschein, Briefmarke oder Fotografie. Es kann zeitgleich oder ein Geschichtsbild sein. Umgekehrt kann eine Fotografie allen Inhaltstypen – vom Personenbild bis zum Stadtbild – angehören. Die Fotografie ist im Übrigen die einzige Technik, mit der man keine „Geschichtsbilder" herstellen kann, denn das Objekt muss sich im Moment des Fotografierens vor der Linse befinden.

Nicht alle Bildgattungen eignen sich für den Geschichtsunterricht gleich gut. Unter inhaltlichen Gesichtspunkten von besonderem Interesse sind Personenbilder (z. B. Herrscherbilder: im Schulbuch obligatorisch Hyacinthe Rigauds Bildnis von Ludwig XIV., Familienbilder, Bilder vom kulturell Anderen und Fremden) und Alltagsbilder, die menschliche Grundsituationen von Arbeit, Wohnen, Fest und Feier, Kleidung u. Ä. in jeweils zeitspezifischer Ausformung zeigen. Intentionale Gattungen wie Karikaturen und (politische) Plakate sind deshalb als Quellen ertragreich, weil in ihnen zugespitzt eine zeitgenössische Perspektive und Meinung zum Vorschein tritt. Historienbilder eignen sich besonders gut dafür, Schülerinnen und Schülern zu vermitteln, dass Bilder nicht einfach Abbilder sind, sondern die Künstler mit ihnen bestimmte Deutungs- und Wirkungsabsichten verbinden: Sie wollen Vergangenheit in einer ganz bestimmten, von der Gegenwart her definierten Art und Weise in Erscheinung treten lassen oder die Gegenwart als besonders bedeutsam historisieren. Sehr geeignet für eine exemplarische Behandlung sind Jacques-Louis Davids „Ballhausschwur" und Anton von Werners „Kaiserkrönung", die sich in fast jedem Schulbuch finden. Freilich müssen sie in der richtigen Weise erschlossen werden. Dafür geben Schulbücher meist zu wenig Hilfestellung, zumal bei von Werner mindestens eine Vorfassung des üblicherweise präsentierten Bildes gezeigt werden sollte (vgl. zu David Juneja 1997, zu von Werner Pandel 1998 (mit Folien), zu beiden Sauer 2007, S. 116–121).

Immer häufiger tauchen in unseren Schulbüchern auch Rekonstruktionszeichnungen auf, wie sie in Jugendsachbüchern schon länger gang und gäbe sind. Ihr Vorzug liegt darin, dass sie Ansichten von historischen Dingen liefern, die anders nicht zu gewinnen wären. Aber auch sie sind „Geschichtsbilder", also Darstellungen der abgebildeten Zeit, keine Quellen aus dieser Zeit. Das Schülerinnen und Schülern deutlich genug zu vermitteln wird häufig noch versäumt. Manche solcher Rekonstruktionszeichnungen sind sozusagen moderne Historienbilder für Jugendliche. Als historische Lebensbilder vermitteln sie mehr Atmosphäre und Dramatik als Informationen. Ihre Gefahr liegt darin, dass sie eher desorientierend wirken können, weil sie überhöhte Idealbilder zeigen, die mit der Realität vergangenen Lebens oft wenig gemeinsam haben – bunte und säuberliche mittelalterliche Marktszenen, riesenhafte und stark bemannte Burgen. Solche illusionistischen Darstellungen prägen sich stärker ein als bruchstückhafte Quellenbilder, weil sie anschaulicher, dramatischer, leichter fassbar, kompletter sind. Man sollte deshalb zwar nicht auf den Einsatz von Rekonstruktionszeichnungen verzichten, aber die Gattung erläutern und mit den Schülerinnen und Schülern besprechen.

Will man Bildquellen umfassend interpretieren, muss man – wie bei Textquellen auch – den historischen Entstehungskontext ins Auge fassen: In welcher Situation ist das Bild entstanden, wer waren der Künstler und ggf. der Auftraggeber, wer sollte es betrachten und was sollte es bei den Betrachtern bewirken, wie wurde es präsentiert oder verbreitet, wie vom Publikum aufgenommen? Um diesen Fragen nachgehen zu können, brauchen Schülerinnen und Schüler Zusatzinformationen. Wichtig dabei ist besonders die Technik und Präsentationsform. Im Schulbuch treten uns alle Bilder gleichermaßen als Reproduktion entgegen. Dabei wird leicht übersehen, dass sie sich in ihrer Verbreitung, im Grad ihrer Öffentlichkeit eminent unterscheiden: Eine Miniatur aus einem mittelalterlichen Stundenbuch bekamen nur dessen Besitzer und vielleicht Verwandte zu sehen; Glasmalereien wurden von einer großen Schar Gläubiger betrachtet; die Erfindung der Druckkunst machte Bilder beweglich – einen Flugblattholzschnitt konnte Tausende von Menschen in die Hand bekommen.

Worin der besondere Quellenwert einzelner für den Geschichtsunterricht interessanter Bildgattungen besteht, sei noch einmal in Stichworten zusammengefasst.

Wovon verschiedene Bildquellenarten Zeugnis ablegen

- *Comics*: Darstellungen historischer Themen in Bildgeschichten mit einer spezifischen Bildsprache. Unterstützen durch Konkretisierung, Individualisierung und Dramatisierung von Geschichte Vorstellungsbildung, müssen aber kritisch als individuelle Deutungen gelesen werden.
- *Fotografien*: Hoher dokumentarischer Wert für Ereignisgeschichte und Sachkultur, aber keine unmittelbare Wiedergabe von Realität; insbesondere bei „Fotoikonen" sind öffentliche Präsentation und Gebrauch bedeutungskonstituierend.
- *Historienbilder*: Deutungen der Vergangenheit (oder einer vorab historisierten Gegenwart) aus dem Blickwinkel jener Gegenwart, in der die Bilder entstanden sind. Quellen für Interessen, Vorstellungen, Projektionen, die diese Gegenwart im Hinblick auf die dargestellte Zeit hat.
- *Karikaturen*: Pointierte, kritische und tendenziöse Urteile über Personen, politische Ereignisse und gesellschaftliche Verhältnisse, Quelle für zeitgenössische Perspektiven und Meinungen
- *Plakate*: Politische Plakate zeigen Programme und Forderungen politischer Gruppierungen sowie Kritik an politischen Gegnern in komprimierter, bildhaft-grafischer Form. Konsumplakate als Quellen zur Mentalitätsgeschichte dokumentieren (vermutete oder suggerierte) Bedürfnisse oder Sehnsüchte bestimmter historischer Zielgruppen.
- *Rekonstruktionszeichnungen*: Zeichnerische Nachbildung von historischen Objekten, Bauten und im weiteren Sinne Situationen, die nicht mehr vorhanden und erkennbar sind, sondern nur noch aus Quellen erschlossen werden können. Vorteil der Anschaulichkeit, Gefahr der Suggestion von Authentizität.

Für die Interpretation im engeren Sinne hat sich ein dreistufiges Schema bewährt, das auf den Kunsthistoriker Erwin Panowsky zurückgeht. Hier eine stark vereinfachte Fassung, deren Systematik im Grundsatz mit der der Textinterpretation (vgl. S. 183) übereinstimmt:

Bildinterpretation
1. *Beschreiben*: der erste Eindruck („vorikonografische Bildbetrachtung")
   - Was ist auf dem Bild zu sehen?
   - Welchen Eindruck macht das Bild auf mich?
2. *Analysieren*: die genauere Untersuchung („ikonografische Bildanalyse")
   - Um welche Bildgattung handelt es sich?
   - Was sind Thema und Inhalt des Bildes?
   - Welche Personen, Gegenstände, Landschaften usw. sind im Einzelnen dargestellt?
   - Mit welchen künstlerischen Mitteln sind die Bildinhalte dargestellt?
3. *Deuten*: zusammenfassende Interpretation und Einordnung in den historischen Kontext („ikonologische Bildinterpretation")

- Welche Informationen über die Vergangenheit kann ich dem Bild entnehmen?
- Wie deutet und wertet es seinen Gegenstand?
- Was ist die Aussage, die „Botschaft" des Bildes?
- Welche Bedeutung als Quelle hat das Bild aus heutiger Sicht?

Dieses Schema muss man nicht Punkt für Punkt „abarbeiten". Der Zugang zur Bildquelle kann von vornherein auf einen bestimmten Gesichtspunkt zugespitzt sein, der im Unterrichtszusammenhang besonders interessiert. Man kann auch zunächst versuchen, die „Botschaft" eines Bildes zu erfassen, und erst danach genauer die darstellerischen Mittel untersuchen, mit deren Hilfe sie transportiert wird.

Legt man Wert darauf, dass die Schülerinnen und Schüler im ersten Schritt tatsächlich möglichst viele Einzelheiten des Bildes erfassen, dann ist es sinnvoll, sie mit dem formelhaften Satz „Ich sehe ..." jeweils der Reihe nach ihre individuellen Beobachtungen benennen zu lassen – das fördert genaues Hinsehen und verhindert, dass von Anfang an Beobachtungen mit Vermutungen und Deutungen vermischt werden.

Bei der Analyse von künstlerischen Darstellungsmitteln kann man im Geschichtsunterricht natürlich nicht so detailliert vorgehen wie im Kunstunterricht. Aber es ist zuweilen wichtig nachzuvollziehen, auf welche Weise ein Künstler einen bestimmten Bildausdruck erzielt. Folgende Gesichtspunkte können im zweiten Schritt der Interpretation genauer überprüft werden:

Darstellungsmittel analysieren

- *Gattung bzw. Darstellungstechnik*: Wandbild, Gemälde, Holzschnitt, Kupferstich usw.
- *Inhaltlicher Bildtypus*: Personenbild, Landschaftsbild, Karikatur usw.
- *Größe und Präsentationsform*: Einzelbild oder Reihe, privat oder öffentlich
- *Komposition*: Bildaufbau, Verhältnis von Vorder-, Mittel- und Hintergrund, Anordnungsschema (Diagonale, Dreieck u. Ä., Figuren), hervorstechende Einzelelemente
- *Perspektive*: Aufsicht oder Untersicht (Vogelperspektive oder Froschperspektive), Zentralperspektive, unperspektivische Darstellung, Verhältnis zum Betrachter (wird der Betrachter ins Bild hineingezogen, blickt eine Figur aus dem Bild?)
- *Proportionen*: Verhältnisse einzelner Teile von Körpern oder Bauten, Proportionsschema
- *Lichtführung*: Hervorhebung einer Person oder eines Gegenstandes durch Helligkeit, gleichmäßige Beleuchtung oder Hell-Dunkel-Kontraste, sichtbare oder verdeckte Lichtquelle
- *Farbigkeit*: dominante Farben, Farbkontraste oder Ton-in-Ton, flächige Farbgebung oder Konturen, naturalistische oder symbolische Farbgebung
- *Figurendarstellung*: Bewegung oder Ruhe, Haltung, Mimik, Gestik

Jede Zeit hat ihre eigene künstlerische Handschrift. Haltungen und Zeichen, Symbole und Allegorien des Mittelalters oder der Frühen Neuzeit zu entschlüsseln ist für uns heute sehr schwierig. Schülerinnen und Schüler brauchen erst recht Hilfestellung. Ein methodisches Problem besteht darin, notwendige Informationen so dosiert zu geben, dass nicht alles, was die Schülerinnen und Schüler erarbeiten sollen, schon vorweggenommen wird. Deshalb ist es oft sinnvoll, ein kleines Glossar zu erstellen oder mit Informationskarten zu arbeiten (vgl. dazu Hackl/Rühl 2005). Schülerinnen und Schüler können auch Erkundungsaufträge erhalten. Ideal ist es, wenn einschlägige Nachschlagewerke im Klassenzimmer zur Hand sind. Sehr anspruchsvoll ist das Ziel, auf Dauer den Blick der Schülerinnen und Schüler für das jeweils Zeittypische zu schärfen und ihnen auf diese Weise langfristig ein elementares Verständnis der „visuellen Handschrift" verschiedener historischer Zeiten zu vermitteln (vgl. Vorschläge dafür in Sauer 2007, S. 177–192). Klassische Werke für den Kunstunterricht wie populäre Überblicksdarstellungen zur Kunstgeschichte können dabei eine Hilfe sein, wenn sie in einen Handapparat für den Klassenraum eingestellt werden.

Nachschlagewerke

Becker, Udo, Lexikon der Symbole, Freiburg/Basel/Wien 8. Aufl. 2008.
Bieger, Eckhard, Das Bilderlexikon der christlichen Symbole, Leipzig 2008.
Bruce-Mitford, Miranda, Zeichen und Symbole. Die verborgene Botschaft der Bilder, Stuttgart/Zürich 1997.
Poeschel, Sabine, Handbuch der Ikonographie. Sakrale und profane Themen der bildenden Kunst, Darmstadt 4., durchges. Aufl. 2011.
Prette, Maria Carla, Kunst verstehen, Köln 2008.
Sachs, Hannelore/Badstübner, Ernst/Neumann, Helga, Christliche Ikonographie in Stichworten, München 7. überarb. Aufl. 1998.
Wetzel, Christoph, Das große Lexikon der Symbole, Darmstadt 2. Aufl. 2011.

Überblicksdarstellungen zur Kunstgeschichte

Belser Basiswissen Kunst. Romanik – Gotik – Renaissance – Barock, Stuttgart/Zürich 1997.
Debicki, Jacek, Geschichte der Kunst. Malerei, Plastik, Architektur im europäischen Kontext, Stuttgart u. a. 1997.
Jacoby, Edmund (Hrsg.), Die visuelle Geschichte der Kunst, Hildesheim 2006.
Kammerlohr, Otto, Epochen der Kunst. 5 Bde. Neubearb. hrsg. von Werner Broer u. a., München Neuauflagen 2006–2010. (Oberstufenschulbuch)
Krauße, Anna-Carola, Geschichte der Malerei von der Renaissance bis heute, Köln 1995.

Partsch, Susanna, Haus der Kunst. Ein Gang durch die Kunstgeschichte von der Höhlenmalerei bis zum Graffiti, München u. a. 1997, Taschenbuchausgabe 2003. (speziell für jugendliche Leser)
Plazy, Gilles, Geschichte der Kunst in Bildern. Die westliche Kunst von der Höhlenmalerei bis in die Gegenwart, München/London/New York 2000.
Tarabra, Daniela, Bildlexikon Kunst. Stile und Epochen von der Romantik bis zum Jugendstil, Berlin 2009.

Abgesehen von der systematischen Interpretation von Bildern gibt es eine ganze Reihe von Verfahren, die dazu führen können, dass sich Schülerinnen und Schüler auf ein Bild einlassen, sich in Details vertiefen oder Bilder in Zusammenhänge einordnen. Sie lassen sich jeweils den drei Interpretationsschritten zuordnen:

1. Beschreiben
▸ *Bilder sammeln*: Schülerinnen und Schüler können Bilder zu bestimmten Themen sammeln. Das schärft die Wahrnehmung und es entsteht eine selbstgemachte Bildreihe, die zur vergleichenden Deutung einlädt. Besonders interessant sind Längsschnittthemen, die sich über mehrere Epochen verfolgen lassen und kulturellen, gesellschaftlichen oder technischen Wandel zum Vorschein bringen (Herrscherbilder, Familienbilder, Frauenbilder, Kinderbilder, Landwirtschaft, Wohnen).

2. Analysieren
▸ *Ein Bild rastern*: Schülerinnen und Schüler können über die Kopie eines Bildes ein Raster zeichnen oder es mit Folie oder Pergamentpapier auf ein Bild auflegen. Das Raster hilft, sich leichter über Einzelheiten zu verständigen. Das ist besonders nützlich bei Bildern mit vielen Details.
▸ *Den Bildaufbau nachzeichnen*: Durch Nachzeichnen können die Bildkomposition, die Perspektive oder bestimmte Bewegungsrichtungen verdeutlicht werden. Auch dafür können Schülerinnen und Schüler eine Kopie oder Auflegefolie/Pergamentpapier benutzen. Raster und Nachzeichnung lassen sich auch verwenden, wenn das Bild mit dem Overhead-Projektor gezeigt wird.
▸ *Eine Umzeichnung eines Bildes herstellen*: Anhand einer Schemaskizze können Schülerinnen und Schüler die wesentlichen Einzelelemente eines Bildes erkennen. Diese können direkt in der Skizze, in einer Legende oder mithilfe von Pfeilen benannt werden.

3. Deuten
▸ *Eine Geschichte zu einem Bild erzählen*: (Einzel-)Bilder sind Momentaufnahmen. Über das Vorher und Nachher des gezeigten Augenblicks lassen sich nur Mutmaßungen anstellen. Indem Schülerinnen und Schüler eine Ge-

schichte zu einem Bild erzählen, stellen sie es in einen chronologischen und argumentativen Zusammenhang. Diese Geschichte darf nicht frei fantasiert sein, sondern sollte anhand des Bildes und im historischen Zusammenhang begründet werden.

- *Sprech- oder Denkblasen in ein Bild einfügen*: Mit dieser Methode können Schülerinnen und Schüler besonders gut unterschiedliche Perspektiven, die in einem Bild angelegt sind, nachvollziehen und zum Ausdruck bringen.
- *Bilder mit anderen Sinnen ergänzen*: Bilder sprechen nur die visuelle Wahrnehmung an. Zu den Szenen, die in Bildern dargestellt sind, gehören in der Wirklichkeit aber auch Geräusche oder Gerüche. Schülerinnen und Schüler können versuchen, diese anhand ihres Bildeindrucks zu beschreiben, und so die Szenerie gleichsam vervollständigen.
- *Einen Bildauftrag formulieren*: Schülerinnen und Schüler versetzen sich in die Rolle eines Menschen, der dem Künstler den Auftrag für sein Bild gegeben hat, und formulieren diesen Auftrag schriftlich aus. Sie sollten dabei ihre Vorstellungen möglichst genau erläutern. Auf diese Weise lässt sich die Intentionalität eines Bildes besonders gut erschließen.
- *Bildszenen nachstellen oder nachspielen*: Mit diesem Verfahren können Schülerinnen und Schüler Haltungen und Gefühle der Personen im Bild nachvollziehen, beschreiben und kommentieren.
- *Ein „Zeitpanorama" herstellen*: Schülerinnen und Schüler können aus selbst gesuchten Bildern ein individuelles „Zeitpanorama" zusammensetzen. In kleinen Gruppen oder einzeln überlegen sie, welche Ereignisse, Personen usw. sie berücksichtigen wollen und wie sie sie auf der Bildfläche anordnen wollen. Auf diese Weise entsteht die bildliche Gesamtdeutung einer Zeit, bei der unterschiedliche Akzente gesetzt werden können (vgl. Kap. 6.2.1). *Historische Bilder und aktuelle Bilder einander gegenüberstellen*: Schülerinnen und Schüler können zum Beispiel mittelalterlichen Monatsbildern mit landwirtschaftlichen Arbeiten heutige Fotos gegenüberstellen. Dabei tritt nicht nur die technische Veränderung in Erscheinung, sondern auch, wie sich die Bedeutung und Wahrnehmung der Jahreszeiten verändert hat – eine grundlegende mentalitätsgeschichtliche Einsicht also. Bei lokalgeschichtlichen Themen können Schülerinnen und Schüler sogar entsprechende Fotos selber anfertigen, z. B. eine bestimmte Straße von genau dem Standort und aus der gleichen Perspektive fotografieren, wie sie auf einem historischen Gemälde oder einem alten Foto dargestellt sind. Der Vergleich zeigt die Veränderung des Gegenstandes, kann aber auch den Blick für die Darstellungsintentionen von historischen Bildern (Ausschnitt, Perspektive) schärfen.

Die wichtigste Bildgattung für die Zeitgeschichte ist die Fotografie (vgl. als Unterrichtsvorschlag für eine einfache exemplarische Einführung in den Umgang mit Fotografien Klenner/Witt 2000). Oft wird sie als direkte Wiedergabe von Realität angesehen. Tatsächlich erlauben Fotos eine große Annäherung an die Wirklichkeit und haben einen hohen dokumentarischen Wert. Aber auch sie sind vielen Einflüssen ausgesetzt, die die Bildgestaltung und -wiedergabe bestimmen. Deshalb müssen Fotos wie andere Quellen auch einer sorgfältigen Prüfung und Interpretation unterzogen werden, wenn man zu wirklich stichhaltigen Erkenntnissen gelangen will – das hat der Streit um die „Wehrmachtsausstellung" nachdrücklich gezeigt (vgl. als wichtigsten Beitrag Musial 1999, als Unterrichtsvorschlag Kößler 1999). Schon wenn der Fotograf auf den Auslöser drückt, wird der Blick auf die Wirklichkeit gleichsam kanalisiert. Das Bild hält nur einen Augenblick fest; was davor und danach zu sehen war, erfahren wir nicht, es sei denn, es handelt sich um eine Fotoserie. Der Fotograf entscheidet sich für einen Ausschnitt und eine Perspektive. Hinzu kommt die verwendete Technik (Tele- oder Weitwinkelobjektiv). So können von demselben Motiv ganz unterschiedliche Fotos entstehen.

Auch durch spätere Bearbeitung kann ein Foto verändert werden. Früher war es ganz üblich, Porträtfotos zu retuschieren. Besonders in der stalinistischen Sowjetunion hat man dieses Mittel politisch genutzt. Wer politisch in Ungnade fiel, wurde auf wichtigen Bildern wegretuschiert. Die bildliche Erinnerung an ihn wurde getilgt und so die Geschichte umgeschrieben. Aber es muss gar nicht immer eine Fälschungsabsicht sein, die zu nachträglichen Veränderungen von Fotos führt. In Zeitungen werden Fotos üblicherweise beschnitten: Man wählt einen möglichst interessanten Ausschnitt. Auch bei historischen Fotos in Bildbänden und Schulbüchern ist das noch immer verbreitet. Das demonstriert, wie wenig sie als Quellen ernst genommen werden. Fotos (und Bilder überhaupt) sollte man möglichst immer vollständig abdrucken. Wenn ein Beschnitt unumgänglich ist, sollte man in der Legende darauf hinweisen, so wie man ja auch in Textquellen Auslassungen markiert.

Viele besonders bekannte historische Fotos zeigen nicht wirklich die Szene, die sie zu zeigen vorgeben. Zum Beispiel der Zweite Weltkrieg: Wie deutsche Soldaten 1939 einen Schlagbaum an der Grenze zu Polen niederlegen, wie nach der Eroberung Berlins ein Rotarmist die sowjetische Flagge auf dem Reichstag hisst, wie sich amerikanische und sowjetische Soldaten an der Elbe bei Torgau die Hand reichen, wie amerikanische GIs auf Iwojima das Sternenbanner aufrichten – das sind alles keine originalen, sondern wiederholte und für den Fotografen gestellte Szenen. Es ist kein Zufall, dass gerade diese Bilder berühmt geworden sind; denn sie inszenieren in besonderer Verdichtung eine tiefere Bedeutung.

Wenn ein Foto als historische Quelle aussagekräftig sein soll, müssen wir wenigstens einigermaßen genau wissen, was es zeigt, wo und wann es aufgenommen wurde. Weil wir auf Zusatzinformationen angewiesen sind, spielen auch Bildlegenden eine große Rolle. Fotos lassen oft ganz unterschiedliche Auslegungen zu: Die Bildunterschrift sagt uns gleichsam erst, was wir auf dem Bild sehen sollen. Bei der Quellenarbeit mit Fotos ist es deshalb wichtig, sie zunächst einmal selber genau zu betrachten und sich nicht vorschnell Deutungen durch Bildtexte suggerieren zu lassen.

Weil Fotos als Quellen besonders wichtig sind und spezifische Probleme bieten, hier noch einmal einige gesonderte Hinweise zur Interpretation:

Interpretation von Fotos als Quellen

Bildentstehung
- Situation und Zeit
- Szene oder Motiv
- Fotograf, Auftraggeber, Zielpublikum

Bildgestaltung
- Figuren, Gegenstände, Konturen
- Kompositionsschema
- technische Mittel: Ausschnitt, Perspektive (Normal-, Unter-, Obersicht), Einstellung (Nähe zum Objekt), Brennweite

Bildbearbeitung und -präsentation
- nachträgliche Bearbeitung (Retusche, Beschnitt oder Montage)
- Zusammenhang der Präsentation (mit anderen Bildern, auf Bildseiten)
- Bildlegende, Kommentar (dem Bild unterlegte Bedeutung)

Zusammenfassung
- Welche Informationen über die Vergangenheit lassen sich dem Bild entnehmen?
- Welche Botschaft, welche Deutung seines Gegenstandes vermittelt das Bild? Handelt es sich um eine gewollte Wirkung und mit welchen Mitteln wird sie erzielt?

Auch den genauen Umgang mit Fotos können Schülerinnen und Schüler mithilfe handlungsorientierter Verfahren einüben. Dazu einige Vorschläge:
- *Bildlegenden schreiben*: Legenden deuten Fotos, sie sagen dem Betrachter, was er auf dem Bild sehen soll. Zu historischen Fotos, die verschiedene Auslegungen zulassen, können Schülerinnen und Schüler Texte aus gegensätzlicher Perspektive verfassen. Das schärft den Blick für die Perspektivität der Wahrnehmung und der Gebrauchszusammenhänge (vgl. auch den Unterrichtsvorschlag, Geschichten zu Fotos zu schreiben, von Julius 1997).
- *Familienfotos untersuchen*: Fast jede Familie hat ihre private Sammlung historischer Fotos zuhause. An ihnen kann man zunächst feststellen, welche Situationen vorwiegend aufgenommen worden sind. Denn diese Fotografien bilden weniger den Alltag ab als besondere Gelegenheiten, Feste und Feiern. Aber auch alltagsgeschichtliche Fragestellungen lassen sich verfolgen: Wann wurde das erste Auto angeschafft, welche Kleidung tragen die Perso-

nen, wie gut ernährt wirken sie, welche Rollenhaltungen nehmen sie ein? Das kann Einsichten in die Lebens- und Wirtschaftsverhältnisse einer Zeit, in Geschlechterrollen und Familienstrukturen vermitteln.

Was wissen wir über den tatsächlichen Umgang von Schülerinnen und Schülern mit Bildern? Die wenigen vorliegenden Befunde sind nicht repräsentativ. Wie bei den Textquellen auch müssen wir aber wohl davon ausgehen, dass sich didaktische Vorstellungen nicht ohne Abstriche in der Unterrichtsarbeit realisieren lassen. Die Bildwahrnehmung von Schülerinnen und Schülern verläuft von sich aus offenbar nicht so vollständig und systematisch, wie es dem ersten Schritt der oben skizzierten Bildinterpretation entsprechen würde, sondern eher sukzessive und zufällig. Eine stärker reflexive, kritisch-analytische Wahrnehmung von Bildern prägt sich tendenziell erst im 9. und 10. Schuljahr aus (vgl. Wolfrum/Sauer 2007). Wir erhoffen uns, dass Bilder für Schülerinnen und Schüler Fragen aufwerfen und sie motivieren, diese zu verfolgen. Jedoch scheinen sich die Betrachter eher mit schnellen, gewissermaßen leicht zu erreichenden Beobachtungen und Deutungen zufrieden zu geben (vgl. Bernhard 2007a). Freilich steht auch hier zu vermuten, dass es sich weniger um konstante Alterseffekte handelt, sodass sich durch systematisches Üben die betreffenden Kompetenzen verbessern lassen.

Weiterführende Literatur

Bergmann, Klaus/Schneider, Gerhard, Das Bild, in: Pandel, Hans-Jürgen/Schneider, Gerhard (Hrsg.), Handbuch Medien im Geschichtsunterricht, Schwalbach/Ts. 6., erw. Aufl. 2011, S. 225–268.

Borries, Bodo von, Bilder im Geschichtsunterricht – und Geschichtslernen im Kunstmuseum, in: GWU 56, 2005, H. 7/8, S. 364–386.

Erdmann, Elisabeth, Bilder sehen lernen. Vom Umgang mit Bildern, in: Praxis Geschichte H. 2/2002, S. 6–11.

Geschichte lernen H. 5 (1988): Bilder im Unterricht.

Kaufmann, Günter, Neue Bücher – alte Fehler. Zur Bildpräsentation in Schulgeschichtsbüchern, in: GWU 51, 2000, H. 2, S. 68–87.

Mayer, Ulrich, Umgang mit Bildern, in: Geschichte lernen H. 28 (1992), S. 38–42. Wiederabdruck in: Geschichte lernen Sammelband: Geschichte lehren und lernen, Seelze 1997, S. 49–53.

Pandel, Hans-Jürgen, Bildlichkeit und Geschichte, in: Geschichte lernen H. 5 (1988), S. 10–17.

Pandel, Hans-Jürgen, Bildinterpretation, in: Mayer, Ulrich/Pandel, Hans-Jürgen/Schneider, Gerhard (Hrsg.), Handbuch Methoden im Geschichtsunterricht, Schwalbach/Ts. 3. Aufl. 2011, S. 172–187.

Pandel, Hans-Jürgen, Bildinterpretation. Die Bildquelle im Geschichtsunterricht (Bildinterpretation I), Schwalbach/Ts. 2008.

Sauer, Michael, Bilder im Geschichtsunterricht. Typen – Interpretationsmethoden – Unterrichtsverfahren, Seelze 3. Aufl. 2007.

Sauer, Michael, Bilder (Stichworte zur Geschichtsdidaktik), in: GWU 51, 2000, H. 2, S. 114–124. (2000a)

Sauer, Michael, Fehlende Standards, mangelnde Vorarbeiten. Zu den Problemen der Bildverwendung in Unterrichtsmedien, in: Uffelmann, Uwe/Seidenfuß, Manfred (Hrsg.), Verstehen und Vermitteln. Armin Reese zum 65. Geburtstag, Idstein 2004.

Literatur zu einzelnen Gattungen

Comics

Franz, Julia/Geyik, Dilek/Weiler, Jutta, Die Suche. Materialien für Lehrerinnen und Lehrer, Braunschweig 2010.
Geschichte lernen H. 37 (1994): Geschichte im Comic.
Gundermann, Christine, Jenseits von Asterix. Comics im Geschichtsunterricht, Schwalbach/Ts. 2007.
Mounajed, René, Geschichte in Sequenzen. Über den Einsatz von Geschichtscomics im Geschichtsunterricht, Frankfurt a. M. u. a. 2009.
Mounajed, René/Semel, Stefan, Comics erzählen Geschichte, Bamberg 2010 (mit CD).
Pandel, Hans-Jürgen, Comics. Gezeichnete Narrativität und gedeutete Geschichte, in: Pandel, Hans-Jürgen/Schneider, Gerhard (Hrsg.), Handbuch Medien im Geschichtsunterricht, Schwalbach/Ts. 6., erw. Aufl. 2011, S. 349–374.
Semel, Stefan, Comics im Problemorientierten Geschichtsunterricht: Die spinnen, die Comicer, in: Uffelmann, Uwe (Hrsg.), Neue Beiträge zum Produktionsorientierten Geschichtsunterricht, Idstein 1999.

Fotografien

Dreier, Werner/Fuchs, Eduard/Radkau, Verena/Utz, Hans (Hrsg.), Schlüsselbilder des Nationalsozialismus. Fotohistorische und didaktische Überlegungen, Wien 2008.
Geschichte lernen H. 91 (2003): Historische Fotografie.
Hamann, Christoph, Bilderwelten und Weltbilder. Fotos, die Geschichte(n) mach(t)en, Berlin 2002.
Hamann, Christoph, Bild – Abbild – Schlüsselbild. Zur Vergegenwärtigung von Vergangenheit durch Fotografien (Basisbeitrag), in: Praxis Geschichte H. 1/2006.
Hannig, Jürgen, Fotografie und Geschichte, in: Bergmann, Klaus u. a. (Hrsg.), Handbuch der Geschichtsdidaktik, 5., überarb. Aufl. Seelze 1997.
Klenner, Adrian/Witt, Dirk, Armut am Ende des 19. Jahrhunderts in Fotografien. Vermittlung einer Arbeitstechnik, in: Geschichte lernen H. 78 (2000), S. 61–65.
Praxis Geschichte H. 1/2006: Fotografien im Geschichtsunterricht.
Sauer, Michael, Fotos im Geschichtsunterricht, in: Geschichte lernen H. 91 (2003), S. 8–16.
Sauer, Michael, Von der Analyse bis zum Experiment. Handlungsorientiert mit Fotos arbeiten, in: Geschichte lernen H. 91 (2003), S. 17–23.
Wunderer, Hartmann, Abbildungen der Welt? Zur Problematik von Fotografien im Geschichtsunterricht, in: Geschichte, Politik und ihre Didaktik 28, 2000, H. 1/2, S. 47–56.

Karikaturen

Brösamle-Lambrecht, Manfred, Mit spitzem Stift. Die Karikatur als Kommentar, Kritik und politisches Kampfmittel, in: Praxis Geschichte H. 1/2004, S. 8–11.
Geschichte lernen H. 18 (1990): Politische Karikaturen.
Geschichtsbilder. Historisches Lernen mit Bildern und Karikaturen. Handreichung für den Geschichtsunterricht am Gymnasium, Donauwörth 2001.
Hackl, Christine/Rühl, Christian, Produktiver Umgang mit Karikaturen. Beispiele aus dem Umfeld der Revolution von 1848, in: GWU 56, 2005, H. 7/8, S. 406–413.
Karikaturen im Kontext (CD-ROM). Klaus Fieberg/Freies Historiker Büro, Braunschweig: Westermann 2003.
Marienfeld, Wolfgang, Politische Karikaturen, in: Geschichte lernen H. 18 (1990), S. 16–18.
Pandel, Hans-Jürgen, Karikaturen. Gezeichnete Kommentare und visuelle Leitartikel, in: Ders./Schneider, Gerhard (Hrsg.), Handbuch Medien im Geschichtsunterricht, Schwalbach/Ts. 6., erw. Aufl. 2011, S. 269–290.
Praxis Geschichte H. 1/2004: Politische Karikaturen.

Plakate

Geschichte lernen H. 114 (2006): Plakate.
Praxis Geschichte H. 4/2010: Historische Plakate.
Rings, Hanspeter, Das historische Plakat, in: Praxis Geschichte H. 4/2010, S. 4–9.
Sauer, Michael, Auffällig, verbreitet und meinungsmachend. Plakate als Quellen im Geschichtsunterricht, in: Geschichte lernen H. 114 (2006), S. 2–11.
Schneider, Gerhard, Das Plakat, in: Pandel, Hans-Jürgen/Schneider, Gerhard (Hrsg.), Handbuch Medien im Geschichtsunterricht, Schwalbach/Ts. 6., erw. Aufl. 2011, S. 291–348.

Empirische Untersuchungen

Bernhardt, Markus, Vom ersten auf den zweiten Blick. Zur Wahrnehmung von Bildern im Geschichtsunterricht, in: GWU 58, 2007, H. 7/8, S. 417–432. (2007a)
Bernhardt, Markus, Die Subjektseite der visuellen Begegnung. Vom Nutzen qualitativer empirischer Untersuchungen für die Entwicklung fachspezifischer Kompetenzen, in: Zeitschrift für Geschichtsdidaktik 6, 2007, S. 108–124. (2007b)
Lange, Christina, Historisches Bildverstehen oder wie lernen Schüler mit Bildquellen. Ein Beitrag zur geschichtsdidaktischen Lehr-Lern-Forschung, Münster 2011.
Wolfrum, Birte/Sauer, Michael, Zum Bildverständnis von Schülern. Ergebnisse einer empirischen Studie, in: GWU 58, 2007, H. 7/8, S. 400–416.

Unterrichtsvorschläge

Beuchel, Alexander/Klinge, Marion, Karikaturen als Spiegel einer neuen Öffentlichkeit (1848), in: Geschichte lernen H. 61 (1998), S. 32–35.
Brabänder, Michael, Der „Führer" auf Sammelbildern. Die Festigung des Hitler-Mythos durch Bildpropaganda. In: Praxis Geschichte, H. 3/2009, S. 18–21.
Buntz, Herwig, Eine Frau der Tat. Charlotte Cordays Mord an Jean-Paul Marat in Bildquellen. In: Praxis Geschichte, H. 2/2010, S. 13–15.
Buntz, Herwig/Erdmann, Elisabeth, Fenster zur Vergangenheit. Bilder im Geschichtsunterricht. Bd. 1: Von der Frühgeschichte bis zum Mittelalter. Bd. 2: Von der frühen Neuzeit bis zur Zeitgeschichte, Bamberg 2004/2009.
Buntz, Herwig, Den Deutschen die Augen öffnen. Visuelle Medien zur Unterstützung des Marshall Plans. In: Praxis Geschichte, H. 3/2010, S. 38–41.
Eckhardt, Hans-Wilhelm, Das fotografische Bild der Arbeit. Erkundungen an Industriefotografien, in: Praxis Geschichte H. 5/2005, S. 16–20.
Fieberg, Klaus, An den Iden des März. Caesars Ermordung im Spiegel narrativer Historienbilder, in: Praxis Geschichte H. 1/2009, S. 47–79.
Fieberg, Klaus, Im Fokus der Kritik. Kaiser Wilhelm II. in der zeitgenössischen Karikatur, in: Praxis Geschichte H. 6/2010, S. 17–21.
Geschichte lernen H. 5 (1988): Bilder im Unterricht.
Geschichte lernen H. 18 (1990): Politische Karikaturen.
Geschichte lernen H. 37 (1994): Geschichte im Comic.
Geschichte lernen H. 91 (2003): Historische Fotografie.
Geschichte und Geschehen Folienbilder, 4 Teile, Stuttgart/Leipzig 1996–2000.
Geschichtsbilder. Historisches Lernen mit Bildern und Karikaturen. Handreichung für den Geschichtsunterricht an Gymnasien, Donauwörth 2001.
Hackl, Christine/Rühl, Christian, Produktiver Umgang mit Karikaturen. Beispiele aus dem Umfeld der Revolution von 1848, in: GWU 56, 2005, H. 7/8, S. 406–413.
Hamann, Christoph, Fluchtversuch und seine Folgen. Ikonografischer Zugang zu einem deutsch-deutschen Ereignis, in: Geschichte lernen 111 (2006), S. 43–49.
Hemberger, Armin, „Wie in einem Feuerofen". Information, Irreführung und Manipulation durch Bilder – Beispiel Vietnam-Krieg 1972, in: Praxis Geschichte H. 4/2001, S. 10–13.

5 Medien

Henke-Bockschatz, Gerhard, Neue Zeit – neuer Mensch? Politische Plakate aus den Anfangsjahren der UdSSR, in: Geschichte lernen H. 72 (1999), S. 49–54.
Julius, Cornelia, Fotos als Informationsquelle zur Geschichte der Alltagskultur. Fiktive Geschichten zu anonymen Fotografien um 1910, in: Praxis Geschichte H. 2/1997, S. 26–31.
Juneja, Monica, „Senden Sie Ihr Porträt, Herr Deputierter ..." Ein neuer Staatskörper in Davids „Ballhausschwur", in: Geschichte lernen H. 60 (1997), S. 34–38.
Kappenberg, Reinhard, Ein Sprung in die Freiheit? Unterrichtstipp zu einer deutschen Fotoikone, in: Geschichte lernen H. 111 (2006), S. 40–42.
Kaufmann, Günter, „Treueste Auffassung" vom revolutionären Geschehen? Berliner Barrikadenbilder aus dem Jahre 1848, in: GWU 56, 2005, H. 7/8, S. 406–413.
Klenner, Adrian/Witt, Dirk, Armut am Ende des 19. Jahrhunderts in Fotografien. Vermittlung einer Arbeitstechnik, in: Geschichte lernen H. 78 (2000), S. 61–65.
Kößler, Gottfried, Bilder und ihre Wirkungen. Die Ausstellung „Vernichtungskrieg. Verbrechen der Wehrmacht 1941 bis 1944" und ihre Einbindung in den Unterricht, in: Praxis Geschichte H. 2/1999, S. 45–59.
Künzel, Susanna, Hellenistische Königsporträts, in: Praxis Geschichte H. 4/2000, S. 26–29.
Mounajed, René/Semel, Stefan, Comics erzählen Geschichte, Bamberg 2010 (mit CD).
Pandel, Hans-Jürgen, Die Reichsgründung 1871 im Historiengemälde: Anton von Werners „Kaiserproklamation" in zwei Fassungen, in: Geschichte lernen-Folienmappe, Seelze 1998.
Peters, Christian, „Triumph des Willens". Herrschaftssicherung durch symbolische Inszenierung. In: Praxis Geschichte, H. 3/2009, S. 22–26.
Praxis Geschichte H. 2/2002: Bilder als Quelle.
Praxis Geschichte H. 1/2004: Politische Karikaturen.
Praxis Geschichte H. 1/2006: Fotografien im Geschichtsunterricht.
Praxis Geschichte H. 4/2010: Historische Plakate.
Sauer, Michael, „Nein! Mich zwingt Ihr nicht!" Interpretation eines Ruhrkampf-Plakates, in: Geschichte lernen H. 77 (2000), S. 43–45.
Sauer, Michael, Kopftuch – Krone – Krummstab. Der Pharao und seine Herrschaftssymbole, in: Geschichte lernen H. 82 (2001), S. 54–56.
Sauer, Michael, Nase seitwärts, Auge vorn. Menschendarstellung in der ägyptischen Kunst, in: Geschichte lernen H. 82 (2001), S. 24–26.
Sauer, Michael, Populäre Kolonialbilder. Reklamesammelbilder als Quelle, in: Geschichte lernen H. 134 (2010), S. 32–35.
Schnakenberg, Ulrich, Geschichte in Karikaturen. Karikaturen als Quelle 1945 bis heute, Schwalbach/Ts. 2011.
Semel, Stefan, Faszination gegen Argumentation. Die Konfessionalisierung der Bilderwelten, in: Geschichte lernen H. 84 (2001), S. 43–49.
Semel, Stefan, Legalize it! Alternative Lebensentwürfe in Underground-Comix in: Geschichte lernen H. 86 (2002), S. 26–32.
Spenner, Stefan, „Tu supplex ora, tu protege, tuque labora". Die Stände der Christenheit in zwei Darstellungen aus Spätmittelalter und Renaissance, in: Geschichte lernen H. 79 (2001), S. 43–47.
Stahl, Michael, „Schön und gewaltig". Der griechische Bürgerstaat und sein Menschenbild, in: Geschichte lernen H. 75 (2000), S. 62–65.
Wagener, Elmar, „Und eher ist alles in die Luft zu sprengen ..." Das Gemälde „Der Streik" (1886), in: Praxis Geschichte H. 2/2001, S. 22–25.
Wagener, Elmar, Die neue Absolution. Ein Altarbild als Glaubensbekenntnis, in: Praxis Geschichte, H. 6/2009, S. 17–19.
Wildhage, Manfred, The Road to War. Chamberlain und Appeasement-Karikaturen (1938/39), in: Praxis Geschichte H. 1/2002, S. 34–39.

Bildsammlungen (CDs und Folien)

Der Erste Weltkrieg in deutschen Bildpostkarten, hrsg. vom Deutschen Historischen Museum, Berlin: Digitale Bibliothek, Neuaufl. 2007.
Folienbuch Geschichte. Bilder für den Unterricht, 4 Bde., Stuttgart/Gotha: Klett 1992–96.
Foliensammlung Geschichte, 2 Bde., Berlin: Cornelsen 2001.
5.000 Bildpostkarten aus der Zeit um 1900, Berlin: The Yorck Project 2003.
5.000 Historische Stadtansichten aus Deutschland. Bilder deutscher Städte und ihrer Umgebungen aus fünf Jahrhunderten, Berlin: The Yorck Project 2003.
5.000 Meisterwerke der Photographie des 19. Jahrhunderts, Berlin: The Yorck Project 2005.
25.000 Meisterwerke. Gemälde, Zeichnungen, Grafiken, Berlin: The Yorck Project Neuaufl. 2007.
Für Frieden und Sozialismus. Plakate der DDR, Berlin: Yorck Project 2006.
Geschichte lernen – Folienmappe, Seelze: Friedrich 1998.
Geschichte und Geschehen Folienbilder, 4 Teile, Stuttgart/Leipzig: Klett 1996–2000.
Kaiser, Führer, Republik. Politische Postkarten vom Kaiserreich bis zur Besatzungszeit, Berlin: Digitale Bibliothek 2004.
Karikaturen. Zeitkritik mit Witz, Berlin: The Yorck Project 2004.
Karikaturen im Kontext (CD-ROM). Klaus Fieberg/Freies Historiker Büro, Braunschweig: Westermann akt. Aufl. 2008.
Liebig's Sammelbilder. Vollständige Ausgabe der Serien 1 bis 1138, Berlin: Directmedia 2008.
Plakate des Ersten Weltkrieges 1914–1918, Deutsches Historisches Museum Berlin/Bildarchiv Foto Marburg, München: Saur 1996.
Produktwerbung im Plakat 1890 bis 1918, hrsg. vom Deutschen Historischen Museum, Berlin: Digitale Bibliothek Neuaufl. 2007.
40.000 Meisterwerke. Malerei, Graphik, Zeichnung, Berlin: The Yorck Project 2007.
10.000 Ansichtskarten. Deutschland um 1900 im Bild. CD-ROM-Edition, Berlin: The York Project 2002.

5.1.3 Sachquellen

Neben Text- und Bildquellen sind die Sachquellen der dritte große Bereich historischer Zeugnisse. Der Begriff ist hier eng gefasst: In diesem Kapitel werden nur bewegliche Objekte behandelt, vorwiegend Gegenstände alltäglichen Gebrauchs. Ortsfeste Objekte, nämlich Bauwerke und Denkmäler, sind Thema des folgenden Kapitels. Die Quellengruppe umfasst eine geradezu unüberschaubare Anzahl von Gegenständen, die man nur ungefähr nach Oberbegriffen gliedern kann. Dazu gehören Werkzeuge und Geräte aller Art (Bewaffnung, landwirtschaftliche Geräte, Handwerk, Industrie, Haushalt, Medien), Einrichtungsgegenstände (Möbel, Geschirr, Lampen, Öfen), Kleidung, Spielzeug, Geld (Münzen, Banknoten, Aktien, auch Briefmarken) und Abzeichen (Medaillen, Orden, Plaketten). Sie können ganz unterschiedlichen Alters sein – vom Faustkeil bis zum FDJ-Hemd.

Im Unterricht spielen Sachquellen nur eine sehr bescheidene Rolle. Sie gelten eher als museale Quellengattung. Tatsächlich hat die Präsentation von Sachquellen im Museum Vorteile: Die Gegenstände können dort zunächst genau untersucht, eingeordnet, in ihrer Bedeutung und Funktion erklärt und dann in einem passenden Kontext, z. B. im Rahmen einer Inszenierung, präsentiert werden (vgl. Kap. 4.3.9). Die Zurückhaltung bei der Nutzung von Sachquellen direkt im Unterricht hat aber auch noch andere Gründe:

5 Medien

- Die Lernergebnisse und Lernwege sind weniger klar definierbar als etwa bei Textquellen.
- Lehrkräfte selber haben es in ihrer Ausbildung in den seltensten Fällen mit Sachquellen zu tun.
- Sachquellen liegen nicht in aufbereiteter Form vor. Außerdem kann man sie als dreidimensionale Objekte sehr viel schlechter archivieren als Bücher und Kopien.

Aber gerade in der Andersartigkeit und Ungewohntheit von Sachquellen liegen besondere Möglichkeiten für ihre unterrichtliche Verwendung. Natürlich kommen dafür nur Objekte infrage, die sich von ihrer Größe und Gestalt her überhaupt in den Unterricht mitbringen lassen. Text- und Bildquellen in all ihren Spielarten begegnen den Schülerinnen und Schülern in der Regel im Schulbuch. Dabei handelt es sich nicht um Originale, sondern um Übertragungen (Texte) und Reproduktionen (Bilder). Darstellungen und Quellen sind für die Schülerinnen und Schüler im Schulbuch in ihrer Materialität nicht unterscheidbar. Sachquellen dagegen sind erkennbar andersartig: Sie treten in ihrer natürlichen Gestalt, Größe und Materialität in Erscheinung, die durch die spezifische Funktion des Gegenstandes bestimmt sind. Anders als die meisten sonstigen Quellenarten sind Sachquellen nicht durch einen historischen Standpunkt, durch eine historische Perspektive geprägt. Hier ragt gleichsam unmittelbar Vergangenheit in die Gegenwart hinein.

Sachquellen kann man nicht nur ansehen, sondern berühren, an ihnen riechen, sie ausprobieren. Von der „Sinnlichkeit", von der „Aura" solcher originalen Gegenstände kann eine ganz andere Faszination ausgehen als von der üblichen „Flachware" der Bücher und Kopien. Dabei geht es nicht nur um das Objekt selber, wie es sich uns in der Gegenwart präsentiert, sondern auch und vielleicht noch mehr um die historische Bedeutung, die es hatte und zu deren Erforschung und Reflexion es Anstoß gibt: Aus welcher Zeit stammt das Objekt? Wozu diente es, wer hat es früher einmal benutzt? Wie lange wurde es in dieser Form verwendet? Welchen Stand der Technik lässt es erkennen? Sachquellen vermitteln uns Einblicke in ganz unterschiedliche Lebensverhältnisse von Menschen; sie sind vor allem Quellen für die Erforschung der Alltagsgeschichte. Und selbst wenn Sachquellen nur bruchstückhaft überliefert oder durch Gebrauch beschädigt sind, ist dies zugleich ein Hinweis auf vergangene Nutzungssituationen und Lebenszusammenhänge.

Für den Einsatz von Sachquellen im Geschichtsunterricht gibt es grundsätzlich zwei Möglichkeiten: Sie können von der Lehrkraft präsentiert oder von den Schülerinnen und Schülern gesucht und mitgebracht werden. Das hängt auch mit der Gesamtkonzeption des Unterrichts zusammen. Einzelne Sachquellen können jederzeit von der Lehrkraft innerhalb des „normalen" Unterrichts eingesetzt werden. Es geht dann darum, die besondere Qualität dieser Quellengattung zu nutzen und auf diese Weise den Unterricht punktuell um eine Erfahrungsmöglichkeit zu erweitern. Das Problem dabei ist, dass Sachquellen nicht ohne weiteres verfügbar sind. Wer welche im Unterricht einsetzen will, muss sie zunächst einmal selber sammeln. Dafür kommen naturgemäß vor allem Objekte infrage, die aus jüngeren Zeiten stammen (etwa zurück bis ins Kaiserreich 1871–1918), relativ verbreitet waren und nicht zu sperrig sind. Sehr geeignet sind dafür auch Text- und Bildquellen in ihrer ursprünglichen „Sachform": Fotoalben, Ansichtskarten, Geldscheine, Münzen, Briefe. Außer in der eigenen Familienüberlieferung kann man solche Sachquellen verhältnismäßig preiswert auf Flohmärkten oder in Antiquariaten erwerben. Wer Geschichte unterrichtet, sollte also nicht nur Arbeitsblätter etc. in Ordnern und Mappen sammeln, sondern sich eine „Quellenkiste" oder einen „Quellenkoffer" bereitstellen, den er mit der Zeit durch Zufall oder gezielte Suche mit geeigneten Gegenständen füllt (vgl. dazu Bösche 1992, Mögenburg 2002).

Eine besondere Schwierigkeit liegt freilich darin, dass für weite Zeiträume der Geschichte keine originalen Sachquellen verfügbar sind – sie sind zu selten, zu wertvoll und zu teuer. Deshalb sollte man den Einsatz von Replikaten nicht in Bausch und Bogen ablehnen, auch wenn es sich dabei eben nicht mehr um originale Quellen handelt. Soweit Nachbildungen in Machart und Material tatsächlich den Originalen entsprechen, bieten sie immer noch bessere Erfahrungsmöglichkeiten als etwa Abbildungen solcher Gegenstände. Replikate interessanter historischer Objekte kann man in Museen und an vielen historischen Stätten erwerben. Es gibt auch einige Institutionen, die „Unterrichtskoffer" zu verschiedenen Themen ausleihen; sie enthalten neben Büchern und Abbildungen auch Nachbildungen historischer Objekte (vgl. Informationen dazu in Gach 2005/2005).

Nicht nur die Lehrkraft, auch die Schülerinnen und Schüler können Sachquellen in den Unterricht mitbringen. Diese Möglichkeit bietet sich zum einen beim Einstieg in den Geschichtsunterricht überhaupt: Jede Schülerin, jeder Schüler bringt ein Objekt von zuhause mit, sie werden betrachtet, erklärt, geordnet. Es geht dabei um die Reflexion darüber, was Quellen sind, welche historischen Erkenntnismöglichkeiten uns die mitgebrachten Gegenstände eröffnen, wo aber auch die Grenzen dieser Erkenntnisse liegen. Zum anderen lässt sich mit mitgebrachten Sachquellen auch themenbezogen arbeiten. Dabei handelt es sich dann meist um entdeckendes Lernen oder um ein Projekt. Besonders geeignet sind Themen aus der jüngeren Geschichte, bei denen die Alltagsgeschichte eine zentrale Rolle spielt und ein regionaler Bezug möglich ist: vorindustrielle Arbeitswelt (Handwerk und Landwirtschaft), Industrialisierung, Kriegszeit 1939 bis 1945, Nachkriegszeit, die Sechzigerjahre („als unsere Eltern Kinder/Jugendliche waren"). Schülerinnen und Schüler werden aufgefordert, einen Gegenstand oder mehrere zu diesem Thema zu suchen (vgl. als Unterrichtsvorschlag Meier 1998). Der Wert dieses Ansatzes liegt nicht in schnellen Erkenntnissen, sondern in der methodischen Verfahrensweise. Jeder oder jede stellt sein oder ihr Objekt vor und berichtet über den Fundort. Das Objekt wird genau in Augenschein genommen.

Dann gilt es, den oben schon genannten Fragen (Alter, Funktion, Besitzer/Nutzer, Technik, Wert usw.) nachzugehen. Dafür bedarf es oft zusätzlicher Informationen. Sie können von der Lehrkraft gegeben, sollten aber besser von den Schülerinnen und Schülern selber in Erfahrung gebracht werden – aus Lexika, Fachbüchern oder durch die Befragung von Experten. Zu diesen Experten können auch die Eltern, Großeltern oder andere ältere Menschen gehören. Als Zeitzeugen können sie ggf. vom Gebrauch des Objektes berichten.

Es geht aber nicht nur um die technische Funktion, sondern um die historische Verwendungssituation insgesamt. Dabei können vielfältige Erinnerungen und Emotionen ins Spiel kommen, die sich an die Objekte knüpfen („Das war das erste Modellauto, das ich geschenkt bekommen habe. Die waren aus Blech, Plastik gab es noch nicht. Eine ganz kostbare Sache war das damals nach dem Krieg, alle Mitschüler haben mich beneidet ..."). Solche Berichte und Erzählungen liefern den historischen Kontext zum Objekt und erst damit enthüllt sich tatsächlich seine historische Bedeutung. So interessant der einzelne Gegenstand ist: Letztlich geht es ja darum, mit seiner Hilfe zu einer allgemeineren historischen Einsicht über die jeweilige Zeit zu gelangen.

Was Schülerinnen und Schüler über die Objekte in Erfahrung gebracht haben, sollte in angemessener Weise präsentiert werden. Auch hierfür bieten Sachquellen reizvolle Möglichkeiten. Man kann die Gegenstände in Sachgruppen ordnen. Jeder wird – wie im Museum – mit einer Informationskarte versehen. Das kann klassenintern, aber auch als Ausstellung für die ganze Schule geschehen (vgl. Kap. 6.2.5). Sogar einen kleinen „Ausstellungskatalog" können die Schülerinnen und Schüler verfassen. Dazu müssen sie die Objekte fotografieren oder zeichnen. Alles in allem können Sachquellen in besonderer Weise für die Beschäftigung mit Geschichte motivieren, Interesse an Geschichte auslösen und „forschendes Lernen" in Gang setzen – eine Chance, die im Unterricht viel häufiger als üblich genutzt werden sollte.

Weiterführende Literatur

Brieske, Rainer, Wohnzimmerarchäologie oder: Grabe, wo du sitzt. Alltagsgegenständliche Quellen im Unterricht, in: Praxis Geschichte H. 5/2003, S. 52–55, H. 6/2003, S. 60–63.
Gach, Hans-Joachim, Geschichte auf Reisen. Historisches Lernen mit Museumskoffern, Schwalbach/Ts. 2005.
Gach, Hans-Joachim, Museumskoffer: Mobile Sammlungen gegenständlicher Quellen, in: Geschichte lernen H. 104 (2005), S. 6–8.
Geschichte lernen H. 53 (1996): Archäologie.
Geschichte lernen H. 104 (2005): Gegenständliche Quellen.
Heese, Thorsten, Unterricht mit gegenständlichen Quellen. Kann man Geschichte „be-greifen"?, in: Geschichte lernen H. 104 (2005), S. 12–20.
Heese, Thorsten, Vergangenheit „begreifen". Die gegenständliche Quelle im Geschichtsunterricht, Schwalbach/Ts. 2007.
Schneider, Gerhard, Sachzeugnisse. Steine zum Reden bringen, in: Dittmer, Lothar/Siegfried, Detlef (Hrsg.), Spurensucher. Ein Handbuch für historische Projektarbeit, Weinheim/Basel überarb. u. erw. Neuaufl. 2005, S. 114–130.

Schneider, Gerhard, Gegenständliche Quellen, in: Pandel, Hans-Jürgen/Schneider, Gerhard (Hrsg.), Handbuch Medien im Geschichtsunterricht, Schwalbach/Ts. 6., erw. Aufl. 2011, S. 541–556.
Schneider, Gerhard, Gegenstände und Sachüberreste als Unterrichtsmedien, in: GWU 53, 2002, H. 5/6, S. 361–371.
Schneider, Gerhard, Sachüberreste und gegenständliche Unterrichtsmedien, in: Mayer, Ulrich/Pandel, Hans-Jürgen/Schneider, Gerhard (Hrsg.), Handbuch Methoden im Geschichtsunterricht, Schwalbach/Ts. 3. Aufl. 2011, S. 188–207.
Stadtmüller, Winfried, Sachquellen, in: Schreiber, Waltraud (Hrsg.), Erste Begegnungen mit Geschichte. Grundlagen historischen Lernens, Bd. 1, Neuried 2., erw. u. überarb. Aufl., S. 441–454.

Die Zeitschrift „Praxis Geschichte" enthält in unregelmäßigen Abständen die Rubrik „Gegenständliche Quelle", in der einzelne Objekte vorgestellt werden.

Unterrichtsvorschläge

Bösche, Friedrich-Wilhelm, Die Quellenkiste. Was Lehrer und Schüler in den Unterricht mitbringen können, in: Geschichte lernen H. 28 (1992), S. 56–58. Wiederabdruck in: Geschichte lernen Sammelband: Geschichte lehren und lernen, Seelze 1997. S. 54–56.
Geschichte lernen H. 53 (1996): Archäologie.
Geschichte lernen H. 104 (2005): Gegenständliche Quellen.
Meier, Klaus-Ulrich, Der Geschichte auf der Spur. Ein handlungsorientierter Beginn des Geschichtsunterrichts, in: Geschichte lernen H. 62 (1998), S. 47–51.
Mögenburg, Harm, Vertretungsstunden – eher Chance als Fluch, in: Geschichte lernen H. 87 (2002), S. 8–13.

Faksimile-Materialien

Geschichte be-greifen. Ausgewählte historische Quellen der Jahre 1848 bis 1918, Braunschweig: Westermann 2010.
Geschichte be-greifen. Ausgewählte historische Quellen. Weimarer Republik und Nationalsozialismus (1918–1945), 2010. Zu beziehen über: Museumspädagogischer Dienst Osnabrück, Kulturhaus am Heger Tor Marienstraße 5/6, 49074 Osnabrück, Tel. 0541 323-2064, E-Mail langer@osnabrueck.de.

5.1.4 Bauwerke und Denkmäler

Bauwerke als Quellen können unter verschiedenen Gesichtspunkten Zeugnis über vergangene Zeiten und Lebenswelten ablegen: über Macht und Herrschaft (Repräsentationsbauten wie Burgen, Schlösser, Dome und Rathäuser), über religiöse Überzeugungen (Kirchen, Klöster, Synagogen), über Arbeit (vom Bauernhaus bis zur Fabrik), über Alltag (Wohnhäuser wie Bauernhäuser, Mietskasernen, Villen), über Handel und Verkehr (Straßen, Brücken, Kanäle, Bahnhöfe), schließlich insgesamt über die technischen Fähigkeiten der jeweiligen Zeit.

Prinzipiell gibt es zwei Möglichkeiten, sich im Unterricht mit dieser Art von Quellen zu beschäftigen: Man kann Bauwerke auf Bildern betrachten oder sie vor Ort aufsuchen. In der Regel wird aus Zeitgründen nur das erste möglich sein. Die Nachteile liegen auf der Hand. Die Dimension der sinnlichen Erfahrung fehlt vollständig und einschlägige Untersuchungsverfahren lassen sich nicht anwenden. Freilich gibt es auch gewisse Vorteile in der bildlichen Wiedergabe:

5 Medien

- Anhand von Fotos (oder anderen Bildern) sind Perspektiven (z. B. Gesamtansichten, Luftbilder) möglich, die man bei einem Besuch nicht selber erfahren kann.
- Anhand von Bildern lassen sich bauliche Details (z. B. Reliefs, Inschriften) untersuchen, die sonst vielleicht gar nicht genau zu erkennen sind.
- Mit Bildern sind schnelle Vergleiche und Gegenüberstellungen von Bauten aus gleicher Zeit oder aus verschiedenen Zeiten möglich. Wer die Architektur und damit die Weltsicht von Romanik und Gotik unmittelbar vergleichen will, kann das leicht anhand von Bildern typischer Bauwerke tun. Man kann eine Reihe zum Thema „Wohnen im Wandel" zusammenstellen (vgl. das gleichnamige Themenheft von Praxis Geschichte H. 5/1988: Wohnen im Wandel) oder Arbeiterhäuser und bürgerliche Villen um 1900 miteinander konfrontieren.

Allerdings lassen sich diese Möglichkeiten auch in Ergänzung, Vorbereitung oder Weiterführung eines Besuchs vor Ort nutzen. Und erst dabei kommt das besondere didaktische Potenzial der Quelle Bauwerk zum Tragen. Solche Exkursionen sollten immer im Kontext des aktuellen Unterrichts stehen. Am einfachsten zu bewerkstelligen ist natürlich der Besuch von Bauwerken am Heimatort; allerdings wird man dort nicht immer das thematisch Einschlägige finden. Für das 19. und 20. Jahrhundert ist das Angebot naturgemäß groß, davor wird es oft schon schwierig. Je nach Ort wird man auch eher Zeugnisse bäuerlichen Lebens oder industrieller Vergangenheit treffen. Will man z. B. bestimmte repräsentative Großbauten besuchen, ist oft eine weitere Anreise unumgänglich. Als Exkursionsziele außerordentlich lohnend sind auch die vielen Freilichtmuseen, die es in Deutschland mittlerweile gibt und in denen viele Gebäude im Original erhalten bzw. wieder aufgebaut sind. Das Spektrum reicht von den zahlreichen Dorf- und Bauernhausmuseen bis zu den großen Industriemuseen.

Wichtig ist die zeitliche Bestimmung: Das meiste, was heute als „mittelalterliche Altstadt" (mit obligatorischer Fußgängerzone) angepriesen wird, stammt in Wirklichkeit aus späterer Zeit. Bei jedem Bauwerk stellt sich auch die Frage nach der baulichen Veränderung. Je älter ein Bau, desto länger auch die Geschichte seiner Umbauten oder Umnutzungen. Alte Originale, sofern man überhaupt davon sprechen kann, finden sich so gut wie nie. Aber auch in dieser Hinsicht sind Bauwerke eben „Zeugen der Zeit", und eben dies sollte man mit Schülerinnen und Schülern besprechen. Ein weiterer Punkt ist der Erhaltungszustand eines Bauwerks. Auch die Besichtigung und Untersuchung bloßer Überreste kann aufschlussreich sein und vielleicht sogar einmal zum Erproben archäologischer Methoden genutzt werden (vgl. als Unterrichtsvorschlag Hess 1989). Für eine „Begehung", bei der Bedeutung und Funktion eines Baues nachvollzogen werden sollen, ist freilich nur ein gut erhaltener oder entsprechend restaurierter Bau geeignet.

Die folgenden Stichworte können zur groben Orientierung bei der Begehung eines Bauwerks und ihrer Vorbereitung dienen:

5.1 Quellen

Ein Bauwerk untersuchen

- Typ und Funktion
- Entstehungszeit und -geschichte
- Standort
- Größe
- architektonische Gestaltung: Stil, Formgebung, Material, Schmuck
- Ausdruck und Bedeutung

Zum zweiten Punkt müssen – am besten vorab – Informationen von der Lehrkraft bereitgestellt oder von den Schülerinnen und Schülern eingeholt werden. Nimmt man es sehr genau, sollten dabei folgende Gesichtspunkte berücksichtigt werden:

Die Entstehungsgeschichte eines Bauwerks dokumentieren

- Planung
- Auftraggeber
- Finanzierung
- Ausführung des Baues
- bauliche und technische Besonderheiten (konventionell oder ungewöhnlich)
- Vorbilder und Nachahmungen
- bauliche Veränderungen (Aus- und Umbauten, Renovierung und Restaurierung)
- Änderungen der Funktion

Solche Angaben kann man z. B. Informationsblättern, Kunstreise- oder Stadtführern entnehmen. Um sie zu erhalten, können Schülerinnen und Schüler aber auch Experten befragen, z. B. Denkmalpfleger, Pfarrer, Kunsthistoriker oder Heimatforscher.

Soviel wie möglich sollten Schülerinnen und Schüler bei einer solchen „Begehung" mit eigenen Sinnen zu erfahren versuchen; der Geschichtsunterricht bietet dafür selten Möglichkeiten – dies ist eine davon. Das beginnt mit der Lage des Gebäudes und dem äußeren Eindruck, den es macht. Beides kann sehr aufschlussreich sein: Thront die Burg direkt über dem Ort? Um wie viel überragt der Dom die umliegenden Häuser? Wie groß ist der Rathausplatz? Wie liegen Kirche und Rathaus zueinander? Noch subjektiver: Wie lange brauche ich, um das Gebäude zu umrunden? Wie weit muss ich den Kopf in den Nacken legen, wenn ich vor dem Portal stehe und bis zur Kirchturmspitze hinauf schauen will? Allerdings muss man dabei bedenken, dass unser heutiger Eindruck sich von dem der Zeitgenossen in der Regel erheblich unterscheidet. Heute konkurrieren hohe Bürogebäude mit dem Kirchturm, damals prägte er die Silhouette des Ortes. Direkt an die Kirche angebaut waren früher vielleicht kleine Hökenbuden, heute sind sie meist entfernt. Persönliche, atmosphärische Eindrücke lassen sich auch im Inneren des Gebäudes sammeln: Wie hell oder dunkel, laut oder leise, warm oder kalt ist es? Was rieche ich? Komme ich mir groß oder klein vor?

Ein weiterer Schritt ist die möglichst genaue, „objektive" Erkundung des Gebäudes. Dafür können die Schülerinnen und Schüler (u. U. in Gruppen) entsprechende Aufträge übernehmen: eine Grundrissskizze zeichnen, das Gebäude vermessen und die Maße auf der Skizze abtragen, es von außen und innen (möglichst aus verschiedenen Perspektiven) fotografieren. Daraus kann dann später eine Art „Gebäude-Steckbrief" zusammengestellt werden.

Wie weit es möglich ist, mit Schülerinnen und Schülern die architektonische Gestaltung und die zeitspezifische Formensprache zu untersuchen, kann nur von Fall zu Fall entschieden werden. Wünschenswert wäre, wenn Schülerinnen und Schüler wenigstens einen ungefähren Blick für die jeweilige architektonische Handschrift der Zeit entwickeln würden; dabei ist natürlich vor allem das Fach Kunst gefragt. Populäre Nachschlagewerke können von Fall zu Fall eine gute Hilfe sein.

Nachschlagewerke

Binding, Günther, Architektonische Formenlehre, Darmstadt 5. Aufl. (Nachdruck der 4., überarb. u. erg. Aufl.) 2009.
Koch, Wilfried, Baustilkunde. Europäische Baukunst von der Antike bis zur Gegenwart, München 1990.
Müller, Werner/Vogel, Gunter, dtv-Atlas zur Baukunst, 2 Bde., München 1974/1981.
Philipp, Klaus Jan, Das Reclam Buch der Architektur, Stuttgart 2006.
Reid, Richard, Baustilkunde. 3500 Bauten aus der alten und neuen Welt, Leipzig Neuaufl. 2010.
Reihe „Wie erkenne ich ... Kunst?", 16 Bde., Augsburg Neuaufl. 2000.

Eine zusammenfassende Beschreibung und Erläuterung des Baues kann dann in den schon erwähnten Steckbrief eingehen, individuell für die Geschichtsmappe vorgenommen werden oder gar in die Erarbeitung eines Führers münden (vgl. zur Erarbeitung eines Stadtführers Lück/Wagner 1989).

Denkmäler sind eine besondere Form von Bauwerken. Sie dienen keinem „praktischen" Zweck. In einer (vergangenen) Gegenwart errichtet, sollen sie für die (damalige) Zukunft das Gedenken an bestimmte Personen und Ereignisse der

Vergangenheit wachhalten, die dem Künstler oder dem Auftraggeber besonders wichtig sind – sie sollen Erinnerung stiften. Sie sind damit nicht Quellen für die Zeit, auf die sie sich beziehen, sondern für ihre Entstehungszeit (soweit nicht beides zusammenfällt). Dieses Gedenken kann sich auf verschieden große Erinnerungsgemeinschaften beziehen: auf eine Familie (z. B. römische Porträtbüsten), auf einen Ort (z. B. lokale Kriegerdenkmäler, das Denkmal für den „großen Sohn" der Stadt), einzelne Territorien oder eine ganze Nation (z. B. Herrscherdenkmäler). Oft werden Denkmäler zu bestimmten Gedenktagen und Jubiläen errichtet oder eingeweiht, zum wiederholten Todestag eines zu Ehrenden oder zum Jahrestag einer Schlacht. Denkmäler können unterschiedliche Formen haben und die Formen können untereinander vermischt sein. Wir finden Plastiken, Reliefs, Gedenktafeln oder ganze Bauten.

Die große Zeit der Denkmäler begann mit der Renaissance. Es war ein Zug der Zeit, das Individuum in seiner Einzigartigkeit zu zeigen und seine Besonderheiten und Leistungen für die Nachwelt festzuhalten. Herrscher und Heerführer wurden vor allem im Reiterstandbild abgebildet. Diese Darstellungsform blieb beliebt bis ins 20. Jahrhundert. Die übertragene Bedeutung: Wie er sein Pferd beherrscht, so hat der Herrscher oder Feldherr auch die Geschicke seines Landes oder sein Heer sicher gelenkt. Später wurden dann auch hervorragende (bürgerliche) Gelehrte und Künstler mit Denkmälern geehrt. Das Kriegerdenkmal war zu Beginn gleichfalls einzelnen hervorragenden Heerführern vorbehalten. Es „demokratisierte" sich in Deutschland erst seit den Befreiungskriegen. Im Zeitalter der Massenkriege ist an die Stelle des Einzelgedenkens die allgemeine Erinnerung und Mahnung getreten, am ausgeprägtesten im „Grabmal des unbekannten Soldaten". Bei Kriegerdenkmälern wird die Verknüpfung der drei Zeitdimensionen besonders deutlich. Sich aus der Gegenwart heraus an die Vergangenheit zu erinnern bedeutet zugleich einen Appell für die Zukunft: Bis 1945 war es der (implizite oder explizite) Aufruf, den fürs Vaterland gefallenen Helden nachzueifern; seitdem ist es ein Plädoyer gegen den Krieg.

Die gewaltigsten Denkmalsbauten hat die Gattung des Nationaldenkmals hervorgebracht, etwa das Hermannsdenkmal im Teutoburger Wald, das Niederwalddenkmal bei Rüdesheim am Rhein, das Kaiser-Wilhelm-Denkmal am „Deutschen Eck" in Koblenz oder das Völkerschlachtdenkmal in Leipzig. Sie kombinieren verschiedene Darstellungsformen (Figuren, Reliefs, Symbole, Allegorien). Sinn dieser Denkmäler war es, in der Erinnerung an gemeinschaftliche Siege (besonders über den „Erbfeind" Frankreich) eine gemeinsame nationale Identität zu stiften.

Denkmäler sind für den historischen Unterricht deswegen besonders interessant, weil es hier um die Rezeption, den Gebrauch und die Konstruktion von Geschichte geht. An ihnen lassen sich zeitspezifische Deutungen von Geschichte, lässt sich historisches Geschichtsbewusstsein analysieren und Geschichtskultur thematisieren. Und es lässt sich geradezu lehrstückhaft jene Verknüpfung der

Zeitebenen deutlich machen, wie sie letztlich jeder Beschäftigung mit Geschichte zugrunde liegt: Deutung der Vergangenheit aus dem Blickwinkel der Gegenwart mit Wirkungsabsicht für die Zukunft. Die Arbeitsweise dabei ist ähnlich wie bei Bauwerken allgemein:

Denkmäler analysieren

- *Typ*: Mahnmal, Siegesdenkmal, Heldendenkmal, Standbild etc.
- *Standort und Umgebung*: Platz, Friedhof, Hain, Park etc.
- *Erscheinungsform*: Größe, Material, Form: figürliche Plastik, Relief, Säule, Kubus, Wand etc.
- *Symbole und Allegorien*: Kreuz, Adler, Fahne, Kreuz etc.
- *Inschriften*: Information, Erinnerung oder Aufruf
- *Wirkung, Funktion, Rezeption*: Welchen Ausdruck vermittelt die Form des Denkmals? Welche Funktion sollte das Denkmal bei seiner Errichtung erfüllen? In welchem politischen und gesellschaftlichen Kontext hat es damals gestanden? Wie wurde es in seiner Geschichte und wie wird es heute wahrgenommen und beurteilt?

Weil es sich bei Denkmälern um eine ausgeprägt intentionale Quellengattung handelt, ist ihre Entstehungsgeschichte besonders wichtig: Was war der Anlass der Errichtung, wer war der oder waren die Auftraggeber, was waren ihre Beweggründe und Absichten? Von Interesse kann auch das Denkmal als Ort und Medium geschichtskultureller Aktivitäten sein: Gab es dort wiederkehrende Gedenkveranstaltungen, wer trat dort auf, wie machte man sich die Erinnerung zu eigen, kam es zu Kritik und Protest (als Unterrichtsvorschlag zu einem Schlageterdenkmal vgl. Fleiter 2000, vgl. auch Korbmacher 1992)?

Ein weiterer Aspekt ist der heutige Umgang mit dem Denkmal und seiner Geschichte. Gerade das kann ein interessanter Zielpunkt der Unterrichtsarbeit (vornehmlich in Projekten) sein. Ein Denkmal für Ernst Thälmann oder den Grafen Waldersee (1888 bis 1891 Chef des Deutschen Generalstabs, 1900/1901 Oberbefehlshaber der Interventionstruppen im Boxerkrieg) beispielsweise ist heute fragwürdig geworden. Abrisse, wie auf dem Gebiet der alten DDR nach 1989 des Öfteren praktiziert, sind freilich eine vordergründige und unhistorische Lösung. Sinnvoll ist es, solche Denkmäler auf einer Tafel angemessen zu kommentieren und so zu historisieren. Dafür können Schülerinnen und Schüler Vorarbeiten leisten – ein Stück praktischer Geschichtskultur (vgl. zu einem Carl-Peters-Denkmal den Unterrichtsvorschlag von Schacht/Wagener 1993).

Und schließlich kann auch der Diskurs um aktuelle Denkmalserrichtungen oder -planungen im Unterricht zum Thema gemacht werden. Von der Umgestaltung der „Neuen Wache" Unter den Linden über das „Holocaust-Denkmal" bis hin zu den Diskussionen um ein Vertriebenen-Denkmal lässt sich die Frage erörtern, wie heutzutage ein Gedenken stattfinden kann, das sich gegenüber der eigenen Geschichte nicht mehr affirmativ, legitimatorisch und traditionsstiftend, sondern kritisch verhält, und welche gestalterischen Ausdrucksformen sich dafür finden lassen.

Die Deutsche Stiftung Denkmalschutz bietet unter dem Namen „Denkmal aktiv – Kulturerbe macht Schule" ein Schulförderprogramm (u. a. mit Unterrichtsmaterialien) an. Außerdem schreibt sie jährlich den Jugendfotowettbewerb „Fokus Denkmal" aus. Informationen: Deutsche Stiftung Denkmalschutz, Schlegelstr. 1, 52113 Bonn, Internet www.denkmalschutz.de.

Weiterführende Literatur

Degen, Roland/Hansen, Inge, Lernort Kirchenraum. Erfahrungen – Einsichten – Anregungen, Münster u. a. 1998.
Geschichte vor Ort. Anregungen für den Unterricht an außerschulischen Lernorten, Donauwörth 1999.
Goecke-Seischab, Margarete Luise/Ohlemacher, Jörg, Kirchen erkunden, Kirchen erschließen, Köln 2010.
Goecke-Seischab, Margarete Luise/Harz, Frieder, Komm, wir entdecken eine Kirche. Räume erspüren, Bilder verstehen, Symbole erleben, München 4. Aufl. 2009.
Kaufmann, Günter, Die chinesische Kanone in der Anlage des Marine-Ehrenmals Laboe. Ein Beispiel für die Entsorgung von Vergangenheit mit Hilfe von Denkmälern, in: GWU 57, 2006, H. 12, S. 719–730.
Mayer, Ulrich, Historische Orte als Lernorte, in: Ders./Pandel, Hans-Jürgen/Schneider, Gerhard (Hrsg.), Handbuch Methoden im Geschichtsunterricht, Schwalbach/Ts. 3. Aufl. 2011, S. 389–407.
Reeken, Dietmar von, „Das Auffallendste ist nämlich, dass man sie nicht bemerkt". Denkmäler als gegenständliche Quellen des Geschichtsunterrichts, in: Geschichte lernen H. 121 (2008), S. 2–11.
Schmid, Hans-Dieter, Den künftigen Geschlechtern zur Nacheiferung. Denkmäler als Quellen der Geschichtskultur, in: Praxis Geschichte H. 6/2003, S. 4–11.
Schneider, Gerhard, Kriegerdenkmäler als Unterrichtsquellen, in: Pandel, Hans-Jürgen/Schneider, Gerhard (Hrsg.), Handbuch Medien im Geschichtsunterricht, Schwalbach/Ts. 6., erw. Aufl. 2011, S. 557–611.
Schreiber, Waltraud, Geschichte lernen an historischen Stätten: Die historische Exkursion, in: Schreiber, Waltraud (Hrsg.), Erste Begegnungen mit Geschichte. Grundlagen historischen Lernens, Bd. 1, Neuried 2., erw. u. überarb. Aufl. 2004, S. 629–646.
Thünemann, Holger, Denkmäler als Orte historischen Lernens im Geschichtsunterricht – Herausforderungen und Chancen, in: Handro, Saskia/Schönemann, Bernd (Hrsg.), Orte historischen Lernens, Berlin 2008, S. 179–208.
Würfel, Maria, Denkmäler im Geschichtsunterricht, in: Geschichte für heute H. 1/2009, S. 5–19.

Unterrichtsvorschläge

Albrecht-Hermanns, Marc, „Seid Sand, nicht das Öl im Getriebe der Welt". Die Würdigung der Deserteure und der Wandel im Heldenbild, in: Praxis Geschichte H. 4/2011, S. 24–47.
Geschichte lernen H. 121: Denkmäler.
Hess, Volker, „Hier gibt's ja gar nichts zu sehen". Das „Frühmittelalter in Hessen" – erforscht von SchülerInnen, in: Geschichte lernen H. 9 (1989), S. 43–50.
Karasch, Kristin, „Zum ehernen Gedenken an tapfere deutsche Krieger …". Kolonialdenkmäler untersuchen, in: Geschichte lernen H. 134 (2010), S. 36–41.
Praxis Geschichte H. 5/1988: Wohnen im Wandel.
Praxis Geschichte H. 6/2003: Denk-Mal.
Schacht, Holger/Wagener, Elmar, Carl Peters – nur ein Kind seiner Zeit?, in: Praxis Geschichte H. 1/1993, S. 26–30.
Wagner, Rita/Lück, Holger, Ein Stadtführer für Jugendliche und Schüler, in: Geschichte lernen H. 9 (1989), S. 64–66.

5.1.5 Filme

Filme spielen im Geschichtsunterricht keine große Rolle. Anders in der Öffentlichkeit: Die meisten Menschen bekommen das, was sie über Geschichte wissen, durch Filme bzw. über das Fernsehen vermittelt. Allein dies sollte ein Grund dafür sein, sich auch im Geschichtsunterricht mit Filmen zu befassen und Schülerinnen und Schülern exemplarisch grundlegende Einsichten in den Charakter der Gattung zu vermitteln.

Zunächst gilt es, verschiedene Typen von Filmen, die für historische Fragestellungen relevant sind, voneinander zu unterscheiden. Am gebräuchlichsten ist die folgende Einteilung:

- *Filmdokument*: Beim Filmdokument handelt es sich um Aufzeichnungen aus einer vergangenen Zeit, die im Originalzustand erhalten sind. Filmdokumente gibt es erst seit ca. 1895. Dazu werden z. B. die Wochenschauen gezählt, das am meisten gezeigte historische Filmmaterial.
- *Dokumentarfilm*: Der Dokumentarfilm stellt Filmdokumente mit einer bestimmten Darstellungsabsicht zusammen. In der Regel werden sie mit einem erläuternden Text oder auch Musik unterlegt. Häufig werden die Filmdokumente mit anderen Elementen kombiniert: mit Standfotos, Zeitzeugenstatements, Historikerkommentaren, Karten und Grafiken, heutzutage immer häufiger auch mit Spielszenen. Zu diesem Typ gehören die gängigen historischen Dokumentationen im Fernsehen.
- *Unterrichtsfilm*: So weit es sich um Zeiten mit filmischer Überlieferung handelt, ist der Unterrichtsfilm meist ein Dokumentarfilm mit einem speziellen didaktischen Bezug auf die schulischen Adressaten. Zur Informationsvermittlung bedient er sich aber auch diverser anderer Darstellungsformen: Gezeigt werden historische Schauplätze, Sachquellen, historische Bilder etc.
- *„Historischer Spielfilm"*: Gemeint sind damit üblicherweise nicht Filme aus früheren Zeiten, sondern Filme, deren Handlung in früheren Zeiten spielt.

Die Unterscheidung dieser Typen ist insofern unbefriedigend, als dabei zwei verschiedene Kategorienpaare miteinander vermengt werden: Quelle und Darstellung sowie Dokument und Fiktion. Beim ersten Begriffspaar geht es um das Verhältnis von verfilmter Zeit und Filmentstehungszeit. Sind beide Zeiten gleich, handelt es sich um eine Quelle, sind sie zeitverschieden, um eine Darstellung. Beim Begriffspaar Dokument und Fiktion wäre zu unterscheiden, ob ein Film – gebrochen durch filmische Mittel – Vorfindbares abbildet oder Erfundenes ausmalt. Allerdings sind auch hier die Trennlinien unscharf, wenn etwa im Dokumentarfilm Filmquellen und nachgespielte Szenen kombiniert werden.

Gerade bei den beiden in der Öffentlichkeit wie für die Schule wichtigsten Gattungen, nämlich beim Dokumentarfilm und beim Spielfilm, sollte man auf die Zeitebenen achten. Der historische, also früher und weitgehend zeitgleich zum gezeigten Geschehen entstandene Dokumentarfilm (etwa Leni Riefenstahls „Triumph des Willens", 1934) ist für uns heute eine Quelle, der moderne, für uns zeitgenössische Dokumentarfilm dagegen eine Darstellung, in der lediglich historische Bausteine – vergleichbar Quellenzitaten im Historikertext – von einer aktuellen Fragestellung und einem heutigen Erkenntnisinteresse aus verwendet und inszeniert werden. Beim Spielfilm könnte man, analog zu der in der Geschichtsdidaktik üblichen Unterscheidung zwischen historischen Karten und Geschichtskarten, vom „historischen Spielfilm" als Quelle (z. B. „Kuhle Wampe" von Slatan Dudow/Bert Brecht, 1932) und vom heutigen „Geschichtsspielfilm" als Darstellung sprechen. Genau genommen müsste man dann beim historischen Spielfilm eine weitere Differenzierung vornehmen: Der Film aus vergangener Zeit, der eine noch frühere Zeit darstellt, wäre ein „historischer Geschichtsfilm".

Filmtypen

	Quelle	Darstellung
dokumentarisch	Filmdokument, historischer Dokumentarfilm	heutiger Dokumentarfilm
fiktional	historischer Spielfilm	Geschichtsfilm

Auf den ersten Blick mögen diese Unterscheidungen als Spitzfindigkeiten erscheinen. Wenn man freilich Filme befragen will, muss man erst einmal wissen, worüber sie überhaupt Auskunft geben können: über die Vergangenheit und den damaligen, zeitgenössischen Blick auf sie oder über unsere heutige Sichtweise und Deutung der Geschichte.

Filmdokumente sind – wie auch Fotos – zunächst einmal Zeugnisse für die äußeren Erscheinungsweisen von Vergangenem: Wie sahen bestimmte Menschen aus, wie die Städte, Häuser und Landschaften, die Gegenstände alltäglichen Gebrauchs? Filme können hier, mehr noch als stehende Bilder, Vorstellungen vor unserem inneren Auge entstehen lassen. Gegenüber jenen kommt hinzu die Bewegung, eventuell der Ton – ein Mehr an Atmosphäre. Freilich darf man nicht übersehen, wie auch die technischen Voraussetzungen des Mediums uns beeinflussen: In der Weimarer Republik war, so scheint es, die Welt Schwarz-Weiß und alle Menschen bewegten sich mit schnellen Trippelschritten. Filmdokumente können auch Auskunft darüber geben, ob ein bestimmtes Ereignis stattgefunden oder sich ein Mensch an einem bestimmten Ort befunden hat. Das setzt allerdings bereits voraus, dass wir wissen, dass es sich um ein echtes Dokument handelt. Wie bei Fotos ist es nämlich auch bei Filmen möglich, Szenen nachträglich zu stellen und nachzudrehen. So haben sich z. B. Aufnahmen, die man jahrelang für Filmdokumente vom Sturm auf das Petersburger Winterpalais während der Russischen Revolution von 1917 hielt, im Nachhinein als Bilder von einer drei Jahre später als Gedenkveranstaltung aufgeführten Massentheaterszene entpuppt (vgl. Jaubert 1989, S. 46 f.). Und für Leni Riefenstahls Film „Triumph des Willens" über den NS-Reichsparteitag 1934 wurden einzelne Szenen, bei denen die Aufnahmen misslungen waren, später nachgedreht.

Allerdings ist Riefenstahls Film ohnehin ein historischer Dokumentarfilm und kein Filmdokument. Der Unterschied lässt sich an diesem Beispiel sehr gut demonstrieren. Dokumente sind hier die 130.000 Meter Film, die 32 eigene Kameraleute und 16 Wochenschau-Filmer für Riefenstahl aufnahmen. Aus diesen 80 Spielstunden aber entstand durch Auswahl und Montage ein Film von zwei Stunden Dauer. Darin wird der Parteitag, ja ohnehin eine gigantische Inszenierung, ein zweites Mal mit filmischen Mitteln inszeniert. Riefenstahl hat die Ereignisse verdichtet: Aus 7 Tagen „Echtzeit" wurden im Film 3,5 Tage. Und sie hat teilweise die Chronologie des Ablaufs verändert, so wie es ihr wirksamer zu sein schien. Entstanden ist keine Dokumentation des Parteitages, sondern ein Dokument nationalsozialistischer Selbstdarstellung und Propaganda. Vor allem unter diesem Aspekt sind historische Dokumentarfilme, also auch die viel gezeigten Wochenschauen aus der NS-Zeit, für uns heute von Interesse: Sie zeigen, wie die Filmer bzw. ihre Auftraggeber den zeitgenössischen Betrachter die behandelten Ereignisse sehen lassen wollten und welche filmischen Mittel (Schnitte, Texte, Musik) sie dazu verwendet haben (vgl. Unterrichtsvorschläge zu NS-Dokumentarfilmen in Meyers 1998, S. 74–132). Besonders deutlich kommt dies zum Vorschein, wenn sich die Gelegenheit ergibt, unterschiedliche Verfilmungen ein- und desselben Ereignisses miteinander zu vergleichen; z. B. Wochenschauen aus verschiedenen Ländern (vgl. den Unterrichtsvorschlag von Bein 1992, auch Körber 1994, zu einer editorischen Aufarbeitung von Filmquellen Hagen/Wendorf 1992).

Filmmaterial multiperspektivisch

Gute Möglichkeiten für einen multiperspektivischen Zugang bieten beispielsweise zwei DVD-Videos des FWU (FWU 4601003: Deutschland auf dem Weg in die Teilung 1946–1948/49, 2001; FWU 4601004: Die Entstehung von zwei deutschen Staaten 1948/49, 2001). Gegenübergestellt werden britisch-amerikanische und sowjetische Wochenschauberichte sowie Ausschnitte aus späteren Unterrichtsfilmen, die Material daraus verwenden. Das ermöglicht einen doppelten Zugang: den synchronen, multiperspektivischen Vergleich von Filmquellen und den Vergleich von Quellen und Darstellungen. An dem Beispiel wird deutlich, wie in Dokumentarfilmen (hier: Unterrichtsfilmen) mit filmischem Quellenmaterial umgegangen wird und welche Gestaltungselemente dabei eine Rolle spielen.

Andere DVDs/CDs oder Videokassetten mit vergleichbarem Ansatz:
- FWU 4202697: Die Schlacht von Dünkirchen aus deutscher und aus britischer Sicht, Videokassette, 2001.
- FWU 4202698: Der Bombenkrieg 1940–1945 aus deutscher und britisch-amerikanischer Sicht, Videokassette, 2001.
- FWU 4202699: Kalter Krieg und Berlinkrise 1945–1949 aus sowjetischer und aus britisch-amerikanischer Sicht, Videokassette, 2001.
- FWU 4202567: Berlin 1961: Der Bau der Mauer. Wochenschauberichte aus West und Ost, Videokassette, 2000.
- FWU 4202568: Deutschland 1970: Beginn des Dialogs? Wochenschauberichte aus West und Ost, Videokassette, 2000.
- FWU 4202792: Vietnamkrieg 1966–1969 aus amerikanischer und vietnamesischer Sicht, Videokassette/DVD, 2002/2008.
- FWU 4202791: Die Palästinafrage aus britischer und amerikanischer Sicht, Videokassette/DVD, 2002/2008.
- FWU 4602596: Die russische Revolution 1917 im Dokumentar- und im Spielfilm, DVD, 2008.

Der für uns zeitgenössische, die weiter zurückliegende Vergangenheit behandelnde Dokumentarfilm ist eine Darstellung. Früher war es meist üblich, lediglich historische Filmaufnahmen aneinander zu reihen und einen Kommentar zu unterlegen. Moderne Fernsehdokumentationen zu historischen Themen setzen sich aus mehr Elementen zusammen. Vor allem Zeitzeugenaussagen und neuerdings auch Spielszenen finden sich immer häufiger. Die unerläuterte Kombination der verschiedenen Elemente macht eine reflektierte Rezeption nicht einfach: Da werden historische Filmaufnahmen gezeigt, über deren Herkunft, ursprünglichen Kontext und Verwendungszweck man in aller Regel nichts erfährt. Zeitzeugen werden häufig präsentiert als die eigentlichen Historiker: Sie kennen die Geschichte genau, denn sie haben sie ja erlebt. Dass „Geschichte" mit unterschiedlicher Wahrnehmung, selektiver Erinnerung und Deutung zusammenhängt, wird dabei mehr verdeckt als erhellt. Dabei könnten gerade kontroverse Zeitzeugenaussagen dies besonders gut verdeutlichen. In dieselbe, vereindeutigende Richtung gehen die Spielszenen: Auch wenn wir keine authentischen Aufnahmen aus der Zeit besitzen, können wir uns im Nachhinein scheinbar dennoch ein Bild machen. Der fiktionale Charakter solcher Szenen tritt nicht immer klar in Erscheinung. Hinzu kommt die musikalische Untermalung, die auf Dramatik und vordergründige Spannungseffekte abzielt.

Dokumentationen dieses Stils, deren Verbreitung mit dem Namen Guido Knopp verbunden ist, präsentieren Geschichte sehr suggestiv. Als Historikerin und Historiker, als Geschichtslehrerin und Geschichtslehrer mag man sich freuen, wenn Geschichte in den Massenmedien überhaupt zum Thema wird. Wenn es allerdings auf solch plakative, auf Quotensteigerung zielende Weise geschieht, kann dies für einen reflektierten Umgang mit Geschichte, wie ihn der Schulunterricht zum Ziel hat, geradezu kontraproduktiv werden. Weil Dokumentationen freilich, neben Geschichtsspielfilmen, das verbreitetste Genre sind, in dem Schülerinnen und Schüler außerhalb der Schule mit Geschichte konfrontiert werden, sollte ihre Machart mit Schülerinnen und Schülern besprochen und auf diese Weise eine kritische Rezeption angebahnt werden (vgl. Bösch 1999, von Borries 2001).

Die meisten Unterrichtsfilme zählen gleichfalls zur Gattung der zeitgenössischen Dokumentarfilme. Unterrichtsfilme zeichnen sich insbesondere durch Orientierung am Curriculum und am Alter der jeweils angesprochenen Schülerschaft aus. Die Länge eines solchen Films liegt üblicherweise nicht über 15 bis 20 Minuten, damit innerhalb einer Unterrichtsstunde genügend Zeit für die Vorführung und anschließende Besprechung bleibt. Fernsehdokumentationen beziehen sich zumeist auf Themen, zu denen eine filmische Überlieferung (Filmdokumente) vorliegt. Der Unterrichtsfilm dagegen muss auch Themen aus vorfilmischer Zeit (also vor ca. 1895) behandeln und dafür auf andere Möglichkeiten der „Verbildlichung" zurückgreifen. Dafür werden Bild- und Textquellen oder Sachüberreste abgefilmt, historische Schauplätze gezeigt, Schaubilder und Karten genutzt. In jüngerer Zeit finden sich zuweilen auch Spielszenen und virtuelle Darstellungen, wobei diese aus Kostengründen meist aus vorhandenen Spiel- und Dokumentarfilmen übernommen werden. Durch die Veränderung des Trägermediums hat sich das Format Unterrichtsfilm in letzter Zeit erheblich verändert: vom reinen Lehrfilm ist es zum Paket auf CD-ROM oder DVD geworden, das ein umfangreicheres Filmangebot – meist einen längeren Film aus mehreren Modulen, die auch einzeln genutzt werden können – und Zusatzangebote wie Bildquellen oder Arbeitsblätter enthält. Dadurch hat sich das Spektrum der Einsatzmöglichkeiten, aber auch der notwendige Planungsaufwand für die einzelne Lehrkraft erhöht.

Im Vergleich mit dem zentralen Vermittlungsmedium des Geschichtsunterrichts, dem Schulbuch, weist der Unterrichtsfilm einen deutlich geringeren Grad an Didaktisierung auf. So gut wie nie werden explizit Fragestellungen aufgeworfen, werden Aufbau und Erzählstruktur des Filmes verdeutlicht, werden unterschiedliche Interpretationsmöglichkeiten ausgewiesen und reflektiert. In aller Regel liefert die Sprecherstimme Informationen und verbindliche Deutungen; das Bildmaterial dient vorwiegend als Beleg und Illustration für dieses Narrativ. Quellen werden nicht genauer erläutert und analysiert. Ihr Quellencharakter wird oft sogar verschleiert, indem zum Beispiel alten Filmdokumenten ein „Pseudooriginalton" – Musik oder Geräusche – unterlegt wird oder unmarkiert Filmdokumente mit Spiel(film)szenen vermischt werden. Außerdem werden die verwendeten Materialien nicht zuverlässig benannt und nachgewiesen – wenigstens außerhalb des eigentlichen Films, in den gedruckten oder auf einer DVD angebotenen Begleitmaterialien wäre dies problemlos möglich. Alles in allem scheinen die Hersteller von Unterrichtsfilmen wie beim „großen Bruder", der Fernsehdokumentation, eher auf die Gesamtwirkung der filmischen Erzählung als auf die Transparenz von Fragestellungen, Argumentationen und Materialverwendung zu setzen.

Der historische, also in früherer Zeit entstandene Spielfilm kann wie das Filmdokument eine Quelle für Realien sein. Wolfgang Staudtes Film „Die Mörder sind unter uns" von 1946, der erste Film nach dem Zweiten Weltkrieg, gedreht von der DEFA, spielt in der Trümmerlandschaft des kriegszerstörten Berlins, dessen Bild er uns unter der Hand überliefert. Wichtiger sind solche Filme jedoch als mentalitätsgeschichtliche Quelle: Bestimmte Stoffe oder Personen sind charakteristisch für eine historische Zeit. So waren in den Fünfzigerjahren Heimatfilme besonders populär. Offenbar kamen sie einem weitverbreiteten Bedürfnis nach „heiler Welt", nach Bodenständigkeit und Überschaubarkeit, nach einem klaren Wertgefüge besonders entgegen (vgl. Szöllösi-Janze 1993, auch Hey 2001). Historische Spielfilme können – wie der Heimatfilm – in der eigenen Zeit angesiedelt sein, aber wiederum auch vergangene behandeln („historischer Geschichtsfilm"). Solche Filme sind Historienbildern vergleichbar. Sie sind für uns weit weniger von Belang im Hinblick auf die behandelte Zeit als im Hinblick auf ihre Entstehungszeit; denn sie geben uns einen Eindruck von deren Geschichtsdeutungen, Mythen oder Projektionen. Der NS-Durchhaltefilm „Kolberg" (1943/44) sagt uns nichts historisch Wesentliches über Preußen in napoleonischer Zeit, aber viel über die politisch-militärische Situation und die propagandistischen Intentionen seiner Entstehungszeit.

Neben den Dokumentationen sind die modernen Spielfilme von besonderer geschichtskultureller Bedeutsamkeit. In der Gegenwart oder in nicht allzu lange zurückliegender Zeit entstandene Spielfilme über historische Themen sind für uns Darstellungen von Geschichte. Mit dem Grad ihrer Fiktionalität steht es (wie bei historischen Romanen, Kap. 5.2.6) unterschiedlich: Sie können eine Geschichte, die sich tatsächlich ereignet hat, mehr oder minder genau mit filmischen Mitteln nacherzählen und erhalten so einen gewissen dokumentarischen Charakter

("Schindlers Liste", 1993; "Thirteen Days", 2001; "Rosenstraße", 2003, "Sophie Scholl – die letzten Tage", 2005; "John Rabe", 2009). Besonders ausgeprägt ist das bei jenen Filmen, die ausdrücklich als Dokumentarspiel oder Doku-Drama firmieren, also den Anspruch darauf erheben, dass sie historisch Verbürgtes lediglich szenisch ausgestalten. Fernsehfilme von Heinrich Breloer ("Todesspiel", 1997; "Die Manns – ein Jahrhundertroman", 2001; "Speer und er", 2004) oder Hans-Christoph Blumenberg ("Deutschlandspiel", 2000; "Der Aufstand", 2003) – schon die Titel signalisieren zum Teil das Genre – haben große öffentliche Resonanz gefunden.

Spielfilme zu historischen Themen können aber auch eine eigene Geschichte erfinden; ihre historische Fundierung kann wiederum verschieden ausfallen. Die Geschichte mag in dem Sinne historisch sein, dass sie sich wirklich in dieser Weise hätte abspielen können (z.B. die "Heimat"-Trilogie von Edgar Reitz, 1981/84, 1988/91, 2004). Oft wird aber auch nur eine "zeitlose" Geschichte, etwa eine Liebesgeschichte, in ein historisches Ambiente versetzt; da mag dann die Staffage stimmen (wie sah ein Ballkleid im Rokoko aus?), aber die Denkweise und Handlungslogik der Personen ist historisch wenig triftig. Hierher gehören die vielen "Historienschinken" aus Hollywood von "Ben Hur" (1959) über "Spartacus" (1960, 2004) bis "Gladiator" (2000).

Der fiktionale Film bietet, wenn er historisch triftig ist, wie auch der historische Roman besondere Möglichkeiten, seinen Zuschauern Geschichte nahezubringen. Er kann das Geschehen umfassend entfalten, er kann einzelne Figuren und ihre Sichtweisen zeigen, er kann dabei auch die Perspektive „kleiner Leute", die zumeist kaum überliefert ist, zur Geltung bringen, er kann Gefühle und Handlungsmotive vorführen. Geschichte wird im Handeln und Denken von Personen begreifbar, der Zuschauer wird emotional einbezogen. Solche Filme können deshalb, wie die Fernsehserie „Holocaust" (in Deutschland 1979 gesendet) oder eben „Schindlers Liste", eine tiefgehende, in diesen Fällen geradezu volkspädagogische Wirkung entfalten. Freilich ist die Gefahr der emotionalen (völlige Identifikation und Parteinahme) wie fiktionalen („genau so war es") Überwältigung groß. Über die tatsächliche Wirksamkeit von Filmen jeder Art wissen wir allerdings erstaunlich wenig, und zwar sowohl im Hinblick auf schulische Zusammenhänge als auch auf andere Rezeptionskontexte (vgl. Bergold 2010, Hofmann/Baumert/Schmitt 2005, Neitzel 2010, Sommer 2010); dieser Forschungsstand steht in einem krassen Gegensatz zu der Filmen stets unterstellten erheblichen Wirksamkeit.

Welche Vorzüge und Probleme bietet die Arbeit mit Filmen im Geschichtsunterricht? Filme zeigen historisches Geschehen in vielen Facetten und Details; die Kombination von bewegten Bildern und Ton bewirkt eine besondere Ausdrucks- und Erlebnisqualität; Filme dienen der Bildung von Vorstellungen über die gezeigte Vergangenheit. Gerade die Faszination und die emotionale Wirkung des Mediums bergen freilich auch Gefahren: Filme können mit ihren Reizen überwältigen oder sie können den Eindruck erwecken, der Betrachter habe es mit einer unmittelbaren Abbildung von Realität zu tun. Filmeinsatz im Geschichtsunterricht kann deshalb nicht einfach heißen, gemeinsam Filme anzusehen; sie müssen auch besprochen und untersucht werden. Filme sind ein zentraler Bestandteil von Geschichtskultur; es geht um die Kompetenz, angemessen mit diesen spezifischen Formaten von öffentlicher Geschichtsdarstellung umgehen zu können. Dafür reicht es nicht aus, sie im Hinblick auf historische Triftigkeit oder Detailgenauigkeit kritisch zu untersuchen; sie müssen als Sinnkonstruktionen sui generis in den Blick genommen werden. Das gilt im Übrigen auch für jene Filmgattung, die eigentlich als reines Unterrichtsmedium konzipiert ist. Unterrichtsfilme können zu Beginn einer Einheit eingesetzt werden, um den Schülerinnen und Schülern rasch wesentliche Überblicksinformationen zu vermitteln, bevor es dann um eine punktuelle Vertiefung des Themas geht; man kann sie bei der Erarbeitung als Fundus einzelner Quellen oder Materialien verwenden; sie lassen sich am Ende für eine weitere Zusammenfassung und als Impuls zur Reflexion nutzen. Sie können aber auch durchaus analytisch als eigene Deutung eines historischen Themas angegangen werden, die es auf der Basis der im Unterricht erworbenen Kenntnisse kritisch zu würdigen gilt.

Ein wesentliches praktisches Problem beim Filmeinsatz im Geschichtsunterricht ist der Zeitaufwand. Die Lehrkraft muss den Film ggf. erst beschaffen, ihn sich selber ansehen und die Hauptpunkte und Intentionen der Besprechung erarbeiten – das ist wesentlich mühsamer als bei Textquellen. Im Unterricht kommt zur Vorführzeit noch die Zeit für die Besprechung; dazu kann auch gehören, dass ausgewählte Passagen noch einmal wiederholt werden. Deshalb ist es besser, einige Male mit ausgewählten Filmen sehr genau zu arbeiten und Schülerinnen und Schülern die Methoden dafür exemplarisch zu vermitteln, als Filme ohne sorgfältige Vor- und Nachbereitung und unter Zeitdruck einzusetzen. Technisch haben sich die Bedingungen für den Filmeinsatz im Unterricht wesentlich verbessert. Meist kann man heute auf DVDs zurückgreifen und dabei zum Beispiel besser als bei Videos beliebige Filmstellen schnell und gezielt ansteuern.

Soweit es sich nicht um Einzelszenen, sondern um größere Kompositionen handelt, spricht vieles dafür, Filme komplett und ohne Unterbrechung anzuschauen. Nur so wird insbesondere bei Spielfilmen die ästhetisch-emotionale Wirkung spürbar. Meist ist es sinnvoll, dass sich die Schülerinnen und Schüler im Anschluss erst einmal spontan über ihre Eindrücke austauschen, auch über ihre Emotionen und körperlichen Reaktionen. In einem zweiten Schritt kann man sich dann den filmischen Mitteln zuwenden, die diese Eindrücke bewirken. Das Problem ist, dass man sie sich im Nachhinein oft nicht mehr hinreichend vergegenwärtigen kann – man sieht den Film ja nicht wie ein stehendes Bild vor sich und kann nicht wie beim Text zurückblättern. Will man besonders genau arbeiten, kann man sich den Film oder Auszüge daraus noch einmal ansehen. Das ist allerdings zeitaufwendig und es besteht die Gefahr, dass das Interesse der Schülerinnen und Schüler im zweiten Anlauf erlahmt. Die Alternative dazu ist, schon beim ersten Durchgang auf bestimmte Einzelaspekte zu achten. Freilich ist es gerade im Hinblick auf die Zeitökonomie auch völlig legitim, Filme von vornherein in Ausschnitten zu betrachten – schließlich werden auch Textquellen in aller Regel nur in Ausschnitten eingesetzt. Ein Vorteil dieser Vorgehensweise liegt sogar darin, dass die ausgewählten Einzelszenen von vornherein präzise mit anderen Materialien und punktgenauen Aufgabenstellungen verknüpft werden können (vgl. dazu Utz 2008).

Wer die technischen Mittel von Filmen analysieren will, muss einige grundlegende Begriffe aus der „Filmsprache" kennen (vgl. zu Methodenfragen Nebe 1992):

Glossar Filmsprache

- *Kameraeinstellung*: In der *Totalen* wird dem Zuschauer ein Überblick über das Geschehen geboten. In der *Halbtotalen* wird es näher gerückt, in *Halbnah* treten Personen genauer in Erscheinung. In *Nah* sind mimische und gestische Aktionen von Personen genau zu erfassen. In *Groß* wird der Kopf einer Person bildfüllend gezeigt, in *Detail* eine Einzelheit eines menschlichen Körpers oder einer Sache ins Bild gebracht.
- *Kameraperspektiven*: In *Normalsicht* befindet sich die Kamera in Augenhöhe mit dem Objekt. In *Untersicht* oder *Froschperspektive* blickt die Kamera von unten auf die Person oder das Objekt, sie oder es erscheint groß oder gar bedrohlich. In *Aufsicht* oder *Vogelperspektive* sieht man die Person oder das Objekt von oben und klein; das kann Einsamkeit und Verlassenheit ausdrücken.
- *Kamerabewegung*: Statik, Zoom, Schwenk
- *Beleuchtung*: Einsatz von Licht und Schatten
- *Schnitt und Montage der Szenen*
- *Ton*: Geräusche, Musik, Dialoge, Kommentare

Mithilfe eines solchen Glossars können die Schülerinnen und Schüler auch gezielt bestimmte Beobachtungsaufträge zur Filmtechnik übernehmen.

Beispiele für Beobachtungsaufträge

Bild
▸ Wo gibt es auffällige Großaufnahmen?
▸ Wo gibt es auffällige Kamerapositionen?
▸ Wie bewegt sich die Kamera?
▸ Welche Bilder sind gestaltet?
▸ Welche Bilder wirken „zufällig" aufgenommen?
▸ Wo gibt es auffällige „Schnittstellen"?
▸ Wie ist das Verhältnis von kurzen und langen Einstellungen?

Ton
▸ Wann dominieren Geräusche?
▸ Wann setzt Musik ein?
▸ Wann dominiert Sprache?
▸ Wie sind die Dialoge ausgestaltet?
▸ Wie spricht die Gedankenstimme?
▸ Wie umfangreich ist der Kommentar?
▸ Wie verhält sich die Sprache zum Bild?
▸ Kernsätze aus den Dialogen bzw. dem Kommentar

(nach Nebe 1994, S. 23)

Bei Dokumentarfilmen spielt der Kommentar eine große Rolle. Wie stark durch ihn die Aufnahme und Deutung der Bilder beeinflusst wird, lässt sich verdeutlichen und untersuchen, indem Schülerinnen und Schüler sich einzelne Filmpassagen zunächst ohne Ton ansehen. Ähnlich wie bei Bildlegenden kann man auch damit experimentieren, eigene Kommentare aus verschiedenen Perspektiven zu verfassen. Einzelne Szenen eines Films kann man besonders detailliert mithilfe eines Filmprotokolls untersuchen, das den Zeitablauf festhält, die jeweiligen Bildeinstellungen beschreibt und den Text aufführt. Freilich ist das ein aufwendiges Unternehmen (vgl. das kurze Protokoll zum Film „Gandhi" S. 224 f.).

Wie bei Texten und stehenden Bildern auch brauchen Schülerinnen und Schüler für die Interpretation von Filmen Hintergrundinformationen: über die Entstehung (Auftraggeber, Regisseur, Finanzierung etc.), den Entstehungskontext (politisch-gesellschaftliche Situation) und die Rezeptionsgeschichte (Kritik, Zensur etc.). Sie ist für manche Filme wie Sergej Eisensteins „Panzerkreuzer Potemkin" (1925) oder Lewis Milestones Remarque-Verfilmung „Im Westen nichts Neues" (1929/30) besonders aufschlussreich (vgl. als Unterrichtsvorschläge Grüner 1992 [„Potemkin"], Fried 1992, Hartleif 1993 [„Im Westen nichts Neues"]).

Beispiel für ein Filmprotokoll: Gandhi (Richard Attenborough, 1982)

Nr.	Spielzeit Std. Min. Sek.	Filmszenen und -sequenzen, Handlungsort, Personen, Geschehen	Dialog	Musik, Geräusche	Kamera
1	1.53.25 bis 2.11.45	Filmszene: „Der Salzmarsch" (von: Ga und Wa am Strand von Porbandar, bis: „... Möglichkeiten einer Unabhängigkeit Indiens zu diskutieren.")			
1.2	1.55.58 bis 1.57.35	Filmsequenz: Vizekönig Lord Irwin erfährt vom Plan der „Salzkampagne"			
	1.55.58	Arbeitszimmer des Vizekönigs, New Delhi Der Vizekönig (Vk) blickt mit erstauntem Gesichtsausdruck in den Kreis seiner fünf Berater	Vk: „Salz?" Beamter: „Ja, Sir, er ist auf dem Weg zur See, um Salz zu produzieren."		Vk (groß), bei Sprecherwechsel Schnitt, Sprecher (nah, Normalsicht)
	1.56.04	Vk blickt weiter desorientiert, fragend in die Runde 1. Beamter reagiert Vk wendet ihm seinen Blick aufmerksam zu	Vk: „...?" 1. Beamter (belehrend): „Entschuldigen Sie, Sir, aber die Salzherstellung ist königliches Monopol. Es ist illegal, es herzustellen und es zu verkaufen ohne Regierungslizenz."		Vk (nah) Arbeitszimmer (Halbtotale), beratende Beamte

5.1 Quellen

1.56.14	Der Vk blickt mit arrogantem Gesichtsausdruck ins Leere	Vk (arrogant): „Na schön, dann bricht er das Gesetz. Was können wir schon dabei verlieren? Zwei Rupien Salzsteuer!"		Kamera zeigt Vk (amerikanisch, Normalsicht)	
1.56.19	2. Beamter, „Charles", besorgt blickender Intellektueller	Charles (belehrend): „Es geht nicht so sehr um das Salz. Die Sache hat symbolische Bedeutung."		Charles (nah)	
1.56.22		Vk: „Charles, Sie müssen mich nicht belehren."		Charles (groß) u. Vk (nah)	
1.56.24	Vk will nicht zugeben, dass er uninformiert ist; alle meiden den Blickkontakt	Charles (belehrend): „Nein, Sir, das war durchaus nicht, eh, ..." (bricht hüstelnd ab)	Schweigen	K. wandert von Gesicht zu Gesicht (nah)	
1.56.30		Charles (ruhig): „In diesem Klima lebt nichts ohne Wasser und Salz. Beides zu kontrollieren bedeutet, den Pulsschlag Indiens zu kontrollieren."		Charles (nah)	

(zusammengestellt von Friedrich Huneke, aus: Geschichte lernen H. 56 [1997], S. 36 f.)

Schließlich gibt es diverse Möglichkeiten dafür, wie Schülerinnen und Schüler das Medium Film durch eigene Videoarbeit produktiv nutzen können: vom Zeitzeugenvideo bis zur Video-Schulchronik (vgl. Kinter 1992). Freilich sprengt das den Rahmen des üblichen Unterrichts ganz und gar und ist nur in speziellen Arbeitsgruppen umsetzbar.

Anbieter von Filmen für den Unterrichtsgebrauch

▶ *FWU – Institut für Film und Bild in Wissenschaft und Unterricht*: Das FWU ist eine gemeinnützige Einrichtung der Bundesländer. Sie produziert vor allem audiovisuelle Medien für den Unterrichtsgebrauch. Informationen unter: www.fwu.de. Dort findet man auch Links zu allen Landesbildstellen/Medienzentren der deutschsprachigen Länder.
▶ *WBF – Institut für Weltkunde in Bildung und Forschung*: Auch das WBF ist eine gemeinnützige Einrichtung, die audiovisuelle Medien für den Unterricht herstellt. Informationen unter: www.wbf-medien.de.
▶ *Anne Roerkohl Dokumentarfilm*: Die Anne Roerkohl Dokumentarfilm GmbH ist ein privater Produzent von Unterrichtsmedien und anderen Filmen. Informationen unter: www.dokumentarfilm.com.
▶ *Chronos-Film*: Die Chronos-Film GmbH verfügt über ein umfangreiches Filmarchiv. Sie bietet Filmdokumente und Dokumentarfilme an. Informationen unter: www.chronos-film.de.

Weiterführende Literatur

Barricelli, Michele, History on demand. Eine zeitgemäße Betrachtung zur Arbeit mit historischen Spielfilmen im kompetenzorientierten Geschichtsunterricht, in: Drews, Albert (Hrsg.), Zeitgeschichte als TV-Event. Erinnerungsarbeit und Geschichtsvermittlung im deutschen Fernsehfilm, Rehburg-Loccum 2008, S. 99–120.
Baumann, Heidrun, Der Film, in: Schreiber, Waltraud (Hrsg.), Erste Begegnungen mit Geschichte. Grundlagen historischen Lernens, Bd. 1, Neuried 2., erw. u. überarb. Aufl., S. 579–595.
Baumgärtner, Ulrich/Fenn, Monika (Hrsg.), Geschichte und Film. Erkundungen zum Spiel-, Dokumentar- und Unterrichtsfilm, München 2004.
Beicken, Peter, Wie interpretiert man einen Film?, Stuttgart 2004.
Benz, Wolfgang, Geschichte in Spielfilmen und Fernsehdokumentationen – eine Herausforderung für die historisch-kritische Geschichtsforschung, in: Geschichte und Politik in der Schule 43, 2006, S. 3–7.
Bergold, Björn, „Man lernt ja bei solchen Filmen immer noch dazu". Der Fernsehzweiteiler „Die Flucht" und seine Rezeption in der Schule, in: GWU 61, 2010, H. 9, S. 503–515.
Bösch, Frank, Das „Dritte Reich" ferngesehen. Geschichtsvermittlung in der historischen Dokumentation, in: GWU 50 (1999), H. 4, S. 204–220.
Borries, Bodo von, Was ist dokumentarisch am Dokumentarfilm? Eine Anfrage aus geschichtsdidaktischer Sicht, in: GWU 52, 2001, H. 4, S. 220–227.
Borries, Bodo von, Historischer „Spielfilm" und „Dokumentation" – Bemerkungen zu Beispielen, in: Kühberger, Christoph/Lübke, Christian/Terberger, Thomas (Hrsg.), Wahre Geschichte – Geschichte als Ware. Die Verantwortung der historischen Forschung für Wissenschaft und Gesellschaft, Rahden 2007, S. 187–212.
Crivellari, Fabio, Zeitgeschichte und Unterrichtsfilm. Desiderate und Perspektiven, in: Popp, Susanne u. a. (Hrsg.), Zeitgeschichte – Medien – Historische Bildung, Göttingen 2010, S. 171–189.
Geschichte lernen H. 42 (1994): Geschichte im Film.
Handro, Saskia, „Wie es euch gefällt!" Geschichte im Fernsehen, in: Zeitschrift für Geschichtsdidaktik 6, 2007, S. 213–232.
Hey, Bernd, Zwischen Vergangenheitsbewältigung und heiler Welt. Nachkriegsdeutsche Befindlichkeiten im Spielfilm, in: GWU 52, 2001, H. 4, S. 228–237.

Hoffmann, Hilde, Geschichte und Film – Film und Geschichte, in: Horn, Sabine/Sauer, Michael (Hrsg.), Geschichte und Öffentlichkeit. Orte – Medien – Institutionen, Göttingen 2009, S. 135–143.
Hofmann, Wilhelm/Baumert, Anna/Schmitt, Manfred, Heute haben wir Hitler im Kino gesehen. Evaluation der Wirkung des Films „Der Untergang" auf Schüler und Schülerinnen der neunten und zehnten Klasse, in: Zeitschrift für Medienpsychologie 17, 2005, H. 4, S. 132–146.
Kiening, Christian/Adolf, Heinrich (Hrsg.), Mittelalter im Film, Berlin 2006.
Kübler, Hans-Dieter und Helga, Geschichte als Film – Film als Geschichte, in: Praxis Geschichte H. 6/1992, S. 6–12.
Korte, Helmut, Einführung in die systematische Filmanalyse. Ein Arbeitsbuch, Berlin 4., neu bearb. und erw. Aufl. 2010.
Lochmann, Thomas/Späth, Thomas/Stähli, Adrian (Hrsg.), Antike im Kino. Auf dem Weg zu einer Kulturgeschichte des Antikenfilms, Basel 2008.
Mainka-Tersteegen, Regine, Neue Perspektiven im Unterrichtsfilm, in: Baumgärtner, Ulrich/Fenn, Monika (Hrsg.), Geschichte und Film. Erkundungen zu Spiel-, Dokumentar- und Unterrichtsfilm, München 2004, S. 45–62.
Meier, Mischa/Slanicka, Simona (Hrsg.), Antike und Mittelalter im Film. Konstruktion – Dokumentation – Projektion, Köln/Weimar/Wien 2007.
Meyers, Peter, Film im Geschichtsunterricht. Realitätsprojektionen in deutschen Dokumentar- und Spielfilmen der NS-Zeit bis zur Bundesrepublik, Frankfurt a. M. 1998.
Meyers, Peter, Film im Geschichtsunterricht (Stichworte zur Geschichtsdidaktik), in: GWU 52, 2001, H. 4, S. 246–259.
Näpel, Oliver, Historisches Lernen durch „Dokutainment"? – Ein geschichtsdidaktischer Aufriss. Chancen und Grenzen einer neuen Ästhetik populärer Geschichtsdokumentationen analysiert am Beispiel der Sendereihen Guido Knopps, in: Zeitschrift für Geschichtsdidaktik 2, 2003, S. 213–244.
Neitzel, Sönke, Geschichtsbild und Fernsehen. Ansätze einer Wirkungsforschung, in: GWU 61, 2010, H. 9, S. 488–502.
Paschen, Joachim, Film und Geschichte, in: Geschichte lernen H. 42 (1994), S. 13–19.
Praxis Geschichte H. 6/1992: Film – Geschichte – Unterricht.
Praxis Geschichte H. 5/2006: Spielfilme im Geschichtsunterricht.
Schillinger, Jens, Kronzeugen der Vergangenheit? Historische Spielfilme im Geschichtsunterricht, in: Praxis Geschichte H. 5/2006, S. 4–11.
Schneider, Gerhard, Filme, in: Pandel, Hans-Jürgen/Schneider, Gerhard (Hrsg.), Handbuch Medien im Geschichtsunterricht, Schwalbach/Ts. 6., erw. Aufl. 2011, S. 375–396.
Schreiber, Waltraud/Wenzl, Anna (Hrsg.), Geschichte im Film. Beiträge zur Förderung historischer Kompetenz, Neuried 2006.
Sommer, Andreas, Geschichtsbilder und Spielfilme. Eine qualitative Studie zur Kohärenz zwischen Geschichtsbild und historischem Spielfilm bei Geschichtsstudierenden, Berlin 2010.
Teuscher, Gerhard, Filmanalyse, in: Praxis Geschichte H. 5/2006, Beihefter S. I–IV.
Utz, Hans, „Zu kurze Filme – zu lange Texte". Film-Ausschnitte im Unterricht, in: GWU 59, 2008, H. 1, S. 28–35.

Unterrichtsvorschläge

Bein, Reinhard, „Vor 40 Jahren" – Kann man den Bildern trauen?, in: Praxis Geschichte H. 6/1992, S. 51–53.
Donaubauer, Stefan, Fernsehen mit Knopp. Die historische Dokumentation im Geschichtsunterricht, in: Praxis Geschichte H. 5/2006, S. 48–52.
Fried, Hellmut, „Wer die Macht hat, verlangt nach Zensur!" Zur Rezeption des Films „Im Westen nichts Neues", in: Praxis Geschichte H. 6/1992, S. 37–41.
Geschichte lernen H. 42 (1994): Geschichte im Film.

Grüner, Christiane, Panzerkreuzer Potemkin, in: Geschichte lernen H. 42 (1994), S. 53–57.
Hartleif, Heiko, Das Verbot des Remarque-Films „Im Westen nichts Neues". Anmerkungen zu einer Unterrichtssequenz in der Sekundarstufe II, in: GWU 44, 1993, H. 5, S. 322–330.
Kinter, Jürgen, Meine Geschichte als Video. Möglichkeiten aktiver Geschichtsmedienarbeit, in: Geschichte lernen H. 42 (1994), S. 39–43.
Nebe, Karl, Mit Filmen im Unterricht arbeiten, in: Geschichte lernen H. 42 (1994), S. 20–24.
Praxis Geschichte, H. 6/1992: Film – Geschichte – Unterricht.
Praxis Geschichte H. 5/2006: Spielfilme im Geschichtsunterricht.
Teuscher, Gerhard, Spielfilme im Geschichtsunterricht (Sophie Scholl – die letzten Tage, Königreich der Himmel, Luther, Gladiator), Ludwigsfelde 2007.
Werner, Thilo, Holocaust-Spielfilm im Geschichtsunterricht. Schindlers Liste, Der Pianist, Drei Tage im April, Das Leben ist schön, Zug des Lebens, Norderstedt 2004.

Die Bundeszentrale für politische Bildung bietet Begleitmaterialien (Filmhefte) zu ausgewählten Filmen an (www.bpb.de/publikationen/SNA3WX,0,0,Filmhefte.html)

5.1.6 Lieder

Lieder sind eine recht spezielle Gattung historischer Quellen. Ihre Besonderheit ist die Verbindung von Text und Musik. Damit sind sie einerseits eng verwandt mit Textquellen, insbesondere mit der Unterart der Gedichte. Andererseits haben sie in Intention, Ausdruck, Gebrauch und Wirkung ihre Eigenart und eben darin liegt auch ihr besonderes didaktisches Potenzial. Lieder sind in erster Linie Quellen für die Sozial-, Alltags- und Mentalitätsgeschichte. Von ihren vielen Untergattungen kommen vor allem vier für den Einsatz im Geschichtsunterricht infrage:

Klagelieder
Klagelieder bringen die Leiden, Beschwerden und Veränderungswünsche „einfacher Leute" zum Ausdruck. Sie zeigen, wie diese von historischen Ereignissen und Umständen betroffen waren. Klagelieder dienen dem Ausdruck der eigenen Befindlichkeit und der psychischen Entlastung, nicht dem Widerspruch und Aufruhr. Typisch für diese Gattung sind die Bauern-, Gesellen- und Soldatenklagen des Absolutismus.

Protestlieder
Statt um Klage geht es hier um Anklage – der Übergang ist allerdings fließend. Protestlieder prangern Missstände an und nennen Schuldige beim Namen. Solche Lieder vermitteln zeitgenössische Wertungen, die zu eigener Stellungnahme und Urteilsbildung herausfordern. Besonders viele Protestlieder sind in der Revolutionszeit 1848/49 entstanden. Die Liedermacher der Sechziger- bis Achtzigerjahre des 20. Jahrhunderts stehen in dieser Tradition.

„Stimmungslieder"
Lieder können der kollektiven Stimmung einer Zeit besonders nachhaltig Ausdruck verleihen. Weitaus stärker als Textquellen machen sie Emotionen nach-

vollziehbar, die Menschen in der Vergangenheit bewegten. So spiegeln etwa die „Marseillaise", die „Carmagnole" oder „Ça ira" die Revolutionsbegeisterung der Franzosen und ihre Identifikation mit den neuen Ideen wider.

Propagandalieder
Bei Propagandaliedern geht es um die intendierte Wirkung. Immer wieder hat man in der Geschichte versucht, mithilfe von Liedern Menschen zu formieren und kämpferischen Gemeinschaftsgeist zu stiften. Das gilt für das nationale Liedgut des 19. Jahrhunderts, für die Lieder der Arbeiterbewegung, mehr noch aber für die Propagandalieder der NS-Zeit und die „sozialistischen Massenlieder" der DDR. In solchen Liedern treten ideologische Wirkungsabsichten von Staaten oder Parteien prägnant zum Vorschein. Deshalb können deren Ziele und die zu ihrer Umsetzung verwendeten Mittel an Propagandaliedern auch besonders gut untersucht werden.

Lieder eignen sich also vor allem zur Auseinandersetzung mit historischen Perspektiven, Urteilen, Emotionen und Intentionen. Besonders geeignet sind sie für den Einstieg und die Zusammenfassung: Die pointierte und konzentrierte Aussage fordert zu Thesen- und Urteilsbildung heraus. Auch Unterrichtsreihen mit Liedern sind möglich, wenn man etwa bestimmte Haltungen und Mentalitäten im Wandel der Zeit verfolgen will: Kriegs- oder Antikriegslieder, patriotische Lieder, Nationalhymnen oder Arbeiterlieder kommen dafür infrage (vgl. als Unterrichtsvorschläge Henke-Bockschatz 1996, Sauer 1996a/b, Sauer 2008, S. 69–111).

Text und Musik gemeinsam machen den Ausdruck und die Wirkung von Liedern aus. Deshalb sollte man sie in ihrer funktionalen Beziehung untersuchen. In Ansätzen kann das auch im Geschichtsunterricht geschehen; will man die Arbeit vertiefen, empfiehlt sich fächerübergreifender Unterricht: Neben Geschichte können sich daran Deutsch/Literatur, Musik und ggf. eine Fremdsprache beteiligen. Im Musikunterricht kann die musikalische Analyse von Liedern genauer betrieben werden, als dies im Geschichtsunterricht möglich ist; Literatur- und fremdsprachlicher Unterricht ermöglichen eine differenziertere Untersuchung der sprachlich-rhetorischen Mittel.

Im Geschichtsunterricht bietet die Behandlung des Textes das geringere Problem. Wie bei anderen Textquellen auch geht es um den Entstehungszusammenhang, den Autor, das Thema, die Adressaten, die Funktion und die Wirkungsabsicht (vgl. Kap. 5.1.1). Die Analyse der Musik bzw. der Wirkung des gesungenen Liedes (Musik und Text) kann man in verschiedenen Stufen vornehmen:

Lieder kennenlernen
Am besten ist es, Schülerinnen und Schülern Lieder in originalen, d. h. zeitgenössischen Aufnahmen vorzuspielen. Denn wie Text und Melodie sind auch die

Singweise oder ggf. die Instrumentierung ein Dokument der damaligen Zeit. Das Pathos, mit dem ein Männerchor im Wilhelminischen Kaiserreich nationale Lieder sang, befremdet heute, vermittelt uns aber auch einen Eindruck von den patriotischen Gefühlen der Menschen damals. Tonaufzeichnungen gibt es allerdings erst seit etwa 1900. Lieder, die vorher entstanden sind oder gesungen wurden, kann man also nur in nachgespielter Form vorführen (als Tonkonserve, aber evtl. auch von der Lehrkraft selber) oder aber von den Schülerinnen und Schülern singen lassen.

Lieder selber singen
Dass Schülerinnen und Schüler Lieder selber singen, kann ein wichtiger Schritt sein, um die eigene Wahrnehmung und emotionale Erfahrung von Liedern zu vertiefen sowie eine Wirkungsanalyse vorzubereiten: Wie empfinde *ich* es, mit anderen gemeinsam ein Lied zu singen, das auf Solidarisierung oder Agitation zielt? Wie wirkt auf *mich* der Marschrhythmus eines Soldatenliedes? Dabei sind die Schülerinnen und Schüler sozusagen ihre eigenen Versuchskaninchen. Denn man geht dabei von der Annahme aus, dass das Lied früher auf die Menschen etwa genauso gewirkt hat, wie es heute noch auf uns wirkt. Wer als Lehrkraft versucht, Schülerinnen und Schüler ein Lied singen zu lassen oder gemeinsam mit ihnen zu singen, kann allerdings auf heftige Vorbehalte stoßen. Kinder und Jugendliche sind heute elektronisch vermittelte und modifizierte Singstimmen gewohnt. Eigenes Singen erscheint ihnen oft als ungenügend und unpassend und ist ihnen peinlich. Hier mag ein Hinweis auf die historische Situation weiter helfen: Viele historische Lieder sind unprofessionell gesungen worden, bei ihnen sind die ästhetischen Kriterien der klassischen Musik, aber ebenso der modernen Schlager- und Popmusik fehl am Platz.

Musik in Bewegung umsetzen
Die Wirkung von Liedern (und von Musik überhaupt) können Schülerinnen und Schüler dadurch an sich selber erproben, dass sie sie in Bewegung umsetzen: zur Musik klatschen, gehen, passende Gesten vollführen und Haltungen einnehmen. Bei der „Marseillaise" werden die meisten „mit geschwellter Brust" marschieren, bei einem Soldatenklagelied aus derselben Zeit daherschleichen und die Köpfe hängen lassen. Wenn man sich über solche Bewegungserfahrungen austauscht, kommt man dem Charakter der Musik näher.

Höreindrücke systematisieren
Auch begrifflich kann man die Wirkung der Musik zu erfassen versuchen. Ein gutes Hilfsmittel dafür ist das sogenannte Polaritätsprofil. Auf einer Skala gegensätzlicher Begriffe ordnen die Schülerinnen und Schüler ihre Höreindrücke ein, indem sie ein Kreuz in das entsprechende Kästchen setzen.

Beispiel für ein Polaritätsprofil

	sehr	ziemlich	ein wenig	ein wenig	ziemlich	sehr	
schnell		x					langsam
laut	x						leise
hart				x			weich
heiter					x		traurig
...							...

Wenn man die einzelnen Kreuze miteinander verbindet, erhält man ein „Wirkungsprofil" des Stückes. Dieses Verfahren bringt besonders gut zum Vorschein, wie sich verschiedene Lieder in ihrem Ausdruck unterscheiden. Es kann aber auch deutlich machen, dass verschiedene Menschen dieselben Stücke ganz anders wahrnehmen können – jeder hat sein eigenes „Rezeptionsprofil".

Musik und Text in Beziehung setzen
Hier geht es um die funktionale Verbindung von Text und Musik: Wie passt die Musik zum Text? Unterstützt und trägt sie die Textaussage mit musikalischen Mitteln? Manche revolutionären Stücke wie die „Marseillaise" oder die „Internationale" haben ihre mitreißende Wirkung vor allen Dingen der Musik zu verdanken. Politische Lieder sind längst nicht immer neu vertont worden; oft wurden sie auf die ältere Melodie eines Volks- oder Kirchenliedes gesungen, das alle kannten (Kontrafaktur). Besser lässt sich die Beziehung von Text und Musik bei eigens vorgenommenen Kompositionen untersuchen.

Die musikalisch-technischen Mittel untersuchen
Womit erzielt die Musik eigentlich ihre jeweilige Wirkung? Das wirklich genau zu untersuchen ist Sache des Musikunterrichts. Aber auch außerhalb davon können – einige grundlegende Kenntnisse der Lehrkraft vorausgesetzt – Schülerinnen und Schüler mit einfachen Mitteln einige „Hörbeobachtungen" anstellen, für die eine spezielle musikalische Vorbildung nicht erforderlich ist. Sie können den Aufbau einer Melodie untersuchen (welche Teile, Wiederholungen, Varianten gibt es?), die Tonhöhenverläufe, die Lautstärke (bei beiden: Höhepunkte, Akzente), das Tempo, den Takt oder die Instrumentierung. Dazu verteilt die Lehrkraft am besten einzelne Höraufträge, sodass immer einige Schülerinnen und Schüler auf einen bestimmten Aspekt achten.

Die historische Wirkung von Liedern erkunden
Wenn Schülerinnen und Schüler die Wirkung historischer Lieder an sich selbst erproben, schließen sie von sich aus auf die Wirkung, die diese Lieder früher auf die Menschen hatten. Historisch genauer ist es, etwas über die tatsächliche Wirkung von Liedern herauszufinden. Zeugnisse dafür können z. B. autobiografische Quellen, aber auch Polizeiberichte, Gerichtsprotokolle, Verbote und Zensur von Liedern sein.

Schließlich gibt es zahlreiche Möglichkeiten, mit Liedern im Unterricht produktiv zu arbeiten. Allerdings sind sie verhältnismäßig aufwendig und kommen vor allem für fächerübergreifenden Unterricht infrage. Schülerinnen und Schüler können im Hinblick auf eine historische Situation, aus einer bestimmten Perspektive und mit einer bestimmten Wirkungsabsicht selber Lieder schreiben. Am einfachsten ist es, wenn sie sich dabei auf den Text beschränken und bei der Musik auf eine schon vorhandene Melodie zurückgreifen – diese schon erwähnte Kontrafaktur war ja gängige Praxis. Dazu eine eigene Melodie zu verfassen, kann für musikalisch besonders interessierte und bewanderte Schülerinnen und Schüler reizvoll sein. Im Unterricht behandelte und selbst gemachte Lieder können Schülerinnen und Schüler in einem eigenen Liederheft zusammenfassen, das sie zusätzlich mit Texten, Bildern und Zeichnungen versehen. Am aufwendigsten und nur in Projektform zu bewältigen sind Inszenierungen mit Liedern: Lieder und selbst gemachte Bilder in Bänkelsangmanier, die historische Ereignisse kommentieren; historisch-musikalische Rollenspiele (z. B. zum Weberaufstand); Parodien (z. B. Wilhelminischer Männerchorgesang) und Revuen (Schlager der Zwanzigerjahre).

Die methodischen Möglichkeiten beim Einsatz historischer Lieder im Geschichtsunterricht sind vielfältig, Motivation und inhaltlicher Ertrag können hoch sein. Man sollte sich als Geschichtslehrkraft nicht von vornherein von den vermeintlichen Schwierigkeiten, die der musikalische Bereich bietet, abschrecken lassen. Geradezu prädestiniert für die Verwendung dieser Quellengattung ist natürlich, wer ohnehin auch das Fach Musik unterrichtet.

Weiterführende Literatur

Brieske, Rainer, Politisch Lied – ein garstig Lied?! Hi(t)story – Möglichkeiten populärer Musik im Geschichtsunterricht, in: Praxis Geschichte H. 5/2004, S. 4–13.
„Freiheit lebet nur im Liede". Das politische Lied in Deutschland. Eine Ausstellung des Bundesarchivs in Verbindung mit dem Deutschen Volksliedarchiv Feiburg i. Br., Katalog, Koblenz 1992.
Geschichte in Liedern. Deutschland im 20. Jahrhundert, Stuttgart 1997 (dazu CD Geschichte in Liedern).
Geschichte lernen H. 50 (1996): Lieder im Geschichtsunterricht (dazu separat CD Historische Lieder).
Heßler, Hans-Joachim, Das Lied im Nationalsozialismus. Eine Analyse von drei exemplarisch ausgewählten Liedern unter besonderer Berücksichtigung der Liedtexte und deren Struktur, Dortmund 2001.

Historische Lieder. Texte, Noten und Kommentare zu Liedern aus acht Jahrhunderten, hrsg. von der Landeszentrale für politische Bildung Baden-Württemberg. Politik und Unterricht, Sonderheft Januar 1987 (dazu Kassette Historische Lieder), Neuausgabe Stuttgart 2001 (dazu CD Historische Lieder).

Historische Lieder aus acht Jahrhunderten, gemeinsam hrsg. von den Landeszentralen für politische Bildung Hamburg und Schleswig-Holstein, Hamburg 1989 (dazu Kassette Historische Lieder). Neuausgabe, hrsg. von der Landeszentrale für politische Bildung Schleswig-Holstein, Kiel 2009.

Klenke, Dietmar, Musik, in: Pandel, Hans-Jürgen/Schneider, Gerhard (Hrsg.), Handbuch Medien im Geschichtsunterricht, Schwalbach/Ts. 6., erw. Aufl. 2011, S. 439–482.

Melodien für Millionen. Das Jahrhundert des Schlagers, Begleitbuch zur Ausstellung im Haus der Geschichte der Bundesrepublik Deutschland, Bonn 2008.

Probst-Effah, Gisela, Lieder des 19. Jahrhunderts; Das 20. Jahrhundert in Liedern (Seminarskripten, http://hf.uni-koeln.de/34467, eingesehen am 31.10.2011)

Roth, Alfred, Das nationalsozialistische Massenlied. Untersuchungen zur Genese, Ideologie und Funktion, Würzburg 1993.

Sauer, Michael, Lieder im Geschichtsunterricht, in: Geschichte lernen 50 (1996), S. 4–10.

Sauer, Michael, Historische Lieder, Seelze 2008 (mit CD Historische Lieder).

Sauer, Michael, Historische Lieder (Stichworte zur Geschichtsdidaktik), in: GWU 48, 1997, H. 2, S. 101–106.

Sievritts, Manfred, Lied – Song – Chanson, Bd. 2: „Politisch Lied, ein garstig Lied?", Wiesbaden 1983.

Stambolis, Barbara/Reulecke, Jürgen (Hrsg.), Good-bye Memories? Lieder im Generationengedächtnis des 20. Jahrhunderts, Essen 2007.

Wimmer, Fridolin, Das historisch-politische Lied im Geschichtsunterricht, Frankfurt a. M. 1994.

Wimmer, Fridolin, Das historisch-politische Lied im Nationalsozialismus, in: GWU 48, 1997, H. 2, S. 82–100.

Unterrichtsvorschläge

Arnold, Kerstin, „Wo man singt, da lass' dich ruhig nieder ...", Problematisierende Stundeneinstiege mit Liedern, in: Geschichte lernen 137 (2010), S. 32–37.

Das schönste Land. Historische Lieder aus dem deutschen Südwesten. Politik und Unterricht 27, 2001, H. 2/3 (Landeszentrale für politische Bildung Baden-Württemberg).

Geschichte in Liedern. Deutschland im 20. Jahrhundert, Stuttgart 1997 (mit CD Geschichte in Liedern).

Harkcom, Stephanie, Flower Power – Die Macht der Blumen, in: Geschichte lernen H. 86 (2002), S. 52–58.

Harkcom, Stephanie, „Es braust ein Ruf wie Donnerhall ..." – Lieder des 19. Jahrhunderts, in: RAAbits Realschule Geschichte, März 2011, Beitrag 3, S. 1–32.

Henke-Bockschatz, Gerhard, „Wohlan, wer Recht und Wahrheit achtet". Lieder der Arbeiterbewegung, in: Geschichte lernen H. 50 (1996), S. 40–42.

Münch, Matti, Klangvolle Einstiege. Mit Instrumentalmusik in die Geschichtsstunde, in: Geschichte lernen 137 (2010), S. 38–41.

Praxis Geschichte H. 5/2004: Hi(t)story (mit CD).

Sauer, Michael, „Heil dir, Freiheit, sei gegrüßt!" Nationalhymnen im Vergleich, in: Geschichte lernen H. 50 (1996), S. 63–65.

Sauer, Michael, „Was ist des Deutschen Vaterland?" Deutscher Nationalismus im 18. und 19. Jahrhundert, in: Geschichte lernen 50 (1996), S. 43–47.

Sauer, Michael, Historische Lieder, Seelze 2008 (mit CD Historische Lieder).

Stupperich, Amrei, „Alle Räder stehen still ..." Die Rolle des politischen Liedes, in: Praxis Geschichte H. 2/2001, S. 26–28.

Liedsammlungen

In den Siebziger- und Achtzigerjahren sind Sammlungen zu den unterschiedlichsten Liedgattungen erschienen; daneben kann man auch ältere, inzwischen selber historisch gewordene Liederbücher (z. B. Soldatenliederbücher, Arbeiterliederbücher) für den Unterricht heranziehen. Ein Überblick findet sich in Sauer 2008. Das Standardwerk ist nach wie vor *Wolfgang Steinitz*, Deutsche Volkslieder demokratischen Charakters aus sechs Jahrhunderten, 2 Bde., Berlin 1954/1962 (auch in verschiedenen Auswahlausgaben).

Tonaufnahmen

„Alle die dies Lied gesungen". Ein ebenso aufmüpfiges wie nachdenkliches Volksliedalbum. Zupfgeigenhansel, Hamburg 1995.

Das schönste Land ... Historische Lieder aus dem deutschen Südwesten, hrsg. von der Landeszentrale für politische Bildung Baden-Württemberg, Stuttgart 2001 (enthält die Lieder zu Das Schönste Land).

„Dass nichts bleibt, wie es war!" 150 Jahre Arbeiter- und Freiheitslieder, 4 Teile (12 CDs), Hambergen: Bear Family Records 2009/2010.

Deutscher Zeitgeist in Schlagern und populären Liedern 1900–1930 (CD), Seelze: Friedrich 2008.

„Die Partei hat immer Recht" (CD). Eine Dokumentation in Liedern (sozialistische Marschlieder aus der DDR), Köln: Deutschland-Radio-Marketing 1996.

Freiheitslieder vom Mittelalter bis zur 1848er Revolution. D'Gälfiäßler, Friesenheim 1998.

Geschichte in Liedern – Deutschland im 20. Jahrhundert (CD), Stuttgart: Raabe 1997 (enthält die Lieder zu Geschichte in Liedern).

Historische Lieder (CD), Seelze/Stuttgart: Friedrich/Klett 1996 (enthält die Lieder zu Geschichte lernen 50 (1996) und Sauer 2008).

Historische Lieder (Kassette/CD), hrsg. von der Landeszentrale für politische Bildung Baden-Württemberg, Stuttgart 1987/2001 (enthält die Lieder zu Historische Lieder 1987).

Hi(t)story – Populäre Musik im Geschichtsunterricht (CD). Beilage zu Praxis Geschichte H. 5/2004.

Lied – Song – Chanson (6 Kassetten zu Sievritts 1983).

Zwischen Propaganda und Punk-Rock. Liederwelten der DDR (CD), Seelze: Friedrich 2006 (Hinweise dazu in Geschichte lernen 111 (2006), S. 57 f.).

5.1.7 Zeitzeugenaussagen

„Oral History" nennt man die Methode, durch Befragung von Zeitzeugen etwas über Geschichte zu erfahren. Sie wurde zuerst und zumeist in den USA praktiziert und ist von dort nach Deutschland gekommen. Für den Geschichtsunterricht bietet sie eine ganze Reihe von Vorzügen, aber auch Gefahren. Die Vorteile:

- Wer Zeitzeugen interviewt, erfährt eine unmittelbare Begegnung mit gelebter, gleichsam authentischer Historie. Geschichte „aus erster Hand" kann Schülerinnen und Schüler in ganz anderer Weise fesseln als die distanzierte und gleichsam klinisch reine Darbietung von Geschichte im Schulbuch. Freilich kommt dafür nur die jüngere Vergangenheit infrage.
- Zeitzeugen rücken Aspekte von Geschichte ins Bewusstsein, die bei der Behandlung der „großen Geschichte" oft zu kurz kommen. Sie erzählen meist eine „Geschichte von unten", berichten, wie sie als „kleine Leute" in historischen Verhältnissen gelebt und geschichtliche Ereignisse erfahren haben. Mit anderen Worten: Zeitzeugen können vor allem zu alltags- und mentali-

tätsgeschichtlichen Einsichten verhelfen. Schülerinnen und Schüler können ihre Eltern und Großeltern, Freunde und Nachbarn als solche „Experten des Alltags" entdecken.

▸ Zeitzeugenbefragungen können Schülerinnen und Schüler in besonderer Weise motivieren. Sie erfordern Vor- und Nachbereitung, inhaltliche Kenntnisse und methodische Verfahren gehen Hand in Hand. Zeitzeugenbefragungen bieten sich deshalb an für einen handlungs- und projektorientierten Geschichtsunterricht. Damit ist allerdings zumeist einiger Aufwand verbunden. Sinnvoll kann auch der kurze Unterrichtsbesuch eines einzelnen Zeitzeugen sein, der auflockert und neue Perspektiven eröffnet.

Gerade die Faszination von Zeitzeugen kann aber auch gefährlich sein. Was ein Zeitzeuge erzählt, wird leicht für bare Münze genommen – er war ja schließlich dabei. Die Art und Weise, wie heutzutage Zeitzeugen in historischen Fernsehsendungen (vor allem von Guido Knopp) präsentiert werden, leistet dem kräftig Vorschub (vgl. Bösch 2000). Sie werden in Szene gesetzt als jene, die wissen, wie es wirklich war. Zeitzeugen werden sozusagen als die besseren Historiker präsentiert – diese treten im Fernsehen meist gar nicht erst in Erscheinung.

Aus diesem Grund ist für Schülerinnen und Schüler die Einsicht elementar, dass Zeitzeugenaussagen subjektive Konstruktionen der Vergangenheit sind: Wie alle Arten von Quellen müssen sie kritisch im Hinblick auf Perspektive, Werturteile usw. befragt werden. Und die wiedergegebene Erinnerung kann durch Vieles beeinflusst sein – durch Vergessen oder Verdrängen, durch nachträgliche Rechtfertigung, Stilisierung und Harmonisierung, durch das Einfließen späterer Erfahrungen und Kenntnisse. Wenn sie sich damit intensiv genug befassen, sind Zeitzeugenaussagen wiederum besonders gut dafür geeignet, Schülerinnen und Schülern die Probleme von Überlieferung und Perspektivität vor Augen zu führen. Das gilt auch für die Frage der Heuristik, also die Suche nach aussagekräftigen Quellen bzw. eben den geeigneten Interviewpartnern.

Grundsätzlich lassen sich zwei Arten der Arbeit mit Zeitzeugen unterscheiden. Die eine ist der Besuch von Zeitzeugen in der Schule, die andere das Zeitzeugenprojekt. Bei einem Schulbesuch treten zumeist in dieser Rolle erfahrene und eingeübte Zeitzeugen auf, die über ihr Thema und ihre Erinnerung berichten; Schülerfragen spielen dabei eher eine ergänzende Rolle. Dennoch sollten die Schülerinnen und Schüler inhaltlich vorbereitet sein. Ein Zeitzeugenbesuch lässt sich im normalen Zeitrahmen des Unterrichts realisieren, wobei auch mehr als eine Klasse beteiligt sein kann. Bei begrenztem Aufwand kann ein Zeitzeugenbesuch für Schülerinnen und Schüler eine beeindruckende Erfahrung sein.

Wesentlich arbeitsintensiver ist ein von ihnen selbst durchgeführtes Zeitzeugenprojekt; freilich eröffnete es auch noch weitergehende Lern- und Erfahrungsmöglichkeiten, nicht zuletzt im Hinblick auf fachspezifische Kompetenzen. Das folgende Schema kann zur groben Orientierung für den Aufbau eines Oral-History-Vorhabens dienen.

Zeitzeugen befragen

Themenfindung
- Thema festlegen
- eigenes Erkenntnisinteresse formulieren
- Planung

Inhaltliche Vorbereitung
- sich über das Thema und die Zeit informieren
- Interviewleitfaden zusammenstellen
- Frageverhalten trainieren

Suche nach geeigneten Zeitzeugen
- im Bekanntenkreis, unter pensionierten Lehrern, im Altersheim etc. erkundigen
- Gibt es im Ort ein „Gesprächscafé"?
- Anzeige in Lokalzeitung aufgeben

Organisatorische Vorbereitung
- zum Kennenlernen und „Anwärmen" ein Vorgespräch führen
- Absprache über die Aufzeichnung des Gesprächs treffen
- Termin und Ort vereinbaren
- Aufzeichnung vorbereiten: Notizblock, Audiorekorder, Videorekorder, Fotoapparat
- ggf. Fotos oder Texte als Gesprächsanstoß mitnehmen
- Interviewleitfaden mitnehmen
- Atmosphäre schaffen: Blumenstrauß o. a. Geschenk mitnehmen

Interview/Gesprächsführung
- evt. Rollen in der Gruppe verteilen
- offene Eingangsfrage stellen und den Zeitzeugen ins Erzählen kommen lassen
- Interesse und Aufmerksamkeit signalisieren (Blickkontakt, Nicken, verbale Bestätigung, Wiederholen)
- Stichworte notieren
- Nachfragen und eigene vorbereitete Fragen stellen (nicht ablesen, nicht ausfragen!)
- Ausklang, Dank, Verabschiedung

Aufbereitung
- Zusammenfassung anhand der Aufzeichnungen
- Transkription und Analyse besonders wichtiger Passagen
- Überprüfung einzelner Aussagen
- eigene Deutung und Wertung

Einige Erläuterungen zu den wichtigsten Punkten:

Themenfindung
Zu Beginn müssen sich die Schülerinnen und Schüler über das Thema und ihr Erkenntnisinteresse klar werden. Danach richtet sich dann später auch die inhaltliche Zuspitzung des Interviews. Verschiedene Akzentsetzungen sind möglich: Die Schülerinnen und Schüler können in erster Linie nach Sachinformationen zu einem enger definierten Thema fragen – dann spielt der Zeitzeuge eher die Rolle des Experten. Sie können an der persönlichen Wahrnehmung von Ereignissen und Zeitläuften interessiert sein – dabei geht es um die alltags- und mentalitätsgeschichtliche Perspektive. Es kann aber auch die Lebensgeschichte des Befragten im Mittelpunkt stehen: Wie waren seine Lebensverhältnisse, was hat ihn besonders beeindruckt und beeinflusst, wie hat er selber seine eigene Geschichte verarbeitet und als Erzählung konstruiert? Das ist die anspruchsvollste Fragestellung, die sich nur im Ausnahmefall umsetzen lässt. Sie verlangt viel Offenheit und Nähe auf beiden Seiten, viel Einfühlung, Sensibilität und Reflexion aufseiten der Schülerinnen und Schüler. Bei der Planung muss geklärt werden, wie man arbeitet (in der Regel in Kleingruppen mit gleichem Thema oder verschiedenen Teilthemen).

Suche nach geeigneten Zeitzeugen
Die Schwierigkeiten bei der Suche nach geeigneten Zeitzeugen sollte man nicht unterschätzen (vgl. Dittmer 2000, Koerber 2000). Wenig geeignet sind Personen, die nur ein Gegenüber suchen, um zum Reden zu kommen, und „Profi-Zeitzeugen", die schon viele Male im Einsatz waren und deren Erinnerung sich in einem Standardtext verfestigt hat. In manchen Orten gibt es „Erzählcafés", in denen Schülerinnen und Schüler mit Zeitzeugen in Kontakt kommen können. Außer in der eigenen Verwandtschaft und Bekanntschaft kann man bei Vereinen, Parteien und in Altersheimen nachfragen oder das Projekt in der Zeitung publik machen. Natürlich hängt vom Thema auch das Alter der Zeitzeugen ab, nach denen man sucht. Zeitzeugen für zentrale Themen aus dem 20. Jahrhundert sterben allmählich aus: Jemanden, der die ersten Jahre der NS-Herrschaft bewusst miterlebt hat, findet man heute nur noch selten und für die Zeiten davor kann man so gut wie gar nicht auf heute lebende Zeitzeugen zurückgreifen. Manchmal kann es auch sinnvoll sein, zu einem Thema gezielt Zeitzeugen aus verschiedenen Generationen zu befragen, um deren ggf. ganz unterschiedliche Wahrnehmung kennenzulernen (z. B. beim Thema Sechzigerjahre, vgl. als Unterrichtsbericht Rox-Helmer 2000). Auch sozial, politisch oder religiös unterschiedlich ausgerichtete Menschen können befragt werden – so kommt Multiperspektivität ins Spiel.

Inhaltliche Vorbereitung
Dass sich Schülerinnen und Schüler über das Thema, um das es geht, selber informieren, ist zentral. Denn nur dann können sie sinnvolle Fragen stellen und die

Antworten richtig einschätzen. Außerdem verliert ein Zeitzeuge schnell die Lust am Erzählen, wenn er merkt, dass sein Gegenüber keine Ahnung hat. Der Interviewleitfaden soll das Gespräch strukturieren und sicherstellen, dass die Schülerinnen und Schüler nichts von dem vergessen, was sie fragen wollen. Man sollte sich aber nicht sklavisch an ihn klammern; das macht unflexibel und erstickt das Gespräch. Deshalb ist es auch besser, den Leitfaden nicht in Frageform auszuformulieren, sondern nur Stichpunkte zu notieren (vgl. Vorschläge zum Training des Frageverhaltens in Lange 2000).

Beispiel für einen Interviewleitfaden: Gespräch mit einem Auschwitz-Überlebenden

Eingangsfrage: Können Sie bitte Ihren Lebenslauf kurz schildern, sodass wir Sie besser kennenlernen?

vor Auschwitz	in Auschwitz	nach Auschwitz
Welchen Eindruck hatten Sie von Hitler? ▸ Meinung zur allgemeinen deutschen Politik ▸ Verständnis für deutsche Begeisterung? *Haben Sie die NS-Judenpolitik in Deutschland verfolgt?* ▸ Meinung darüber ▸ Kenntnisse über KZs, VLs (Vernichtungslager), Ermordungen, Boykott, Nürnberger Gesetze, Pogrom … ? ▸ Flüchtlinge aus Deutschland *Was änderte sich für Sie nach dem deutschen Einmarsch 1940?* ▸ Familie, Nachbarn, Freunde (Diskriminierung, Verrat, Hilfe)? ▸ Beruf/Studium, Freizeit, Alltag, Religionsausübung? ▸ deutsche Anordnungen und ihre Auswirkungen? ▸ Verstecken notwendig? Verfolgung? ▸ Verhalten der niederländischen Bevölkerung (vorher/nachher)?	*Wie waren die Lebensbedingungen in Auschwitz?* ▸ Ankunft („Schindlers Liste" realitätsnah?) ▸ Nummer am Arm? ▸ Tagesablauf? ▸ Ernährung? ▸ Unterbringung (Karte), Hygiene? ▸ weiteres Schicksal bekannt (Vergasung, Selektionen, Todesarten)? ▸ Arbeit: Arzt – Vorteile? ▸ Teilnahme am Sonderkommando? ▸ Verhältnis der Häftlinge untereinander (Hass)? ▸ Verhältnis zum Wachpersonal? *Wie lebten Sie mit der ständigen Todesangst?* ▸ Hoffnung, Selbstmordgedanken, Fluchtgedanken? ▸ Erklärung für Willkür und Grausamkeit der SS? *Was geschah mit der Familie, mit Freunden?*	*Was geschah nach Auschwitz?* ▸ Verstecken nötig? ▸ Hilfe (von wem)? ▸ Wie gelang der Aufbau eines „neuen Lebens"? ▸ Einstellungsänderung zur jüdischen Religion (als Grund für Deportation)? *Wie erlebten Sie Ihr Kriegsende?* ▸ emotionale Leere? ▸ Verlust des Glaubens an das Gute? ▸ normales Leben möglich? *Haben Sie Hassgefühle?* ▸ Auf Deutsche, Nazis (damals/heute)? ▸ Kriegsverbrecherurteile gerecht und ausreichend? *Warum sind Sie bereit, mit uns darüber zu sprechen?* *Haben Sie eine Wiedergutmachung bekommen?*

Übergang zu Teil 2:	Übergang zu Teil 3:	Beschäftigen Sie sich viel mit Auschwitz und dem Holocaust?
▸ Wie waren die Bedingungen der Deportation? ▸ Strecke (Karte), Transportmittel, Dauer?	▸ Wie entkamen Sie aus Auschwitz?	▸ Bücher lesen? ▸ Besuch von Auschwitz? *Wie schätzen Sie den Neonazismus in Deutschland ein?* ▸ Meinung zur Auschwitz-Lüge ▸ neue Angst? *Wer hat Schuld am Genozid?* ▸ damalige deutsche Bevölkerung? ▸ nur SS? ▸ Mitschuld der jungen Generation?

(Kann 2000, S. 53)

Organisatorische Vorbereitung
Empfehlenswert ist ein kurzes Vorgespräch mit dem Zeitzeugen, um das Vorhaben zu erläutern und einander kennenzulernen. Dazu gehört auch eine erste Information über die Lebensgeschichte des Zeitzeugen. Ist man sich gegenseitig von Grund auf unsympathisch, hat ein Interview wenig Sinn. Geklärt werden muss, ob der Interviewte mit einer Aufzeichnung einverstanden ist. In der Regel sollte dazu ein Audiorekorder dienen (als Projektbericht über Videoaufzeichnungen vgl. Jauer 1995). Das Interview sollte am besten in der Wohnung des Zeitzeugen stattfinden. Dort fühlt er sich am wohlsten und vertrautesten. Außerdem kann er oder sie bei Gelegenheit Fotos und andere Erinnerungsstücke vorzeigen. Ein kleines Mitbringsel sorgt für eine angenehme Gesprächsatmosphäre.

Interview/Gesprächsführung
Es kann sinnvoll sein, sich in der Gruppe vorab darüber zu verständigen, wer welche Fragen übernimmt, vor allem wer für den Einstieg ins Gespräch zuständig ist. Wichtig ist, nicht zu schnell und zu viel zu fragen; so kommt der Zeitzeuge nicht ins Erzählen. Es gilt, ihm das Gefühl zu vermitteln, dass man an dem, was er berichtet, wirklich interessiert ist. Erst in der zweiten Gesprächsphase sollten die Schülerinnen und Schüler deshalb die vorbereiteten Fragen ins Spiel bringen. Offene Fragen sind besser als enge, konkrete besser als vage; möglichst vermieden werden sollten Fragen, die nur Ja- und Nein-Antworten zulassen (also statt „Bekamen Sie auch Rassenkundeunterricht?" besser „Was änderte sich in Ihrem Unterricht nach der Machtübernahme der Nationalsozialisten?"). Kritik und eigene Deutungen gehören nicht ins Interview.

Aufbereitung
Wichtige Angaben zur Person des Zeitzeugen sollten schon vorab festgehalten werden (Name, Adresse, Geburtstag, [ehemaliger] Beruf, Herkunft, Mitglied in Organisationen etc.). Die wesentlichen Aussagen des Interviews müssen zusammengefasst werden. Wörtliche Transkriptionen von Aufzeichnungen sind enorm aufwendig und lohnen sich nur im Ausnahmefall. Ggf. müssen die Schülerinnen und Schüler einzelne Aussagen überprüfen: Stimmt das Datum eines Ereignisses, konnte der Zeitzeuge damals überhaupt schon davon wissen, hätte er nicht längst schon davon wissen müssen? Es geht aber nicht darum, Fehler nachzuweisen und Zensuren zu verteilen. Dass Zeitgenossen die Geschichte, wie sie im Schulbuch steht, in sehr unterschiedlicher Weise wahrnehmen und erinnern können, zeigt sich gerade im Vergleich verschiedener Interviews. Das ist der letzte Punkt der Arbeit, von einer möglichen Präsentation abgesehen: Das eigene Interview muss kommentiert, in den weiteren Kontext des Themas gestellt und mit den Ergebnissen anderer Gruppen verglichen werden (vgl. für eine differenzierte Form der Aufarbeitung den Unterrichtsbericht von Mögenburg 2000).
Die Arbeit mit Zeitzeugen verlangt also viel – auf kognitiver, organisatorischer und emotionaler Ebene. Wenn sie gelingt, kann sie zu einem Lehrstück für forschend-entdeckendes Lernen werden.

Weiterführende Literatur

Dittmer, Lothar, Außerdem hatten wir uns einen ‚Modell-Vertriebenen' vorgestellt". Erfahrungen aus dem Schülerwettbewerb Deutsche Geschichte, in: Geschichte lernen H. 76 (2000), S. 4–9.
Geppert, Alexander C. T., Forschungstechnik oder historische Disziplin? Methodische Probleme bei der Oral History, in: GWU 45, 1994, H. 5, S. 303–323. Wiederabdruck in: Geschichtsunterricht heute. Grundlagen – Probleme – Möglichkeiten (Sammelband: GWU-Beiträge der neunziger Jahre), Seelze 1999, S. 123–139.
Geschichte lernen H. 76 (2000): Oral History.
Henke-Bockschatz, Gerhard, Oral History im Geschichtsunterricht, in: Geschichte lernen H. 76 (2000), S. 18–24.
Henke-Bockschatz, Gerhard, Zeitzeugenbefragung, in: Mayer, Ulrich/Pandel, Hans-Jürgen/Schneider, Gerhard (Hrsg.), Handbuch Methoden im Geschichtsunterricht, Schwalbach/Ts. 3. Aufl. 2011, S. 354–369.
Kaminsky, Uwe, Oral History, in: Pandel, Hans-Jürgen/Schneider, Gerhard (Hrsg.), Handbuch Medien im Geschichtsunterricht, Schwalbach/Ts. 6. Aufl. 2011, S. 483–499.
Koerber, Rolf, Wie man Zeitzeugen auswählt und mit ihnen umgeht, in: Geschichte lernen H. 76 (2000), S. 25–28.
Leh, Almut, Zeitzeugen online. Archive und andere Web-Angebote, in: BIOS 22, 2009, H. 2, S. 268–282.
Obertreis, Julia (Hrsg.), Oral History (Basistexte Geschichte, Bd. 8), Stuttgart 2011.
Plato, Alexander von, Chancen und Gefahren des Einsatzes von Zeitzeugen im Unterricht, in: BIOS 14, 2001, H. 2, S. 134–138.
Schreiber, Waltraud/Árkossy, Katalin (Hrsg.), Zeitzeugengespräche führen und auswerten. Historische Kompetenzen schulen, Neuried 2009.
Siegfried, Detlef, Zeitzeugenbefragung. Zwischen Nähe und Distanz, in: Dittmer, Lothar/Siegfried, Detlef (Hrsg.), Spurensucher. Ein Praxisbuch für historische Projektarbeit, Weinheim/Basel überarb. u. erw. Neuaufl. 2005, S. 65–81.

Unterrichtsvorschläge

Bösch, Frank, Historikerersatz oder Quelle? Der Zeitzeuge im Fernsehen, in: Geschichte lernen H. 76 (2000), S. 62–64.
Geschichte lernen H. 76 (2000): Oral History.
Jauer, Thomas, „… das Schlimmste waren da immer die vielen, die noch weg waren …". Oral History als Video-Projekt mit einer 10. Klasse, in: GWU 46, 1995, H. 3, S. 638–644.
Kann, Hartmut, „So werden Bilder Wirklichkeit". Ein Auschwitz-Überlebender berichtet über den Holocaust, in: Geschichte lernen H. 76 (2000), S. 50–56.
Lange, Dirk, Methoden der Gesprächsführung. Interaktions- und Kommunikationsübungen, in: Geschichte lernen H. 76 (2000), S. 29–31.
Mögenburg, Harm, „Haben Sie die Tommies nach dem Krieg erlebt?" Gespräche analysieren und Zeitzeugen verstehen, in: Geschichte lernen H. 76 (2000), S. 57–61.
Rox-Helmer, Monika, Ein Zeitbild der Sechzigerjahre. Zwei Generationen im Gesprächskreis, in: Geschichte lernen H. 76 (2000), S. 44–49.

Zeitzeugenberichte auf CD/CD-ROM/DVD

Die Stunde Null in Deutschland. Reportagen, Augenzeugenberichte aus den Jahren 1944 bis 1048, Frankfurt a. M.: Eichborn 2005 (2 CD).
Ecker, Maria (Hrsg.), „Man muss das erzählen". Holocaust-Überlebende berichten. Tondokumente und Unterrichtsvorschläge, Wien: Veritas 2002 (CD).
Erinnern für Gegenwart und Zukunft. Überlebende des Holocaust berichten, Berlin: Cornelsen 2000, dazu Handbuch für den Unterricht, Berlin: Cornelsen 2002 (CD-ROM).
Erlebte Geschichte. Nationalsozialismus. Zeitzeugeninterviews und Unterrichtsvorschläge digital, Berlin: Cornelsen 2005 (CD-ROM/DVD).
Flucht und Vertreibung. Zeitzeugenberichte (Geschichte lernen), Seelze: Friedrich Verlag 2005 (CD).
Meine Geschichte. Zeitzeugen erzählen – 100 Jahre Deutschland, hrsg. von Inge Kurtz und Jürgen Geers, Frankfurt a. M./München: Hessischer Rundfunk/der hörverlag 2000.
17. Juni 1953. Zeitzeugen berichten. Auszüge aus einer Sendereihe des Deutschlandfunks, Köln: Deutschlandradio 2003 (CD).
„Weinen Sie nicht, die gehen nur baden!" Zeugen des Auschwitz Prozesses berichten. Feature von Jochanan Shelliem, Berlin: SWR/Der Audio Verlag 2005 (CD).
zeit:zeugen. Opfer des NS-Regimes im Gespräch mit Schülern, Wien: Veritas 2005 (CD).

Zeitzeugenberichte im Internet

www.zeitzeugengeschichte.de: Audio- und Videoaufnahmen zum Thema Nationalsozialismus
www.zwangsarbeit–archiv.de: Audio- und Videoaufnahmen zur Zwangsarbeit 1939–1945, Zwangsarbeiterinnen und -arbeitern aus 26 Ländern

Zeitzeugen-Kontaktbörsen

www.stiftung-hsh.de/dokument.php?cat_id=CAT_224: Kontakt zu politisch Verfolgten aus der DDR
www.zeitzeugenbuero.de: Kontakt zu Zeitzeugen zur SED-Herrschaft und zur deutschen Teilung

5.2 Darstellungen

Schülerinnen und Schüler haben es im Unterricht nicht nur mit Quellen, sondern auch mit Darstellungen von Geschichte zu tun – außerhalb der Schule dominieren diese ohnehin. Dabei kann es sich um spezielle Darstellungsformen, die als Bestandteile etwa in Schulbüchern vorkommen (Karten und Statistiken), aber auch um umfassendere Gattungen von Geschichtsschreibung und -präsentation handeln. Schülerinnen und Schüler sollten lernen, mit unterschiedlichen Darstellungen von Geschichte umzugehen und sie ggf. kritisch im Hinblick auf ihre jeweiligen Deutungen der Vergangenheit zu befragen. Sie können damit auch Geschichte als Deutungsgeschäft kennenlernen, mit anderen Worten: Einsicht in den Konstruktcharakter von Geschichte erlangen.

5.2.1 Geschichtskarten

Zeit und Raum sind für Geschichte gleichermaßen wichtige Dimensionen. In der Geschichtswissenschaft hat der Raum freilich lange Zeit nur eine Nebenrolle gespielt; erst mit dem sogenannten „spatial turn" hat er vor einiger Zeit eine Renaissance in der Forschung erlebt (vgl. Bachmann-Medick 2010). In der Geschichtsdidaktik und im Geschichtsunterricht dagegen ist die Dimension Raum wohl stets präsenter geblieben (vgl. grundsätzlich Oswalt 2010).

Karten können für uns Quellen oder Darstellungen sein. Historische Karten sind in der Vergangenheit entstandene Karten, die nicht unbedingt historische Themen behandeln müssen. Sie können uns z. B. Aufschlüsse darüber vermitteln, wie die Gestalt einer Stadt oder Landschaft zu einem bestimmten Zeitpunkt in der Vergangenheit aussah. Allerdings setzt das voraus, dass die kartografische Technik weit genug entwickelt war – nur dann kann man vom Kartenbild unmittelbar auf die tatsächlichen Verhältnisse schließen. Ältere Karten, z. B. mittelalterliche Weltkarten, sind eher mentalitätsgeschichtliche Quellen. Sie können Historikern Auskunft geben über Weltbilder und Denkhorizonte ihrer Zeit (vgl. Edson/Savage-Smith/von den Brincken 2011, als Unterrichtsvorschlag Seltmann 2000).

Geschichtskarten dagegen sind heutige Darstellungen der Verhältnisse in vergangener Zeit. Auch hier gilt freilich, dass solche Darstellungen mit der Zeit selber wieder zu Quellen werden. In Geschichtskarten wird Vergangenheit aus der Perspektive der Gegenwart gesehen. Dabei können zwei Karten zum gleichen Thema durchaus unterschiedlich ausfallen, je nach dem, welches Darstellungsinteresse zugrunde liegt. Dass Geschichtskarten historische Sachverhalte nicht einfach „objektiv" zeigen, sondern sie zugleich auch deuten, ist für Schülerinnen und Schüler eine wichtige Einsicht. Sie lässt sich besonders gut vermitteln, indem man verschiedene kartografische Darstellungen ein und desselben Themas miteinander vergleicht und im Hinblick auf die vermutlich zugrunde liegenden Sichtweisen befragt (vgl. als Unterrichtsvorschläge Sauer 1997, Bendick 1999 und 2000). Für den Geschichtsunterricht sind Geschichtskarten weitaus wichtiger als historische Karten; allein um sie geht es im Folgenden.

Geschichtskarten sind nicht anschaulich, sondern Abstraktionen und zeichenhafte Verdichtungen. Deshalb lassen sie sich oft nicht leicht entziffern. Aber die kartografische Darstellungsform hat auch große Vorzüge: Sie reduziert die Komplexität historischer Verhältnisse und macht sie überschaubar. Sie strukturiert und komprimiert Aussagen über die Geschichte: Um die Informationen zu vermitteln, die eine Karte bietet, wären viele Seiten Text nötig. Und kartografische Informationen prägen sich anders ein als textlich-verbale: Sie werden als Gesamtbild, als Figur gespeichert und gehen als „mental maps" in historische Vorstellungen ein.

Geschichtskarten können von sehr unterschiedlicher Komplexität sein. Das Spektrum reicht von der einfachen Lageskizze bis zur anspruchsvollen Karte, die mehrere inhaltliche Aspekte und Zeitschichten zugleich darstellt. Komplexe Karten haben den Vorteil, dass sie vielfältige inhaltliche Wechselbezüge ermöglichen. Ihr Nachteil ist, dass sie Schülerinnen und Schüler oft überfordern. Ein besonderes Problem der Geschichtskarte im Vergleich mit der geografischen ist die Dimension der zeitlichen Veränderung. Bildet eine Karte nur den Zustand zu einem bestimmten Zeitpunkt ab, spricht man von einer statischen Karte. Die dynamische Karte dagegen zeigt Veränderungen in der Zeit – je mehr, desto schwieriger wird die Karte. Um die verschiedenen Zustände voneinander abzugrenzen, muss der Zeichner mit abgestuften Flächenfarben oder einander überlagernden Schraffuren arbeiten. Einfacher ist die Darstellung von Veränderungen in einer Folge von mehreren (jeweils statischen) Einzelkarten, im sogenannten Kartenfilm. Für schulische Bedürfnisse wäre diese Darstellungsweise oft sehr sinnvoll; sie ist jedoch selten, weil sie viel Raum benötigt. Einfacher umzusetzen als im Schulbuch oder Atlas ist sie bei Folien im Overlay-Verfahren.

Geschichtskarten behandeln nicht nur eine bestimmte Zeit und einen bestimmten Raum, sondern auch ein ausgewähltes Thema: die politische Geschichte (z. B. Territorien/Herrschaft, Kriege, Wahlen), die Wirtschafts- und Sozialgeschichte (z. B. Rohstoffvorkommen, industrielle Standorte, Verkehr, Bevölkerung) oder die Ideen- und Kulturgeschichte (z. B. Sprachen, Religionen, Bildungsinstitutionen). Natürlich können auch verschiedene Aspekte miteinander verknüpft sein, z. B. Sprachenverteilung und politische Grenzen. Die Topografie spielt bei der Geschichtskarte in der Regel nur eine Nebenrolle, es sei denn, dass gerade die Bedeutung der naturräumlichen Voraussetzungen für politische und wirtschaftliche Entwicklungen gezeigt werden soll (z. B. beim antiken Griechenland). Fünf verschiedene Präsentationsformen von Geschichtskarten gilt es zu unterscheiden:

Atlaskarte
Zumindest im Gymnasium war früher die Verwendung eines Geschichtsatlasses eine Selbstverständlichkeit und Generationen von Gymnasiasten sind durch

den verbreitetsten Atlas, den „Putzger", geprägt worden. Heute werden Atlanten sehr viel seltener im Unterricht eingesetzt. Das liegt vor allem daran, dass die Schulbücher heute weitaus mehr und weitaus bessere Geschichtskarten als früher anbieten. Aber auch der verhältnismäßig hohe Preis spielt eine Rolle. Gegenüber allen anderen Präsentationsformen hat der Atlas den Vorteil, dass er einen ganzen Fundus an Karten bietet, die zueinander in Beziehung gesetzt und im historischen Nacheinander betrachtet werden können. Das Problem vieler Schulatlanten freilich ist, dass sie die Schülerinnen und Schüler überfordern. Wissenschaftliche Detailliertheit scheint auch heute oft noch wichtiger zu sein als didaktische Reduzierung und genauer Bezug auf die Belange des Unterrichts. Vor allem in den nicht-gymnasialen Schulformen stellt das ein ernsthaftes Hindernis für die Atlasarbeit dar.

Einen Versuch, den besonderen Anforderungen dieser Schulformen gerecht zu werden, haben in neuerer Zeit verschiedene Verlage mit der Entwicklung integrierter Kartenwerke für Geografie, Geschichte und Sozialkunde/Politik gemacht (Trio 2008, Diercke 3 2009, Menschen, Zeiten, Räume 2007, WUK-Atlas 2001). Dadurch kann die Einführung in die Kartenarbeit in vielen Punkten gebündelt werden. Wo es thematische Überschneidungen zwischen den Fächern gibt (etwa bei der Wirtschafts- und Sozialgeschichte), lässt sich Platz sparen. Und unter dem Zwang zur Umfangsbeschränkung ist man eher bereit, sich von mancher hergebrachten Karte zu trennen und Neues zu erproben. So können Schülerinnen und Schüler z. B. die politische Entwicklung Deutschlands von 1648 bis in die Gegenwart sehr viel leichter verfolgen, wenn diese auf mehreren Karten unmittelbar hintereinander präsentiert wird (vgl. etwa Trio 2008, S. 24–27) und nicht, wie bisher, weit verstreut und auf Karten mit unterschiedlichem Format thematisiert wird. Der Nachteil solcher Kombinationswerke ist natürlich, dass sich die Vielseitigkeit des Kartenangebots für das Fach Geschichte reduziert.

Schulbuchkarte
Anders als die Atlaskarte bezieht sich die Schulbuchkarte auf den Vermittlungskontext des Buches. Sie lässt sich deshalb eher thematisch beschränken und ist leichter verständlich. Zusammen mit Darstellungstexten, Textquellen, Bildern oder Statistiken bildet sie ein integriertes Arbeitsangebot. Allerdings tritt sie in diesem Verbund weniger als spezifische Darstellungsform in Erscheinung.

Wandkarte
Wandkarten werden im Unterricht immer seltener verwendet. Das hat verschiedene Gründe: die Zunahme und Verbesserung der Schulbuchkarten, die Konkurrenz der Transparentkarten, den hohen Anschaffungspreis und die relativ aufwendige Handhabung. Wandkarten sind thematisch meist allgemeiner gehalten. Für die Erarbeitung spezieller Fragen kommen sie deshalb kaum in Betracht. Ihre

5.2 Darstellungen

Stärke liegt vor allem in der Orientierungsfunktion: Wie lange, mit welchen Materialien und in welcher Sozialform auch immer ein Thema im Unterricht behandelt wird, eine Wandkarte kann dabei ständig präsent sein. Auf diese Weise prägen sich historische Raumverhältnisse am ehesten dauerhaft als „mental map" ein – ein ganz grundlegendes und kaum zu überschätzendes Ziel von Kartenarbeit.

Transparent- oder Folienkarte
Gegenüber der Wandkarte hat die Folienkarte manche Vorzüge: Lagerung und Transport sind einfacher; der Preis ist – zumal bei größeren Paketangeboten – sehr viel günstiger, sodass sich eine Schule oder sogar die einzelne Lehrkraft leicht einen umfangreicheren Fundus an Folienkarten zulegen kann. Wie Wandkarten auch eignen sie sich besonders für den Frontalunterricht – die Aufmerksamkeit der Klasse wird an einem Ort fokussiert. Außerordentlich attraktiv sind die methodischen Möglichkeiten, die Folien bieten. Im Overlay-Verfahren kann man verschiedene Informationsschichten (Zeitebenen oder Themen) nach und nach und damit sehr viel verständlicher präsentieren. Außerdem können Folien leicht beschriftet werden. Das ermöglicht eine aktive Kartenarbeit, bei der Schülerinnen und Schüler selber Markierungen oder Eintragungen vornehmen. Allerdings kann die Folie nicht so gut wie die Wandkarte unterrichtsbegleitend als „Hintergrundmedium" präsent bleiben, denn dafür sind Licht und Geräusch auf Dauer doch zu störend.

Beamerpräsentation
Mittlerweile gibt es auch die Möglichkeit, Karten mithilfe des Beamers zu präsentieren; dafür kann man auf einschlägige Verlagsangebote zurückgreifen oder selber Karten scannen. Allerdings gibt es bislang kaum digitale Atlanten für den Schulgebrauch (vgl. Centennia 1996, Digitaler Atlas 2005). Gegenüber dem Overhead-Projektor hat der Beamer den Vorteil einer größeren und lichtstärkeren Projektion. Eine aktive Kartenarbeit wie mit der Folie lässt sich aber nur realisieren, wenn ein Whiteboard zur Verfügung steht.

Viel zu wenig nutzen Lehrkräfte die Möglichkeit, im Unterricht mit eigenen Kartenskizzen zu arbeiten. Auch dafür eignen sich Folien hervorragend. Bei selbst verfertigten Karten kann man sich auf grundlegende Informationen konzentrieren, die dann umso deutlicher zum Vorschein treten (thematische und räumliche Reduzierung). Und man kann sich genau dem Lernstand der Klasse anpassen. Selbst verfertigte Karten lassen sich auch von vornherein als Arbeitskarten konzipieren, in die Schülerinnen und Schüler dann selber Eintragungen vornehmen können, die sie z. B. aus Texten oder Statistiken entnehmen müssen. Von solchen Arbeitskarten kann man natürlich auch Papierkopien für die Hand der Schülerinnen und Schüler anfertigen.

Für die Kartenarbeit grundlegend ist, dass Schülerinnen und Schüler die Funktion der einzelnen „Kartenbausteine" kennen und sie „lesen" können. Titel, Legende, Maßstab und Signaturen sollten am Beginn des Geschichtsunterrichts aus dem Sachunterricht der Grundschule, aus dem Geografieunterricht oder aus alltäglichen Erfahrungen im Umgang mit Karten eigentlich einigermaßen vertraut sein; was an empirischen Befunden vorliegt, deutet aber eher darauf hin, dass man nicht allzu viel selbstverständlich voraussetzen darf und der Umgang mit diesen Bausteinen auch im Geschichtsunterricht noch einmal und weiter gezielt geübt werden sollte (vgl. Sauer 2010). Abgesehen von diesen technischen Fragen aber müssen Schülerinnen und Schüler auch die Einsicht gewinnen, dass Karten abstrakte und schematische Darstellungen sind, die eine komplexe Realität im Hinblick auf ein bestimmtes Darstellungsinteresse reduzieren oder vereinheitlichen. Eine Stadt in der Antike, im Mittelalter oder im 19. Jahrhundert ist jeweils etwas ganz Unterschiedliches, in der Ausdehnung, der Bauweise, der Einwohnerzahl, der politischen Verfassung. Auf der Karte aber tritt sie jedes Mal gleich als Punkt in Erscheinung. Genauso bei der Darstellung politischer Herrschaft: Sie durch Flächenfärbung zu markieren, passt auf die neuzeitlichen Territorialstaaten; der mittelalterliche Personenverbandsstaat (und so manche nichteuropäische Herrschaftsform) wird dadurch nicht angemessen abgebildet, die Darstellungsweise kann bei den Schülerinnen und Schülern sogar völlig falsche Vorstellungen hervorrufen (vgl. als Unterrichtsvorschläge zu diesem Problem Wagner 1997, Weiß 1997).

Auch die Farbdarstellung auf Geschichtskarten ist problematisch. Für die Neuzeit werden den einzelnen Ländern traditionell bestimmte Leitfarben zugeordnet: beim Putzger Blau für Preußen-Deutschland, Lila für Frankreich, Grün für Russland, Ocker für England. Das erleichtert die Orientierung über die einzelne Karte hinaus. Aber Farben üben auch eine untergründige psychologische Wirkung aus. Rot wird als warm, jedoch auch als aggressiv empfunden, Blau als kühl und distanziert. So können beim Betrachten von Karten „Emotionen" entstehen, die natürlich nichts mit der Sache zu tun haben. Solche Fragen können mit Schülerinnen und Schülern von Fall zu Fall bedacht werden. Auch dies ist ein wichtiger Bestandteil exemplarischen Methodenlernens im Hinblick auf Kartenarbeit.

Bei der Einführung in die Kartenarbeit kommt vor allem das synthetische Verfahren zum Tragen. Schülerinnen und Schüler entwickeln Verständnis für das Medium durch eigene Gestaltungsübungen. Das wird freilich nur sehr selten Gegenstand des regulären Geschichtsunterrichts sein (vgl. Vorschläge dazu in Mayer 1997), wenngleich produktive Vorgehensweisen auch dort genutzt werden können. Im Mittelpunkt steht jedoch das Lesen oder Interpretieren fertiger Karten. In der Regel werden die Schülerinnen und Schüler sie nicht vollständig und gleichsam aus sich heraus deuten, sondern mit einer bestimmten Fragestellung an sie herangehen. Immer sollte aber zunächst eine Orientierung auf der Karte mithilfe von Titel und Legende stattfinden. Mögliche Arbeitsschritte:

Geschichtskarten interpretieren

1. Beschreiben
- Welches Thema hat die Karte?
- Welcher Raum ist dargestellt?
- Welche Zeit oder welcher Zeitraum wird behandelt? Handelt es sich um eine statische oder dynamische Karte?

2. Analysieren
- Welche Bedeutung haben besondere Zeichen?
- Welche Informationen lassen sich aus der Karte (im Hinblick auf die Fragestellung) entnehmen?

3. Deuten
- Was sind die zentralen Aussagen der Karte?
- Welche Erkenntnisse ergeben sich, wenn diese Informationen mit Vorkenntnissen oder Informationen aus anderen Materialien verbunden werden?
- Welche Auskünfte, die für das Thema wichtig sind, erhält man aus der Karte nicht?
- Welche Probleme in ihrer Darstellungsweise wirft die Karte auf?

Um wichtige Aspekte aus einer Karte hervorzuheben, Informationen gezielter zu entnehmen oder sie noch einmal zu verdeutlichen, ist die handlungsorientierte Umsetzung in ein anderes Medium besonders geeignet:
- *Thematische Reduktion*: Aus einer komplexen Karte die besonders interessierende Informationsschicht extrahieren (Abzeichnung auf Folie oder Transparentpapier).
- *Räumliche Reduktion*: Aus einer weiträumigen Karte einen besonders interessierenden Ausschnitt hervorheben (durch ein Deckblatt mit Fenster) und ggf. vergrößern (Vergrößerung durch Kopie oder durch Umzeichnung).
- *Zeitliche Reduktion*: Eine dynamische Karte in eine Folge von statischen Karten übertragen.
- *Transformation einer Karte in eine statistische Darstellungsform*: Kartenaussagen in eine Tabelle oder in ein Diagramm übertragen.
- *Transformation einer Karte in eine sprachliche Darstellungsform*: Einen Titel zu einer Karte formulieren, schriftlich die Aussage einer Karte oder die Antwort auf einen Arbeitsauftrag formulieren, eine Kartei oder ein kleines Lexikon zu einer Karte erstellen.

Umgekehrt kann es oft sinnvoll sein, dass Schülerinnen und Schüler selber Informationen aus anderen Medien in Kartenform übertragen oder die verschiedenen Medien wechselseitig aufeinander beziehen:

- Informationen aus Texten und statistischen Darstellungen entnehmen und angemessen kartografisch umsetzen (auf der Grundlage einer „stummen" Karte).
- Sich anhand von Texten auf Karten orientieren bzw. Texte anhand von Karten nachvollziehen (vgl. z. B. zu Stadtplänen Briesen/Sauer 1998, Henning/Kellmann/Wenzel 1997, Seidler 1997).
- Eine Bildkarte erstellen (Kombination von Bild/Zeichnung, Text und Karte) (vgl. als Unterrichtsbericht Feiks/Hoffmann 1997).

Weiterführende Literatur

Arbeit mit Karten im Geschichtsunterricht am Gymnasium. Eine Handreichung für Lehrerinnen und Lehrer, hrsg. vom Staatsinstitut für Schulqualität und Bildungsforschung, München 2004.

Bachmann-Medick, Doris, Spatial Turn, in: Dies., Cultural Turns. Neuorientierungen in den Kulturwissenschaften, Reinbek 4. Aufl. 2010, S. 284–328.

Böttcher, Christina, Die Karte, in: Pandel, Hans-Jürgen/Schneider, Gerhard (Hrsg.), Handbuch Medien im Geschichtsunterricht, Schwalbach/Ts. 6., erw. Aufl. 2011, S. 184–201.

Böttcher, Christina, Umgang mit Karten, in: Mayer, Ulrich/Pandel, Hans-Jürgen/Schneider, Gerhard (Hrsg.), Handbuch Methoden im Geschichtsunterricht, Schwalbach/Ts. 3. Aufl. 2011, S. 225–254.

Edson, Evelyn/Savage-Smith, Emilie/von den Brincken, Anna-Dorothee, Der mittelalterliche Kosmos. Karten der christlichen und islamischen Welt, Darmstadt 2005.

Gemein, Gisbert/Redmer, Hartmut, Karteneinsatz im Geschichtsunterricht. Teil 1, in: Geschichte für heute H. 4/2008, S. 59–73, Teil 2, in: Geschichte für heute H. 1/2009, S. 68–81.

Geschichte lernen H. 59 (1997): Arbeit mit Geschichtskarten.

Hantsche, Irmgard, Geschichtskarten im Unterricht, in: Geschichte lernen H. 59 (1997), S. 5–12.

Hantsche, Irmgard, Karten im Schulgeschichtsbuch, in: Internationale Schulbuchforschung 19, 1997, H. 4, S. 383–398.

Hüttermann, Armin, Kartenlesen – (k)eine Kunst. Einführung in die Didaktik der Schulkartografie, München 1998.

Mayer, Ulrich, Umgang mit Geschichtskarten, in: Geschichte lernen H. 59 (1997), S. 19–24.

Oswalt, Vadim, Das Wo zum Was und Wann. Der „Spatial turn" und seine Bedeutung für die Geschichtsdidaktik, in: GWU 61, 2010, H. 4, S. 220–233.

Praxis Geschichte H. 4/1999: Kartenarbeit.

Praxis Geschichte H. 5/2008: Kartenarbeit.

Raisch, Herbert, Weniger ist oft mehr! Grundlagen der Kartenarbeit im Geschichtsunterricht, in: Praxis Geschichte H. 4/1999, S. 4–11.

Sauer, Michael, Kompetenz konkret. Kartenarbeit als Beispiel für einen Kompetenz-Baustein, in: Geschichte, Politik und ihre Didaktik 34, 2006, H. 1/2, S. 36–41.

Sauer, Michael, Zur „Kartenkompetenz" von Schülern. Ergebnisse einer empirischen Untersuchung, in: GWU 61, 2010, H. 4, S. 234–249.

Schneider, Ute, Die Macht der Karten. Eine Geschichte der Kartographie vom Mittelalter bis heute, Darmstadt 2004.

Wagener, Elmar, Kartenarbeit. (K)ein Stammplatz im Geschichtsunterricht?, in: Praxis Geschichte H. 5/2008, S. 4–9.

Unterrichtsvorschläge

Baumgärtner, Ulrich, Völkerwanderung – dynamisch. Schülerinnen und Schüler erarbeiten sich eine Geschichtskarte, in: Praxis Geschichte H. 4/2005, S. 12–17 (mit Folie).

Bendick, Rainer, Nationale Geschichtsbilder. Der Versailler Vertrag in deutschen und französischen Schulgeschichtskarten, in: Praxis Geschichte H. 4/1999, S. 46–50.
Bendick, Rainer, Wo liegen Deutschlands Grenzen? Die Darstellung des Deutschen Reiches in den deutschen und französischen Schulkarten vor und nach dem Ersten Weltkrieg, in: GWU 51, 2000, H. 1, S. 17–36.
Briesen, Detlef/Sauer, Michael, Stadtentwicklung und Stadtleben im Kartenbild. Düsseldorf 1834 und 1914, in: Geschichte lernen H. 63 (1998), S. 21–23.
Djurić, Ivona/Herz, Veronika, Europas Weg in die Diktatur. Die Zwischenkriegszeit im Spiegel historisch-politischer Landkarten, in: Praxis Geschichte H. 2/2003, S. 12–17.
Feiks, Dietger/Hoffmann, Werner, Bildkarten im Geschichtsunterricht, in: Geschichte lernen H. 59 (1997), S. 38–41.
Fieberg, Klaus, „Deutschlands Verstümmelung". Die Darstellung des Versailler Vertrags im „Geopolitischen Geschichtsatlas" von 1929 als Beispiel für kartographische Geschichtsdeutungen, in: Praxis Geschichte H. 2/2011, S. 46–49.
Geschichte lernen H. 59 (1997): Arbeit mit Geschichtskarten.
Henning, Veiko/Kellmann, Ralf/Wenzel, Birgit, Gaius Bonus' Reise nach Pompeii. Schülerinnen und Schüler erarbeiten sich einen Stadtplan, in: Geschichte lernen H. 59 (1997), S. 30–33.
Mayer, Ulrich, Mittelalterliche Städtegründungen, in: Geschichte lernen H. 88 (2002), S. 26–29 (mit Folie).
Mayer, Ulrich, Das Bild der Stadt. Stadtansicht und Stadtgrundriss, in: Geschichte lernen H. 88 (2002), S. 48–50.
Praxis Geschichte H. 4/1999: Kartenarbeit im Geschichtsunterricht.
Praxis Geschichte H. 5/2008: Kartenarbeit.
Sauer, Michael, Zwischen Deutung und Manipulation. Kritischer Umgang mit Geschichtskarten, in: Geschichte lernen H. 59 (1997), S. 53–58.
Seidler, Daniela, Gegen den Zahn der Zeit. Ein Geschichtsspiel, in: Geschichte lernen H. 59 (1997), S. 34–37.
Seltmann, Ingeborg, Vom Heilsplan zur Handelskarte. Ein neues Weltbild entsteht, in: Praxis Geschichte H. 1/2000, S. 16–21.
Wagner, Heike, Mittelalterliche Herrschaft im Kartenbild, in: Geschichte lernen H. 59 (1997), S. 42–47.
Weiß, Dietrich, Lokale Herrschaft im Alten Reich. Die Darstellung von abgestuften Herrschaftsrechten am Beispiel der Region Feuchtwangen, in: Geschichte lernen H. 59 (1997), S. 13–18.

Lieferbare Schulatlanten und Foliensammlungen

Alexander KombiAtlas für Erdkunde, Geschichte, Sozialkunde und Wirtschaft in der S I, Gotha: Perthes 2003, Neuaufl. 2008 (dazu CD-ROM bestellbar).
Atlas der Globalisierung, Berlin: Le Monde diplomatique 2009 (mit CD-ROM).
Atlas zur Universalgeschichte, hrsg. von Jürgen Herrnkind/Helmut Kistler/Herbert Raisch, München/Hannover: List/Oldenbourg/Schroedel 1978, Neuaufl. 1989.
Centennia. Ein dynamischer Geschichtsatlas, Stuttgart: Klett 1996 (CD-ROM).
Diercke 3. Universalatlas für den fächerverbindenden Unterricht, Braunschweig: Westermann 2001, Neuaufl. 2009 (dazu CD-ROM bestellbar).
Digitaler Atlas. Unterrichtssoftware für Geographie, Geschichte und Politik, Berlin: Cornelsen 2005 (DVD).
Folienatlas Geschichte, hrsg. von Arno Baur, 4 Teile, Gotha/Stuttgart: Klett-Perthes 1998/99, Neuaufl. 2005.
Geschichte und Geschehen Atlas, Stuttgart/Gotha: Klett 2009 (mit CD-ROM).
Großer Atlas zur Weltgeschichte, hrsg. von Hans-Erich Stier u. a., Braunschweig: Westermann 1988, Neuaufl. 2001.

Großer historischer Weltatlas, Teil 1: Vorgeschichte und Altertum, bearb. von Hermann Bengtson und Vladimir Milojcic, München: BSV 6. Aufl. 1978; Teil 2: Mittelalter, bearb. von Josef Engel, München: BSV Neuaufl. 1983; Teil 3: Neuzeit, bearb. von Josef Engel und Ernst-Walter Zeeden, München: BSV Neuaufl. 1981; Teil 4: Neueste Zeit, bearb. von Wilfried Loth u. a., München: BSV 1995.

Menschen, Zeiten, Räume. Atlas für Erdkunde, Geschichte und Politik, Berlin: Cornelsen 2001, Neuaufl. 2007.

Perthes Atlas Geschichte, hrsg. von Dietmar Schillig, Hans Ulrich Rudolf und Vadim Oswalt, Gotha: Perthes 2006, Neuaufl. 2007 (vergrößerte und gebundene Ausgabe des Taschenatlas Weltgeschichte).

Putzger. Historischer Weltatlas, hrsg. von Ernst Bruckmüller und Peter-Claus Hartmann, Berlin: Cornelsen 103., erw. u. völlig neu bearb. Aufl. 2001, 4. Aufl. 2011 (dazu CD-ROM bestellbar).

Taschenatlas Deutsche Geschichte, hrsg. von Hans Ulrich Rudolf/Vadim Oswalt, Gotha: Perthes 3. Aufl. 2004.

Taschenatlas Weltgeschichte. Europa und die Welt, hrsg. von Hans Ulrich Rudolf/Vadim Oswalt, Gotha: Perthes 2002, 6. Aufl. 2010.

Trio. Atlas für Erdkunde, Geschichte, Sozialkunde, Hannover: Schroedel 1999, Neuaufl. Braunschweig 2008.

Westermann Geschichtsatlas (Sekundarstufe I), Braunschweig: Westermann 3. erw. Aufl. 2008.

World History. Perspectives on the past, Toronto/Ontario: D. C. Heath and Company 1988. (Bezug: Transparencies to Educate, Gorterplaats 16, 6531 HZ Nijmegen, Nederlande)

World History. Perspectives on the past (erw. Ausg.), Toronto/Ontario: D. C. Heath and Company 1992. (Bezug: Transparencies to Educate, Gorterplaats 16, 6531 HZ Nijmegen, Nederlande)

WUK-Atlas, der. Alexander Welt- und Umweltkunde, Gotha: Perthes 2001.

Karten im Internet

www.ieg-maps.uni-mainz.de: Speziell erstellte digitale Grundkarten zur deutschen und europäischen Geschichte (Politik, Wirtschaft, Verwaltung und Verkehr), Institut für Europäische Geschichte an der Universität Mainz.

www.lib.utexas.edu/maps/map_sites/hist_sites.html: Historische und Geschichtskarten zu unterschiedlichen Zeiten, Regionen und Ländern.

mappinghistory.uoregon.edu/: Geschichtskarten zu unterschiedlichen Themen, Zeiten, Regionen und Ländern; mit einem Schieberschalter lassen sich Karten zeitlich dynamisieren.

www.euratlas.com/: Historische Karten und (politische) Geschichtskarten zu unterschiedlichen Zeiten, Regionen und Ländern, u. a. Europa in Hundertjahresabständen seit der Zeitenwende.

5.2.2 Statistiken: Tabellen und Diagramme

Statistiken kommen – in ihren beiden Erscheinungsformen Tabelle und Diagramm – im Geschichtsunterricht nicht sonderlich häufig vor. Sie sind im Wesentlichen auf das 19. und 20. Jahrhundert und auf bestimmte einschlägige Themen beschränkt: Am wichtigsten davon sind Industrialisierung und Soziale Frage. Schülerinnen und Schüler arbeiten aber nicht nur im Geschichtsunterricht, sondern auch im Geografie- und Sozialkundeunterricht mit Statistiken. Und Statistiken haben eine eminente Bedeutung im Medienalltag: Keine Nachrichtensendung, keine Zeitungsausgabe ohne Diagramm. Darunter findet sich vieles, was in der Darstellungsweise äußerst fragwürdig ist. Das ist umso bedenklicher, als Statistiken oft ein besonders hoher Grad von Objektivität zugeschrieben wird. Dass Schülerinnen und Schüler lernen, genau und kritisch mit Statistiken umgehen zu können, ist deshalb auch ein Teil von Medienerziehung, den man nicht unterschätzen sollte.

Grundlegend sind zunächst einige Kenntnisse darüber, wie Statistiken entstehen, welche Aussagen sie machen können und welche Probleme damit verbunden sind. Wirtschaftliche und soziale Verhältnisse und Entwicklungen lassen sich besonders gut in Statistiken darstellen: Produktion und Verbrauch, Löhne und Preise, Einnahmen und Ausgaben des Staates, Einwohner-, Geburten- und Beschäftigtenzahlen etc. Text- und Bildquellen geben uns in der Regel nur Auskunft über einzelne Ereignisse und Fälle. Statistiken dagegen fassen eine größere Zahl von Einzelangaben zusammen und vermitteln uns ein Gesamtbild von den Lebensbedingungen, von den Tätigkeiten und den Einrichtungen vieler Menschen. Sie vermitteln in konzentrierter Form Aussagen von oft großer Allgemeinheit und Reichweite; dafür reduzieren sie die vielfältigen Erscheinungsformen der Wirklichkeit.

Heutzutage können wir selbstverständlich auf eine Vielzahl von statistischen Erhebungen zurückgreifen, die alle möglichen Themen erfassen. Allerdings ist die Geschichte solcher Erhebungen noch nicht allzu alt. Erst im 18. Jahrhundert begannen die Landesherren, Daten sammeln zu lassen, die für die wirtschaftliche und finanzielle Entwicklung ihres Territoriums wichtig waren. Im 19. Jahrhundert kamen solche Zusammenstellungen immer mehr in Gebrauch, wurden immer detaillierter und genauer. Besondere staatliche Einrichtungen wurden ins Leben gerufen, z.B. das preußische „Statistische Bureau" im Jahre 1805. Seit dieser Zeit können die Historiker also auf vorliegende Statistiken zurückgreifen. Schlechter sieht es mit älteren Zeiten aus. Dort muss man erst selber die Rohdaten zusammentragen, die man benötigt, um eine Statistik zusammenzustellen. Wer z.B. statistische Aussagen über die Entwicklung von Lebensmittelpreisen im Mittelalter machen will, muss viele einzelne Quellen auswerten. Dennoch wird sein Fundus schmal bleiben, und er muss deshalb mit Schätzungen und Hochrechnungen arbeiten.

Die Qualität einer Statistik hängt davon ab, wie sorgfältig die Daten erhoben worden sind und ob die Zahlenangaben wirklich miteinander vergleichbar sind. Zum Beispiel beziehen sich Zahlen oft auf verschiedene Erhebungsjahre oder unterschiedliche Räume. Wenn man eine Zeitreihe zur Bevölkerungsentwicklung in Deutschland seit dem 19. Jahrhundert zusammenstellen will, liegt den Zahlen je nach Zeitpunkt ein ganz anderes Territorium zugrunde: der Deutsche Bund oder einzelne seiner Staaten, das Kaiserreich, die Weimarer Republik, das „Großdeutsche Reich" (wie verfährt man mit Österreich und dem Sudentenland?), Bundesrepublik und DDR als getrennte deutsche Staaten, das wiedervereinigte Deutschland. Die jeweiligen Zahlen kann man nur schwer vergleichen und sie gemeinsam zu präsentieren führt leicht in die Irre. Solch eine Statistik muss zumindest mit einem entsprechenden Kommentar versehen werden.

Grundsätzlich unterscheiden muss man zwischen absoluten und relativen statistischen Werten. Die Zahl der Industriearbeiter Deutschlands im Jahre 1890 ist ein absoluter Wert. Ihr Prozentanteil an der Gesamtzahl aller Erwerbstätigen ist ein relativer Wert. Der relative Wert stellt also einen Bezug zu anderen Größen her. Damit ist er oft aussagekräftiger als der absolute Wert. Die Zahl der Handwerker etwa hat im Kaiserreich immer zu-, ihr prozentualer Anteil an der Zahl der Beschäftigen jedoch abgenommen. Den Wandel Deutschlands zum Industriestaat bringt der zweite Wert zum Ausdruck, der erste kaschiert ihn eher. Neben solchen Prozentangaben (der Quote) sind Indexwerte eine wichtige Form relativer Zahlenangaben. Man setzt den absoluten Zahlenwert eines bestimmten Jahres gleich Hundert und berechnet (im Dreisatz) für andere Jahre die relative Steigerung oder Abnahme. Auch hier werden also absolute Zahlen so in ein Verhältnis zueinander gesetzt, dass man Entwicklungen sehr viel leichter einschätzen kann. Solche Überlegungen sind auch im Medienalltag wichtig. Eine Statistik, die in absoluten Werten die ständige Zunahme der Arbeitnehmereinkommen in der Bundesrepublik zeigt, ist wenig aussagekräftig. Weitaus aufschlussreicher ist der Vergleich mit der Preisentwicklung, also die Entwicklung der Kaufkraft, der Vergleich mit anderen Einkommensgruppen oder der mit anderen Staaten.

Eine Statistik kann als Tabelle, aber auch als Diagramm, also in grafischer Form, dargestellt werden. Jede Art von Diagramm bringt bestimmte Sachverhalte besonders gut zur Darstellung:

- *Linien- oder Kurvendiagramme* verdeutlichen besonders gut Entwicklungen und Verläufe, z. B. die Entwicklung von Preisen oder Löhnen nach Jahren.
- *Kreisdiagramme* eignen sich besonders für die Darstellung von Verteilungen und Anteilen innerhalb einer Gesamtheit, z. B. der prozentualen Stimmanteile von Parteien bei Wahlen.
- *Säulen- oder Balkendiagramme* erleichtern vor allem den punktuellen Vergleich von Häufigkeiten, z. B. des Stimmenanteils einer Partei in verschiedenen Wahljahren. Innerhalb des Balkens oder der Säule lassen sich durch Unterteilungen noch einmal (wie beim Kreisdiagramm) Verteilungen und Anteile darstellen, z. B. der Anteil der Wählerstimmen nach sozialer Zugehörigkeit oder nach Altersklassen.

Diagramme können viele Sachverhalte deutlicher zeigen als Tabellen. Der Betrachter muss nicht erst Zahlen lesen und vergleichen: Was gezeigt werden soll, springt ihm gleichsam ins Auge. Deshalb sind Diagrammdarstellungen in den Medien auch so beliebt. Allerdings bergen sie auch erhebliche Gefahren. Denn Diagramme bilden statistische Sachverhalte nicht einfach neutral ab, sondern können durch die Art ihrer Darstellung den Betrachter beeinflussen. Wenn man bei einem Kurvendiagramm die Abstände der Jahreszahlen auf der x-Achse sehr eng und die der ansteigenden Messwerte auf der y-Achse sehr weit wählt, erhält man eine steile Kurve. Verfährt man genau umgekehrt, fällt die Kurve flach aus. Bei gleichen Messwerten ist also der optische Eindruck ganz unterschiedlich und wird dem Betrachter eine völlig andere Deutung des Sachverhalts nahegelegt. Die Veränderung der Arbeitslosenzahlen z. B. wird sowohl im Fernsehen wie in den Printmedien immer mit einem sehr weiten Messwertabstand dargestellt;

möglich wird das bei beschränktem Raum überhaupt nur dadurch, dass entgegen den üblichen Konventionen der Nullpunkt der Skala nicht gezeigt wird. So zeichnen sich Schwankungen, die an der Gesamtmenge gemessen nur geringfügig sind, in der Kurve als starke Veränderungen ab. Diagramme können deshalb auch dazu dienen, gezielt und scheinbar objektiv die Aussagen, Meinungen und Wünsche von Interessengruppen zu untermauern. Darum ist es auch wichtig zu wissen, von wem eine solche Darstellung stammt oder wer sie in Auftrag gegeben hat. Für die Untersuchung und Interpretation von Tabellen und Diagrammen können die Schüler nach den folgenden Arbeitsschritten vorgehen.

Tabellen und Diagramme auswerten

1. Beschreiben
- Welches Thema behandelt die Statistik?
- Auf welche Zeit bezieht sie sich?
- Auf welchen Raum bezieht sie sich?
- Mit welchen Größen/Einheiten wird gearbeitet?

2. Analysieren
- Woher stammt die Statistik und in wessen Auftrag wurde sie erstellt?
- Sind die Zahlenwerte vergleichbar (gleiche Zeit, gleicher Raum, gleiche Personengruppen etc.)? (Die Zuverlässigkeit statistischer Angaben lässt sich im Einzelnen nur dann prüfen, wenn man selber auf die Rohdaten zurückgreifen kann, aus denen sie zusammengestellt sind.)
- Welche einzelnen Sachverhalte sind behandelt? Wie sind sie miteinander verknüpft?
- Welche Informationen lassen sich entnehmen?

3. Deuten
- Wie lässt sich die Gesamtaussage der Statistik formulieren?
- Welche Fragen bleiben unbeantwortet?
- Was bedeutet die Aussage der Statistik für die Einschätzung des historischen Phänomens, um das es geht?

Speziell bei Diagrammen muss im zweiten Schritt der Untersuchung die Art der Darstellung genauer in den Blick genommen werden:
- *Vollständigkeit*: Ist der Nullpunkt der y-Achse (für die Messwerte) abgebildet? Sind die Achsen ohne Auslassungen bzw. Verkürzungen abgebildet?
- *Größe/Maßstab*: Wird die Darstellung durch die Größe oder die Wahl der Maßstäbe beeinflusst? Sind alle Werte auf einer Achse einheitlich nach einem Maßstab abgetragen?
- *Grafische Gestaltung*: Wird die Darstellung in auffälliger Weise durch bestimmte grafische Mittel (Farben, Dicke von Balken oder Linien, Flächenmarkierung, Beschriftung) beeinflusst?

Ein zusätzlicher Lern- und Übungseffekt lässt sich erzielen, indem Schülerinnen und Schüler Statistiken nicht nur auswerten, sondern handelnd mit ihnen umgehen. Dafür bieten sich besonders die Übertragung und Umformung von Tabellen an. Wenn Schülerinnen und Schüler nach einer Tabelle ein Diagramm zeichnen, müssen sie sich die Zahlen genau ansehen und sich vorab über die geeignete Darstellungsform (welche Art von Diagramm, welche Maßstäbe?) Gedanken machen. Hinzu kommt der inhaltliche Erkenntniseffekt: Das Diagramm lässt die Aussage der Statistik deutlicher werden. Ähnlich ist es mit der Umformung absoluter Zahlenwerte in Prozent- oder Indexwerte. Dass in Schulbüchern Statistiken oft schon in Diagrammform präsentiert werden, sieht schön aus und ist gut gemeint. Arbeiten lässt sich allerdings sehr viel besser mit möglichst „nackten" Zahlenangaben. Auch Übertragungen aus Karten und ggf. Texten in Tabellenform lassen sich für den übenden Umgang mit dem Medium nutzen.

Weiterführende Literatur

Mayer, Ulrich, Das Diagramm – am Beispiel von Wahlergebnissen der Weimarer Republik, in: Pandel, Hans-Jürgen/Schneider, Gerhard (Hrsg.), Handbuch Medien im Geschichtsunterricht, Schwalbach/Ts. 6., erw. Aufl. 2011, S. 160–183.

Mayer, Ulrich, Umgang mit Statistiken, in: Mayer, Ulrich/Pandel, Hans-Jürgen/Schneider, Gerhard (Hrsg.), Handbuch Methoden im Geschichtsunterricht, Schwalbach/Ts. 3. Aufl. 2011, S. 208–224.

Für den Unterrichtsgebrauch nutzbare statistische Zusammenstellungen

Aubin, Hermann/Zorn, Wolfgang (Hrsg.), Handbuch der deutschen Wirtschafts- und Sozialgeschichte, 2 Bde., Stuttgart 1971/76.

Cipolla, Carlo M./Borchardt, Knut, Die Entwicklung der industriellen Gesellschaften, Bd. 4, Stuttgart/New York 1985 (darin statistischer Anhang von B. R. Mitchell).

Falter, Jürgen W./Lindenberger, Thomas/Schumann, Siegfried, Wahlen und Abstimmungen in der Weimarer Republik. Materialien zum Wahlverhalten 1919–1933, München 1986.

Fischer, Wolfram/Krengel, Jochen/Wietog, Jutta, Sozialgeschichtliches Arbeitsbuch, Bd. I: Materialien zur Statistik des Deutschen Bundes 1815–1870, München 1982.

Hohorst, Gerd/Kocka, Jürgen/Ritter, Gerhard A., Sozialgeschichtliches Arbeitsbuch, Bd. II: Materialien zur Statistik des Kaiserreichs 1870–1914, München 2. Aufl. 1978.

Petzina, Dietmar/Abelshauser, Werner/Faust, Anselm, Sozialgeschichtliches Arbeitsbuch, Bd. III: Materialien zur Statistik des Deutschen Reiches 1914–1945, München 1978.

Ritter, Gerhard A./Niehuss, Merith, Wahlgeschichtliches Arbeitsbuch. Materialien zur Statistik des Kaiserreichs 1871–1918, München 1980.

Ritter, Gerhard A./Niehuss, Merith, Wahlen in Deutschland 1946–1991. Ein Handbuch, München 1991.

5.2.3 Schulbücher

Das Schulbuch ist das Leitmedium des Geschichtsunterrichts und wird es wohl auch bleiben. Schulbücher müssen sich in Deutschland eng an den Vorgaben der Lehrpläne orientieren. Das gilt vor allem für die Sekundarstufe I, denn dort müssen die Schulbücher von den Kultusministerien der Länder zugelassen werden. Damit ist ihr Inhalt und Aufbau weitgehend festgelegt. Die Bücher für die Sekundarstufe I folgen alle in groben Zügen der Chronologie von der Vor- und Frühgeschichte oder von der Antike bis in die Gegenwart. In diesen „chronologischen Durchgang" sind je nach Bundesland vereinzelte Längsschnitte eingebaut. Für die Sekundarstufe II bieten alle größeren Verlage Themen- und Kurshefte an; es gibt aber auch dort Schulbücher, die das gesamte Pensum des Unterrichts abdecken sollen. Insgesamt sind die Spielräume für Besonderheiten und Innovationen verhältnismäßig gering. Deshalb wird immer einmal Kritik an zu engen Vorschriften und zu kleinlichen Begutachtungen laut, wird ein freierer Wettbewerb der Ideen gefordert, den die staatliche Schulbuchkontrolle behindere (vgl. dazu GWU 1998, auch Klemenz 1997; zur Frage der Bewertung allgemein GWU 2009, Pohl 2010). Ob größere Freiheiten tatsächlich der Vielfalt und Qualität von Geschichtsschulbüchern zugute kommen würden, muss dahingestellt bleiben. Jedenfalls sind völlig neue, alternative Entwürfe im jetzigen System nicht möglich, und so zeigen die auf dem Markt befindlichen Bücher bei allen Unterschieden in Details doch im Grundsätzlichen sehr viele Übereinstimmungen.

Die modernen Geschichtsschulbücher gehören alle zum Typus des kombinierten Lehr- und Arbeitsbuches, das die Vermittlung grundlegender Informationen durch einen Verfassertext mit einem Angebot zur selbstständigen Erarbeitung durch die Schülerinnen und Schüler verknüpft. Sie sind untergliedert in größere Themeneinheiten, die ihrerseits aus mehreren Kapiteln bestehen. Die Struktur heutiger Schulbücher setzt sich in der Regel aus folgenden Bestandteilen zusammen:

Auftaktdoppelseite
Sie führt in die Themeneinheit ein, soll Orientierungshilfe leisten, Interesse wecken, Fragen aufwerfen, Atmosphäre vermitteln.

Verfassertext
Er liefert in jedem Kapitel eine überblickshafte Darstellung des Themas und bildet damit den Orientierungsrahmen für den folgenden Arbeitsteil. Außerdem kann er Bezüge zu anderen Kapiteln herstellen und Ausblicke vornehmen, z. B. zur Rezeption oder zur Wirkung des Themas oder der Epoche bis in die Gegenwart. Zeitweilig stark kritisiert, hat er in den Neunzigerjahren eine Renaissance erfahren, auch aus arbeitsökonomischen Gründen. Zwei Probleme von Verfassertexten werden immer wieder diskutiert: Sie gelten als zu schwer für Schülerinnen und Schüler; hier hat sich freilich, alles in allem, in den letzten Jahren manches verbessert. Und sie träten für die Schülerinnen und Schüler als verbindliche historische Deutungen und Wertungen in Erscheinung, ließen keinen Raum für abweichende Urteile oder Kritik und beeinflussten auf diese Weise schon vorab auch die Arbeit an den Quellen. Ganz wird sich dieses Problem nie lösen lassen, denn es liegt auf der Hand, dass ein argumentativ ausformulierter Darstellungstext für eine Leserin oder einen Leser, die oder der noch kaum über eigene Kenntnisse verfügt, ein einladendes oder sogar suggestives Deutungsangebot bildet. Einige wenige

Schulbücher haben daraus die Konsequenz gezogen, den Arbeitsteil dem Verfassertext voranzustellen. Den Verfassertext zu „öffnen", Schülerinnen und Schülern die Möglichkeit zu geben, mit eigenen Gedanken „dazwischen zu kommen", ist nur möglich, indem man stellenweise von der auktorialen Darstellungsperspektive des allwissenden Erzählers abweicht, die Autorenperspektive selber ausweist, Fragen aufwirft, auf die der Text selber keine Antwort parat hält, verschiedene Meinungen von Zeitgenossen oder von Historikern zu Wort kommen lässt. Sinnvoll ist es auch, im Buch selber den methodischen Umgang mit dem Verfassertext explizit aufzugreifen (siehe Methodenteile).

Arbeitsteil
Er bietet in jedem Kapitel eine Vielzahl von Materialien, mit denen die Schülerinnen und Schüler das Thema selbstständig weiter bearbeiten können; dabei werden die Kenntnisse aus dem Verfassertext vertieft und neue Akzente gesetzt. Geboten werden Quellen (Texte, Bilder) und Darstellungen (Geschichtskarten, Statistiken, Schaubilder, Zeittafeln), versehen mit entsprechenden Arbeitsfragen. In aller Regel bilden diese Materialien ein Ensemble, d.h. sie stehen nicht isoliert, sondern sind inhaltlich aufeinander abgestimmt und so arrangiert, dass bestimmte Fragestellungen schrittweise bearbeitet werden können. Dazu gehören auch multiperspektivische bzw. kontroverse Zusammenstellungen von Textquellen bzw. Historikertexten oder anderen Darstellungen (genauere Hinweise, etwa auch zu den Fragen der Länge und Präsentation von Textquellen, finden sich in Kap. 4.3.4 und in den entsprechenden Abschnitten von Kap. 5).

Methodenteile
Diese über die einzelnen Themeneinheiten verstreuten Abschnitte sind in den letzten Jahren immer wichtiger geworden. Sie sollen Schülerinnen und Schüler exemplarisch dazu anleiten, für das Fach spezifische Arbeitsweisen zu erlernen, also die in Kapitel 1.3 beschriebenen Medien-Methodenkompetenz zu erwerben. Ein Problem dabei ist, dass diese Teile meist ziemlich unverbunden neben den Arbeitsteilen stehen. Manchmal werden in diese Abschnitte auch spielerische Verfahren mit aufgenommen (Hieroglyphen aus Ytong-Steinen schneiden, Kochen wie die Römer etc.). Solche Anregungen können zwar den Unterricht beleben; man sollte sie aber besser nicht in die Methodenteile aufnehmen, weil dadurch der fachspezifische Methodenbegriff verwässert wird.

Die Methodenteile behandeln vorwiegend den Umgang mit Quellen, aber auch mit einzelnen Gattungen von Darstellungen (obligatorisch Geschichtskarten und Statistiken, seltener Spielfilme, Dokumentationen, Jugendbücher). Ab und an finden sich auch gezielte Gegenüberstellungen unterschiedlicher Deutungen von Geschichte – in der Regel Historikertexte –, die kritisch im Hinblick auf ihre jeweiligen Perspektiven und Wertungen miteinander verglichen werden sollen. Vertiefen lässt sich dieser Ansatz dadurch, dass allgemeiner in den Blick genommen wird, wie Vergangenheit in späteren Rezeptionszeiten erinnert, gedeutet, ggf. funktionalisiert wird, und zwar in ganz unterschiedlichen Darstellungsformen (Rubrik „Geschichte erinnert und gedeutet" in „Geschichte und Geschehen"). Das entspricht der geschichtsdidaktischen Forderung nach einer intensiveren Auseinandersetzung mit vergangener und gegenwärtiger Geschichtskultur.

Zusammenfassungen
Eine Zeit lang ganz unüblich geworden, sind Zusammenfassungen von Themeneinheiten in den neuen Büchern wieder fast durchweg zu finden. Hier werden nicht einfach nach hergebrachtem Muster Merksätze formuliert, sondern Anstöße für die eigenständige Rekapitulation und Zusammenfassung gegeben. Wiederholung und Festigung kommen im Geschichtsunterricht gemeinhin zu kurz; deshalb sind solche Abschnitte sinnvoll.

Glossar/Register
Diese Abschnitte tragen dazu bei, Geschichtsbücher zu Arbeitsbüchern zu machen; denn auch selbstständiges Suchen und Nachschlagen will gelernt sein.

Noch relativ wenig hat sich die neuere Kompetenzdiskussion in den Schulbüchern niedergeschlagen. Die üblichen Methodenseiten beschränken sich auf die Vermittlung der einschlägigen Medien-Methoden-Kompetenzen. Zwar nehmen die Bücher zumeist auf den Auftaktseiten oder in den Zusammenfassungen auf die Kompetenzen und Kompetenzbereiche Bezug, die in den jeweiligen Curricula genannt sind. Aber es kann – auch in der Sekundarstufe II – noch keine Rede davon sein, dass sie gezielt die Entwicklung von Kompetenzen historischen Denkens (Kap. 1.3) bei den Schülerinnen und Schülern anstreben. Dafür wäre es notwendig, diese Kompetenzen zunächst einmal genauer zu beschreiben und auf allen Arbeitsebenen eines Buches – von der Leitfrage am Beginn eines Kapitels bis zu den Arbeitsaufträgen – explizit darauf Bezug zu nehmen: Um welche Kompetenz geht es hier und was sollen die Schülerinnen und Schüler im Hinblick darauf am jeweiligen Untersuchungsgegenstand lernen? Dies würde auch eine größere Transparenz beim Arrangement von Materialien und Lernwegen bedeuten. In diesem Punkt dürfte heute der größte Entwicklungsbedarf bei den Schulbuchkonzepten liegen.

Das Layout der heutigen Schulbücher ist modern und attraktiv, der Aufwand an Farbe und Grafik hat sich stark erhöht, auch der Anteil der Bilder und ihre Größe haben zugenommen. Zum Teil ist eine Orientierung an der Machart von Jugendsachbüchern deutlich zu erkennen. Allerdings sollte sich das Layout nicht allzu sehr bei der jugendlichen Klientel anbiedern, sondern funktional auf die Vermittlung der Inhalte bezogen sein. Das gilt auch für die Unterscheidung der einzelnen Bausteine; vor allem sollte gewährleistet sein, dass die grundlegende Unterscheidung von Quelle und Verfassertext optisch für die Schülerinnen und Schüler erkennbar ist.

Das moderne Geschichtsschulbuch bietet also ein integriertes und durchkomponiertes Medienangebot (zu dem meist auch noch ein Lehrerband und ein Schülerarbeitsheft gehören; vereinzelt enthalten die Schülerbände heute auch noch eine CD-ROM). Jedem Kapitel liegt implizit das klassische dreistufige Verlaufsschema des Unterrichts zugrunde: Einstieg – Erarbeitung (zweigeteilt in Darstellungs- und Arbeitsteil) – Zusammenfassung. Daran wird deutlich, dass das moderne Schulbuch im Grunde als Selbstlernbuch konzipiert ist. Zugespitzt formuliert: Es ist gegenüber der Lehrkraft gleichsam autark, deren Beteiligung ist nicht vorgesehen, das Schulbuch – wenn man es „durchbuchstabiert" – macht gleichsam Unterricht überflüssig bzw. gibt ihm seine Struktur vor.

Wie kann Schulbucharbeit in der Praxis aussehen (vgl. Fröhlich 1997, Günther-Arndt 2008, Schönemann/Thünemann 2010)? Das Angebot, mit nur einem Medium den gesamten Unterricht des Faches abzudecken, kann verführerisch sein. Schulbucharbeit besteht dann darin, den Darstellungstext als häusliche Vorbereitung von den Schülerinnen und Schülern lesen zu lassen und im Unterricht den Arbeitsteil durchzugehen; wahlweise dient die Lektüre des Verfassertextes auch der häuslichen Nachbereitung. Auch wenn dies im Medium selber nicht so angelegt ist, kann man das Schulbuch freilich auch in sehr viel individuellerer Weise nutzen und die meisten Lehrerinnen und Lehrer werden das vermutlich auch tun. Jeder einzelne Baustein des Schulbuchangebots kann für sich verwendet und mit anderen Darstellungsformen und Materialien, die die Lehrkraft beibringt, gekoppelt werden. So dient das Schulbuch mal eher als Lesebuch, mal als Materialsammlung, als Methodenführer oder als Nachschlagewerk. Und natürlich muss nicht der gesamte Stoff, den das Schulbuch bereithält, durchgearbeitet werden: Manches wegzulassen, das eine nur kursorisch, das andere vertiefend zu behandeln, gehört zu den selbstverständlichen Freiheiten der Lehrkraft.

Über empirische Befunde zur Praxis der Schulbucharbeit verfügen wir kaum. Alle jene Fragen und Probleme, die sich im Hinblick auf das Schülerverständnis von Text- und Bildquellen auftun, stellen sich natürlich auch für das Schulbuch, das diese Quellen in großer Zahl anbietet. Hinzu kommt als spezifische Textgattung der Verfassertext. Und schließlich ist die Frage, wie Schülerinnen und Schüler mit dem Gesamtpaket Schulbuch umzugehen in der Lage sind, ob also die konzeptionellen Ziele der Schulbuchmacher vonseiten der Schülerinnen und Schüler überhaupt realisierbar sind (wobei diese Frage wiederum die Lehrkraft als Moderator beiseite lässt). Genauere Untersuchungen dazu wären insbesondere im Hinblick auf die Optimierung von Schulbüchern von Belang. Systematische Erprobungen von Schulbüchern auf breiterer Basis gibt es allerdings bislang nicht; die Verlage gestalten ihre Konzepte und deren Realisierung auf der Basis des Erfahrungswissens von Redakteuren, Herausgebern und Autoren (vgl. als empirische Studien Borries 2003, Borries 2005, Borries 2010).

Schülerinnen und Schüler sollen dazu angehalten werden, mit Quellen ebenso wie mit Historikertexten analytisch und kritisch zu arbeiten. Das Schulbuch, das als Ganzes ebenfalls eine Darstellung bildet, sollte von dieser Herangehensweise nicht ausgenommen sein. Wenn Schülerinnen und Schüler ihr Schulbuch selber zum Gegenstand der Untersuchung machen, können sie sich an folgenden Stichpunkten orientieren.

Schüler untersuchen und beurteilen Schulbücher

- *Gestaltung*: Ist das Layout des Buches übersichtlich und leserfreundlich? Sind die einzelnen Teile des Buches grafisch deutlich abgegrenzt und erkennbar? Regt das Buch zum Blättern und Stöbern an?
- *Verfassertext*: Ist der Text für die Altersstufe verständlich formuliert? Wie werden die Sachverhalte, um die es geht, dargestellt und gedeutet? Lassen sich Beschreibungen und Werturteile auseinanderhalten?
- *Arbeitsteile*: Ermöglichen die Materialien eine selbstständige Erarbeitung? Gibt es Zusammenstellungen von Quellen aus verschiedener Perspektive?
- *Arbeitsaufträge*: Sind die Arbeitsaufträge verständlich formuliert? Schreiten sie in der Anforderung vom Einfacheren zum Schwereren fort?
- *Kapitelzusammenfassungen*: Ermöglichen die Kapitelzusammenfassungen in geeigneter Form eine Festigung, eine Übertragung oder eine weiträumige Einordnung des Gelernten?

Leichter fällt die Analyse, wenn man alternative Gestaltungsweisen vor Augen hat. Deshalb ist es sinnvoll, zwei oder mehrere Schulbücher miteinander zu vergleichen – genauso verfahren ja auch Lehrkräfte, wenn sie Schulbücher für eine anstehende Einführung in der Schule begutachten (vgl. als Unterrichtsvorschlag Brüggemann 1999). Wer kritisch urteilen will, sollte allerdings auch die Zwänge kennen, unter denen Schulbücher hergestellt werden. Damit sind in diesem Falle nicht so sehr die inhaltlichen Vorgaben durch die Lehrpläne, sondern die durch den Charakter des Mediums gegebenen formalen Vorgaben gemeint. Schülerinnen und Schüler können die Schwierigkeiten des Schulbuchmachens selber handelnd erproben, indem sie – am besten in Gruppen – ein oder zwei Schulbuchdoppelseiten zu gestalten versuchen (vgl. als Unterrichtsbericht Dannhauser 1992): Autorentexte verfassen, auf Zeile schreiben bzw. kürzen; Quellen suchen und zusammenstellen, Quellentexte kürzen; Quellen wieder aussondern, weil es viel zu viele sind und die Bilder nur Briefmarkengröße haben. Dies alles ist eine lehrreiche Erfahrung und eine gute Übung im Schreiben, Redigieren, Gestalten und sorgfältigen Arbeiten. Und schließlich lassen sich ältere Schulbücher auch als Quellen für frühere Sicht- und Vermittlungsweisen von Geschichte analysieren.

Wenn Lehrkräfte ein Schulbuch begutachten, wenn etwa eine Fachkonferenz über die Einführung eines neuen Lehrwerkes zu entscheiden hat, dann ist es sinnvoll, ein differenzierteres Beurteilungsraster anzulegen. Zur Orientierung können die folgenden Stichpunkte dienen (vgl. zur wissenschaftlichen Analyse von Schulbüchern Handro/Schönemann 2006, Lamneck 2000, Marienfeld 1979, Meyers 1983, Scholle 1997, Schreiber/Bleitzhofer/Erber 2003, Thünemann 2010).

Lehrkräfte begutachten Schulbücher

1. Aufbau und einzelne Bausteine
- Auftaktseite, Anmoderation, Entwicklung einer historischen Frage
- Orientierung durch Zeittafel oder Zeitleiste
- Verfassertext/Erläuterung von Schlüsselbegriffen im Verfassertext
- Arbeits- bzw. Quellenteil mit Arbeitsaufträgen (insbesondere Arbeitsaufträge zu Bildquellen)
- Längsschnitt
- Fallstudie
- Behandlung von Geschichtskultur (Deutung und Gebrauch von Geschichte)
- Verweis auf andere Medien (Jugendliteratur, Romane, Filme, Fach- und Sachliteratur)
- Zusammenfassung
- Methodentraining (Umgang mit Quellen etc.)
- Glossar
- Register

2. Didaktische Prinzipien
- Orientierung am Stand der Forschung
- Orientierung an Lehrplanvorgaben
- Gewichtung deutscher, europäischer, außereuropäischer Geschichte
- Gewichtung einzelner Epochen und Themen
- Gewichtung von Politik-, Wirtschafts-, Sozial-, Kultur-, Alltags-, Geschlechtergeschichte
- Verfassertext altersangemessen, verständlich, Beschreibung und Werturteil getrennt
- Länge und Schwierigkeitsgrad der Textquellen
- multiperspektivische Zusammenstellung von Quellen
- kontroverse Zusammenstellung von historischen Darstellungen
- unterschiedliche und ansteigende Anforderungen bei Arbeitsaufträgen
- Handlungsorientierung bei Arbeitsaufträgen
- Verwendung nicht-textlicher Elemente (Bilder, Karten, Diagramme, Strukturskizzen)

3. Gestaltung
- Layout übersichtlich und ansprechend (Spalten, Marginalien, Schriften, Farben)
- Trennung von Verfassertext und Quellen
- ausreichende Bildgröße
- Preis-Leistungs-Verhältnis

Weiterführende Literatur

Becher, Ursula A. J., Schulbuch, in: Pandel, Hans-Jürgen/Schneider, Gerhard (Hrsg.), Handbuch Medien im Geschichtsunterricht, Schwalbach/Ts. 6., erw. Aufl. 2011, S. 45–68.

Borries, Bodo von (unter Mitarbeit von Andreas Körber und Johannes Meyer-Hamme), Reflexiver Umgang mit Geschichts-Schulbüchern? Befunde einer Befragung von Lehrern, Schülern und Studierenden 2002, in: Zeitschrift für Geschichtsdidaktik 2, 2003, S. 114–136.

Borries, Bodo von/Leutner-Ramme, Sibylla/Meyer-Hamme, Johannes, Schulbuchverständnis, Richtlinienbenutzung und Reflexionsprozesse im Geschichtsunterricht. Eine qualitativ-quantitative Schüler- und Lehrerbefragung im deutschsprachigen Bildungswesen 2002, Neuried 2005.

Borries, Bodo von, Wie wirken Schulbücher in den Köpfen der Schüler? Empirie am Beispiel des Faches Geschichte, in: Fuchs, Eckhardt/Kahlert, Joachim/Sandfuchs, Uwe (Hrsg.), Schulbuch konkret. Kontexte – Produktion – Unterricht, Bad Heilbrunn 2010, S. 102–117.

Fröhlich, Klaus, Schulbucharbeit, in: Bergmann, Klaus u.a. (Hrsg.), Handbuch der Geschichtsdidaktik, 5., überarb Aufl. Seelze 1997, S. 422–430.

Geschichte in Wissenschaft und Unterricht 49, 1998, H. 3: Schulbuchzulassung – eine Debatte.

Geschichte in Wissenschaft und Unterricht 60, 2009, H. 1: Schulbücher – Analyse und Kritik.

Günther-Arndt, Hilke, Lehren und Lernen mit dem Schulbuch, in: GWU 59, 2008, H. 1, S. 4–19.

Handro, Saskia/Schönemann, Bernd (Hrsg.), Geschichtsdidaktische Schulbuchforschung, Berlin 2006.

Klemenz, Lola, „Ware Geschichtsbuch". Wie „Geschichte" in die Schulbücher kommt, in: Praxis Geschichte H. 2/1997, S. 60–62.

Lamneck, Siegfried, Qualitative und quantitative Inhaltsanalyse. Forschungsmethoden im Kontext von Schulbuchanalysen zum Geschichtsunterricht, in: Schreiber, Waltraud (Hrsg.), Die religiöse Dimension im Geschichtsunterricht. Ein interdisziplinäres Forschungsprojekt – Tagungsband, Neuried 2000, S. 319–348.

Marienfeld, Wolfgang, Schulbuch-Analyseverfahren am Beispiel von Schulbuchdarstellungen zum Thema Islam und Kreuzzüge, in: Geschichtsdidaktik 4, 1979, H. 2, S. 130–153.

Meyers, Peter, Friedrich II. von Preußen im Geschichtsbild der SBZ/DDR. Ein Beitrag zur Geschichte der Geschichtswissenschaft und des Geschichtsunterrichts in der SBZ/DDR. Mit einer Methodik zur Analyse von Schulgeschichtsbüchern, Braunschweig 1983.

Pohl, Karl Heinrich, Wie evaluiert man Schulbücher?, in: Fuchs, Eckhardt/Kahlert, Joachim/Sandfuchs, Uwe (Hrsg.), Schulbuch konkret. Kontexte – Produktion – Unterricht, Bad Heilbrunn 2010, S. 118–133.

Rohlfes, Joachim, Schulgeschichtsbücher (Stichworte zur Geschichtsdidaktik), in: GWU 45, 1994, H. 7, S. 460–465.

Rüsen, Jörn, Das ideale Schulbuch. Überlegungen zum Leitmedium des Geschichtsunterrichts, in: Internationale Schulbuchforschung 14, 1992, S. 237–250.

Schönemann, Bernd/Thünemann, Holger, Schulbucharbeit. Das Geschichtslehrbuch in der Unterrichtspraxis, Schwalbach/Ts. 2010.

Scholle, Dietrich, Schulbuchanalyse, in: Bergmann, Klaus u.a. (Hrsg.), Handbuch der Geschichtsdidaktik, 5., überarb. Aufl. Seelze 1997, S. 369–375.

Schreiber, Waltraud/Bleitzhofer, Stephan/Erber, Michael, Werkstattbericht: Kategoriale Inhaltsanalyse von Schulbuchtexten. Oder: Erkennen lernen, wie mit Hilfe von Schulbüchern der reflektierte Umgang mit Geschichte gefördert werden kann, in: Zeitschrift für Geschichtsdidaktik 2, 2003, S. 69–78.

Schreiber, Waltraud/Mebus, Sylvia (Hrsg.), Durchblicken. Dekonstruktion von Schulbüchern, Neuried 2., überarb. u. akt. Aufl. 2006.

Schreiber, Waltraud, Kategoriale Schulbuchforschung als Grundlage für empirische Untersuchungen zu kompetenzorientiertem Geschichtsunterricht, in: Bauer, Jan Patrick/Meyer-Hamme, Johannes/Körber, Andreas (Hrsg.), Geschichtslernen – Innovationen und Reflexionen. Geschichtsdidaktik im Spannungsfeld von theoretischen Zuspitzungen, empirischen

Erkundungen, normativen Überlegungen und pragmatischen Wendungen. Festschrift für Bodo von Borries zum 65. Geburtstag, Kenzingen 2008, S. 61–76.

Teepe, Renate, Umgang mit dem Schulbuch, in: Mayer, Ulrich/Pandel, Hans-Jürgen/Schneider, Gerhard (Hrsg.), Handbuch Methoden im Geschichtsunterricht, Schwalbach/Ts. 3. Aufl. 2011, S. 255–268.

Thünemann, Holger, Zeitgeschichte im Schulbuch. Normative Überlegungen, empirische Befunde und pragmatische Konsequenzen, in: Popp, Susanne u. a. (Hrsg.), Zeitgeschichte – Medien – Historische Bildung, Göttingen 2010 S. 117–132.

Unterrichtsvorschläge

Brüggemann, Thomas, Friedrich II. – historisches Vorbild oder „Saddam seiner Zeit"? Die Analyse von Geschichtsbewusstsein und historischen Deutungen, in: Geschichte lernen H. 68 (1999), S. 38–43.

Dannhauser, Brigitte, Schülerinnen und Schüler gestalten ein eigenes Schulbuchkapitel, in: Geschichte lernen H. 30 (1992), S. 14–17.

Neuere Schulbücher

Sekundarstufe I

Anno (Gymnasium), Braunschweig: Westermann 1994 ff.
bsv Geschichte (Gymnasium), München: BSV 1996 ff.
Das waren Zeiten (Gymnasium), Bamberg: Buchner 1997 ff.
Denkmal (Hauptschule/Realschule), Braunschweig: Schroedel 2009 ff.
Die Reise in die Vergangenheit (Hauptschule/Realschule), Braunschweig: Westermann 2006 ff.
Durchblick Geschichte/Politik/Erdkunde (Hauptschule), Braunschweig: Westermann 1997 ff.
Durchblick Geschichte und Politik (Realschule), Braunschweig: Westermann 1997 ff.
Entdecken und Verstehen (Haupt- und Realschule), Neubearbeitung, Berlin: Cornelsen 1998 ff.
Expedition Geschichte (Realschule/Gesamtschule), Braunschweig: Diesterweg 1997 ff.
Expedition Geschichte (Gymnasium), Braunschweig: Diesterweg 2004 ff.
Forum Geschichte (Gymnasium), Berlin: Cornelsen 2000 ff.
Geschichte Erleben (Realschule), Bamberg: Buchner 2002 ff.
Geschichte heute (Hauptschule), Braunschweig: Schroedel 1995 ff.
Geschichte konkret. Ein Lern- und Arbeitsbuch (Realschule, Gesamtschule), Braunschweig: Schroedel 1995 ff.
Geschichte plus (Gymnasium), Berlin: Volk und Wissen 1998 ff.
Geschichte real (Realschule), Berlin: Cornelsen 2011.
Geschichte und Gegenwart (Realschule), Paderborn: Schöningh 1999 ff.
Geschichte und Geschehen (Gymnasium), Stuttgart: Klett 2003 ff.
Geschichtsbuch. Die Menschen und ihre Geschichte in Darstellungen und Dokumenten (Gymnasium), neue Ausgabe, Berlin: Cornelsen 1992 ff.
Historia. Geschichtsbuch für Gymnasien, Paderborn: Schöningh 1993 ff.
Horizonte, Braunschweig: Westermann 2004.
Lernerlebnis Geschichte. Entdecken, Handeln, Verstehen, Paderborn: Schöningh 1999 ff.
Mitmischen (Hauptschule), Leipzig: Klett 1999 ff.
Quer (Hauptschule), Paderborn: Schöningh 1998 ff.
Rückspiegel. Woher wir kommen – wer wir sind (Gymnasium), Paderborn: Schöningh 1994 ff.
Schauplatz Geschichte (Realschule), Berlin: Cornelsen 2003.
Von ... bis (Realschule), Paderborn: Schöningh 1990 ff.
Wir machen Geschichte (Gymnasium), Braunschweig: Diesterweg 1996 ff.
Zeit für Geschichte (Gymnasium), Braunschweig: Schroedel 2000 ff.
Zeiten und Menschen (Gymnasium), Paderborn: Schöningh 1999 ff.

Zeitlupe (Hauptschule/Realschule), Braunschweig: Schroedel 2001 ff.
Zeitreise (Realschule), Stuttgart: Klett 1996 ff.

Sekundarstufe II
Buchners Kolleg Geschichte. Bamberg: Buchner 1992 ff.
Epochen und Strukturen. Grundzüge einer Universalgeschichte für die Oberstufe, Braunschweig: Diesterweg 1996 ff.
Geschichte Oberstufe, Braunschweig: Schroedel 2001 ff.
Geschichte Sekundarstufe II, Braunschweig: Schroedel 1996 ff.
Geschichte und Geschehen. Oberstufe, Stuttgart: Klett 2005.
Geschichte und Geschehen exempla, Leipzig: Klett 2001 ff.
Geschichtsbuch (Oberstufe), Berlin: Cornelsen 1995 ff.
Geschichts-Kurse für die Sekundarstufe II, Paderborn: Schöningh 1992 ff.
Horizonte II, Braunschweig: Westermann 2011.
Kursbuch Geschichte. Von der Antike bis zur Gegenwart, Berlin: Cornelsen 2000.
Thema Geschichte, Braunschweig: Schroedel 2002 ff.
Zeit für Geschichte (Gymnasium), Braunschweig: Schroedel 2010 ff.
Zeiten und Menschen, Paderborn: Schöningh 1989 ff.

5.2.4 Fach- und Sachbücher

Dass Schülerinnen und Schüler sich selber über das Schulbuch hinaus zu einem historischen Thema informieren (sollen), kann in unterschiedlichen Arbeitszusammenhängen vorkommen: bei einem eng begrenzten Erkundungsauftrag, bei der Vorbereitung einer Facharbeit oder eines Referats, im Rahmen eines Projekts. Entsprechend variiert auch der Aufwand. Während es sich im ersten Fall um einen gezielten Zugriff auf ein Buch (oder eine Internet-Adresse) handeln kann, geht es bei den anderen Beispielen um eine breiter angelegte, eigenständige Recherche, die genauere Planung und Vorbereitung verlangt.

Das wichtigste Medium der Informationsgewinnung sind nach wie vor Fach- und Sachbücher. Wenn Schülerinnen und Schüler mit ihnen arbeiten wollen, müssen sie in der Regel eine Bibliothek aufsuchen. Mit deren Nutzung – nicht nur für schulische, sondern auch private Zwecke – sollten sie möglichst frühzeitig vertraut gemacht werden. Eine entsprechende Einführung, meist durch die Deutschlehrkraft, sollte selbstverständlich sein und spätestens am Beginn der Sekundarstufe I stattfinden. So wird Schwellenangst frühzeitig abgebaut. Häufig sind heute mit Schulen oder Schulzentren auch Stadtteilbibliotheken verbunden, deren räumliche Nähe zur Nutzung einlädt.

Natürlich gibt es ganz unterschiedliche Bibliotheken, die Schülerinnen und Schüler für ihre Zwecke nutzen können. Generell unterscheiden muss man zwischen Freihand- und Magazinbibliotheken. Schul- und Stadtbibliotheken sind in der Regel Freihand-, Landes- und Universitätsbibliotheken dagegen Magazinbibliotheken (mit einzelnen Freihandbereichen). Die Freihandbibliotheken haben zwei große Vorzüge: Die Bücher sind im Regal frei zugänglich und was thematisch zusammengehört, steht auch an einer Stelle. Diese lässt sich meist schon durch die Hinweise am Regal selber finden. Schülerinnen und Schüler können sich also die Bücher zu „ihrem Thema" sofort ansehen, sich einen Überblick verschaffen, neue Hinweise finden und ihnen nachgehen. Das ist ein motivierender Zugang vor allem für Jüngere. Anspruchsvoller ist die Arbeit in einer Magazinbibliothek. Allerdings hat sie sich erheblich vereinfacht, seit die alten Zettelkataloge durch elektronische Kataloge abgelöst worden sind, die über das Internet einsehbar sind und vielfältige Suchfunktionen bieten. Natürlich gibt es für praktisch alle historischen Fachgebiete auch spezielle Bibliografien.

Wichtig ist, dass Schülerinnen und Schüler eine Vorstellung davon haben, nach welcher Art von Buch sie überhaupt suchen; das hängt wiederum vom Zuschnitt der Arbeit ab, um die es geht. Zu Quelleneditionen dürften sie allenfalls bei einer Facharbeit greifen; hier lässt sich die Materialbasis für eine selbstständig erschließende Ausarbeitung finden. Aktuelle Nachschlagewerke – allgemeine Lexika und historische Wörterbücher – können zuweilen der einführenden Information dienen, vor allem aber sind sie zur Klärung von Begriffen und Sachfragen nützlich. Für den ständigen Gebrauch sind besonders Schülerlexika sehr geeignet, weil sie auf das übliche Pensum des Unterrichts und die Verständnisfähigkeiten der jungen Leser ausgerichtet sind.

Nachschlagewerke für Schülerinnen und Schüler

Bode, Dieter, Lexikon Geschichte. Grundbegriffe – Daten – Fakten, Braunschweig: Westermann 2001.
Goerlitz, Erich/Immisch, Joachim, Taschenhandbuch zur Geschichte, 2 Bde., Paderborn: Schöningh 1999.
Kinder, Hermann/Hilgemann, Werner (Hrsg.), dtv-Atlas zur Weltgeschichte. Karten und chronologischer Abriss, 2 Bde., München: dtv 36. Aufl. 2003.
Pleticha, Heinrich (Hrsg.), Geschichtslexikon. Kompaktwissen für Schüler und junge Erwachsene, Berlin: Cornelsen 5. Aufl. 2004.
Schülerduden: Die Geschichte, Mannheim: Duden u. a. 3., überarb. Aufl. 1996.

Ältere Nachschlagewerke werden zu Quellen, die über den Wissens- und Deutungshorizont einer Zeit sehr genau Auskunft geben können. Besonders gut lässt sich an ihnen die Geschichte einzelner Begriffe verfolgen, indem man die Eintragungen in verschiedenen Ausgaben, z. B. der Brockhaus-Enzyklopädie, vergleicht.

5.2 Darstellungen

Arbeit mit Fachbüchern

- *Fragestellung*: Worüber will ich etwas erfahren?
- *Suche*: Wie finde ich das geeignete Buch? Arbeit in der Bibliothek, Umgang mit Katalogen.
- *Orientierung*: Inhaltsverzeichnis und Register durchsehen – was finde ich zu meiner Fragestellung?
- *Informationen entnehmen*: Was ist wichtig? Zentrale Aussagen im eigenen Buch oder auf Kopien anstreichen, einzelne Passagen abschreiben oder sinngemäß zusammenfassen. Nicht vergessen: Immer den genauen Fundort (Buch, Seitenzahl) notieren.
- *Verfasserperspektive*: Jeder Historiker geht von bestimmten Fragen und Forschungsansätzen aus und kommt zu eigenen Urteilen über die Vergangenheit. Es geht also nicht einfach um historische Fakten, sondern auch um Fragestellungen, Deutungen und Meinungen. Auch sie gilt es zu untersuchen und festzuhalten: Weist der Autor seine Fragestellung, sein methodisches Vorgehen aus? Orientiert er sich an bestimmten Theorien und Modellen? Welche Begründungen und Belege führt er an? Was sind Sachaussagen, was Werturteile? Zu welchen Ergebnissen gelangt er? Besonders aufschlussreich kann der Vergleich verschiedener Historikertexte sein, die zu gegensätzlichen Aussagen kommen (Kontroversität).
- *Auswertung*: Was kann ich für meine Arbeit brauchen? Wie passt das zu meinen bisherigen Überlegungen, wo muss ich weitersuchen? Je mehr Vorkenntnisse man schon hat, desto leichter lässt sich neu Gelesenes daran anschließen und desto stärker auswählend kann man weitere Bücher durchsehen.
- *Verwendung*: Wie nutze ich das Buch für meine Arbeit? Hier kommt es sehr auf den jeweiligen Verwendungszweck an. Soll nur über das Buch referiert werden, muss man alles so genau wie möglich im Sinne des Verfassers wiedergeben (deutlich machen durch Zitate oder indirekte Rede im Konjunktiv: „Der Verfasser ist der Meinung, Bismarck habe die Sozialgesetzgebung in Gang gesetzt, um ..."). Greift man in seinem eigenen Text darauf zurück, müssen die Ausführungen des Verfassers in den Argumentationsgang eingefügt werden. Man kann sich zum Beispiel stillschweigend daran anlehnen, sich ausdrücklich darauf berufen oder widersprechen.

Generell gilt, dass Schülerinnen und Schüler sich beim Literaturstudium zunächst einen Überblick verschaffen sollten. Dafür am geeignetsten sind zusammenfassende jüngere Veröffentlichungen. Sie zeigen den aktuellen Forschungsstand und helfen zu speziellerer Literatur weiter. Handbücher geben den Forschungsstand in komprimierter Form wieder. Freilich ist diese Form der Darstellung in der Regel für Schülerinnen und Schüler zu komplex. Für eine Einführung eignen sich oft auch monografische Überblicksdarstellungen, die einen weiteren Zeitabschnitt oder thematischen Zusammenhang in den Blick nehmen. Hier genügt häufig fürs erste die Lektüre einzelner Kapitel. Eher resümierend angelegte Zeitschriftenartikel können gleichfalls einen Überblick über ein Thema vermitteln und eine Buchlektüre ersparen. Geeignet sind natürlich auch spezielle Lehrbücher für die Schule oder das Studium. Forschungsorientierte Spezialuntersuchungen kommen kaum als Schülerlektüre infrage.

In der Regel wird man als Lehrkraft Schülerinnen und Schülern, die sich auf ein Referat, eine Fach- oder Hausarbeit vorbereiten, ohnehin eine dosierte Hilfestellung geben. Lange Listen mit Literaturangaben im Stil von Universitätsseminaren sind dabei fehl am Platz. Gar keine Hinweise zu geben, kann zu Orientierungslosigkeit führen: Mit welchem der vielen Bücher, die potenziell infrage kommen, soll man anfangen, welches ist wichtig, welches nicht? Einige Startempfehlungen sind nützlich, dabei sollte man vor allem jüngere, überschaubare und eingängige Arbeiten auswählen. Was wie die Reihe „Grundriß der Geschichte" aus dem Oldenbourg-Verlag für Forschung und universitäre Lehre gedacht ist, kommt dafür eher nicht infrage – wer keine Vorkenntnisse hat, wird von der Masse der Hinweise erschlagen. Gerade wenn die Themen anspruchsvoller sind, muss die Lehrkraft selber über den Stand der Fachliteratur auf dem Laufenden sein, wenn sie die richtigen Hinweise geben will. Eine gute Hilfestellung dabei sind die regelmäßigen Literaturberichte in der Fachzeitschrift „Geschichte in Wissenschaft und Unterricht".

Mit dem Finden des richtigen Buches oder der richtigen Bücher ist es freilich nicht getan. Mit Fach- und Sachbüchern zu arbeiten will gelernt sein und sollte mit den Schülerinnen und Schülern wenigstens einmal exemplarisch eingeübt werden.

Eine Gattung für sich sind Jugendsachbücher, die sich mit historischen Themen befassen. Dabei handelt es sich in aller Regel um Bildsachbücher; reine Textbände sind äußerst selten. Sie erfreuen sich einer wachsenden Nachfrage. Das umfänglichste Angebot hat traditionell der Tessloff-Verlag, aber auch der Gerstenberg-Verlag bestellt in jüngster Zeit intensiver dieses Feld, und Einzelbände gibt es in den verschiedensten Jugendbuchverlagen. Auffällig ist, dass der größte Teil dieser Bücher ursprünglich aus England stammt; populäre Wissensvermittlung ist dort weitaus etablierter als hier zu Lande. Die Beliebtheit von Jugendsachbüchern rührt vor allem daher, dass sie dem genuinen kindlichen Interesse am Alten, Rätselhaften, Eindrucksvollen entgegenkommen. Vorzugsweise behandelt werden Ägypten, Rom und das Mittelalter – solche Zeiten, in denen es besonders viel über Bauten und Technik (darunter sehr viel Militärisches) zu berichten gibt. Denn vergangene Realien, Dinge, die man zeigen kann, werden in diesen Büchern besonders häufig dargestellt.

Ihre einzelnen Elemente sind informierender Text – als Fließtext, Kastentext oder Bildlegende –, zuweilen auch ein Erzähltext, Bildquellen und Rekonstruktionszeichnungen. Die Mischungsverhältnisse können ganz unterschiedlich ausfallen. Tendenziell (und mit großer Unschärfe) lassen sich drei Typen von Jugendsachbüchern unterscheiden:

„Lehrbuch"
Hier steht die umfassende Information im Vordergrund. Sie wird in erster Linie durch einen fortlaufenden Text vermittelt, die Bilder haben vornehmlich illustrative Funktion. Diesem eher konventionellen Typus entspricht vor allem die Reihe „Was ist was" des Tessloff-Verlags (wenngleich deren Bände ziemlich unterschiedlich ausfallen).

„Bildertableau"
Dieser Typus setzt auf die Aura des einzelnen Objekts. Viele isolierte Bilder historischer Zeugnisse werden (als Fotos, Umzeichnungen oder Rekonstruktionszeichnungen) auf opulente Weise präsentiert. Sie sind kurz erläutert, längere, einbettende Texte gibt es kaum. Die Gefahr dabei ist, dass des Guten zuviel getan wird. Die Überfülle an Bildern verhindert eher die genaue Wahrnehmung, das ästhetische Moment dominiert, die weitere historische Einordnung kommt zu kurz. Dieser Typ ist am deutlichsten ausgeprägt in der Reihe „Geschichte erleben: Sehen – Staunen – Wissen" aus dem Gerstenberg-Verlag.

„Rekonstruktion"
Diese Bezeichnung führt ein wenig in die Irre, denn schließlich kommen Rekonstruktionszeichnungen in allen Arten von Jugendsachbüchern vor. Gemeint ist, dass hier die methodische Annäherung an die Vergangenheit im Mittelpunkt steht bzw. zumindest einen sehr hohen Stellenwert einnimmt. Diese Bücher vermitteln am deutlichsten einen Begriff davon, dass Geschichte uns nicht einfach als Realität in bunten Bildern vor Augen tritt, sondern dass wir erst mit speziellen Verfahren Aufschlüsse über sie zu gewinnen versuchen müssen. Insofern ist dies die elaborierteste Form der Darstellung. Zu diesem Typus lassen sich v. a. die Bände von David Macaulay (Artemis-Verlag) sowie die von Mike Corbishley (Arena-Verlag) und manche von Peter Connolly (Tessloff-Verlag) zählen.

Der fachliche Standard dieser Bücher ist heutzutage in der Regel recht hoch. Speziell beim Thema Mittelalter ist aber die englische Provenienz der Bücher für deutsche Leserinnen und Leser oftmals problematisch. Bautypen von Burgen beispielsweise, wie sie dort dargestellt sind (Kastellburgen, Donjonburgen), waren in Deutschland nicht gerade verbreitet. So können gänzlich falsche Vorstellungen bei Kindern und Jugendlichen entstehen; ähnliche Anglizismen gibt es im Übrigen zuhauf bei den im Mittelalter angesiedelten Computerspielen, in denen es von „Baronen" und Langbogenschützen nur so wimmelt.

An der Sprache der Jugendsachbücher könnte sich manches Schulbuch ein Beispiel nehmen. Allerdings sind Schulbuchtexte in der Regel schwieriger zu schreiben: Sie haben einen breiteren Zuschnitt, behandeln unterschiedlichere Aspekte von Geschichte, müssen stärker abstrahieren und reflektieren. Die hervorstechendste Besonderheit der Jugendsachbücher, geradezu ihr Markenzeichen, ist die häufige Verwendung von Rekonstruktionszeichnungen. Gute Rekonstruktionszeichnungen können viel über historische Gegebenheiten und ihre Erforschung aussagen, fragwürdige dem Illusionismus Tor und Tür öffnen (vgl. genauer Kap. 5.1.2). Deshalb wäre es zuweilen wünschenswert, wenn Jugendsachbücher Rekonstruktionszeichnungen mit mehr Bedacht verwenden würden. Dazu gehört auch die Information darüber, was eigentlich Rekonstruktionszeichnungen sind und wie sie zustande kommen.

Alles in allem bieten moderne Jugendsachbücher den Schülerinnen und Schülern attraktive Möglichkeiten, sich Kenntnisse über die Geschichte anzueignen – wenngleich nur über bestimmte Zeiten und Themen. Dabei kommen sie eher einem „Hobbyinteresse" als einem „Forschungsinteresse" entgegen, wie es bei einschlägigen schriftlichen Ausarbeitungen im schulischen Kontext vorliegt. Jedenfalls ist es kein Zufall, wenn Jugendsachbücher in jüngster Zeit im Wortsinne „Schule machen": Heutige Schulbücher haben sich – vom Layout bis zur Zeichnung – manches bei ihnen abgeschaut.

Weiterführende Literatur

Pandel, Hans-Jürgen, Fachtexte, in: Pandel, Hans-Jürgen/Schneider, Gerhard (Hrsg.), Handbuch Medien im Geschichtsunterricht, Schwalbach 6., erw. Aufl. 2011, S. 84–97.

Reeken, Dietmar von, Arbeit mit Geschichtsdarstellungen, in: Günther-Arndt, Hilke (Hrsg.), Geschichts-Methodik. Handbuch für die Sekundarstufe I und II, Berlin 3. Aufl. 2010, S. 169–173.

Reimer, Uwe, Literatur. Im Labyrinth der Bibliotheken, in: Dittmer, Lothar/Siegfried, Detlef (Hrsg.), Spurensucher. Ein Handbuch für historische Projektarbeit, Hamburg überarb. u. erw. Neuaufl. 2005, S. 29–44.

Rohlfes, Joachim, Arbeit mit Fachliteratur, in: Hey, Bernd u. a., Umgang mit Geschichte. Geschichte erforschen und darstellen – Geschichte erarbeiten und begreifen, Stuttgart u. a. 2004, S. 98–110.

Schörken, Rolf, Geschichte im Sachbuch, in: Bergmann, Klaus u. a. (Hrsg.), Handbuch der Geschichtsdidaktik, 5., überarb. Aufl. Seelze 1997, S. 612–615.

5.2.5 Historische Romane

Fiktionale Literatur kann beides sein: Quelle für ihre Entstehungszeit und historische Darstellung vergangener Zeiten. Ganz verschiedene Gattungen kommen dafür infrage – Romane, Novellen, Theaterstücke, Gedichte, früher besonders beliebt die Balladen. Als Quelle kann Literatur von eigenem Wert sein. Denn sie zeigt uns oft besonders viel von den Lebensverhältnissen, den Denkweisen, den Verhaltensmustern einer Zeit: Für den ritterlichen Tugendkanon und Verhaltenskodex des hohen Mittelalters haben wir keine bessere Quelle als Epen und Minnelyrik. Und aus Fontanes „L'Adultera" oder dem „Stechlin" erfahren wir mehr über die Mentalität der Gesellschaft des Kaiserreichs als aus einer Bismarck-Rede oder einer Sozialstatistik (vgl. Praxis Geschichte H. 1/1994: Literatur als historische Quelle).

An dieser Stelle soll es freilich ausschließlich um Literatur als historische Darstellung gehen. Deren heute mit Abstand populärste Gattung ist der Roman. Der

5.2 Darstellungen

sonst üblichen Differenzierung in der Geschichtsdidaktik entsprechend müsste dieser eigentlich „Geschichtsroman" heißen; der allgemeine Sprachgebrauch freilich ist anders und so soll auch hier vom „historischen Roman" die Rede sein. Dieser erlebt seit längerer Zeit geradezu einen Boom. Den „Startschuss" dazu hat Umberto Ecos Mittelalter-Kriminalroman „Im Namen der Rose" (1980, dt. 1982) gegeben. Inzwischen ist das Angebot längst unüberschaubar geworden. Und der historische Kriminalroman – von Lindsey Davis über Petra Oelker bis zu Anne Perry – hat sich zu einer speziellen und äußerst beliebten Untergattung entwickelt. Aber auch in der Kinder- und Jugendliteratur werden häufig historische Themen aufgegriffen – fünf bis zehn Prozent der Neuerscheinungen zählen dazu. Leserinnen und Leser verschiedener Altersstufen, die kein besonderes Vorwissen und kein spezielles Interesse von und an Geschichte haben, kommen in solcher zeitgenössischen Unterhaltungsliteratur mit historischen Themen in Berührung. Die großen historischen Romane der Literaturgeschichte dagegen, selbst die ehemals viel gelesenen Werke des 20. Jahrhunderts von Döblin, Feuchtwanger, Plivier oder Heinrich Mann, sind heute bestenfalls eine Sache des Literaturunterrichts.

Romane erzählen Geschichte, und mit ihren Vorzügen und Gefahren bei der Vermittlung steht es ähnlich wie bei der Geschichtserzählung, von der schon oben die Rede war (vgl. Kap. 4.3.6). Natürlich sind Romandarstellungen umfangreicher, sind die Handlungsstränge, das Figurenarsenal, die psychologische Motivierung, die erzählerische Ausgestaltung komplexer, differenzierter und anspruchsvoller. Ihre Beliebtheit rührt daher, dass sie Geschichte auf eingängige und anschauliche Weise präsentieren: in konkreten Gestalten, in atmosphärischen Lebensbildern und meist dramatischen Handlungszusammenhängen, die den Leser fesseln und in die historische Zeit hineinversetzen. Romane rufen Anteilnahme hervor, wecken Emotionen, lassen Bilder vor dem inneren Auge des Lesers entstehen – bewirken also eben das, was Quellenarbeit häufig nicht vermag. Und selbst wenn die Beweggründe der Leserinnen und Leser vor allem im Wunsch nach Unterhaltung, Spannung und Eskapismus liegen, sollte man doch nicht zu gering schätzen, dass Romane zum Lesen überhaupt und insbesondere zur Beschäftigung mit Geschichte verführen können – Kinder, Jugendliche und Erwachsene gleichermaßen.

Die Autoren von Romanen nähern sich freilich in sehr unterschiedlicher Weise der Historie an: Für die einen ist sie nur eine Kulisse, in der sie eine Geschichte spielen lassen, die im Grunde der Gegenwart entnommen ist und genau so gut (oder eben sogar passender) dort spielen könnte. Entsprechend oberflächlich gehen sie mit dem historischen Kontext um und es ist kein Zufall, wenn es dabei zu Sachfehlern, Anachronismen und Vordergründigkeiten kommt. Weil sich solche Texte leicht an die Gegenwart der Leserinnen und Leser anschließen lassen, sind sie oft besonders erfolgreich – von James Clavells „Shogun" bis zu Donna W. Cross' „Päpstin". Andere Autoren bemühen sich darum, ihre Erzählung tatsächlich in der historischen Zeit, um die es geht, anzusiedeln. Sie beschränken sich nicht auf historische Staffage und einige Accessoires, sondern versuchen auch das Handeln, Sprechen und Denken ihrer Personen zu historisieren. Sie wollen Geschichte also gerade nicht glatt und vertraut machen, sondern in ihrer Andersartigkeit und Fremdheit in Erscheinung treten lassen. Natürlich sind die Übergänge dabei fließend.

Allerdings setzt das Genre dafür auch Grenzen. Wo ein (jedenfalls heutiger) Historiker eingesteht, dass ihm die Quellen keine genauen Informationen geben, kann der Romanschreiber keine „Leerstellen" lassen – er füllt sie mit seiner Fantasie. Wir wissen nicht, wie Eleonore, die Herrscherin von Aquitanien und nacheinander Gemahlin eines französischen und eines englischen Königs (Ludwig VII. und Heinrich II.) wirklich aussah; dennoch hat Tanja Kinkel sie in ihrem Roman „Die Löwin von Aquitanien" ganz genau geschildert, und natürlich kann sie uns nicht nur von ihren (überlieferten) Handlungen, sondern auch von all ihren Gedanken, Gefühlen und Motiven berichten. Manche Autorinnen und Autoren versuchen diesem Dilemma mit modernen kompositorischen und erzähltechnischen Mitteln beizukommen, indem sie auf die klassische Erzählerrolle verzichten, Montageverfahren verwenden, originale Quellentexte einfügen (z. B. Eveline Hasler in „Ibicaba" und „Anna Göldin") bzw. ganz dokumentarisch erzählen (z. B. Erica Fischer in „Aimeé und Jaguar", Christoph Ransmayr in „Die Schrecken des Eises und der Finsternis") oder aber selber über ihre Probleme, sich dem historischen Gegenstand oder der Person zu nähern, reflektieren (z. B. Dieter Kühn, Peter Härtling oder Wolfgang Hildesheimer in ihren biografischen Romanen). Die große Mehrheit der heutigen Romanschreiber hält es allerdings mit der herkömmlichen Erzählweise, die offenkundig vom breiten Publikum eher goutiert wird.

Natürlich liegt es im Wesen eines fiktionalen Textes, dass dort Dinge erzählt werden, die erfunden sind oder von denen wir nicht genau wissen, wie sie sich abgespielt haben. Wichtig ist, dass die Erzählung historisch plausibel bleibt, sich das Dargestellte also nach allem, was wir wissen, so hätte abspielen können. Das trifft beispielsweise nicht zu auf das breite Übergangsfeld zwischen historischem Roman und Fantasy-Literatur; Noah Gordons „Medicus" und seine Nachfolgebände ermöglichen gerade nicht eine Annäherung an vergangene Wirklichkeit.

Bildhaftigkeit, Konkretheit und Dramatik historischer Romane haben eine suggestive Wirkung. Das kann Leserinnen und Leser so überwältigen, dass sie meinen, es direkt mit vergangener Realität zu tun zu haben. Fiktionalität wird dann zum Illusionismus. Solche Bücher so zu lesen, dass man sich auf sie einlässt, sich aber dennoch die Möglichkeit zur Reflexion bewahrt, ist eine elaborierte Form der Rezeption, die der Erfahrung und Übung bedarf; letztlich ist sie das Ziel der gesamten schulischen Leseerziehung. Eine neue Form des Zugangs zu dieser Literatur (und zu Literatur überhaupt) bieten im Übrigen die Hörbücher, die im Moment einen Boom erleben. Es scheint, als würde ein lange Zeit durch visuelle Rezeptionsformen geradezu verdrängter Wahrnehmungskanal neu entdeckt. Der Vorzug der Hörbücher: Auf hohem Niveau stimmlich gestaltete Texte werden konzentriert und verlangsamt wahrgenommen; das bietet Raum für die eigene Imagination.

Das bislang Gesagte trifft im Übrigen nicht nur auf Erzähltexte, sondern auch auf die moderne Form der fiktionalen Bildgeschichte, den Comic, zu. Manches tritt dort sogar noch schärfer zum Vorschein. Zum Beispiel kann ein Comicbild keinerlei Leerstellen aufweisen: Alles, was in der jeweils dargestellten Szene vorkommt, muss auch im Detail ausgestaltet sein. Der Zeichner von Geschichtscomics muss also noch stärker auf die historische Authentizität von Äußerlichkeiten – Bauten, Kleidung, Einrichtungsgegenständen – achten. Gute Comics bieten denn auch entsprechende Vorzüge: konkrete Beispiele statt abstrakter Begriffe, Geschehensabläufe, alltägliche Details, unmittelbare Bildhaftigkeit. Freilich ist die Gefahr der Suggestion und Überwältigung durch die Bilder, in denen „alles stimmt", umso größer (vgl. die Literaturhinweise in Kap. 5.1.2).

Im Hinblick auf den Geschichtsunterricht ist die historische Kinder- und Jugendliteratur von besonderem Interesse. Ihr Niveau ist aufs Ganze gesehen beachtlich. Weitaus seltener als bei der „Erwachsenenliteratur" finden sich dort ganz unhistorische Geschichten und freies Fabulieren. Das liegt an der ausgeprägten didaktischen Ausrichtung dieser Literatur: Sie richtet sich gezielt an ihre Klientel – nicht nur in den literarischen Darstellungsmitteln, sondern auch mit ihren Problem-, Erfahrungs-, Identifikations- und Deutungsangeboten. Deshalb ist die Hauptfigur eines solchen Romans meist ein Kind oder Jugendlicher. Das wirft besondere Schwierigkeiten auf: Diese Figur muss im Sinne eines Identifikationsangebots individualisiert und heutigen Rollenvorstellungen angenähert sein. Sie darf dabei freilich nicht unhistorisch werden und muss in dem Sinne repräsentativ sein, dass sie einen in der vergangenen Zeit tatsächlich vorfindbaren Sozialtypus exemplarisch zeigt. Individuelle Nähe und historische Distanz müssen also unter einen Hut gebracht werden. Vorherrschend ist in der Kinder- und Jugendliteratur der „Blick von unten": Das moderne historische Jugendbuch hält es mit den „kleinen Leuten" gegen die „Herren". Auch darin liegt eine besondere Möglichkeit zur Identifikation und diese Perspektive macht das Jugendbuch als Medium für den Unterricht oder zu dessen Ergänzung besonders attraktiv.

Das thematische Angebot der historischen Kinder- und Jugendliteratur ist weit. Die Antike, besonders Rom und das Mittelalter sind stärker bei den Sachbüchern vertreten. In der Frühen Neuzeit bilden die Hexenverfolgungen einen Schwerpunkt, im 19. Jahrhundert ist es die Revolution von 1848/49, im 20. Jahrhundert die Zeit des Nationalsozialismus. Insgesamt dominieren Bücher zum 19. und 20. Jahrhundert. Die außereuropäische Geschichte kommt nur selten in den Blick.

Bei der Unterrichtsarbeit mit historischer Kinder- und Jugendliteratur kommt es auf Fingerspitzengefühl an. Schließlich will man den Schülerinnen und Schülern *ihre* Bücher nicht durch Analysieren und „Sezieren" verleiden. Hier einige Stichpunkte für Untersuchungsmöglichkeiten:

Historische Kinder- und Jugendbücher analysieren

Identifikationsfigur(en)
- Wer wird als Identifikationsfigur angeboten?
- Ist die Identifikationsfigur repräsentativ für eine bestimmte Gruppe, Schicht oder Klasse?
- Handelt, spricht, denkt und fühlt die Figur historisch?
- Macht sie im Verlauf des Geschehens eine Entwicklung bzw. einen Lernprozess durch?

Historischer Hintergrund
- Wird das Geschehen zeitlich genau fixiert?
- Werden historisch nachweisbare Ereignisse und/oder Personen erwähnt? Wie werden sie dargestellt?
- Wird das Geschehen in politische, ökonomische, soziale und kulturelle Zusammenhänge eingebettet?

Historische Problemdarstellung
- Welche individuellen bzw. gesellschaftlichen Probleme stehen im Mittelpunkt der Handlung?
- Werden Ursachen für die behandelten Probleme genannt oder erscheinen sie schicksalhaft?
- Werden die Interessen der Handelnden dargestellt und erklärt?
- Werden Klischees und Ideologien bestätigt oder infrage gestellt?
- Werden die dargestellten Probleme einer Lösung nahegebracht oder erscheinen sie am Ende des Buches als unlösbar?
- Welche Qualität hat die angebotene Lösung: Erscheint sie zufällig oder ist sie gewollt? Wird sie durch die heldenhafte Leistung eines Einzelnen oder das Zusammenwirken mehrerer erreicht?

Gegenwartsbezug
- Werden die in dem Buch beschriebenen Geschehnisse mit gegenwärtigen Verhältnissen verglichen?
- Dienen die beschriebenen Geschehnisse dazu, heutige Probleme besser zu verstehen?
- Regt die Darstellung dazu an, gegenwärtiges Denken und Handeln zu überprüfen?

Darstellungsmittel
- Ist die Darstellung spannend genug, um den Leser bei der Stange zu halten?
- Wird das Geschehen ausschließlich aus der Sicht der Identifikationsfigur dargeboten oder treten andere Perspektiven hinzu?
- Wird der Erzählgang durch erklärende Teile unterbrochen? Spricht der Autor über das Problem, genaue Vorstellungen über die Vergangenheit zu gewinnen?
- Enthält das Buch ergänzende historische Informationen (Quellen, Bilder, Karten, Literaturhinweise, Worterklärungen)?

(nach von Reeken 2011, S. 78 f.)

Ergiebig kann eine solche Analyse auch bei älteren Jugendbüchern sein. Sie geben dann als Quellen Auskunft über zeittypische Geschichtsbilder und die Intentionen und Methoden ihrer Vermittlung (vgl. Stephan-Kühn 1994, 1999).

Für die Arbeit mit historischer Kinder- und Jugendliteratur eignen sich besonders auch handlungs- und produktionsorientierte Verfahren. Die Literaturdidaktik gibt dafür eine Fülle von Anregungen; natürlich bietet sich die Zusammenarbeit mit dem Literaturunterricht an. Diese Methoden regen Schülerinnen und Schüler dazu an, eigene Vorstellungen zu Texten zu entwickeln und gestaltend mit ihnen zu arbeiten – das ist motivierend und erhellend zugleich. Sie lassen den Text als Konstrukt erkennbar werden, ermöglichen die Einnahme neuer, im Text angelegter oder von außen entworfener Perspektiven und regen zur eigenen Urteilsbildung an.

Handlungsorientiert mit historischen Kinder- und Jugendbüchern arbeiten

Texte referieren
- Bücher zum Unterrichtsthema vorstellen
- über ein Jugendbuch referieren – zur Vertiefung, zum Perspektivenwechsel oder zur Kontrastierung gegenüber dem Unterricht (z. B. Strukturen des NS-Staates im Unterricht – Einzelschicksal im Jugendbuch)
- Kurzrezensionen von Jugendbüchern auf der Basis von Unterrichtswissen verfassen

Texte ergänzen und umschreiben
- Briefe an Personen im Buch schreiben
- einen inneren Monolog einer handelnden Person schreiben
- einen Tagebucheintrag einer Person schreiben
- eine Figur des Textes in der Ich-Form vorstellen
- eine Vor- oder Nachgeschichte für die Erzählung schreiben
- eine Nebenhandlung weiterschreiben
- die Lektüre abbrechen und die Fortsetzung schreiben
- Alternativen zur Erzählhandlung entwickeln („Hätte die Person auch so handeln können?")
- die Geschichte aus der Perspektive einer anderen Figur des Textes schreiben

Texte in ein anderes Medium übersetzen
- einen neuen Cover-Titel für ein Buch gestalten
- einen Zeitungsartikel über das Geschehen aus damaliger oder heutiger Perspektive schreiben
- Textszenen in ein Bild oder einen Comic umsetzen
- zu Textszenen eine Karte entwerfen oder ein Modell bauen

(nach Sauer 1999)

Abgesehen vom Unterricht sollte man als Lehrkraft nach Kräften versuchen, Schülerinnen und Schüler für die Freizeitlektüre historischer Kinder- und Jugendliteratur zu erwärmen. Sie kann Neugier, Spannung und Wissensdurst wecken oder erhalten und der Geschichtsunterricht wird stets mittelbar davon profitieren. Als Lehrkraft kann man den Schülerinnen und Schülern passend zum jeweiligen Unterrichtsthema Bücher empfehlen (entsprechende Hinweise finden sich laufend in den Themenheften von „Geschichte lernen" und „Praxis Geschichte"). Noch besser ist jedoch eine kleine Klassenbibliothek, aus der die Schülerinnen und Schüler die Bücher unmittelbar entleihen können. Das erleichtert auch den Austausch von Leseerfahrungen untereinander. Oft stellen Bibliotheken entsprechende Bücherkisten zusammen. Es kann aber auch jede(r) aus der Klasse ein Buch zu einer gemeinsamen, dauerhaften Bibliothek beisteuern. Im Folgenden eine Liste mit Büchern, die den Kern einer solchen Bibliothek bilden können. Die Auswahl ist nach Epochen gegliedert, sie reicht von der Ur- und Frühgeschichte bis in die Gegenwart.

Bausteine für eine Klassenbibliothek

Ur- und Frühgeschichte
Ballinger, Erich, Der Gletschermann. Ein Steinzeitkrimi, Würzburg: Arena 2. Aufl. 2009, 205 S., € 6,95, ab 10 Jahre. Ein Kriminalroman über den Steinzeitmenschen „Ötzi" mit vielen archäologisch gesicherten Details.
Beyerlein, Gabriele/Lorenz, Herbert, Die Sonne bleibt nicht stehen. Eine Erzählung aus der Jungsteinzeit, Würzburg: Arena 15. Aufl. 2008, 168 S., € 5,99, ab 12 Jahre. Die Erzählung schildert das Zusammentreffen von steinzeitlichen Sammlern/Jägern und Ackerbauern. Beide Perspektiven werden gegeneinander gestellt.
Zitelmann, Arnulf, Bis zum 13. Mond. Eine Geschichte aus der Eiszeit, Weinheim: Beltz & Gelberg 2003, 224 S., € 7,90, ab 12 Jahre. Die Geschichte einer steinzeitlichen Heilerin stellt die Menschen der Zeit differenziert dar, ohne sie vordergründig zu modernisieren.

Antike
Stöver, Hans-Dieter, Quintus geht nach Rom, München: dtv 25. Aufl. 2011, 288 S., € 8,95, ab 12 Jahre. Ein Römerjunge kommt mit seiner Familie vom Land in die Hauptstadt, lernt das dortige Leben kennen, wird in einen Kriminalfall verwickelt und trägt maßgeblich zu dessen Aufklärung bei. Dem Leser werden Rom und die städtischen Lebensgewohnheiten so vorgeführt, wie sie die Hauptfigur wahrnimmt. Mehrere Fortsetzungsbände.
Stöver, Hans-Dieter, Das römische Weltwunder. Wie das Kolosseum erbaut wurde, München: dtv 3. Aufl. 1998, 288 S., € 8,50. Dieser Roman um den Bau des Kolosseums 79/80 n. Chr. vermittelt unter der Hand viele Informationen über Technik und Alltagskultur der Zeit.

Mittelalter

Zitelmann, Arnulf, Unter Gauklern, Weinheim: Beltz & Gelberg 25. Auflage 2011, 264 S., € 7,95, ab 12 Jahre. In dieser Erzählung über einen jungen Schafhirten beherrschen Ängste, Aberglauben und Anstrengung die Menschen. Adel und Kirche werden kritisiert.

Lornsen, Boy, Klaus Störtebeker, Hamburg: Carlsen 5. Aufl. 2005, 252 S., € 6,95. Eine plausible, weder romantisierende noch dramatisierende Geschichte über den legendären Seeräuber.

Bentele, Günther, Schwarzer Valentinstag, Gütersloh: Bertelsmann 2005 (Erstausgabe Stuttgart: Thienemann 1999), 352 S., € 7,90. Das Buch stellt nicht nur einen interessanten Kriminalfall vor, sondern gibt auch einen guten Einblick in die mittelalterliche Alltagswelt (Leben in der Stadt, Zünfte, Reisen, Pest).

Frühe Neuzeit

Bentele, Günther, Wolfsjahre, Hamburg: Carlsen 2007, 382 S., € 7,95. Ein Dreizehnjähriger sucht im Dreißigjährigen Krieg seinen kleinen Bruder. Aus vielen Blickwinkeln lernt er den Krieg mit Hunger, Durst, Hitze, Kälte, Dreck und Elend kennen.

Flacke, Uschi, Die Hexenkinder von Seulberg, Hamburg: Carlsen 3. Aufl. 2009, 268 S., €7,95. Der Roman beruht auf tatsächlichen Ereignissen. In dem kleinen Taunusdorf Seulberg sind 31 Frauen als Hexen verklagt und hingerichtet worden. Die Autorin hat für ihren Roman auf Verhandlungsprotokolle und Briefe zurückgegriffen. Rahmenbedingungen der Hexenverfolgung werden deutlich: die Nachwirkungen des Dreißigjährigen Krieges, der Streit zwischen den Glaubensrichtungen, der Aberglaube der Menschen, die Geschlechterverhältnisse.

19. Jahrhundert

Schneider, Karla, Die abenteuerliche Geschichte der Filomena Findeisen, Weinheim/Basel: Beltz Neudruck 2008, 360 S. € 8,95, ab 12. Vor dem Hintergrund des Befreiungskrieges 1813 entsteht eine Freundschaft zwischen Filomena und einem Zigeunermädchen. Filomena zieht mit ihrer Freundin und deren Sippe übers Land, sie erlebt Kämpfe, Überfälle und Plünderungen. Die Stadt ist in diesem Roman mehr als bloße Kulisse für die Handlung, sie tritt in ihrer ganzen ehemaligen Schönheit in Erscheinung.

Reiche, Dietlof, Der verlorene Frühling. Die Geschichte von Louise Coith und dem Lokomotivführer Hannes Bühn, der zum Barrikadenbauer wurde. Frankfurt 1848, Weinheim: Beltz & Gelberg 2002, 480 S. Die Geschichte der Revolution 1848 aus der Perspektive eines Lokomotivheizers und einer unverheirateten Professorentocher, die sich als Französischlehrerin und Kindermädchen durchs Leben schlägt.

Beyerlein, Gabriele, In Berlin vielleicht, Stuttgart/Wien: Thienemann 2005, 316 S. € 16,90.

Beyerlein, Gabriele, Berlin, Bülowstraße 80a, Stuttgart/Wien: Thienemann 2007, 496 S. €19,90.

Beyerlein, Gabriele, Es war in Berlin, Stuttgart/Wien: Thienemann 2009, 720 S. € 22,00. Die Trilogie schildert das Leben von Frauen im deutschen Kaiserreich 1871 bis 1918: ein Dienstmädchen, Mutter und Tochter aus einer bürgerlichen Familie, eine Fabrikarbeiterin und eine Adlige – sie alle suchen nach Möglichkeiten, ihr eigenes Leben zu leben und ihre Gestaltungsmöglichkeiten dafür zu erweitern.

20. Jahrhundert
Kordon, Klaus, Die roten Matrosen oder Ein vergessener Winter, Weinheim: Beltz & Gelberg 13. Aufl. 2011, 480 S., € 9,95.
Kordon, Klaus, Mit dem Rücken zur Wand, Weinheim: Beltz & Gelberg 11. Aufl. 2008, 452 S., € 9,95.
Kordon, Klaus, Der erste Frühling, Weinheim: Beltz & Gelberg 11. Aufl. 2007, 506 S., € 9,95. Die Trilogie schildert das Schicksal der Familie Gebhard vom Winter 1918/19 bis in die Nachkriegszeit des Zweiten Weltkriegs. Ihre Mitglieder sind politisch links, sozialdemokratisch oder kommunistisch orientiert. In der Familiengeschichte werden alle Ereignisse der Zeit fokussiert.
Pressler, Mirjam, Die Zeit der schlafenden Hunde, Weinheim: Beltz & Gelberg 4. Aufl. 2010, 272 S., € 6,95. Aus der Gegenwart fällt der Blick auf die Zeit des Nationalsozialismus. Die Jugendliche Johanna setzt sich mit der NS-Vergangenheit ihres Großvaters auseinander.
Härtling, Peter, Krücke, Weinheim: Beltz & Gelberg 16. Aufl. 2011, 160 S., € 6,95. Die Erzählung schildert die Freundschaft des zwölfjährigen Thomas mit dem einbeinigen Krücke in der Zeit nach dem Zweiten Weltkrieg, die gekennzeichnet ist durch Entbehrung und Hunger.
Maar, Paul, Kartoffelkäferzeiten, Ravensburg: Ravensburger, 320 S., € 7,95. Die Jugendliche Johanna lebt nach dem Zweiten Weltkrieg in einem Haushalt mit vier Frauen. Als ihr Vater aus der russischen Kriegsgefangenschaft zurückkehrt, reißt er wieder die Führungsrolle an sich. Der Roman beschreibt den Alltag der Umbruchzeit, den Kampf ums Überleben und die Probleme der und mit den heimkehrenden Kriegsgefangenen.

Außereuropäische Geschichte
Mwangi, Meja, Kariuki und sein weißer Freund. Eine Erzählung aus Kenia, Göttingen: Lamuv 2. Aufl. 2008, 154 S., € 9,90. Der Roman spielt im Kenia der Fünfzigerjahre. Kariuki, ein dreizehnjähriger Schwarzer, freundet sich in den Wirren des Unabhängigkeitskampfes mit dem elfjährigen Nigel an, dem Enkel eines weißen Großgrundbesitzers. Ihre persönliche Beziehung und ihr Heranwachsen werden vor dem Hintergrund der politischen Verhältnisse geschildert.
Pausewang, Gudrun, Die Not der Familie Caldera, Ravensburg: Ravensburger 14. Aufl. 2011, 174 S., € 5,95. Ein junger Indio zieht in die Stadt, findet dort Arbeit und gründet eine Familie. Als er durch Verletzung arbeitsunfähig wird, sucht er deren Überleben durch Diebereien zu retten. Am Ende wird er ertappt und erschossen.

(Eine umfangreiche kommentierte Bücherliste findet sich im Lesebuch Geschichte – Lehrerhandbuch 1996, S. 133–235)

Weiterführende Literatur

Franz, Kurt u. a. (Hrsg.), Archäologie, Ur- und Frühgeschichte im Kinder- und Jugendbuch. Mit einer Gesamtbibliographie, Baltmannsweiler 2003.
Geschichte lernen H. 71 (1999): Historische Kinder- und Jugendliteratur.
Günther-Arndt, Hilke/Kemnitz, Janine, Schreiben um zu lehren? – Geschichtsdidaktische Kategorien in der historischen Jugendliteratur, in: GeschichtsBilder. Historische Jugendliteratur aus vier Jahrhunderten, Berlin 2000, S. 240–254.
Haas, Gerhard, Handlungs- und produktionsorientierter Literaturunterricht. Theorie und Praxis eines „anderen" Literaturunterrichts für die Primar- und Sekundarstufe, Seelze 8. Aufl. 2009.
Herda, Ingeborg, Dichtung und historisches Bewusstsein. Zur Relevanz fiktionaler Literatur für den Geschichtsunterricht, Phil. Diss. Bonn 1982.
Lesebuch Geschichte – Lehrerhandbuch. Das historisch-politische Jugendbuch im kreativ-handlungsorientierten Unterricht. Unterrichtsmodelle. Kommentierte Bücherliste. Hrsg. von der Akademie für Lehrerfortbildung Dillingen und der Deutschen Akademie für Kinder- und Jugendliteratur e.V., Berlin 1996.
Pleticha, Heinrich, Geschichtliche Kinder- und Jugendliteratur, in: Lange, Günter (Hrsg.), Taschenbuch der Kinder und Jugendliteratur, Bd. 1, Baltmannsweiler 4. Aufl. 2005, S. 445–461.
Reeken, Dietmar von, Das historische Jugendbuch, in: Pandel, Hans-Jürgen/ Schneider, Gerhard (Hrsg.), Handbuch Medien im Geschichtsunterricht, Schwalbach/Ts. 6., erw. Aufl. 2011, S. 69–83.
Rohlfes, Joachim, Geschichte in der Dichtung, in: Hey, Bernd u. a., Umgang mit Geschichte. Geschichte erforschen und darstellen – Geschichte erarbeiten und begreifen, Stuttgart u. a. 2004, S. 50–64.
Rossi, Melanie, Das Mittelalter in Romanen für Jugendliche. Historische Jugendliteratur und Identitätsbildung, Frankfurt a. M. u. a. 2010.
Rox-Helmer, Monika, Jugendbücher im Geschichtsunterricht, Schwalbach/Ts. 2006.
Sauer, Michael, Historische Kinder- und Jugendliteratur, in: Geschichte lernen H. 71 (1999), S. 18–26.
Steinlein, Rüdiger/Kramer, Thomas, Geschichtserzählende Jugendliteratur in Deutschland nach 1945, in: GeschichtsBilder. Historische Jugendliteratur aus vier Jahrhunderten, Berlin 2000, S. 204–222.
Veit, Georg, Von der Imagination zur Irritation. Eine didaktische Neubewertung der Fiktiven im Geschichtsunterricht, in: Geschichte lernen H. 52 (1996), S. 9–12.
Veit, Georg, Historische Jugendliteratur, in: Bergmann, Klaus u. a. (Hrsg.), Handbuch der Geschichtsdidaktik, 5. überarb. Aufl. Seelze 1997, S. 440–446.
Zimmermann, Holger, Geschichte(n) erzählen. Geschichtliche Kinder- und Jugendliteratur und ihre Didaktik, Frankfurt a. M. 2004.

Online-Magazin für historische Romane (Überblick über Neuerscheinungen nach Epochen, Kriminalromane gesondert): http://www.histo-couch.de/epochen.html

5.2.6 Neue Medien

Das Internet hat sich heutzutage als bevorzugtes Informationsmedium im Alltag etabliert. Für die Bedürfnisse von Schülerinnen und Schülern wie Lehrkräften bietet es vielerlei Vorzüge, bringt aber auch Probleme mit sich. Informationen und Dokumente lassen sich leicht und schnell finden. Über Links lassen sich Querverweise verfolgen. Immer häufiger finden sich inzwischen Quellen und andere Materialien – Texte, Bilder (vgl. Hamann 2011), Filme – im Netz, nach denen man sonst mühsam suchen muss. Man kann wichtige Institutionen wie Museen über ihre Homepage direkt besuchen und dort einschlägige Hinweise und Materialien erhalten. Vielfach sind auch virtuelle Rundgänge in Museen oder Rekonstruktionsmodellen historischer Stätten möglich. Ein besonderer Gewinn liegt darin, dass problemlos auch der Zugriff auf internationale Angebote möglich ist. Für den, der einigermaßen genau weiß, was er sucht, kann das Internet also ein höchst nützliches Rechercheinstrument sein. Themenspezifische Hinweise auf Internet-Adressen finden sich in den Zeitschriften „Geschichte lernen" und „Praxis Geschichte" sowie „Geschichte in Wissenschaft und Unterricht" (Rubrik „Informationen Neue Medien").

Die Nachteile liegen in der gleichsam anarchischen Struktur des Netzes. Niemand kontrolliert und garantiert die Qualität von Adressen und Informationen, die dort angeboten werden. Wer in eine Suchmaschine das Stichwort „Nationalsozialismus" eingibt, findet nahezu sechs Millionen Einträge. Welcher davon wichtig und seriös, welcher fragwürdig oder gar neonazistisch ist, lässt sich vorab nicht entscheiden. Wir haben es also gerade nicht mit einem Mangel, sondern mit einem Übermaß an Informationen zu tun, in dem der Unkundige leicht erstickt. Deshalb ist es sinnvoll, sich bei der Suche an einschlägige Institutionen zu halten bzw. Fachportale zu nutzen, die als Qualitätsagenturen agieren (vgl. einen Überblick in GWU 2011). Schülerinnen und Schüler (und auch Studierende) beschaffen sich ihre Informationen heutzutage zuallererst über Wikipedia (vgl. dazu Haber 2012, Hodel 2012). Es wäre blauäugig, wollte man versuchen, sie gänzlich daran zu hindern. Die Artikel zu historischen Themen, die sich dort finden, sind von höchst unterschiedlichem Niveau. Manche Beiträge – wie es scheint, eher im Bereich der Neuesten Geschichte – befinden sich auf dem aktuellen Stand der Forschung und fassen diesen kenntnisreich zusammen; andere sind von eher zweifelhafter Qualität. Dies kann freilich nur erkennen, wer über einschlägiges Vorwissen verfügt. Deshalb sollte man Wert legen auf einen reflektierten Umgang mit Wikipedia: Ihre Funktionsweise sollte erläutert, die Arbeit damit erprobt werden – evt. auch in Form eigener Schreibversuche (vgl. Kuschke 2012, Mikuteit 2012); und natürlich muss eine Zitierung oder Paraphrasierung von Wikipedia-Texten genauso sorgfältig gehandhabt und nachgewiesen werden, wie dies bei gedruckten Texten üblich ist.

Das zweite neue Informations- bzw. Speichermedium ist die CD-ROM bzw. DVD. Ihr größter Vorzug liegt in ihrer Multimedialität. Außer Texten kann sie Grafiken, Bilder, Tonaufzeichnungen, Filmsequenzen und Animationen enthalten. CD-ROMs und DVDs haben einen grundsätzlich anderen Aufbau als Fachbücher. Dort sind die einzelnen Kapitel Teil einer durchgehenden Argumentationsstruktur, die in der Regel den roten Faden für die Wahrnehmung des Lesers bildet. Auf einer CD-ROM/DVD findet der Nutzer zumeist ein großes Angebot einzelner Bausteine, das zwar in sich hierarchisch strukturiert ist, aber in beliebiger Abfolge und zufälliger Verknüpfung betrachtet werden kann. Das verführt zum

Stöbern, erschwert jedoch die Orientierung und steht zielgerichteter Informationsentnahme eher im Wege. Ein großer Vorteil ist allerdings die Möglichkeit, sich selber Materialien zusammenstellen und ausdrucken zu können.

Grob lassen sich vier Typen von CD-ROMs/DVDs unterscheiden:

Nachschlagewerke/Datenbanken/Materialsammlungen
In der Regel handelt es sich dabei um textdominierte CD-ROMs. Genutzt wird der große Speicherraum des Mediums. Klassische Lexika oder Handbücher werden dadurch (oft kombiniert) allgemein greifbar und erschwinglich. (Der Verlag „Digitale Bibliothek" hat sich auf diesen Bereich spezialisiert.) Es gibt aber auch einschlägige Zusammenstellungen von Materialien, die Lehrkräfte als Fundus für ihren Unterricht nutzen können. Für Schülerinnen und Schüler wird dieser Typus von CD-ROM nur selten infrage kommen.

Infotainment
Solche CD-ROMs wollen Information und Dokumentation in fasslich aufbereiteter und leicht zugänglicher Weise bieten. Allerdings lässt die fachliche Qualität in vielen Fällen zu wünschen übrig. Manche Hersteller scheinen vor lauter Begeisterung über die Möglichkeiten des neuen Mediums zu vergessen, dass es – genau wie bei Büchern – fachliche Standards zu wahren gilt und dafür inhaltliche Kompetenz erforderlich ist. Sind die Anwendungen solide gemacht, können sie für Schülerinnen und Schüler ein attraktives (jedoch wenig systematisches und ökonomisches) Angebot zum Kennenlernen eines historischen Themas oder einer Zeit sein. Der Vorzug liegt in der Verknüpfung von Informationen und Erläuterungen mit historischen Dokumenten, die das Angesprochene stets gleich veranschaulichen und konkretisieren. In aller Regel sind diese Produkte jedoch nicht für den Schulgebrauch, sondern für den Freizeitmarkt konzipiert.

Lernsoftware
Entsprechende CD-ROMs, die sich speziell an Schülerinnen und Schüler wenden und sich auf das obligatorische Pensum des Unterrichts beziehen, gibt es für das Fach Geschichte kaum. Einfache Lernspiele wie beim Vokabeltraining sind hier ohnehin nur begrenzt sinnvoll. Einige neue Angebote des FWU versuchen allerdings recht erfolgreich, Wissensvermittlung, spielerisches Agieren in historischen Szenarien und fachspezifisches Methodenlernen miteinander zu verknüpfen (Renaissance – Eroberung des Raumes, FWU 2003 [Best.-Nr. 6600760]; Die Französische Revolution, FWU 2004 [Best.-Nr. 6600864]; Die Weimarer Republik [Best.-Nr. 6600865]). Etwas anderes sind CD-ROM-Zusammenstellungen von Unterrichtsmaterialien für die Hand der Lehrkraft. Der Vorteil dabei liegt darin, dass man sich ggf. aus angebotenen Bausteinen eigene Arbeitsblätter o. Ä. gestalten kann (ein nützliches Angebot dieser Art sind z. B. die CD-ROMs Werkstatt Geschichte. Unterrichtsmaterial interaktiv gestalten, Braunschweig: Wes-

termann Multimedia 2000. 1: Vorgeschichte bis Absolutismus; 2: Französische Revolution bis Zweiter Weltkrieg; 3: Die Welt nach 1945).

Simulations- und Strategiespiele
Hier ist das Angebot weitaus am größten. Freilich ist das meiste davon nur pseudohistorisch: Es handelt sich um Kriegs- und Strategiespiele, die zumeist lediglich in einer historischen Kulisse spielen und häufig reich an Anachronismen sind. Der Gewinn an historischer Kenntnis, den Schülerinnen und Schüler aus solchen Spielen ziehen können, ist zumeist sehr gering; im Gegenteil können diese Spiele sogar zu historischer Desorientierung beitragen.

Unmittelbar für den Geschichtsunterricht ist kaum etwas davon brauchbar. Das liegt zunächst daran, dass der Einsatz dieses Mediums direkt im Klassenzimmer in der Regel weder technisch möglich noch zeitökonomisch vertretbar ist. Aber die Angebote entsprechen auch selten dem, worauf es beim Geschichtslernen in der Schule ankommt: nicht auf ein Übermaß an Details, sondern auf Zusammenhänge, Vorstellungen und Deutungen. Und auch für eine orientierende, selbstständige Recherche von Schülerinnen und Schülern außerhalb des engeren Unterrichts eignen sich CD-ROMs/DVDs wegen ihrer Struktur nur selten; am ehesten kommen sie für einen engeren Zugriff auf Teilthemen infrage. Hier kann das spezifische mediale Angebot sicher manche Schülerinnen und Schüler stärker zur Beschäftigung mit der Sache motivieren als ein Buch. Wer als Lehrkraft Geschichtsprogramme nutzen will – ob direkt im Unterricht, für die eigene Vorbereitung oder für die Hand der Schülerinnen und Schüler – muss also genau hinsehen.

Geschichtsprogramme beurteilen

1. Konzept und Struktur
- sachliche Richtigkeit, Orientierung am Stand der Forschung
- Umfang der angebotenen Materialien
- inhaltlich und formal überschaubare Struktur (nicht mehr als drei Tiefenebenen, nicht zu viele interne Links)
- sinnvolle Nutzung (keine Verselbstständigung) multimedialer Präsentations- und Arbeitsmöglichkeiten (Bilder, Filme, Szenarios, Interaktion)
- klare inhaltlich/didaktische Konzeption mit Orientierung an einer Zielgruppe (Freizeitmarkt oder Schule, Schülerinnen und Schüler, Lehrkräfte, Geschichtsinteressierte)
- Einsatzmöglichkeiten für unterrichtliche/unterrichtsbezogene Zwecke
- Einzelbausteine für ein unterrichtsbezogenes Programm: Informationen, Quellen, Arbeitsaufträge, kreative/interaktive Erarbeitungsformen, Möglichkeiten zur Selbstüberprüfung (Programm als Selbstlerninstrument)
- adäquates Darstellungs- und Anforderungsniveau (Sprache, Länge der Texte, Schwierigkeit von Aufgabenstellungen)

2. Formales und Technik
- klare Benutzerführung
- Literaturhinweise
- Nachweise von Texten und Bildern
- Dokumentation von Durchsicht und Bearbeitung
- Druckmöglichkeit
- Programmvoraussetzungen
- Preis-Leistungs-Verhältnis (Einzel-, Klassen-, Schullizenz)

Weiterführende Literatur

Alavi, Bettina, Wie lernen Schüler mit „historischer" Selbstlernsoftware?, in: Judith Martin/Christoph Hamann (Hrsg.), Geschichte – Friedensgeschichte – Lebensgeschichte, Herbolzheim 2007, S. 205–220.

Alavi, Bettina (Hrsg.), Historisches Lernen im virtuellen Medium, Heidelberg 2010.

Danker, Uwe/Schmale, Astrid (Hrsg.), Historisches Lernen im Internet. Geschichtsdidaktik und Neue Medien, Schwalbach/Ts. 2008.

Geschichte in Wissenschaft und Unterricht 62, 2011, H. 11/12: Internetressourcen zur Geschichte.

Geschichte lernen H. 89 (2002): Neue Medien.

Grosch, Waldemar, Computer im Geschichtsunterricht (Geschichte am Computer Bd. 2), Schwalbach/Ts. 2002.

Haber, Peter, Digital Past. Geschichtswissenschaft im digitalen Zeitalter, München 2011.

Haber, Peter, Wikipedia. Ein Web 2.0-Projekt, das eine Enzyklopädie sein möchte, in: GWU 63, 2012.

Hamann, Christoph, Bilddatenbanken. Das Foto als historische Quelle in Online-Bildarchiven, in: GWU 62, 2011, H. 11/12, S. 692–698.

Hodel, Jan, Wikipedia und Geschichtslernen, in: GWU 63, 2012.
Körber, Andreas, Internet. Informationsquelle mit Besonderheiten, in: Dittmer, Lothar/Siegfried, Detlef (Hrsg.), Spurensucher. Ein Handbuch für die historische Projektarbeit, Hamburg überarb. u. erw. Neuaufl. 2005, S. 146–166.
Körber, Andreas, Neue Medien und Informationsgesellschaft als Problembereich geschichtsdidaktischer Forschung, in: Zeitschrift für Geschichtsdidaktik 1, 2002, S. 165–181.
Körber, Andreas, Geschichte im Internet. Zwischen Orientierungshilfe und Orientierungsbedarf, in: Zeitschrift für Geschichtsdidaktik 3, 2004, S. 184–197.
Kröll, Ulrich, Zeitgeschichte in digitalen Medien, in: Popp, Susanne u. a. (Hrsg.), Zeitgeschichte – Medien – Historische Bildung, Göttingen 2010, S. 149–170.
Kümper, Hiram, Zeitgeschichte und Wikipedia: von der Wissens(ver)schleuder(ung) zum Forschungsfeld, in: Popp, Susanne u. a. (Hrsg.), Zeitgeschichte – Medien – Historische Bildung, Göttingen 2010, S. 283–296.
Kunze, Peter, Neue Medien als Herausforderung für guten Unterricht, in: Geschichte lernen H. 89 (2002), S. 10–16.
Kuschke, Ilja, Ein produktorientierter Ansatz zum kritischen Umgang mit der Wikipedia im Geschichtsunterricht, in: GWU 63, 2012, H. 3/4.
Mikuteit, Johannes, Informations-und Medienkompetenz entwickeln. Studierende als Autoren der Online-Enzyklopädie Wikipedia, in: GWU 63, 2012.
Näpel, Oliver, Elektronische Medien und Historisches Lernen. Eine fruchtbare Symbiose?, in: Praxis Geschichte H. 4/2009, S. 4–7.
Oswalt, Vadim, Multimediale Programme im Geschichtsunterricht (Geschichte am Computer Bd. 1), Schwalbach/Ts. 2002.
Pöppinghege, Rainer, „die echt konkrete seite" – LeMO als Lernort der Zeitgeschichte, in: Popp, Susanne u. a. (Hrsg.), Zeitgeschichte – Medien – Historische Bildung, Göttingen 2010, S. 297–306.
Praxis Geschichte H. 5/2001: Internet und Geschichtsunterricht.
Praxis Geschichte H. 4/2009: Historisches Lernen mit elektronischen Medien.
Tempel, Ursula, „Internet-Detektive". Ein Methodentraining zur „information-literacy", in: Praxis Geschichte H. 4/2009, S. 12–15.
Wolf, Peter, Der Traum von der Zeitreise. Spielerische Simulation von Vergangenheit mit Hilfe des Computers, in: GWU 47, 1996, H. 9, S. 535–547.
Wottge, Marco, Der Einsatz von Computerspielen im Geschichtsunterricht am Beispiel von „Caesar III", in: GWU 62, 2011, H. 7, S. 469–477.

Einen Überblick über digitale Angebote für Geschichtslehrkräfte gibt die folgende CD-ROM:
Kröll, Ulrich, Digitale Werkstatt für Geschichtspädagogen. Mit Neuen Medien Geschichte lehren und lernen, Münster: Zentrum für Lehrerbildung 2007.

Wichtige Internet-Adressen

Allgemeine Informationen für Historiker
Nachrichtendienst für Historiker (www.historiker.de): Diese Seite bietet vor allem aktuelle historische Artikel aus Zeitungen.
Humanities – Sozial- und Kulturgeschichte (hsozkult.geschichte.hu-berlin.de): Diese Seite ist als Forum für den Austausch unter Historikern gedacht. Sie bietet Aufsätze, Rezensionen und Diskussionsbeiträge, aber auch einen Überblick über die Inhaltsverzeichnisse der wichtigsten Fachzeitschriften.
Fachportale für Geschichtswissenschaften mit Hinweisen auf Institutionen, Literatur, mit Materialien, Rezensionen, Links, Mailinglisten: www.clio-online.de, www.zeitgeschichte-online.de (ein Modul von clio-online), www.historicum.net

5.2 Darstellungen

Literatursuche

Karlsruher Virtueller Katalog (www.ubka.uni-karlsruhe.de/kvk.html): Diese Seite ist eine Art Meta-Bibliothekskatalog. Man gelangt von dort zu zahlreichen in- und ausländischen Bibliotheks- bzw. Verbundkatalogen.
Buch und Medien online (www.buchhandel.de): Auf dieser Seite findet man sämtliche von den Verlagen lieferbare Bücher (Verzeichnis lieferbarer Bücher – VLB).
Zentrales Verzeichnis Antiquarischer Bücher (www.zvab.com): Hier kann man deutschlandweit nach Büchern in Antiquariaten suchen.

Museen und Archive

Webmuseen (www.museen.de): Von hier aus gelangt man zu den Seiten deutscher Museen und erhält Informationen über aktuelle Ausstellungen oder Öffnungszeiten.
Deutsches Historisches Museum Berlin (www.dhm.de): Diese Seite ermöglicht den Zugang zu den Präsentationen und Sammlungsbeständen des Museums. Eine für Schulzwecke gut nutzbare Zusammenstellung von Informationstexten, Bild-, vereinzelt auch Text- und Tonquellen bietet das „Lebendige Museum online" des DHM (www.dhm.de/lemo/).
Archivschule Marburg (www.uni-marburg.de/archivschule/deuarch.html): Von hier aus gelangt man zu den Seiten deutscher Archive mit Adressen, Bestandsübersichten usw.

Schule und Unterricht

Deutscher Bildungsserver (www.dbs.schule.de): Diese Seite gibt einen Überblick über Bildungsinstitutionen, Lehrpläne usw. Es gibt Links zu anderen Bildungsservern (z. B. der Bundesländer).
Zentrale für Unterrichtsmedien (www.zum.de), *Lehrer-Online* (www.lehrer-online.de), *Planet Schule* (www.planet-schule.de/sf/faecher-wissenspool.php): Diese Seiten bieten Diskussionsforen, Mailinglisten und Unterrichtsmaterialien für alle Fächer.
Hausaufgaben- und Referatehilfen für Schülerinnen und Schüler (www.hausaufgaben.de, www.referate.de, www.pausenhof.de)

Themenorientierte Hinweise auf Internet-Adressen finden sich in „Geschichte lernen" und „Praxis Geschichte"; regelmäßige Tipps auch in „Geschichte in Wissenschaft und Unterricht" (Rubrik „Informationen Neue Medien").

CD-ROM-Rezensionen

Das „Software Dokumentations- und Informationssystem" (Sodis) präsentiert CD-ROM-Besprechungen im Internet (www.sodis.de). Auch die Zeitschriften „Geschichte lernen" und „Praxis Geschichte" bieten laufend Rezensionen von Geschichts-CD-ROMs.

6 Dokumentation und Präsentation

Was Schülerinnen und Schüler im Geschichtsunterricht erarbeiten, sollte in angemessener Form dokumentiert und präsentiert werden. Dafür gibt es verschiedene Gründe. Dokumentation und Präsentation dienen der Wiederholung und Festigung des Gelernten, insbesondere dann, wenn damit eine eigene Strukturierung verbunden ist. Außerdem können sie die Grundlage für einen späteren Rückgriff auf schon Behandeltes oder für eine weiträumigere Rekapitulation bilden. Entsprechende Ausarbeitungen fungieren zugleich auch immer als Leistungsnachweise. Sie können aber auch Außenstehende – die Schulöffentlichkeit, die Eltern – über die eigene Arbeit informieren. Und schließlich kann es Schülerinnen und Schüler außerordentlich motivieren und befriedigen, eigene Präsentationen – insbesondere visuelle – inhaltlich und ästhetisch auszugestalten. Mit Präsentationen nehmen also Schülerinnen und Schüler ihre eigene Arbeit wichtig und schaffen zugleich die Voraussetzung dafür, dass sie auch von anderen gewürdigt wird. Aus eben diesen Gründen finden schulische Präsentationen immer stärker Aufmerksamkeit; vereinzelt sind sie sogar als Leistungsnachweise vorgeschrieben.

Zwei Arten von Produkten werden hier unterschieden. Kapitel 6.1 behandelt schriftliche Ausarbeitungen – sie werden in aller Regel in Einzelarbeit erstellt. Bei den visuellen Präsentationsformen (vgl. Kap. 6.2) dagegen kommt sehr häufig Partner- oder Gruppenarbeit infrage und gerade in der wechselseitigen Verständigung über das gemeinsame Produkt liegt ein wesentliches zusätzliches Erfahrungs- und Lernpotenzial.

Weiterführende Literatur

Für Lehrkräfte
Adamski, Peter, Präsentationen im Geschichtsunterricht, in: GWU 57, 2007, H. 11, S. 665–674.
Mieles, Bernhard, Wissenschaftspropädeutisches Arbeiten in der Sekundarstufe II, in: Geschichte lernen H. 68 (1999), S. 50–53.
Sauer, Michael, Verarbeitung, Dokumentation und Präsentation von Lernergebnissen, in: Mayer, Ulrich/Pandel, Hans-Jürgen/Schneider, Gerhard (Hrsg.), Handbuch Methoden im Geschichtsunterricht, Schwalbach/Ts. 3. Aufl. 2011, S. 634–648.
Steffens, Guido, Arbeitstechniken für Schüler, in: Geschichte lernen H. 28 (1992), S. 46–49. Wiederabdruck in: Geschichte lernen Sammelband: Geschichte lehren und lernen, Seelze 1997, S. 60–63.

Für die Hand von Schülerinnen und Schülern
Hey, Bernd u. a., Umgang mit Geschichte. Geschichte erforschen und darstellen – Geschichte erarbeiten und begreifen, Stuttgart 2004.
Horst, Uwe/Ohly, Karl Peter (Hrsg.), Lernbox Lernmethoden und Arbeitstechniken, Seelze 5. Aufl. 2005.
Kliebisch, Udo/Schmitz, Peter, Methodentrainer. Arbeitsbuch für die Sekundarstufe I, Berlin 2001.
Kolossa, Bernd, Methodentrainer Gesellschaftswissenschaften, Berlin 2010.
Sauer, Michael/Fleiter, Elke (Red.), Lernbox Geschichte. Das Methodenbuch, Donauwörth 2. Aufl. 2009.

6.1 Schriftliche Ausarbeitungen

Schriftliche Ausarbeitungen sind im Fach Geschichte längst nicht so selbstverständlich, wie man meinen möchte. Aber sie sind wichtig, weil hier ganz andere, ergänzende und weiterführende Anforderungen gestellt werden als im mündlichen Unterricht. Manch eine Schülerin oder ein Schüler, der oder dem die Teilnahme am mündlichen Unterricht weniger liegt, erhält hier die Chance, ihre oder seine Stärken zur Geltung zu bringen. Es kommt dabei an auf sinnvolle Arbeitsorganisation, Strukturierung eines Themas, Beherrschung von Analysemethoden, schriftliches Darstellungsvermögen und adäquate formale Gestaltung. Ein langer Atem und viel Genauigkeit sind erforderlich. All dies gehört auch zu einem Methodenlernen, das sich nicht bloß auf den Geschichtsunterricht bezieht, aber hier natürlich eine fachspezifische Ausformung hat.

6.1.1 Geschichtsmappe und Portfolio

Die Geschichtsmappe oder der Geschichtsordner dient dazu, alles im Geschichtsunterricht (außerhalb des Lehrbuches) verwendete oder produzierte Material zu sammeln. Das können zusätzliche Quellen- und Informationsmaterialien in Form von Kopien oder Arbeitsblättern sein. Vor allem aber ist dort Platz für eigene kurze Ausarbeitungen, etwa Texte, die bei der handlungsorientierten Beschäftigung mit Quellen entstanden sind. Äußerst sinnvoll und wünschenswert ist es, die Schülerinnen und Schüler daran zu gewöhnen, als Hausaufgabe nach jeder Stunde eine knappe Zusammenfassung zu schreiben. Dabei kommt es nur auf die inhaltlichen Ergebnisse an. Mitschriften sind dafür weniger geeignet, weil ihnen oft die Systematik fehlt, die sich erst im Nachhinein ergibt. Das Stundenergebnis kann auch in Form einer Strukturskizze festgehalten werden. Wichtig ist, dass die Sache noch einmal durchdacht und so zu Papier gebracht wird, dass sie später für einen selber verständlich ist.

Bei der Führung einer Geschichtsmappe kommt zudem auf Übersichtlichkeit und Ordnung an. Einzelne Kapitel, d.h. thematische Einheiten, sollten durch besondere Deckblätter (etwa aus Pappe) markiert werden. Alle Blätter, insbesondere die Stundenzusammenfassungen, erhalten ein Datum und eine Überschrift, damit man auf den ersten Blick weiß, worum es geht. Durch Unterstreichen oder Anmarkern können die Schülerinnen und Schüler besonders Wichtiges hervorheben. Auf jedem selbst beschriebenen Blatt sollten sie einen einheitlichen breiten Rand lassen; dort lassen sich Ergänzungen oder Marginalien einfügen. Die eigenen Texte können handschriftlich, aber natürlich auch mit dem Computer geschrieben werden. Ist eine Einheit abgeschlossen, kann man das Deckblatt mit einem Inhaltsverzeichnis versehen. Bei all dem geht es in erster Linie um Vollständigkeit und Funktionalität; wer will, kann seine Mappe aber auch stärker „künstlerisch" ausgestalten. Es versteht sich von selbst, dass die Lehrkraft die Geschichtsmappe regelmäßig durchsehen sollte – wer von den

Schülerinnen und Schülern Anstrengungen verlangt, muss auch ihre Ergebnisse ernst nehmen.

Etwas anderes als die „klassische" Geschichtsmappe ist das Portfolio. Zwar werden auch im Portfolio Materialien gesammelt, aber keine von der Lehrkraft vorgefertigten wie Arbeitsblätter und Tafelbilder, sondern ausschließlich eigenständige Schülerarbeiten. Dabei kann es sich um im Unterricht entstandene Ausarbeitungen, um Hausarbeiten und Referate, um ein Protokoll, einen Exkursionsbericht, eine Buchrezension oder um beliebige andere, aus eigenem Antrieb und Interesse entstandene Arbeiten handeln. Die Schülerinnen und Schüler entscheiden selber darüber, was sie in ihr Portfolio aufnehmen wollen. Ihre Ausarbeitungen ergänzen sie durch persönliche Lernberichte (vgl. unten) die darüber Auskunft geben, was und wie sie gelernt haben, wie sie mit dem Unterricht zurechtgekommen sind, wie sie ihre eigene Arbeit organisiert haben und einschätzen. Kurzum: Im Portfolio dokumentieren, präsentieren und reflektieren Schülerinnen und Schüler ihre Lernergebnisse und Lernprozesse.

Einen Lernbericht schreiben

„Lernbericht

Name: Datum:

Unterrichtseinheit(en):

Haben mich die Unterrichtsinhalte interessiert? – Was habe ich Neues gelernt?
Was fand ich besonders spannend? – was besonders langweilig?
Hatte ich mit bestimmten Themen/Stunden Schwierigkeiten?
Wie habe ich sie gelöst?
Wie bin ich mit den Unterrichtsmaterialien (Schulbuch, Arbeitsblätter, Sonstiges) zurecht gekommen?
Welche Unterrichtsformen (Einzelarbeit, Partnerarbeit, Arbeit in Gruppen, Lehrervortrag, Schülerreferat etc.) mochte ich besonders gern oder gar nicht? Bitte Gründe nennen.
Wie beurteile ich meinen Lernfortschritt? (Kenntnisse, Fertigkeiten)
Wie sah mein Zeitaufwand aus, um im Unterricht mitzuhalten und meine Aufgaben zu erledigen?
Was halte ich von meiner Mitarbeit im Unterricht? Kann oder will ich daran etwas ändern?
Bemerkungen, Anregungen und Wünsche zum Unterricht"

(Modellvorschlag aus Adamski 2003a, S. 96)

Worin liegt der Gewinn der Portfolio-Arbeit für die Schülerinnen und Schüler? Sie beschäftigen sich intensiver und persönlicher mit den Unterrichtsinhalten;

sie lernen, ihre Ausarbeitungen von Anfang an unter dem Aspekt der Präsentation zu betrachten; sie wählen selbstständig die Dinge aus, die ihnen nach ihrer Einschätzung besonders gut gelungen sind; sie können ihre Leistungen nicht nur der Lehrkraft, sondern etwa auch den Eltern präsentieren – Portfolios, das gilt es zu vermitteln, stellen ein Produkt dar, auf das Schülerinnen und Schüler stolz sein können und das sie gerne vorzeigen; und vielleicht am wichtigsten: Schülerinnen und Schüler können lernen, ihre Kenntnisse, Fähigkeiten und Schwächen selber besser einzuschätzen.

Für die Lehrkraft dient das Portfolio als Leistungsnachweis, aber auch als Diagnoseinstrument. Es bietet die Chance, Genaueres über die Lernprozesse und auch die langfristigen Lernfortschritte der einzelnen Schülerinnen und Schüler zu erfahren. Natürlich ist damit auch ein erhöhter Zeitaufwand verbunden. Denn ein Portfolio verlangt – neben einer Benotung – eine möglichst genaue und individuelle Rückmeldung, die auf die persönlichen Stärken und Probleme der Schülerin oder des Schülers eingeht. Und schließlich erhalten Lehrkräfte über die Lernberichte auch ein Feedback auf ihren eigenen Unterricht.

Freilich bedarf Portfolio-Arbeit zunächst der Anleitung und Übung. Es ist sinnvoll, in den unteren Klassen dafür ausdrückliche Portfolio-Stunden vorzusehen, in denen gemeinsam das Sammeln, Entwickeln und Zusammenstellen von Materialien geprobt und reflektiert wird (vgl. praktische Hinweise dazu in Adamski 2003b). Aus dieser Betreuung sollte sich dann eine zunehmende Selbstständigkeit entwickeln. Und es versteht sich von selbst, dass die quantitativen und qualitativen Ansprüche im Laufe der Zeit zunehmen.

Weiterführende Literatur

Adamski, Peter, Portfolio für den Anfangsunterricht Geschichte, in: Geschichte lernen H. 96 (2003), S. 29–33. (2003a)

Adamski, Peter, Portfolio im Geschichtsunterricht. Leistungen dokumentieren, Lernen reflektieren, in: GWU 54, (2003), H. 1, S. 32–50. (2003b)

Brunner, Ilse/Häcker, Thomas/Winter, Felix (Hrsg.), Das Handbuch Portfolioarbeit. Konzepte, Anregungen, Erfahrungen aus Schule und Lehrerbildung, Seelze 4. Aufl. 2011.

6.1.2 Haus- und Facharbeit

In Haus- und Facharbeiten sollen Schülerinnen und Schüler ein historisches Thema selbstständig untersuchen. Den höheren inhaltlichen Anspruch hat die Facharbeit, wie sie in verschiedenen Bundesländern für die Sekundarstufe II vorgesehen oder möglich ist. Solche Ausarbeitungen sollen dokumentieren, dass Schülerinnen und Schüler eigenständig historische Fragen entwickeln, ihnen anhand geeigneter Materialien, die sie ggf. selber finden müssen, nachgehen, zu inhaltlich triftigen Ergebnissen gelangen und diese sprachlich und formal adäquat präsentieren können. Insbesondere im Hinblick auf ein mögliches Studium sind das wesentliche formale Qualifikationen, bei denen auch die besonderen methodischen Anforderungen des Faches Geschichte zum Tragen kommen („Wissenschaftspropädeutik"). Aber auch Ausdauer und ökonomisches Arbeiten sind vonnöten.

Eine wesentliche Voraussetzung für das Gelingen einer Facharbeit ist ein geeignetes Thema, das die Schülerinnen und Schüler und die Lehrkraft gemeinsam finden müssen. Es sollte nicht zu allgemein und nicht zu weit gefasst sein. Das führt schnell zu Überforderung beim Arbeitsaufwand und bei der inhaltlichen Bewältigung der Sache. Außerdem ist dabei dann meist nur ein reproduktives Arbeiten, nämlich die Zusammenfassung von Literatur, möglich. Besser sind engere Themen, womöglich mit einem lokalen Bezug (also statt „Der Erste Weltkrieg" lieber „Der Kriegsbeginn 1914 im Spiegel der örtlichen Presse"). Das eröffnet die Möglichkeit zu eigenen Untersuchungen anhand von Archivalien oder ortsgeschichtlicher Literatur. Und es vermittelt den Autorinnen und Autoren das Gefühl, selber – wenn auch in bescheidenem Rahmen – forschend tätig zu sein und sich nicht ziemlich dilettantisch mit dem abzuplagen, worüber Dutzende von Historikern schon dicke Bücher geschrieben haben. Wichtig ist in jedem Fall, eine solche spezielle Perspektive mit einer allgemeineren Fragestellung zu verknüpfen (z. B. „Kriegsbegeisterung 1914 – Mythos oder Realität?"). Allerdings ist eine solche Themenstellung nicht bei allen Kursthemen möglich.

Überforderung zu vermeiden gilt es auch beim Umfang der Arbeiten: maximal 15 maschinengeschriebene Seiten reichen aus. Unter Umständen können auch mehrere Schülerinnen und Schüler gemeinsam eine Arbeit anfertigen (nicht mehr als drei). Freilich muss erkennbar sein, was von wem stammt, sonst können die Leistungen nicht bewertet werden. Und durch die notwendige Abstimmung ist der Arbeitsaufwand für eine solche Teamarbeit immer höher als für Einzelarbeit.

Bei der Absprache des Themas sollte man als Lehrkraft mit den Schülerinnen und Schülern schon über die leitenden Fragestellungen sprechen und das methodische Vorgehen klären. Außerdem ist eine begleitende Beratung notwendig. Das Abgabedatum muss klar sein; der übliche Zeitrahmen reicht von sechs bis zwölf Wochen. Man sollte mit den Schülerinnen und Schülern auch über eine sinnvolle Zeiteinteilung reden. Die Gefahr, dass sie sich schon bei der Materialsuche verzetteln, ist groß. Deshalb ist es hilfreich, wenn sie sich für die einzelnen Stationen der Arbeit einen Plan erstellen. Dieser muss nicht sklavisch eingehalten werden, sondern dient nur der ungefähren Orientierung. Die kleinen Alltagsprobleme dürfen dabei keineswegs unterschätzt werden: Vielleicht ist ein dringend benötigtes Buch gerade ausgeliehen und erst wieder in zwei Wochen erhältlich; oder jemand, von dem man wichtige Informationen erfragen wollte, ist gerade im Urlaub. Auch die Lehrkraft sollte in Rechnung stellen, dass innerhalb der knappen Zeit nicht mit solcher Vollständigkeit und Sorgfalt gearbeitet werden kann, wie dies in Universitätsseminaren verlangt wird; schließlich haben die Schülerinnen und Schüler „nebenher" noch ihr ganz normales Schulpensum zu bewältigen.

Schülerinnen und Schüler haben wenig Erfahrung mit dem Verfassen längerer Texte. Deshalb sollte man ihnen unbedingt ein paar Tipps geben, worauf sie zu achten haben: von der Gliederung bis hin zu einzelnen Formulierungen (vgl. S. 290). Grundsätzlich sollten sie einen vermeintlich besonders wissenschaftlichen, komplizierten Imponierstil vermeiden. Kurz und prägnant ist im Zweifelsfalle besser als lang und umständlich. Anstelle von Substantivzusammenballungen sollte man lieber Nebensätze bilden. Unglücklich sind auch schwache Hauptsätze, denen ellenlange Nebensatzkonstruktionen folgen. Beim Tempus sollte man am ehesten das Imperfekt wählen (auch historisches Präsens ist möglich) und einheitlich dabei bleiben (Vorzeitigkeit durch Plusquamperfekt ausdrücken). Einzelne Textteile können auch erst am Ende zusammengesetzt werden. Und wo man das Gefühl hat, im Moment nicht weiterzukommen, sollte man sich nicht unnötig festbeißen.

Hat man eine erste Textfassung erstellt, heißt das nicht, dass das Manuskript bereits fertig ist. Texte müssen durch Überarbeiten optimiert werden; das kommt bei den in der Schule sonst üblichen Schreibsituationen kaum zum Tragen. Argumentation und Ausdruck, Bezüge und Verknüpfungen müssen im weiteren Zusammenhang noch einmal überprüft werden. Ein Kunstgriff dafür ist es, den Text einige Tage liegen zu lassen, bis er einem gleichsam wieder fremd geworden ist. Dann kann man ihn mit anderen Augen kritisch neu begutachten. Die Zeit dafür einzuplanen lohnt sich. Ein anderer Trick ist, sich den eigenen Text selber laut vorzulesen: Auch das ergibt durch den Wechsel des „Kanals" einen Verfremdungseffekt, durch den Ungenauigkeiten und sprachliche Schiefheiten viel stärker zum Vorschein treten als beim stillen Lesen.

Durch den Computer hat sich die Erscheinungsform alltäglicher Texte grundlegend verändert. Auch Schülerinnen und Schüler nutzen ihn heute selbstverständlich als Schreib- und Gestaltungsinstrument. Eine Hausarbeit in einem gelungenen Layout mit Farbelementen, Grafiken und eingescannten Bildern sieht gut aus und kann auch ästhetisch für die Autorin oder den Autor ein Erfolgserlebnis sein. Die Textproduktion gewinnt damit zugleich einen handwerklichen oder gar künstlerischen Aspekt. Die technischen Möglichkeiten können generell das Bewusstsein dafür schärfen, dass es nicht nur um Inhalte, sondern auch um deren adäquate formale Vermittlung und Präsentation geht. Freilich muss man die Mittel, die die Schreibprogramme bieten, mit Bedacht nutzen, sonst tut man des Guten schnell zu viel. Wer sich in einer Orgie von Fett- oder Kursivsatz, Unterstreichungen, Kästen und Einzügen ergeht, strukturiert seinen Text nicht mehr sinnvoll, sondern verwirrt den Leser. Am fatalsten ist es, wenn die äußere Seite eines Textes für wichtiger genommen wird als die inhaltliche; ist der Text missraten, hilft das schönste Layout nichts.

Die folgenden Stichworte können Schülerinnen und Schülern bei der Abfassung von Haus- und Facharbeiten als Hilfestellung dienen:

Eine Facharbeit verfassen

- *Themenfindung/Planung*: Thema verabreden und vorbesprechen, Fragestellungen und methodisches Vorgehen entwickeln. Einen ungefähren Arbeitsplan aufstellen, dabei nicht zu knapp kalkulieren.
- *Materialsuche*: Je nach Thema Material in Bibliotheken etc. suchen. Bei Büchern von möglichst modernen Überblicksdarstellungen ausgehen. Sie geben einen ersten Eindruck und führen zu weiterer Literatur.
- *Aufzeichnung und Auswertung*: Was für die eigene Fragestellung wichtig ist, muss festgehalten werden (Auszüge schreiben, Kopien mit Markierungen). Diese Aufzeichnungen kann man nach Autoren oder einzelnen Sachgesichtspunkten ordnen.
- *Gliederung*: Um eine Gliederung zu entwerfen, ist es sinnvoll, zunächst einmal Stichworte zu sammeln und diese dann in eine sinnvolle Abfolge und Über-/Unterordnung zu bringen. Schon während des Arbeitsprozesses hilft die Gliederung, die eigenen Überlegungen zu ordnen. Eine Gliederung steht nicht ein für alle Mal fest, sondern kann je nach Arbeitsstand verändert werden. Die inhaltliche Gliederung umfasst in der Regel drei Teile: Einleitung (Fragestellung, Problemaufriss), eigentliche Untersuchung (meist mehrere Unterteile), Schlussteil (Zusammenfassung, Schlussfolgerungen, Reflexionen); dazu kommt ggf. ein Materialanhang.
- *Abfassen des Textes*: Die Formulierungen sollten möglichst knapp und präzise sein. Auf logische Verknüpfungen von Sätzen (durch Konjunktionen: weil, obwohl, indem etc.) und Sinnschritte (Absätze) achten. Nicht zu viel Passiv verwenden und keine Substantive anhäufen (Nominalstil). Rechtschreibung und Grammatik müssen stimmen. Wichtig: Äußerungen anderer müssen in Zitatform oder in indirekter Rede (Konjunktiv: „H. ist dagegen der Meinung, es habe ...") wiedergegeben werden.
- *Zitieren*: Mit Zitaten aus Quellen kann man die eigene Argumentation belegen, mit Zitaten aus Darstellungen die Meinungen anderer (gleiche oder abweichende) vorstellen. Zitate sollen nicht eigene Ausführungen ersetzen. Beim Zitieren muss man immer den genauen Wortlaut wiedergeben, Auslassungen müssen markiert werden. Woher das Zitat stammt, muss man nachweisen, durch einen Klammernachweis im Text (Autorennamen, Erscheinungsjahr, Seitenzahl), durch eine Fußnote auf derselben Seite oder am Ende des Kapitels oder Textes in einem Anmerkungsapparat. Der ausführliche Nachweis gibt Autor(en), Buchtitel und ggf. Untertitel, Erscheinungsort, Erscheinungsjahr und Seitenzahl an. Dafür gibt es verschiedenartige Vorgaben. Wichtig ist, dass alle Angaben einheitlich und vollständig sind. Ganz am Ende fasst das Literaturverzeichnis alle verwendeten Werke zusammen.
Beispiel für einen Buchnachweis: Thomas Nipperdey, Deutsche Geschichte 1800 bis 1866. Bürgerwelt und starker Staat, München 1983, S. 309.
Handelt es sich nicht um einen Autor, sondern um den oder die Herausgeber eines Buches, setzt man hinter den oder die Namen den Zusatz „(Hrsg.)".

Beispiel für den Nachweis eines Zeitschriftenaufsatzes (bei Zeitschriftenaufsätzen oder Beiträgen aus Sammelbänden werden auch deren Titel genannt, bei Zeitschriften zusätzlich der Jahrgang.): Bogdan Musial, Bilder einer Ausstellung. Kritische Anmerkungen zur Wanderausstellung „Vernichtungskrieg. Verbrechen der Wehrmacht 1941 bis 1944", in: Vierteljahrshefte für Zeitgeschichte 47 [Jahrgang], 1999, H. 4, S. 584.

▸ *Formale Gestaltung*: Die Arbeit muss ein einheitliches Layout haben (Ränder, Absätze, Seitenzahlen, Hervorhebungen von Überschriften). Mit Bildern oder Grafiken kann man die Gestaltung auflockern. Aber Vorsicht: Nicht zu viel experimentieren, der Inhalt ist wichtiger. An den Anfang gehört ein Deckblatt: Name der Verfasserin oder des Verfassers, Schule, Jahrgangsstufe, Kurs, Lehrerin oder Lehrer, Titel der Arbeit, Abgabedatum, Erklärung, dass die Arbeit selbstständig angefertigt worden ist.

Weiterführende Literatur

Brenner, Gerd, Die Facharbeit. Von der Planung zur Präsentation, Berlin 2. Aufl. 2010.
Eggeling, Volker Theo, Schreibabenteuer Facharbeit. Ein Leitfaden durch die Landschaft wissenschaftlichen Arbeitens, Bielefeld 3. Aufl. 2001.
Hackenbroch-Kraft, Ida u.a. (Hrsg.), Auf dem Weg zur Facharbeit. Einführungen und Beispiele aus verschiedenen Fächern, Bielefeld 2001.
Raps, Christian/Hartleb, Florian, Leitfaden zur Erstellung einer Facharbeit/Seminararbeit, Braunschweig 2011.
Sacher, Nicole, Die Facharbeit. Planen – strukturieren – schreiben, Stuttgart 2010.
Schardt, Bettina und Friedel, Referate und Facharbeiten für die Oberstufe, Freising 2008.
Schindler, Frank, Empfehlungen und Hinweise zur Facharbeit in der gymnasialen Oberstufe, Bönen 2. Aufl. 2000.
Uhlenbrock, Karlheinz, Referat und Facharbeit. Planen, erstellen, präsentieren, Braunschweig 2007.
Witt, Karsten, Die Facharbeit in der Kursstufe, in: Geschichte lernen H. 92 (2003), S. 45–49.

6.1.3 Referat

Die inhaltliche Erarbeitung eines Referats verläuft nicht anders als die einer Haus- oder Facharbeit (vgl. das vorige Kapitel, auch Kap. 5.2.4). Der Unterschied liegt zum einen in der Präsentationsweise (mündlich statt schriftlich), zum anderen in der Adressatenorientierung. Die Facharbeit wird in der Regel nur von der Lehrkraft gelesen; diese wird nicht ausdrücklich angesprochen, es geht allein um die Darstellung des Inhalts. Das Referat dagegen richtet sich ganz direkt an die Zuhörerschaft (normalerweise die Klasse), auf sie muss die Präsentation ausgerichtet sein. Ziel ist ein möglichst lebendiger, freier und kompakter Vortrag – nicht länger als fünfzehn oder zwanzig Minuten.

Ein völlig freier Vortrag wird Schülerinnen und Schüler in aller Regel überfordern. Dazu gehört eine souveräne Beherrschung des Inhalts und einige Erfahrung. Aber Schülerinnen und Schüler sollten sich darin versuchen, ein Referat anhand von Stichwortnotizen zu halten und nicht einen ausformulierten Text vorzulesen. Wenn das für den Anfang zu schwierig ist, kann man mit einzelnen freien Passagen beginnen. Die Schülerinnen und Schüler können den Vortrag auch durchaus schriftlich ausformulieren, sollten dann aber den Text allmählich auf Stichworte „eindampfen".

Auf vier Gesichtspunkte sollten Schülerinnen und Schüler bei der Vorbereitung und beim Vortrag eines Referates achten: klare Sprache, verständliches Sprechen, Körpersprache und Visualisierung. Dazu die folgenden Stichpunkte:

Referate vorbereiten und halten

- *Sprache:* Der Text sollte möglichst einfach sein. Lange und verschachtelte Sätze sind ungeeignet – die Zuhörer können ja nicht noch einmal nachlesen, was sie nicht verstanden haben. Anders als bei schriftlichen Texten ist es sinnvoll, Wiederholungen einzubauen (in Form von Umformulierungen, Beispielen, Präzisierungen), um das Verständnis der Zuhörer zu sichern. Zu Beginn sollte man sein Thema und seine Gliederung vorstellen, zwischendurch darauf verweisen, wenn ein neuer Abschnitt beginnt, und jeden Abschnitt und den Vortrag insgesamt noch einmal zusammenfassen. Für den allerersten Einstieg gibt es verschiedene Möglichkeiten: eine These, eine Fragestellung, ein Zitat. Ab und an sollte man die Zuhörer direkt ansprechen.
- *Vortragsweise:* Voraussetzung für akustisches Verstehen sind geeignete Lautstärke, deutliche Artikulation und langsames Sprechtempo – meist viel langsamer, als man denkt. Wer sich auf ein Referat vorbereitet, sollte den mündlichen Vortrag unbedingt vorher ausprobieren, ihn evtl. sogar aufnehmen und selber abhören. Dabei kann man auch gleich überprüfen, wie lang der Vortrag dauert. Mehr als fünfzehn bis zwanzig Minuten sollten es nicht sein, sonst nimmt die Aufmerksamkeit der Zuhörer ab.
- *Körpersprache:* Auch Körperhaltung, Gestik und Gesichtsausdruck tragen zur Gestaltung des Vortrags bei. Die Körperhaltung sollte möglichst entspannt sein. Das geht im Stehen oft besser als im Sitzen. Man sollte sich nicht in seine Aufzeichnungen vergraben, sondern den Blickkontakt mit den Zuhörern suchen – nicht einen von ihnen anstarren, sondern den Blick umhergehen lassen.
- *Optische Ergänzung:* Sehr hilfreich ist es, wenn man den Vortrag optisch unterstützt. Mithilfe eines vorher ausgeteilten Thesen- oder Gliederungspapiers können die Zuhörer dem Vortrag besser folgen. Man kann es auch mit dem Overhead-Projektor oder dem Beamer während des Vortrags an die Wand werfen. Auch Grafiken und Bilder lassen sich auf diese Weise vorführen. Sie müssen aber genau auf den Inhalt des Referats bezogen sein, sonst lenken sie nur ab. Wichtige Namen und Daten kann man auch an der Tafel notieren.

Weiterführende Literatur

Knobloch, Jörg, Referate halten lernen. Inhaltsangabe, Protokoll, Referat, Facharbeit, Lichtenau 9. Aufl. 2005.
Kolossa, Bernd, Methodentrainer. Arbeitsbuch für die Sekundarstufe – Gesellschaftswissenschaften, Berlin 2000, Neudruck 2006.
Schardt, Bettina und Friedel, Referate und Facharbeiten für die Oberstufe, Freising 2008.
Uhlenbrock, Karlheinz, Referat und Facharbeit. Planen, erstellen, präsentieren, Braunschweig 2007.

6.1.4 Klausur

Auch die Klausur gibt den Schülerinnen und Schülern Gelegenheit zu präsentieren, was sie gelernt und verstanden haben. Unmittelbarer als die anderen Formen der Ausarbeitung dient sie der Leistungsüberprüfung. Eher selten sind freie Klausuren, die den Charakter einer Erörterung haben. Hier kommt es darauf an, sich über ein Themengebiet in größeren Zusammenhängen zu äußern, eine eigene Darstellungsstruktur zu finden, zentrale Gesichtspunkte hervorzuheben, zu eigenständigen Urteilen zu gelangen und sinnvoll zu resümieren. Üblich aber ist die materialgebundene Klausur, bei der vornehmlich Textquellen (zuweilen auch und in Verbindung damit Bilder, Karten oder Statistiken) oder aber textliche Darstellungen analysiert werden müssen. Dabei sind verschiedene Kompetenzen gefragt: die methodische Kompetenz im Umgang mit der Quelle (oder Darstellung), die Kenntnis eines weiteren inhaltlichen Zusammenhangs, in den es die Quelle einzuordnen gilt, und die Fähigkeit zur angemessenen sprachlichen Darstellung.

Der Zuschnitt bei der inhaltlichen Vorbereitung ist freilich enger als bei der Facharbeit, die sichere Beherrschung des im Unterricht Behandelten reicht im Allgemeinen aus. Voraussetzung für eine sinnvolle Klausurarbeit ist, dass der methodische Umgang mit entsprechenden Materialien im Unterricht sorgfältig eingeübt worden ist. Es geht nicht darum, Analyseraster Punkt für Punkt abzuarbeiten, sondern sie zu beherrschen und flexibel anzuwenden, z. B. erst einmal festzustellen, um was für eine Art von Textquelle es sich handelt und welche Aussagen man von ihr erwarten kann.

Allerdings sind Zielrichtung der Analyse, Arbeitsschritte und Gliederung der Ausarbeitung meist schon weitgehend durch die Arbeitsaufgaben vorgegeben (vgl. zur Formulierung von Arbeitsaufträgen Kap. 4.3.4). Diese Aufgaben sollten fortschreitend nach unterschiedlichen Anforderungsniveaus gestuft sein (vgl. für die Sekundarstufe II die Anforderungsbereiche der „Einheitliche Prüfungsanforderungen in der Abiturprüfung – Geschichte", S. 170). Entsprechend dem Anforderungsgrad werden dann die Teilaufgaben bei der Bewertung unterschiedlich stark gewichtet. Üblicherweise beschreibt die Lehrkraft vorab ihren „Erwartungshorizont" für die Lösung der Aufgaben: Welche Erkenntnisse, Fragestellungen und Deutungen werden bei den einzelnen Schritten von den Schülerinnen und Schülern verlangt? Daran lassen sich dann genauer die Ergebnisse der

Ausarbeitungen messen. Neben den inhaltlichen Erträgen (und immer verknüpft mit ihnen) spielen bei der Bewertung die Gliederung der Arbeit, die Entfaltung der Argumentation, die Belege und die Bezüge auf die Quelle, schließlich natürlich die Formulierungen insgesamt eine Rolle.

Der Zeitraum für eine Klausur liegt zwischen zwei und fünf Stunden. Die Schülerinnen und Schüler haben also unter Zeitdruck eine ziemlich komplexe Aufgabenstellung zu bewältigen. Einige technische „Tipps und Tricks", die ihnen dabei helfen können, sollte man als Lehrkraft vorab mit ihnen besprechen oder sogar üben.

Klausuren schreiben

- Die Aufgaben sorgfältig durchlesen.
- Die Klausurmaterialien in Ruhe durchsehen, Wichtiges markieren, Stichwortnotizen machen.
- Aus den Notizen eine Gliederung und einzelne Argumentationsschritte entwickeln, ihre Abfolge festlegen.
- Nicht an Stellen verbeißen, an denen man nicht vorwärts kommt, sondern woanders weiterarbeiten.
- Unbedingt Zeit einkalkulieren, um den Text am Ende noch einmal durchzulesen. Logische Struktur (Gliederung, Absätze), argumentative Verknüpfungen, Verweise auf die Quelle, Grammatik und Rechtschreibung prüfen.

6.2 Visuelle Präsentationsformen

Der Begriff „Visuelle Präsentationsformen" führt insofern etwas in die Irre, als häufig auch schriftliche Ausarbeitungen die Grundlage dafür bilden. Sie sind aber dann funktional ausgerichtet auf einen weiteren Präsentationskontext. Gerade das kann ein Anreiz für die Schülerinnen und Schüler sein, Texte gezielt und zweckorientiert zu verfassen. Der didaktische Wert aller hier beschriebenen Präsentationsformen besteht darin, dass Erlerntes eigenständig bearbeitet, umgeformt und in eine neue Gestalt gebracht werden muss. Inhaltliche Durchdringung und kreatives Tun gehen Hand in Hand und beflügeln einander wechselseitig.

Fast immer ist dafür gemeinsames Überlegen, Sich-Absprechen und Handeln notwendig – eine produktionsorientierte Einübung in Teamarbeit. Die verschiedenen Präsentationsformen unterscheiden sich durch ihren unterschiedlichen Grad von Öffentlichkeit und sind entsprechend angeordnet: Das Schaubild oder die Strukturskizze kann für die Geschichtsmappe oder für den Klassenraum gedacht sein; die Collage und die Zeitleiste dokumentieren Arbeitsergebnisse im

Klassenraum, die Zeitung u. U. auch schon darüber hinaus; die Ausstellung wendet sich an die Schul-, die Internetpräsentation sogar an eine weitere Öffentlichkeit.

6.2.1 Schaubild/Strukturskizze und Collage

Schaubilder und Strukturskizzen lassen sich begrifflich schwer auseinander halten, beide Termini sind gebräuchlich. Sinnvoll mag die folgende Unterscheidung sein: Eine Strukturskizze beschreibt Verhältnisse in grafischer Form und begrifflicher Verdichtung – das bekannteste Beispiel sind die obligatorischen Verfassungsschemata in den Geschichtsschulbüchern. Wenn auch bildhafte Elemente hinzutreten, passt der Begriff Schaubild besser. Der Einfachheit halber soll hier beides als Doppelbegriff verwendet werden.

Schaubilder und Strukturskizzen sind abstrakte und generalisierende Darstellungen. Sie dienen der Zusammenfassung, Elementarisierung und Reduktion. Wesentliches soll prägnant zum Vorschein treten: Zuordnungen, Abhängigkeiten, Hierarchien, Folgen. Deshalb lassen sich z.B. gesellschaftliche Verhältnisse besonders gut in dieser Form beschreiben und vergleichen (vgl. zur Problematik solcher Darstellungen am Beispiel der Lehnspyramide Boockmann 1992).

Abgesehen von den Schaubildern in Geschichtsschulbüchern ist das Tafelbild eine herkömmliche Form der Strukturskizze. Es wird entweder von der Lehrkraft vorbereitet und an der Tafel oder auf Folie mit dem Overhead-Projektor präsentiert oder gemeinsam mit den Schülerinnen und Schülern entwickelt. Möglich ist auch die Vorgabe eines „Halbfertigprodukts" bzw. einzelner Bausteine vonseiten der Lehrkraft: eine Skizze ohne Beschriftung, in die die passenden Begriffe eingetragen werden müssen; Begriffe, die in Skizzenform angeordnet werden sollen; oder ein Baukasten von Begriffen, Pfeilen, Symbolen (aus Pappe ausgeschnitten), mit denen die Schülerinnen und Schüler „experimentieren" können. Ziel ist, die wichtigsten Ergebnisse einer Unterrichtsstunde oder -einheit zusammenzufassen und für die Wiederholung festzuhalten. Besonders interessant und ergiebig ist es allerdings, wenn Schülerinnen und Schüler eigenständig Schaubilder erstellen, um damit erworbenes Wissen zu strukturieren und aufzuzeichnen. Wer eine Strukturskizze entwerfen will, muss sich erst einmal über die Sachverhalte klar werden, die er darstellen will. Es geht aber nicht nur um die kognitive Durchdringung, sondern auch um die zweckgerichtete grafische Gestaltung und ästhetische Ausführung. Und was die Schülerinnen und Schüler einmal in dieser Form durchgearbeitet und sich zu eigen gemacht haben, behalten sie natürlich auch wesentlich besser. Strukturskizzen eignen sich aber auch, um Mitschülerinnen und Mitschülern die Ergebnisse eigener Erarbeitungen – einzeln oder in der Gruppe – zu vermitteln: sie dienen dann als Kernstücke einer Präsentation (vgl. Rüdebusch 2003). Dafür wird auch der Begriff Lernplakat verwendet.

Wer Schaubilder und Strukturskizzen selber entwirft, sollte einige technische Hinweise beherzigen:

Ein Schaubild zeichnen

- *Planung*: Auswahl von Darstellungsform und Elementen (Symbole, Begriffe, Karten, Bilder).
- *Entwurf*: Es ist sinnvoll, erst einmal eine Skizze des Schaubildes zu entwerfen und es dann später ins Reine zu zeichnen. Dabei muss man besonders auf die Platzeinteilung und passende Größe der Einzelelemente achten.
- *Schrift*: Gleiche Schriftart, Wichtiges oder Übergeordnetes durch Farbe, fette Schrift, Unterstreichung oder Großbuchstaben hervorheben.
- *Symbole:* Möglichst auf gängige Symbole zurückgreifen und sie gleichbleibend verwenden (Krone = Herrschaft, gekreuzte Schwerter = Krieg).
- *Beziehungen*: Beziehungen, Abhängigkeiten, Folgen, Bewegungen im Raum etc. können durch eine entsprechende Anordnung der Elemente (oben – unten, links – rechts) und durch Pfeile markiert werden.

Anders als beim Schaubild und bei der Strukturskizze geht es bei der Collage nicht um Strukturierung und Systematisierung. Zwar soll sie gleichfalls der Zusammenfassung dienen. Dabei steht jedoch ein subjektives Element im Vordergrund: Eigene Deutungen, Vorstellungen oder gar Verfremdungen kommen zum Tragen. Dementsprechend sind das wichtigste Element der Collage nicht Begriffe oder Symbole, sondern Bilder. Sie können aber durchaus mit anderen Elementen kombiniert werden.

Schülerinnen und Schüler können bei der Erstellung einer Collage auf die Materialien in Schulbüchern und Bildbänden zurückgreifen. Kopien davon werden auf ein großformatiges Blatt oder auf ein Stück Tapete aufgeklebt. Einzel- oder Gruppenarbeit ist möglich. Welche Personen oder Ereignisse sie auswählen, welche Felder sie berücksichtigen (Politik, Wirtschaft, Kultur etc.), wie sie sie anordnen und gewichten, ist ihnen überlassen. Jahreszahlen, Zitate, Begriffe, Fragen, Kommentare und Zeichnungen können hinzugefügt werden. Auf diese Weise entsteht in kreativer Eigenarbeit ein persönliches Zeitpanorama, das eigene Vorstellungen und Deutungen widerspiegelt. Ganze Epochen oder wichtige historische Situationen können so in einem Bild verdichtet werden. Besonders interessant ist es dann, sich über die verschiedenen Bilder auszutauschen: Warum welche Auswahl und Anordnung? Bestimmte Auffassungen und Geschichtsbilder, die unter der Hand in der Collage ihren Niederschlag gefunden haben, kommen durch Vergleich und Gespräch unter Umständen erst zum Vorschein. Diese eher ungewöhnliche Form der Präsentation kann viel Engagement und Kreativität hervorrufen. Beispiele für Schaubilder und Collagen zeigen die Seiten 298/299.

Weiterführende Literatur

Bühs, Roland/Weißer, Christoph, Tafelbilder im Geschichtsunterricht, in: Geschichte lernen H. 68 (1992), S. 50–53. Wiederabdruck in: Geschichte lernen Sammelband: Geschichte lehren und lernen, Seelze 1997, S. 24–27.
Dörr, Margarete, Tafelarbeit, in: Pandel, Hans-Jürgen/Schneider, Gerhard (Hrsg.), Handbuch Medien im Geschichtsunterricht, Schwalbach/Ts. 6., erw. Aufl. 2011, S. 101–159.
Hinrichs, Carsten, Visualisieren, in: Günther-Arndt, Hilke (Hrsg.), Geschichts-Methodik. Handbuch für die Sekundarstufe I und II, Berlin 3. Aufl. 2010, S. 236–246.
Rüdebusch, Eckhardt, Präsentationen als Klausurersatz. Ein Unterrichtsprojekt zum 9. November in der deutschen Geschichte, in: Geschichte lernen H. 96 (2003), S. 39–44.
Sauer, Michael, „Schnitt mit dem Küchenmesser". Fotomontage als Zeitpanorama, in: Geschichte lernen H. 19 (1991), S. 44–49. Wiederabdruck in: Geschichte lernen Sammelband: Geschichte lehren und lernen, Seelze 1997, S. 77–81.
Sauer, Michael, Vom Lern- zum Denkfach. Historisches Wissen strukturieren statt Daten pauken, in: Üben und Wiederholen. Sinn schaffen – Können entwickeln. Friedrich Jahresheft 2000, Seelze 2000, S. 88–90.
Schröder, Helge, Zwischen Anspruch und Wirklichkeit: Tafelbilder im Geschichts- und Politikunterricht, in: Geschichte für heute 3, 2010, H. 3, S. 48–55.

Fertige Tafelbilder

Abelein, Werner/Löffler, Gerhild/Winkler, Karin, Interaktive Tafelbilder. Geschichte, Stuttgart: Klett 2009/2010 (mit 2 CD-ROMs).
Beer, Doris u.a., Tafelbilder für den Geschichtsunterricht, 5 Bde., Berlin: Cornelsen 2002.
Berg, Rudolf, Deutsche Geschichte von 1800 bis zur Gegenwart. Kopiervorlagen für die Oberstufe, 3 Teile, Berlin: Cornelsen Neudruck 2004/2005/2005.
Engelhardt, Werner, Tafelbilder Geschichte, 3 Bde., München: Oldenbourg Neudruck 1998.
Fink, Hans-Georg u. a., Geschichte – anschaulich. Tafelbilder für die 6. Jahrgangsstufe, München: Oldenbourg 1998.
Kohl, Herbert/Wunderer, Hartmann, Von der Quelle zum Tafelbild. Tafelarbeit im Geschichtsunterricht, 3 Bde., Schwalbach/Ts.: Wochenschau 2008–11 (mit CD-ROM).
Kohler, Ewald/Schuster, Jürgen, Tafelbilder für den Geschichtsunterricht, 2 Teile, Donauwörth: Auer Neubearbeitung 2007.
Osburg, Florian, Tafelskizzen für den Geschichtsunterricht, Frankfurt a. M.: Diesterweg 1994.
Paulus, Anton, Lebendige Tafelbilder Geschichte. Alte Geschichte, Donauwörth: Auer 2010 (mit CD-ROM).

Schaubild (Strukturskizze) zum griechischen Oikos: Machtverhältnisse und Rangordnungen

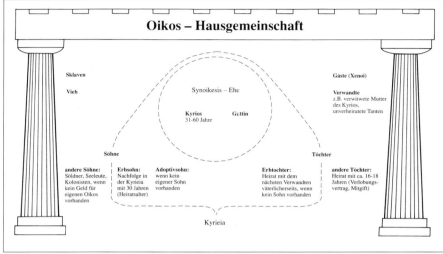

(Geschichte lernen H. 16 [1990], S. 48)

Schülercollage zum Thema Weimarer Republik

(aus dem Unterricht von Hartmut Wunderer, in: Geschichte lernen H. 28 [1992], S. 41)

6.2 Visuelle Präsentationsformen

Schaubild (Bildkarte) zur Krisensituation der Weimarer Republik 1923

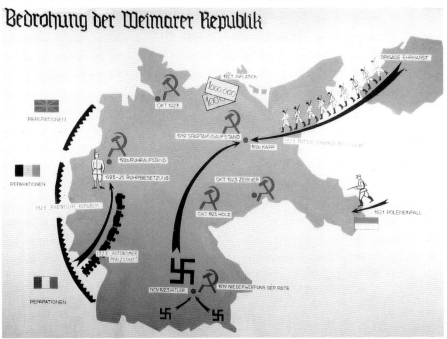

(aus dem Unterricht von Dietger Feiks und Werner Hoffmann, in: Geschichte lernen H. 59 [1997], S. 40)

Schaubild (Kartogramm) zur Einwanderung ins Ruhrgebiet

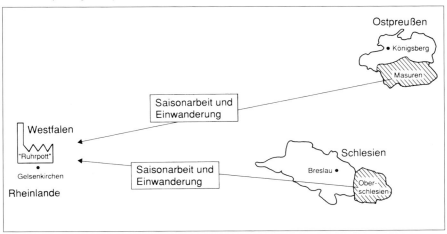

(Geschichte lernen H. 12 [1989], S. 26)

6.2.2 Zeitleiste

Sinn der Zeitleiste ist es, den abstrakten historischen Zeitverlauf in eine räumlich-anschauliche Darstellung umzusetzen. Auf einer üblicherweise waagerechten Geraden werden in Leserichtung von links nach rechts Jahreszahlen abgetragen. Es können größere historische Zeiträume markiert, Ereignisse vermerkt, historische Situationen, Strukturen oder Prozesse anhand von Bildern und Karten präsentiert und erläutert werden.

In den Fünfziger- und Sechzigerjahren war Zeitleistenarbeit im Geschichtsunterricht gang und gäbe, heute ist sie selten geworden. Der wichtigste Grund dafür ist vermutlich die Abkehr von der Ereignisgeschichte, für deren Darstellung die Zeitleiste besonders geeignet war. Je mehr heute freilich mit thematischer Schwerpunktsetzung und Inselbildung gearbeitet wird, um so wichtiger wird ein orientierender chronologischer Überblick, der die Schülerinnen und Schüler erst dazu befähigt, die „Inseln" im „Meer der Geschichte" zu lokalisieren. Dafür ist die Zeitleiste ein hervorragendes Instrument. Sie kann ein Bewusstsein von langfristigen historischen Zeitverhältnissen und -abläufen vermitteln, erlaubt es, geschichtliche Vorgänge zeitlich einzuordnen und trägt insgesamt und auf Dauer zum Aufbau eines chronologischen Orientierungswissens bei.

Diesem Zweck kann eine vorgefertigte, käufliche Zeitleiste dienen. Sie bildet mit ihrem andersartigen Zugriff eine sinnvolle Ergänzung zum Schulbuch, in dem der Aspekt der chronologischen Orientierung eher kurz kommt. Ertragreicher aber ist die Erarbeitung einer eigenen Zeitleiste in der Klasse. Bei Aufbau und Einteilung kommt es auf den Verwendungszweck an. Soll die Zeitleiste zu Beginn des Geschichtsunterrichts eine globale Orientierung über die Erd- oder Menschheitsgeschichte vermitteln, reicht eine reine Zahlenleiste mit Markierungen in großen Schritten aus. Ziel ist, den Schülerinnen und Schülern einen Eindruck davon zu vermitteln, wie klein der Zeitanteil ist, den die im engeren Sinne geschichtliche Periode einnimmt. Da die Millionen Jahre der Erdgeschichte eine maßstäbliche Darstellung sprengen würden, stellt man den Anfang gern als Spirale oder Schnecke dar. Parallel zum chronologischen Durchgang in der Sekundarstufe I kann man unterrichtsbegleitend eine Zeitleiste entwickeln, die das Kernpensum des Geschichtsunterrichts von etwa 500 v. Chr. bis in die Gegenwart umfasst. Diese Zeitleiste lässt sich nach der Stoffeinteilung für die einzelnen Schuljahre unterteilen; die Teile können dann jeweils schuljahrsbegleitend gewechselt werden. Schließlich kann man spezielle Zeitleisten für besonders interessierende kürzere Zeitabschnitte anfertigen (z. B. Französische Revolution, Revolution 1848/49, Weimarer Republik, Erster und Zweiter Weltkrieg).

Bei jeder Zeitleiste stellt sich das Problem der Länge, des Maßstabs und der Menge der Eintragungen. An der Wand eines Klassenzimmers lässt sich üblicherweise eine Länge von fünf Metern unterbringen. Soll die Zeitleiste das ganze Pensum des Geschichtsunterrichts umfassen, dann stehen für die Darstellung von hundert Jahren lediglich zwanzig Zentimeter zur Verfügung. Für eine genauere Gestaltung ist das zu wenig, zumal die Menge der Angaben, die für uns relevant sind, zur Gegenwart hin immer stärker zunimmt.

Auf keinen Fall sollte man dieses Problem dadurch zu lösen versuchen, dass man innerhalb der Zeitleiste den Maßstab verändert. Das verursacht Irritationen und verhindert gerade eine zeitliche Orientierung. Stattdessen sollte man lieber kürzere Zeiträume wählen oder eine Überblickszeitleiste mit Ausschnittszeitleisten kombinieren. Darstellungen von Spezialthemen können auch als Ergänzungen über oder unter einer Überblickszeitleiste angebracht werden. So ergibt sich eine Art „Lupeneffekt". Das ist übrigens auch bei käuflichen Zeitleisten möglich; auf diese Weise kann man fertige und selbstgemachte Zeitleisten kombinieren. Am besten ist es, diese Probleme bei der Planung anhand von Entwürfen (z. B. verkleinert im Maßstab 1:10) gemeinsam in der Klasse zu besprechen.

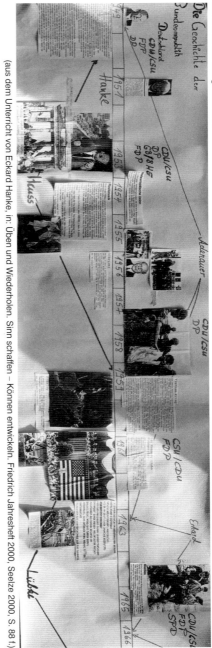

Zeitleiste zur Zeitgeschichte

(aus dem Unterricht von Eckard Hanke, in: Üben und Wiederholen. Sinn schaffen – Können entwickeln. Friedrich Jahresheft 2000, Seelze 2000, S. 88 f.)

6 Dokumentation und Präsentation

Ausschnitt aus den Geschichte lernen-Zeitleisten (Original farbig)

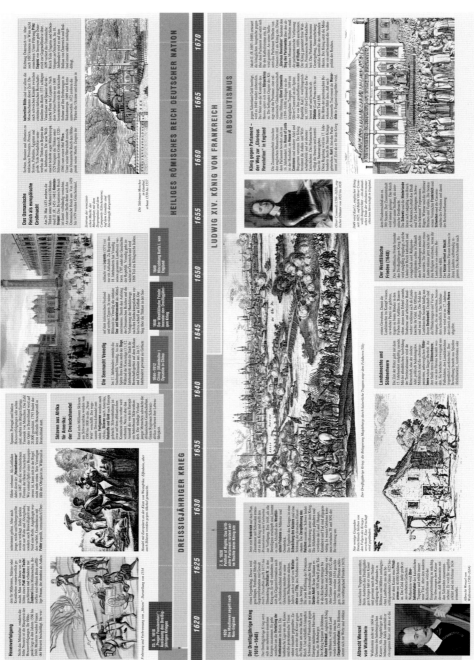

(Seelze: Friedrich Verlag 1995)

Das Rückgrat jeder Zeitleiste bildet die Zeitskala. Je nach Maßstab kann man einzelne Jahre, Fünf- oder Zehnjahresabstände markieren und größere Abstände grafisch hervorheben. Epochen, Regierungszeiten von Herrschern oder die Existenz von Staaten können mit Linien oder Farbbändern bezeichnet werden. Um die Darstellung zu vertiefen, kann man auch einzelne Personen und Ereignisse erläutern, übergreifende Entwicklungen, Schlüsselbegriffe und Epochencharakteristiken genauer beschreiben. Wichtig ist, dass alle Eintragungen auch aus einiger Entfernung zu lesen sind. Zusätzlich kann die Zeitleiste mit Bildern, Symbolen, Karten, Grafiken oder Diagrammen ausgestaltet werden. Bei der Anzahl der Eintragungen und Abbildungen gilt es das rechte Maß zu treffen. Es hat keinen Sinn, die Zeitleiste völlig zu überladen, weil dann die Übersicht verloren geht. Ebenso wenig sollte die Zeitleiste zu dürftig ausgestattet sein – das führt leicht zu inhaltlicher Banalität und sieht nicht gut aus.

Die Unterrichtsarbeit mit der selbstverfertigten Zeitleiste beginnt schon mit der Planung und den Vorüberlegungen, die die Schülerinnen und Schüler dafür anstellen müssen. Neben dem chronologischen Ansatz ist auch der lebensgeschichtliche Zugang von der Familiengeschichte der Schülerinnen und Schüler her möglich. Sie tragen ihre Lebensdaten, die der Eltern und Großeltern oder andere wichtige Ereignisse aus der Familiengeschichte in eine zeitgeschichtliche Zeitleiste ein. So wird das chronologische Vorstellungsvermögen von der Gegenwart her entwickelt und erweitert: Wie weit reicht zurück, was wir über uns und unsere Vorfahren wissen? Persönliche und allgemeine Geschichte lassen sich miteinander verknüpfen: Welche besonders wichtigen Ereignisse hat meine Großmutter in ihrer Kindheit erlebt?

Zentral ist die unterrichtsbegleitende Arbeit an der Zeitleiste. So wie der Unterricht fortschreitet, wird die Zeitleiste weitergeführt. Die Eintragungen werden jeweils als Zusammenfassung der Unterrichtsarbeit vorgenommen. Die Klasse bespricht gemeinsam die Auswahl der Ereignisse, Begriffe und Personen und der entsprechenden Bilder. Die Texte werden in Gruppen oder einzeln verfasst und am besten wechselweise korrigiert und redigiert – eine ideale Form der Rekapitulation und des selbstständigen Festhaltens von Unterrichtsergebnissen.

In der zusammenhängenden Betrachtung der Zeitleiste können die Schülerinnen und Schüler eine weitere grundlegende Einsicht gewinnen. Die Zeitleiste ist ja gleichsam ein Protokoll des jeweiligen Unterrichts. Sie können daran feststellen, dass einige Abschnitte der Geschichte intensiver, andere dagegen nur kursorisch oder überhaupt nicht im Unterricht behandelt worden sind. So springt ihnen das exemplarische Prinzip des Geschichtsunterrichts gleichsam ins Auge: Es geht nicht um komplette Chronologie, sondern um Auswahl und Schwerpunktsetzung. Vorhandene Lücken können die Schülerinnen und Schüler ggf. durch eigene Erkundungen füllen. Schwerpunkte, die sich innerhalb der Zeitleiste nicht ausreichend darstellen lassen, können durch die schon erwähnten Ergänzungsblätter („Lupeneffekt") genauer wiedergegeben werden.

Eine gelungene Zeitleiste ist zugleich ein Wandschmuck, der zur individuellen Ausgestaltung und Verschönerung des Klassenraumes beiträgt. Deswegen kommt es sehr auf sorgfältiges Arbeiten an. Für eine ansprechende und dauerhafte Darstellung sind aneinander gereihte Zeichenkartons besser als Papier oder Tapete. Wie man die einzelnen Gestaltungselemente auf der Zeitleiste anordnen will, muss man gemeinsam entscheiden. Bei den Eintragungen sollte man sich auf eine bestimmte Farbgebung, auf eine Schrift (Druckschrift, Schreibschrift, ggf. Verzierungen) und auf ein Schreibgerät verständigen, um die Zeitleiste möglichst einheitlich zu gestalten.

Weiterführende Literatur

Sauer, Michael, Die Zeitleiste, in: Pandel, Hans-Jürgen/Schneider, Gerhard (Hrsg.), Handbuch Medien im Geschichtsunterricht, Schwalbach/Ts. 6., erw. Aufl. 2011, S. 211–222.
Sommer, Wilhelm, Die lebensgeschichtliche Schülererzählung, in: Geschichte lernen H. 2 (1998), S. 22–26.
Turk, Margareta, Zeitleiste und Geschichtsfries in: Schreiber, Waltraud (Hrsg.), Erste Begegnungen mit Geschichte. Grundlagen historischen Lernens, Bd. 1, Neuried 2., erw. u. überarb. Aufl., S. 647–663.

Käufliche Zeitleisten

Auf einen Blick ... Antike; Das 20. Jahrhundert, Köln: DuMont 2001.
Geschichte im Zeitraffer, Stuttgart: Klett 2001.
Paulus, Anton, Alte Geschichte auf einen Blick. Eine illustrierte Zeitleiste von der Steinzeit bis zum Ende des Römischen Reiches, Donauwörth 2010.
Sauer, Michael/Garbe, Antje, Geschichte lernen-Zeitleisten. 5 Teile: 500 v. Chr. bis in die Gegenwart, Seelze: Friedrich 1995.
Schweiggert, Alfons, Die kleine Weltgeschichte. Eine illustrierte Zeitleiste von der Urzeit bis zur Gegenwart für die Jahrgangsstufe 5–10, Donauwörth: Auer Neuaufl. 2007.
Zeittafel der Antike. Mesopotamien, Ägypten, Griechenland, Rom, Nürnberg: Tessloff 2005.

6.2.3 Geschichtszeitung

Ähnlich wie bei der Zeitleiste geht es auch bei der Geschichtszeitung um die Verknüpfung von inhaltlichem Lernen, eigenem Schreiben und Gestalten. Allerdings ist die Ausgangssituation eine andere. Während bei der Zeitleiste die rückblickende, gleichsam lexikalische Darstellung geleistet werden soll, basiert die Zeitung auf einer historischen Simulation: Schülerinnen und Schüler sollen sich als Zeitgenossen in eine historische Situation versetzen und über die Ereignisse berichten, die sich eben vollziehen (ähnlich die Ausarbeitung einer Nachrichtensendung zu einem historischen Ereignis, vgl. den Unterrichtsvorschlag Bernhardt 1996). Besonders gut eignen sich dafür dramatische Umbruchsituationen der neueren Zeit wie die Französische Revolution, 1848/49 oder 1918/19, bei denen es tatsächlich Tag für Tag Neues und Bedeutsames zu berichten gab. Dabei haben Zeitungen oft eine wichtige Rolle gespielt. Man kann die Simulation sogar so weit führen, dass Zeitungen, die historisch existiert haben, als Vorbild genommen werden. Wählt man dabei Blätter verschiedener politischer Couleur aus, lässt sich auch Multiperspektivität ins Spiel bringen. Man sollte dabei aber nicht zu puristisch verfahren; auch eine (anachronistische) antike oder mittelalterliche Zeitung mag zulässig sein.

Einzelne Schülergruppen fungieren als Zeitungsredaktion. Jede soll zwei Seiten zum Thema gestalten. Die Arbeit, die damit verbunden ist, darf man nicht unterschätzen; also lieber Weniges sorgfältig erarbeiten als sich zu viel vornehmen. Je nach Thema können sich die Berichte auf einen kürzeren, sehr ereignisdichten oder einen längeren Zeitraum beziehen – wahlweise handelt es sich dann um eine Tages- oder Wochenzeitung oder gar um ein Monatsblatt. Aufgabe der Redaktionen ist es, sich zum Thema zu informieren, geeignetes Material zu sammeln und daraus eine inhaltliche Auswahl zu treffen, sich auf einen historischen Erscheinungstermin festzulegen (dafür kann die Lehrkraft Vorschläge machen), journalistische Texte zu schreiben und sie in ein geeignetes Layout zu bringen. Gefordert und gefördert werden dadurch unterschiedliche Kompetenzen:

- *Historische Erarbeitung:* Die Schülerinnen und Schüler gehen unter einer leitenden Fragestellung selbstständig und zielorientiert mit historischen Quellen und Darstellungen um.
- *Sprachliche Darstellungsweise:* Die Texte müssen genau in den simulativ vorgegebenen Nutzungskontext passen. Dabei sollten auch verschiedene journalistische Formen vertreten sein: Leitartikel, Kommentar, Glosse, vielleicht sogar Sportnachrichten oder Anzeigen. Alle Texte müssen redigiert und auf Länge gebracht werden. Auch Orthografie und Grammatik müssen stimmen – keine Zeitung wimmelt von Rechtschreibfehlern.
- *Soziales Lernen:* Die Zusammenarbeit in der Redaktion ist Voraussetzung für das Gelingen der Zeitung. Fast alles muss gemeinsam entschieden werden. Die Texte können die Schülerinnen und Schüler wechselseitig redigieren.
- *Umgang mit dem Medium Computer:* Schülerinnen und Schüler gestalten ein Layout.

Für die Geschichtslehrkraft bietet der technische Aspekt in der Regel das größte Hindernis. Benötigt wird ein Computerraum mit genügend Arbeitsplätzen und mindestens einem Scanner. Für die grafische Gestaltung kann man die örtliche Tageszeitung als Vorlage nehmen. Aber es bleiben viele Details zu klären (Textschriften, Überschriften, Bilder, Bildlegenden). Der Gestaltungsprozess lässt sich unterstützen und beschleunigen, indem die Lehrkraft selber eine Formatvorlage erstellt. Eventuellen technischen Problemen kann man auch aus dem Wege gehen, indem man auf den Umbruch am Computer verzichtet und stattdessen einen Klebeumbruch (Textstreifen werden per Hand zusammengefügt) vornimmt. Allerdings verliert das Unternehmen dabei erheblich an „Professionalität" und Reiz für die Schülerinnen und Schüler.

Von Schülerinnen und Schülern verfertigte historische Zeitung

Politik: Bitteres Erwachen für die Königsfamilie **Wirtschaft:** König verspricht seinem Volk mehr Brot

Patriote français

u n a b h ä n g i g   l i b e r a l   n a t i o n a l

Nr. 92 1. Jahrgang Herausgegeben von Jean Pierre Brissot 7. Okt. 1789

„Nach Paris, der König nach Paris!"
Tausende Frauen entreißen Versailles die Königsfamilie
- Von unseren Redakteuren Kaufmann & Kaempf -

Seit vorgestern läuten in Paris die Sturmglocken: das Volk hungert, die Kornspeicher sind leer. Der Hunger und das Elend treiben spontan die Pariser Frauen zusammen. Ihre Verzweiflung läßt sie die Bäckerwagen stürmen und Getreidewagen plündern. Die tobende Masse, mittlerweile bewaffnet, folgt dem Aufruf: „Kommt, wir gehen nach Versailles." Nach einer heißen Debatte in der Nationalversammlung wird den aufgebrachten Frauen die Erlaubnis erteilt. eine Abordnung an den König zu schicken. Dadurch konnte die lärmende Masse von einem Blutbad abgehalten werden. Die Gesandtschaft bewirkt, daß der König, in die Enge getrieben, den Befehl erläßt, alles Brot im Volk zu verteilen. Doch dies ist nur ein Tropfen auf den heißen Stein.
In der Nacht soll die Königin ein Opfer des Elends werden. Nachdem schon einige Köpfe ihrer Leibgarde auf den Picken der Masse stecken, soll nun auch der ihrige folgen. Blutrünstig bahnen sich die Frauen den Weg durch das Schloß und können erst kurz vor den Gemächern der Königin aufgehalten werden. Aus Angst um das eigene Leben und das seiner Familie gibt der König den Forderungen der Versammlung nach und erklärt sich bereit, sie nach Paris zu begleiten. Unter dem Jubel der Frauen und der Nationalgarde erreicht der Zug am Abend Paris, wo der König von Bürgermeister Bailly mit den Worten begrüßt wird: „Ein glücklicher Tag, an dem die Pariser Eure Majestät und die königliche Familie wieder bei sich haben!"

Interview
(geführt von Sebastian Kaempf)

Mde. Erna Ries, eine einst gewöhnliche Marktfrau mit geregelter Arbeitszeit, ist heute eine der tragenden revolutionären Kräfte, die am gestrigen Abend das Königsschloß erstürmten.
- Wie kommt es, daß Sie als eine bekannt urfriedliche Bürgerin plötzlich wildent- schlossen zur Sense griffen, um nach Versailles zu ziehen?
Ries: Seit Tagen leiden mein Mann und ich unter akutem Butterbrezelmangel, niddemäl ä einzigs Schoggi häma g'hät. Zwar sin mir beide nu a pfund abe, was minerem Ernscht ja au gut steht, aber dem Kerle passe jo kei Hos me!
(Fortsetzung auf Seite 2)

Übrigens
Aktuelle Fußballergebnisse

Aufgebrachte Pariser Bürgerinnen ziehen bewaffnet gegen Versailles. *Bild: Photostudio mit Herz*

Ludwig XVI. im Wandel?

Noch am 9. August dieses Jahres gab der König Befehl zur Unterdrückung aller revolutionären Bestrebungen.
In seinem Aufruf forderte er von allen Bürgern, "sich mit ganzer Kraft der Fortsetzung derartiger Unordnung zu widersetzten". Denn diese widerspräche "durchaus den wohltätigen Absichten, von denen der König und die Vertreter des Volkes zur Förderung des Wohlergehens des Königreiches erfüllt sind.
Um so erstaunlicher, daß sich Ludwig XVI den Forderungen der revolutionären Masse zu beugen scheint. Unterwirft sich der Monarch tatsächlich dem Druck der Bevölkerung, oder sollte er womöglich von wohltätigen Absichten getrieben werden?

KOMMENTAR
(von Daniel Schneider)

Wer hätte noch vor wenigen Monaten gedacht, daß sich der Zorn des französischen Volkes so gezielt seine Bahnen suchen würde und keine noch so geschulte königliche Leibgarde dem augenscheinlichen Willen der aufgewühlten Massen etwas entgegenzusetzen hat.
Um so beängstigender ist dies, als es zeigt, daß unser ohnehin nicht sehr willensstarker König das Ruder nun vollends aus der Hand gegeben und sich dem anarchischen Pöbel gebeugt hat.
Mit der versuchten Erstürmung des Königsschlosses und der geglückten „Entführung" der Königsfamilie (die schließlich nur um Haaresbreite ihrer Hinmetzelung entkommen konnte) ist der in unseren Tagen vielderiskutierte Konflikt zwischen König und Volk endgültig zur Farce verkommen.

(Fortsetzung auf Seite 2)

(aus dem Unterricht von Michael Seeger, in: Geschichte lernen H. 60 [1997], S. 50)

Ein solches Vorhaben ist insbesondere von der technischen Seite her ziemlich aufwendig und wohl nur in einem Projekt oder Leistungskurs durchführbar. Der Gewinn sind starke Motivation, ein hoher Lerneffekt und große Befriedigung durch ein besonderes Produkt. Die Gestaltung einer Schulbuch(doppel)seite, wie sie in Kapitel 5.2.3 erwähnt wurde, lässt sich gleichfalls in dieser anspruchsvollen Form durchführen. Allerdings geht es hier nicht um die Simulation einer zeitgenössischen Wahrnehmungsperspektive, sondern um die rückblickende Darstellung.

Unterrichtsvorschläge und weiterführende Literatur

Hantsche, Irmgard, Zwischen Quelle und Fiktion: Aktualisierung von Geschichte in „historischen Zeitungen", in: Henke-Bockschatz, Gerhard (Hrsg.), Geschichte und historisches Lernen. Jochen Huhn zum 65. Geburtstag, Kassel 1995, S. 71–86.
Radtke, Gerhard, „Neues von damals ...". Das Projekt Geschichtszeitung 1945–1949, in: Geschichte lernen H. 35 (1993), S. 22–25. Wiederabdruck in: Geschichte lernen Sammelband: Geschichte lehren und lernen, Seelze 1997, S. 82–85.
Seeger, Michael, Patriote française. Eine historische Zeitschrift zur Französischen Revolution, in: Geschichte lernen H. 60 (1997), S. 52–56.
Wierlemann, Sabine, Revolutionszeitung 1848/49. Eine produktionsorientierte Reihe für die Sekundarstufe I, in: RAAbits Geschichte I/61, Reihe 5, S. 1.

Käufliche Geschichtszeitungen

Reihe im Verlag Sauerländer, Luzern 1997 ff.: Die Steinzeit-Nachrichten, Die Ägyptische Zeitung, Die Griechische Zeitung, Die Römische Zeitung, Die Aztekische Zeitung, Die Wikinger-Zeitung, Die Entdecker-Zeitung.

6.2.4 Ausstellung und Internet-Präsentation

Mit einer Ausstellung lassen sich die Ergebnisse der eigenen Arbeit vor einem größeren, schulöffentlichen Publikum präsentieren. Natürlich ist es auch möglich, eine entsprechende Zusammenfassung nur für den internen Klassengebrauch zu erstellen; sogar einzelne Arbeitsgruppen können ihre Ergebnisse in geeigneter visueller Form, z. B. auf Postern, innerhalb der Klasse vorstellen. Hier geht es aber vor allem um eine Präsentation nach außen. Gezeigt werden können die unterschiedlichsten Exponate: historische Zeugnisse – Texte, Bilder, Objekte –, eigene Texte, Zeichnungen und Strukturskizzen, Modelle. Es kann auch interessant sein, die eigene Arbeit in Fotos zu dokumentieren. Sogenannte Flachware lässt sich auf Schautafeln präsentieren, dreidimensionale Objekte benötigen Vitrinen. In vielen Schulen gibt es für diesen Zweck Glasschaukästen, die mit wechselnden Schülerexponaten bestückt werden können. Bei Schautafeln ist die Flexibilität naturgemäß größer. Schon bei der Wahl des Materials sollte man die ästhetische Komponente nicht vernachlässigen. Eine Tapetenrolle oder eine Rolle Zeitungspapier eignen sich für eine Wandzeitung, aber nicht für eine Schautafel. Besser sind großformatige Zeichenkartons (DIN A1, ggf. farbig). Bilderrahmen mit Abdeckung bieten zusätzlich Halt und Schutz vor Staub.

6 Dokumentation und Präsentation

Der entscheidende didaktische Ertrag einer Ausstellung liegt in der gemeinsamen Planung und Herstellung: Was ist an dem Thema überhaupt bedeutsam und interessant für andere? Welche Exponate sollen gezeigt, wie sollen sie arrangiert werden? Wie kann man eine Schautafel auf einen thematischen Aspekt zuspitzen? Wie muss das Layout einer Schautafel aussehen (Blickfang, Überschrift, Verhältnis von Quellen und erläuternden Texten, Textlänge, Schriftart und Schriftgröße, farbliche Gestaltung etc.)? Das alles verlangt viel Detailarbeit. Texte müssen klar und knapp formuliert, fehlerlos und lesbar geschrieben sein, Kopien sauber ausgeschnitten und eingeklebt werden.

Besonders beachten müssen die Schülerinnen und Schüler, dass sie sich an Außenstehende wenden, die von „ihrem" Thema eventuell überhaupt keine Ahnung haben. Es gilt also, sich in deren Lage hineinzuversetzen und die Dinge für sie verständlich darzustellen. Das bedeutet mehr, als das Gelernte nur für sich zusammenzufassen; es muss gleichsam noch einmal zusätzlich geistig umgewälzt werden. Dass es den Schülerinnen und Schülern eine besondere Befriedigung bereitet, ein ästhetisch gelungenes und vorzeigbares Produkt zu produzieren, versteht sich von selbst. Allerdings dürfen Schüler und Lehrkräfte ihre Ansprüche nicht zu hoch schrauben – die großen, medial ausgefeilten öffentlichen Ausstellungen sind nicht der richtige Maßstab. Schließlich kann man in der Klasse sogar gemeinsam einen Ausstellungskatalog erstellen. Auch hierfür müssen geeignete Texte formuliert, Fotos gemacht, Zeichnungen angefertigt, muss ein Layout entworfen werden. Wie auch bei der historischen Zeitung hängt viel von der gelungenen technisch-ästhetischen Umsetzung ab.

Gleichsam eine „elektronische Ausstellung" ist die Präsentation von Arbeitsergebnissen aus dem Geschichtsunterricht im Internet. Sie wendet sich an eine weitere Öffentlichkeit, nicht nur an die der eigenen Schule. Dafür kommen allerdings nur besonders gelungene Unterrichtsvorhaben – zumeist Kurse oder Projekte – infrage, bei denen man vermuten kann, dass sie auf ein allgemeineres Interesse stoßen. Der didaktische Sinn einer solchen Präsentation liegt zunächst auf derselben Ebene wie bei einer „materiellen" Ausstellung: Das Erarbeitete muss zusammengefasst, Exponate müssen ausgewählt, Texte geschrieben werden. Die technischen Gestaltungsmittel sind freilich völlig andere und ihnen muss man sich bei der Ausarbeitung des Ganzen anpassen.

Alle Schulen verfügen heute über eine Homepage. Es ist kein Problem, dort Raum für eine Geschichtspräsentation zur Verfügung gestellt zu bekommen. Die technische Realisation wird in der Regel in den Händen der Informatik-Lehrkraft oder der Informatik-Arbeitsgruppe liegen, die die Homepage betreut. Schülerinnen und Schüler können sich nicht eigens in den Umgang mit HTML und HTML-Editoren einarbeiten, um ihre Geschichtspräsentation zu erstellen. Anders ist es, wenn ohnehin einige Spezialisten in der Klasse oder im Kurs sind, die die technische Umsetzung übernehmen können. Der Aufwand ist jedoch allemal so groß, dass er sich nur außerhalb der Unterrichtszeit bewältigen lässt.

Um einen Eindruck von der Gestaltung von Websites zu erhalten, ist es sinnvoll, sich entsprechende Präsentationen im Internet gezielt unter diesem Aspekt anzusehen. Wie stets müssen auch hier Inhalt und Form in einem vernünftigen, funktionalen Verhältnis stehen. Die Seiten sollten übersichtlich und leserfreundlich sein – zu viel grafischer Schnickschnack irritiert. Bilder sind attraktiv, können aber den Aufbau der Seite verzögern; deshalb sollte man auch hier nicht zuviel des Guten tun. Sollen dreidimensionale Objekte gezeigt werden, muss man sie vorher fotografieren.

Ein besonderer Wert der Internet-Präsentation liegt darin, dass sie weiträumige Kommunikationsmöglichkeiten eröffnet. Andere Lehrkräfte und Klassen können sich durch die eigene Arbeit anregen lassen. Falls jemand zum gleichen Thema gearbeitet hat, kann man schnell und direkt per E-Mail miteinander Kontakt aufnehmen und sich austauschen. Die E-Mail-Adresse sollte stets auf der Homepage angegeben sein. Die Voraussetzung dafür, dass man zueinander findet: Man muss in einer der gängigen Link-Listen vertreten sein. Bei besonders ertrag- und materialreichen Projekten kann sich im Übrigen auch die Produktion einer CD-ROM lohnen, allerdings ist man dabei auf finanzielle Unterstützung von außen angewiesen.

Geschichtsdidaktische Zeitschriften

Geschichte betrifft uns. Aachen: Bergmoser und Höller 1983 ff.: Unterrichtsmaterialien mit Schwerpunkt Sek. II, versehen mit einer kurzen Einführung und Vorschlagsskizzen für den Unterrichtsverlauf. Erscheint in 6 Ausgaben jährlich.

Geschichte für heute. Zeitschrift für historisch-politische Bildung. Zeitschrift des Verbandes der Geschichtslehrer Deutschlands, Schwalbach/Ts.: Wochenschau 2008 ff.: Fachwissenschaftliche und didaktische Beiträge, Rezensionen, Nachrichten aus den Verbänden. Erscheint in 4 Heften jährlich.

Geschichte lernen. Geschichtsunterricht heute, Seelze: Friedrich 1988 ff.: Beiträge für die Unterrichtspraxis mit Materialien, Themenhefte mit einem einführenden Grundsatzartikel. Erscheint in 6 Heften jährlich.

Geschichte in Wissenschaft und Unterricht (GWU), Stuttgart: Klett 1950–1983, Seelze: Friedrich 1984 ff.: Fachwissenschaftliche und didaktische Beiträge, Schwerpunktthemen, Literaturberichte zu vielen Themengebieten. Erscheint in 6 Doppelheften jährlich.

Geschichte, Politik und ihre Didaktik. Zeitschrift für historisch-politische Bildung. Beiträge und Nachrichten für die Unterrichtspraxis. Zeitschrift für die Landesverbände Bremen, Hessen und Nordrhein-Westfalen im Verband der Geschichtslehrer Deutschlands, Paderborn: Schöningh 1973–1998, Münster: Aschendorff 1999–2008: Fachwissenschaftliche und didaktische Beiträge, Rezensionen, Nachrichten aus den Verbänden.

Informationen für den Geschichts- und Gemeinschaftskundelehrer, hrsg. von den Landesverbänden Baden-Württemberg, Berlin, Brandenburg, Mecklenburg-Vorpommern, Niedersachsen, Rheinland-Pfalz, Saarland, Sachsen, Sachsen-Anhalt, Schleswig-Holstein im Verband der Geschichtslehrer Deutschlands, Frankfurt a. M.: Diesterweg 1967–1996, Schwalbach/Ts.: Wochenschau 1997–2008.

Jahrbuch der Internationalen Gesellschaft für Geschichtsdidaktik, Schwalbach/Ts.: Wochenschau 2001 ff.: Beiträge zur Geschichtsdidaktik, Schwerpunktthemen. Erscheint in einem Band jährlich.

Praxis Geschichte, Braunschweig: Westermann 1988 ff.: Beiträge für die Unterrichtspraxis mit Materialien, Themenhefte mit einem einführenden Grundsatzartikel. Erscheint in 6 Heften jährlich.

Zeitschrift für Geschichtsdidaktik. Hrsg. im Auftrag der Konferenz für Geschichtsdidaktik, Schwalbach/Ts.: Wochenschau 2002–2009, Göttingen: Vandenhoeck und Ruprecht 2010 ff.: Beiträge zur Geschichtsdidaktik, Schwerpunktthemen, zahlreiche Rezensionen. Erscheint in einem Band jährlich.

Literaturverzeichnis

Das Literaturverzeichnis enthält nur Veröffentlichungen von allgemeinerer Bedeutung. Auf einschlägige Unterrichtsvorschläge wird jeweils am Ende der Kapitel verwiesen, sie sind hier nicht noch einmal genannt. Mehrere Veröffentlichungen desselben Autors sind chronologisch, nochmals mehrere innerhalb eines Jahres alphabetisch nach Titelanfängen geordnet. Weitere Autoren bleiben dabei unberücksichtigt.

Adamski, Peter, Leistungen dokumentieren und bewerten, in: Geschichte lernen H. 96 (2003), S. 10–17.
Adamski, Peter, Portfolio im Geschichtsunterricht. Leistungen dokumentieren – Lernen reflektieren, in: GWU 54, 2003, H. 1, S. 32–50.
Adamski, Peter, Portfolio für den Anfangsunterricht Geschichte, in: Geschichte lernen H. 96 (2003), S. 29–33.
Adamski, Peter, Historisches Lernen in Projekten, in: Geschichte lernen H. 110 (2006), S. 2–9.
Adamski, Peter, Präsentationen im Geschichtsunterricht, in: GWU 57, 2007, H. 11, S. 665–674.
Adamski, Peter, Gruppenarbeit und kooperatives Lernen. Gemeinsam historisch lernen, in: Geschichte lernen H. 123 (2008), S. 2–14.
Adamski, Peter, Auf vielen Wegen ins Land der Pharaonen. Innere Differenzierung im Geschichtsunterricht, in: Geschichte lernen H. 131 (2009), S. 2–11.
Adamski, Peter, Gruppen- und Partnerarbeit im Geschichtsunterricht. Historisches Lernen kooperativ, Schwalbach/Ts. 2010.
Ahlheim, Klaus u. a., Gedenkstättenfahrten. Handreichung für Schule, Jugend und Erwachsenenbildung in Nordrhein-Westfalen, Schwalbach/Ts. 2005.
Alavi, Bettina, Geschichtsunterricht in der multiethnischen Gesellschaft. Eine fachdidaktische Studie zur Modifikation des Geschichtsunterrichts aufgrund migrationsbedingter Veränderungen, Frankfurt a. M. 1998.
Alavi, Bettina, Von der Theorie zur Praxis interkulturellen Geschichtslernens. Problembereiche bei der Planung und Durchführung von Unterricht, in: GWU 52, 2001, H. 5/6, S. 325–331.
Alavi, Bettina, Geschichtsunterricht in der multiethnischen Gesellschaft, in: Demantowsky, Marko/Schönemann, Bernd (Hrsg.), Neue geschichtsdidaktische Positionen, Bochum 2002, S. 13–26.
Alavi, Bettina, Interkulturelles Geschichtslernen, in: Zeitschrift für Geschichtsdidaktik Bd. 1, 2002, S. 123–137.
Alavi, Bettina, Begriffsbildung im Geschichtsunterricht. Problemstellungen und Befunde, in: Uffelmann, Uwe/Seidenfuß, Manfred (Hrsg.), Verstehen und Vermitteln. Armin Reese zum 65. Geburtstag, Idstein 2004, S. 39–61.
Alavi, Bettina, Das Verhältnis von Disziplinarität und Interdisziplinarität in Fächerverbünden der Hauptschule am Beispiel Geschichte, in: Handro, Saskia/Schönemann, Bernd (Hrsg.), Geschichtsdidaktische Lehrplanforschung. Methoden – Analysen – Perspektiven, Münster 2004, S. 137–151.
Alavi, Bettina/Henke-Bockschatz, Gerhard (Hrsg.), Migration und Fremdverstehen. Geschichtsunterricht und Geschichtskultur in der multiethnischen Gesellschaft, Idstein 2004.
Alavi, Bettina, Wie lernen Schüler mit „historischer" Selbstlernsoftware?, in: Martin, Judith/Hamann, Christoph (Hrsg.), Geschichte – Friedensgeschichte – Lebensgeschichte, Herbolzheim 2007, S. 205–220.
Alavi, Bettina, Die baden-württembergischen Diagnose- und Vergleichsarbeiten im Fach Geschichte der Realschule. Eine kritische Einschätzung, in: GWU 59, 2008, H. 4, S. 231–245.
Alavi, Bettina (Hrsg.), Historisches Lernen im virtuellen Medium, Heidelberg 2010.

Literaturverzeichnis

Andraschko, Frank M./Link, Alexander/Schmitz, Hans-Jakob (Hrsg.), Geschichte erleben im Museum. Anregungen und Beispiele für den Geschichtsunterricht, Frankfurt a. M. 1992.
Angvik, Magne/Borries, Bodo von (Hrsg.), Youth and History. A Comparative European Survey on Historical Consciousness and Political Attitudes among Adolescents, 2 Bde., Hamburg 1997.
Arand, Tobias, Nur Augustus zählt – Die „Alte Geschichte" und ihre Stellung in den deutschen Oberstufenlehrplänen, in: Handro, Saskia/Schönemann, Bernd (Hrsg.), Geschichtsdidaktische Lehrplanforschung. Methoden – Analysen – Perspektiven, Münster 2004, S. 175–184.
Arand, Tobias/Borries, Bodo von (Hrsg.), Geschichtsunterricht im Dialog. Fächerübergreifende Zusammenarbeit, Münster 2005.
Arbeit mit Karten im Geschichtsunterricht am Gymnasium. Eine Handreichung für Lehrerinnen und Lehrer, hrsg. vom Staatsinstitut für Schulqualität und Bildungsforschung, München 2004.
Arnold, Klaus, Der wissenschaftliche Umgang mit Quellen, in: Goertz, Hans-Jürgen (Hrsg.), Geschichte. Ein Grundkurs, Reinbek 3., rev. u. erw. Aufl. 2007, S. 48–65.
Asendorf, Manfred u. a. (Hrsg.), Geschichte. Lexikon der wissenschaftlichen Grundbegriffe, Reinbek 1994.
Asmuss, Burkhard/Hinz, Hans-Martin (Hrsg.), Zum Umgang mit historischen Stätten aus der Zeit des Nationalsozialismus, Hamburg 2002.

Bachmann-Medick, Doris, Cultural Turns. Neuorientierungen in den Kulturwissenschaften, Reinbek 4. Aufl. 2010.
Baring, Frank, Internationale geschichtsdidaktische Perspektiven – Multiperspektivität, Empathie und Perspektivenübernahme in den USA und Großbritannien, in: Handro, Saskia/Schönemann, Bernd (Hrsg.), Geschichtsdidaktische Lehrplanforschung. Methoden – Analysen – Perspektiven, Münster 2004, S. 217–234.
Baring, Frank, Empathie und historisches Lernen. Eine Untersuchung zur theoretischen Begründung aus Ausformung in Schulgeschichtsbüchern, Frankfurt a. M. 2011.
Barricelli, Michele, Das Garn, die Webart und der Fadenschein – Zum Problem der Förderung narrativer Kompetenz im Geschichtsunterricht, in: Schönemann, Bernd/Voit, Hartmut (Hrsg.), Von der Einschulung bis zum Abitur. Prinzipien und Praxis historischen Lernens in den Schulstufen, Idstein 2002, S. 283–292.
Barricelli, Michele, Schüler erzählen Geschichte. Narrative Kompetenz im Geschichtsunterricht, Schwalbach/Ts. 2005.
Barricelli, Michele/Sauer, Michael, „Was ist guter Geschichtsunterricht?" Fachdidaktische Kategorien zur Beobachtung und Analyse von Geschichtsunterricht, in: GWU 57, 2006, H. 1, S. 4–26.
Barricelli, Michele, Migrationserzählung und historische Identitätsbildung, in: GWU 58, 2007, H. 12, S. 724–743.
Barricelli, Michele u. a. (Hrsg.), Historisches Wissen ist narratives Wissen. Aufgabenformate für den Geschichtsunterricht in den Sekundarstufen I und II, Berlin 2008.
Barricelli, Michele/Hornig, Julia (Hrsg.), Aufklärung, Bildung, „Histotainment"? Zeitgeschichte in Unterricht und Gesellschaft heute, Frankfurt a. M. u. a. 2008.
Barricelli, Michele, „The story we're going to try and tell". Zur andauernden Relevanz der narrativen Kompetenz für das historische Lernen, in: Zeitschrift für Geschichtsdidaktik 7, 2008, S. 140–153.
Barricelli, Michele, History on demand. Eine zeitgemäße Betrachtung zur Arbeit mit historischen Spielfilmen im kompetenzorientierten Geschichtsunterricht, in: Drews, Albert (Hrsg.), Zeitgeschichte als TV-Event. Erinnerungsarbeit und Geschichtsvermittlung im deutschen Fernsehfilm, Rehburg-Loccum 2008, S. 99–120.
Barricelli, Michele/Zwicker, Falk, Different words, possible words. Zum Problem des code-switching im bilingualen Geschichtsunterricht, in: Zeitschrift für Geschichtsdidaktik 8, 2009, S. 12–24.

Barricelli, Michele/Sauer, Michael, Current Issues in German Research on Historical Understanding, in: Martens, Matthias/Hartmann, Ulrike/Sauer, Michael/Hasselhorn, Marcus (Hrsg.), Interpersonal Understanding in Historical Context, Rotterdam u. a. 2010, S. 61–80.

Barricelli, Michele, Thematische Strukturierungskonzepte, in: Günther-Arndt, Hilke (Hrsg.), Geschichts-Methodik. Handbuch für die Sekundarstufe I und II, Berlin 3. Aufl. 2010, S. 47–62.

Barricelli, Michele/Becker, Axel/Heuer, Andreas (Hrsg.), Jede Gegenwart hat ihre Gründe. Geschichtsbewusstsein, historische Lebenswelt und Zukunftserwartung im frühen 21. Jahrhundert. Festschrift für Hans-Jürgen Pandel zum 70. Geburtstag, Schwalbach/Ts. 2011.

Barschdorff, Signe, Wie können Schüler Geschichte verstehen – nach Pisa? Gedanken zu Lesekompetenz und Geschichtsunterricht, in: Mecking, Sabine/Schröder, Stefan (Hrsg.), Kontrapunkt. Vergangenheitsdiskurse und Gegenwartsverständnis. Festschrift Wolfgang Jacobmeyer, Essen 2005, S. 217–231.

Barth, Jörg, u. a. Warum fuhr Kolumbus nicht nach Amerika? „Geschichte und Politik" messen: Vorgehen, Ergebnisse, Folgerungen, Ebikon 2000.

Bauer, Volker u. a., Methodenarbeit im Geschichtsunterricht, Berlin 1998.

Bauer, Jan Patrick/Meyer-Hamme, Johannes/Körber, Andreas (Hrsg.), Geschichtslernen – Innovationen und Reflexionen. Geschichtsdidaktik im Spannungsfeld von theoretischen Zuspitzungen, empirischen Erkundungen, normativen Überlegungen und pragmatischen Wendungen. Festschrift für Bodo von Borries zum 65. Geburtstag, Kenzingen 2008.

Bauer, Jan-Patrick, Historischer Lernort KZ-Gedenkstätte? Eine diskursanalytische Perspektive, in: Handro, Saskia/Schönemann, Bernd (Hrsg.), Orte historischen Lernens, Berlin 2008, S. 179–194.

Bauer, Roland, Schülergerechtes Arbeiten in der Sekundarstufe I: Lernen an Stationen, Berlin 6. Aufl. 2008.

Baumann, Christina, 55 Unterrichtseinstiege Geschichte, Donauwörth 3. Aufl. 2011.

Baumann, Heidrun, Der Film, in: Schreiber, Waltraud (Hrsg.), Erste Begegnungen mit Geschichte. Grundlagen historischen Lernens, Bd. 1, Neuried 2., erw. u. überarb. Aufl. 2004, S. 579–595.

Baumann, Norbert, Methoden-Bausteine für den Geschichtsunterricht. Klasse 5–13, Lichtenau 2006.

Baumgärtner, Ulrich, Wissenschaftspropädeutik oder historische Bildung? Der Geschichtsunterricht am Gymnasium, in: Schönemann, Bernd/Voit, Hartmut (Hrsg.), Von der Einschulung bis zum Abitur. Prinzipien und Praxis historischen Lernens in den Schulstufen, Idstein 2002, S. 230–242.

Baumgärtner, Ulrich/Fenn, Monika (Hrsg.), Geschichte und Film. Erkundungen zum Spiel-, Dokumentar- und Unterrichtsfilm, München 2004.

Baumgärtner, Ulrich, Historische Orte, in: Geschichte lernen H. 106 (2005), S. 12–18.

Baumgärtner, Ulrich, „Es gilt das gesprochene Wort". Politische Reden und historisches Lernen, in: Praxis Geschichte H. 6/2007, S. 4–9.

Bayly, Christopher A., Die Geburt der modernen Welt. Eine Globalgeschichte 1780–1914, Frankfurt a. M./New York 2006.

Becher, Ursula A. J., Schulbuch, in: Pandel, Hans-Jürgen/Schneider, Gerhard (Hrsg.), Handbuch Medien im Geschichtsunterricht, Schwalbach/Ts. 6. erw. Aufl. 2011, S. 45–68.

Beck, Friedrich/Henning, Eckart (Hrsg.), Die archivalischen Quellen. Mit einer Einführung in die Historischen Hilfswissenschaften, Köln/Weimar/Wien 3., überarb. Aufl. 2003.

Beck, Isabel L./McKeown, Margaret, G., Outcomes of History Instruction: Paste-up accaunts, in: Carretero, Mario/Voss, James F. (Eds.), Cognitive and Instructional Processes in History and the Social Sciences, Hillsdale/N. J. 1994, S. 237–256.

Becker, Georg E./Kohler, Britta, Hausaufgaben kritisch sehen und die Praxis sinnvoll gestalten. Handlungsorientierte Didaktik, Weinheim 4., überarb. Aufl. 2002.

Becker, Georg E., Unterricht auswerten und beurteilen (Handlungsorientierte Didaktik Teil III), Weinheim/Basel 8., überarb. Aufl. 2005.

Beetz, Petra/Blell, Gabriele/Klose, Dagmar, Den anderen ein Stück näher. Fremdverstehen in bilingualen Lehr- und Lernkontexten Geschichte – Englisch, in: Blell, Gabriele/Kupetz, Rita (Hrsg.), Bilingualer Sachfachunterricht und Lehrerausbildung für den bilingualen Unterricht. Forschung und Praxisberichte, Frankfurt a. M. u. a. 2005, S. 15–50.
Behrndt, Karsten/Wittwer, Frank Michael, Einstiege. Problemorientierte Beispiele, in: Praxis Geschichte H. 3/2008, S. I–IV.
Beicken, Peter, Wie interpretiert man einen Film?, Stuttgart 2004.
Beilner, Helmut, Geschichte in der Sekundarstufe I, Donauwörth 1976.
Beilner, Helmut, Historisches Verstehen und Zeit-Lernen, in: Grundschule H. 9/2000, S. 24–26.
Beilner, Helmut, Empirische Zugänge zur Arbeit mit Textquellen in der Sekundarstufe I, in: Schönemann, Bernd/Voit, Hartmut (Hrsg.), Von der Einschulung bis zum Abitur. Prinzipien und Praxis historischen Lernens in den Schulstufen, Idstein 2002, S. 84–96.
Beilner, Helmut, Empirische Forschung in der Geschichtsdidaktik, in: GWU 45, 2003, H. 5/6, S. 212–302.
Beilner, Helmut, Empirische Erkundungen zum Geschichtsbewußtsein am Ende der Grundschulzeit, in: Schreiber, Waltraud (Hrsg.), Erste Begegnungen mit Geschichte. Grundlagen historischen Lernens, Bd. 1, Neuried 2., erw. u. überarb. Aufl. 2004, S. 153–188.
Benz, Wolfgang, Geschichte in Spielfilmen und Fernsehdokumentationen – eine Herausforderung für die historisch-kritische Geschichtsforschung, in: Geschichte und Politik in der Schule 43, 2006, S. 3–7.
Bergmann, Klaus, Warum sollen Schüler Geschichte lernen?, in: Geschichtsdidaktik 1, 1976, H. 1, S. 3–14.
Bergmann, Klaus, Personalisierung im Geschichtsunterricht – Erziehung zu Demokratie?, Stuttgart 1972, 2., erw. Aufl. 1977.
Bergmann, Klaus/Schneider, Gerhard (Hrsg.), Gesellschaft – Staat – Geschichtsunterricht. Beiträge zu einer Geschichte der Geschichtsdidaktik und des Geschichtsunterrichts von 1500–1980, Düsseldorf 1982.
Bergmann, Klaus, Die anderen, in: Geschichte lernen H. 3 (1988), S. 5–11.
Bergmann, Klaus, Gedenktage, Gedenkjahre und historische Vernunft, in: Geschichte lernen H. 49 (1996), S. 11–19.
Bergmann, Klaus, Historisches Lernen in der Grundschule, in: George, Siegfried/Prote, Ingrid (Hrsg.), Handbuch zur politischen Bildung in der Grundschule, Schwalbach/Ts. 1996, S. 116–130.
Bergmann, Klaus, u. a. (Hrsg.), Handbuch der Geschichtsdidaktik, Seelze 5., überarb. Aufl. 1997.
Bergmann, Klaus, Multiperspektivität, in: Bergmann, Klaus u. a. (Hrsg.), Handbuch der Geschichtsdidaktik, 5., überarb. Aufl. Seelze 1997, S. 301–303.
Bergmann, Klaus, Geschichtsdidaktik. Beiträge zu einer Theorie historischen Lernens, Schwalbach/Ts. 1998.
Bergmann, Klaus/Thurn, Susanne, Beginn des Geschichtsunterrichts, in: Geschichte lernen H. 62 (1998), S. 18–25.
Bergmann, Klaus, Multiperspektivität (Stichworte zur Geschichtsdidaktik), in: GWU 45, 1994, H. 3, S. 194–198. Wiederabdruck in: Geschichtsunterricht heute. Grundlagen – Probleme – Möglichkeiten (Sammelband: GWU-Beiträge der neunziger Jahre), Seelze 1999. S. 42–46.
Bergmann, Klaus, Multiperspektivität. Geschichte selber denken, Schwalbach/Ts. 2. Auf. 2008.
Bergmann, Klaus/Rohrbach, Rita (Hrsg.), Frühes historisches Lernen, Schwalbach/Ts. 2001.
Bergmann, Klaus, Versuch über die Fragwürdigkeit des chronologischen Geschichtsunterrichts, in: Pandel, Hans-Jürgen/Schneider, Gerhard (Hrsg.), Wie weiter? Zur Zukunft des Geschichtsunterrichts, Schwalbach/Ts. 2001, S. 33–55.
Bergmann, Klaus, Der Gegenwartsbezug im Geschichtsunterricht, Schwalbach/Ts. 2002.
Bergmann, Klaus, Kinder entdecken Geschichte. Historisches Lernen in der Grundschule, in: Demantowsky, Marko/Schönemann, Bernd (Hrsg.), Neue geschichtsdidaktische Positionen, Bochum 2002, S. 93–102.

Bergmann, Klaus, Der Gegenwartsbezug im Geschichtsunterricht, Schwalbach/ Ts. 2002.
Bergmann, Klaus, Gegenwartsbezug – Zukunftsbezug, in: GWU 55, 2004, H. 1, S. 37–46.
Bergmann, Klaus/Rohrbach, Rita (Hrsg.), Kinder entdecken Geschichte. Theorie und Praxis historischen Lernens in der Grundschule und im frühen Geschichtsunterricht, Schwalbach/ Ts. 2. Aufl. 2005.
Bergmann, Klaus/Rohrbach, Rita, Chance Geschichtsunterricht. Eine Praxisanleitung für den Notfall, für Anfänger und Fortgeschrittene, Schwalbach/Ts. 2005.
Bergmann, Klaus/Schneider, Gerhard, Das Bild, in: Pandel, Hans-Jürgen/Schneider, Gerhard (Hrsg.), Handbuch Medien im Geschichtsunterricht, Schwalbach/Ts. 6., erw. Aufl. 2011, S. 225–268.
Bergmann, Klaus, Gegenwarts- und Zukunftsbezug, in: Mayer, Ulrich/Pandel, Hans-Jürgen/ Schneider, Gerhard (Hrsg.), Handbuch Methoden im Geschichtsunterricht, Schwalbach/Ts. 3. Aufl. 2011, S. 91–112.
Bergmann, Klaus, Multiperspektivität, in: Mayer, Ulrich/Pandel, Hans-Jürgen/Schneider, Gerhard (Hrsg.), Handbuch Methoden im Geschichtsunterricht, Schwalbach/Ts. 3. Aufl. 2011, S. 65–77.
Bergold, Björn, „Man lernt ja bei solchen Filmen immer noch dazu". Der Fernsehzweiteiler „Die Flucht" und seine Rezeption in der Schule, in: GWU 61, 2010, H. 9, S. 503–515.
Bernhardt, Markus, Geschichte inszenieren. Chancen und Probleme von szenischen Spielen im Geschichtsunterricht, in: GWU 55, 2004, H. 1, S. 20–36.
Bernhardt, Markus/Henke-Bockschatz, Gerhard/Sauer, Michael (Hrsg.), Bilder – Wahrnehmungen – Konstruktionen. Reflexionen über Geschichte und historisches Lernen. Festschrift für Ulrich Mayer zum 65. Geburtstag, Schwalbach/Ts. 2006.
Bernhardt, Markus, Verführung durch Anschaulichkeit. Chancen und Risiken bei der Arbeit mit Bildern zur mittelalterlichen Geschichte, in: Bernhardt, Markus/Henke-Bockschatz, Gerhard/Sauer, Michael (Hrsg.), Bilder – Wahrnehmungen – Konstruktionen. Reflexionen über Geschichte und historisches Lernen. Festschrift für Ulrich Mayer zum 65. Geburtstag, Schwalbach/Ts. 2006, S. 47–61.
Bernhardt, Markus, Vom ersten auf den zweiten Blick. Zur Wahrnehmung von Bildern im Geschichtsunterricht, in: GWU 58, 2007, H. 7/8, S. 417–432.
Bernhardt, Markus, Die Subjektseite der visuellen Begegnung. Vom Nutzen qualitativer empirischer Untersuchungen für die Entwicklung fachspezifischer Kompetenzen, in: Zeitschrift für Geschichtsdidaktik 6, 2007, S. 108–124.
Bernhardt, Markus, Das Spiel im Geschichtsunterricht, Schwalbach/Ts. 2. Aufl. 2010.
Bernhardt, Markus, „Ich sehe was, was Du nicht siehst!" Überlegungen zur Kompetenzentwicklung im Geschichtsunterricht am Beispiel der Bildwahrnehmung, in: Handro, Saskia/ Schönemann, Bernd (Hrsg.), Visualität und Geschichte, Berlin 2011, S. 37–53.
Bernhardt, Markus, Lernspiele, in: Mayer, Ulrich/Pandel, Hans-Jürgen/Schneider, Gerhard (Hrsg.), Handbuch Methoden im Geschichtsunterricht, Schwalbach/Ts. 3. Aufl. 2011, S. 425–445.
Beutel, Silvia-Iris (Hrsg.), Leistung ermitteln und bewerten, Hamburg 3. Aufl. 2006.
Billmann-Mahecha, Elfriede, Empirisch-psychologische Zugänge zum Geschichtsbewußtsein von Kindern, in: Straub, Jürgen (Hrsg.), Erzählung, Identität und historisches Bewußtsein. Die psychologische Konstruktion von Zeit und Geschichte (Erinnerung, Geschichte, Identität Bd. 1), Frankfurt a. M. 1998, S. 266–297.
Bleitzhofer, Stephan, Geschichtsunterricht im Spiegel der Lehrbücher. Themen, Darstellungen, Methoden – Versuch einer Analyse, in: Schreiber, Waltraud (Hrsg.), Die religiöse Dimension im Geschichtsunterricht. Ein interdisziplinäres Forschungsprojekt – Tagungsband, Neuried 2000, S. 279–318.
Blell, Gabriele/Kupetz, Rita (Hrsg.), Bilingualer Sachfachunterricht und Lehrerausbildung für den bilingualen Unterricht. Forschung und Praxisberichte, Frankfurt a. M. u. a. 2005.
Bloom, Benjamin, Taxonomie von Lernzielen im kognitiven Bereich, Weinheim u. a. 5. Aufl. 1976.

Bloom, Benjamin, Taxonomie von Lernzielen im affektiven Bereich, Weinheim u. a. 2. Aufl. 1978.
Böhning, Peter, Geschichtsunterricht in der Sekundarstufe II, in: Bergmann, Klaus u. a. (Hrsg.), Handbuch der Geschichtsdidaktik, 5., überarb. Aufl. Seelze 1997, S. 530–533.
Bösch, Frank, Das „Dritte Reich" ferngesehen. Geschichtsvermittlung in der historischen Dokumentation, in: GWU 50, 1999, H. 4, S. 204–220.
Böttcher, Christina, Die Karte, in: Pandel, Hans-Jürgen/Schneider, Gerhard (Hrsg.), Handbuch Medien im Geschichtsunterricht, Schwalbach/Ts. 6., erw. Aufl. 2011, S. 184–210.
Böttcher, Christina, Umgang mit Karten, in: Mayer, Ulrich/Pandel, Hans-Jürgen/Schneider, Gerhard (Hrsg.), Handbuch Methoden im Geschichtsunterricht, Schwalbach/Ts. 3. Aufl. 2011, S. 225–254.
Boockmann, Hartmut, Über einen Topos in den Mittelalter-Darstellungen der Schulbücher: Die Lehnspyramide, in: GWU 43, 1992, H. 6, S. 361–372. Wiederabdruck in: Geschichtsunterricht heute. Grundlagen – Probleme – Möglichkeiten (Sammelband: GWU-Beiträge der neunziger Jahre), Seelze 1999. S. 111–122.
Borries, Bodo von, Lernziele und Textaufgaben für den Geschichtsunterricht, dargestellt an der Behandlung der Römischen Republik in der 7. Klasse, Stuttgart 1973.
Borries, Bodo von, Wie man Geschichtstests nicht machen darf!, in: Geschichtsdidaktik 1, 1976, H. 2, S. 22–38.
Borries, Bodo von, „Reifung" oder „Sozialisation" des Geschichtsbewußtseins? Zur Rekonstruktion einer vorschnell verschütteten Kontroverse, in: Geschichtsdidaktik 12, 1987, H. 2, S. 143–159.
Borries, Bodo von, Erzählte Hexenverfolgung. Über legitime und praktikable Medien für die 5. bis 8. Klasse, in: Geschichte lernen H. 2 (1988), S. 27–49.
Borries, Bodo von, Geschichtslernen und Geschichtsbewußtsein. Empirische Erkundungen zu Erwerb und Gebrauch von Historie, Stuttgart 1988.
Borries, Bodo von, Krise und Perspektive der Geschichtsdidaktik – Eine persönliche Bemerkung, in: Geschichte lernen H. 15 (1990), S. 2–5.
Borries, Bodo von/Pandel, Hans-Jürgen/Rüsen, Jörn (Hrsg.), Geschichtsbewußtsein empirisch, Pfaffenweiler 1991.
Borries, Bodo von/Lehmann, Rainer H., Geschichtsbewußtsein Hamburger Schülerinnen und Schüler 1988. Empirische Befunde einer quantitativen Pilotstudie, in: Borries, Bodo von/ Pandel, Hans-Jürgen/Rüsen, Jörn (Hrsg.), Geschichtsbewußtsein empirisch, Pfaffenweiler 1991, S. 121–220.
Borries, Bodo von, Grundsätze zur Vorbereitung, Durchführung und Reflexion von Unterricht, in: Geschichte lernen H. 28 (1992), S. 18f. Wiederabdruck in: Geschichte lernen Sammelband: Geschichte lehren und lernen, Seelze 1997, S. 2f.
Borries, Bodo von (mit Dähn, Susanne/Körber, Andreas/Lehmann, Rainer H.), Kindlich-jugendliche Geschichtsverarbeitung in West- und Ostdeutschland 1990. Ein empirischer Vergleich, Pfaffenweiler 1992.
Borries, Bodo von/Pandel, Hans-Jürgen (Hrsg.), Zur Genese historischer Denkformen, Pfaffenweiler 1994.
Borries, Bodo von, Das Geschichtsbewußtsein Jugendlicher. Eine repräsentative Untersuchung über Vergangenheitsdeutungen, Gegenwartswahrnehmungen und Zukunftserwartungen von Schülerinnen und Schülern in Ost- und Westdeutschland, Weinheim/München 1995.
Borries, Bodo von, Inhalte oder Kategorien? Überlegungen zur kind-, sach-, zeit- und schulgerechten Themenauswahl für den Geschichtsunterricht, in: GWU 46, 1995, H. 7/8, S. 421–435. Wiederabdruck in: Geschichtsunterricht heute. Grundlagen – Probleme – Möglichkeiten (Sammelband: GWU-Beiträge der neunziger Jahre), Seelze 1999. S. 22–36.
Borries, Bodo von, Geschichtsunterricht in der gymnasialen Oberstufe. Realisierung, Systematik, Exemplarik, Ergebnissicherung, in: Zeitschrift für Pädagogik 42, 1996, H. 4, S. 519–539.
Borries, Bodo von, Imaginierte Geschichte. Die biografische Bedeutung historischer Fiktionen und Phantasien, Köln/Weimar/Wien 1996.

Borries, Bodo von, Präsentation und Rezeption von Geschichte im Museum, in: GWU 48, 1997, H. 5/6, S. 337–343.
Borries, Bodo von, Erlebnis, Identifikation und Aneignung beim Geschichtslernen, in: Neue Sammlung 38, 1998, H. 2, S. 171–202.
Borries, Bodo von, Historische Projektarbeit im Vergleich der Methodenkonzepte. Empirische Befunde und normative Überlegungen, in: Schönemann, Bernd u. a. (Hrsg.), Geschichtsbewußtsein und Methoden historischen Lernens, Weinheim 1998, S. 276–306.
Borries, Bodo von, Erlebnis, Identifikation und Aneignung beim Geschichtslernen, in: Fauser, Peter/von Wulffen, Dorothee (Hrsg.), Imaginatives Lernen in Literatur und Geschichte, Seelze 1999, S. 71–122.
Borries, Bodo von, Geschichte in der gymnasialen Oberstufe. Ein Körnchen Empirie, in: Geschichte lernen H. 68 (1999), S. 4–6.
Borries, Bodo von, Notwendige Bestandsaufnahme nach 30 Jahren? Ein Versuch über Post-'68-Geschichtsdidaktik und Post-'89-Problemfelder, in: GWU 50, 1999, H. 5/6, S. 268–281.
Borries, Bodo von/Alavi, Bettina, Geschichte, in: Reich, Hans H./Roth, Hans-Joachim (Hrsg.), Fachdidaktik interkulturell. Ein Handbuch, Opladen 2000, S. 55–97.
Borries, Bodo von, Geschichtsdidaktik am Ende des 20. Jahrhunderts. Eine Bestandsaufnahme zum Spannungsfeld zwischen Geschichtsunterricht und Geschichtspolitik, in: Pandel, Hans-Jürgen/Schneider, Gerhard (Hrsg.), Wie weiter? Zur Zukunft des Geschichtsunterrichts, Schwalbach/Ts. 2001, S. 7–32.
Borries, Bodo von, Interkulturalität beim historisch-politischen Lernen – Ja sicher, aber wie, in: GWU 52, 2001, H. 5/6, S. 305–324.
Borries, Bodo von, Lehr- und Lernforschung im Fach Geschichte, in: Finkbeiner, Claudia/Schnaitmann, Gerhard W. (Hrsg.), Lehren und Lernen im Kontext empirischer Forschung und Fachdidaktik, Donauwörth 2001, S. 399–439.
Borries, Bodo von, Überlegungen zu einem doppelten – und fragmentarischen – Durchgang im Geschichtsunterricht der Sekundarstufe I, in: GWU 52, 2001, H. 2, S. 76–90.
Borries, Bodo von, Was ist dokumentarisch am Dokumentarfilm? Eine Anfrage aus geschichtsdidaktischer Sicht, in: GWU 52, 2001, H. 4, S. 220–227.
Borries, Bodo von, Wettbewerbe als Herausforderungen zur Projektarbeit. Erfahrungen aus dem Schülerwettbewerb Deutsche Geschichte, in: Neue Sammlung 41, 2001, H. 4, S. 555–585.
Borries, Bodo von, Angloamerikanische Lehr-/Lernforschung – ein Stimulus für die deutsche Geschichtsdidaktik?, in: Demantowsky, Marko/Schönemann, Bernd (Hrsg.), Neue geschichtsdidaktische Positionen, Bochum 2002, S. 65–91.
Borries, Bodo von, Genese und Entwicklung von Geschichtsbewusstsein – Lern- und Lebensalter als Forschungsproblem der Geschichtsdidaktik, in: Zeitschrift für Geschichtsdidaktik Bd. 1, 2002, S. 44–58.
Borries, Bodo von, Lehr-/Lernforschung in europäischen Nachbarländern – ein Stimulus für die deutschsprachige Geschichtsdidaktik, in: Handro, Saskia/Schönemann, Bernd (Hrsg.), Methoden geschichtsdidaktischer Forschung, Münster 2002, S. 13–49.
Borries, Bodo von, Zur Entwicklung historischer Kompetenzen bis zur Sekundarstufe II, in: Schönemann, Bernd/Voit, Hartmut (Hrsg.), Von der Einschulung bis zum Abitur. Prinzipien und Praxis historischen Lernens in den Schulstufen, Idstein 2002, S. 112–128.
Borries, Bodo von, Fallstudien zur öffentlichen Geschichtskultur als Beitrag zum systematischen Geschichtslernen, in: Geschichte, Politik und ihre Didaktik 31, 2003, H. 1/2, S. 10–27.
Borries, Bodo von (unter Mitarbeit von Andreas Körber und Johannes Meyer-Hamme), Reflexiver Umgang mit Geschichts-Schulbüchern? Befunde einer Befragung von Lehrern, Schülern und Studierenden 2002, in: Zeitschrift für Geschichtsdidaktik 2, 2003, S. 114–136.
Borries, Bodo von, Das Fach Geschichte im Spannungsfeld von Stoffkanon und Kompetenzentwicklung, in: Borries, Bodo von, Lebendiges Geschichtslernen. Bausteine zu Theorie und Pragmatik, Empirie und Normfrage, Schwalbach/Ts. 2004, S. 138–168.

Borries, Bodo von, Kerncurriculum Geschichte in der gymnasialen Oberstufe, in: Tenorth, Heinz-Elmar (Hrsg.), Kerncurriculum Oberstufe II. Biologie, Chemie, Physik, Geschichte, Politik. Expertisen, Weinheim/Basel 2004, S. 236–321.

Borries, Bodo von, Lebendiges Geschichtslernen. Bausteine zu Theorie und Pragmatik, Empirie und Normfrage, Schwalbach/Ts. 2004.

Borries, Bodo von/Meyer-Hamme, Johannes, Lehrervorstellungen und Lehrerüberzeugungen zu Richtlinien und Lehrplänen des Faches Geschichte, in: Handro, Saskia/Schönemann, Bernd (Hrsg.), Geschichtsdidaktische Lehrplanforschung. Methoden – Analysen – Perspektiven, Münster 2004, S. 235–250.

Borries, Bodo von, Historische Projektarbeit: „Größenwahn" oder „Königsweg"?, in: Dittmer, Lothar/Siegfried, Detlef (Hrsg.), Spurensucher. Ein Praxisbuch für historische Projektarbeit, Hamburg überarb. u. erw. Neuaufl. 2005, S. 333–350.

Borries, Bodo von/Leutner-Ramme, Sibylla/Meyer-Hamme, Johannes, Schulbuchverständnis, Richtlinienbenutzung und Reflexionsprozesse im Geschichtsunterricht. Eine qualitativ-quantitative Schüler- und Lehrerbefragung im deutschsprachigen Bildungswesen 2002, Neuried 2005.

Borries, Bodo von, Bilder im Geschichtsunterricht – und Geschichtslernen im Kunstmuseum, in: GWU 56, 2006, H. 5/6, S. 364–386.

Borries, Bodo von, Geschichtslernen an Kunstwerken? Zur geschichtsdidaktischen Erschließung von Kunstmuseen, in: Hartung, Olaf (Hrsg.), Museum und Geschichtskultur. Ästhetik – Politik – Wissenschaft, Bielefeld 2006, S. 72–101.

Borries, Bodo von, Empirie: Ergebnisse messen (Lerndiagnose im Fach Geschichte), in: Körber, Andreas/Schreiber, Waltraud/Schöner, Alexander (Hrsg.), Kompetenzen historischen Denkens. Ein Strukturmodell als Beitrag zur Kompetenzorientierung in der Geschichtsdidaktik, Neuried 2007, S. 653–673.

Borries, Bodo von, „Geschichtsbewusstsein" und „Historische Kompetenz" von Studierenden der Lehrämter „Geschichte", in: Zeitschrift für Geschichtsdidaktik 6, 2007, S. 60–83.

Borries, Bodo, Historisch Denken Lernen – Welterschließung statt Epochenüberblick. Geschichte als Unterrichtsfach und Bildungsaufgabe, Opladen/Farmington Hills 2008.

Borries, Bodo von, Wie wirken Schulbücher in den Köpfen der Schüler? Empirie am Beispiel des Faches Geschichte, in: Fuchs, Eckhardt/Kahlert, Joachim/Sandfuchs, Uwe (Hrsg.), Schulbuch konkret. Kontexte – Produktion – Unterricht, Bad Heilbrunn 2010, S. 102–117.

Borries, Bodo von, Alters- und Schulstufendifferenzierung, in: Mayer, Ulrich/Pandel, Hans-Jürgen/Schneider, Gerhard (Hrsg.), Handbuch Methoden im Geschichtsunterricht, Schwalbach/Ts. 3. Aufl. 2011, S. 113–134.

Borries, Bodo von, Menschenrechte im Geschichtsunterricht. Auswege aus einem Missverhältnis? Normative Überlegungen und praktische Beispiele, Schwalbach/Ts. 2011.

Brackemann, Holger/Saurbier, Dagmar, Schulbücher im Test – Aufgaben und Arbeit der Stiftung Warentest. Eine Erwiderung auf Karl Heinrich Pohl, in: GWU 60, 2009, H. 1, S. 42–44.

Brandt, Ahasver von, Werkzeug des Historikers, Stuttgart 17. Aufl. 2007.

Brenner, Gerd, Die Facharbeit. Von der Planung zur Präsentation, Berlin 2. Aufl. 2010.

Brieske, Rainer, Wohnzimmerarchäologie oder: Grabe, wo du sitzt. Alltagsgegenständliche Quellen im Unterricht, in: Praxis Geschichte H. 5/2003, S. 52–55, H. 6/2003, S. 60–63.

Brieske, Rainer, Politisch Lied – ein garstig Lied?! Hi(t)story – Möglichkeiten populärer Musik im Geschichtsunterricht, in: Praxis Geschichte H. 5/2004, S. 4–13.

Brösamle-Lambrecht, Manfred, Mit spitzem Stift. Die Karikatur als Kommentar, Kritik und politisches Kampfmittel, in: Praxis Geschichte H. 1/2004, S. 8–11.

Brodersen, Kai (Hrsg.), Virtuelle Antike. Wendepunkte der Alten Geschichte, Darmstadt 2000.

Brunner, Ilse/Häcker, Thomas/Winter, Felix (Hrsg.), Das Handbuch Portfolioarbeit. Konzepte, Anregungen, Erfahrungen aus Schule und Lehrerbildung, Seelze 4. Aufl. 2011.

Buck, Thomas Martin, Das Zeitalter der Kirchenreform in der Sekundarstufe I. Ein kritischer Blick auf aktuelle Schulbuchdarstellungen, in: GWU 53, 2002, H. 11, S. 665–677.

Buck, Thomas Martin, Mittelalter und Moderne. Plädoyer für eine qualitative Erneuerung des Mittelalter-Unterrichts an der Schule, Schwalbach/Ts. 2008.
Buck, Thomas Martin/Brauch, Nicola (Hrsg.), Das Mittelalter zwischen Vorstellung und Wirklichkeit. Probelem, Perspektiven und Anstöße für die Unterrichtspraxis, Münster u. a. 2011.
Budde, Gunilla/Feist, Dagmar/von Reeken, Dietmar (Hrsg.), Geschichts-Quellen. Brückenschläge zwischen Geschichtswissenschaft und Geschichtsdidaktik. Festschrift für Hilke Günther-Arndt, Berlin 2008.
Bühs, Roland/Weißer, Christoph, Tafelbilder im Geschichtsunterricht, in: Geschichte lernen H. 68 (1992), S. 50–53. Wiederabdruck in: Geschichte lernen Sammelband: Geschichte lehren und lernen, Seelze 1997, S. 24–27.

Carretero, Mario/Voss, James F. (Eds.), Cognitive and Instructional Processes in History and the Social Sciences, Hillsdale/N.Y. 1994.
Clemen, Franziska/Sauer, Michael, Förderung von Perspektivendifferenzierung und Perspektivenübernahme? Bilingualer Geschichtsunterricht und historisches Lernen – eine empirische Studie, in: GWU 58, 2007, H. 12, S. 708–723.
Commandeur, Beatrix/Gottfried, Claudia/Schmidt, Martin, Industrie- und Technikmuseen. Historisches Lernen mit Zeugnissen der Industrialisierung, Schwalbach/Ts. 2007.
Conrad, Franziska, Ein neuer Königsweg? Fächerübergreifender Unterricht, in: Wunderer, Hartmann, Geschichtsunterricht in der Sekundarstufe II, Schwalbach/Ts. 2000, S. 132–153.
Conrad, Franziska, Fächerübergreifender und fächerverbindender Unterricht. Ein Weg zur Förderung von historischem Denken?, in: GWU 57, 2006, H. 11, S. 650–664.
Conrad, Franziska/Ott, Elisabeth, Didaktische Analyse, in: Mayer, Ulrich/Pandel, Hans-Jürgen/Schneider, Gerhard (Hrsg.), Handbuch Methoden im Geschichtsunterricht, Schwalbach/Ts. 3. Aufl. 2011, S. 561–576.
Conrad, Franziska, „Alter Wein in neuen Schläuchen" oder „Paradigmawechsel"? Von der Lernzielorientierung zu Kompetenzen und Standards, in: GWU 63, 2012.
Conrad, Sebastian/Eckert, Andreas/Freitag, Ulrike (Hrsg.), Globalgeschichte. Theorien, Ansätze, Themen, Frankfurt a. M./New York 2007.
Cornelißen, Christoph (Hrsg.), Geschichtswissenschaften. Eine Einführung, Frankfurt a. M. 4. Aufl. 2009.
Cornelißen, Joachim u. a., „Manchen Bruder hast du, den deine Mutter nicht geboren hat". Begegnung von Orient und Okzident: Iberische Halbinsel, Gelsenkirchen 1996.
Cowley, Robert (Hrsg.), Was wäre gewesen, wenn? Wendepunkte der Weltgeschichte, München 2000.
Crivellari, Fabio, Zeitgeschichte und Unterrichtsfilm. Desiderate und Perspektiven, in: Popp, Susanne u. a. (Hrsg.), Zeitgeschichte – Medien – Historische Bildung, Göttingen 2010, S. 171–189.

Daniel, Ute, Clio unter Kulturschock. Zu den aktuellen Debatten der Geschichtswissenschaft. In: GWU 48, 1997, H. 4, S. 195–219, H. 5/6, S. 259–278.
Daniel, Ute, Kompendium Kulturgeschichte – Theorien, Praxis, Schlüsselwörter, Frankfurt a. M. 5., durchges. u. erg. Aufl. 2006.
Danker, Uwe/Schwabe, Astrid, Historisches Lernen im Internet. Zur normativen Aufgabe der Geschichtsdidaktik, in: GWU 58, 2007, H. 1, S. 4–19.
Danker, Uwe/Schwabe, Astrid (Hrsg.), Historisches Lernen im Internet. Geschichtsdidaktik und Neue Medien, Schwalbach/Ts. 2008.
Degen, Roland/Hansen, Inge, Lernort Kirchenraum. Erfahrungen – Einsichten – Anregungen, Münster u. a. 1998.
Degreif, Dieter, Schrift muß keine Schranke sein – Kleine Einführung in die Entwicklung und das Lesen alter Schriften, in: Lange, Thomas (Hrsg.), Geschichte – selbst erforschen. Schülerarbeit im Archiv, Weinheim/Basel 1993, S. 128–158.
Dehne, Brigitte/Schulz-Hageleit, Peter, „Handeln ist keine Einbahnstraße". Anregungen zur Belebung des Geschichtsunterrichts im Alltag, in: Geschichte lernen H. 9 (1989), S. 6–14.

Dehne, Brigitte, „Wie komme ich zum Rollenspiel?". Ein Bericht aus der zweiten Ausbildungsphase, in: Geschichte lernen H. 23 (1991), S. 62–65. Wiederabdruck in: Geschichte lernen Sammelband: Geschichte lehren und lernen, Seelze 1997, S. 92–95.
Dehne, Brigitte, Gender im Geschichtsunterricht, Schwalbach/Ts. 2005.
Dehne, Brigitte, Gender. Ein Lese- und Arbeitsbuch für den historisch-politischen Unterricht in der Sekundarstufe I, Ludwigsfelde 2008.
Dehne, Brigitte, „Mit eigenen Augen sehen" oder „Mit den Augen des anderen sehen"? Eine kritische Auseinandersetzung mit den geschichtsdidaktischen Konzepten der Perspektivenübernahme und des Fremdverstehens, in: Bauer, Jan-Patrick/Meyer-Hamme, Johannes/Körber, Andreas (Hrsg.), Geschichtslernen – Innovationen und Reflexionen. Geschichtsdidaktik im Spannungsfeld von theoretischen Zuspitzungen, empirischen Erkundungen und pragmatischen Wendungen. Festschrift für Bodo von Borries zum 65. Geburtstag, Kenzingen 2008, S. 121–143.
Demandt, Alexander, Ungeschehene Geschichte. Ein Traktat über die Frage: Was wäre geschehen, wenn …?, Göttingen 1984.
Demantowsky, Marko/Schönemann, Bernd (Hrsg.), Neue geschichtsdidaktische Positionen, Bochum 2002.
Demantowsky, Marko/Schönemann, Bernd (Hrsg.), Zeitgeschichte und Geschichtsdidaktik. Schnittmengen – Problemhorizonte – Lernpotentiale, Bochum/Freiburg 2004.
Demantowsky, Marko, Geschichtskultur und Erinnerungskultur – zwei Konzeptionen des einen Gegenstandes. Historischer Hintergrund und exemplarischer Vergleich, in: Geschichte, Politik und ihre Didaktik 33, 2005, H. 1/2, S. 11–20.
Demantowsky, Marko, Unterrichtsmethodische Strukturierungskonzepte, in: Hilke Günther-Arndt (Hrsg.), Geschichts-Methodik. Handbuch für die Sekundarstufe I und II, Berlin 3. Aufl. 2010, S. 63–76.
Demantowsky, Marko, Zum Stand der disziplin- und ideengeschichtlichen Forschung in der Geschichtsdidaktik, in: Wermke, Michael (Hrsg.), Transformation und religiöse Erziehung. Kontinuitäten und Brüche der Religionspädagogik 1933 und 1945, Jena 2011, S. 359–376.
Demantowsky, Marko/Stenblock, Volker (Hrsg.), Selbstdeutung und Fremdkonzept. Die Didaktiken der kulturwissenschaftlichen Fächer im Gespräch, Bochum/Freiburg 2011.
Dickinson, Alaric/Gordon, Peter/Lee, Peter (Hrsg.), Raising Standards in History Education (International Review of History Education, Volume 3), London/Portland 2001.
Dittmer, Lothar (Hrsg.), Historische Projektarbeit im Schülerwettbewerb Deutsche Geschichte. Eine Bestandsaufnahme, Hamburg 1999.
Dittmer, Lothar/Siegfried, Detlef (Hrsg.), Spurensucher. Ein Praxisbuch für historische Projektarbeit, Hamburg überarb. u. erw. Neuaufl. 2005.
Dörr, Margarete, Unterrichtsplanung (Stichworte zur Geschichtsdidaktik), in: GWU 46, 1995, H. 2, S. 96–100.
Dörr, Margarete, Tafelarbeit, in: Pandel, Hans-Jürgen/Schneider, Gerhard (Hrsg.), Handbuch Medien im Geschichtsunterricht, Schwalbach/Ts. 6., erw. Aufl. 2011, S. 101–159.
Dominguez, Jesus/Pozo, Juan Ignacio, Promoting the Learning of Causal Explanations in History through Different Teaching Strategies, in: Voss, James F./Carretero, Mario (Eds.), Learning and Reasoning in History (International Review of History Education, Volume 2), London 1998, S. 344–359.
Donaubauer, Stefan, Fernsehen mit Knopp. Die historische Dokumentation im Geschichtsunterricht, in: Praxis Geschichte H. 5/2006, S. 48–52.
Dovermann, Ulrich u. a. (Hrsg.), Vergangenes sehen. Perspektivität im Prozeß historischen Lernens. Theorie und Unterrichtspraxis von der Grundschule bis zur Sekundarstufe II, Bonn 1996.
Dreier, Werner/Fuchs, Eduard/Radkau, Verena/Utz, Hans (Hrsg.), Schlüsselbilder des Nationalsozialismus. Fotohistorische und didaktische Überlegungen, Wien 2008.
Duby, Georges, Die Ritter, München/Wien 1999 (Paris 1998).
Dülmen, Richard van (Hrsg.), Fischer Lexikon Geschichte, Frankfurt a. M. 1990.

Ebeling, Hans/Kühl, Hanns, Praxis des Geschichtsunterrichts 1. Unterrichtsbeispiele zur Vorarbeit in der ersten und zweiten Bildungsstufe (1.–6. Schuljahr), Hannover u. a. 1964.
Ebeling, Hans, Methodik des Geschichtsunterrichts, Hannover u. a. 1953. Neufassung unter dem Titel: Zur Didaktik und Methodik eines kind-, sach- und zeitgemäßen Geschichtsunterrichts, Hannover u. a. 1965, 2., verb. Aufl. 1966.
Ebeling, Hans/Kühl, Hanns, Praxis des Geschichtsunterrichts 2. Unterrichtsbeispiele zur Vorarbeit in der dritten Bildungsstufe (7.–10. Schuljahr), Hannover u. a. 1964, 3. Aufl. 1973.
Eckhard, Hans-Wilhelm, Die Inhaltsfrage im Spannungsfeld historischen Lernens, in: Informationen für den Geschichts- und Gemeinschaftskundelehrer H. 61 (2001), S. 13–21.
Eckl, Christine, „Sein Tod ist eine Erlösung" oder „Wir sind stolz auf dich!". Qualitative Einblicke in perspektivisches Schreiben von Nachrufen auf der gymnasialen Mittelstufe, in: GWU 60, 2009, H. 4, S. 222–237.
Edel, Andreas, Planspiele im Geschichtsunterricht. Ein Arbeitsbericht, in: GWU 50, 1999, H. 5/6, S. 321–339.
Edel, Andreas, Learning by doing – spielend lernen. Ein Metaplanspiel im Hochschulunterricht, in: GWU 52, 2001, H. 1, S. 13–20.
Edson, Evelyn/Savage-Smith, Emilie/von den Brincken, Anna-Dorothee, Der mittelalterliche Kosmos. Karten der christlichen und islamischen Welt, Darmstadt 2005.
Eggeling, Volker Theo, Schreibabenteuer Facharbeit. Ein Leitfaden durch die Landschaft wissenschaftlichen Arbeitens, Bielefeld 3. Aufl. 2001.
Eibach, Joachim/Lottes, Günther (Hrsg.), Kompass der Geschichtswissenschaft, Göttingen 2. Aufl. 2006.
Einheitliche Prüfungsanforderungen in der Abiturprüfung – Geschichte. Beschluss der Kultusministerkonferenz vom 01.12.1989 in der Fassung vom 10.02.2005 (http://www.kmk.org/doc/beschl/196-13_EPA-Geschichte-Endversion-formatiert.pdf, eingesehen am 10.02.2012)
El Darwich, Renate, Zur Genese von Kategorien des Geschichtsbewußtseins bei Kindern im Alter von 5 bis 14 Jahren, in: Borries, Bodo von/Pandel, Hans-Jürgen/Rüsen, Jörn (Hrsg.), Geschichtsbewußtsein empirisch, Pfaffenweiler 1991, S. 24–52.
El Darwich, Renate/Pandel, Hans-Jürgen, Wer, was, wo, warum? Oder nenne, beschreibe, zähle, begründe. Arbeitsfragen für die Quellenerschließung, in: Geschichte lernen H. 46 (1995), S. 33–37. Wiederabdruck in: Geschichte lernen Sammelband: Geschichte lehren und lernen, Seelze 1997, S. 31–35.
Emer, Wolfgang, Mit verteilten Rollen. Spiel- und Gestaltungsaufgaben im Geschichtsunterricht, in: Aufgaben. Lernen fördern – Selbstständigkeit entwickeln (Friedrich Jahresheft XXI) Seelze 2003, S. 100–102.
Emer, Wolfgang/Horst, Uwe, Das Oberstufen-Kolleg in Bielefeld als Ort historischer Projektarbeit. Ein Erfahrungsbericht, in: GWU 57, 2006, H. 4, S. 247–265.
Emer, Wolfgang, Projektarbeit, in: Mayer, Ulrich/Pandel, Hans-Jürgen/Schneider, Gerhard (Hrsg.), Handbuch Methoden im Geschichtsunterricht, Schwalbach/Ts. 3. Aufl. 2011, S. 544–557.
Erdmann, Elisabeth, Denkmäler. Orte des Erinnerns, des Gedenkens, des Vergessens?, in: Geschichte, Politik und ihre Didaktik 26, 1998, H. 3/4, S. 177–184.
Erdmann, Elisabeth (Hrsg.), Verständnis wecken für das Fremde. Möglichkeiten des Geschichtsunterrichts, Schwalbach/Ts. 1999.
Erdmann, Elisabeth, Bilder sehen lernen. Vom Umgang mit Bildern, in: Praxis Geschichte H. 2/2002, S. 6–11.
Erdmann, Elisabeth (Hrsg.), Thematische Längsschnitte für den Geschichtsunterricht in der gymnasialen Oberstufe, Neuried 2002.
Erdmann, Elisabeth, Thematische Längsschnitte im Geschichtsunterrichts, in: Dies. (Hrsg.), Thematische Längsschnitte für den Geschichtsunterricht in der gymnasialen Oberstufe Neuried 2002, S. 11–24, erneut abgedruckt in: Geschichte, Politik und ihre Didaktik 31, 2003, H. 1/2, S. 38–45.

Erdmann, Elisabeth/Maier, Robert/Popp, Susanne (Hrsg.), Geschichtsunterricht international, Hannover 2006.
Erdmann, Elisabeth, Geschichtsbewusstsein – Geschichtskultur. Ein ungeklärtes Verhältnis?, in: Geschichte, Politik und ihre Didaktik 35, 2007, H. 3/4, S. 186–195.
Ernst, Wolfgang, Geschichte in der modernen Literatur, in: Bergmann, Klaus u. a. (Hrsg.), Handbuch der Geschichtsdidaktik, Seelze 5., überarb. Aufl. 1997, S. 626–630.

Ferguson, Niall (Hrsg.), Virtuelle Geschichte. Historische Alternativen im 20. Jahrhundert, Darmstadt 1999.
Fieberg, Klaus, Wegweiser durch das Internet für den Geschichtsunterricht (CD-ROM), hrsg. vom Verband der Geschichtslehrer Deutschlands, Landesverband Rheinland-Pfalz, und der Fachzeitschrift Praxis Geschichte, Braunschweig 2001.
Filser, Karl (Hrsg.), Theorie und Praxis des Geschichtsunterrichts, Bad Heilbrunn 1974.
Filser, Karl, Karten, in: Schreiber, Waltraud (Hrsg.), Erste Begegnungen mit Geschichte. Grundlagen historischen Lernens, Bd. 1, Neuried 2., erw. u. überarb. Aufl. 2004, S. 481–509.
Fina, Kurt, Geschichtsmethodik. Die Praxis des Lehrens und Lernens, München 2., erg. Aufl. 1973.
Fina, Kurt, Das Gespräch im historisch-politischen Unterricht. Ein Kurs für Studenten und Lehrer, München 1978.
Fritz, Gerhard, Archivnutzung im Geschichtsunterricht. Möglichkeiten und Grenzen, in: GWU 48, 1997, H. 7/8, S. 445–461.
Fritz, Gerhard, Arbeits- und Zeitplanung als Problem des Geschichtsunterrichts. Bemerkungen zu Peter Adamskis Beitrag „Portfolio im Geschichtsunterricht. Leistungen dokumentieren – Lernen reflektieren", in: GWU 55, 2004, H. 4, S. 241–244.
Fritz, Gerhard, „Immer mehr desselben?". Anmerkungen zu Bärbel Völkel, in: GWU 63, 2012, H. 1/2, S. 92–97.
Fröhlich, Klaus, Schulbucharbeit, in: Bergmann, Klaus u. a. (Hrsg.), Handbuch der Geschichtsdidaktik, 5., überarb. Aufl. Seelze 1997, S. 422–430.
Füßmann, Klaus/Grütter, Heinrich Theodor/Rüsen, Jörn (Hrsg.), Historische Faszination. Geschichtskultur heute, Köln/Weimar/Wien 1994.

Gach, Hans-Joachim, Geschichte auf Reisen. Historisches Lernen mit Museumskoffern, Schwalbach/Ts. 2005.
Gach, Hans-Joachim, Museumskoffer: Mobile Sammlungen gegenständlicher Quellen, in: Geschichte lernen H. 104 (2005), S. 6–8.
Gast, Wolfgang, Grundbuch. Einführung in Begriffe und Methoden der Filmanalyse, Frankfurt a. M. 1993.
Gautschi, Peter, Geschichte lehren. Lernwege und Lernsituationen für Jugendliche, Buchs/Bern 3., überarb. u. erw. Aufl. 2005.
Gautschi, Peter, Geschichtsunterricht erforschen – eine aktuelle Notwendigkeit, in: Gautschi, Peter/Moser, Daniel V./Reusser, Kurt/Wiher, Pit (Hrsg.), Geschichtsunterricht heute. Eine empirische Analyse ausgewählter Aspekte, Bern 2007, S. 21–60.
Gautschi, Peter/Moser, Daniel V./Reusser, Kurt/Wiher, Pit (Hrsg.), Geschichtsunterricht heute. Eine empirische Analyse ausgewählter Aspekte, Bern 2007.
Gautschi, Peter, Guter Geschichtsunterricht. Grundlagen, Erkenntnisse, Hinweise, Schwalbach/Ts. 2009.
Gautschi, Peter, Beurteilung von Geschichtsunterricht – Aspekte und Folgerungen, in: GWU 62, 2011, H. 5/6, S. 316–324.
Gautschi, Peter, Lernen an Stationen, in: Mayer, Ulrich/Pandel, Hans-Jürgen/Schneider, Gerhard (Hrsg.), Handbuch Methoden im Geschichtsunterricht, Schwalbach/Ts. 3. Aufl. 2011, S. 515–531.
Gedenkstättenpädagogik. Handbuch für Unterricht und Exkursion, München 1997.

Geiss, Peter, Vom Nutzen und Nachteil des bilingualen Geschichtsunterrichts für das historische Lernen, in: Zeitschrift für Geschichtsdidaktik 8, 2009, S. 25–39.
Gemein, Gisbert/Redmer, Hartmut, Karteneinsatz im Geschichtsunterricht. Teil 1, in: Geschichte für heute H. 4/2008, S. 59–73; Teil 2, in: Geschichte für heute H. 1/2009, S. 68–81.
Gemein, Gisbert (Hrsg.), Kulturkonflikte – Kulturbegegnungen. Juden, Christen und Muslime in Geschichte und Gegenwart, Bonn 2011.
Gemmeke-Stenzel, Bärbel, Geschichte(n) schreiben im Unterricht, in: Praxis Geschichte H. 2/1997, S. 4–9.
Georg, Janine Christina, Fiktionalität und Geschichtsvermittlung – unvereinbar? Eine Studie über den Beitrag historischer Jugendromane der Gegenwart zum historischen Lernen, Hamburg 2008.
Georgi, Viola, Entliehene Erinnerung. Geschichtsbilder junger Migranten in Deutschland, Hamburg 2003.
Georgi, Viola B./Ohliger, Rainer (Hrsg.), Crossover Geschichte. Historisches Bewusstsein Jugendlicher in der Einwanderungsgesellschaft, Hamburg 2009.
Geppert, Alexander C. T., Forschungstechnik oder historische Disziplin? Methodische Probleme bei der Oral History, in: GWU 45, 1994, H. 5, S. 303–323. Wiederabdruck in: Geschichtsunterricht heute. Grundlagen – Probleme – Möglichkeiten (Sammelband: GWU-Beiträge der neunziger Jahre), Seelze 1999. S. 123–139.
Geschichte in Wissenschaft und Unterricht 38, 1987, H. 9: Projekte.
Geschichte in Wissenschaft und Unterricht 41, 1990, H. 6: Film und Geschichte.
Geschichte in Wissenschaft und Unterricht 48, 1997, H. 2: Geschichte und Musik.
Geschichte in Wissenschaft und Unterricht 48, 1997, H. 5/6: Bilder – Quellenkritik und Präsentation.
Geschichte in Wissenschaft und Unterricht 48, 1997, H. 12: Geschichte erzählen.
Geschichte in Wissenschaft und Unterricht 49, 1998, H. 1: Computer und Internet.
Geschichte in Wissenschaft und Unterricht 49, 1998, H. 3: Schulbuchzulassung – eine Debatte.
Geschichte in Wissenschaft und Unterricht 50, 1999, H. 5/6: Geschichtsdidaktik – Wege und Irrwege.
Geschichte in Wissenschaft und Unterricht 51, 2000, H. 2: Bilder als Quellen – Bilder im Unterricht.
Geschichte in Wissenschaft und Unterricht 51, 2000, H. 4: 50 Jahre GWU.
Geschichte in Wissenschaft und Unterricht 52, 2001, H. 2: Lehrplanreform.
Geschichte in Wissenschaft und Unterricht 52, 2001, H. 4: Geschichte im Film.
Geschichte in Wissenschaft und Unterricht 52, 2001, H. 5/6: Interkulturelles Lernen im Geschichtsunterricht.
Geschichte in Wissenschaft und Unterricht 53, 2002, H. 2: Bilingualer Geschichtsunterricht.
Geschichte in Wissenschaft und Unterricht 53, 2002, H. 9: Geschichte lehren an der Hochschule.
Geschichte in Wissenschaft und Unterricht 53, 2002, H. 10: Fotografien: Bilder als historische Quellen.
Geschichte in Wissenschaft und Unterricht 54, 2003, H. 1: Unterricht – Erfahrungen und Erprobungen.
Geschichte in Wissenschaft und Unterricht 54, 2003, H. 2: Geschichtsvermittlung in der Öffentlichkeit.
Geschichte in Wissenschaft und Unterricht 54, 2003, H. 5/6: Empirische Forschung in der Geschichtsdidaktik.
Geschichte in Wissenschaft und Unterricht 54, 2003, H. 8: Lebensgeschichte(n).
Geschichte in Wissenschaft und Unterricht 55, 2004, H. 1: Spiele(n) im Geschichtsunterricht.
Geschichte in Wissenschaft und Unterricht 55, 2004, H. 4: Geschichtsdidaktik – die pragmatische Herausforderung.
Geschichte in Wissenschaft und Unterricht 55, 2004, H. 7/8: Geschichte des Geschichtsunterrichts.

Literaturverzeichnis

Geschichte in Wissenschaft und Unterricht 56, 2005, H. 7/8: Bilder als Quellen.
Geschichte in Wissenschaft und Unterricht 56, 2005, H. 12: Geschichtsunterricht – Standards und Kompetenzen.
Geschichte in Wissenschaft und Unterricht 57, 2006, H. 1: Geschichtsunterricht analysieren und entwickeln.
Geschichte in Wissenschaft und Unterricht 57, 2006, H. 4: Projekte in Schule und Hochschule.
Geschichte in Wissenschaft und Unterricht 57, 2006, H. 11: Neue Lehr- und Lernformen.
Geschichte in Wissenschaft und Unterricht 58, 2007, H. 1: Lernen mit neuen Medien.
Geschichte in Wissenschaft und Unterricht 58, 2007, H. 3: Erinnern an den Nationalsozialismus.
Geschichte in Wissenschaft und Unterricht 58, 2007, H. 7/8: Bilder und ihre Wahrnehmung.
Geschichte in Wissenschaft und Unterricht 58, 2007, H. 10: Die ständige Ausstellung des DHM.
Geschichte in Wissenschaft und Unterricht 58, 2007, H. 12: Empirische Studien zu Geschichtsdeutungen und -wahrnehmungen von Schülern.
Geschichte in Wissenschaft und Unterricht 59, 2008, H. 1: Lernen mit Medien.
Geschichte in Wissenschaft und Unterricht 59, 2008, H. 4: Zentrale Prüfungen.
Geschichte in Wissenschaft und Unterricht 59, 2008, H. 7/8: Erinnerungsgeschichte.
Geschichte in Wissenschaft und Unterricht 59, 2008, H. 10: Filme und ihre Rezeption.
Geschichte in Wissenschaft und Unterricht 59, 2008, H. 11: Historisches Lernen – Standards und empirische Annäherungen.
Geschichte in Wissenschaft und Unterricht 60, 2009, H. 1: Schulbücher – Analyse und Kritik.
Geschichte in Wissenschaft und Unterricht 60, 2009, H. 4: Kreatives Schreiben im Geschichtsunterricht.
Geschichte in Wissenschaft und Unterricht 60, 2009, H. 11: Orientierungswissen im Geschichtsunterricht.
Geschichte in Wissenschaft und Unterricht 61, 2010, H. 4: Raum und Karte.
Geschichte in Wissenschaft und Unterricht 61, 2010, H. 9: Empirische Forschung – Filmrezeption.
Geschichte in Wissenschaft und Unterricht 61, 2010, H. 10: Konzepte und Medien der Geschichtsvermittlung.
Geschichte in Wissenschaft und Unterricht 62, 2011, H. 5/6: Guter Geschichtsunterricht.
Geschichte in Wissenschaft und Unterricht 62, 2011, H. 7/8: Unterrichtsfächer und ihre historische Dimension.
Geschichte in Wissenschaft und Unterricht 62, 2011, H. 11/12: Internetressourcen zur Geschichte.
Geschichte lernen H. 2 (1988): Erzählen.
Geschichte lernen H. 3 (1988): Die anderen.
Geschichte lernen H. 5 (1988): Bilder im Unterricht.
Geschichte lernen H. 9 (1989): Handlungsorientierter Unterricht.
Geschichte lernen H. 14 (1990): Geschichte im Museum.
Geschichte lernen H. 18 (1990): Politische Karikaturen.
Geschichte lernen H. 23 (1991): Geschichte spielen.
Geschichte lernen H. 28 (1992): Unterrichtsrezepte.
Geschichte lernen H. 37 (1994): Geschichte im Comic.
Geschichte lernen H. 42 (1994): Geschichte im Film.
Geschichte lernen H. 43 (1995): 1945.
Geschichte lernen H. 46 (1995): Arbeit mit Textquellen.
Geschichte lernen H. 50 (1996): Lieder im Geschichtsunterricht.
Geschichte lernen H. 52 (1996): Legenden – Mythen – Lügen.
Geschichte lernen H. 53 (1996): Archäologie.
Geschichte lernen H. 59 (1997): Arbeit mit Geschichtskarten.
Geschichte lernen H. 62 (1998): Beginn des Geschichtsunterrichts.

Geschichte lernen H. 68 (1999): Geschichtsunterricht in der Sekundarstufe II.
Geschichte lernen H. 71 (1999): Historische Kinder- und Jugendliteratur.
Geschichte lernen H. 76 (2000): Oral History.
Geschichte lernen H. 83 (2001): Israel – Palästina.
Geschichte lernen H. 85 (2002): Historische Reden (dazu CD).
Geschichte lernen H. 89 (2002): Neue Medien.
Geschichte lernen H. 91 (2003): Historische Fotografie.
Geschichte lernen H. 93 (2003): Rassismus.
Geschichte lernen H. 95 (2003): Adel.
Geschichte lernen H. 96 (2003): Leistungen präsentieren und bewerten.
Geschichte lernen H. 104 (2005): Gegenständliche Quellen.
Geschichte lernen H. 106 (2006): Historische Orte.
Geschichte lernen H. 109 (2006): Projekte.
Geschichte lernen H. 113 (2006): Klassenfahrten.
Geschichte lernen H. 114 (2006): Plakate.
Geschichte lernen H. 116 (2007): Diagnostizieren im Geschichtsunterricht.
Geschichte lernen H. 121 (2008): Denkmäler.
Geschichte lernen H. 123 (2008): Gruppenarbeit und kooperatives Lernen.
Geschichte lernen H. 124 (2008): Zeitung.
Geschichte lernen H. 126 (2008): Sklaverei.
Geschichte lernen H. 129 (2009): Erinnern an den Nationalsozialismus.
Geschichte lernen H. 131 (2009): Differenzierung.
Geschichte lernen H. 138 (2010): Einstiege.
Geschichte lernen H. 139 (2011): Kompetenzorientiert unterrichten.
Geschichte lernen H. 140 (2011): Antike in der Geschichtskultur.
Geschichte lernen H. 144 (2011): Deutsch-französische Beziehungen.
Geschichte lernen Folienmappe, Seelze 1998.
Geschichte lernen Sammelband: Geschichte lehren und lernen, Seelze 1997.
Geschichte lernen Sammelband: Spiele(n) im Geschichtsunterricht, Seelze 2006.
Geschichte vor Ort. Anregungen für den Unterricht an außerschulischen Lernorten, Donauwörth 1999.
Geschichtsbilder. Historisches Lernen mit Bildern und Karikaturen. Handreichung für den Geschichtsunterricht am Gymnasium, Donauwörth 2001.
Geschichtsunterricht heute. Grundlagen – Probleme – Möglichkeiten (Sammelband GWU), Seelze 1999.
Geschichtsunterricht und Geschichtsdidaktik vom Kaiserreich bis zur Gegenwart. Festschrift des Verbandes der Geschichtslehrer zum 75jährigen Bestehen, Stuttgart 1988.
Gies, Horst, Repetitorium Fachdidaktik Geschichte, Bad Heilbrunn 1981.
Gies, Horst, Geschichtsunterricht. Ein Handbuch zur Unterrichtsplanung, Köln/Weimar/Wien 2004.
Gieth, Hans-Jürgen von der, Lernzirkel. Die ideale Form selbstbestimmten Lernens, Kempen 2010.
Glöckel, Hans, Geschichtsunterricht, Bad Heilbrunn 2., neu bearb. Aufl. 1979.
Goecke-Seischab, Margarete Luise/Harz, Frieder, Komm, wir entdecken eine Kirche. Räume erspüren, Bilder verstehen, Symbole erleben, München 4. Aufl. 2009.
Goecke-Seischab, Margarete Luise/Ohlemacher, Jörg, Kirchen erkunden, Kirchen erschließen, Köln 2010.
Goertz, Hans-Jürgen (Hrsg.), Geschichte. Ein Grundkurs, Reinbek 3., rev. u. erw. Aufl. 2007.
Goetz, Hans-Werner, Proseminar Geschichte: Mittelalter, Stuttgart 3., überarb. Aufl. 2006.
Gorbahn, Katja/Günther, Linda-Marie/Kloft, Hans (Hrsg.), Alte Geschichte und ihre Vermittlung. Schulen – Hochschulen – Medien, Münster 2004.
Grell, Jochen und Monika, Unterrichtsrezepte. Weinheim/Basel 12., neu ausgestattete Aufl. 2010.

Greving, Johannes/Paradies, Liane, Unterrichts-Einstiege. Ein Studien- und Praxisbuch, Berlin 8., überarb. Aufl. 2011.
Grosch, Waldemar, Computer im Geschichtsunterricht (Geschichte am Computer Bd. 2), Schwalbach/Ts. 2002.
Grosch, Waldemar, Geschichte im Internet. Tipps, Tricks und Adressen, Schwalbach/Ts. 2002.
Grosch, Waldemar, Evaluation, Lernkontrolle und Leistungsbewertung, in: Günther-Arndt, Hilke (Hrsg.), Geschichts-Didaktik. Praxishandbuch für die Sekundarstufen I und II, Berlin 4. Aufl. 2009, S. 206–218.
Grosch, Waldemar, Schriftliche Quellen und Darstellungen, in: Günther-Arndt, Hilke (Hrsg.), Geschichts-Didaktik. Praxishandbuch für die Sekundarstufen I und II, 4. Aufl. Berlin 2009, S. 63–91.
Grosch, Waldemar, Üben, Hausaufgaben, Wiederholen, in: Mayer, Ulrich/Pandel, Hans-Jürgen/Schneider, Gerhard (Hrsg.), Handbuch Methoden im Geschichtsunterricht, Schwalbach/Ts. 3. Aufl. 2011, S. 686–701.
Grünewald, Dietrich, Schnittstelle Bild. Kunstunterricht und Geschichte, in: GWU 62, 2011, H. 7/8, S. 402–412.
Grütter, Heinrich Theodor, Geschichte im Museum, in: Geschichte lernen H. 14 (1990), S. 14–19.
Grunder, Hans-Ulrich/Bohl, Thorsten (Hrsg.), Neue Formen der Leistungsbeurteilung in den Sekundarstufen I und II, Hohengehren 3. Aufl. 2008.
Grundschulzeitschrift Sammelband: Zeit und Geschichte, Seelze 1998.
Gruner, Carola, Kompetenzorientiertes Lernen im bilingualen Geschichtsunterricht?, in: Zeitschrift für Geschichtsdidaktik 8, 2009, S. 40–51.
Günther-Arndt, Hilke, Der grüne Wollfaden oder was heißt „Geschichte erzählen" heute? Zu alten und neuen Problemen der Geschichtsdarstellung in Wissenschaft und Unterricht, in: GWU 36, 1985, H. 10, S. 684–704.
Günther-Arndt, Hilke/Kemnitz, Janine, Schreiben um zu lehren? – Geschichtsdidaktische Kategorien in der historischen Jugendliteratur, in: GeschichtsBilder. Historische Jugendliteratur aus vier Jahrhunderten, Berlin 2000, S. 240–254.
Günther-Arndt, Hilke, PISA und der Geschichtsunterricht, in: Dies. (Hrsg.), Geschichts-Didaktik. Praxishandbuch für die Sekundarstufe I und II, Berlin 2003, S. 254–264.
Günther-Arndt, Hilke, Literacy, Bildung und der Geschichtsunterricht nach PISA, in: GWU 56, 2005, H. 12, S. 668–683.
Günther-Arndt, Hilke/Sauer, Michael (Hrsg.), Geschichtsdidaktik empirisch. Untersuchungen zum historischen Denken und Lernen, Berlin 2006.
Günther-Arndt, Hilke/Sauer, Michael, Empirische Forschung in der Geschichtsdidaktik. Fragestellungen. Methoden – Erträge, in: Dies. (Hrsg.), Geschichtsdidaktik empirisch. Untersuchungen zum historischen Denken und Lernen, Berlin 2006, S. 7–28.
Günther-Arndt, Hilke, Lehren und Lernen mit dem Schulbuch, in: GWU 59, 2008, H. 1, S. 4–19.
Günther-Arndt, Hilke/Kocka, Urte/Martin, Judith, Geschichtsunterricht zur Orientierung in der Welt – Zu einer Didaktik von Globalgeschichte, in: Geschichte für heute 2, 2009, H. 3, S. 25–30.
Günther-Arndt, Hilke (Hrsg.), Geschichts-Didaktik. Praxishandbuch für die Sekundarstufe I und II, Berlin 4. Aufl. 2009.
Günther-Arndt, Hilke, Historisches Lernen und Wissenserwerb, in: Dies. (Hrsg.), Geschichts-Didaktik. Praxishandbuch für die Sekundarstufe I und II, Berlin 4. Aufl. 2009, S. 23–47.
Günther-Arndt, Hilke (Hrsg.), Geschichts-Methodik. Handbuch für die Sekundarstufe I und II, Berlin 3. Auf. 2010.
Günther-Arndt, Hilke, Vortragen, in: Dies. (Hrsg.), Geschichts-Methodik. Handbuch für die Sekundarstufe I und II, Berlin 3. Aufl. 2010, S. 206–218.
Gundermann, Christine, Jenseits von Asterix. Comics im Geschichtsunterricht, Schwalbach/Ts. 2007.

Haas, Gerhard, Handlungs- und produktionsorientierter Literaturunterricht. Theorie und Praxis eines „anderen" Literaturunterrichts für die Primar- und Sekundarstufe, Seelze 8. Aufl. 2009.
Haber, Peter, Digital Past. Geschichtswissenschaft im digitalen Zeitalter, München 2011.
Haber, Peter, Wikipedia. Ein Web 2.0-Projekt, das eine Enzyklopädie sein möchte, in: GWU 63, 2012.
Habl, Volker, Nein zu nsoch mehr bilingualem Geschichtsunterricht!, in: Geschichte für heute 3, 2010, H. 3, S. 71–74.
Hackl, Christine/Rühl, Christian, Produktiver Umgang mit Karikaturen. Beispiele aus dem Umfeld der Revolution von 1848, in: GWU 56, 2005, H. 7/8, S. 406–413.
Hagemann, Ulrich, Kompetenzorientierte Benotung im Geschichts- und Politikunterricht – umsetzbar?, in: Lützelberger, Anne/Mohr, Deborah (Hrsg.), Politisch-historische Urteilskompetenz in Theorie und Praxis – Beiträge zu einer aktuellen fachdidaktischen Diskussion, Berlin 2011, S. 67–93.
Halldén, Ola, Conceptual Change and the Learning of History, in: International Journal of Education Research 27, 1997, S. 201–210.
Hamann, Christoph, Bilderwelten und Weltbilder. Fotos, die Geschichte(n) mach(t)en, Berlin 2002.
Hamann, Christoph, Bild – Abbild – Schlüsselbild. Zur Vergegenwärtigung von Vergangenheit durch Fotografien, in: Praxis Geschichte H. 1/2006, S. 4–9.
Hamann, Christoph, Visual History und Geschichtsdidaktik. Bildkompetenz in der historisch-politischen Bildung, Herbolzheim 2007.
Hamberger, Edwin, Lernort Archiv, in: Schreiber, Waltraud (Hrsg.), Erste Begegnungen mit Geschichte. Grundlagen historischen Lernens, Bd. 1, Neuried 2., erw. u. überarb. Aufl. 2004, S. 615–628.
Handro, Saskia/Schönemann, Bernd (Hrsg.), Methoden geschichtsdidaktischer Forschung, Münster 2002.
Handro, Saskia/Schönemann, Bernd (Hrsg.), Geschichtsdidaktische Lehrplanforschung. Methoden – Analysen – Perspektiven, Münster 2004.
Handro, Saskia/Schönemann, Bernd (Hrsg.), Geschichtsdidaktische Schulbuchforschung, Berlin 2006.
Handro, Saskia/Schönemann, Bernd (Hrsg.), Orte historischen Lernens, Berlin 2008.
Handro, Saskia/ Schönemann, Bernd (Hrsg.), Geschichte und Sprache, Berlin 2010.
Handro, Saskia/Schönemann, Bernd (Hrsg.), Visualität und Geschichte, Münster 2011.
Hank (Seidler), Elisabeth, Spielen im Geschichtsunterricht (Stichworte zur Geschichtsdidaktik), in: GWU 44, 1993, H. 2, S. 102–105. Wiederabdruck in: Geschichtsunterricht heute. Grundlagen – Probleme – Möglichkeiten (Sammelband: GWU-Beiträge der neunziger Jahre), Seelze 1999, S. 99–102.
Hannig, Jürgen, Bilder, die Geschichte machen. Anmerkungen zum Umgang mit „Dokumentarfotos" in Geschichtslehrbüchern, in: GWU 40, 1989, H. 1, S. 10–32.
Hannig, Jürgen, Fotografie und Geschichte, in: Bergmann, Klaus u. a. (Hrsg.), Handbuch der Geschichtsdidaktik, 5., überarb. Aufl. Seelze 1997, S. 675–680.
Hantsche, Irmgard, Zwischen Quelle und Fiktion: Aktualisierung von Geschichte in „historischen Zeitungen", in: Henke-Bockschatz, Gerhard (Hrsg.), Geschichte und historisches Lernen. Jochen Huhn zum 65. Geburtstag, Kassel 1995, S. 71–86.
Hantsche, Irmgard, Geschichtskarten im Unterricht, in: Geschichte lernen H. 59 (1997), S. 5–12.
Hantsche, Irmgard, Karten im Schulgeschichtsbuch, in: Internationale Schulbuchforschung 19, 1997, H. 4, S. 383–398.
Hartmann, Ulrike/Martens, Matthias/Sauer, Michael, Von Kompetenzmodellen zur empirischen Erforschung von Schülerkompetenzen – das Beispiel historische Perspektivenübernahme, in: Zeitschrift für Geschichtsdidaktik 8, 2007, S. 125–148.
Hartmann, Ulrike/Sauer, Michael/Hasselhorn, Marcus, Perspektivenübernahme als Kompetenz für den Geschichtsunterricht. Theoretische und empirische Zusammenhänge zwi-

schen fachspezifischen und sozial-kognitiven Schülermerkmalen, in: Zeitschrift für Erziehungswissenschaft 12, 2009, S. 321–342.
Hartung, Olaf (Hrsg.), Museum und Geschichtskultur. Ästhetik – Politik – Wissenschaft, Bielefeld 2006.
Hartung, Olaf/Köhr, Katja (Hrsg.), Geschichte und Geschichtsvermittlung. Festschrift für Karl Heinrich Pohl, Bielefeld 2008.
Hartung, Olaf, Die Wiederkehr des Echten. Ein aktueller Museumstrend und sein Bedeutung für das historische Lernen, in: Hartung, Olaf/Köhr, Katja (Hrsg.), Geschichte und Geschichtsvermittlung. Festschrift für Karl Heinrich Pohl, Bielefeld 2008, S. 199–212
Hasberg, Wolfgang, Klio im Geschichtsunterricht. Neue Chancen für die Geschichtserzählung im Unterricht?, in: GWU 48, 1997, H. 12, S. 708–726.
Hasberg, Wolfgang, Empirische Forschung in der Geschichtsdidaktik. Nutzen und Nachteil für den Unterricht, 2 Bde., Neuried 2001.
Hasberg, Wolfgang, Nutzen und Nachteil empirischer Forschung für den Geschichtsunterricht, in: Internationale Schulbuchforschung 23, 2001, S. 379–396.
Hasberg, Wolfgang, Über den möglichen Nutzen des Fliegenbeinzählens. Empirische Forschung zum historischen Lernen, in: Demantowsky, Marko/Schönemann, Bernd (Hrsg.), Neue geschichtsdidaktische Positionen, Bochum 2002, S. 143–172.
Hasberg, Wolfgang (Hrsg.), Erinnern – Gedenken – Historisches Lernen. Symposium zum 65. Geburtstag von Karl Filser, München 2003.
Hasberg, Wolfgang, Bilingualer Geschichtsunterricht und historisches Lernen. Möglichkeiten und Grenzen, in: Internationale Schulbuchforschung 26, 2004, H. 2, S. 119–140.
Hasberg, Wolfgang, Geschichtskultur in Geschichtsdidaktik und Geschichtsunterricht, in: Informationen für den Geschichts- und Gemeinschaftskundelehrer H. 67/2004, S. 43–59.
Hasberg, Wolfgang, Geschichte in Geschichten, in: Schreiber, Waltraud (Hrsg.), Erste Begegnungen mit Geschichte. Grundlagen historischen Lernens, Bd. 1, Neuried 2., erw. u. überarb. Aufl. 2004, S. 529–549.
Hasberg, Wolfgang/Seidenfuß, Manfred (Hrsg.), Geschichtsdidaktik(er) im Griff des Nationalsozialismus?, Münster 2005.
Hasberg, Wolfgang, Von Pisa nach Berlin. Auf der Suche nach Kompetenzen und Standards historischen Lernens, in: GWU 56, 2005, H. 12, S. 684–702.
Hasberg, Wolfgang, Im Schatten von Empirie und Pragmatik – Methodologische Aspekte empirischer Forschung in der Geschichtsdidaktik, in: Zeitschrift für Geschichtsdidaktik 6, 2007, S. 9–40.
Hasberg, Wolfgang/Seidenfuß Manfred (Hrsg.), Modernisierung im Umbruch. Geschichtsdidaktik und Geschichtsunterricht nach 1945, Berlin 2008.
Hasberg, Wolfgang, Sprache(n) und Geschichte. Grundlegende Annotationen zum historischen Lernen in bilingualer Form, in: Zeitschrift für Geschichtsdidaktik 8, 2009, S. 52–72.
Heese, Thorsten, Unterricht mit gegenständlichen Quellen. Kann man Geschichte „be-greifen"?, in: Geschichte lernen H. 104 (2005), S. 12–20.
Heese, Thorsten, Vergangenheit „begreifen". Die gegenständliche Quelle im Geschichtsunterricht, Schwalbach/Ts. 2007.
Hegele, Irmintraut, Lernziel: Stationenarbeit. Eine neue Form des offenen Unterrichts, Weinheim/Basel 4., neu ausgestattete Aufl. 1999.
Hegele, Irmintraut, Stationenarbeit. Ein Einstieg in den offenen Unterricht, in: Wiechmann, Jürgen (Hrsg.), Zwölf Unterrichtsmethoden. Vielfalt für die Praxis, Weinheim 3., unveränderte Aufl. 2002, S. 61–76.
Heil, Werner, Reform des Geschichtsunterrichts, in: GWU 52, 2001, H. 2, S. 91–103.
Heil, Werner, Kompetenzorientierter Geschichtsunterricht, Stuttgart 2., vollständig neu überarb. u. erw. Aufl. 2012.
Heimbrock, Cornelia, Geschichte Spielen. Handlungsorientierter Unterricht in der Sekundarstufe I, Donauwörth 1996.

Heimbrock, Cornelia/Wegmann, Adalbert, 100 Methoden. Kopiervorlagen für einen handlungsorientierten Geschichtsunterricht, Berlin 2002.
Heimes, Alexander, Die Bedeutung und Förderung der methodischen Kompetenz von Schülerinnen und Schülern im bilingualen Geschichtsunterricht, in: Geschichte, Politik und ihre Didaktik 35, 2007, H. 3/4, S. 213–220.
Helbig, Beate, Das bilinguale Sachfach Geschichte. Eine empirische Studie zur Arbeit mit französischsprachigen (Quellen-)Texten, Tübingen 2002.
Helmke, Andreas/Schrader, Friedrich-Wilhelm, Merkmale der Unterrichtsqualität. Potenzial, Reichweite und Grenzen, in: Seminar – Lehrerbildung und Schule 14, 2008, H. 3, S. 17–47.
Helmke, Andreas, Unterrichtsqualität, in: Rost, Detlef H. (Hrsg.), Handwörterbuch Pädagogische Psychologie, Weinheim 4., überarb. u. erw. Aufl. 2010, S. 886–895.
Helmke, Andreas, Unterrichtsqualität und Lehrerprofessionalität. Diagnose, Evaluation und Verbesserung des Unterrichts, Seelze 3. Aufl. 2010.
Henke-Bockschatz, Gerhard, Geschichte und historisches Lernen. Jochen Huhn zum 65. Geburtstag, Kassel 1995.
Henke-Bockschatz, Gerhard, Entdeckendes Lernen, in: Bergmann, Klaus u. a. (Hrsg.), Handbuch der Geschichtsdidaktik, 5., überarb. Aufl. Seelze 1997, S. 406–410.
Henke-Bockschatz, Gerhard, Oral History im Geschichtsunterricht, in: Geschichte lernen H. 76 (2000), S. 18–24.
Henke-Bockschatz, Gerhard, Überlegungen zur Rolle der Imagination im Prozess des historischen Lernens, in: GWU 51, 2000, H. 7/8, S. 418–429.
Henke-Bockschatz, Gerhard/Mayer, Ulrich/Oswalt, Vadim, Historische Bildung als Dimension eines Kerncurriculums moderner Allgemeinbildung, in: GWU 56, 2005, H. 12, S. 703–710.
Henke-Bockschatz, Gerhard, Viel benutzt, aber auch verstanden? Arbeit mit dem Schulgeschichtsbuch, in: Geschichte lernen H. 116 (2007), S. 40–45.
Henke-Bockschatz, Gerhard, Forschend-entdeckendes Lernen, in: Mayer, Ulrich/Pandel, Hans-Jürgen/Schneider, Gerhard (Hrsg.), Handbuch Methoden im Geschichtsunterricht, Schwalbach/Ts. 3. Aufl. 2011, S. 15–29.
Henke-Bockschatz, Gerhard, Guter Geschichtsunterricht aus fachdidaktischer Perspektive, in: GWU 62, 2011 H. 5/6, S. 298–311.
Henke-Bockschatz, Gerhard, Zeitzeugenbefragung, in: Mayer, Ulrich/Pandel, Hans-Jürgen/Schneider, Gerhard (Hrsg.), Handbuch Methoden im Geschichtsunterricht, Schwalbach/Ts. 3. Aufl. 2011, S. 354–369.
Herda, Ingeborg, Dichtung und historisches Bewusstsein. Zur Relevanz fiktionaler Literatur für den Geschichtsunterricht, Phil. Diss. Bonn 1982.
Herrmann, Gunnar, Lernspiele im handlungs- und erfahrungsorientierten Geschichtsunterricht, in: GWU 55, 2004, H. 1, S. 4–19.
Hesse, Horst, Auseinandersetzen mit Geschichte. Überlegungen zur Geschichte und ihrer Didaktik, Heinsberg 1996.
Heßler, Hans-Joachim, Das Lied im Nationalsozialismus. Eine Analyse von drei exemplarisch ausgewählten Liedern unter besonderer Berücksichtigung der Liedtexte und deren Struktur, Dortmund 2001.
Heuer, Christian, Kompetenzraster im Geschichtsunterricht, in: Geschichte lernen H. 116 (2007), S. 28–33.
Heuer, Andreas, Geschichtsbewusstsein. Entstehung und Auflösung zentraler Annahmen westlichen Geschichtsdenkens, Schwalbach/Ts. 2011.
Heuer, Christian, Gütekriterien für kompetenzorientierte Lernaufgaben im Fach Geschichte, in: GWU 62, 2011, H. 7/8, S. 443–458.
Hey, Bernd, Die historische Exkursion. Zur Didaktik und Methodik des Besuchs historischer Stätten, Museen und Archive, Stuttgart 1978.
Hey, Bernd, Zwischen Vergangenheitsbewältigung und heiler Welt. Nachkriegsdeutsche Befindlichkeiten in deutschen Spielfilmen, in: GWU 52, 2001, H. 4, S. 228–237.

Hey, Bernd u.a., Umgang mit Geschichte. Geschichte erforschen und darstellen – Geschichte erarbeiten und begreifen, Stuttgart u. a. 2004.
Hinrichs, Carsten, Visualisieren, in: Günther-Arndt, Hilke (Hrsg.), Geschichts-Methodik. Handbuch für die Sekundarstufe I und II, Berlin 3. Aufl. 2010, S. 236–246.
Hodel, Jan/Ziegler, Béatrice (Hrsg.), Forschungswerkstatt Geschichtsdidaktik 07. Beiträge zur Tagung „geschichtsdidaktik empirisch 07", Bern 2009.
Hodel, Jan/Ziegler, Béatrice (Hrsg.), Forschungswerkstatt Geschichtsdidaktik 09. Beiträge zur Tagung „geschichtsdidaktik empirisch 07", Bern 2011.
Hodel, Jan, Wikipedia und Geschichtslernen, in: GWU 63, 2012.
Hoffmann, Hilde, Geschichte und Film – Film und Geschichte, in: Horn, Sabine/Sauer, Michael (Hrsg.), Geschichte und Öffentlichkeit. Orte – Medien – Institutionen, Göttingen 2009, S. 135–143.
Hofmann, Wilhelm/Baumert, Anna/Schmitt, Manfred, Heute haben wir Hitler im Kino gesehen. Evaluation der Wirkung des Films „Der Untergang" auf Schüler und Schülerinnen der neunten und zehnten Klasse, in: Zeitschrift für Medienpsychologie 17, 2005, H. 4, S. 132–146.
Homeier, Jobst-H., Geschichte zum (Be)Greifen nah. Konzepte, Beispiele, Tips für den handlungsbezogenen Geschichtsunterricht, Essen 1993.
Horn, Sabine/Sauer, Michael (Hrsg.), Geschichte und Öffentlichkeit. Orte – Medien – Institutionen, Göttingen 2009.
Horst, Uwe, Projekte zwischen Reformanspruch und Alltagsrealität, in: Hill, Thomas/Pohl, Karl Heinrich (Hrsg.), Projekte in Schule und Hochschule, Bielefeld 2002, S. 196–215.
Horst, Uwe/Ohly, Karl Peter (Hrsg.), Lernbox Lernmethoden und Arbeitstechniken, Seelze 5. Aufl. 2005.
Howell, Martha/Prevenier, Walter, Werkstatt des Historikers. Eine Einführung in die historischen Methoden, Köln/Weimar/Wien 2004.
Hüttermann, Armin, Kartenlesen – (k)eine Kunst. Einführung in die Didaktik der Schulkartografie, München 1998.
Hug, Wolfgang, Geschichtsunterricht in der Praxis der Sekundarstufe I. Befragungen, Analysen und Perspektiven, Frankfurt a. M. 3. Aufl. 1985, S. 26–32.
Huhn, Jochen, Geschichtsdidaktik. Eine Einführung, Köln/Weimar/Wien 1994.

International Society for History Didactics, Yearbook 2010: Empirical Research on History Learning.
International Society for History Didactics, Yearbook 2011: Analizing Textbooks – Methodological Issues.

Jank, Werner/Meyer, Hilbert, Didaktische Modelle, Berlin 10. Aufl. 2011.
Jaubert, Alain, Fotos, die lügen. Politik mit gefälschten Bildern, Frankfurt a. M. 1989.
Jeismann, Karl-Ernst, „Geschichtsbewußtsein'. Überlegungen zur zentralen Kategorie des neuen Ansatzes, in: Süssmuth, Hans (Hrsg.), Geschichtsdidaktische Positionen, Paderborn 1980, S. 179–222.
Jeismann, Karl-Ernst, Geschichtsbewußtsein als zentrale Kategorie der Geschichtsdidaktik, in: Schneider, Gerhard (Hrsg.), Geschichtsbewußtsein und historisch-politisches Lernen (Jahrbuch der Geschichtsdidaktik, Bd.1), Pfaffenweiler 1988, S. 1–24.
Jeismann, Karl-Ernst/Schönemann, Bernd, Geschichte amtlich. Lehrpläne und Richtlinien der Bundesländer – Analyse, Vergleich, Kritik, Frankfurt a. M. 1989.
Jeismann, Karl-Ernst, „Geschichtsbewußtsein" als zentrale Kategorie des Geschichtsunterrichts, in: Niemetz, Gerold (Hrsg.), Aktuelle Probleme der Geschichtsdidaktik, Stuttgart 1990, S. 44–75.
Jeismann, Karl-Ernst, Geschichtsbewußtsein – Theorie, in: Bergmann, Klaus u.a. (Hrsg.), Handbuch der Geschichtsdidaktik, 5., überarb. Aufl. Seelze 1997, S. 42–44.
Jordan, Stefan, Theorien und Methoden der Geschichtswissenschaft, Paderborn 2009.

Kaelble, Hartmut, Der historische Vergleich. Eine Einführung zum 19. und 20. Jahrhundert, Frankfurt a. M. 1999.
Kaelble, Hartmut, Historischer Vergleich, in: Jordan, Stefan, Lexikon Geschichtswissenschaft. Hundert Grundbegriffe, Stuttgart 2002, S. 303–306.
Kaminsky, Uwe, Oral History, in: Pandel, Hans-Jürgen/Schneider, Gerhard (Hrsg.), Handbuch Medien im Geschichtsunterricht, Schwalbach/Ts. 6. erw. Aufl. 2011, S. 483–499.
Karg, Ina, Geschichte und Geschichtlichkeit von Sprache und Literatur. Ein Blick auf den Vermittlungsauftrag des Deutschunterrichts, in: GWU 62, 2011, H. 7/8, S. 389–401.
Kaufmann, Günter, Neue Bücher – alte Fehler. Zur Bildpräsentation in Schulgeschichtsbüchern, in: GWU 51, 2000, H. 2, S. 68–87.
Kaufmann, Günter, „Treueste Auffassung" vom revolutionären Geschehen? Berliner Barrikadenbilder aus dem Jahre 1848, in: GWU 56, 2005, H. 7/8, S. 406–413.
Kayser, Jörg/Hagemann, Ulrich, Urteilsbildung im Geschichts- und Politikunterricht, Bonn 2005.
Kiening, Christian/Adolf, Heinrich (Hrsg.), Mittelalter im Film, Berlin 2006.
Klemenz, Lola, „Ware Geschichtsschulbuch". Wie „Geschichte" in die Schulbücher kommt, in: Praxis Geschichte H. 2/1997, S. 60–62.
Klenck, Walter/Schneider, Susanne, Den Unterricht nicht vor dem Ende loben. Plädoyer für die stärkere Beachtung der Schlussphase, in: Pädagogik 58, 2006, H. 7/8, S. 68–71.
Klenke, Dietmar, Musik, in: Pandel, Hans-Jürgen/Schneider, Gerhard (Hrsg.), Handbuch Medien im Geschichtsunterricht, Schwalbach/Ts. 6. erw. Aufl. 2011, S. 439–482.
Kliemann, Sabine (Hrsg.), Diagnostizieren und Fördern in der Sekundarstufe I. Schülerkompetenzen erkennen, unterstützen und ausbauen, Berlin 2008.
Klieme, Eckhard u. a., Zur Entwicklung nationaler Bildungsstandards. Eine Expertise, Berlin 2003.
Klose, Dagmar, Historisches Denken – frühe Spuren, in: GWU 54, 2003, H. 5/6, S. 303–318.
Klose, Dagmar, Klios Kinder und Geschichtslernen heute. Eine entwicklungspsychologisch orientierte konstruktivistische Didaktik der Geschichte, Hamburg 2004.
Kneile-Klenk, Karin, Pauken oder Lernen? Abwechslungsreich Wiederholen und Festigen im Geschichtsunterricht, Schwalbach/Ts. 2008.
Knobloch, Jörg, Referate halten lernen: Inhaltsangabe, Protokoll, Referat, Facharbeit, Lichtenau 9. Aufl. 2005.
Knoch, Peter, Der schwierige Umgang mit Geschichte in Projekten, in: GWU 38, 1987, H. 9, S. 527–540.
Knoch, Peter, Entdeckendes Lernen, in: Praxis Geschichte H. 3/1988, S. 6–13.
Knoch, Peter, Geschichte vor Ort, in: Praxis Geschichte H. 3/1989, S. 6–13.
Knopp, Guido/Quandt, Siegfried (Hrsg.), Geschichte im Fernsehen. Ein Handbuch, Darmstadt 1988.
Kocka, Jürgen, Geschichte, München 1976.
Kocka, Jürgen, Geschichte wozu?, in: Ders., Sozialgeschichte. Begriff – Entwicklung – Probleme, Göttingen 1977, 2., erw. Aufl. 1986, S. 112–131.
Kölbl, Carlos, Geschichtsbewusstsein im Jugendalter. Grundzüge einer Entwicklungspsychologie historischer Sinnbildung, Bielefeld 2004.
Körber, Andreas, Internet. Informationsquelle mit Besonderheiten, in: Dittmer, Lothar/Siegfried, Detlef (Hrsg.), Spurensucher. Ein Handbuch für die historische Projektarbeit, Hamburg überarb. u. erw. Neuaufl. 2005, S. 146–166.
Körber, Andreas, „Hätte ich mitgemacht?" Nachdenken über historisches Verstehen und (Ver-)Urteilen im Unterricht, in: GWU 51, 2000, H. 7/8, S. 430–448.
Körber, Andreas, Geschichte und interkulturelles Lernen. Begriffe und Zugänge, in: GWU 52, 2001, H. 5/6, S. 292–304.
Körber, Andreas (Hrsg.), Interkulturelles Geschichtslernen. Geschichtsunterricht unter den Bedingungen von Einwanderung und Globalisierung – Konzeptionelle Überlegungen und praktische Ansätze, Münster u. a. 2001.

Körber, Andreas (Hrsg.), Geschichte – Leben – Lernen. Bodo von Borries zum 60. Geburtstag, Schwalbach/Ts. 2003.
Körber, Andreas, Geschichte im Internet. Zwischen Orientierungshilfe und Orientierungsbedarf. In: Zeitschrift für Geschichtsdidaktik 3, 2004, S. 184–197.
Körber, Andreas, Neue Medien. Auch Surfen will gelernt sein, in: Dittmer, Lothar/Siegfried, Detlef (Hrsg.), Spurensucher. Ein Handbuch für die historische Projektarbeit, überarb. u. erw. Neuaufl. Hamburg 2005, S. 119–139.
Körber, Andreas/Baeck, Oliver (Hrsg.), Der Umgang mit Geschichte an Gedenkstätten. Anregungen zur De-Konstruktion, Neuried 2006.
Körber, Andreas/Schreiber, Waltraud/Schöner, Alexander (Hrsg.), Kompetenzen historischen Denkens. Ein Strukturmodell als Beitrag zur Kompetenzorientierung in der Geschichtsdidaktik, Neuried 2007.
Körber, Andreas, Kompetenz(en) zeitgeschichtlichen Denkens, in: Barricelli, Michele/Hornig, Julia (Hrsg.), Aufklärung, Bildung, „Histotainment"? Zeitgeschichte in Unterricht und Gesellschaft heute, Frankfurt a. M. u. a. 2008, S. 43–66.
Körber, Esther-Beate, Wie interpretiert man eine Wochenschau? Überlegungen an Beispielen aus der Nachkriegszeit, in: GWU 45, 1994, H. 3, S. 137–150.
Kohlberg, Lawrence, Die Psychologie der Moralentwicklung, Frankfurt a. M. 1996.
Kolossa, Bernd, Methodentrainer. Arbeitsbuch für die Sekundarstufe – Gesellschaftswissenschaften, Berlin 2000.
Kolossa, Bernd, Methodentrainer Gesellschaftswissenschaften. Sekundarstufe II, Berlin 2010.
Korte, Barbara/Paletschek, Sylvia (Hrsg.), History Goes Pop. Zur Repräsentation von Geschichte in populären Medien und Genres, Bielefeld 2009.
Korte, Helmut, Einführung in die systematische Filmanalyse. Ein Arbeitsbuch, Berlin 4., neu bearb. und erw. Aufl. 2010.
Koselleck, Reinhart, Wozu noch Historie?, in: Baumgartner, Hans Michael/Rüsen, Jörn (Hrsg.), Seminar: Geschichte und Theorie. Umrisse einer Historik, Frankfurt a. M. 2. Aufl. 1982, S. 17–35.
Koselleck, Reinhart, Vom Sinn und Unsinn der Geschichte, in: Müller, Klaus E./Rüsen, Jörn (Hrsg.), Historische Sinnbildung. Problemstellungen, Zeitkonzepte, Wahrnehmungshorizonte, Darstellungsstrategien, Reinbek 1997, S. 79–97.
Kotte, Eugen, „In Räume geschriebene Zeiten". Nationale Europabilder im Geschichtsunterricht der Sekundarstufe II, Idstein 2007.
Kotte, Eugen, Geschichtsdidaktik als historische Kulturwissenschaft, in: GWU 62, 2011, H. 9/10, S. 584–592.
Kraack, Detlev, Ausdeutungen und Umdeutungen von Geschichte im wilhelminischen Schleswig-Holstein. Möglichkeiten und Potentiale eines regional ausgerichteten Geschichtsunterrichts am Beispiel der Stadt Plön um 1900, in: GWU 62, 2011, H. 1/2, S. 61–76.
Krieger, Rainer, Mehr Möglichkeiten als Grenzen – Anmerkungen eines Psychologen, in: Bergmann, Klaus/Rohrbach, Rita (Hrsg.), Kinder entdecken Geschichte. Theorie und Praxis historischen Lernens in der Grundschule und im frühen Geschichtsunterricht, Schwalbach/Ts. 2001, S. 32–50.
Krimm, Stefan/Sachse, Martin, Die Bedeutung historischer Längsschnitte für den Geschichtsunterricht in der Oberstufe des Gymnasiums, in: Erdmann, Elisabeth (Hrsg.), Thematische Längsschnitte für den Geschichtsunterricht in der gymnasialen Oberstufe, Neuried 2002, S. 349–364.
Kröll, Ulrich, Digitale Werkstatt für Geschichtspädagogen. Mit Neuen Medien Geschichte lehren und lernen, Münster 2007.
Kröll, Ulrich, Lernen und Erleben auf historischen Exkursionen. Museen, Freilichtmuseen und Gedenkstätten als Partner der Schule, Münster 2009.
Kröll, Ulrich, Zeitgeschichte in digitalen Medien, in: Popp, Susanne u. a. (Hrsg.), Zeitgeschichte – Medien – Historische Bildung, Göttingen 2010, S. 149–170.

Kuchler, Christian, Die nationalsozialistische Tagespresse, deren Nachdruck in „Zeitungszeugen" und der Geschichtsunterricht. Themenheft der Zeitschrift „Einsichten und Perspektiven", H. 1/2010.

Kuchler, Christian, Die Edition „Zeitungszeugen" und die Rezeption nationalsozialistischer Tagespresse im Geschichtsunterricht, in: GWU 62, 2011, H. 7/8, S. 433–442.

Kübler, Hans-Dieter und Helga, Geschichte als Film – Film als Geschichte, in: Praxis Geschichte H. 6/1992, S. 6–12.

Kühberger, Christoph/Windischbauer, Elfriede, Literacy als Auftrag? Zur Förderung bei Leseschwächen im Geschichtsunterricht, in: Geschichte lernen H. 131 (2009), S. 22–29.

Kühberger, Christoph/Windischbauer, Elfriede, Individualisierung und Differenzierung im Geschichtsunterricht, Schwalbach/Ts. 2011.

Kümper, Hiram, Nichts als blauer Dunst? Zigarettensammelbilder als Medien historischer Sinnbildung – quellenkundliche Skizzen zu einem bislang ungehobenen Schatz, in: GWU 59, 2008, H. 9, S. 492–509.

Kümper, Hiram, Zeitgeschichte und Wikipedia: von der Wissens(ver)schleuder(ung) zum Forschungsfeld, in: Popp, Susanne u. a. (Hrsg.), Zeitgeschichte – Medien – Historische Bildung, Göttingen 2010, S. 283–296.

Küppers, Waltraud, Zur Psychologie des Geschichtsunterrichts, Bern/Stuttgart 1961.

Kuhlemann, Frank-Michael, Zentralabitur im Fach Geschichte. Kritische Bestandsaufnahme und Perspektiven für die Zukunft am Beispiel Nordrhein-Westfalens 2005-2007, in: GWU 59, 2008, H. 4, S. 204–217.

Kuhn, Bärbel/Schmenk, Holger/Windus, Astrid (Hrsg.), Weltgeschichtliche Perspektiven im Geschichtsunterricht, St. Ingbert 2010.

Kuhn, Bärbel/Popp, Susanne (Hrsg.), Kulturgeschichtliche Traditionen der Geschichtsdidaktik, St. Ingbert 2011.

Kuhn, Bärbel/Schmenk, Holger/Windus, Astrid (Hrsg.), Europäische Perspektiven im Geschichtsunterricht, St. Ingbert 2011.

Kunze, Peter, Neue Medien als Herausforderung für guten Unterricht, in: Geschichte lernen H. 89 (2002), S. 10–16.

Kuschke, Ilja, Ein produktorientierter Ansatz zum kritischen Umgang mit der Wikipedia im Geschichtsunterricht, in: GWU 63, 2012.

Kuss, Horst, Geschichtsdidaktik und Geschichtsunterricht in der Bundesrepublik Deutschland (1945/49–1990). Eine Bilanz, Teil I in: GWU 46, 1994, H. 12, S. 735–758; Teil II in: GWU 47, 1995, H. 1, S. 3–15.

Kuss, Horst, Geschichtsunterricht und Lehrplan. Lehrplananalyse und Lehrplankritik am Beispiel der Lehrpläne von Bayern, Nordrhein-Westfalen und Berlin, in: GWU 48, 1997, H. 9, S. 533–549.

Kuss, Horst, Geschichtskultur im Geschichtsunterricht. Eine neue Chance für historisches Lernen, in: Geschichte, Politik und ihre Didaktik 29, 2001, H. 1/2, S. 10–21.

Lässig, Simone/Ohl, Karl Heinrich (Hrsg.), Projekte im Fach Geschichte. Historisches Forschung und Entdecken in Schule und Hochschule, Schwalbach/Ts. 2007.

Lässig, Simone, Die historische Biographie auf neuen Wegen?, in: GWU 60, 2009, H. 10, S. 540–553.

Lamneck, Siegfried, Qualitative und quantitative Inhaltsanalyse. Forschungsmethoden im Kontext von Schulbuchanalysen zum Geschichtsunterricht, in: Schreiber, Waltraud (Hrsg.), Die religiöse Dimension im Geschichtsunterricht. Ein interdisziplinäres Forschungsprojekt – Tagungsband, Neuried 2000, S. 319–348.

Lamsfuß-Schenk, Stefanie, Bilingualer deutsch-französischer Geschichtsunterricht. Beobachtungen aus einer Fallstudie, in: GWU 53, 2002, H. 2, S. 109–119.

Land, Kristin/Pandel, Hans-Jürgen, Bildinterpretation praktisch. Bildgeschichten und verfilmte Bilder (Bildinterpretation II), Schwalbach/Ts. 2009.

Lange, Kristina, Historisches Bildverstehen oder Wie lernen Schüler mit Bildquellen? Ein Beitrag zur geschichtsdidaktischen Lehr-Lern-Forschung, Berlin 2011.
Lange, Kristina, Wie es ist in den Schuhen eines anderen zu gehen? Perspektivenübernahme und Fremdverstehen im Geschichtsunterricht – ein lernpsychologischer Ansatz, in: Zeitschrift für Geschichtsdidaktik 10, 2011, S. 92–104.
Lange, Thomas (Hrsg.), Geschichte – selbst erforschen. Schülerarbeit im Archiv, Weinheim/Basel 1993.
Lange, Thomas, Zwischen Zimelien und Zensuren. Anmerkungen zu Gerhard Fritz „Archivnutzung im Geschichtsunterricht" (GWU 48, 1997, H. 7/8, S. 445–461), in: GWU 50, 1999, H. 1, S. 43–49.
Lange, Thomas/Lux, Thomas, Historisches Lernen im Archiv, Schwalbach/Ts. 2004.
Lange, Thomas, Archivarbeit, in: Mayer, Ulrich/Pandel, Hans-Jürgen/Schneider, Gerhard (Hrsg.), Handbuch Methoden im Geschichtsunterricht, Schwalbach/Ts. 3. Aufl. 2011, S. 446–461.
Langer-Plän, Martina, Ein Blick über die Grenzen. Anregungen aus der internationalen Forschung, in: Grundschule H. 9/2000, S. 31–33.
Langer-Plän, Martina, Problem Quellenarbeit. Werkstattbericht aus einem empirischen Projekt, in: GWU 54, 2003, H. 5/6, S. 319–336.
Langer-Plän, Martina/Beilner, Helmut, Zum Problem historischer Begriffsbildung, in: Günther-Arndt, Hilke/Sauer, Michael (Hrsg.), Geschichtsdidaktik empirisch. Untersuchungen zum historischen Denken und Lernen, Berlin 2006, S. 215–251.
Lee, Peter/Ashby, Rosalyn, Progression in Historical Understanding among Students Ages 7–14, in: Stearns, Peter/Seixas, Peter/Wineburg, Samuel S. (Eds.), Knowing, Teaching, and Learning History. National and International Perspectives, New York/London 2000, S. 199–222.
Leh, Almut, Zeitzeugen online. Archive und andere Web-Angebote, in: BIOS 22, 2009, H. 2, S. 268–282.
Lehmann, Katja (Hrsg.), Theater spielen im Geschichtsunterricht. Spielformen, Methoden, Anwendungen und deren didaktische Reflexion, Neuried 2006.
Lehmann-Wermser, Andreas, Die Musikdidaktik und ihr schwieriges Verhältnis zum geschichtlichen Lernen, in: GWU 62, 2011, H. 7/8, S. 413–421.
Lesebuch Geschichte – Lehrerhandbuch. Das historisch-politische Jugendbuch im kreativ-handlungsorientierten Unterricht. Unterrichtsmodelle. Kommentierte Bücherliste. Hrsg. von der Akademie für Lehrerfortbildung Dillingen und der Deutschen Akademie für Kinder- und Jugendliteratur e.V., Berlin 1996.
Loos, Edeltraut/Schreiber, Waltraud, Entdeckendes Lernen, in: Schreiber, Waltraud (Hrsg.), Erste Begegnungen mit Geschichte. Grundlagen historischen Lernens, Bd. 1, Neuried 2., erw. u. überarb. Aufl. 2004, S. 695–717.
Lorenz, Chris, Konstruktion der Vergangenheit. Eine Einführung in die Geschichtstheorie, Köln/Weimar/Wien 1997.
Lucas, Friedrich J., Geschichte als engagierte Wissenschaft. Zur Theorie einer Geschichtsdidaktik, hrsg. v. Ursula Becher u.a., Stuttgart 1985.
Lütgert, Will, Leistungsrückmeldung. Auforderungen, Innovationen, Probleme, in: Pädagogik 51, 1999, H. 3, S. 46–50.
Lützelberger, Anne/Mohr, Deborah (Hrsg.), Politisch-historische Urteilskompetenz in Theorie und Praxis – Beiträge zu einer aktuellen fachdidaktischen Diskussion, Berlin 2011.

Mager, Robert, Lernziele und Unterricht, Weinheim u. a. unveränderte Neuausgabe 1994.
Magull, Gabriele, Sprache oder Bild? Unterrichtsforschung zur Entwicklung von Geschichtsbewußtsein, Schwalbach/Ts. 2000.
Mahler, Elke, Handlungsorientierter Geschichtsunterricht. Theorie – Praxis – Empirie, Idstein 2006.

Maier, Robert (Hrsg.), Akustisches Gedächtnis und Zweiter Weltkrieg, Göttingen 2011.
Maier, Robert, History Textbooks and the Acoustic Dimension. A new Field für Textbook Analysis?, in: Yearbook of International Socciety for the Didactics of History 2011, S. 193–202.
Mainka-Tersteegen, Regine, Neue Perspektiven im Unterrichtsfilm, in: Baumgärtner, Ulrich/ Fenn, Monika (Hrsg.), Geschichte und Film. Erkundungen zu Spiel-, Dokumentar- und Unterrichtsfilm, München 2004, S. 45–62.
Marienfeld, Wolfgang/Osterwald, Wilfried, Die Geschichte im Unterricht. Grundlegung und Methode, Düsseldorf 1966.
Marienfeld, Wolfgang, Schulbuch-Analyseverfahren am Beispiel von Schulbuchdarstellungen zum Thema Islam und Kreuzzüge, in: Geschichtsdidaktik 4, 1979, H. 2, S. 130–153.
Marienfeld, Wolfgang, Politische Karikaturen, in: Geschichte lernen H. 18 (1990), S. 16–18.
Martens, Matthias, Geschichtsunterricht als Ort historischen Lernens: Wie gehen Schülerinnen und Schüler mit Darstellungen von Vergangenheit um?, in: Handro, Saskia/Schönemann, Bernd (Hrsg.), Orte historischen Lernens, Berlin 2008, S. 61–74.
Martens, Matthias, Implizites Wissen und kompetentes Handeln. Die empirische Rekonstruktion von Kompetenzen historischen Verstehens im Umgang mit Darstellungen von Geschichte, Göttingen 2010.
Martin, Judith/Hamann, Christoph (Hrsg.), Geschichte – Friedensgeschichte – Lebensgeschichte, Herbolzheim 2007.
Maurer, Michael (Hrsg.), Aufriß der Historischen Wissenschaften, 7 Bände, Stuttgart 2001–2005.
Maurer, Michael, Kulturgeschichte. Eine Einführung, Köln u. a. 2008.
Mayer, Ulrich/Pandel, Hans-Jürgen, Kategorien der Geschichtsdidaktik und Praxis der Unterrichtsanalyse. Zur empirischen Untersuchung fachspezifischer Kommunikation im historisch-politischen Unterricht, Stuttgart 1976.
Mayer, Ulrich, Umgang mit Bildern, in: Geschichte lernen H. 28 (1992), S. 38–42. Wiederabdruck in: Geschichte lernen Sammelband: Geschichte lehren und lernen, Seelze 1997, S. 49–53.
Mayer, Ulrich, Umgang mit Statistiken und Diagrammen, in: Hey, Bernd u. a., Umgang mit Geschichte. Geschichte erforschen und darstellen – Geschichte erarbeiten und begreifen, Stuttgart 1992, S. 127–141.
Mayer, Ulrich, Handlungsorientierung als Prinzip und Methode historischen Lernens, in: Henke-Bockschatz, Gerhard (Hrsg.), Geschichte und historisches Lernen. Jochen Huhn zum 65. Geburtstag, Kassel 1995, S. 117–129.
Mayer, Ulrich, Archäologie – Spuren entdecken und enträtseln, in: Geschichte lernen H. 53 (1996), S. 15–22.
Mayer, Ulrich, Beurteilung von Geschichtsunterricht, in: Bergmann, Klaus u. a. (Hrsg.), Handbuch der Geschichtsdidaktik, 5., überarb. Aufl. Seelze 1997, S. 486–492.
Mayer, Ulrich, Handlungsorientierung, in: Bergmann, Klaus u. a. (Hrsg.), Handbuch der Geschichtsdidaktik, 5., überarb. Aufl. Seelze 1997, S. 411–416.
Mayer, Ulrich, Umgang mit Geschichtskarten, in: Geschichte lernen H. 59 (1997), S. 19–24.
Mayer, Ulrich, Projektunterricht – der Königsweg des zukünftigen Geschichtsunterrichts?, in: Pandel, Hans-Jürgen/Schneider, Gerhard (Hrsg.), Wie weiter? Zur Zukunft des Geschichtsunterrichts, Schwalbach/Ts. 2001, S. 125–135.
Mayer, Ulrich, Handlungsorientierter Geschichtsunterricht, in: Demantowsky, Marko/Schönemann, Bernd (Hrsg.), Neue geschichtsdidaktische Positionen, Bochum 2002, S. 27–37.
Mayer, Ulrich, Wie viel Geschichte braucht der Geschichtsunterricht?, in: Flemming, Jens u.a., Lesarten der Geschichte. Ländliche Ordnungen und Geschlechterverhältnisse. Festschrift für Heide Wunder zum 65. Geburtstag, Kassel 2004, S. 45–64.
Mayer, Ulrich, Qualitätsmerkmale historischer Bildung. Geschichtsdidaktische Kategorien als Kriterien zur Bestimmung und Sicherung der fachdidaktischen Qualität des historischen Lernens, in: Hansmann, Wilfried/Hoyer, Timo (Hrsg.), Zeitgeschichte und historische Bildung. Festschrift für Dietfrid Krause-Vilmar, Kassel 2005, S. 223–243.

Mayer, Ulrich/Pandel, Hans-Jürgen/Schneider, Gerhard/Schönemann, Berndt (Hrsg.), Wörterbuch Geschichtsdidaktik, Schwalbach/Ts. 2., überarb. u. erw. Aufl. 2009.

Mayer, Ulrich, Das Diagramm – am Beispiel von Wahlergebnissen der Weimarer Republik, in: Pandel, Hans-Jürgen/Schneider, Gerhard (Hrsg.), Handbuch Medien im Geschichtsunterricht, Schwalbach/Ts. 6., erw. Aufl. 2011, S. 146–168.

Mayer, Ulrich/Pandel, Hans-Jürgen/Schneider, Gerhard (Hrsg.), Handbuch Methoden im Geschichtsunterricht, Schwalbach/Ts. 3. Aufl. 2011.

Mayer, Ulrich, Historische Orte als Lernorte, in: Mayer, Ulrich/Pandel, Hans-Jürgen/Schneider, Gerhard (Hrsg.), Handbuch Methoden im Geschichtsunterricht, Schwalbach/Ts. 3. Aufl. 2011, S. 389–407.

Mayer, Ulrich, Umgang mit Statistiken, in: Mayer, Ulrich/Pandel, Hans-Jürgen/Schneider, Gerhard (Hrsg.), Handbuch Methoden im Geschichtsunterricht, Schwalbach/Ts. 3. Aufl. 2011, S. 127–141.

Mebus, Sylvia/Schreiber, Waltraud (Hrsg.), Geschichte denken statt pauken. Didaktisch-methodische Hinweise und Materialien zur Förderung historischer Kompetenzen, Meißen 2005.

Meier, Klaus-Ulrich, Der Weg zu einem eigenen Projektthema. Bausteine eines Curriculums für Projekttraining, in: Geschichte lernen H. 110 (2006), S. 14–20.

Meier, Klaus-Ulrich, Rollenspiel, in: Mayer, Ulrich/Pandel, Hans-Jürgen/Schneider, Gerhard (Hrsg.), Handbuch Methoden im Geschichtsunterricht, Schwalbach/Ts. 3. Aufl. 2011, S. 325–341.

Meier, Klaus-Ulrich, Simulation, in: Mayer, Ulrich/Pandel, Hans-Jürgen/Schneider, Gerhard (Hrsg.), Handbuch Methoden im Geschichtsunterricht, Schwalbach/Ts. 3. Aufl. 2011, S. 342–353.

Meier, Mischa/Slanicka, Simona (Hrsg.), Antike und Mittelalter im Film. Konstruktion – Dokumentation – Projektion, Köln/Weimar/Wien 2007.

Melichar, Franz Georg (Hrsg.), Längs Denken. Förderung historischer Kompetenzen durch Längsschnitte, Neuried 2006.

Memminger, Josef, „Schüler schreiben Geschichte". Formen kreativen Schreibens im historischen Unterricht, in: Geschichte lernen H. 116 (2007), S. 21–27.

Memminger, Josef, Schüler schreiben Geschichte. Kreatives Schreiben im Geschichtsunterricht zwischen Fiktionalität und Faktizität, Schwalbach/Ts. 2007.

Memminger, Josef, Schulung von historischem Denken oder bloß fiktionale Spielerei? Über kreative Schreibformen im Geschichtsunterricht, in: GWU 60, 2009, H. 4, S. 204–221.

Meyer, Christoph, „Schulbücher sind keine Joghurtbecher". Stellungnahme zum Schulbuchtest der Stiftung Warentest, in: GWU 60, 2009, H. 1, S. 38–41.

Meyer, Hilbert, Leitfaden zur Unterrichtsvorbereitung, Berlin 5., komplett überarbeitete Aufl. 2010.

Meyer, Hilbert, Unterricht analysieren, planen und auswerten, in: Kiper, Hanna/Meyer, Hilbert/Topsch, Wilhelm, Einführung in die Schulpädagogik, Berlin 5. Aufl. 2010, S. 147–156.

Meyer, Hilbert, Unterrichtsmethoden, Bd. 2, Berlin 13. Aufl. 2010.

Meyer, Hilbert, Was ist guter Unterricht, Berlin 10. Aufl. 2010.

Meyer-Hamme, Johannes, „Ja also, das war ne gute Stunde". Qualitätsmerkmale von Geschichtsunterricht aus Schülerperspektive, in: GWU 62, 2011, H. 5/6, S. 284-297.

Meyers, Peter, Friedrich II. von Preußen im Geschichtsbild der SBZ/DDR. Ein Beitrag zur Geschichte der Geschichtswissenschaft und des Geschichtsunterrichts in der SBZ/DDR. Mit einer Methodik zur Analyse von Schulgeschichtsbüchern, Braunschweig 1983.

Meyers, Peter, Film im Geschichtsunterricht. Realitätsprojektionen in deutschen Dokumentar- und Spielfilmen von der NS-Zeit bis zur Bundesrepublik. Geschichtsdidaktische und unterrichtspraktische Überlegungen, Frankfurt a. M. 1998.

Meyers, Peter, Film im Geschichtsunterricht (Stichworte zur Geschichtsdidaktik), in GWU 52, 2001, H. 4, S. 246–259.

Michalik, Kerstin (Hrsg.), Geschichtsbezogenes Lernen im Sachunterricht, Braunschweig 2004.

Michler, Andreas, Längsschnitte. Heilmittel oder Ende des Geschichtsunterrichts?, in: Schreiber, Waltraud (Hrsg.), Vom Imperium Romanum zum Global Village. „Globalisierungen" im Spiegel der Geschichte, Neuried 2000, S. 349–364.
Michler, Andreas, Längsschnitte im Geschichtsunterricht – Versuch einer Typologie, in: Erdmann, Elisabeth (Hrsg.), Thematische Längsschnitte für den Geschichtsunterricht in der gymnasialen Oberstufe Bayerische Studien zur Geschichtsdidaktik Bd. 4), Neuried 2002, S. 25–42.
Mieles, Bernhard, Wissenschaftspropädeutisches Arbeiten in der Sekundarstufe II, in: Geschichte lernen H. 68 (1999), S. 50–53.
Mirow, Jürgen, Geschichtswissen durch Geschichtsunterricht? Historische Kenntnisse und ihr Erwerb innerhalb und außerhalb der Schule, in: Borries, Bodo von/Pandel, Hans-Jürgen/Rüsen, Jörn (Hrsg.), Geschichtsbewußtsein empirisch, Pfaffenweiler 1991, S. 53–93.
Mischo, Christoph/Haag, Ludwig, Hausaufgaben, in: Rost, Detlef H. (Hrsg.), Handwörterbuch Pädagogische Psychologie, Weinheim u. a. 4., überarb. u. erw. Aufl. 2010, S. 249–256.
Mögenburg, Harm, Italiener und Deutsche. Feinde, Fremde, Freunde – Realkontakte und Perzeptionen, in: Geschichte lernen H. 51 (1996), S. 11–18.
Mögenburg, Harm, Von „Openend" bis „Kuckucksei". Tipps und Tricks für die alltägliche Quellenarbeit, in: Geschichte lernen H. 46 (1995), S. 38–41. Wiederabdruck in: Geschichte lernen Sammelband: Geschichte lehren und lernen, Seelze 1997, S. 28–30.
Mögenburg, Harm, Vertretungsstunden – eher Chance als Fluch, in: Geschichte lernen H. 87 (2002), S. 8–13.
Moegling, Klaus, Kompetenzaufbau im fächerübergreifenden Unterricht – Förderung vernetzten Denkens und komplexen Handelns. Didaktische Grundlagen, Modelle und Unterrichtsbeispiele für die Sekundarstufen I und II, Immenhausen 2010.
Moser, Daniel V./Wiher, Pit, Historisches und politisches Wissen von Jugendlichen, in: Gautschi, Peter/Moser, Daniel V./Reusser, Kurt/Wiher, Pit (Hrsg.), Geschichtsunterricht heute. Eine empirische Analyse ausgewählter Aspekte, Bern 2007, S. 211–262.
Mounajed, René, Außerschulisches Lernen an KZ-Gedenkstätten, in: GWU 58, 2007, H. 3, S. 187–194.
Mounajed, René, Einsatzort Geschichtsunterricht: Über das Lernpotential von Geschichtscomics, in: Handro, Saskia/Schönemann, Bernd (Hrsg.), Orte historischen Lernens, Berlin 2008, S. 209–227.
Mounajed, René, Geschichte in Sequenzen. Über den Einsatz von Geschichtscomics im Geschichtsunterricht, Frankfurt a. M. 2009.
Müller, Jürgen, „The sound of silence". Von der Unhörbarkeit der Vergangenheit zur Geschichte des Hörens, in: Historische Zeitschrift Bd. 292, 2011, S. 1–29.
Müller-Schneck, Elke, Chancen und Probleme eines bilingualen deutsch-englischen Geschichtsunterrichts an Gymnasien in Nordrhein-Westfalen. Stimmen aus der Praxis, in: Geschichte, Politik und ihre Didaktik 28, 2000, H. 1, S. 41–45.
Müller-Schneck, Elke, Bilingualer Geschichtsunterricht. Theorie, Praxis, Perspektiven, Frankfurt a. M. 2006.
Münchenbach, Siegfried/Parigger, Harald (Hrsg.), Fundgrube Geschichte. Neue Ausgabe, Berlin 2006.
Münnix, Norbert/Wartmann, Dirk (Hrsg.), Fächer und fächerübergreifender Unterricht des Gymnasiums in der Sekundarstufe I, Heinsberg 2000.
Mütter, Bernd/Uffelmann, Uwe (Hrsg.), Emotionen und historisches Lernen. Forschung – Vermittlung – Rezeption, Frankfurt a. M. 1992.
Mütter, Bernd, „Geschichtskultur" – Zukunftsperspektive für den Geschichtsunterricht am Gymnasium?, in: Geschichte, Politik und ihre Didaktik 26, 1998, H. 3/4, S. 165–177.
Mütter, Bernd/Schönemann, Bernd/Uffelmann, Uwe (Hrsg.), Geschichtskultur. Theorie – Empirie – Pragmatik, Weinheim 2000.
Munier, Gerald, Geschichte im Comic. Aufklärung durch Fiktion? Über Möglichkeiten und Grenzen des historisierenden Autorencomic der Gegenwart, Hannover 2000.

Musial, Bogdan, Bilder einer Ausstellung. Kritische Anmerkungen zur Wanderausstellung „Vernichtungskrieg. Verbrechen der Wehrmacht 1941–1944", in: Vierteljahrshefte für Zeitgeschichte 47, 1999, H. 4, S. 563–592.

Näpel, Oliver, Auschwitz im Comic – Die Abbildung unvorstellbarer Zeitgeschichte (Zeitgeschichte – Zeitverständnis, Bd. 4), Münster 1998.
Näpel, Oliver, Historisches Lernen durch „Dokutainment"? – Ein geschichtsdidaktischer Aufriss. Chancen und Grenzen einer neuen Ästhetik populärer Geschichtsdokumentationen analysiert am Beispiel der Sendereihen Guido Knopps, in: Zeitschrift für Geschichtsdidaktik 2, 2003, S. 213–244.
Näpel, Oliver, Das Fremde als Argument. Identität und Alterität durch Fremdbilder und Geschichtsstereotype von der Antike bis zum Holocaust und 9/11 im Comic, Frankfurt a. M. 2011.
Nebe, Karl, Mit Filmen im Unterricht arbeiten, in: Geschichte lernen H. 42 (1994), S. 20–24.
Neitzel, Sönke, Geschichtsbild und Fernsehen. Ansätze einer Wirkungsforschung, in: GWU 61, 2010, H. 9, S. 488–502.
Niemetz, Gerold (Hrsg.), Aktuelle Probleme der Geschichtsdidaktik, Stuttgart 1990.
Niemetz, Gerold, Praxis Geschichtsunterricht. Methoden – Inhalte – Beispiele, Stuttgart 1993.
Niggli, Alois, Lernarrangements erfolgreich planen. Didaktische Anregungen zur Gestaltung offener Unterrichtsformen, Aarau 2000.
Nipperdey, Thomas, Wozu Geschichte?, in: Kaltenbrunner, Gerd-Klaus (Hrsg.), Die Zukunft der Vergangenheit. Lebendige Geschichte – Klagende Historiker, München 1975, S. 34–57.
Nipperdey, Thomas, Neugier, Skepsis und das Erbe. Vom Nutzen und Nachteil der Geschichte für das Leben, in: Nipperdey, Thomas, Nachdenken über die deutsche Geschichte, München 1986, S. 7–23.
Noack, Christian, Stufen der Ich-Entwicklung und Geschichtsbewußtsein, in: Borries, Bodo von/Pandel, Hans-Jürgen (Hrsg.), Zur Genese historischer Denkformen, Pfaffenweiler 1994, S. 9–46.
Nolte, Paul u. a. (Hrsg.), Perspektiven der Gesellschaftsgeschichte, München 2000.
Nolte, Paul, Öffentliche Geschichte. Die neue Nähe von Fachwissenschaft, Massenmedien und Publikum: Ursachen, Chancen und Grenzen, in: Barricelli, Michele/Hornig, Julia (Hrsg.), Aufklärung, Bildung, „Histotainment"? Zeitgeschichte in Unterricht und Gesellschaft heute, Frankfurt a. M. u. a. 2008, S. 131–146.
Norden, Jörg van, Was machst Du für Geschichten? Didaktik eines narrativen Konstruktivismus, Freiburg 2011.

Obertreis, Julia (Hrsg.), Oral History (Basistexte Geschichte, Bd. 8), Stuttgart 2011.
Osterhammel, Jürgen, Außereuropäische Geschichte. Eine historische Problemskizze, in: GWU 46, 1995, H. 5/6, S. 253–276.
Osterhammel, Jürgen, Weltgeschichte. Von der Universität in den Unterricht, in: Geschichte für heute 2, 2009, H. 3, S. 5–13.
Osterhammel, Jürgen, Die Verwandlung der Welt. Eine Geschichte des 19. Jahrhunderts, München 2009.
Oswalt, Vadim, Multimediale Programme im Geschichtsunterricht (Geschichte am Computer Bd. 1), Schwalbach/Ts. 2002.
Oswalt, Vadim/Pandel, Hans-Jürgen (Hrsg.), Geschichtskultur. Die Anwesenheit von Vergangenheit in der Gegenwart, Schwalbach/Ts. 2009.
Oswalt, Vadim, Das Wo zum Was und Wann. Der „Spatial turn" und seine Bedeutung für die Geschichtsdidaktik, in: GWU 61, 2010, H. 4, S. 220–233.

Pade, Hanako/Sauer, Michael, Einstiege im Geschichtsunterricht. Empirische Befunde, in: Zeitschrift für Geschichtsdidaktik 8, 2009, S. 100–109.
Pädagogik 53, 2001, H. 5: Themenschwerpunkt Schülerrückmeldung über Unterricht, S. 6–39.

Pampel, Bert, „Mit eigenen Augen sehen, wozu der Mensch fähig ist". Zur Wirkung von Gedenkstätten auf ihre Besucher, Frankfurt a.M./New York 2007.
Pampel, Bert (Hrsg.), Erschrecken – Mitgefühl – Distanz. Empirische Befunde über Schülerinnen und Schüler in Gedenkstätten und zeitgenössischen Ausstellungen, Leipzig 2011.
Pandel, Hans-Jürgen, Dimensionen des Geschichtsbewußtseins. Ein Versuch, seine Struktur für Empirie und Pragmatik diskutierbar zu machen, in: Geschichtsdidaktik 12, 1987, H. 2, S. 130–142.
Pandel, Hans-Jürgen, Historisches Erzählen, in: Geschichte lernen H. 2 (1988), S. 8–12.
Pandel, Hans-Jürgen, Bildlichkeit und Geschichte, in: Geschichte lernen H. 5 (1988), S. 10–17.
Pandel, Hans-Jürgen, Geschichtlichkeit und Gesellschaftlichkeit im Geschichtsbewußtsein. Zusammenfassendes Resümee empirischer Untersuchungen, in: von Borries, Bodo/Pandel, Hans-Jürgen/Rüsen, Jörn (Hrsg.), Geschichtsbewußtsein empirisch, Pfaffenweiler 1991, S. 1–23.
Pandel, Hans-Jürgen (Hrsg.), Verstehen und Verständigen (Jahrbuch für Geschichtsdidaktik 1990), Pfaffenweiler 1991.
Pandel, Hans-Jürgen, Geschichtsbewußtsein (Stichworte zur Geschichtsdidaktik), in: GWU 44, 1993, H. 11, S. 725–729.
Pandel, Hans-Jürgen, Comicliteratur und Geschichte. Gezeichnete Narrativität, gedeutete Geschichte und die Ästhetik des Geschichtsbewußtseins, in: Geschichte lernen H. 37 (1994), S. 18–26.
Pandel, Hans-Jürgen, Textquellen im Unterricht. Zwischen Ärgernis und Erfordernis, in: Geschichte lernen H. 46 (1995), S. 14–21.
Pandel, Hans-Jürgen, Legenden – Mythen – Lügen. Wieviel Fiktion verträgt unser Geschichtsbewußtsein?, in: Geschichte lernen H. 52 (1996), S. 15–19.
Pandel, Hans-Jürgen, Alte Sünden und neue Entwicklungen. Quelleninterpretation im Geschichtsunterricht, in: Lernmethoden, Lehrmethoden, Wege zur Selbstständigkeit (Friedrich Jahresheft XV), Seelze 1997, S. 63–67.
Pandel, Hans-Jürgen, Geschichtsunterricht in der Haupt- und Realschule, in: Bergmann, Klaus u.a. (Hrsg.), Handbuch der Geschichtsdidaktik, 5., überarb. Aufl. Seelze 1997, S. 526–530.
Pandel, Hans-Jürgen, Strategien der Richtlinienmodernisierung. Reduktion – Strukturierung – Konstruktion, in: Keuffer, Josef (Hrsg.), Modernisierung von Rahmenrichtlinien, Weinheim 1997, S. 106–133.
Pandel, Hans-Jürgen, Postmoderne Beliebigkeit? Über den sorglosen Umgang mit Inhalten und Methoden, in: GWU 50, 1999, H. 5/6, S. 282–291.
Pandel, Hans-Jürgen, Richtlinien im 21. Jahrhundert – immer mehr Ereignisse, immer weniger Stunden, in: Pandel, Hans-Jürgen/Schneider, Gerhard (Hrsg.), Wie weiter? Zur Zukunft des Geschichtsunterrichts, Schwalbach/Ts. 2001, S. 165–184.
Pandel, Hans-Jürgen/Schneider, Gerhard (Hrsg.), Wie weiter? Zur Zukunft des Geschichtsunterrichts, Schwalbach/Ts. 2001.
Pandel, Hans-Jürgen, Die Curriculumforschung ist tot – es lebe die Interessenpolitik, in: Zeitschrift für Geschichtsdidaktik Bd. 1, 2002, S. 151–164.
Pandel, Hans-Jürgen, Reden als Quellengattung, in: Geschichte lernen H. 85 (2002), S. 6–13.
Pandel, Hans-Jürgen, Quelleninterpretation. Die schriftliche Quelle im Geschichtsunterricht, Schwalbach/Ts. 3. Aufl. 2006.
Pandel, Hans-Jürgen, Didaktische Darstellungsprinzipien. Ein alter Sachverhalt im neuen Licht, in: Bernhardt, Markus/Henke-Bockschatz, Gerhard/Sauer, Michael (Hrsg.), Bilder – Wahrnehmungen – Konstruktionen. Reflexionen über Geschichte und historisches Lernen. Festschrift für Ulrich Mayer zum 65. Geburtstag, Schwalbach/Ts. 2006, S. 152–168.
Pandel, Hans-Jürgen, Geschichtsunterricht nach PISA. Kompetenzen, Bildungsstandards und Kerncurricula, Schwalbach/Ts. 2. Aufl. 2007.
Pandel, Hans-Jürgen, Bildinterpretation. Die Bildquelle im Geschichtsunterricht (Bildinterpretation I), Schwalbach/Ts. 2008.

Pandel, Hans-Jürgen, Historisches Erzählen. Narrativität im Geschichtsunterricht, Schwalbach/Ts. 2010.
Pandel, Hans-Jürgen, Artikulationsformen, in: Mayer, Ulrich/Pandel, Hans-Jürgen/Schneider, Gerhard (Hrsg.), Handbuch Methoden im Geschichtsunterricht, Schwalbach/Ts. 3. Aufl. 2011, S. 577–594.
Pandel, Hans-Jürgen, Bildinterpretation, in: Mayer, Ulrich/Pandel, Hans-Jürgen/Schneider, Gerhard (Hrsg.), Handbuch Methoden im Geschichtsunterricht, Schwalbach/Ts. 3. Aufl. 2011, S. 172–187.
Pandel, Hans-Jürgen, Bildinterpretation. Zum Stand der geschichtsdidaktischen Bildinterpretation, in: Handro, Saskia/Schönemann, Bernd (Hrsg.), Visualität und Geschichte, Berlin 2011, S. 69–87.
Pandel, Hans-Jürgen, Comics. Gezeichnete Narrativität und gedeutete Geschichte, in: Handbuch Medien im Geschichtsunterricht, Schwalbach/Ts. 6., erw. Aufl. 2011, S. 339–364.
Pandel, Hans-Jürgen, Erzählen, in: Mayer, Ulrich/Pandel, Hans-Jürgen/Schneider, Gerhard (Hrsg.), Handbuch Methoden im Geschichtsunterricht, Schwalbach/Ts. 3. Aufl. 2011, S. 408–424.
Pandel, Hans-Jürgen, Fachtexte, in: Pandel, Hans-Jürgen/Schneider, Gerhard (Hrsg.), Handbuch Medien im Geschichtsunterricht, Schwalbach 6., erw. Aufl. 2011, S. 84–97.
Pandel, Hans-Jürgen/Schneider, Gerhard (Hrsg.), Handbuch Medien im Geschichtsunterricht, Schwalbach/Ts. 6., erw. Aufl. 2011.
Pandel, Hans-Jürgen, Karikaturen. Gezeichnete Kommentare und visuelle Leitartikel, in: Pandel, Hans-Jürgen/Schneider, Gerhard (Hrsg.), Handbuch Medien im Geschichtsunterricht, Schwalbach/Ts. 6., erw. Aufl. 2011, S. 269–290.
Pandel, Hans-Jürgen, Quelleninterpretation, in: Mayer, Ulrich,/Pandel, Hans-Jürgen/Schneider, Gerhard (Hrsg.), Handbuch Methoden im Geschichtsunterricht, Schwalbach/Ts. 3. Aufl. 2011, S. 152–171.
Panowsky, Erwin, Ikonographie und Ikonologie. Eine Einführung in die Kunst der Renaissance, in: Panowsky, Erwin, Sinn und Deutung in der bildenden Kunst, Köln 1978, S. 36–63.
Pantazis, Vassilios, Der Geschichtsunterricht in der multikulturellen Gesellschaft. Das Beispiel der griechischen Migrantenkinder, Frankfurt a. M. u. a. 2002.
Paprotta, Meike, Vertreibung oder Umsiedlung? Interkulturelles Geschichtslernen im virtuellen Klassenraum, in: GWU 62, 2011, H. 3/4, S. 191–210.
Paradies, Liane/Linser, Hans Jürgen/Greving, Johannes, Diagnostizieren, Fordern und Fördern, Berlin 4., überarb. Aufl. 2011.
Paradies, Liane/Linser, Hans-Jürgen, Üben, Wiederholen, Festigen, Berlin 2003.
Paschen, Joachim, Film und Geschichte, in: Geschichte lernen H. 42 (1994), S. 13–19.
Paul, Gerhard, Zeitgeschichte in Film und Fernsehen. Einführung in die Sektion, in: Popp, Susanne u. a. (Hrsg.), Zeitgeschichte – Medien – Historische Bildung, Göttingen 2010, S. 193–200.
Pellens, Karl (Hrsg.), Historische Gedenkjahre im politischen Bewußtsein. Identitätskritik und Identitätsbildung in Öffentlichkeit und Unterricht, Stuttgart 1992.
Pellens, Karl (Hrsg.), Migration und Integration im historisch-politischen Unterricht, Schwalbach/Ts. 1998.
Petersen, Traute, Produktive Hausaufgaben im Geschichtsunterricht, in: GWU 38, 1987, H. 1, S. 33–42.
Petersen, Traute, Priorität den Inhalten!, in: Informationen für den Geschichts- und Gemeinschaftskundelehrer H. 61 (2001), S. 5–12.
Pflüger, Christine/Schneider, Gerhard, Filme im Geschichtsunterricht, in: GPD 34, 2006, H. 3/4, S. 191–195.
Pieper, Joachim, Geschichte erfahren, entdecken und beurteilen. Eine Einführung in die Archivarbeit, hrsg. vom Nordrhein-Westfälischen Hauptstaatsarchiv in Düsseldorf, Düsseldorf 2000.
Pieper, Sven, Geschichte im Comic, in: Bergmann, Klaus u. a. (Hrsg.), Handbuch der Geschichtsdidaktik, 5. überarb. Aufl. Seelze 1997, S. 631–634.

PISA 2000. Basiskompetenzen von Schülerinnen und Schülern im internationalen Vergleich, Opladen 2001.
Plato, Alexander von, Chancen und Gefahren des Einsatzes von Zeitzeugen im Unterricht, in: BIOS 14, 2001, H. 2, S. 134–138.
Pleitner, Berit, Knowledge, Understanding, Identity. Empirische geschichtsdidaktische Forschung in England. Ein Überblick, in: Zeitschrift für Geschichtsdidaktik 6, 2007, S. 41–59.
Pleticha, Heinrich, Geschichtliche Kinder- und Jugendliteratur, in: Lange, Günter (Hrsg.), Taschenbuch der Kinder und Jugendliteratur, Bd. 1, Baltmannsweiler 4. Aufl. 2005, S. 445–461.
Plöger, Ursula, Was muß man über Geschichte wissen? Versuch eines Grundgerüsts historischen Wissens für Gymnasiasten, in: Pädagogik H. 4/2001, S. 14–17.
Pöschko, Hans H., „... dann treibt es nicht zu weit". Spielen im Geschichtsunterricht, in: Praxis Geschichte H. 2/1996, S. 3–9.
Pohl, Karl Heinrich, Wann ist ein Museum „historisch korrekt"? „Offenes Geschichtsbild", Kontroversität, Multiperspektivität und „Überwältigungsverbot" als Grundprinzipien musealer Geschichtspräsentation, in: Hartung, Olaf (Hrsg.), Museum und Geschichtskultur. Ästhetik – Politik – Wissenschaft, Bielefeld 2006, S. 237–286.
Pohl, Karl Heinrich, Die „Stiftung Warentest" und die deutschen Schulgeschichtsbücher. Ein exemplarisches Beispiel für einen misslungenen Test, in: GWU 60, 2009, H. 1, S. 32–37.
Pohl, Karl Heinrich, Wie evaluiert man Schulbücher?, in: Fuchs, Eckhardt/Kahlert, Joachim/Sandfuchs, Uwe (Hrsg.), Schulbuch konkret. Kontexte – Produktion – Unterricht, Bad Heilbrunn 2010, S. 118–133.
Pohl, Kurt, Das Fach Geschichte im Denken von Schülerinnen und Schülern, in: Borries, Bodo von/Pandel, Hans-Jürgen (Hrsg.), Zur Genese historischer Denkformen, Pfaffenweiler 1994, S. 146–171.
Popp, Susanne, Geschichtsunterricht jenseits der Nationalhistorie?, in: Zeitschrift für Geschichtsdidaktik 1, 2002, S. 100–122.
Popp, Susanne, Neuere Zugänge zur Geschichte. Ein Überblick, in: Schreiber, Waltraud (Hrsg.), Erste Begegnungen mit Geschichte. Grundlagen historischen Lernens, Bd. 1, Neuried 2., erw. u. überarb. Aufl. 2004, S. 275–279.
Popp, Susanne, Antworten auf neue Herausforderungen. Welt- und globalgeschichtliche Perspektivierung des historischen Lernens, in: GWU 56, 2005, H. 9, S. 491.
Popp, Susanne, Geschichtliches Überblickswissen aufbauen – ein konzentrisch-longitudinales Geschichtscurriculum aus den Niederlanden, in: Erdmann, Elisabeth/Maier, Robert/Popp, Susanne (Hrsg.), Geschichtsunterricht international, Hannover 2006, S. 269–300.
Popp, Susanne/Forster, Johanna (Hrsg.), Curriculum Weltgeschichte. Globale Zugänge für den Geschichtsunterricht, Schwalbach/Ts. 2. Aufl. 2008.
Popp, Susanne, Historische Kompetenzen und geschichtliches Orientierungswissen der Abiturientinnen und Abiturienten im Blick der Hochschule. Überlegungen zum Konzept des „nachhaltiges Lernens", in: GWU 60, 2009, H. 11, S. 646–657.
Popp, Susanne/Schönemann, Bernd (Hrsg.), Historische Kompetenzen und Museen, Idstein 2009.
Popp, Susanne/Sauer, Michael/Alavi, Bettina/Demantowsky, Marko/Paul, Gerhard (Hrsg.), Zeitgeschichte – Medien – Historische Bildung, Göttingen 2010.
Praxis Geschichte H. 3/1988: Entdeckendes Lernen.
Praxis Geschichte H. 3/1989: Geschichte vor Ort.
Praxis Geschichte H. 6/1990: Verordnete Geschichtsbilder.
Praxis Geschichte H. 6/1992: Film – Geschichte – Unterricht.
Praxis Geschichte H. 1/1994: Literatur als historische Quelle.
Praxis Geschichte H. 2/1996: Spielen im Geschichtsunterricht.
Praxis Geschichte H. 2/1997: Geschichte(n) schreiben.
Praxis Geschichte H. 5/1998: Problemorientierter Geschichtsunterricht.
Praxis Geschichte H. 4/1999: Kartenarbeit im Geschichtsunterricht.
Praxis Geschichte H. 4/2001: Krieg: Sinn und Sinnbild.

Praxis Geschichte H. 5/2001: Internet und Geschichtsunterricht.
Praxis Geschichte H. 1/2002: Bilingualer Unterricht
Praxis Geschichte H. 2/2002: Bilder als Quelle.
Praxis Geschichte H. 4/2002: Krieg: Sinn und Sinnbild.
Praxis Geschichte H. 3/2003: Anfangsunterricht.
Praxis Geschichte H. 4/2003: Migration.
Praxis Geschichte H. 6/2003: Denk-Mal.
Praxis Geschichte H. 1/2004: Politische Karikaturen.
Praxis Geschichte H. 5/2004: Hi(t)story (Geschichte im Lied) (dazu CD).
Praxis Geschichte H. 1/2006: Fotografien im Geschichtsunterricht.
Praxis Geschichte H. 5/2006: Spiel-Filme im Geschichtsunterricht.
Praxis Geschichte H. 3/2007: In der Werkstatt des Historikers.
Praxis Geschichte H. 6/2007: Politische Reden – Deutschland im 20. Jahrhundert.
Praxis Geschichte H. 5/2008: Kartenarbeit.
Praxis Geschichte H. 4/2009: Historisches Lernen mit elektronischen Medien.
Praxis Geschichte H. 6/2006: Glaubensstreit und Glaubenskrieg.
Praxis Geschichte H. 4/2010: Historische Plakate.
Probst-Effah, Gisela, Lieder des 19. Jahrhunderts; Das 20. Jahrhundert in Liedern (Seminarskripten, http://hf.uni-koeln.de/34467, eingesehen am 31.10.2011)

Radkau, Joachim, Für eine grüne Revolution im Geschichtsunterricht – für eine Historisierung der Umwelterziehung: zehn Thesen, in: GWU 54, 2003, H. 11, S. 644–657.
Raetzel-Fabian, Dirk, Archäologie. Standortbestimmung und didaktisches Potenzial, in: GWU 54, 2003, H. 4, S. 212–226.
Raisch, Herbert/Reese, Armin (Hrsg.), Historica didactica. Geschichtsdidaktik heute. Uwe Uffelmann zum 60. Geburtstag, Idstein 1997.
Raisch, Herbert, Weniger ist oft mehr! Grundlagen der Kartenarbeit im Geschichtsunterricht, in: Praxis Geschichte H. 4/1999, S. 4–11.
Raps, Christian/Hartleb, Florian, Leitfaden zur Erstellung einer Facharbeit/Seminararbeit, Braunschweig 2011.
Rauh, Robert, Methodentrainer Geschichte Oberstufe. Quellenarbeit, Arbeitstechniken, Klausurentraining, Berlin 2010.
Reeken, Dietmar von, Sachunterrichtsdidaktik und Geschichtsdidaktik. Bestandsaufnahme und Kritik eines Unverhältnisses, in: GWU 47, 1996, H. 5/6, S. 349–365.
Reeken, Dietmar von, Wer hat Angst vor Wolfgang Klafki? Der Geschichtsunterricht und die „Schlüsselprobleme", in: GWU 50, 1999, H. 5/6, S. 292–304.
Reeken, Dietmar von, Projekte im Geschichtsunterricht. Lernchancen angesichts aktueller Herausforderungen?, in: Hill, Thomas/Pohl, Karl Heinrich (Hrsg.), Projekte in Schule und Hochschule, Bielefeld 2002, S. 66–73.
Reeken, Dietmar von, Geschichtskultur im Geschichtsunterricht. Begründungen und Perspektiven, in: GWU 55, 2004, H. 4, S. 233–240.
Reeken, Dietmar von, Schülerorientierung geschichtsdidaktisch. Einige Überlegungen zur Bedeutung von Schülererfahrungen für das historische Lernen und für die Wissenschaft, in: Bernhardt, Markus/Henke-Bockschatz, Gerhard/Sauer, Michael (Hrsg.), Bilder – Wahrnehmungen – Konstruktionen. Reflexionen über Geschichte und historisches Lernen. Festschrift für Ulrich Mayer zum 65. Geburtstag, Schwalbach/Ts. 2006, S. 169–181.
Reeken, Dietmar von, „Das Auffallendste ist nämlich, dass man sie nicht bemerkt". Denkmäler als gegenständliche Quellen des Geschichtsunterrichts, in: Geschichte lernen H. 121 (2008), S. 2–11.
Reeken, Dietmar von, Arbeit mit Geschichtsdarstellungen, in: Günther-Arndt, Hilke (Hrsg.), Geschichts-Methodik. Handbuch für die Sekundarstufe I und II, Berlin 3. Aufl. 2010, S. 169–173.
Reeken, Dietmar von, Quellenarbeit, in: Günther-Arndt, Hilke (Hrsg.), Geschichts-Methodik. Handbuch für die Sekundarstufe I und II, Berlin 3. Aufl. 2010, S. 154–168.

Reeken, Dietmar von, Verlaufsformen, in: Günther-Arndt, Hilke (Hrsg.), Geschichts-Methodik. Handbuch für die Sekundarstufe I und II, Berlin 3. Aufl. 2010, S. 260–272.
Reeken, Dietmar von, Das historische Jugendbuch, in: Pandel, Hans-Jürgen/Schneider, Gerhard (Hrsg.), Handbuch Medien im Geschichtsunterricht, Schwalbach/Ts. 6., erw. Aufl. 2011, S. 69–83.
Reeken, Dietmar von, Historisches Lernen im Sachunterricht. Eine Einführung mit Tipps für den Unterricht, Baltmannsweiler 3. Aufl. 2011.
Rettberg, Jürgen, Abgerissener Dialog. Überlegungen über Verständigungsdefizite zwischen schulischer Lehre und Fachdidaktik, in: GWU 52, 2001, H. 2, S. 104–110.
Richter, Norbert, Bilingualer deutsch-englischer Geschichtsunterricht. Probleme und Erfolge, in: GWU 53, 2002, H. 2, S. 87–108.
Riekenberg, Michael, Der Vergleich, in: Mayer, Ulrich/Pandel, Hans-Jürgen/Schneider, Gerhard (Hrsg.), Handbuch Methoden im Geschichtsunterricht, Schwalbach/Ts. 3. Aufl. 2011, S. 269–285.
Rings, Hanspeter, Das historische Plakat, in: Praxis Geschichte H. 4/2010, S. 4–9.
Rohdenburg, Günther, Archiv. Verstaubt sind nur die Regale, in: Dittmer, Lothar/Siegfried, Detlef (Hrsg.), Spurensucher. Ein Handbuch für historische Projektarbeit, Weinheim/Basel überarb. u. erw. Neuaufl. 2005, S. 36–49.
Rohlfes, Joachim, Umrisse einer Didaktik der Geschichte, Göttingen 1971.
Rohlfes, Joachim/Jeismann, Karl-Ernst (Hrsg.), Geschichtsunterricht. Inhalte und Ziele, Stuttgart 1975.
Rohlfes, Joachim, Die zwei Standbeine der Geschichtsdidaktik, in: Geschichte lernen H. 18 (1990), S. 4f.
Rohlfes, Joachim, Geschichtsdidaktik: Geschichte, Begriff, Gegenstand (Stichworte zur Geschichtsdidaktik), in: GWU 42, 1991, H. 11, S. 669–673.
Rohlfes, Joachim, Schülerorientierung (Stichworte zur Geschichtsdidaktik), in: GWU 43, 1992, H. 5, S. 261–263.
Rohlfes, Joachim, Schulgeschichtsbücher (Stichworte zur Geschichtsdidaktik), in: GWU 45, 1994, H. 7, S. 460–465.
Rohlfes, Joachim, Arbeit mit Textquellen (Stichworte zur Geschichtsdidaktik), in: GWU 46, 1995, H. 10, S. 583–590. Wiederabdruck in: Geschichtsunterricht heute. Grundlagen – Probleme – Möglichkeiten (Sammelband: GWU-Beiträge der neunziger Jahre), Seelze 1999, S. 47–72.
Rohlfes, Joachim, Theoretiker, Praktiker, Empiriker. Mißverständnisse, Vorwürfe, Dissonanzen unter Geschichtsdidaktikern, in: GWU 47, 1996, H. 2, S. 98–110.
Rohlfes, Joachim, Geschichtserzählung (Stichworte zur Geschichtsdidaktik), in: GWU 48, 1997, H. 12, S. 736–743. Wiederabdruck in: Geschichtsunterricht heute. Grundlagen – Probleme – Möglichkeiten (Sammelband: GWU-Beiträge der neunziger Jahre), Seelze 1999, S. 82–89.
Rohlfes, Joachim, Lehrpläne – Richtlinien – Curricula (Stichworte zur Geschichtsdidaktik), in: GWU 48, 1997, H. 12, S. 555–562.
Rohlfes, Joachim, Literaturbericht Geschichtsdidaktik – Geschichtsunterricht, in: GWU 48, 1997, Teil I H. 1, S. 41–59; Teil II H. 2, S. 107–125; Teil III H. 3, S. 169–188; Teil IV H. 4, S. 245–251.
Rohlfes, Joachim, Politische und didaktische Tugendwächter. Warum unsere Schulbuch-Gutachter mehr Zurückhaltung üben sollten, in: GWU 49, 1998, H. 3, S. 157–164.
Rohlfes, Joachim, Ein Herz für die Personengeschichte? Strukturen und Persönlichkeiten in Wissenschaft und Unterricht, in: GWU 50, 1999, H. 5/6, S. 305–320.
Rohlfes, Joachim, Streifzüge durch den Zeitgeist der Geschichtsdidaktik. 50 GWU-Jahrgänge, in: GWU 51, 2000, H. 4, S. 224–240.
Rohlfes, Joachim, Literaturbericht Geschichtsdidaktik – Geschichtsunterricht, in: GWU 52, 2001, Teil I H. 7/8, S. 445–468, Teil II H. 9, S. 533–547, Teil III H. 10, S. 621–630, Teil IV H. 11, S. 687–694.
Rohlfes, Joachim, Lernerfolgskontrolle (Stichworte zur Geschichtsdidaktik), in: GWU 53, 2002, H. 3, S. 184–196.

Rohlfes, Joachim, Arbeit mit Fachliteratur, in: Hey, Bernd u. a. (Hrsg.), Umgang mit Geschichte. Geschichte erforschen und darstellen – Geschichte erarbeiten und begreifen, Stuttgart u. a. 2004, S. 98–110.

Rohlfes, Joachim, Geschichte in der Dichtung, in: Hey, Bernd u. a. (Hrsg.), Umgang mit Geschichte. Geschichte erforschen und darstellen – Geschichte erarbeiten und begreifen, Stuttgart u. a. 2004, S. 50–65.

Rohlfes, Joachim, Literaturbericht Geschichtsdidaktik – Geschichtsunterricht, Teil I, in: GWU 55, 2004, H. 4, S. 258–274, Teil II, in: GWU 55, 2004, H. 5/6, S. 341–365.

Rohlfes, Joachim, Geschichte und ihre Didaktik, Göttingen 3., erw. Aufl. 2005.

Rohlfes, Joachim, Quo vadis, Geschichtsdidaktik, in: Hartung, Olaf/Köhr, Katja (Hrsg.), Geschichte und Geschichtsvermittlung. Festschrift für Karl Heinrich Pohl, Bielefeld 2008, S. 9–26.

Rohlfes, Joachim, Literaturbericht Geschichtsdidaktik – Geschichtsunterricht, Teil I, in: GWU 59, 2008, H. 11, S. 664–675, Teil II, in: GWU 60, 2009, H. 1, S. 47–67.

Rohlfes, Joachim, Literaturbericht Geschichtsdidaktik, Teil I, in: GWU 63, 2012, H. 1/2, S. 101–124.

Rohrbach, Rita, Vom Zeitbewußtsein zum Historizitätsbewußtsein. Die Entwicklung historischen Lernens in einer Grundschulklasse, in: Geschichte lernen H. 62 (1998), S. 26–32.

Rossi, Melanie, Das Mittelalter in Romanen für Jugendliche. Historische Jugendliteratur und Identitätsbildung, Frankfurt a. M. u. a. 2010.

Roth, Alfred, Das nationalsozialistische Massenlied. Untersuchungen zur Genese, Ideologie und Funktion, Würzburg 1993.

Roth, Heinrich, Kind und Geschichte. Psychologische Voraussetzungen des Geschichtsunterrichts in der Volksschule, München 1955, 5. erg. Aufl. 1968.

Rox-Helmer, Monika, Jugendbücher im Geschichtsunterricht, Schwalbach/Ts. 2006.

Rüsen, Jörn, Die vier Typen des historischen Erzählens, in: Kosellek, Reinhart u. a. (Hrsg.), Formen der Geschichtsschreibung, München 1982, S. 137–168.

Rüsen, Jörn, Geschichtsdidaktik heute – Was ist und zu welchem Ende betreiben wir sie (noch)?, in: Geschichte lernen H. 21 (1991), S. 14–19. Verkürzter Wiederabdruck in: Hinrichs, Ernst/Jacobmeyer, Wolfgang (Hrsg.), Bildungsgeschichte und historisches Lernen. Syposium aus Anlaß des 65. Geburtstages von Prof. Dr. Karl-Ernst Jeismann, Frankfurt a. M. 1991, S. 9–23.

Rüsen, Jörn/Fröhlich, Klaus/Horstkötter, Hubert/Schmidt, Hans Günter, Untersuchungen zum Geschichtsbewußtsein von Abiturienten im Ruhrgebiet, in: Borries, Bodo von/Pandel, Hans-Jürgen/Rüsen, Jörn (Hrsg.), Geschichtsbewußtsein empirisch, Pfaffenweiler 1991, S. 221–344.

Rüsen, Jörn, Das ideale Schulbuch. Überlegungen zum Leitmedium des Geschichtsunterrichts, in: Internationale Schulbuchforschung 14, 1992, S. 237–250.

Rüsen, Jörn, Historische Orientierung. Über die Arbeit des Geschichtsbewußtseins, sich in der Zeit zurechtzufinden, Köln/Weimar/Wien 1994.

Rüsen, Jörn, Historisches Lernen. Grundlagen und Paradigmen, Köln/Weimar/Wien 1994.

Rüsen, Jörn, Was ist Geschichtskultur? Überlegungen zu einer neuen Art, über Geschichte nachzudenken, in: Füßmann, Klaus/Grütter, Theodor/Rüsen, Jörn (Hrsg.), Historische Faszination. Geschichtskultur heute, Köln/Weimar/Wien 1994, S. 3–26.

Rüsen, Jörn, Geschichtskultur (Stichworte zur Geschichtsdidaktik), in: GWU 46, 1995, H. 9, S. 513–521. Wiederabdruck in: Geschichtsunterricht heute. Grundlagen – Probleme – Möglichkeiten (Sammelband GWU), Seelze 1999, S. 9–17.

Rüsen, Jörn, Geschichtskultur, in: Bergmann, Klaus u. a. (Hrsg.), Handbuch der Geschichtsdidaktik, 5., überarb. Aufl. Seelze 1997, S. 38–41.

Rüsen, Jörn (Hrsg.), Geschichtsbewußtsein. Psychologische Grundlagen, empirische Befunde, Köln/Weimar/Wien 2001.

Rusinek, Bernd-A./Ackermann, Volker/Engelbrecht, Jörg (Hrsg.), Einführung in die Interpretation historischer Quellen. Schwerpunkt: Neuzeit, Paderborn u. a. 1992.

Sacher, Werner, Leistungen entwickeln, überprüfen und beurteilen. Bewährte und neue Wege für die Primar- und Sekundarstufe, Bad Heilbrunn 5., überarb. u. erw. Aufl. 2009.
Sacher, Nicole, Die Facharbeit. Planen – strukturieren – schreiben, Stuttgart 2010.
Salewski, Michael (Hrsg.), Was Wäre Wenn. Alternativ- und Parallelgeschichte: Brücken zwischen Phantasie und Wirklichkeit, Stuttgart 1999.
Sauer, Michael, „Schnitt mit dem Küchenmesser". Fotomontage als Zeitpanorama, in: Geschichte lernen H. 19 (1991), S. 44–49. Wiederabdruck in: Geschichte lernen Sammelband: Geschichte lehren und lernen, Seelze 1997, S. 77–81.
Sauer, Michael/Garbe, Antje, Geschichte lernen-Zeitleisten. 5 Teile: 500 v. Chr. Bis in die Gegenwart, Seelze 1995. Heftausgabe: Geschichte im Überblick. Das Zeitleistenheft, Seelze 1996
Sauer, Michael, Lieder im Geschichtsunterricht, in: Geschichte lernen 50 (1996), S. 4–10.
Sauer, Michael, Historische Lieder (Stichworte zur Geschichtsdidaktik), in: GWU 48, 1997, H. 2, S. 101–106.
Sauer, Michael, Zwischen Deutung und Manipulation. Kritischer Umgang mit Geschichtskarten, in: Geschichte lernen H. 59 (1997), S. 53–58.
Sauer, Michael, Historische Kinder- und Jugendliteratur, in: Geschichte lernen H. 71 (1999), S. 18–26.
Sauer, Michael, Neolithische und industrielle Revolution. Epochale Veränderungen von Naturaneignung und Techniknutzung in der Menschheitsgeschichte, in: Mensch – Natur – Technik (Friedrich Jahresheft XVII), Seelze 1999, S. 40–43.
Sauer, Michael, Bilder (Stichworte zur Geschichtsdidaktik), in: GWU 51, 2000, H. 2, S. 114–124.
Sauer, Michael, Karten und Kartenarbeit im Geschichtsunterricht (Stichworte zur Geschichtsdidaktik), in: GWU 51, 2000, H. 1, S. 37–46.
Sauer, Michael, Vom Lern- zum Denkfach. Historisches Wissen strukturieren statt Daten pauken, in: Üben und Wiederholen. Sinn schaffen – Können entwickeln (Friedrich-Jahresheft XVIII), Seelze 2000, S. 88–90.
Sauer, Michael, Fotografie als historische Quelle, in: GWU 53, 2002, H. 10, S. 570–593.
Sauer, Michael, Methodenkompetenz als Schlüsselqualifikation. Eine neue Grundlegung des Geschichtsunterrichts?, in: Geschichte, Politik und ihre Didaktik 30, 2002, H. 3/4, S. 183–192.
Sauer, Michael, Originalbilder im Geschichtsunterricht – Briefmarken als historische Quellen, in: Schneider, Gerhard (Hrsg.), Die visuelle Dimension des Historischen. Hans-Jürgen Pandel zum 60. Geburtstag, Schwalbach/Ts. 2002, S. 158–171.
Sauer, Michael, Fotos im Geschichtsunterricht, in: Geschichte lernen H. 91 (2003), S. 8–16.
Sauer, Michael, Von der Analyse bis zum Experiment. Handlungsorientiert mit Fotos arbeiten, in: Geschichte lernen H. 91 (2003), S. 17–23.
Sauer, Michael, Fehlende Standards, mangelnde Vorarbeiten. Zu den Problemen der Bildverwendung in Unterrichtsmedien, in: Uffelmann, Uwe/Seidenfuß, Manfred (Hrsg.), Verstehen und Vermitteln. Armin Reese zum 65. Geburtstag, Idstein 2004, S. 367–381.
Sauer, Michael, Geschichtsdidaktik und Geschichtsunterricht heute. Eine Bestandsaufnahme und ein Plädoyer für mehr Pragmatik, in: GWU 55, 2004, H. 4, S. 212–232.
Sauer, Michael, „Was sich begeben und zugetragen hat". Die Zeitung als Quelle im Geschichtsunterricht, in: Bernhardt, Markus/Henke-Bockschatz, Gerhard/Sauer, Michael (Hrsg.), Bilder – Wahrnehmungen – Konstruktionen. Reflexionen über Geschichte und historisches Lernen. Festschrift für Ulrich Mayer zum 65. Geburtstag, Schwalbach/Ts. 2006, S. 242–255.
Sauer, Michael, Auffällig, verbreitet und meinungsmachend. Plakate als Quellen im Geschichtsunterricht, in: Geschichte lernen H. 114 (2006), S. 2–11.
Sauer, Michael, Geschichte und Geschichtsunterricht – Erfahrungen und Interessen. Ergebnisse einer Befragung von Geschichtsstudierenden, in: GWU 57, 2006, H. 4, S. 266–274.
Sauer, Michael, Kompetenz konkret. Kartenarbeit als Beispiel für einen Kompetenz-Baustein, in: Geschichte, Politik und ihre Didaktik 34, 2006, H. 1/2, S. 36–41.

Sauer, Michael, Kompetenzen für den Geschichtsunterricht – ein pragmatisches Modell als Basis für die Bildungsstandards des Verbandes der Geschichtslehrer, in: Informationen für den Geschichts- und Gemeinschaftskundelehrer H. 72 (2006), S. 7–20.
Sauer, Michael, Geschichtsunterricht beobachten. Kategorien für die Diagnose historischen Lehrens und Lernens, in: Geschichte lernen H. 116 (2007), S. 12f.
Sauer, Michael, Bilder im Geschichtsunterricht. Typen – Interpretationsmethoden – Unterrichtsverfahren, Seelze 3. Aufl. 2007.
Sauer, Michael, „Historisches Denken" fördern. Kompetenzentwicklung im Geschichtsunterricht, in: Guter Unterricht. Maßstäbe und Merkmale, Wege und Werkzeuge (Friedrich Jahresheft XXV), Seelze 2007, S. 42–45.
Sauer, Michael/Wolfrum, Birte, Textquellen im Geschichtsunterricht verstehen. Zur Überprüfung von Verständnisniveaus anhand von Aufgabenformaten, in: Internationale Schulbuchforschung 29, 2007, H. 1, S. 87–102.
Sauer, Michael, Historisches Denken und Geschichtsunterricht. Ein Kommentar zum Beitrag von Waltraud Schreiber, in: Zeitschrift für Pädagogik 54, 2008, H. 2, S. 213–217.
Sauer, Michael, „Allen denen gar nuetzlich und lustig zu lesen". Zeitung als Quelle, in: Geschichte lernen H. 124 (2008), S. 2–10.
Sauer, Michael, Historische Lieder, Seelze 2008 (mit CD).
Sauer, Michael, Handlungsorientiert mit Zeitungen arbeiten. Anregungen und Beispiele, in: Geschichte lernen H. 124 (2008), S. 11–15.
Sauer, Michael, Geschichtszahlen – was sollen Schülerinnen und Schüler verbindlich lernen? Ergebnisse einer Lehrerbefragung, in: GWU 59, 2008, H. 11, S. 612–630.
Sauer, Michael/Seidel, Holger, Geschichte lernen mit Spielen? Eine empirische Studie, in: Christian Heuer, Christian/Pflüger, Christiane (Hrsg.), Geschichte und ihre Didaktik. Ein weites Feld … Unterricht, Wissenschaft, Alltagswelt. Gerhard Schneider zum 65. Geburtstag, Schwalbach/Ts. 2009, S. 149–166.
Sauer, Michael/Fleiter, Elke (Red.), Lernbox Geschichte. Das Methodenbuch, Donauwörth 2. Aufl. 2009.
Sauer, Michael, Zur „Kartenkompetenz" von Schülern. Ergebnisse einer empirischen Untersuchung, in: GWU 61, 2010, H. 4, S. 234–248.
Sauer, Michael, Von Brücken, Pforten und Steigbügeln. Einstiege in den Geschichtsunterricht, in: Geschichte lernen H. 137 (2010), S. 2–7.
Sauer, Michael, Historische Perspektivenübernahme. Methodische Anregungen, in: Geschichte lernen H. 139 (2011), S. 12–17.
Sauer, Michael, Verarbeitung, Dokumentation und Präsentation von Lernergebnissen, in: Mayer, Ulrich/Pandel, Hans-Jürgen/Schneider, Gerhard (Hrsg.), Handbuch Methoden im Geschichtsunterricht, Schwalbach/Ts. 3. Aufl. 2011, S. 634–648.
Sauer, Michael, Die Zeitleiste, in: Pandel, Hans-Jürgen/Schneider, Gerhard (Hrsg.), Handbuch Medien im Geschichtsunterricht, Schwalbach/Ts. 6., erw. Aufl. 2011, S. 197–210.
Schardt, Bettina und Friedel, Referate und Facharbeiten für die Oberstufe, Freising 2008.
Schaub, Horst, Entwicklungspsychologische Grundlagen für historisches Lernen in der Grundschule, in: Schreiber, Waltraud (Hrsg.), Erste Begegnungen mit Geschichte. Grundlagen historischen Lernens, Bd. 1, Neuried 2., erw. u. überarb. Aufl. 2004, S. 215–252.
Schaub, Horst, Zeit und Geschichte erleben, Berlin 2002.
Schenk, Toralf, Der Zug ist abgefahren (…). Konzeption und Zwischenergebnisse einer Untersuchung zu geschichtlichen Interessen und historischen Vorstellungen von Schülern im Primar- und Sekundarstufenbereich, in: Zeitschrift für Geschichtsdidaktik 6, 2007, S. 166–196.
Scherzberg, Simon/Sauer, Michael, Bunte Bilder vergangener Lebenswelten. Kinder- und Jugendsachbücher, in: Horn, Sabine/Sauer, Michael (Hrsg.), Geschichte und Öffentlichkeit. Orte – Medien – Institutionen, Göttingen 2009, S. 219–225.
Schiersner, Dietmar, Alter Zopf oder neue Chance? Regionalgeschichte in Historiographie und Geschichtsunterricht, in: GWU 62, 2011, H. 1/2, S. 50–60.

Schillinger, Jens, Kronzeugen der Vergangenheit? Historische Spielfilme im Geschichtsunterricht, in: Praxis Geschichte H. 5/2006, S. 4 – 11.
Schindler, Frank, Empfehlungen und Hinweise zur Facharbeit in der gymnasialen Oberstufe, Bönen 2. Aufl. 2000.
Schmid, Hans-Dieter, Historisches Lernen in der Grundschule, in: Bergmann, Klaus u. a. (Hrsg.), Handbuch der Geschichtsdidaktik, 5. überarb. Aufl. Seelze 1997, S. 539 – 545.
Schmid, Hans-Dieter, Den künftigen Geschlechtern zur Nacheiferung. Denkmäler als Quellen der Geschichtskultur, in: Praxis Geschichte H. 6/2003, S. 4 – 11.
Schmidt, Anja, Frontalunterricht und Offener Unterricht im Vergleich. Das Thema Steinzeit im 6. Schuljahr, in: GWU 54, 2003, H. 1, S. 4 – 18.
Schmidt, Bernd, Arbeit mit Geschichtskarten und historischen Karten, in: Hey, Bernd u. a., Umgang mit Geschichte. Geschichte erforschen und darstellen – Geschichte erarbeiten und begreifen, Stuttgart 1992, S. 150 – 165.
Schnakenberg, Ulrich, Geschichte in Karikaturen. Karikaturen als Quelle 1945 bis heute, Schwalbach/Ts. 2011.
Schneider, Eberhard, Was geschah damals? Einführung in den Umgang mit Textquellen, in: Geschichte lernen H. 46 (1995), S. 22 – 25.
Schneider, Gerhard, Über den Umgang mit Quellen im Geschichtsunterricht, in: GWU 45, 1994, H. 2, S. 73 – 90. Wiederabdruck in: Geschichtsunterricht heute. Grundlagen – Probleme – Möglichkeiten (Sammelband: GWU-Beiträge der neunziger Jahre), Seelze 1999, S. 55 – 73.
Schneider, Gerhard, Geschichtserzählung, in: Bergmann, Klaus u. a. (Hrsg.), Handbuch der Geschichtsdidaktik, 5., überarb. Aufl. Seelze 1997, S. 434 – 440.
Schneider, Gerhard, Sachzeugnisse. Steine zum Reden bringen, in: Dittmer, Lothar/Siegfried, Detlef (Hrsg.), Spurensucher. Ein Handbuch für historische Projektarbeit, Weinheim/Basel 1997, S. 92 – 109.
Schneider, Gerhard, Ein alternatives Curriculum für den Geschichtsunterricht in der Hauptschule. Ein Diskussionsbeitrag, in: GWU 51, 2000, H. 7/8, S. 406 – 417.
Schneider, Gerhard, Für's Leben lernen? Bemerkungen zum Geschichtsunterricht an Hauptschulen, in: Pandel, Hans-Jürgen/Schneider, Gerhard (Hrsg.), Wie weiter? Zur Zukunft des Geschichtsunterrichts, Schwalbach/Ts. 2001, S. 68 – 97.
Schneider, Gerhard (Hrsg.), Die visuelle Dimension des Historischen. Hans-Jürgen Pandel zum 60. Geburtstag, Schwalbach/Ts. 2002.
Schneider, Gerhard, Gegenstände und Sachüberreste als Unterrichtsmedien, in: GWU 53, 2002, H. 5/6, S. 361 – 371.
Schneider, Gerhard, Neue Inhalte für ein altes Unterrichtsfach. Überlegungen zu einem alternativen Curriculum Geschichte in der Sekundarstufe I, in: Demantowsky, Marko/Schönemann, Bernd (Hrsg.), Neue geschichtsdidaktische Positionen, Bochum 2002, S. 119 – 141.
Schneider, Gerhard, Gelungene Einstiege. Voraussetzung für erfolgreiche Geschichtsstunden, Schwalbach/Ts. 5. Aufl. 2008.
Schneider, Gerhard, Transfer. Ein Versuch über das Behalten und Anwenden von Geschichtswissen, Schwalbach/Ts. 2009.
Schneider, Gerhard, Das Plakat, in: Pandel, Hans-Jürgen/Schneider, Gerhard (Hrsg.), Handbuch Medien im Geschichtsunterricht, Schwalbach/Ts. 6., erw. Aufl. 2011, S. 291 – 348.
Schneider, Gerhard, Die Arbeit mit schriftlichen Quellen, in: Pandel, Hans-Jürgen/Schneider, Gerhard (Hrsg.), Handbuch Medien im Geschichtsunterricht, Schwalbach/Ts. 6. erw. Aufl. 2011, S. 15 – 44.
Schneider, Gerhard, Filme, in: Pandel, Hans-Jürgen/Schneider, Gerhard (Hrsg.), Handbuch Medien im Geschichtsunterricht, Schwalbach/Ts. 6., erw. Aufl. 2011, S. 365 – 388.
Schneider, Gerhard, Einstiege, in: Mayer, Ulrich/Pandel, Hans-Jürgen/Schneider, Gerhard (Hrsg.), Handbuch Methoden im Geschichtsunterricht, Schwalbach/Ts. 3. Aufl. 2011, S. 595 – 619.

Schneider, Gerhard, Sachüberreste und gegenständliche Unterrichtsmedien, in: Mayer, Ulrich/Pandel, Hans-Jürgen/Schneider, Gerhard (Hrsg.), Handbuch Methoden im Geschichtsunterricht, Schwalbach/Ts. 3. Aufl. 2011, S. 188–207.
Schneider, Gerhard, Kriegerdenkmäler als Unterrichtsquellen, in: Pandel, Hans-Jürgen/Schneider, Gerhard (Hrsg.), Handbuch Medien im Geschichtsunterricht, Schwalbach/Ts. 6., erw. Aufl. 2011, S. 525–579.
Schneider, Gerhard, Gegenständliche Quellen, in: Pandel, Hans-Jürgen/Schneider, Gerhard (Hrsg.), Handbuch Medien im Geschichtsunterricht, Schwalbach/Ts. 6., erw. Aufl. 2011, S. 509–524.
Schneider, Ute, Die Macht der Karten. Eine Geschichte der Kartographie vom Mittelalter bis heute, Darmstadt 2004.
Scholle, Dietrich, Schulbuchanalyse, in: Bergmann, Klaus u. a. (Hrsg.), Handbuch der Geschichtsdidaktik, 5., überarb. Aufl. Seelze 1997, S. 369–375.
Schönemann, Bernd/Uffelmann, Uwe/Voit, Hartmut (Hrsg.), Geschichtsbewußtsein und Methoden historischen Lernens, Weinheim 1998.
Schönemann, Bernd, Geschichtsdidaktik und Geschichtskultur, in: Mütter, Bernd/Schönemann, Bernd/Uffelmann, Uwe (Hrsg.), Geschichtskultur. Theorie – Empirie – Pragmatik, Weinheim 2000, S. 26–58.
Schönemann, Bernd/Voit, Hartmut (Hrsg.), Von der Einschulung bis zum Abitur. Prinzipien und Praxis historischen Lernens in den Schulstufen, Idstein 2002.
Schönemann, Bernd, Geschichtsdidaktik, Geschichtskultur, Geschichtswissenschaft, in: Günther-Arndt, Hilke (Hrsg.), Geschichts-Didaktik. Praxishandbuch für die Sekundarstufe I und II, Berlin 4. Aufl. 2009, S. 11–22.
Schönemann, Bernd, Lehrpläne und Richtlinien, in: Günther-Arndt, Hilke (Hrsg.), Geschichts-Didaktik. Praxishandbuch für die Sekundarstufe I und II, Berlin 4. Aufl. 2009, S. 48–62.
Schönemann, Bernd, Lernpotentiale der Regionalgeschichte, in: Geschichte für heute 3, 2010, H. 2, S. 17–32.
Schönemann, Bernd/Thünemann, Holger, Schulbucharbeit. Das Geschichtslehrbuch in der Unterrichtspraxis, Schwalbach/Ts. 2010.
Schönemann, Bernd/Thünemann, Holger/Zülsdorf-Kersting, Meik, Was können Abiturienten? Zugleich ein Beitrag zur Debatte über Standards und Kompetenzen im Fach Geschichte, Berlin 2010.
Schörken, Rolf, Geschichtsunterricht in einer kleiner werdenden Welt. Prolegomena zu einer Didaktik des Fremdverstehens, in: Süssmuth, Hans (Hrsg.), Geschichtsdidaktische Positionen. Bestandsaufnahme und Neuorientierung, Paderborn u. a. 1980, S. 315–335.
Schörken, Rolf (Hrsg.), Der Gegenwartsbezug in der Geschichte, Stuttgart 1981.
Schörken, Rolf, Geschichte in der Alltagswelt. Wie uns Geschichte begegnet und was wir mit ihr machen, Stuttgart 1981.
Schörken, Rolf, Geschichte erzählen heute, in: Niemetz, Gerold (Hrsg.), Aktuelle Probleme der Geschichtsdidaktik, Stuttgart 1990, S. 137–157.
Schörken, Rolf, Historische Imagination und Geschichtsdidaktik, Paderborn u. a. 1994.
Schörken, Rolf, Begegnungen mit Geschichte. Vom außerwissenschaftlichen Umgang mit der Historie in Literatur und Medien, Stuttgart 1995.
Schörken, Rolf, Geschichte im Sachbuch, in: Bergmann, Klaus u. a. (Hrsg.), Handbuch der Geschichtsdidaktik, 5., überarb. Aufl. Seelze 1997, S. 612–615.
Schörken, Rolf, Imagination und geschichtliches Verstehen, in: Neue Sammlung 38, 1998, H. 2, S. 203–212.
Schörken, Rolf, Imagination und geschichtliches Verstehen, in: Fauser, Peter/von Wulffen, Dorothee (Hrsg.), Imaginatives Lernen in Literatur und Geschichte, Seelze 1999, S. 123–138.
Schörken, Rolf, Das Aufbrechen narrativer Harmonie. Für eine Erneuerung des Erzählens mit Augenmaß, in: GWU 48, 1997, H. 12, S. 727–735. Wiederabdruck in: Geschichtsunterricht heute. Grundlagen – Probleme – Möglichkeiten (Sammelband: GWU-Beiträge der neunziger Jahre), Seelze 1999, S. 90–98.

Schörken, Rolf, Das Erlebnis der Niederlage. Neuere Autobiografien der 45er-Generation, in: GWU 54, 2003, H. 7/8, S. 399–411.
Schörken, Rolf, Die Niederlage als Generationserfahrung. Jugendliche nach dem Zusammenbruch der NS-Herrschaft, Weinheim/München 2004.
Schreiber, Waltraud, Geschichte vor Ort. Versuch einer Typologie für historische Exkursionen, in: Schönemann, Bernd/Uffelmann, Uwe/Voigt, Hartmut (Hrsg.), Geschichtsbewusstsein und Methoden historischen Lernens, Weinheim 1998, S. 213–226.
Schreiber, Waltraud, Historische Stätten, in: Dies. (Hrsg.), Erste Begegnungen mit Geschichte. Grundlagen historischen Lernens, Bd. 1, Neuried 2., erw. u. überarb. Aufl. 2004, S. 603–622.
Schreiber, Waltraud (Hrsg.), Die religiöse Dimension im Geschichtsunterricht. Ein interdisziplinäres Forschungsprojekt – Tagungsband, Neuried 2000.
Schreiber, Waltraud, Grundschulkinder gehen reflektiert mit Geschichte um, in: Grundschule H. 9/2000, S. 9–11.
Schreiber, Waltraud, Geschichtskultur – eine Herausforderung für den Geschichtsunterricht, in: Baumgärtner, Ulrich/Schreiber, Waltraud (Hrsg.), Geschichts-Erzählung und Geschichts-Kultur. Zwei geschichtsdidaktische Leitbegriffe in der Diskussion (Münchner Geschichtsdidaktisches Kolloquium Heft 3), München 2001, S. 99–135.
Schreiber, Waltraud, Förderung eines reflektierten und (selbst-)reflexiven Geschichtsbewußtseins als Qualitätsmerkmal von Geschichtsunterricht aller Schulstufen und Schularten, in: Schönemann, Bernd/Voit, Hartmut (Hrsg.), Von der Einschulung bis zum Abitur. Prinzipien und Praxis historischen Lernens in den Schulstufen, Idstein 2002, S. 19–47.
Schreiber, Waltraud/Bleitzhofer, Stephan/Erber, Michael, Werkstattbericht: Kategoriale Inhaltsanalyse von Schulbuchtexten. Oder: Erkennen lernen, wie mit Hilfe von Schulbüchern der reflektierte Umgang mit Geschichte gefördert werden kann, in: Zeitschrift für Geschichtsdidaktik 2, 2003, S. 69–78.
Schreiber, Waltraud (Hrsg.), Bilder aus der Vergangenheit – Bilder der Vergangenheit?, Neuried 2004.
Schreiber, Waltraud (Hrsg.), Erste Begegnungen mit Geschichte. Grundlagen historischen Lernens, 2 Bde., Neuried 2., erw. u. überarb. Aufl. 2004.
Schreiber, Waltraud, Geschichte lernen an historischen Stätten: Die historische Exkursion, in: Schreiber, Waltraud (Hrsg.), Erste Begegnungen mit Geschichte. Grundlagen historischen Lernens, Bd. 1, Neuried 2., erw. u. überarb. Aufl. 2004, S. 629–646.
Schreiber, Waltraud/Schöner, Alexander, Überlegungen zur Förderung des reflektierten und (selbst-)reflexiven Umgangs mit Geschichte durch Schulbücher, in: Mebus, Sylvia/Schreiber, Waltraud (Hrsg.), Geschichte denken statt pauken. Didaktisch-methodische Hinweise und Materialien zur Förderung historischer Kompetenzen, Meißen 2005, S. 301–313.
Schreiber, Waltraud (Hrsg.), Der Vergleich – Eine Methode zur Förderung historischer Kompetenzen. Ausgewählte Beispiele, Eichstätt 2005.
Schreiber, Waltraud/Wenzl, Anna (Hrsg.), Geschichte im Film. Beiträge zur Förderung historischer Kompetenz, Neuried 2006.
Schreiber, Waltraud/Mebus, Sylvia (Hrsg.), Durchblicken. Dekonstruktion von Schulbüchern, Neuried 2., überarb. u. akt. Aufl. 2006.
Schreiber, Waltraud,/Árkossy, Katalin (Hrsg.), Zeitzeugengespräche führen und auswerten. Historische Kompetenzen schulen, Neuried 2009.
Schröder, Bernd, Geschichtliches im Religionsunterricht, in: GWU 62, 2011, H. 7/8, S. 422–432.
Schröder, Christoph, „Wir danken Ihnen für dieses Interview!". Hauptschüler gestalten ein Gespräch mit Deng Xiaoping, in: GWU 60, 2009, H. 4, S. 230–237.
Schröder, Helge, Zwischen Anspruch und Wirklichkeit: Tafelbilder im Geschichts- und Politikunterricht, in: Geschichte für heute 3, 2010, H. 3, S. 48–55.
Schröder, Helge, Bilingualität als Chance? Erfahrungen aus der schulischen Praxis, in: Geschichte für heute 3, 2010, H. 1, S. 23–30.
Schütze, Friedhelm, Geschichte anders lehren? Ein Beitrag zur Diskussion um Narrativität im Geschichtsunterricht, in: GWU 52, 2001, H. 12, S. 720–731.

Schulz, Raimund, Welt- und Globalgeschichte. Chancen und Chimären eines „neuen" geschichtsdidaktischen Konzepts, in: Geschichte, Politik und ihre Didaktik 35, 2007, H. 3/4, S. 196–204.

Schulz, Raimund, Von Gades zum Ganges. Was verspricht eine neue „Welt- und „Globalgeschichte" der Antike?, in: GWU 61, 2010, H. 3 S. 156–170.

Schulz, Raimund, Neue Blicke über alte Grenzen – „Weltgeschichte" als didaktisches Konzept auch für die Vermittlung der älteren Epochen?, in: Zeitschrift für Weltgeschichte 12, 2011, H. 1, S. 125–138.

Schulze, Winfried (Hrsg.), Sozialgeschichte, Alltagsgeschichte, Mikrohistorie. Eine Diskussion, Göttingen 1994.

Schulz-Hageleit, Peter, Geschichte: erleben – lernen – verstehen, Düsseldorf 1987.

Schulz-Hageleit, Peter/Dehne, Brigitte, Spielen im Geschichtsunterricht. Überlegungen zu einer umstrittenen Unterrichtsmethode, in: Geschichte lernen H. 23 (1991), S. 11–21.

Schulz-Hageleit, Peter, Geschichte: erfahren – gespielt – begriffen, Neuaufl. Aachen 1995.

Schulz-Hageleit, Peter, Grundzüge geschichtlichen und geschichtsdidaktischen Denkens, Frankfurt a. M. 2002.

Schulz-Hageleit, Peter, Geschichte und Erfahrung, in: Demantowsky, Marko/Schönemann, Bernd (Hrsg.), Neue geschichtsdidaktische Positionen, Bochum 2002, S. 103–118.

Schulz-Hageleit, Peter, Geschichtsbewusstsein und Zukunftssorge. Vierzehn Thesen über zukünftige Aufgaben der Geschichtsdidaktik, in: GWU 57, 2006, H. 1, S. 38–41.

Schulz-Koppe, Heinz-Jürgen, Der Einsatz von Bildern im Geschichtsunterricht am Beispiel einer Unterrichtsreihe zu Kirchenbauten des Mittelalters, in: GWU 58, 2007, H. 7/8, S. 433–443.

Sefrin, Alexandra, Der bilinguale Unterricht: Herausforderung und Chance für den Geschichtsunterricht – Erfahrungen und Überlegungen aus der Praxis, Zeitschrift für Geschichtsdidaktik 8, 2009, S. 73–87.

Seidenfuß, Manfred/Reese, Armin (Hrsg.), Vorstellungen und Vorgestelltes. Geschichtsdidaktik im Gespräch. Uwe Uffelmann zum 65. Geburtstag, Neuried 2002.

Seidenfuß, Manfred, Geschichtsunterricht in der Hauptschule. Auf dem Weg zur Geschichtskunde, in: Schönemann, Bernd/Voit, Hartmut (Hrsg.), Von der Einschulung bis zum Abitur. Prinzipien und Praxis historischen Lernens in den Schulstufen, Idstein 2002, S. 201–214.

Semel, Stefan, Comics im Problemorientierten Geschichtsunterricht: Die spinnen, die Comicer, in: Uffelmann, Uwe (Hrsg.), Neue Beiträge zum Produktionsorientierten Geschichtsunterricht, Idstein 1999.

Semmet, Sylvia, Bilingualer Geschichtsunterricht – Verkappte Englischstunde oder zeitgemäßer Geschichtsunterricht?, in: Geschichte für heute 3, 2010, H. 1, S. 5–11.

Shemilt, Denis J., History 13–6. Evaluation Study, Edinburgh 1980.

Siegfried, Detlef, Lernziel Irritation. Möglichkeiten und Grenzen der Projektarbeit im Schülerwettbewerb Deutsche Geschichte, in: Hill, Thomas/Pohl, Karl Heinrich (Hrsg.), Projekte in Schule und Hochschule, Bielefeld 2002, S. 34–52.

Siegfried, Detlef, Zeitzeugenbefragung. Zwischen Nähe und Distanz, in: Dittmer, Lothar/ Siegfried, Detlef (Hrsg.), Spurensucher. Ein Praxisbuch für historische Projektarbeit, Hamburg überarb. u. erw. Neuaufl. 2005, S. 50–66.

Sievritts, Manfred, Lied – Song – Chanson, Bd. 2: „Politisch Lied, ein garstig Lied?", Wiesbaden 1983.

Simon, Werner, Fachdidaktik kompakt: Geschichte und Sozialkunde für die Sekundarstufe I, Hamburg 2002.

Sommer, Andreas, Geschichtsbilder und Spielfilme. Eine qualitative Studie zur Kohärenz zwischen Geschichtsbild und historischem Spielfilm bei Geschichtsstudierenden, Berlin 2010.

Speichert, Horst, Hausaufgaben sinnvoll machen Mit weniger Aufwand erfolgreicher lernen, Wiesbaden 2000.

Stadtmüller, Winfried, Sachquellen, in: Schreiber, Waltraud (Hrsg.), Erste Begegnungen mit Geschichte. Grundlagen historischen Lernens, Bd. 1, Neuried 2., erw. u. überarb. Aufl. 2004, S. 391–404.

Stambolis, Barbara/Reulecke, Jürgen (Hrsg.), Good-bye Memories? Lieder im Generationengedächtnis des 20. Jahrhunderts, Essen 2007.
Standards. Unterrichten zwischen Kompetenzen, zentralen Prüfungen und Vergleichsarbeiten (Friedrich Jahresheft XXIII), Seelze 2005.
Stearns, Peter/Seixas, Peter/Wineburg, Samuel S. (Eds.), Knowing, Teaching, and Learning History. National and International Perspectives, New York/London 2000.
Steffens, Guido, Arbeitstechniken für Schüler, in: Geschichte lernen H. 28 (1992), S. 46–49. Wiederabdruck in: Geschichte lernen Sammelband: Geschichte lehren und lernen, Seelze 1997, S. 60–63.
Steinlein, Rüdiger/Kramer, Thomas, Geschichtserzählende Jugendliteratur in Deutschland nach 1945, in: GeschichtsBilder. Historische Jugendliteratur aus vier Jahrhunderten, Berlin 2000, S. 204–222.
Stephan-Kühn, Freya, Schlüsselgeschichten, in: Geschichte, Politik und ihre Didaktik 22, 1994, H. 1/2, S. 82–86.
Stephan-Kühn, Freya, „Die kühlen durchdringenden Augen des geborenen Führers". Kinder- und Jugendliteratur als historische Quelle, in: Geschichte lernen H. 71 (1999), S. 58–61.
Straub, Jürgen (Hrsg.), Erzählung, Identität und historisches Bewußtsein. Die psychologische Konstruktion von Zeit und Geschichte (Erinnerung, Geschichte, Identität I), Frankfurt a. M. 1998.
Straub, Jürgen, Geschichten erzählen, Geschichte bilden. Grundzüge einer narrativen Psychologie historischer Sinnbildung, in: Ders. (Hrsg.), Erzählung, Identität und historisches Bewußtsein. Die psychologische Konstruktion von Zeit und Geschichte (Erinnerung, Geschichte, Identität Bd. 1), Frankfurt a. M. 1998, S. 81–169.
Strotzka, Heinz/Windischbauer, Elfriede, Offenes Lernen im Geschichtsunterricht für die Sekundarstufe I unter besonderer Berücksichtigung der Integration und des Interkulturellen Lernens, Wien 1999.
Stuhrmann, Claudia, „Chock" und „Flow": Beispiele motivierender Einstiege im problemorientierten Geschichtsunterricht, in: RAAbits Geschichte November 2003, IV/B, Beitrag 13, S 1.
Stunz, Holger R., Transparenz und Selbstsicherheit. Selbstdiagnosebögen im Anfangsunterricht, in: Geschichte lernen H. 116 (2007), S. 14–21.
Stupperich, Amrei, Der Dichter fischt im Strom, der ihn durchfließt". Literatur als historische Quelle im Geschichtsunterricht, in: Praxis Geschichte H. 1/1994, S. 4–10.
Stupperich, Martin, Orientierung in der Geschichte – aber wie?, in: GWU 60, 2009, H. 11, S. 612–628.
Sturm, Beate, Schüler ins Archiv! Archivführungen für Schulklassen, Berlin 2008.
Sturm, Reinhard, Einstiege in problemorientierten Geschichtsunterricht, in: Geschichte lernen 28 (1992), S. 20–24.
Süß, Harald, Deutsche Schreibschrift. Lesen und Schreiben lernen, München 1995.
Süssmuth, Hans (Hrsg.), Geschichtsunterricht ohne Zukunft. 2 Bde., Stuttgart 1972.
Süssmuth, Hans, Geschichtsdidaktik. Eine Einführung in Aufgaben und Arbeitsfelder, Göttingen 1980.
Süssmuth, Hans (Hrsg.), Geschichtsdidaktische Positionen, Paderborn 1980.
Süssmuth, Hans (Hrsg.), Geschichtsunterricht im vereinten Deutschland. Auf der Suche nach Neuorientierung, Teil I, Baden-Baden 1991.
Szöllösi-Janze, Margit, „Aussuchen und abschießen" – der Heimatfilm der fünfziger Jahre als historische Quelle, in: GWU 44, 1993, H. 5, S. 308–321.

Teepe, Renate, Umgang mit dem Schulbuch, in: Mayer, Ulrich/Pandel, Hans-Jürgen/Schneider, Gerhard (Hrsg.), Handbuch Methoden im Geschichtsunterricht, Schwalbach/Ts. 3. Aufl. 2011, S. 255–268.
Teuscher, Gerhard, Filmanalyse, in: Praxis Geschichte H. 5/2006, Beihefter S. I–IV.
Teuscher, Gerhard, Spielfilme im Geschichtsunterricht (Sophie Scholl – die letzten Tage, Königreich der Himmel, Luther, Gladiator), Ludwigsfelde 2007.

The National Curriculum. Department for Education, London 1995. Dazu die Lehrerhandreichungen Teaching History at Key Stage 1/2/3. National Curriculum Council, York 1993; zur Entstehung und wissenschaflichen Begleitung vgl. Aldrich, Richard (Ed.), History in the National Curriculum, London 1991.

Theuerkauf, Gerhard, Einführung in die Interpretation historischer Quellen, Paderborn u. a. 2. Aufl. 1997.

Thünemann, Holger, Denkmäler als Orte historischen Lernens im Geschichtsunterricht – Herausforderungen und Chancen, in: Handro, Saskia/Schönemann, Bernd (Hrsg.), Orte historischen Lernens, Berlin 2008, S. 179–208.

Thünemann, Holger, Fragen im Geschichtsunterricht. Forschungsstand und Forschungsperspektiven, in: Zeitschrift für Geschichtsdidaktik 8, 2009, S. 115–124.

Thünemann, Holger, Zeitgeschichte im Schulbuch. Normative Überlegungen, empirische Befunde und pragmatische Konsequenzen, in: Popp, Susanne u. a. (Hrsg.), Zeitgeschichte – Medien – Historische Bildung, Göttingen 2010, S. 117–132.

Thünemann, Holger, Geschichtsunterricht ohne Geschichte? Überlegungen und empirische Befunde zu historischen Fragen im Geschichtsunterricht und im Schulgeschichtsbuch, in: Handro, Saskia/Schönemann, Bernd (Hrsg.), Geschichte und Sprache, Berlin 2010, S. 49–60.

Thünemann, Holger, „Aber gerade das war ja historisches Denken". Guter Geschichtsunterricht aus Lehrerperspektive, in: GWU 62, 2011, H. 5/6, S. 271–283.

Thünemann, Holger, Visualität als Chance. Denkmäler und historisches Lernen, in: Handro, Saskia/Schönemann, Bernd (Hrsg.), Visualität und Geschichte, Berlin 2011, S. 89–108.

Thurn, Susanne, „… und was hat das mit mir zu tun?" Geschichtsdidaktische Positionen, Pfaffenweiler 1993.

Tischner, Christian K., Historische Reden im Geschichtsunterricht, Schwalbach/Ts. 2008.

Tocha, Michael, Die Tränen des Prinzen oder der Versuch, die Geschichtserzählung auf die Füße zu stellen, in: GWU 30, 1979, H. 4, S. 209–222.

Tschirner, Martina, Kompetenzerwerb im Geschichtsunterricht, in: Geschichte lernen H. 96 (2003), S. 34–38.

Tschopp, Silvia Serena/Weber, Wolfgang E. J., Grundfragen der Kulturgeschichte, Darmstadt 2007.

Turk, Margareta, Zeitleiste und Geschichtsfries, in: Schreiber, Waltraud (Hrsg.), Erste Begegnungen mit Geschichte. Grundlagen historischen Lernens, Bd. 1, Neuried 2., erw. u. überarb. Aufl. 2004, S. 647–663.

Uffelmann, Uwe u.a., Problemorientierter Geschichtsunterricht. Grundlegung und Konkretion, Villingen-Schwenningen 1990.

Uffelmann, Uwe, Problemorientierung beim historischen Lernen (Stichworte zur Geschichtsdidaktik), in: GWU 43, 1992, H. 10, S. 629–631.

Uffelmann, Uwe, Identität und historisches Lernen (Stichworte zur Geschichtsdidaktik), in: GWU 46, 1995, H. 11, S. 666–671.

Uffelmann, Uwe, Neue Beiträge zum Problemorientierten Geschichtsunterricht, Idstein/Ts. 1999.

Uffelmann, Uwe/Seidenfuß, Manfred (Hrsg.), Verstehen und Vermitteln. Armin Reese zum 65. Geburtstag, Idstein 2004.

Uhlenbrock, Karlheinz, Referat und Facharbeit. Planen, erstellen, präsentieren, Braunschweig 2007.

Ulbricht, Otto, Mikrogeschichte. Versuch einer Vorstellung, in: GWU 45, 1994, H. 6, S. 347–367. Wiederabdruck in: Geschichtsunterricht heute. Grundlagen – Probleme – Möglichkeiten (Sammelband: GWU-Beiträge der neunziger Jahre), Seelze 1999, S. 140–158.

Ulbricht, Otto, Mikrogeschichte. Menschen und Konflikte in der frühen Neuzeit. Frankfurt a. M. 2009, S. 7–28.

Unruh, Thomas, Unterrichtsgespräche professionell leiten, in: Pädagogik 54, 2002, H. 12, S. 14f.

Urban, Andreas, Geschichtsvermittlung im Museum, in: Mayer, Ulrich/Pandel, Hans-Jürgen/ Schneider, Gerhard (Hrsg.), Handbuch Methoden im Geschichtsunterricht, Schwalbach/Ts. 3. Aufl. 2011, S. 370–388.
Utz, Hans, Eine Prüfung als Lernchance für die Didaktik?, in: GWU 57, 2006, H. 1, S. 27–37.
Utz, Hans, „Zu kurze Filme – zu lange Texte". Film-Ausschnitte im Unterricht, in: GWU 59, 2008, H. 1, S. 28–35.
Veit, Georg, Geschichte in zwei Phasen. Ein Modell zur didaktischen Diskussion, in: Geschichte lernen H. 36 (1993), S. 4–7.
Veit, Georg, Von der Imagination zur Irritation. Eine didaktische Neubewertung des Fiktiven im Geschichtsunterricht, in: Geschichte lernen H. 52 (1996), S. 9–12.
Veit, Georg, Historische Jugendliteratur, in: Bergmann, Klaus u. a. (Hrsg.), Handbuch der Geschichtsdidaktik, 5. überarb. Aufl. Seelze 1997, S. 440–446.
Völkel, Bärbel, Wie kann man Geschichte lehren? Die Bedeutung des Konstruktivismus für die Geschichtsdidaktik, Schwalbach/Ts. 2002.
Völkel, Bärbel, Handlungsorientierung im Geschichtsunterricht, Schwalbach/Ts. 2005.
Völkel, Bärbel, Handlungsorientierung, in: Mayer, Ulrich,/Pandel, Hans-Jürgen/Schneider, Gerhard (Hrsg.), Handbuch Methoden im Geschichtsunterricht, Schwalbach/Ts. 3. Aufl. 2011, S. 49–64.
Völkel, Bärbel, Immer mehr desselben? Einladung zu einer kritischen Auseinandersetzung mit dem chronologischen Geschichtsunterricht, in: GWU 62, 2011, H. 5/6, S. 353–362.
Voit, Hartmut, Geschichtsunterricht in der Grundschule, Bad Heilbrunn 1980.
Voit, Hartmut, Elementare Formen historischen Lernens, in: Glumpler, Edith/Wittkowske, Steffen (Hrsg.), Sachunterricht heute. Zwischen interdisziplinärem Anspruch und traditionellem Fachbezug, Bad Heilbrunn 1996, S. 159–170.
Voit, Hartmut, Vorüberlegungen zu einer Didaktik der Zeitgeschichte, in: Zeitschrift für Geschichtsdidaktik Bd. 1, 2002, S. 7–17.
Voit, Hartmut, „Zeitgeschichte als Aufgabe" – Überlegungen in geschichtsdidaktischer Absicht, in: Demantowsky, Marko/Schönemann, Bernd (Hrsg.), Zeitgeschichte und Geschichtsdidaktik, Schnittmengen – Problemhorizonte – Lernpotentiale, Bochum/Freiburg 2004, S. 19–34.
Voss, James F./Wiley, Jennifer, Geschichtsverständnis: Wie Lernen im Fach Geschichte verbessert werden kann, in: Gruber, Hans/Renkl, Alexander (Hrsg.), Wege zum Können. Determinanten des Kompetenzerwerbs, Bern u. a. 1997, S. 74–90.
Voss, James F./Carretero, Mario (Eds.), Learning and Reasoning in History. International Review of History Education, Volume 2, London 1998.

Wagener, Elmar, Kartenarbeit. (K)ein Stammplatz im Geschichtsunterricht?, in: Praxis Geschichte H. 5/2008, S. 4–9.
Wagner-Kyora, Georg/Wilczek, Jens/Huneke, Friedrich (Hrsg.), Transkulturelle Geschichtsdidaktik. Kompetenzen und Unterrichtskonzepte, Schwalbach/Ts. 2008.
Waldis, Monika/Buff, Alex, Die Sicht der Schülerinnen und Schüler – Unterrichtswahrnehmung und Interessen, in: Gautschi, Peter/Moser, Daniel V./Reusser, Kurt/Wiher, Pit (Hrsg.), Geschichtsunterricht heute. Eine empirische Analyse ausgewählter Aspekte, Bern 2007, S. 177–210.
Walter, Dierk, Der Sieg der Südstaaten im amerikanischen Bürgerkrieg. Technik und Nutzen kontrafaktischer Geschichte in Literatur und Historiographie, in: GWU 62, 2011, H. 5/6, S. 325–342.
Walz, Rainer, Geschichtsdidaktik, in: Goertz, Hans-Jürgen (Hrsg.), Geschichte. Ein Grundkurs, Hamburg 1998, S. 694–723.
Weber, Klaus-Dieter, Die Facharbeit im Geschichtsunterricht als Ort wissenschaftspropädeutischen, selbstständigen und historischen Lernens. Grenzen und Möglichkeiten einer besonderen Lernleistung, in: Bernhardt, Markus/Henke-Bockschatz, Gerhard/Sauer, Michael

(Hrsg.), Bilder – Wahrnehmungen – Konstruktionen. Reflexionen über Geschichte und historisches Lernen. Festschrift für Ulrich Mayer zum 65. Geburtstag, Schwalbach/Ts. 2006, S. 256–272.
Wehler, Hans-Ulrich, Die Herausforderung der Kulturgeschichte, München 1998.
Weinert, Franz Emanuel (Hrsg.), Leistungsmessungen in Schulen, Weinheim/Basel 2. Aufl. 2007.
Wenzel, Birgit, Gespräche über Geschichte. Bedingungen und Strukturen fruchtbarer Kommunikation im Unterricht, Rheinfelden/Berlin 1995.
Wenzel, Birgit, Gesprächssituationen im Geschichtsunterricht, in: Geschichte lernen H. 28 (1992), S. 32–37. Wiederabdruck in: Geschichte lernen Sammelband: Geschichte lehren und lernen, Seelze 1997, S. 128–133.
Wenzel, Birgit, Historisches Wissen kommunizieren, in: Günther-Arndt, Hilke (Hrsg.), Geschichts-Methodik. Handbuch für die Sekundarstufe I und II, Berlin 3. Aufl. 2010, S. 191–204.
Wenzel, Birgit, Kreative und innovative Methoden. Geschichtsunterricht einmal anders, Schwalbach/Ts. 2010.
Wenzel, Birgit, Gesprächsformen, in: Mayer, Ulrich/Pandel, Hans-Jürgen/Schneider, Gerhard (Hrsg.), Handbuch Methoden im Geschichtsunterricht, Schwalbach/Ts. 6., erw. Aufl. 2011, S. 289–307.
Werner, Johannes, Wie deutet eine 9. Klasse Text- und Bildquellen im schülerorientierten Unterrichtsgespräch?, in: Internationale Schulbuchforschung 20, 1998, S. 295–311.
Werner, Johannes, Geschichte. Grundlagen, Arbeitstechniken und Methoden, Freising Neuausgabe 2007.
Werner, Thilo, Holocaust-Spielfilme im Geschichtsunterricht, Norderstedt 2004.
Wiechmann, Jürgen (Hrsg.), Zwölf Unterrichtsmethoden. Vielfalt für die Praxis, Weinheim 3. unveränderte Aufl. 2002.
Wildhage, Manfred, Von Verstehen und Verständigung. Möglichkeiten und Grenzen des bilingualen Geschichtsunterrichts (Basisbeitrag), in: Praxis Geschichte H. 1/2002, S. 4–11.
Wilharm, Irmgard (Hrsg.), Geschichte in Bildern. Von der Miniatur zum Film als historische Quelle, Pfaffenweiler 1995.
Will, Hermann, Vortrag und Präsentation, Weinheim/Basel 2. Aufl. 1997.
Willerich-Tocha, Margarete, Geschichte erzählen – Geschichte erfahren. Interdisziplinäre didaktische Überlegungen zum Thema Holocaust und Drittes Reich in der Literatur, in: GWU 52, 2001, H. 12, S. 732–751.
Wilms, Eberhard (Hrsg.), Geschichte – Denk- und Arbeitsfach. Heinz Dieter Schmid zum 65. Geburtstag, Frankfurt a. M. 1986.
Wilschut, Arie, Ein Referenzrahmen für den Unterricht im Fach Geschichte, in: GWU 60, 2009, H. 11, S. 629–645.
Wimmer, Fridolin, Das historisch-politische Lied im Geschichtsunterricht, Frankfurt a. M. 1994.
Wimmer, Fridolin, Das historisch-politische Lied im Nationalsozialismus, In: GWU 48, 1997, H. 2, S. 82–100.
Windischbauer, Elfriede, Offene Lernformen im Geschichtsunterricht, in: GWU 57, 2006, H. 11, S. 628–649.
Wineburg, Samuel S., Die psychologische Untersuchung des Geschichtsbewußtseins, in: Straub, Jürgen (Hrsg.), Erzählung, Identität und historisches Bewußtsein. Die psychologische Konstruktion von Zeit und Geschichte (Erinnerung, Geschichte, Identität Bd. 1), Frankfurt a. M. 1998, S. 298–337.
Wineburg, Samuel S., Making Historical Sense, in: Stearns, Peter/Seixas, Peter/Wineburg, Samuel S. (Eds.), Knowing, Teaching, and Learning History. National and International Perspectives, New York/London 2000, S. 306–325.
Wineburg, Samuel S., Historical Thinking and Other Unnatural Acts. Charting the Future of Teaching the Past, Philadelphia 2001.
Winter, Felix/von der Groeben, Annemarie/Lenzen, Klaus Dieter (Hrsg.), Leistung sehen, fördern, werten. Neue Wege für die Schule, Bad Heilbrunn 2002.

Witt, Karsten, Die Facharbeit in der Kursstufe, in: Geschichte lernen H. 92 (2003), S. 45–49.
Witt, Karsten, Feedback für die Lehrkraft. Schüler beurteilen Geschichtsunterricht, in: Geschichte lernen 96 (2003), S. 63–65.
Wittenbrock, Rolf, Bilingualer Geschichtsunterricht, in: Bergmann, Klaus u. a. (Hrsg.), Handbuch der Geschichtsdidaktik, 5., überarb. Aufl. Seelze 1997, S. 563–566.
Wolf, Peter, Der Traum von der Zeitreise. Spielerische Simulationen von Vergangenheit mit Hilfe des Computers, in: GWU 47, 1996, H. 9, S. 535–547.
Wolfrum, Birte/Sauer, Michael, Zum Bildverständnis von Schülern. Ergebnisse einer empirischen Studie, in: GWU 58, 2007, H. 7/8, S. 400–416.
Woidt, Hans, Plädoyer für den bilingualen Geschichtsunterricht, in: GWU 53, 2002, H. 2, S. 76–86.
Wottge, Marco, Der Einsatz von Computerspielen im Geschichtsunterricht am Beispiel von „Caesar III", in: GWU 62, 2011, H. 7/8, S. 468–477.
Würfel, Maria, Erlebniswelt Archiv. Eine archivpädagogische Handreichung, hrsg. von der Landesarchivdirektion Baden-Württemberg und dem Ministerium für Kultur, Jugend und Sport, Stuttgart 2000.
Würfel, Maria, Denkmäler im Geschichtsunterricht, in: Geschichte für heute H. 1/2009, S. 5–19.
Wunderer, Hartmann, „Nichts veraltet heute schneller als das Wissen". Probleme und Profile des Geschichtsunterrichts in der gymnasialen Oberstufe, in: Geschichte lernen H. 68 (1999), S. 9–16.
Wunderer, Hartmann, Abbildungen der Welt? Zur Problematik von Fotografien im Geschichtsunterricht, in: Geschichte, Politik und ihre Didaktik 28, 2000, H. 1/2, S. 47–56.
Wunderer, Hartmann, Geschichtsunterricht in der Sekundarstufe II, Schwalbach/Ts. 2000.
Wunderer, Hartmann, Geschichtsunterricht in der Sekundarstufe II. Zweiter Durchgang oder Förderung der Studierfähigkeit?, in: Pandel, Hans-Jürgen/Schneider, Gerhard (Hrsg.), Wie weiter? Zur Zukunft des Geschichtsunterrichts, Schwalbach/Ts. 2001, S. 98–112.
Wunderer, Hartmann, Geschichtsunterricht in der Sekundarstufe II. Normative Vorgaben und das Elend der pädagogischen Praxis, in: Schönemann, Bernd/Voit, Hartmut (Hrsg.), Von der Einschulung bis zum Abitur. Prinzipien und Praxis historischen Lernens in den Schulstufen, Idstein 2002, S. 100–111.
Wunderer, Hartmann, Tests und Klausuren, in: Mayer, Ulrich/Pandel, Hans-Jürgen/Schneider, Gerhard (Hrsg.), Handbuch Methoden im Geschichtsunterricht, Schwalbach/Ts. 3. Aufl. 2011, S. 675–685.
Wunderer, Hartmann, Tondokumente, in: Hans-Jürgen Pandel/Gerhard Schneider (Hrsg.), Handbuch Medien im Geschichtsunterricht, Schwalbach/Ts. 6., erw. Aufl. 2011, S. 500–514.

Zeitschrift für Geschichtsdidaktik 5, 2006: Museum und historisches Lernen.
Zeitschrift für Geschichtsdidaktik 6, 2007: Geschichtsdidaktische empirische Forschung.
Zeitschrift für Geschichtsdidaktik 7, 2008: Epoche als geschichtsdidaktische Größe.
Zeitschrift für Geschichtsdidaktik 8, 2009: Geschichte bilingual.
Zeitschrift für Geschichtsdidaktik 9, 2010: Historisches Lehren und Lernen in Haupt-, Real- und Gesamtschulen.
Zeitschrift für Geschichtsdidaktik 10, 2011: Geschichtsdidaktik und Raumkonzeptionen.
Zergiebel, Mike, Diagnosemöglichkeiten bei selbstständigem Lernen. Ein Beispiel aus dem Geschichtsunterricht der Oberstufe, in: Geschichte lernen H. 116 (2007), S. 53–60.
Zimmermann, Holger, Geschichte(n) erzählen. Geschichtliche Kinder- und Jugendliteratur und ihre Didaktik, Frankfurt a. M. 2004.
Zülsdorf-Kersting, Meik, Sechzig Jahre danach: Jugendliche und Holocaust. Eine Studie zur geschichtskulturellen Sozialisation, Münster 2007.
Zülsdorf-Kersting, Meik, Historische Identität und geschichtskulturelle Prägung: empirische Annäherungen, in: GWU 59, 2008, H. 11, S. 631–646.

Zülsdorf-Kersting, Meik, Kategorien historischen Denkens und Praxis der Unterrichtsanalyse, in: Zeitschrift für Geschichtsdidaktik 9, 2010, S. 36–56.
Zülsdorf-Kersting, Meik, Was ist guter Geschichtsunterricht? Qualitätsmerkmale in der Kontroverse – eine Einführung, in: GWU 62, 2011, H. 5/6, S. 261–270.
Zurwehme, Martin, Möglichkeiten und Grenzen der Bearbeitung von Quellen für den Geschichtsunterricht, in: GWU 47, 1996, H. 3, S. 189–197. Wiederabdruck in: Geschichtsunterricht heute. Grundlagen – Probleme – Möglichkeiten (Sammelband: GWU-Beiträge der neunziger Jahre), Seelze 1999, S. 73–81.
Zwölfer, Norbert, Die Vorbereitung einer Geschichtsstunde, in: Günther-Arndt, Hilke (Hrsg.), Geschichts-Didaktik. Praxishandbuch für die Sekundarstufe I und II, Berlin 4. Aufl. 2009, S. 197–205.

Sachregister

Alltagsgeschichte 43 f.
Alteritätserfahrung 76–80, 109
Arbeitsfragen 114–119
Archiv 142–146
– Adressen 150
– Archivpublikationen 143–145
– Schema zur Schülerarbeit 146
Artikulationsschema 92–95
Atlas 243, 249 f.
Ausstellung eigener Arbeitsergebnisse 307–309

Bauwerk (als Quelle) 207–211
– Schema zur Untersuchung 209
Bibliothek 263 f.
Bild (als Quelle) 188–203
– Gattungen 189–192, 196 f.
– Handlungsorientierte Verfahren 195 f.
– Schema zur Untersuchung 192 f.
Bilingualer Geschichtsunterricht 174–178

CD-ROM 278–280
– Rezensionen 283
Chronologie, chronologisches Verfahren 48–58
Collage 296, 298
Comic 271
Computer (Textgestaltung) 289, 305

Denkmal 210–214
– Schema zur Untersuchung 212
Diagramm 252–254
– Schema zur Untersuchung 253
Diskussion 122–124
Dokumentarfilm 215–218

Einstieg 104–107
Entdeckendes Lernen 136–139
Entwicklungspsychologie 28–31
Erfahrung 39–41
Ergebnisse des Geschichtsunterrichts 37 f.
Epochenquerschnitt 61
Erzählen 125–131

Facharbeit 287–291
– Schema zum Verfassen 290 f.
Fach- und Sachbuch 263–268
– Schema zum Umgang 265
Fächerübergreifender Unterricht 73–75

Fallanalyse 61 f.
Festigung 159–161
Film 214–228
– Dokumentarfilm 215–218
– Filmprotokoll 224 f.
– Filmsprache 222
– Schema zur Untersuchung 223
– Spielfilm 215, 219 f.
– Unterrichtsfilm 215, 218 f.
Forschungsansätze der Geschichtswissenschaft 43 f.
Fotografie 196–200
– Handlungsorientierte Verfahren 198 f.
– Schema zur Untersuchung 198
Frauengeschichte 43 f.
Fremdverstehen 76–80

Gedenkstätte 147
Gegenwartsbezug 90–92
Geschichtsbewusstsein 11–19
– Schema Aspekte 13
Geschichtserzählung 125–131
– Textsammlungen 131
Geschichtsheft 285 f.
Geschichtskarte 242–250
– Handlungsorientierte Verfahren 247 f.
– Schema zur Untersuchung 247
Geschichtskultur 11 f.
Geschichtsmappe 285 f.
Geschichtszeitung 304–307
Geschlechtergeschichte 43 f.
Gesellschaftsgeschichte 43 f.
Grundschule 66 f.

Handlungsorientierung 87–90
Hauptschule 68 f.
Hausarbeit 287–291
– Schema zum Verfassen 290 f.
Hausaufgaben 161–164
Historienbild 191
Historische Stätten 146 f.

Identität 16, 18, 30
Ideologiekritik 63–65
Inhalte des Geschichtsunterrichts 42–55
Inselbildung 61 f.
Interesse an Geschichtsunterricht 35–39

Sachregister

Interkulturelles Lernen 76–80
Internet 277 f.
– Internet-Adressen 282 f.
– Internet-Präsentation eigener Arbeitsergebnisse 308 f.

Jugendsachbuch 266–268

Karte 242–250
– Handlungsorientierte Verfahren 247 f.
– Schema zur Untersuchung 247
Kenntnisse der Schüler 37 f.
Kinder- und Jugendliteratur 271–277
– Bausteine für eine Klassenbibliothek 274–276
– Handlungsorientierte Verfahren 273
– Schema zur Untersuchung 272
Klausur 293 f.
– Schema zum Verfassen 294
Kompetenzen 21–27
– historisches Denken 23–26, 68–71
– Methodenkompetenz 25 f., 179
Kontroversität 82 f.
Kulturgeschichte 43 f.

Längsschnitt 58–60
Lehrervortrag 119 f.
Lehrplan 48–55
Leistungsbewertung 168–174
Lern(entwicklungs)bericht 172
Lernerfolgskontrolle 164–168
Lernspiel 150–153
– Angebote 155–163
Lernvoraussetzungen 28–41
Lernziele 19–21, 101 f.
Lernzirkel 131–136
Lexika für Schüler 194
Lied (als Quelle) 228–234
– Tonaufnahmen 234

Mentalitätsgeschichte 43 f.
Mikrogeschichte 43 f.
Multiperspektivität 81–84
Museum 139–146
– Adressen 150

Neue Medien 277–283

Orientierung in der Geschichte 55–57, 300–304
Offenes Gespräch 122–124

Personalisierung 85–86
Personifizierung 86 f.
Perspektivität 63–65, 76–84
Portfolio 286 f.
Projekt 137–139
Prüfung 165–167
Prüfungsanforderungen 17
Psychologie 28–34

Quellen, Quellenarbeit 68 f., 107–119, 180–241

Referat 291–293
– Schema zur Vorbereitung 292
Rekonstruktionszeichnung 191, 267
Rollenspiel 152–154
– Angebote 157–159
Roman 268–277

Sachquelle 203–207
Sachunterricht 66 f.
Schaubild 295–299
– Schema zum Erstellen 296
Schreiben von Texten 289–291
Schülerinteresse 35–38
Schulbuch 254–263
– Neuere Bücher 262 f.
– Schema zur Begutachtung durch Lehrkräfte 260
– Schema zur Untersuchung durch Schüler 259
Schulform 66–72
Schulstufe 66–72
Schwerpunktbildung 61 f.
Sekundarstufe I 67–69
Sekundarstufe II 69–71
Sozialgeschichte 43 f.
Spiel 150–159
Spielfilm 215, 219 f.
Stationenlernen 131–136
Statistik 250–254
– Schema zur Untersuchung 253
Strukturskizze 295–299
– Schema zum Erstellen 296

Tafelbild 295, 297
Test 165–167
Textquelle 109–119, 180–188
– Gattungen 180–182, 187 f.
– Handlungsorientierte Verfahren 185
– Schema zur Untersuchung 183
Themen des Geschichtsunterrichts 42–55
Tondokumente 112 f.

Sachregister

Üben 159–161
Umweltgeschichte 43 f.
Unterrichtsfilm 215, 218 f.
Unterrichtsgespräch 119–124, 165
Unterrichtsplanung 95–104
– Schema 96 f.
Untersuchungsverfahren im
  Geschichtsunterricht 53–65

Vergleichendes Verfahren 63
Verlaufskonzept 92–95

Wandkarte 244 f.
Wiederholen 159–161

Zeitleiste 300–304
– käufliche Zeitleisten 304
Zeitschriften, geschichtsdidaktische 310
Zeitzeugenaussagen 234–241
– Befragung 236
– Interviewleitfaden 238 f.
Ziele des Geschichtsunterrichts 19–21

Sicher und durchdacht mit Bildern arbeiten

MICHAEL SAUER
Bilder im Geschichtsunterricht
Typen – Interpretationsmethoden – Unterrichtsverfahren

17,5 x 24,5 cm, 208 Seiten, Hardcover, 188 Abb., davon 40 farbig

ISBN 978-3-7800-4923-0, € 29,95

Bilder bleiben in den Köpfen und prägen historische Vorstellungen; deswegen ist es besonders wichtig, dass Schülerinnen und Schüler einen methodisch abgesicherten Umgang mit ihnen einüben.

Die Arbeit mit Bildern als historischen Quellen hält jedoch besondere Probleme bereit. Das gilt für die Geschichtswissenschaft, aber auch für den Geschichtsunterricht. Unsere Schulbücher sind inzwischen reich mit historischen Bildern ausgestattet. Allerdings werden diese noch immer nicht genau genug als Quellen ausgewählt, kommentiert und erschlossen.

Dieses Buch gibt eine Hilfestellung für den Umgang mit Bildern im Geschichtsunterricht. Es bietet eine systematische, didaktische und methodische Einführung für Lehrerinnen und Lehrer. Die zahlreichen Beispiele lassen sich unmittelbar im Unterricht einsetzen.

Der Inhalt
1. Die Bildinterpretation
2. Einsatz und Präsentation von Bildern im Geschichtsunterricht
3. Bildtypen: der thematische Aspekt
4. Bildtypen: Technik, Präsentation und Verbreitung
5. Visuelle Handschriften

Unser Leserservice berät Sie gern:
Telefon: 05 11/4 00 04 -150
Fax: 05 11/4 00 04 -170
leserservice@friedrich-verlag.de

www.klett-kallmeyer.de